Be Partners

Büromanagement

Wertorientierte Finanzbuchhaltung

2

W0238448

Lernfelder
5 – 8

Autoren

Jens Bodamer
Kai Franke
Stephanie Hall
Sabine Kiefer
Beate Löbs
Michael Rottmeier
Gaby Sikorski

unter Mitarbeit
der Verlagsredaktion

Cornelsen

Der Titel „Be Partners"

B und **E** sind die Initialen der fiktiven Geschäfts**partner** (Gesellschafter) Rolf **B**astian und Dörthe **E**pstein des Modellunternehmens **BE Partners KG**.

Kaufleute für Büromanagement müssen im Berufsalltag mit wechselnden Ansprech**partnern** zusammenarbeiten. Auch die hierfür erforderlichen sozialen Kompetenzen (z. B. Teamfähigkeit) sollen in der Ausbildung und in diesem Lehrwerk aktiviert werden.

Dieses Buch wurde erstellt unter Verwendung von Materialien von:
Hans-Peter von den Bergen, Volker Brettschneider, Roland Budde, Oliver Dillmann, Silvia Faustmann, Christian Fritz, Sylee Gore, Wolfgang Hecht, Markus Hillebrand, Ariane Hoffmann, Daniel Jäger, Ludger Katt, Hans-Peter Klein, Antje Kost, Reinhold Koullen†, Julia Kreyenberg, Sven Labowsky, Susanne Lange, Antje Licht, Ingeborg Lütcke, Ute Morgenstern, Melanie Müller, Stephan Müller, Oliver Ohlenforst, Alexander Osanna, Christian Oswald, Klaus Otte, Michael Piek, Pat Pledger, Roswitha Pütz, Benjamin Schmorl, Josef Schnettler, Heike Scholz, Anja Seiler, Barbara Siebert, Claudia Simons-Kövér, Damir Skako, Gudrun Vogel-Kammerer†, Sabine Wagner, Gisbert Weleda, Isobel Williams, Ralf Wimmers.

Soweit in diesem Lehrwerk Personen fotografisch abgebildet sind und ihnen von der Redaktion fiktive Namen, Berufe, Dialoge und Ähnliches zugeordnet oder diese Personen in bestimmte Kontexte gesetzt werden, dienen diese Zuordnungen und Darstellungen ausschließlich der Veranschaulichung und dem besseren Verständnis des Inhalts.

Sämtliche Personenbezeichnungen in diesem Band (z. B. „Schüler", „Lehrer", „Mediengestalter") gelten selbstverständlich für beide Geschlechter.

Verlagsredaktion: Peter Sander
Redaktionelle Mitarbeit: Sascha Heinrich, Sabine Schneider, Rebecca Syme
Außenredaktion: Elisabeth Berten, Berlin; Angelika Fallert-Müller, Groß-Zimmern; Veronika Kühn, Köln
Bildredaktion: Gertha Maly, Christina Scheurer
Cover und Innen-Layout: Studio SYBERG, Berlin
Technische Umsetzung: zweiband.media, Berlin

Titelfotos: Shutterstock.com/fizkes, Shutterstock.com/Antonio Guillem

www.cornelsen.de/cbb

Die Webseiten Dritter, deren Internetadressen in diesem Lehrwerk angegeben sind, wurden vor Drucklegung sorgfältig geprüft. Der Verlag übernimmt keine Gewähr für die Aktualität und den Inhalt dieser Seiten oder solcher, die mit ihnen verlinkt sind.

Dieses Werk berücksichtigt die Regeln der reformierten Rechtschreibung und Zeichensetzung. Ausnahmen bilden Originaltexte, bei denen lizenzrechtliche Gründe einer Änderung entgegenstehen.

1. Auflage, 1. Druck 2020

Alle Drucke dieser Auflage sind inhaltlich unverändert und können im Unterricht nebeneinander verwendet werden.

© 2020 Cornelsen Verlag GmbH, Berlin

Das Werk und seine Teile sind urheberrechtlich geschützt. Jede Nutzung in anderen als den gesetzlich zugelassenen Fällen bedarf der vorherigen schriftlichen Einwilligung des Verlages.
Hinweis zu §§ 60 a, 60 b UrhG: Weder das Werk noch seine Teile dürfen ohne eine solche Einwilligung an Schulen oder in Unterrichts- und Lehrmedien (§ 60 b Abs. 3 UrhG) vervielfältigt, insbesondere kopiert oder eingescannt, verbreitet oder in ein Netzwerk eingestellt oder sonst öffentlich zugänglich gemacht oder wiedergegeben werden. Dies gilt auch für Intranets von Schulen.

Druck: Mohn Media Mohndruck, Gütersloh

ISBN 978-3-06-451916-9 (Fachkunde/Schülerbuch)
ISBN 978-3-06-451922-0 (E-Book)

PEFC
PEFC/04-31-1033

PEFC zertifiziert
Dieses Produkt stammt aus nachhaltig bewirtschafteten Wäldern und kontrollierten Quellen.

www.pefc.de

Liebe Auszubildende,

herzlich willkommen zu **Be Partners – Büromanagement 2**!

Die vorliegende **Fachkunde 2** enthält die Lernfelder 5 bis 8 des Rahmenlehrplans:

Lernfeld 5: Kunden akquirieren und binden
Lernfeld 6: Wertströme erfassen und beurteilen
Lernfeld 7: Gesprächssituationen gestalten
Lernfeld 8: Personalwirtschaftliche Aufgaben wahrnehmen

Die duale Berufsausbildung „Kauffrau/Kaufmann für Büromanagement" soll Sie zum kompetenten Handeln in beruflichen Situationen befähigen. Entsprechend muss auch die Berufsschule den Unterricht an der Berufspraxis ausrichten. Das Lehrwerk **Be Partners – Büromanagement** unterstützt diese handlungs- und kompetenzorientierte Zielsetzung durch die Kombination von Fachkunde (FK) und Arbeitsbuch (AB) mit Lernsituationen (LS).

Die Lernsituationen des Arbeitsbuchs steuern das Lernen in berufstypischen Alltagssituationen: Ausgehend von einem Handlungsanlass mit Problemcharakter eignen Sie sich mithilfe der Fachkunde die fachlichen Grundlagen möglichst eigenständig an. Danach können Sie das gewünschte Handlungsprodukt erarbeiten (z. B. einen Brief schreiben, eine Präsentation halten, eine Entscheidung treffen). Ihre Lehrerinnen und Lehrer moderieren diesen selbstgesteuerten Lernprozess. So bleibt ihnen Zeit, Schwächere zu fördern und Leistungsstarken weitere fordernde Aufgaben zu übertragen.

Die **Finanzbuchhaltung** (Lernfeld 6) wird in der vorliegenden Variante von Fachkunde 2 und Arbeitsbuch 2 anhand der **Wertstrommethode** vermittelt. Hierbei werden die betrieblichen Geschäftsprozesse (Geschäftsfälle) zu Wertströmen (Geld- und Güterströmen) gebündelt und daraus die Buchungen abgeleitet. Erst zum Schluss wird die Bilanz aufgebaut. Dieser Ansatz kann das Verständnis betrieblicher Prozesse fördern, und es werden weniger Regeln benötigt, um betriebliche Vorgänge buchhalterisch zu erfassen.[1]

Nutzen Sie bitte auch im 2. Ausbildungsjahr den IT-Trainer, die Office-Tutorials sowie den Mathe- und den Methodentrainer in den Webcode-Bereichen zur Fachkunde 1. Mithilfe des IT-Trainers können Sie sich gezielt auf den ersten Teil der gestreckten Abschlussprüfung (GAP) vorbereiten, der in der Regel im 2. Ausbildungsjahr stattfindet. In diesem Prüfungsteil werden Ihre IT-Kompetenzen abschließend geprüft; das Ergebnis dieses Prüfungsteils geht in das Endergebnis Ihrer Abschlussprüfung ein.

Auch der zweite Band der Lernsituationen integriert zur Lösung büro- und betriebswirtschaftlicher Probleme die Anwendung von Office-Programmen.

12 Lernvideos illustrieren wichtige betriebswirtschaftliche, volkswirtschaftliche und rechtliche Sachverhalte und Zusammenhänge und vertiefen deren Verständnis. Diese Lernvideos und die Office-Tutorials sind über die im Kaufpreis enthaltene PagePlayer-App auf mobilen Endgeräten (z. B. Smartphone, Tablet) abzurufen.[2]

Die vom Lehrplan geforderte **Integration einer Fremdsprache** erfolgt durch „Useful office vocabulary" (am Ende jedes Lernfelds der Fachkunde) und durch mehrere englischsprachige Lernsituationen im Arbeitsbuch.[3]

Das Training von **Soft Skills** (Sozial- und Selbstkompetenzen) erfolgt konsequent in den Lernsituationen. Die notwendigen Sachinformationen hierzu liefert die Fachkunde innerhalb der Lernfelder und im digitalen Methodentrainer (Webcode-Bereich).

Zur Sicherung Ihres Lernerfolgs werden die Lernsituationen ergänzt durch **Arbeitsblätter** und festigende und vertiefende **Aufgaben**. Demselben Zweck dienen „Alles-klar?"-Aufgaben am Ende jedes Kapitels der Fachkunde und des IT-Trainers.

Viel Erfolg und Spaß beim Arbeiten mit **Be Partners – Büromanagement**!

Autoren und Redaktion

1 Sie können die Finanzbuchhaltung (Lernfeld 6) aber auch mit der **Bilanzmethode** erlernen bzw. vermitteln. Diese Methode wird in der zweiten Variante von Fachkunde 2 und Arbeitsbuch 2 angewendet (ISBN 978-3-06-452056-1, 978-3-06-452057-8). Der bilanzorientierte Ansatz entwickelt zunächst das System der Buchführung (ausgehend von Inventur, Inventar, Bilanz); erst danach werden die Buchungen behandelt. Dieser Ansatz eignet sich z. B. für Lernende mit Buchführungs-Vorkenntnissen.

2 Alle notwendigen Detail-Informationen zum Webcode-Bereich und zur Page-Player-App finden Sie auf S. 374 und S. 375.

3 Zur weiteren Differenzierung und Vertiefung der englischen Sprachkompetenz in Unterricht und Berufspraxis eignet sich der Titel „Office Matters" (ISBN 978-3-06-451643-4).

Inhaltsverzeichnis

Lernfeld 6

Werteströme erfassen und beurteilen

Lernsituationen im Arbeitsbuch 2

LS 70 Das Kassenbuch führen

LS 71 Wertpositionen im Unternehmen identifizieren

LS 72 Wertströme im Unternehmen erkennen und dokumentieren

LS 73 Zahlungs- und Finanzmittel überwachen

LS 74 Die Umsatzsteuer berücksichtigen – damit der Staat sein Geld bekommt!

Lernfeld 7
Gesprächssituationen gestalten

Lernsituationen im Arbeitsbuch 2

Lernfeld 8

Personalwirtschaftliche Aufgaben wahrnehmen ____ 257

Lernsituationen im Arbeitsbuch 2

Das Modellunternehmen *BE Partners KG*

Kaufleute für Büromanagement werden vielfältig und universell im kaufmännischen Bereich eingesetzt. Ebenso vielseitig sind die Ausbildungsunternehmen – vom multinationalen Großunternehmen mit tausenden Mitarbeitern bis zum kleinsten Familienbetrieb. Ähnlich sieht vermutlich das Bild in Ihrer Berufsschulkasse aus. Schwierig also, für alle zu erwerbenden Kompetenzen passende betriebliche Beispiele zu finden. Daher ist es bewährte Praxis, mit Modellunternehmen zu arbeiten, die die Aufgabe der Praxisorientierung erleichtern.

In diesem Lehrwerk begleitet Sie die *BE Partners KG* als Modellunternehmen. In den 13 Lernfeldern dient das Modellunternehmen als „Spielfeld", um die erforderlichen beruflichen Kenntnisse, Fertigkeiten und Fähigkeiten praxisnah zu erarbeiten. Die *BE Partners KG* spiegelt die eben beschriebene Heterogenität in Büromanagement wider. Es werden drei Geschäftsideen unter einem Dach gebündelt, Vielfalt à la Büromanagement eben.

Die *BE Partners KG* ist ein kleines Unternehmen mit Sitz in Bonn und einer mehr als 35-jährigen Geschichte. Alleiniger Gründer einer Druckerei und damit Einzelunternehmer war im Jahr 1985 *Rolf Bastian*. Herr *Bastian* verfolgte stets eine zukunftsorientierte Geschäftspolitik und orientierte sich an modernen Entwicklungen der Wirtschaft. Mit Eintritt von *Dörthe Epstein* als Mitgesellschafterin im Jahre 2002 entstand die *BE Partners KG*. Der Unternehmenszweck wurde auf auf eine breitere Basis gestellt.

Das Angebot und Tätigkeitsfeld des Unternehmens teilt sich seither in die Sparten Druckerei, Werbeagentur und Handel mit Werbeartikeln.

- Die Werbeagentur bietet Geschäftskunden kleiner und mittlerer Unternehmen Agenturleistungen wie die Konzeption und Umsetzung von Werbekampagnen an.
- Die Druckerei erstellt Plakate, Broschüren, Flyer, Wurfzeitungen oder Stadtmagazine. Ihre Kunden sind in erster Linie die der Werbeagentur, aber auch andere.
- Zudem betreibt die *BE Partners KG* einen Handel mit vielfältigen, teils nach Kundenwunsch gestalteten Werbeartikeln.

Aktuell gehören neben den beiden Gesellschaftern insgesamt 28 fest angestellte Mitarbeiter zum Team der *BE Partners KG*. Hinzu kommen derzeit vier Auszubildende und zwei Praktikanten.

Organigramm der BE Partners KG

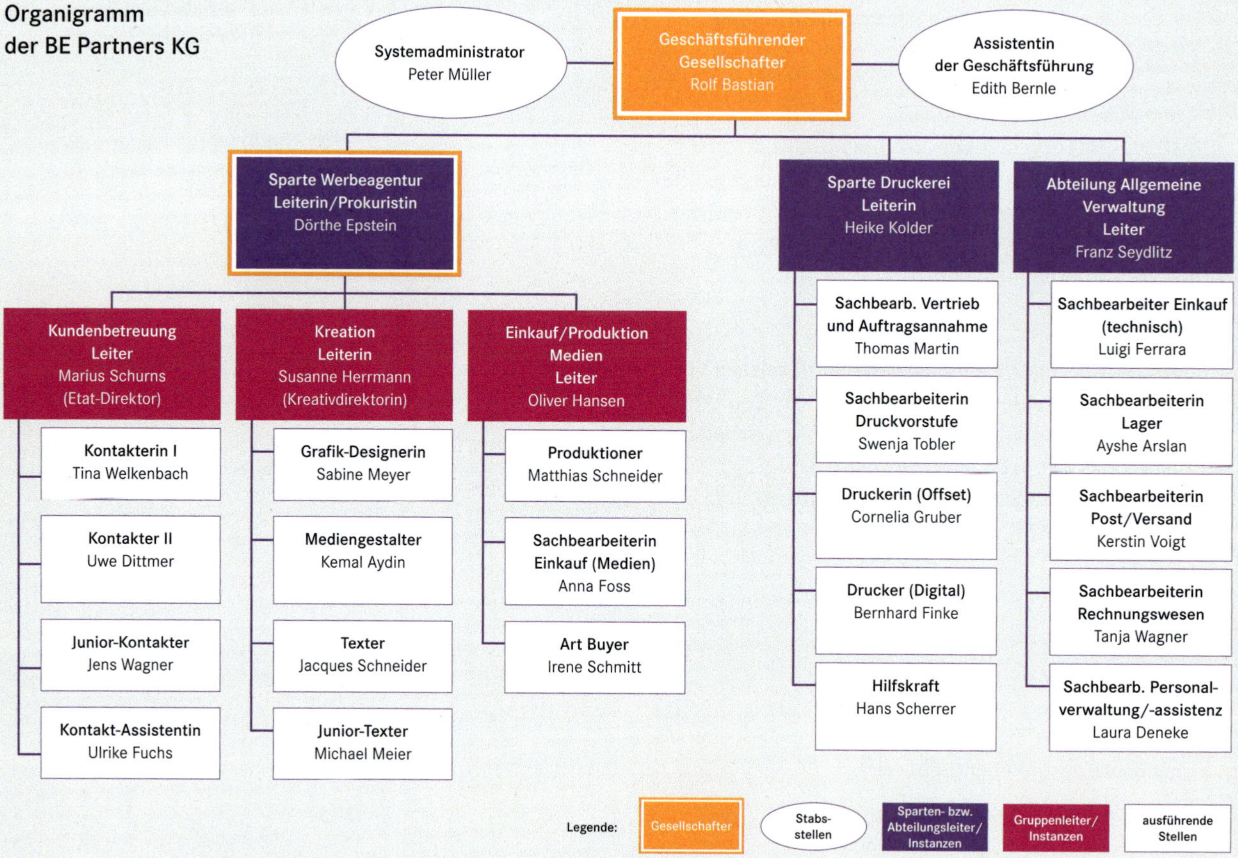

Lernfeld 5
Kunden akquirieren und binden

1 Kundenakquisition und -bindung mithilfe von Marketing

Beispiel Florian Hamm räumt das Besprechungszimmer der BE Partners KG auf, in dem Dörthe Epstein heute eine Besprechung mit Hans Peters von der Fly Bike Werke GmbH hatte. Die BE Partners KG soll für dieses Unternehmen ein Marketingkonzept planen und umsetzen. Florian entdeckt den abgebildeten Flip-Chart-Bogen und überlegt, was wohl besprochen wurde.

Fahrplan – Marketingkonzept
Fly Bike Werke GmbH
1. Marktsituation analysieren (Kunden, Konkurrenz, Konjunktur)
2. Marketingziele festlegen
3. Marketingstrategie und Budget „Weg zu den Zielen"
4. Marketingmaßnahmen planen und durchführen
5. Marketingcontrolling

In Zeiten, als die Nachfrage größer als das Angebot war, verkaufte sich vieles von selbst. Heute müssen Unternehmen ihre Leistungen oft auf **gesättigten Märkten** mit **starker Konkurrenz** anbieten. Deshalb muss der Absatzprozess durch ein durchdachtes (Absatz-)**Marketing** unterstützt und gefördert werden.

Merke! Marketing umfasst alle Maßnahmen, die ein Unternehmen ergreift, um sich Absatzmärkte zu schaffen, zu erhalten und zu vergrößern. Die Marketingaktivitäten sind dabei konsequent an den Erfordernissen der Kunden und Absatzmärkte auszurichten. **Marketing beinhaltet damit Kunden- und Wettbewerbsorientierung.**[1]

Im Mittelpunkt stehen also die **Kunden** des Unternehmens. Die wesentlichen Aufgaben des Marketings sind:

- Kunden akquirieren (= **Kundenakquise**[2])
- Kunden an das Unternehmen binden (= **Kundenbindung**)

Je besser Unternehmen ihre **Marketingkonzepte** gestalten, umso größer wird der wirtschaftliche Erfolg sein. Eine ausführliche Analyse der Marktsituation (Kundenstruktur, Kundenwünsche, Konkurrenzsituation und Marktentwicklung) bildet die Grundlage. Nach der anschließenden Festlegung konkreter Marketingziele und einer sinnvollen Marketingstrategie werden dann die Marketinginstrumente (bzw. -maßnahmen) geplant, durchgeführt und beurteilt.

Stufen eines Marketingkonzepts

Marktsituation analysieren[3]	Durch Marktforschung werden Informationen über die aktuelle und zukünftige Marktsituation des Unternehmens (z. B. Kundenwünsche) erfasst.
Marketingziele ableiten[4]	Auf Grundlage der Marktsituation werden Ziele (z. B. höherer Umsatz, höherer Gewinn, besseres Image) festgelegt.
Marketing-strategie festlegen[5]	Es wird bestimmt, mit welcher grundsätzlichen Vorgehensweise (z. B. Erschließung internationaler Märkte) die Ziele erreicht werden sollen.
Marketing-instrumente gestalten[6]	Jetzt werden einzelne Marketingmaßnahmen (z. B. Produktdesign, Preisgestaltung, Absatzwerbung im Fernsehen) durchgeführt.
Marketing-erfolg beurteilen[7]	Zur abschließenden Beurteilung wird der Erfolg des Marketingkonzepts gemessen und kontrolliert (z. B. durch Umsatzvergleich).

1 Marketing ist eine Denkweise, die alle unternehmerischen Aktivitäten an den Bedürfnissen der Märkte ausrichtet. Es bezieht sich nicht nur auf den Absatzmarkt (**Absatzmarketing**), sondern beispielsweise auch auf den Beschaffungsmarkt (**Beschaffungsmarketing**) oder den Arbeitsmarkt (**Personalmarketing**). Zur Vereinfachung wird in diesem Lernfeld der Begriff Marketing verwendet, obwohl hier nur Aktivitäten des **Absatzmarketing** betrachtet werden.

2 **Kundenakquise:** Kundengewinnung, Kundenwerbung

Lernvideo Marketingkonzept

3 → LF 5, Kap. 2

4 → LF 5, Kap. 3

5 → LF 5, Kap. 4

6 → LF 5, Kap. 5

7 → LF 5, Kap. 5

2 Marktforschung

Beispiel Frau Epstein hat Florian Hamm erklärt, dass es in dem ersten Treffen mit Herrn Peters von der Fly Bike Werke GmbH darum ging, die grundsätzlichen Schritte des geplanten Marketingkonzepts zu besprechen und grob zu terminieren. Florian kann sich unter „Marktsituation analysieren" aber noch nichts Konkretes vorstellen. Helfen Sie ihm bei der Beantwortung der folgenden Fragen.

1. Was kennzeichnet die Marktsituation von Unternehmen?
2. Wie kann man die Marktsituation analysieren?

Unternehmen müssen permanent über die **Bedingungen und Veränderungen auf dem Absatzmarkt** informiert sein, damit sie den Markt und seine Entwicklung richtig einschätzen. Beispielsweise müssen Leistungen so gestaltet werden, dass sie den Wünschen der Kunden möglichst gut entsprechen. Ebenso wird man den Preis eines Artikels nicht stark erhöhen, wenn man Informationen darüber hat, dass die Kunden bereits bei einem geringen Preisanstieg deutlich weniger nachfragen werden. Um die Marktsituation zu analysieren, wird **Marktforschung** betrieben.

Merke! **Marktforschung** ist die Beschaffung, Auswertung und Interpretation von Informationen über Märkte. Die Erkenntnisse der Marktforschung bilden die Grundlage für Marketingentscheidungen.

Im Rahmen der Marktforschung müssen zwei grundlegende Fragen geklärt werden:
- Welche Bestandteile der Marktsituation sollen untersucht werden?
  (= **Gegenstände der Marktforschung**[1])
- Wie sollen die Informationen beschafft werden?
  (= **Methoden der Marktforschung**[2])

1 Gegenstände der Marktforschung
→ LF 5, Kap. 2.1

2 Methoden der Marktforschung
→ LF 5, Kap. 2.2

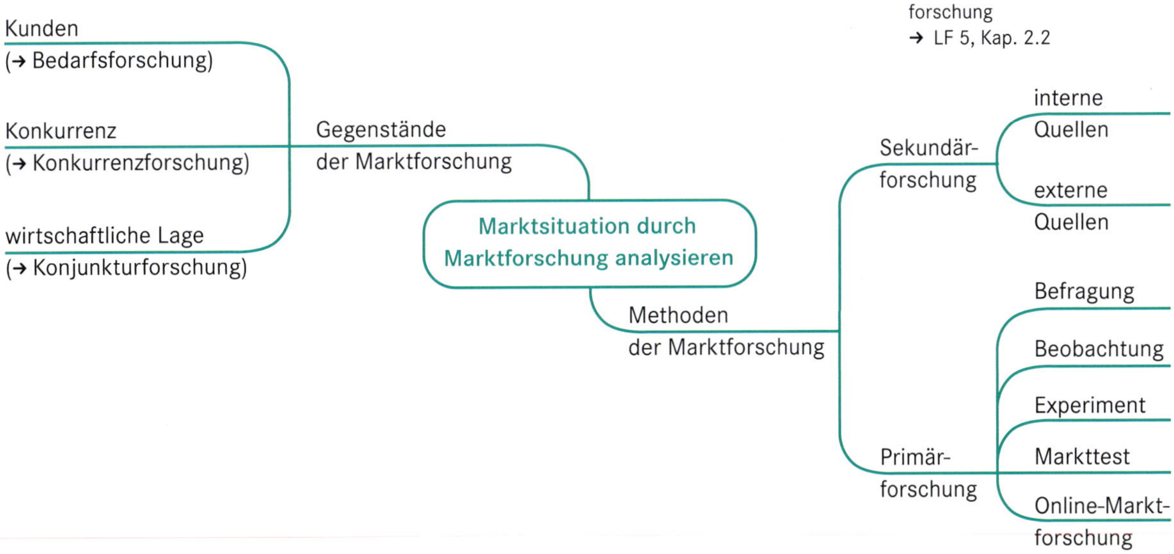

2.1 Gegenstände der Marktforschung

2.1.1 Erforschung der Kunden (Bedarfsforschung)

LS 56 Sekundärforschung betreiben

Beispiel Dörthe Epstein betrachtet gerade die Kundenliste der Fly Bike Werke GmbH. Sie stellt schnell fest, dass die Kunden des Fahrradproduzenten ausschließlich gewerbliche Kunden sind. Es handelt sich größtenteils um Groß- und Einzelhandelsunternehmen, die mit Fahrrädern und teilweise auch mit Motorrädern handeln. Die meisten Kunden kommen aus Deutschland, einige auch aus dem benachbarten Ausland. Dörthe Epstein erklärt Florian Hamm, dass das Kaufverhalten von Privatkunden und Geschäftskunden sehr unterschiedlich sein kann und man dies im Rahmen der Kundenorientierung berücksichtigen müsse. Florian ist nicht sofort klar, was sie damit meint. Können Sie ihm erklären, welche Gemeinsamkeiten und Unterschiede es im Kaufverhalten von Privat- und Geschäftskunden geben kann?

Merke! **Kundenorientierung** bedeutet, die Aktivitäten des Unternehmens ständig an den Bedürfnissen der Kunden auszurichten.

Die Fähigkeit eines Unternehmens zur **Erfüllung der Kundenwünsche** bzw. zur Lösung der Kundenprobleme gilt heutzutage als entscheidender Erfolgsfaktor. Entsprechend wichtig ist es, sich im Rahmen der Marktforschung mit den Kunden und ihren Wünschen zu beschäftigen. Nur so kann ein Unternehmen sein Leistungsangebot und seine Marketingaktivitäten an den Kunden ausrichten. Ziel der **Bedarfsforschung**[1] ist es demnach, Antworten auf die folgenden Fragen zu finden:

Merke! Wer sind meine Kunden? → Kundentypen und Kundenstruktur
Welche Bedürfnisse haben meine Kunden? → Wertvorstellungen und Kaufmotive

Kundentypen und Kundenstruktur

Die Kunden, auf die verschiedene Anbieter auf ihren Märkten treffen, sind sehr unterschiedlich. Das liegt einerseits an den unterschiedlichen Branchen, in denen Unternehmen tätig sind (z. B. hat eine Rehabilitationsklinik andere Kunden (Patienten) als ein Großhandelsunternehmen). Andererseits hat es ein und dasselbe Unternehmen mit verschiedenen Kundentypen zu tun (z. B. betreut ein Handwerksbetrieb häufig sowohl Privatkunden als auch Geschäftskunden). Nach **unterschiedlichen Kriterien** werden in diesem Zusammenhang folgende **Kundentypen** betrachtet:[2]

- **Güterverwendung des Kunden:** Während **Geschäftskunden** (öffentliche oder private Unternehmen) Güter und Dienstleistungen nachfragen, um damit selber Leistungen zu erstellen, verwenden **Privatkunden** die nachgefragten Leistungen für den privaten Konsum.
- **Bedeutung des Kunden:** Gerade bei Geschäftskunden ist eine Unterscheidung hinsichtlich der „Größe" des Kunden sinnvoll (Großkunden oder Kleinkunden). Als Kennzahl für die Größe dient hierbei häufig der (Jahres-)Umsatz mit dem Kunden. Eine gängige Klassifizierung unterscheidet **A-Kunden** (hoher Umsatz), **B-Kunden** (mittlerer Umsatz) und **C-Kunden** (geringer Umsatz).[3]

Beispiel Bei der BE Partners KG werden A-Kunden, mit denen ein Jahresumsatz von mehr als 50.000,00 € erzielt wurde, zu einem „Erlebniswochenende" eingeladen.

1 **Bedarfsforschung:** Beschaffung von Informationen über die Wünsche bestehender und potenzieller Kunden

2 Die jeweils vorliegenden Kundentypen können in vielen Unternehmen anhand der Kundendatei ermittelt werden. Eine Unternehmenssoftware wertet Kundendaten, wie den Jahresumsatz, automatisch aus und klassifiziert die Kunden beispielsweise in A-, B- und C-Kunden.

3 ABC-Analyse in der Beschaffung
→ FK 1, LF 4, Kap. 1.5.3

- **Dauer der Kundenbeziehung:** Während es bei **Bestandskunden** darum geht, eine langjährige Geschäftsbeziehung zu pflegen, müssen **Neukunden** anders angesprochen werden, um sie zu Bestandskunden zu machen.[1]
- **Kundentreue:** Häufig werden Kundentypen auch danach unterschieden, ob sie regelmäßig oder unregelmäßig kaufen. Gängig ist dann oft auch die Klassifizierung in die drei Gruppen **X-Kunden**[2] (kaufen sehr regelmäßig und wechseln den Lieferanten nicht), **Y-Kunden** (kaufen weniger häufig und wechseln den Lieferanten) und **Z-Kunden** (kaufen selten, häufiger bei der Konkurrenz).

1 Kundenakquise
→ LF 5, Kap. 3.2.1

2 **X-Kunden** werden umgangssprachlich oft als Stammkunden bezeichnet.

Beispiel Die BE Partners KG wurde kürzlich von der Goldregen Einkaufszentrum GmbH beauftragt, ein Konzept für eine Kundenkarte mit Bonusprogramm zu entwickeln, mit dem gezielt bei Y- und Z-Kunden die Kundentreue gesteigert werden soll.

Anhand der genannten Kriterien kann ein Unternehmen jetzt seine **Kundenstruktur** analysieren. Hierbei werden die Kriterien miteinander kombiniert, um die verschiedenen Kunden später mit differenzierten Marketingmaßnahmen ansprechen zu können. Häufig werden in diesem Zusammenhang **Key-Account-Kunden**[3] mit hohem „Kundenwert" ermittelt. Diese besonders wichtigen Kunden werden in manchen Unternehmen sogar durch spezielle Key-Account-Manager intensiv betreut.

3 **Key-Account-Kunde:** Schlüsselkunde (z. B. ein Kunde, der sowohl A-Kunde als auch Bestandskunde und X-Kunde ist)

Beispiel Die Drogerie AG in Wuppertal ist der „beste" Kunde der BE Partners KG. Sie ist ein langjähriger Stammkunde, der sein gesamtes Marketing der Werbeagentur übergeben hat. Rolf Bastian kümmert sich persönlich und regelmäßig um diesen Kunden. Mit dem Inhaber, Herrn Korte, hat sich inzwischen sogar ein freundschaftliches Verhältnis entwickelt.

Eine gute Kenntnis der eigenen Kundenstruktur ist auch die Voraussetzung, um **unterschiedliches Kaufverhalten** und die **verschiedenen Kaufmotive**[4] (vor allem von Privatkunden) bei der Marketingarbeit berücksichtigen zu können. Unterschiede im Kaufverhalten beruhen vor allem darauf, dass Menschen ganz unterschiedliche Wertvorstellungen und Bedürfnisse haben.

4 **Kaufmotive** sind die Gründe, die einen Käufer zum Kauf veranlassen.

Kundenbedürfnisse, -bedarf und -nachfrage

Kundenorientierung bedeutet, Güter bzw. Dienstleistungen anzubieten, die die Wünsche der Kunden befriedigen. Wünsche werden auch als **Bedürfnisse** bezeichnet und als zentrale Antriebskräfte des wirtschaftlichen Entscheidens und Handelns angesehen. Menschen haben unterschiedliche Bedürfnisse. Diese sind z. B. abhängig von Alter, Geschlecht, sozialem und gesellschaftlichem Umfeld, der technischen Entwicklung und dem Einkommen. Einige Bedürfnisse müssen in der Regel unmittelbar befriedigt werden, wie z. B. Hunger und Durst. Andere können mittelfristig erfüllt werden, wie z. B. der Wunsch nach Mobilität oder der nach Geborgenheit.

Zudem gibt es **offene Bedürfnisse**, die jemandem bereits bewusst sind, und **latente (schlummernde) Bedürfnisse**, die zu einem bestimmten Zeitpunkt noch nicht bewusst vorhanden sind. Es ist eine zentrale Aufgabe des Marketings, latente Bedürfnisse zu offenen Bedürfnissen zu machen.

Beispiel Orkut möchte sich ein neues Fahrrad kaufen (offenes Bedürfnis) und geht in ein Fahrradgeschäft. Dort sieht er das Regal mit den Fahrradhelmen und ihm wird sein Bedürfnis nach Sicherheit bewusst (latentes Bedürfnis wird zum offenen Bedürfnis). Also kauft er zusätzlich zum Fahrrad auch einen Fahrradhelm.

Merke! Wenn sich die **Bedürfnisse** des Menschen auf ganz bestimmte Güter beziehen und zu ihrer Befriedigung Kaufkraft[1] vorhanden ist, wird von einem **Bedarf** gesprochen. Erst wenn Güter tatsächlich gekauft werden, d. h. der Bedarf am Markt wirksam wird, handelt es sich um eine **Nachfrage**.

1 **Kaufkraft:** das zur Verfügung stehende Einkommen

Bedürfnis → Bedarf → Nachfrage

Mobilität → Wunsch nach einem Fahrrad → Kauf eines bestimmten Fahrrads

Die Bedürfnisse der Menschen sind unbegrenzt. Für die Marketingarbeit von Unternehmen ist es deswegen nicht nur wichtig, die verschiedenen Bedürfnisse der Menschen zu kennen. Sie benötigen auch Informationen über die Gründe, die ein Bedürfnis zum Bedarf und letztlich auch zur Nachfrage nach einem Produkt werden lassen.

Beispiel Herrn Peters von der Fly Bike Werke GmbH ist selbstverständlich klar, dass Menschen mobil sein möchten. Ihn interessiert vor allem, wie aus diesem Bedürfnis ein Bedarf nach einem Fahrrad (und nicht nach einem Motorroller) wird und warum dann eine bestimmte Fahrradmarke nachgefragt wird.

Kaufmotive und Kaufverhalten

Für eine erfolgreiche Marketingarbeit benötigt ein Unternehmen Informationen über die Kaufmotive sowie das Verhalten der (potenziellen) Kunden. Zu unterscheiden sind dabei grundsätzlich Unternehmen und Privatpersonen als Kundengruppen.

1. Wirtschaftliches Handeln nach dem Ökonomischen Prinzip[2]

2 Ökonomisches Prinzip → FK 1, LF 4, Kap. 1.5.4

Die angebotenen Güter und Dienstleistungen haben einen Preis. Die Nachfrager haben aber immer nur einen begrenzten Geldbetrag zur Verfügung, um ihre Bedürfnisse zu befriedigen. Deswegen müssen sie entscheiden, welche Güter und Dienstleistungen sie nachfragen und welche nicht.

Die **privaten Haushalte** streben z. B. an, qualitativ möglichst hochwertige Güter und Dienstleistungen zu einem angemessenen Preis zu erhalten bzw. für ihr zur Verfügung stehendes Einkommen möglichst viele hochwertige Güter und Dienstleistungen zu bekommen. Sie handeln nach dem **Prinzip der Nutzenmaximierung**.

Private Unternehmen beschaffen Güter, um sie bei der Leistungserstellung einzusetzen und um die weiteren betrieblichen Aufgaben zu erfüllen. Dabei handeln sie meist nach dem **erwerbswirtschaftlichen Prinzip** der **Gewinnmaximierung**. Im Beschaffungsbereich wird dieses Ziel durch möglichst günstige Einkaufspreise und Lieferbedingungen angestrebt (**Kostenminimierung**).[3]

3 Ziele der Beschaffung → FK 1, LF 4, Kap. 1.5.1

In **öffentlichen Unternehmen** steht nicht die Gewinnerzielung, sondern die **bestmögliche Versorgung der Bevölkerung** mit wichtigen Gütern und Dienstleistungen im Vordergrund. Sie handeln somit nach dem **gemeinwirtschaftlichen Prinzip der Bedarfsdeckung**. Aber auch diese Unternehmen müssen planvoll und wirtschaftlich handeln, da sie eine **Kostendeckung** zumindest anstreben müssen.

Alle genannten **Wirtschaftssubjekte**[1] lösen den Konflikt zwischen unbegrenzten Bedürfnissen und begrenzten (finanziellen) Mitteln, indem sie mit den Mitteln sparsam umgehen, sie **wirtschaften**. Dieses **wirtschaftliche Handeln nach dem Ökonomischen Prinzip** kann dabei **zwei Ausprägungen** haben:

- Nach dem **Maximalprinzip** wird mit **vorhandenen Mitteln** ein **möglichst hoher Ertrag/Nutzen** erzielt. Beispielsweise sollen mit einer bestimmten Geldsumme möglichst viele Bedürfnisse befriedigt werden.
- Nach dem **Minimalprinzip** soll ein **bestimmter Ertrag/Nutzen** mit **möglichst geringen Mitteln** erreicht werden. Beispielsweise soll für die Befriedigung eines konkreten Bedürfnisses möglichst wenig Geld ausgegeben werden.

1 **Wirtschaftssubjekte:** alle Menschen sowie private und öffentliche Unternehmen, die am Wirtschaftsleben teilnehmen

Beispiele für wirtschaftliches Handeln der Wirtschaftssubjekte nach dem Ökonomischen Prinzip

Maximalprinzip	Wirtschaftssubjekte	Minimalprinzip
Tüley Öztürk hat nach Abzug der monatlichen Kosten noch 300,00 € von ihrer Ausbildungsvergütung zur Verfügung. Mit diesem Geld versucht sie, möglichst viele ihrer Wünsche zu befriedigen.	private Haushalte (Prinzip der Nutzenmaximierung)	Tüley Öztürk möchte sich einen speziellen Tablet-PC zulegen. Sie nutzt einige Preisvergleichsportale im Internet und entscheidet sich für das günstigste Angebot.
Ein Projektteam der *BE Partners KG* möchte die Arbeitsbedingungen der Mitarbeiter verbessern. Es wird versucht, mit dem vorgegebenen Budget von 10.000,00 € möglichst viele neue ergonomische Büromöbel anzuschaffen.	private Unternehmen (erwerbswirtschaftliches Prinzip)	Ein Projektteam der *BE Partners KG* möchte die Arbeitsbedingungen der Mitarbeiter verbessern. Es wird versucht, für jeden Mitarbeiter einen neuen ergonomischen Bürostuhl anzuschaffen. Die Ausgaben hierfür sollen durch einen Angebotsvergleich möglichst gering gehalten werden.
Ein öffentliches Schwimmbad der Stadt Bonn soll eine Großrutsche für das Freibad erhalten. Von einem Sponsor wurde eine zweckgebundene Spende zur Verfügung gestellt. Mit diesem Geld soll eine möglichst lange Rutsche gebaut werden.	öffentliche Unternehmen (gemeinwirtschaftliches Prinzip)	Ein öffentliches Schwimmbad der Stadt Bonn soll eine Großrutsche für das Freibad erhalten. Mithilfe einer Ausschreibung versucht die Stadt Bonn, jenes Bauunternehmen zu finden, das die erwartete Leistung zum niedrigsten Preis anbietet.

Wenn Wirtschaftssubjekte nach dem Ökonomischen Prinzip handeln, so ist ihr Kaufverhalten durch das **Kaufmotiv „Sparsamkeit/Gewinnstreben“** gekennzeichnet. Während dieses Motiv das Verhalten von Unternehmen häufig maßgeblich bestimmt, lassen sich private Verbraucher oft auch von weiteren Kaufmotiven leiten.

2. Nachhaltiges Handeln nach dem Ökologischen Prinzip

Die meisten Menschen sind sich heute darüber bewusst, dass die Umwelt tagtäglich benutzt und belastet wird. Schritt für Schritt entwickelt sich ein Bewusstsein für die sich abzeichnenden Wirkungen einer ständigen Ankurbelung der globalen Güterproduktion. **Ressourcen werden immer knapper** und es ist bekannt, dass bestimmte Rohstoffe nur noch für eine begrenzte Zeit ausreichen werden.[2]

Zudem werden Umweltprobleme wie die **Folgen des globalen Klimawandels** immer häufiger diskutiert.

2 Nachhaltigkeit
→ FK 1, LF 4, Kap. 1.5.4

In diesem Bewusstsein mehrt sich die Anzahl privater Haushalte und Unternehmen, die nach dem **Ökologischen Prinzip** handeln. Sie richten ihre Tätigkeiten zunehmend so aus, dass die **Umwelt so wenig wie möglich belastet** wird.

Beispiel Der Geschäftsführer der BE Partners KG, Rolf Bastian, hat sich bei der Wahl seines neuen Geschäftswagens diesmal nicht wieder für einen großen Geländewagen mit Verbrennungsmotor entschieden, sondern zum ersten Mal ein Auto mit Elektroantrieb gekauft.

Ökologische Beweggründe als **Kaufmotiv** spielen sowohl für private Haushalte als auch für Unternehmen eine zunehmende Rolle.

3. Nichtrationales Handeln privater Haushalte aufgrund weiterer Kaufmotive

Unternehmen beschaffen Güter meist vorrangig unter wirtschaftlichen Gesichtspunkten. Vor dem Hintergrund des erwerbswirtschaftlichen Prinzips ermitteln sie den Lieferanten mit dem besten Preis-Leistungs-Verhältnis. Zudem berücksichtigen viele Unternehmen zunehmend ökologische Aspekte – nicht zuletzt auch aus Imagegründen. Sie **handeln meist rational**[1].

Für **private Haushalte** spielen solche rationalen Kaufmotive auch eine große Rolle. Zudem beruhen ihre Kaufentscheidungen aber häufig **auch auf nichtrationalen Kaufmotiven** und sind von **unterschiedlichen Wertvorstellungen** geprägt.

– **Kaufmotiv „Bequemlichkeit"**

Beispiel Natalie Fiedler kauft sich an der Tankstelle einen Energy-Drink, obwohl sie weiß, dass die Dose im Supermarkt deutlich billiger ist. Sie hat aber keine Lust, am Supermarkt anzuhalten.

– **Kaufmotiv „Gewohnheit"**

Beispiel Florian Hamm trinkt auch gerne Energy-Drinks. Er kauft sie aus Gewohnheit immer im selben Geschäft, ohne auf den Preis zu achten.

– **Kaufmotiv „Spontaneität/Impulskauf[2]"**

Beispiel Tüley Öztürk hat sich für ihren Wocheneinkauf einen Einkaufszettel geschrieben. Im Supermarkt legt sie spontan noch ein paar Dosen eines Energy-Drinks in den Einkaufswagen, obwohl diese nicht auf dem Einkaufszettel stehen.

1 **rational:** vernünftig, überlegt und sinnvoll

2 Impulskäufe liegen vor, wenn latente Bedürfnisse (z. B. durch Werbung) zunächst zu offenen Bedürfnissen und dann zu Bedarf und Nachfrage werden.

– **Kaufmotiv „Soziales Umfeld/Peergroup[1]“**

Beispiel Sophie Fischer findet Energy-Drinks eigentlich viel zu süß und zu teuer. Da in ihrem Freundeskreis aber alle diese Getränke mögen, bestellt sie am Wochenende in der Disco auch einen Energy-Drink.

– **Kaufmotiv „Geltungsbedürfnis/Prestige[2]“**

Beispiel Irene Schmitt hat sich für 1.100,00 € ein neues Smartphone in einer limitierten Edition mit vergoldetem Gehäuse gekauft. Sie möchte sich damit von ihren Freundinnen abheben, die „nur“ normale Smartphones haben.

Die Unterscheidung von **Kundentypen und Kaufmotiven** im Rahmen der Bedarfsforschung ist von entscheidender Bedeutung für die **Marktsegmentierung**[3] im Rahmen des Marketingkonzepts. Da die einzelnen Kundentypen ganz verschiedene Bedürfnisse haben und aufgrund ihrer unterschiedlichen Wertvorstellungen auch unterschiedlich auf Marketingmaßnahmen reagieren, wird häufig anhand der dargestellten Aspekte der Gesamtmarkt eines Unternehmens in Teilmärkte aufgeteilt.

Beispiel Die BE Partners KG hat für einen neuen Hersteller von Energy-Drinks erforscht, dass die potenziellen Konsumenten vorrangig junge Leute zwischen 14 und 29 Jahren mit einer hohen Markentreue und einem starken Geltungsbedürfnis sind. Zudem ist die Beeinflussbarkeit durch das soziale Umfeld relativ hoch. Hinsichtlich der anderen Kriterien sind keine Besonderheiten ermittelt worden. Diese Erkenntnisse müssen jetzt im Rahmen der zu planenden Marketingaktivitäten berücksichtigt werden.

Alles klar?

1 Erläutern Sie den Begriff „Marketing“.

2 Begründen Sie, warum Unternehmen Marktforschung betreiben sollten.

3 Erläutern Sie, warum die Bedarfsforschung eine wichtige Grundlage für die Kundenorientierung ist.

4 Beschreiben Sie die unterschiedlichen Kundentypen anhand des Kriteriums „Güterverwendung“. Begründen Sie, warum für die unterschiedenen Kundentypen unterschiedliches Marketing betrieben werden muss.

5 Beschreiben Sie die Kundenstruktur Ihres Ausbildungsbetriebs anhand der verschiedenen Kundentypen.

6 Erläutern Sie anhand Ihres Ausbildungsbetriebs, wer Ihre Key-Account-Kunden sind.

7 Beschreiben Sie an jeweils zwei Beispielen

a) offene Bedürfnisse und
b) latente Bedürfnisse.

8 Erläutern Sie am Beispiel von Mitgliedern Ihrer Familie, warum Menschen unterschiedliche Bedürfnisse haben. Welche Konsequenzen hat dies für die Anbieter von Gütern und Dienstleistungen?

1 **Peergroup** (engl. peer group): Gruppe von Personen ähnlichen Alters, die ein freundschaftliches Verhältnis verbindet (auch: Freundeskreis, Clique)

2 **Prestige:** Ansehen

3 Marktsegmentierung → LF 5, Kap. 3.2.4

9 Beschreiben Sie an einem Beispiel aus Ihrem Leben die Unterschiede zwischen Bedürfnis, Bedarf und Nachfrage.

10 Erläutern Sie, warum nicht alle Bedürfnisse zum Bedarf werden.

11 Unternehmen und natürliche Personen handeln im Normalfall nach unterschiedlichen Prinzipien. Ordnen Sie den Beispielen a) bis e) jeweils die richtige Ziffer zu:

a) Christian Fahrmeyer
b) Städtisches Klinikum Bad Oeynhausen
c) Adidas® AG
d) Landesbetrieb Straßenbau NRW
e) Ludwig-Erhard-Berufskolleg in Bonn

1. erwerbswirtschaftliches Prinzip
2. gemeinwirtschaftliches Prinzip
3. Prinzip der Nutzenmaximierung

12 Bestimmen Sie, ob in den folgenden Fällen nach dem Ökonomischen Prinzip gehandelt wird. Falls dies der Fall ist, geben Sie bitte auch an, nach welcher Ausprägung des Ökonomischen Prinzips gehandelt wird.

a) Natalie Fiedler versucht im Internet, ein bestimmtes Modell eines Notebooks möglichst günstig zu bekommen.
b) Die städtische Straßenreinigung in Bonn möchte mit den vorhandenen Mitarbeiterinnen und Mitarbeitern die Straßen so gut wie möglich reinigen.
c) Die Fly Bike Werke GmbH benötigt 50 Tonnen Stahl und wartet, bis der Stahlpreis weiter gefallen ist.
d) Die Fly Bike Werke GmbH möchte aus den 50 Tonnen Stahl möglichst viele Fahrräder produzieren.
e) Die *BE Partners KG* möchte mit möglichst wenig Personal möglichst viel Umsatz erzielen.

13 Tüley Öztürk möchte sich ein neues Smartphone anschaffen. Erläutern Sie, wie sie sich nach dem Minimalprinzip oder nach dem Maximalprinzip verhalten kann.

14 Beschreiben Sie kurz jeweils drei Möglichkeiten, wie Sie bzw. Ihr Ausbildungsbetrieb bei der Nachfrage nach Gütern oder Dienstleistungen das Ökologische Prinzip berücksichtigen können.

15 Überlegen Sie, ob alle im Kapitel beschriebenen Kaufmotive auf Sie zutreffen, und versuchen Sie, jeweils ein Beispiel aus Ihrer Vergangenheit zu beschreiben.

2.1.2 Erforschung der Wettbewerber (Konkurrenzforschung)

Beispiel Heute telefoniert Dörthe Epstein mit Herrn Peters von der Fly Bike Werke GmbH, um sich erste Informationen bezüglich der Wettbewerbssituation des Unternehmens zu beschaffen.

Fr. Epstein: Ich brauche eine Liste Ihrer größten Wettbewerber. Wir müssten dann ermitteln, wie die Marktanteile im Moment verteilt sind.

Hr. Peters: Die Liste kann ich Ihnen schnell zusammenstellen. Die Konkurrenzsituation auf dem Fahrradmarkt ist recht übersichtlich.

Fr. Epstein: Wir müssten uns dann aber auch noch einmal zusammensetzen und die Produktpaletten der wichtigsten Wettbewerber und deren Marketingaktivitäten analysieren.

Hr. Peters: Warum ist das denn wichtig?

Fr. Epstein: Je mehr wir über die Konkurrenz wissen, desto besser können wir unser Marketingkonzept darauf abstimmen. Eventuell finden wir ja sogar noch eine neue Marktnische.

Anbieter müssen nicht nur über die Bedürfnisse ihrer Kunden im Bilde sein, sie sollten sich auch über das Angebot und Verhalten der Konkurrenz informieren. Die Konkurrenzforschung sollte dabei folgende Informationen liefern:

Anzahl der Wettbewerber

Die **Wettbewerbsintensität** auf Märkten hängt entscheidend von der Anzahl der Anbieter ab. Grundsätzlich werden drei Situationen unterschieden:[1]

- **Polypol:** Markt mit **vielen** Anbietern
- **Oligopol:** Markt mit **wenigen** Anbietern
- **Monopol:** Markt mit **einem** Anbieter

Wenn gleichzeitig auch die Anzahl der Nachfrager betrachtet wird, können neun **Marktformen** unterschieden werden.[2]

1 **griechisch:**
polys – viele
oligos – wenig
monos – allein

2 **Marktformenschema:** Eine scharfe Grenze zwischen „vielen“ und „wenigen“ lässt sich nicht ziehen. Es kommt vielmehr darauf an, ob die entsprechende Marktseite eher polypolistische (die einzelnen Marktteilnehmer haben eher wenig Marktmacht) oder oligopolistische (einzelne Marktteilnehmer haben eher große Marktmacht) Strukturen hat.

Marktformen	viele Anbieter	wenige Anbieter	ein Anbieter
viele Nachfrager	**Polypol** Beispiel: viele Bäckereien – viele Konsumenten	**(Angebots-)Oligopol** Beispiel: wenige Autohersteller – viele Konsumenten	**(Angebots-)Monopol** Beispiel: ein Wasserwerk – viele Konsumenten
wenige Nachfrager	**Nachfrageoligopol** Beispiel: viele Landwirte – wenige Molkereien	**zweiseitiges Oligopol** Beispiel: wenige Anbieter von Kreuzfahrtschiffen – wenige Reedereien	**beschränktes Angebotsmonopol** Beispiel: ein Hersteller eines speziellen Medikamentes – wenige Nachfrager, da seltenes Krankheitsbild
ein Nachfrager	**Nachfragemonopol** Beispiel: viele Straßenbauunternehmen – Staat als einziger Nachfrager	**beschränktes Nachfragemonopol** Beispiel: wenige Hersteller von Polizeiautos – Staat als einziger Nachfrager	**zweiseitiges Monopol** Beispiel: ein Hersteller von Panzern – Bundeswehr als einziger Abnehmer

Im **Polypol** stehen sich sehr viele Anbieter und Nachfrager auf dem Markt gegenüber. Die Polypolsituation gilt aus Sicht der staatlichen Wettbewerbspolitik als Idealfall, da weder Anbieter noch Nachfrager über große Marktmacht verfügen und somit Marktpreise nicht direkt beeinflussen können. Aus Anbietersicht bedeutet ein Polypol, dass man sich mit vielen Wettbewerbern auseinandersetzen und den Markt teilen muss.

Im **(Angebots-)Oligopol** sind nur wenige Anbieter, die jeweils einen hohen Marktanteil besitzen, auf dem Markt tätig. Ein Anbieter wird seine Preise erhöhen, wenn er davon ausgehen kann, dass die anderen Anbieter ihm folgen werden. Die einzelnen Anbieter haben eine große Marktmacht.

Beispiel In einem kleinen Vorort von Bonn teilen sich zwei Blumenhändler das Geschäft. Durch die geringe Konkurrenz fällt der Preis für die Nachfrager höher aus (Angebotsoligopol).

Umgekehrt wäre auch eine Situation denkbar, in der in dem Vorort, z. B. auf einem Wochenmarkt, plötzlich viele Anbieter von Blumen relativ wenigen Nachfragern gegenüberstehen. Der Wettbewerb ist deutlich größer und die Blumen erzielen nun Preise, die deutlich niedriger sind (Nachfrageoligopol).

Beim **(Angebots-)Monopol** fällt der Wettbewerb völlig aus, da es nur einen Anbieter gibt. Dieser hat die alleinige Marktmacht und kann – ohne Konkurrenz berücksichtigen zu müssen – Preise festlegen. Durch die Variation des Preises wird lediglich geregelt, wie viel nachgefragt wird.

Marktanteil der Wettbewerber

Auf Märkten gibt es oft „große“ und „kleine“ Anbieter. Um die Frage nach dem Marktanteil eines Unternehmens beantworten zu können, ist es sinnvoll, zwei wichtige **Marktgrößen** zu kennen.

Marktgröße	Bedeutung	Beispiel
Marktvolumen	Menge der tatsächlich innerhalb eines Zeitraums auf einem bestimmten Markt verkauften Güter	Im Jahr 20XX wurden in Deutschland insgesamt 1 400 000 E-Bikes abgesetzt.
Marktanteil	(prozentualer) Anteil eines Unternehmens am Marktvolumen $\text{Marktanteil} = \frac{\text{Absatzvolumen} \cdot 100\,\%}{\text{Marktvolumen}}$	Die Fly Bike Werke GmbH hat im selben Jahr 70 000 E-Bikes verkauft. Der Marktanteil des Unternehmens am Markt für E-Bikes beträgt also 5 %.

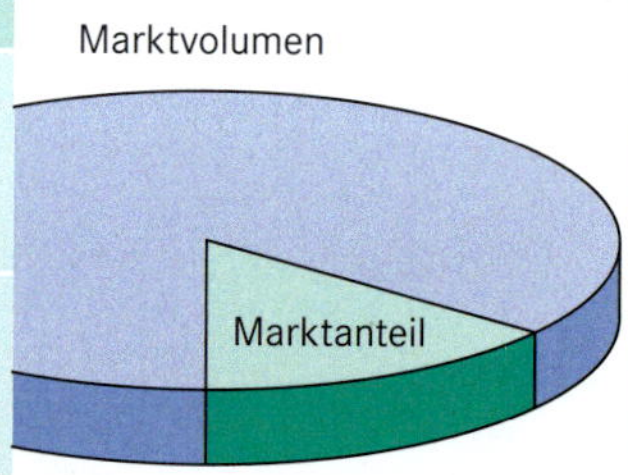

Neben der Marktform gibt der Marktanteil der auf einem Markt agierenden Unternehmen Auskunft über die **Marktmacht** der einzelnen Anbieter.

Leistungsangebot der Wettbewerber

Um die eigenen Produkte geschickt in einem Markt positionieren zu können, sollte erforscht werden, welche Angebotspalette bei der Konkurrenz vorhanden ist. Es gilt, die Leistungen der Konkurrenz hinsichtlich Qualität, Eigenschaften, Design, Preis usw. zu erfassen, um die jeweilige Konkurrenzsituation beurteilen zu können.

– gleiche Produkte → **direkte Konkurrenz**
– ähnliche Produkte → **indirekte Konkurrenz**[1]

Beispiel Ein Anbieter von Butter muss sich im Rahmen der Konkurrenzforschung sowohl mit direkten Konkurrenten (weitere Anbieter von Butter) als auch mit indirekten Konkurrenten (Anbieter von Margarine) auseinandersetzen.

Verhalten der Wettbewerber

Eigene Marketingkonzepte orientieren sich normalerweise immer auch an den Marketingaktivitäten der Konkurrenz. Entsprechend wichtig ist es, im Rahmen der Konkurrenzforschung permanent auch die derzeitigen Marketingaktivitäten der Wettbewerber zu erforschen. In diesem Zusammenhang werden z. B. folgende Fragestellungen beantwortet:

– Welche Art von **Werbemaßnahmen** (z. B. aggressiv oder zurückhaltend) führt die Konkurrenz durch?
– Welche **Preismaßnahmen** (z. B. Rabatte, Sonderangebote) führt die Konkurrenz durch?
– Welche **Vertriebswege** (z. B. Internet) nutzt die Konkurrenz?
– Welche **Produkte** entwickelt die Konkurrenz?
– Welche **neuen Zielgruppen** erschließt sich die Konkurrenz?

Beispiel Frau Epstein hat von Herrn Peters die Liste mit den Wettbewerbern der Fly Bike Werke GmbH bekommen. Sie hat durch eine Internetrecherche auf den Homepages der Konkurrenten festgestellt, dass einige Fahrradproduzenten inzwischen auch einen Direktvertrieb an den Endverbraucher über einen Internetshop anbieten. Deshalb möchte sie beim nächsten Treffen mit Herrn Peters die Vor- und Nachteile dieses Vertriebswegs für die Fly Bike Werke GmbH thematisieren.

[1] Konkurrenten bieten Leistungen zur Befriedigung der gleichen Kundenbedürfnisse an. Demzufolge müssen nicht nur die direkten Konkurrenten analysiert werden, sondern auch die Anbieter von **Substitutionsgütern** (Güter, die dieselben oder ähnliche Bedürfnisse erfüllen).

Alles klar?

1 Erarbeiten Sie die Vor- und Nachteile der folgenden Marktformen für die Anbieter und Nachfrager.

a) Polypol
b) (Angebots-)Oligopol
c) (Angebots-)Monopol

2 Recherchieren Sie, ob es in Deutschland Monopole gibt.

3 Nennen Sie für folgende Leistungsangebote direkte und indirekte Konkurrenten.

a) Smartphones der Marke Apple®
b) Energy-Drinks der Marke Red Bull®
c) E-Bikes der Marke Fly Bike

4 Benennen Sie die wichtigsten Wettbewerber Ihres Ausbildungsbetriebs und begründen Sie anhand des Leistungsangebots dieser Unternehmen, ob es sich um direkte oder indirekte Konkurrenz handelt.

5 Beschreiben Sie das Wettbewerbsverhalten von Media Markt® anhand der oben auf dieser Seite genannten Fragestellungen.

2.1.3 Erforschung der wirtschaftlichen Lage (Konjunkturforschung)

Beispiel Florian Hamm betrachtet gerade mit Dörthe Epstein eine Umsatzstatistik der Fly Bike Werke GmbH. Ihm fällt auf, dass der Gesamtumsatz im Jahr 20X4 um 3 % zurückgegangen ist.

Florian: Dann werden die Konkurrenten in den letzten Jahren wohl bessere Räder angeboten und mehr verkauft haben.

Fr. Epstein: Das könnte sein. Eventuell lag es aber auch an der konjunkturellen Entwicklung. Es kann sogar sein, dass die Umsatzentwicklung der Fly Bike Werke GmbH angesichts der gesamtwirtschaftlichen Entwicklung gar nicht so schlecht war. Ich habe hier die Daten zum nominalen Bruttoinlandsprodukt der letzten vier Jahre herausgesucht.

Bruttoinlandsprodukt (nominal/in jeweilige Preisen) (Werte in Mrd. €)

20X1	3.245,0
20X2	3.344,4
20X3	3.435,8
20X4	3.298,4

Um das (zukünftige) Verhalten von Kunden und Konkurrenten beurteilen bzw. vorhersagen zu können, muss auch die (zukünftige) wirtschaftliche Lage berücksichtigt werden. In Zeiten einer abschwächenden Wirtschaft werden Kunden beispielsweise weniger kaufen, da sich ihre Einkommenssituation tendenziell verschlechtert und die Arbeitslosigkeit steigt. Damit Unternehmen auch solche gesamtwirtschaftlichen Entwicklungen berücksichtigen können, müssen sie die wirtschaftliche Lage als weiteren Gegenstand der Marktforschung einbeziehen.

Wirtschaftsschwankungen

Die **wirtschaftliche Entwicklung einer Volkswirtschaft** verläuft niemals völlig konstant, sondern ist verschiedenen Arten von Schwankungen unterworfen, die kurzfristiger, mittelfristiger oder langfristiger Natur sein können. Die Wirtschaftsleistung wird mithilfe des **Bruttoinlandsprodukts (BIP)**[1] gemessen.

[1] Um saisonale Einflüsse auszuschließen, vergleicht man normalerweise Jahreswerte oder das BIP eines Monats oder Quartals mit dem Vorjahresmonat oder -quartal. Zudem muss berücksichtigt werden, dass das BIP aufgrund steigender Preise „automatisch“ von Jahr zu Jahr steigt, ohne dass mehr Leistungen erbracht werden. Aus der **nominalen Steigerung** des BIP muss deswegen noch die Preissteigerung herausgerechnet werden, um den **realen Anstieg** ermitteln zu können (preisbereinigtes BIP).

Merke! Das **Bruttoinlandsprodukt (BIP)** gibt den Wert aller in einem bestimmten Zeitraum in einem Land erzeugten Waren und erbrachten Dienstleistungen an.

1. Saisonale Schwankungen

Saisonale Schwankungen des Bruttoinlandsprodukts sind unvermeidliche, vor allem **wetterbedingte Schwankungen** im Verlauf der **Jahreszeiten**. Besonders stark davon betroffen sind wetterabhängige Branchen wie die Bau-, Land- und Forstwirtschaft, die ihre Arbeit in den Wintermonaten zum Teil einstellen müssen. Weitere Branchen, deren Umsätze jahreszeitlichen Schwankungen unterliegen, sind die Tourismus- und die Getränkebranche. Auch jährlich wiederkehrende Feste wie Weihnachten können zu saisonalen Schwankungen in einzelnen Branchen (z. B. im Einzelhandel) führen.

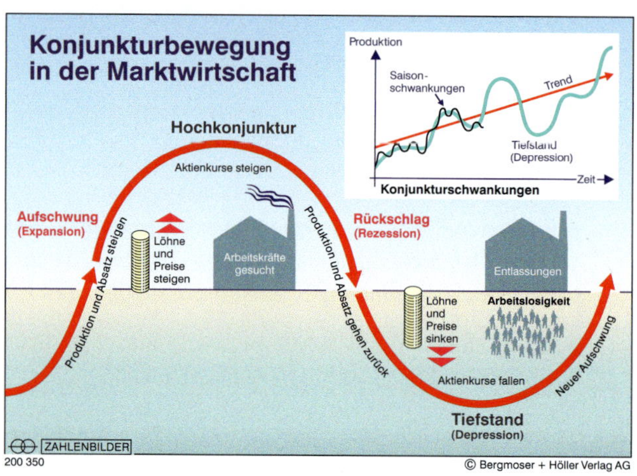

2. Konjunkturelle Schwankungen (Konjunkturzyklen)

Während von saisonalen Schwankungen vor allem einzelne Branchen betroffen sind, sind konjunkturelle Schwankungen ein **gesamtwirtschaftliches Phänomen**.

Hierbei handelt es sich um mittelfristige Schwankungen in der Auslastung der gesamtwirtschaftlichen Produktionskapazitäten.

Sie verlaufen zyklisch, wobei ein Konjunkturzyklus sich normalerweise über mehrere Jahre erstreckt und vier Phasen durchläuft.

Phasen des Konjunkturzyklus:

- **Aufschwung** (Expansion)
- **Hochkonjunktur** (Boom)
- **Abschwung** (Rezession)
- **Tiefstand** (Depression)

In der **Aufschwungphase (Expansion)** bestehen bei Herstellern und Verbrauchern optimistische Zukunftserwartungen. Das reale BIP steigt. Die Mehrproduktion erhöht die Auslastung der Produktionskapazitäten. Die Nachfrage nach Produktionsgütern und Arbeitskräften nimmt zu. Dadurch erhöhen sich auch die Einkommen der privaten Haushalte. Der Staat profitiert von der Entwicklung durch Steuermehreinnahmen und Minderausgaben. Insgesamt steigt das verfügbare Einkommen und kann zur erneuten Ausweitung der Nachfrage verwendet werden.

Das dynamische Wachstum der Aufschwungsphase geht im weiteren Verlauf in eine Phase der **Hochkonjunktur (Boom)** über. Diese ist durch ausgelastete Kapazitäten und einen hohen Beschäftigungsgrad gekennzeichnet. Die starke Nachfrage macht Preis-, aber auch Lohnerhöhungen leicht durchsetzbar. Es besteht deswegen eine hohe Inflationsgefahr[1]. Die Sorge wächst, dass die konjunkturelle Entwicklung einbricht, weswegen die Stimmung zunehmend skeptisch wird und Investitionsvorhaben ausgesetzt werden.

1 **Inflation** (lat.: Aufblähen) bezeichnet eine allgemeine Erhöhung der Güterpreise in einer Volkswirtschaft (**Inflation = Preissteigerung**). Diese ist gleichbedeutend mit einer Minderung der Kaufkraft des Geldes (**Inflation = Geldentwertung**).

Die zunehmend pessimistische Stimmung führt zu einer Veränderung des Konsum- und Investitionsverhaltens. Nun beginnt die **Abschwungphase (Rezession).** Die gesamtwirtschaftliche Nachfrage sinkt, die Unternehmen entlassen wegen der schlechten Auftragslage Personal und privaten sowie öffentlichen Haushalten stehen geringere finanzielle Mittel zur Verfügung. Sie schränken ihre Nachfrage weiter ein. Das nominale BIP steigt zwar in der Regel zunächst noch, weil die Preissteigerungsrate den mengenmäßigen Nachfragerückgang übertrifft. Doch das reale BIP, aus dem die Preiserhöhungen herausgerechnet sind, geht zurück.

Am Ende der Rezessionsphase werden die Zukunftserwartungen allmählich wieder positiver. Hellt die Stimmung von Unternehmern und Verbrauchern sich so weit auf, dass sie ihre Investitions- und Konsumpläne ausweiten, ist der **Tiefstand** überwunden und ein neuer Konjunkturzyklus beginnt. Hält eine Rezession über mehrere Jahre an, so droht eine **Depression**, d.h. eine tiefgreifende Krise einer Volkswirtschaft. Das BIP wird von Jahr zu Jahr geringer und es stehen Produktionskapazitäten im Übermaß zur Verfügung.

3. Langfristiger Trend

Die kurzfristigen saisonalen und die mittelfristigen konjunkturellen Schwankungen einer Volkswirtschaft bewegen sich um einen langfristigen Entwicklungstrend herum, der auch als **Wachstumspfad** bezeichnet wird. Mit dem Begriff kommt zum Ausdruck, dass die Wirtschaftsleistung (reales BIP) „gesunder“ Volkswirtschaften langfristig wächst.

Konjunkturtrend

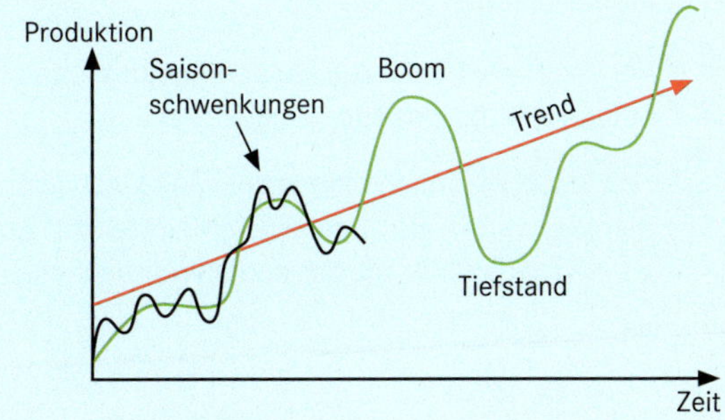

Konjunkturindikatoren

In Deutschland beschäftigen sich mehrere **Wirtschaftsforschungsinstitute** mit der Konjunkturanalyse und -forschung.[1] Diese Institute erarbeiten beispielsweise Prognosen zur Entwicklung des Bruttoinlandsprodukts, der Arbeitslosigkeit, des privaten Konsums, der privaten Investitionen sowie der Ex- und Importe. Zweimal jährlich, im Frühjahr und im Herbst, werden von ausgewählten Wirtschaftsforschungsinstituten **Gemeinschaftsgutachten** über die deutsche und weltwirtschaftliche Konjunkturlage erstellt.

Um die gegenwärtige Situation im Konjunkturverlauf zu ermitteln (**Konjunkturdiagnose**) oder zukünftige wirtschaftliche Entwicklungen vorauszusagen (**Konjunkturprognose**), können verschiedene Arten von **Konjunkturindikatoren** herangezogen werden.

[1] Die Konjunkturanalysen und -prognosen der Wirtschaftsforschungsinstitute dienen vorrangig der Bundesregierung als Grundlage ihrer Wirtschaftspolitik (Konjunkturpolitik). Da viele Daten zur (zukünftigen) konjunkturellen Lage aber frei verfügbar sind, können auch Unternehmen diese Informationen im Rahmen verschiedener Planungen berücksichtigen.

Merke! Ein **Konjunkturindikator** ist eine Kennzahl, die Auskunft über den Zustand und die Entwicklung der gesamtwirtschaftlichen Konjunktur gibt. Insbesondere zeigen Konjunkturindikatoren die vorliegende Konjunkturphase an.

Die folgende Tabelle zeigt, wie sich einige dieser volkswirtschaftlich relevanten Größen im Verlauf des Konjunkturzyklus typischerweise entwickeln:[2]

[2] Daten zu Konjunkturindikatoren findet man beispielsweise auf den Internetseiten:
- www.arbeitsagentur.de
- www.bundesbank.de
- www.destatis.de (Statistisches Bundesamt)

Indikator	Aufschwung	Hochkonjunktur	Abschwung	Tiefstand
BIP (real)	steigt	steigt deutlich	sinkt	sinkt deutlich
Absatz	steigt	hoch, stagniert	sinkt	niedrig
Auftragseingänge	steigen	hoch, beginnen zu sinken	sinken	niedrig, steigen langsam
Gewinne	steigen	hoch	sinken	niedrig
Inflationsrate	steigt	hoch	sinkt	niedrig
Arbeitslosigkeit	sinkt	gering	steigt	hoch
Reallöhne	steigen leicht	steigen deutlich	sinken leicht	sinken deutlich

Alles klar?

1 Manche Unternehmen sind von saisonalen Wirtschaftsschwankungen abhängig.
   a) Nennen Sie fünf konkrete Beispiele.
   b) Benennen Sie auch jeweils die Ursache.

2 Beschreiben Sie den idealtypischen Konjunkturverlauf. Begründen Sie, wie sich in den einzelnen Phasen die wirtschaftlichen Größen Nachfrage, Preise, Gewinne und Beschäftigung verändern.

3 Recherchieren Sie Daten zu den Konjunkturindikatoren und beurteilen Sie mit deren Hilfe die aktuelle konjunkturelle Situation in Deutschland.

4 Sehen Sie sich noch einmal das Eingangsbeispiel des Kapitels 2.1.3 an. Begründen Sie, warum die angegebenen Werte zum Bruttoinlandsprodukt trügerisch sein können, wenn man sie zur Konjunkturdiagnose heranzieht.

2.2 Methoden der Marktforschung

Beispiel Herr Peters von der Fly Bike Werke GmbH und Dörthe Epstein haben über das Thema E-Bikes gesprochen. Nach Branchenprognosen steigt das Marktvolumen weiter. Allerdings werden diese Räder nach Händleraussagen immer noch bevorzugt von Kunden ab einem Alter von 40 Jahren gekauft. Herr Peters ist unsicher, ob die Fly Bike Werke GmbH zukünftig auch E-Bikes für eine jüngere Zielgruppe in einem entsprechenden Design entwickeln soll. Frau Epstein schlägt vor, zunächst eine Marktforschungsstudie durchzuführen.

Um Informationen über Kundenbedürfnisse, Konkurrenzaktivitäten oder die wirtschaftliche Lage zu bekommen, muss Marktforschung betrieben werden. Beispielsweise benötigt man für die Frage, ob ein Artikel überhaupt entwickelt und hergestellt werden soll, Informationen über dessen voraussichtliche Marktchancen.

Merke! **Marktforschung** ist die systematische, gezielt vorbereitete, auf wissenschaftlichen Methoden basierende Beschaffung, Aufbereitung und Analyse von Informationen zur Beurteilung eines Marktes und zur Beantwortung von Marketingfragen.[1]

1 Gemäß der Definition ist nicht jede Untersuchung zur Beantwortung von Marketingfragen gleich eine Marktforschung. Werden Kundenwünsche eher **spontan, unsystematisch und ohne weiterreichende Vorbereitung** ermittelt, so liegt eher eine **Markterkundung** vor (z. B. spontane Messegespräche, gelegentliche Auswertungen von Vertreterberichten).

Marktbeobachtung – Marktanalyse – Marktprognose

Wird Marktforschung mit dem Ziel betrieben, über Entwicklungen und Veränderungen auf Märkten **ständig** unterrichtet zu sein, spricht man von **Marktbeobachtung**. Sollen Marktdaten dagegen **zu einem bestimmten Zeitpunkt** erhoben werden, handelt es sich um eine **Marktanalyse**. In der Praxis gehen Marktanalyse und Marktbeobachtung oft ineinander über, da ein Unternehmen für seine Entscheidungen sowohl an langfristigen Entwicklungen als auch an aktuellen Informationen interessiert ist. Zudem lassen sich meist nur durch eine Kombination der beiden Forschungsmethoden zuverlässige **Marktprognosen** erstellen, die Aussagen über die **künftige Marktentwicklung** ermöglichen und die Grundlage für Marketingkonzepte bilden.

Marktbeobachtung
Regelmäßige Datenerhebung zur Entwicklung eines Marktes über einen längeren Zeitraum

Beispiel: Auf der Suche nach neuen, Erfolg versprechenden Produkten führt die Fly Bike Werke GmbH regelmäßig Händlerbefragungen durch.

Marktanalyse
Einmalige Datenerhebung über eine Marktsituation zu einem bestimmten Zeitpunkt

Beispiel: Auf der diesjährigen Fahrradmesse Bike & Style werden interessierte Besucher nach ihren Interessen und Wünschen bez. E-Bikes befragt.

sind Grundlage für die →

Marktprognose
Aussagen über die zukünftige Entwicklung von Märkten

Beispiel: Auf der Grundlage der regelmäßigen Händlerbefragungen und der einmaligen Befragung auf der Fachmesse wird das Marktpotenzial von E-Bikes für die Zielgruppe „25–39 Jahre“ als hoch eingestuft.

Bei allen Marktforschungsaktivitäten können Daten mit verschiedenen Erhebungsmethoden der Sekundär- und Primärforschung unter Verwendung unterschiedlicher Informationsquellen gewonnen werden.

2.2.1 Sekundärforschung

Als Erstes versuchen Unternehmen bei einer Marktforschung in der Regel, bereits vorliegendes Datenmaterial zu verwenden, um Informationen zu gewinnen.

Greift ein Unternehmen auf solche bereits vorhandenen Daten zurück, spricht man von **Sekundärforschung**[1]. Da die Arbeit überwiegend am Schreibtisch erledigt wird, spricht man auch von „**Schreibtischforschung**" oder „**desk research**"[2].

Innerbetriebliche (betriebsinterne) Informationsquellen

Marktforschung beginnt häufig im eigenen Unternehmen und beruht auf Daten, die in den verschiedenen Abteilungen anfallen und gesammelt werden. Der Zugriff (vom Schreibtisch) auf diese Daten erfolgt häufig über die EDV des Unternehmens. Neben Umsatz- bzw. Absatzstatistiken oder anderen Daten aus dem Rechnungswesen können aber auch Berichte von Reisenden, Mängelrügen von Kunden, Sammlungen von Fachzeitschriften oder die Lagerdatei als Quellen genutzt werden.

Beispiel Herr Peters von der Fly Bike Werke GmbH hat gesammelte Fachzeitschriften der letzten Monate gesichtet, um sich einen Überblick über die technischen Entwicklungen im Bereich der E-Bikes zu verschaffen. Zudem hat er eine Umsatzstatistik nach Regionen in Deutschland erstellen lassen. Er möchte die Vermutung überprüfen, dass E-Bikes vorrangig in gebirgigen Regionen abgesetzt werden.

Außerbetriebliche (betriebsexterne) Informationsquellen

Im Rahmen von Marketingentscheidungen sind häufig zusätzlich Informationen erforderlich, die im Unternehmen nicht vorliegen. Heutzutage ist der Zugriff auf solche außerbetrieblichen Informationsquellen häufig (vom Schreibtisch) über das **Internet** möglich. Neben Quellen zur Konjunkturforschung[3] (z. B. Statistisches Bundesamt) können die Internetseiten der Konkurrenz und der Branchenverbände sowie Suchmaschinen oder Fachportale genutzt werden. Weitere betriebsexterne Informationsquellen sind Messebesuche, Geschäftspartner (z. B. Lieferanten), Veröffentlichungen der Kammern und Verbände sowie Kataloge, Prospekte und Preislisten der Wettbewerber.

Beispiel Die Verkaufsmitarbeiter der Fly Bike Werke GmbH recherchieren regelmäßig im Internet und sammeln Informationen über technische Entwicklungen. Zudem werden die Homepages der Konkurrenz regelmäßig gezielt ausgewertet. Zusätzlich ruft die Fly Bike Werke GmbH bei Bedarf Informationen zum Fahrradmarkt beim Marktforschungsinstitut „Gesellschaft für Konsumforschung" (GfK) in Nürnberg gegen Gebühr ab.

2.2.2 Primärforschung

Die Sekundärforschung ist kostengünstig und umfangreiche Daten stehen sofort zur Verfügung. Allerdings sind die gewonnenen Daten häufig nicht aktuell, zu wenig speziell und damit auch weniger aussagekräftig. Zudem bieten sie in der Regel keinen Wettbewerbsvorteil, da sie auch der Konkurrenz zur Verfügung stehen.

1 Üblicherweise wird im Rahmen von Marktforschungsaktivitäten **zunächst Sekundärforschung** betrieben. Nur wenn kein ausreichendes Datenmaterial vorhanden ist, wird (anschließend) eine **aufwendigere Primärforschung** durchgeführt.

Die Begriffe gehen darauf zurück, dass bei der Sekundärforschung bereits vorhandene Daten **ein zweites** (bzw. weiteres) **Mal genutzt** werden, während sie bei der Primärforschung **erstmalig erhoben** werden.

2 **desk** (engl.): Schreibtisch
to research (engl.): forschen

3 Konjunkturforschung
→ LF 5, Kap. 2.1.3

LS 57 Primärforschung betreiben und Fragebogen gestalten

Sollen **aktuelle und bisher nicht bekannte Daten** beschafft werden, müssen diese neu und gezielt erhoben werden. Hierbei spricht man dann von einer **Primärforschung** (auch „**Feldforschung**" oder „**field research**" genannt). Die Primärerhebung bietet den Vorteil, dass ihre Ergebnisse bei neuartigen Artikeln genau, spezifisch und aktuell sind. Allerdings ist sie auch zeitaufwendig und kostenintensiv.

Große Unternehmen lassen die aufwendige Primärforschung oftmals von betriebseigenen Marktforschungsabteilungen durchführen, während kleinere und mittelständische Unternehmen in der Regel Marktforschungsinstitute oder Werbeagenturen mit der Datenerhebung beauftragen.

Beispiel Herr Peters von der Fly Bike Werke GmbH arbeitet bereits seit Jahren mit der Werbeagentur BE Partners KG zusammen. Er schätzt die Spezialisierung der Mitarbeiterinnen und Mitarbeiter und erteilt regelmäßig komplexe Aufträge von der Marktforschung über die Planung und Umsetzung eines Marketingkonzepts bis zur Erfolgskontrolle.

Im Rahmen einer Primärerhebung muss zunächst eine geeignete **Erhebungsmethode** bestimmt werden:

Befragung

Eine Befragung ist die am häufigsten genutzte Erhebungsmethode der Primärforschung. Um sie zielgerichtet und effizient durchführen zu können, müssen zur Vorbereitung einige Aspekte (Befragungsarten) überlegt und geklärt werden:

- **Inhalt der Befragung:** Die Antworten der befragten Personen sollen eine möglichst hohe Aussagekraft hinsichtlich des Marktforschungsgegenstands haben. Es sollten also nur relevante Aspekte abgefragt werden. Unterschieden werden hierbei **Einthemenbefragungen**, die im Zusammenhang mit einer konkreten Fragestellung hilfreich sind, und **Mehrthemenbefragungen** (Omnibusbefragungen), bei denen verschiedene Themen gleichzeitig untersucht werden.
- **Art der Befragten:** Bei den Befragten kann es sich um Privatpersonen (**Konsumentenbefragung**), um (Vertreter von) Unternehmen (**Unternehmensbefragung**) oder um Spezialisten zu einem Thema (**Expertenbefragung**) handeln.
- **Anzahl der Befragten:** Bei einer **Vollerhebung** werden alle Personen befragt, über die eine Aussage getroffen werden soll. Da dies sehr aufwendig und oftmals sogar unmöglich ist, werden normalerweise **Teilerhebungen** durchgeführt.[1] Hierbei wird ein meist zufällig ausgewählter Personenkreis aus der Gesamtgruppe (Grundgesamtheit) befragt.
- **Häufigkeit der Befragung:** Dient die Befragung der einmaligen Marktanalyse, so spricht man von einer **Einmalbefragung**. Sollen jedoch im Sinne einer Marktbeobachtung auch Veränderungen in den Antworten analysiert werden, so sind **Mehrfachbefragungen (Panel**[2]) erforderlich, bei denen die Personen wiederholt befragt werden.
- **Durchführungsform der Befragung:**

  1. **Schriftliche Befragungen:** Hierbei werden Fragebögen beispielsweise per Post oder E-Mail zugesendet bzw. an die zu befragenden Personen persönlich oder über andere Medien wie Zeitschriften verteilt (**Verteilerbefragung**).

  2. **Mündliche Befragungen:** Diese können als **persönliche Befragung** in Face-to-Face-Interviews oder als **telefonische Befragung** durchgeführt werden.[3]

1 Im Rahmen der Teilerhebung ist zu beachten, dass die befragte Personengruppe repräsentativ (d. h. typisch für die Gesamtgruppe) sein muss.

2 Bei einem **Panel** wird eine festgelegte Gruppe gleichbleibender Personen (z. B. Händler, bestimmte Haushalte einer Region) über einen bestimmten Zeitraum regelmäßig befragt.
So lassen sich gut Trends und Entwicklungen ermitteln (= **Marktbeobachtung**).

3 Telefonische Befragungen werden häufig als **Computer Aided Telephone Interview** durchgeführt. Dem Fragenden werden die zu befragenden Personen (z. B. Namen und Telefonnummern) und der Fragebogen vom Computer vorgegeben. Die Antworten werden direkt in den PC eingegeben.

- **Methode der Befragung:** Befragungen werden meistens als **standardisierte Befragungen** bzw. **standardisierte Interviews** durchgeführt, bei denen die Fragen inklusive ihrer Reihenfolge festgelegt sind. Bei mündlichen Befragungen sind aber auch **strukturierte Interviews**[1] möglich, bei denen nur Leitfragen vorgegeben werden. Der Interviewer kann während der Befragung die Reihenfolge variieren und Zusatzfragen stellen. Beim **freien Interview** wird nur das Gesprächsthema festgelegt.

1 Das strukturierte Interview ist auch eine gängige Befragungsmethode im Rahmen von Vorstellungsgesprächen. Weitere Informationen zu Vorstellungsgesprächen finden Sie in LF 8.

Beispiel Die BE Partners KG möchte die Einstellung der Personen zwischen 25 und 39 Jahren in Deutschland zu E-Bikes erfahren. Florian Hamm soll für Frau Peters eine Primärerhebung vorbereiten. Er soll einen Fragebogen mit genau 20 Fragen erstellen, mit dem 250 zufällig ausgewählte Personen zwischen 25 und 39 Jahren auf der Straße nach ihren Meinungen zu E-Bikes befragt werden sollen. Können Sie die Befragungsarten zuordnen?

Sobald die Aspekte bezüglich der Befragungsarten geklärt sind, muss der Fragebogen gestaltet werden.[2] Auch hierbei sind zahlreiche Details wie die Fragearten (z. B. offen oder geschlossen) oder die Reihenfolge der Fragen zu berücksichtigen.

2 Fragebogengestaltung
→ LF 5, Kap. 2.2.3

Beobachtung

Bei der Erhebungsmethode der Beobachtung wird das **Verhalten von Personen in bestimmten Situationen** beobachtet, um Informationen zu bestimmten Fragestellungen zu erhalten. Dabei kann es sich um **reale**[3] (z. B. Beobachtung des Kundenverhaltens in einem Supermarkt) **oder simulierte**[4] (z. B. virtuelles Supermarktregal am PC) **Situationen** handeln. Zudem ist zu unterscheiden zwischen **verdeckten Beobachtungen** (d. h. ohne Wissen der Teilnehmer) und **offenen Beobachtungen**. Es können dabei auch technische Hilfsmittel wie z. B. Videoaufzeichnungen, Hautwiderstandsmessungen („Lügendetektor"), Messungen der Augenbewegungen (Eye-Tracking) oder weitere Aufmerksamkeitsdaten (Attention-Tracking) verwendet werden.

3 **reale Situationen:** Feldbeobachtung

4 **simulierte Situationen:** Laborbeobachtung

Beispiel Attention-Tracking-Auswertung einer Printanzeige
Eine Printanzeige zeigt groß das Gesicht eines Jungen, außerdem einen Werbespruch und das Logo des werbenden Unternehmens. Beim Attention-Tracking wird gemessen, wann der Blick eines Betrachters der Anzeige wohin wandert, wie viel Aufmerksamkeit er also welchen Teilen der Anzeige widmet. Mithilfe dieser Informationen kann das Unternehmen Werbeanzeigen optimieren.

Experiment (Test)

Bevor Marketingmaßnahmen in der Realität umgesetzt werden, werden sie zuvor häufig innerhalb kontrollierter Rahmenbedingungen in einem Experiment getestet. In **Labortests** werden bestimmte Elemente (z. B. Produkteigenschaften, Design, Verpackung) variiert. Die Testteilnehmer (Probanden) werden in ihrem Verhalten beobachtet oder im Anschluss befragt.[5]

5 In einem Test werden die Erhebungsmethoden „Befragung" und/oder „Beobachtung" häufig in Kombination mit dem eigentlichen Experiment durchgeführt.

Beispiel Ein Designer der Fly Bike Werke GmbH erstellt am PC verschiedene Designvarianten eines E-Bikes für jüngere Kunden. Seine Vorschläge übermittelt er an die BE Partners KG. Dort wird mit zufällig ausgewählten Personen aus der Zielgruppe ein Labortest durchgeführt. Den Testpersonen werden die Designalternativen vorgelegt und durch Beobachtung der Reaktionen und anschließende Befragung soll jenes Design ermittelt werden, das bei der Zielgruppe am besten „ankommt".

Neben simulierten Labortests steht vor einer Produkteinführung eine weitere Möglichkeit zur Verfügung. In **Markttests** (Feldexperimente) werden neue Artikel (oder Verkaufskonditionen, Verpackungen, Warenplatzierungen) auf einem repräsentativen Teilmarkt (**Testmarkt**) mit einer überschaubaren Anzahl von Marktteilnehmern getestet um die Absatzchancen des Produkts (bzw. der unterschiedlichen Varianten) auf dem Gesamtmarkt prognostizieren zu können.

Wo wohnt eigentlich Familie Mustermann?
Mit dieser Frage machte sich vor 30 Jahren die Gesellschaft für Konsumforschung (GfK) auf die Suche nach Deutschlands Durchschnitt.

Fündig wurde das größte deutsche Marktforschungsinstitut in dem rheinland-pfälzischen 21.000-Einwohner-Dorf Haßloch. Familie Mustermann, eine dreiköpfige Familie, bewohnt eine Dreieinhalbzimmerwohnung und verfügt über ein monatliches Haushaltsnettoeinkommen von 2.700 Euro. 227 Minuten am Tag widmet sie dem Fernsehprogramm. Sie steht stellvertretend für die Haßlocher Familien, die Teil des GfK Haushaltspanels[1] sind, und lässt beim wöchentlichen Einkauf tief in den Warenkorb blicken. Insgesamt nehmen 3.400 von rund 8.500 Haßlocher Haushalten am sogenannten GfK Behaviour Scan teil und entscheiden mit ihrem Einkauf darüber, was es im Rest der Bundesrepublik in die Supermarktregale schafft und was nicht. Der Wettbewerb um eine Pole Position im Einzelhandel ist hart umkämpft. So findet man etwa 70 % aller Artikel, die neu auf den Markt kommen, bereits nach einem Jahr nicht mehr in den Regalen.

Deutschlands größtes Dorf wurde zum GfK-Testmarkt erklärt, da sowohl die Einwohner als auch die Größe und die Struktur des Ortes den Durchschnitt der Deutschen widerspiegeln. Neben der durchschnittlichen Familie Mustermann aus der Mittelschicht sind auch Singles, kinderlose Paare, Rentner und Arbeitslose Teil des großen Experiments. Sie alle bilden die Jury, vor der sich neben neuen Produkten auch TV-Formate beweisen müssen, bevor sie den deutschlandweiten Durchbruch schaffen. In das Fernsehprogramm von 2.500 Haushalten werden bisher ungesehene Werbespots eingespeist. Denn nur so kann zuverlässig getestet werden, ob ein Fernsehspot auch wirklich einen Kaufanreiz bewirkt. [...]

Quelle: https://diepfalz.de/pfalz/blog/wo-wohnt-eigentlich-familie-mustermann/?cn-reloaded=1

1 Die **Testmärkte** der GfK sind eine **besondere Form des Panels.** Hier werden die teilnehmenden Personen nicht nur regelmäßig befragt. Zudem wird beispielsweise wiederholt ihr Einkaufsverhalten an der Kasse erfasst und sie werden regelmäßig mit besonderen Werbemaßnahmen konfrontiert.

Online-Marktforschung

Als Online-Marktforschung wird die Marktforschung mithilfe von Online-Medien verstanden. Mittlerweile spielt das Internet als „Research Tool" u. a. wegen der kostengünstigen und einfachen Erreichbarkeit großer Personengruppen eine wichtige Rolle.

Immer mehr Methoden der Online-Marktforschung etablieren sich:

- **Online-Befragung:** Bei Online-Befragungen handelt es sich um moderne Formen der schriftlichen Befragung. Fragebögen werden beispielsweise als Anhang einer E-Mail versendet (**E-Mail-Befragung**) oder auf einer Homepage bereitgestellt (**Web-Befragung**). Auf die Internetseite mit dem Fragebogen gelangt die befragte Person beispielsweise über einen Link in einer E-Mail, über Verlinkungen auf anderen Internetseiten (banner ads, pop ups usw.) oder gezielt über die Internetseite eines Unternehmens.
- **Online-Panel:** Eine Weiterentwicklung des klassischen Panels ist das Online-Panel. Hierbei wird eine Gruppe von registrierten Personen, die sich bereit erklärt haben, wiederholt an Online-Studien teilzunehmen, regelmäßig über das Internet befragt.
- **Online-Feedbacksysteme:** Kunden-Feedback-Systeme sind schon seit längerer Zeit eine Möglichkeit, Kundenrückmeldungen für Verbesserungen (z. B. in der Produktqualität oder im Service) zu nutzen. Als Online-Variante sind sie heute häufig Bestandteil der Homepage eines Unternehmens.
- **Web Monitoring / Social Media Monitoring:** Beim **Web Monitoring** werden grundsätzlich alle **im Internet verfügbaren Informationen von Konsumenten beobachtet**. In Foren, Blogs, sozialen Netzwerken oder Bewertungsportalen werden Konsumentenmeinungen gesichtet, gesammelt und analysiert. Web Monitoring kann intuitiv (z. B. über Suchbegriffe) oder automatisch mithilfe spezieller Software erfolgen. Besonders interessant für Unternehmen sind soziale Netzwerke, da hier ein reger Austausch stattfindet. Ideen werden verbreitet und Meinungen geäußert, zudem werden Dienstleistungen und Produkte von Nutzern beschrieben und bewertet. Mit **Social Media Monitoring** werden diese Informationen gesammelt und analysiert.[1]
- Durch eine **Unternehmenspräsenz in sozialen Netzwerken** können beispielsweise auch die Anzahl der **Likes** oder **Follower** und vor allem deren Verbindungen im Zeitablauf (z. B. nach einer erfolgten Werbemaßnahme) betrachtet werden. Auch **Cookies** oder **Apps** tragen zur Gewinnung von Informationen über das Nutzerverhalten bei. Für Unternehmen sind diese aktuellen Informationen über Lebensgewohnheiten, Vorlieben und das Kaufverhalten ihrer (potenziellen) Kunden äußerst wertvoll.

1 Web Monitoring hat übrigens auch im **Personalmarketing** eine große Bedeutung, und zwar in Form des **„Googelns" von Bewerbern** und **Recherchierens in sozialen Netzwerken** (z. B. Facebook®) im Rahmen der Personalauswahl. Weitere Informationen finden Sie in LF 8.

Alles klar?

1 Unterscheiden Sie Marktbeobachtung, Marktanalyse, Marktprognose und Markterkundung allgemein und beschreiben Sie jeweils ein Beispiel.

2 Unterscheiden Sie Sekundär- und Primärforschung und nennen Sie jeweils drei Informationsquellen bzw. Erhebungsmethoden.

3 Stellen Sie die Vorteile von Sekundär- und Primärforschung gegenüber.

4 Wägen Sie Vor- und Nachteile von schriftlichen und mündlichen Befragungen ab.

5 „Für Unternehmen ist Konjunkturforschung immer Sekundärforschung."
Nehmen Sie Stellung zu dieser Aussage.

6 Erläutern Sie, wie Unternehmen (evtl. Ihr Ausbildungsbetrieb) Web Monitoring und Social Media Monitoring für Marktforschung nutzen können.

2.2.3 Fragebogengestaltung und Durchführung einer Befragung

Bei der **Gestaltung eines Fragebogens** müssen nicht nur Aspekte bezüglich der Befragungsart[1] geklärt werden. Sondern auch die Menge und **Art der Fragen** sowie deren verständliche und eindeutige Formulierung sind entscheidend für die Erreichung der **Ziele der Befragung:**

1 Befragungsarten
→ LF 5, Kap. 2.2.2

- **Hohe Antwort- bzw. Rücklaufquote:** Damit möglichst viele Personen bereit sind, an der gesamten Befragung teilzunehmen, sollte sie **nicht zu lang** sein. Der Fragebogen sollte **motivierend und interessant gestaltet** sein. Deswegen beginnen Befragungen häufig mit einfach zu beantwortenden Eisbrecherfragen, während persönliche Fragen (z. B. nach dem Alter) am Ende stehen. Außerdem kann die „Response Rate[2]" durch Anreize zur Teilnahme, wie kleine Geschenke oder Verlosungen, erhöht werden.

2 **response rate** (engl.): Antwortquote, Rücklaufquote

Fragebögen sind in der Regel in folgender Reihenfolge aufgebaut:

Frageart	Beschreibung	Beispiel
Kontakt- oder Eisbrecherfragen	Fragen, um dem Befragten den Einstieg in die Befragung zu erleichtern	Haben Sie ein Fahrrad? ☐ ja ☐ nein
Sachfragen	Diese Fragen liefern die für das Ziel der Befragung wichtigen Daten. Dabei sollen Fragen zu einem Themengebiet nacheinander folgen, um Gedankensprünge der Teilnehmer zu vermeiden.	Wofür nutzen Sie Ihr Fahrrad? ☐ Freizeit ☐ Fahrt zur Arbeit ☐ Radtouren ☐ Sport ☐ gar nicht
Kontroll- und Plausibilitätsfragen	Diese Fragen dienen zur Überprüfung der gegebenen Antworten, um fehlerhafte Fragebögen auszusortieren. Die Fragen sollen Widersprüche aufdecken, indem abgefragte Themen anders formuliert wieder auftauchen.	Ich finde E-Bikes modern. ☐ ja ☐ nein E-Bikes haben ein „Alte-Leute-Image". ☐ ja ☐ nein
Fragen zur Person	Sie dienen der Erhebung von personenbezogenen Daten des Befragten. Die Fragen stehen am Ende, weil die Befragten dann bereits aufgewärmt und auskunftsfreudiger sind.	Wie lautet Ihr Geburtsdatum?

- **Aussagekräftige Daten:** Vor der Formulierung der Fragen muss geklärt werden, welche Informationen gesammelt und analysiert werden sollen. Hierbei ist unbedingt der **Befragungsgegenstand zu berücksichtigen.** Es sollten also nicht „irgendwelche" Fragen gestellt werden, sondern nur solche, deren Antworten nützlich sind.

Beispiel Florian Hamm hat für die Befragung nach der Einstellung der Personen zwischen 25 und 39 Jahren zu E-Bikes unter anderem folgende Frage vorbereitet: Wie hoch ist Ihr Monatseinkommen? ☐ < 1.000 € ☐ 1.000–2.000 € ☐ > 2.000 €

Dörthe Epstein erklärt ihm, dass Fragen nach dem zur Verfügung stehenden Einkommen zwar bei vielen Befragungen eine Rolle spielen. Im vorliegenden Fall wird diese Information aber nicht benötigt, da zunächst nur verschiedene Aspekte der Einstellungen der jungen Leute zu E-Bikes erhoben und eine grundsätzliche Kaufbereitschaft ermittelt werden soll.

Zudem muss bei der Formulierung von Fragen darauf geachtet werden, dass die Antworten nicht aus verschiedenen Gründen unbrauchbar sind, z. B. weil

- der Befragte Worte oder Formulierungen nicht versteht,
- die Frage unklar (z. B. zu vage oder mehrdeutig) formuliert ist,
- eine ehrliche Antwort dem Befragten peinlich sein könnte,
- die Frage bereits eine Antworttendenz vorgibt (Suggestivfrage) oder
- die Fragestellung von dem Befragten nicht beantwortbar ist.

- **Auswertbare Daten:** Neben den Fragestellungen muss man sich bei der Fragebogengestaltung auch bereits Gedanken um die **Antwortmöglichkeiten** machen. Grundsätzlich ist es möglich, Fragen mit und ohne Vorgabe von Antwortmöglichkeiten zu formulieren. Werden **keine möglichen Antworten vorgegeben**, handelt es sich um **offene Fragen**. Fragen **mit vorgegebenen Antwortmöglichkeiten** bezeichnet man als **geschlossene Fragen**. Offene Fragen bieten den Vorteil, dass oft sehr detaillierte und umfangreiche Informationen gesammelt werden können, da die Befragten in ihren Antwortmöglichkeiten nicht eingeschränkt werden. Die Auswertung dieser Daten ist jedoch oftmals sehr schwierig bzw. aufwendig.

Beispiel Florian Hamm möchte auch die folgende Frage in den Fragebogen aufnehmen:
Wie viel Geld würden Sie für ein E-Bike ausgeben? ____________ €
Dörthe Epstein findet die Frage sehr gut. Sie schlägt Florian aber vor, daraus eine geschlossene Frage mit den Antwortmöglichkeiten „weniger als 500 €", „501 bis 1.000 €" und „mehr als 1.000 €" zu machen.

Aus Gründen der **besseren Auswertbarkeit**[1] werden häufig geschlossene Fragen bevorzugt. Insbesondere, weil man die erhobenen Daten dann sehr einfach erfassen und anschaulich in Diagrammen darstellen kann.

1 Auswertung von Befragungen
→ LF 5, Kap. 2.2.4

Fragetypen bei geschlossenen Fragen

Auswahlfragen		**Beispiele**
Alternativfragen[2]	Die vorgegebenen Antworten schließen sich gegenseitig aus; es besteht nur eine Auswahlmöglichkeit.	Wie oft fahren Sie Fahrrad? ☐ täglich ☐ mehrmals pro Woche ☐ einmal pro Woche ☐ seltener
Mehrfachauswahlfragen (Selektivfragen)	Aus den vorgegebenen Antworten können mehrere zutreffende gewählt werden.	Wofür nutzen Sie Ihr Fahrrad? (Mehrfachnennungen möglich) ☐ Freizeit ☐ Fahrt zur Arbeit ☐ Sport ☐ Radtouren
Skalenfragen[3]		**Beispiel**
Skalenfragen sind eine Spezialform der Alternativfragen. Auch hier besteht nur eine Antwortmöglichkeit. Durch die Vorgabe einer abgestuften Skala erfragt man mit ihnen subjektive Beurteilungen der befragten Person.		Wie beurteilen Sie das Image von E-Bikes? altmodisch ☐☐☐☐☐ modern

2 Eine häufig verwendete Spezialform der Alternativfrage ist die **Entscheidungsfrage (Ja/Nein-Frage)**. Sie hat als Antwortmöglichkeiten ausschließlich „Ja" und „Nein".

3 Skalenfragen werden häufig zur Abfrage von Einstellungen verwendet. Als Skalenpole werden dann oft „lehne voll und ganz ab" und „stimme voll und ganz zu" gewählt.

Die **Durchführung** einer Befragung erscheint auf den ersten Blick sehr einfach zu sein. Tatsächlich sind Befragungen aber besonders anfällig für Fehler und Verfälschungen, besonders mündliche Befragungen. Die häufigsten **Fehlerquellen** sind:

- Der Interviewer formuliert Fragen (unbewusst) um.
- Der Befragte versucht sich gegenüber dem Interviewer positiv darzustellen und verfälscht das Ergebnis.
- Der Interviewer versucht (unbewusst), die Antworten des Befragten zu beeinflussen.

2.2.4 Auswertung und Darstellung der Daten der Marktforschung

Die im Zuge einer Datenerhebung gewonnenen Daten müssen anschließend ausgewertet werden, um Erkenntnisse zu gewinnen und Schlussfolgerungen zu ziehen. Hierzu müssen die gewonnenen Informationen häufig zunächst **aufbereitet** werden.[1]

1 Ein Bild sagt mehr als tausend „Zahlen". – Abwandlung eines bekannten Sprichworts

Beispiel Die BE Partners KG führt seit fünf Jahren ein Verbraucherpanel durch, bei dem 250 Privatpersonen 30 verschiedene Fragen jedes Jahr erneut beantworten müssen. Eine offene Frage lautet: „Wie viel Geld geben Sie im Monat für Kraftstoffe aus?" Florian Hamm hat die Aufgabe, aus dem Panel die Personen zwischen 18 und 29 Jahren herauszufiltern und für diesen Personenkreis die Durchschnittswerte der letzten fünf Jahre zu der Frage zu ermitteln. Bevor er die nebenstehende Tabelle erstellen kann, errechnet er für die letzten fünf Jahre jeweils den Durchschnittswert der vorgegebenen Zielgruppe.

Kraftstoffausgaben (18- bis 29-Jährige)
(Grundlage: Verbraucherpanel)

Jahr	Durchschnitt (in €)
20X1	118,20
20X2	124,50
20X3	135,20
20X4	142,80
20X5	150,70

Bei der Darstellung der Daten ist darauf zu achten, dass die wichtigen Zusammenhänge auf einen Blick zu erkennen sind. Zur **Visualisierung**[2] wird häufig eine übersichtliche **Tabelle oder ein Diagramm** gewählt. Bei der Auswahl des geeigneten Diagrammtyps ist dabei auf die darzustellenden Inhalte und die Zielsetzungen zu achten.[3]

2 **visualisieren:** bildlich darstellen, bildlich veranschaulichen

3 Diagrammarten
→ Webcode 4519152_IT_Trainer, V Excel, Kap. 4.4

Liniendiagramm

Das Liniendiagramm ist besonders gut geeignet, wenn **Entwicklungen von Daten** im Zeitablauf (Zeitreihen) dargestellt werden sollen.

Beispiel Frau Epstein möchte sich einen detaillierten Überblick über die Absatzentwicklung der einzelnen Warengruppen der Fly Bike Werke GmbH verschaffen. Sie leitet eine Excel-Datei mit vielen Daten von Herrn Peters an Florian Hamm weiter. Er wertet die Datei aus und erstellt das gewünschte Liniendiagramm:

Fly Bike Werke GmbH: Absatz nach Warengruppen
(in Stück)

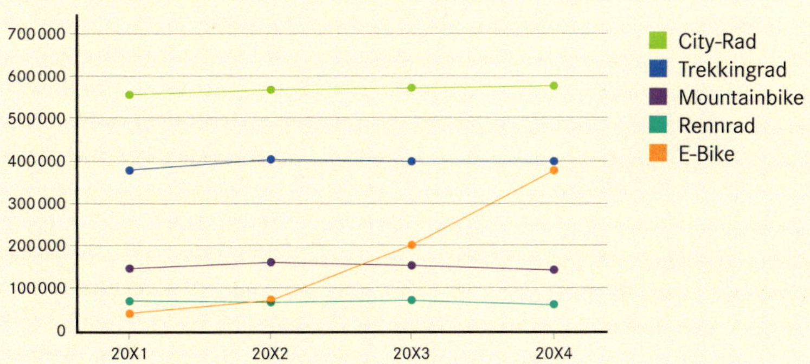

Säulendiagramm

Das Säulendiagramm ist der am häufigsten verwendete Diagrammtyp. Mit diesem Visualisierungsinstrument lassen sich insbesondere **Vergleiche** darstellen.

Beispiel Die BE Partners KG hat inzwischen eine Befragung im Rahmen des Auftrags der Fly Bike Werke GmbH durchgeführt. 1 200 repräsentativ (Stadt und Land) ausgewählte Menschen zwischen 25 und 39 Jahren wurden z. B. gefragt, welche Fahrrad-Modelle sie in den nächsten zwei Jahren anschaffen werden. Florian Hamm hat die Antworten ausgewertet und mit einem Säulendiagramm grafisch dargestellt.

Geplante Anschaffung in den nächsten zwei Jahren
(in %) (in der Altersgruppe 25–39 Jahre)

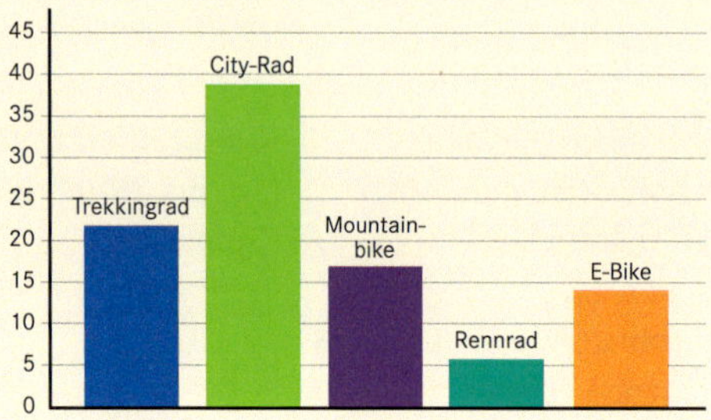

Von den **1 200** Befragten geben **39 %** (oder **468** Personen) an, dass sie sich in den nächsten beiden Jahren ein „City-Rad" anschaffen möchten. Am Kauf eines E-Bikes sind in der betrachteten Zielgruppe immerhin **14 %** (oder **168** Personen) interessiert. Nach Betrachtung des Diagramms kommt Frau Epstein zu der Erkenntnis, dass die Warengruppe „City-Rad" in der Produktentwicklung Vorrang gegenüber anderen Produkten haben sollte und dass E-Bikes in der „jungen Zielgruppe" durchaus eine Marktchance haben.

Kreis- bzw. Tortendiagramm

Das Kreis- bzw. Tortendiagramm findet beispielsweise Verwendung, wenn **Anteile** oder die **Zusammensetzung** eines „Ganzen" veranschaulicht werden sollen. Jedes Segment (Tortenstück) veranschaulicht den prozentualen Anteil eines Teilwerts und der gesamte Kreis entspricht folglich dem Gesamtwert (= 100 %).

Beispiel Die aktuellsten Absatzzahlen der Fly Bike Werke GmbH (vgl. Liniendiagramm) stellt Florian Hamm zur besseren Veranschaulichung noch einmal in einem Kreisdiagramm dar.

Fly Bike Werke GmbH:
Absatz 20X4 nach Warengruppen
(absolute Werte und Prozent)

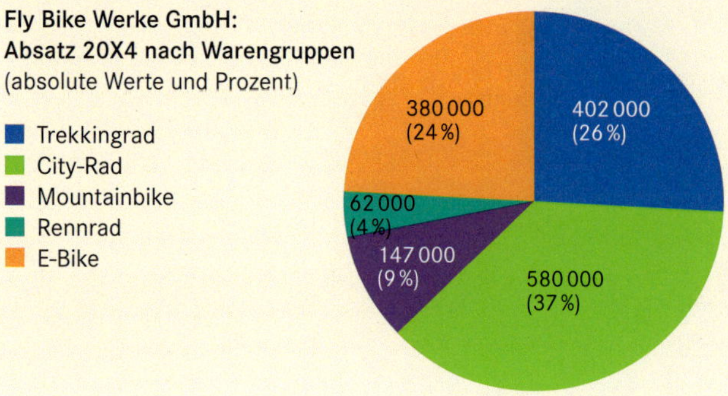

Für die Fragebogenerstellung und -auswertung gibt es heutzutage eine Reihe von **technischen Hilfsmitteln**. Viele Webseiten haben sich auf die Erstellung, Durchführung und automatisierte Auswertung von Online-Fragebögen – auch in sozialen Netwerken – spezialisiert.[1]

Zudem gibt es inzwischen zahlreiche **Software**, die eine schnelle Fragebogenerstellung ermöglicht und vor allem die Datenauswertung und -visualisierung beinhaltet.[2] Auch Microsoft bietet inzwischen mit der Software Forms eine Möglichkeit zur Erstellung und Auswertung von Umfragen an.

1 Beispiele:
- www.surveymonkey.de
- www.equestionnaire.de

2 Beispiele:
- www.grafstat.de
- www.soscisurvey.de
- www.easy-feedback.de

Alles klar?

1 Nennen und erläutern Sie die Ziele einer Befragung.

2 Erläutern Sie, wie man bei Befragungen die „Response Rate“ erhöhen kann.

3 Erläutern Sie, wie Sie mit der Formulierung der Fragen dafür sorgen, dass die anschließenden Antworten der Befragten zuverlässig und aussagekräftig sind.

4 Wie sorgen Sie dafür, dass die erhobenen Daten einer Befragung möglichst zeiteffizient ausgewertet werden können?

5 Wägen Sie die Vorteile von offenen und geschlossenen Fragen gegeneinander ab.

6 Für Interviews werden häufig standardisierte Fragebögen verwendet.

a) Erläutern Sie, wie ein Interviewer trotz Verwendung eines standardisierten Fragebogens die Ergebnisse einer Befragung beeinflussen könnte.
b) Begründen Sie, warum eine solche Beeinflussung problematisch wäre.

7 Welches Diagramm würden Sie in den folgenden Situationen zur Visualisierung nutzen?

a) Sitzverteilung im Bundestag
b) Anzahl der jeweiligen Noten in einer Klassenarbeit
c) Veränderungen der Notendurchschnitte einer Berufsschulklasse in einem Fach im Verlauf der Ausbildung
d) Veränderung der Absatzmenge der Warengruppe „Weizen“ der Brauerei „Gruher Bräu“ in den letzten Jahren
e) Darstellung des Bruttoinlandsprodukts der letzten 20 Jahre in Mrd. €.
f) Verteilung der Mitarbeiterinnen und Mitarbeiter der *BE Partners KG* auf die einzelnen Abteilungen

8 Von der Brauerei „Gruher Bräu“ liegen folgende Absatzzahlen (in Hektoliter) vor:

	Pilsener	Helles	Weizen	Weizen Lime	Alkoholfrei
20X1	65 000	30 000	15 000	10 000	30 000
20X2	62 000	25 000	13 000	16 000	32 000
20X3	58 000	24 000	14 000	21 000	32 000

a) Stellen Sie die Entwicklung des Gesamtabsatzes und der Sorten dar.
b) Stellen Sie die Anteile der einzelnen Sorten am Absatz im Jahr 20X3 dar.
c) Ermitteln Sie die Veränderung des Gesamtabsatzes von 20X1 zu 20X3. Welche Biersorten hatten an dieser Entwicklung welchen Anteil?

3 Märkte, Kunden und Marketingziele

Beispiel Florian Hamm überprüft in einer kleinen Pause auf seinem iPhone® die neuesten Nachrichten seiner Freunde. Als Frau Eppstein ihn sieht, entwickelt sich folgendes Gespräch:

Fr. Epstein: Die Dinger sind nicht mehr wegzudenken. Da ist Apple® damals ein genialer Schachzug gelungen. Kurzzeitig hatten die ja quasi ein Monopol und konnten zudem den großen Nachfrageüberhang ausnutzen.

Florian: Wir müssten für die Fly Bike Werke GmbH eine ähnliche Idee entwickeln.

Fr. Epstein: Solche Marketingerfolge sind aber nicht alltäglich. Apple® hat damals einen ganz neuen Markt geschaffen, auf dem sie natürlich von Anfang an eine starke Marktmacht hatten. Inzwischen hat sich die Marktsituation auf dem Markt für Smartphones aber gewandelt und Apple® muss um die Marktführerschaft kämpfen. Die Fly Bike Werke GmbH muss sich auf dem schon sehr gesättigten Fahrradmarkt eher andere Marketingziele setzen. Vielleicht helfen ja modernere E-Bikes.

Können Sie erklären, worin sich die Marketingziele von Apple® und der Fly Bike Werke GmbH unterscheiden?

Die Marktforschung sollte ausreichende Informationen über die **derzeitige Marktsituation** eines Unternehmens und dessen **Position in diesem Markt** liefern.[1] Wenn diese Daten ausgewertet und realistisch beurteilt wurden, können die **zukünftigen Marketingziele** des Unternehmens konkretisiert werden.[2]

1 Wo stehen wir?

2 Wo wollen wir hin?

Beispiel Als Apple® das erste iPhone® auf den Markt brachte, war das Unternehmen auf dem neu geschaffenen Markt der Smartphones der einzige Anbieter. Die Nachfrage war groß und man konnte – mangels Konkurrenz – hohe Preise durchsetzen. Zu den Marketingzielen gehörten in dieser Phase „schnelle Erhöhung des Bekanntheitsgrads des iPhone®", „Steigerung des Kundenbedürfnisses nach dem iPhone®" und „Umsatzmaximierung zur schnellen Deckung der Entwicklungskosten". Inzwischen sind mehrere Konkurrenten in den Markt getreten und es ist ein Wettbewerb entstanden. Zudem haben viele Menschen inzwischen ein Smartphone. Somit hat sich die Marktsituation allgemein und die Marktposition von Apple® verändert. Entsprechend müssen neue Marketingziele wie „Halten des Marktanteils" oder „Steigerung der Vorliebe für das iPhone® im Vergleich zu anderen Smartphones" verfolgt werden. Ein entscheidendes Marketingziel ist inzwischen, die bereits vorhandenen iPhone®-Kunden von den Vorzügen eines neuen Modells zu überzeugen.

Unternehmen agieren auf verschiedenen Märkten, die unterschiedliche Merkmale aufweisen. Zudem **unterliegen viele Märkte einem stetigen Wandel**, z. B. weil

- sich die Anzahl der Anbieter und Nachfrager verändert,[3]
- sich das Verhalten der Nachfrager verändert (z. B. weil sich Bedürfnisse verändern),
- sich das Verhalten der Anbieter verändert (z. B. aufgrund gestiegener Kosten).

3 Marktformen
→ LF 5, Kap. 2.1.2

Zunächst soll aber geklärt werden, was ein Markt überhaupt ist, wie die Preisbildung in Märkten funktioniert und welche Konsequenzen sich aus unterschiedlichen Marktsituationen für die Unternehmen ergeben.

3.1 Käufer- und Verkäufermärkte im Marktmodell

LS 58 Eine Marktsituation anhand der Preisbildung im Modell beurteilen

3.1.1 Nachfrage und Angebot auf Märkten

Auf einem Markt treffen die Nachfrage der Haushalte oder Unternehmen nach Gütern und Dienstleistungen und das entsprechende Angebot der Unternehmen zusammen. In **marktwirtschaftlichen Wirtschaftsordnungen**[1] dient der Markt als Lenkungsmechanismus für die wirtschaftlichen Aktivitäten der Menschen.

Merke! Der **Markt** bringt Nachfrager (Käufer) und Anbieter (Verkäufer) einer Leistung zusammen.

Der Markt erfüllt dabei verschiedene **Funktionen**:

- **Koordinationsfunktion:** Der Markt soll Angebot und Nachfrage zusammenführen und aufeinander abstimmen.
- **Versorgungsfunktion:** Der Markt soll helfen, Haushalte und Unternehmen bestmöglich mit den benötigten Gütern und Dienstleistungen zu versorgen.
- **Preisbildungsfunktion:** Die Höhe von Angebot und Nachfrage bewirken auf dem Markt die Preisbildung.
- **Verteilungsfunktion:** Durch Märkte werden Güter vom Erzeuger bis zum Endverbraucher verteilt.

Jedes zu kaufende oder zu verkaufende Gut braucht einen Markt. Ohne Markt und damit verbundene Nachfrage ist ein Angebot nutzlos, ein „Ladenhüter". Ob, wann und wie viel von einem Gut oder einer Dienstleistung nachgefragt bzw. angeboten wird, hängt jeweils von einer Vielzahl von Faktoren ab.

Bestimmungsfaktoren …

der Nachfrage	des Angebots
- Preis des Gutes - Qualität des Gutes - Preise anderer Güter (insbesondere Substitutions- und Komplementärgüter[2]) - Intensität des Bedürfnisses (schwankt durch Mode, Trends und technische Entwicklungen) - Kaufkraft der Nachfrager (Einkommen) - Zukunftserwartungen der Nachfrager	- erzielbarer Preis des Gutes - erzielbare Preise anderer Güter - Verfügbarkeit und Preise der Produktionsfaktoren (= Kosten der Leistungserstellung) - Unternehmensziele (z. B. Gewinnstreben, Nachhaltigkeit) - Konkurrenzsituation - saisonale Einflüsse - rechtliche Rahmenbedingungen

Die Berücksichtigung der zahlreichen **Bestimmungsfaktoren** im Rahmen der Marketingarbeit ist sehr anspruchsvoll, da sie sich **ständig ändern** können und zudem **Wechselwirkungen** zwischen den Faktoren existieren.

1 Die **Wirtschaftsordnung** eines Landes bildet mit ihren wirtschaftsrelevanten Gesetzen und Regeln gewissermaßen die Grundlage für das Wirtschaftsleben in einer Volkswirtschaft.

Grundsätzlich gibt es **zwei unterschiedliche Formen:** eine planwirtschaftliche, vom Staat zentral gesteuerte und eine marktwirtschaftliche Wirtschaftsordnung.

In einer **Planwirtschaft** gibt es kein Privateigentum an Produktionsmitteln und die Wirtschaftsplanung geschieht zentral durch den Staat. In diesen Plänen wird festgelegt, wer wann bei der Herstellung welcher Produkte mitzuarbeiten hat und wie viel diese dann kosten.

In einer **Marktwirtschaft** gibt es Privateigentum an Produktionsmitteln. **Angebot und Nachfrage bestimmen die Produktion und den Preis.**

Beide Modelle sind in der Realität nur selten in dieser reinen Form zu finden. Planwirtschaftliche Modelle kennt man vor allem aus kommunistischen Ländern und marktwirtschaftliche Modelle findet man meist in Form einer **sozialen Marktwirtschaft**, wie in Deutschland.

2 **Substitutionsgüter:** Güter, die dieselben oder ähnliche Bedürfnisse erfüllen und gegeneinander austauschbar sind

Komplementärgüter: Güter, die sich gegenseitig ergänzen

Beispiel Die Fly Bike Werke GmbH muss sich mit ihren Verkaufspreisen an der Konkurrenz orientieren. Da Rohstoffpreise (z. B. Stahl) stark schwanken, muss ständig abgewogen werden, ob bestimmte Modelle aufgrund sinkender Gewinnspannen noch angeboten werden sollen. Diese Überlegungen werden auch von den sich wandelnden Kundenbedürfnissen infolge von Trends beeinflusst. Beispielsweise wird von Jugendlichen bei steigender Kaufkraft zunehmend der Motorroller als Substitutionsgut zum Fahrrad angesehen.

Der sicherlich wichtigste Bestimmungsfaktor von Nachfrage und Angebot eines Gutes ist der Preis dieses Gutes. Grundsätzlich gelten die folgenden Zusammenhänge:

Gesetz der Nachfrage

Lernvideo
Markt und Preis

Merke! **Sinkt der Marktpreis** eines Gutes, so **steigt die Nachfrage** nach dem Gut. **Steigt der Marktpreis** eines Gutes, so **sinkt die Nachfrage** nach dem Gut.[1]

Um ihren **Nutzen zu maximieren,** verfolgen Haushalte grundsätzlich das Ziel, für Güter und Dienstleistungen möglichst wenig zu bezahlen. Unternehmen als Nachfrager verhalten sich im Sinne der **Kostenminimierung** ebenso.

Beispiel Die Besucher auf einem Wochenmarkt in Bonn wurden gefragt, wie viel Kilogramm Spargel sie bei verschiedenen Preisen nachfragen würden. Die jeweiligen Mengen wurden zusammengerechnet und die folgende Tabelle gibt für jeden Preis die gesamte Nachfragemenge an.

Spargelpreis (in €/kg)	**gesamte Nachfragemenge (in kg)**
5,00 €	250
7,50 €	200
10,00 €	150
12,50 €	100
15,00 €	50

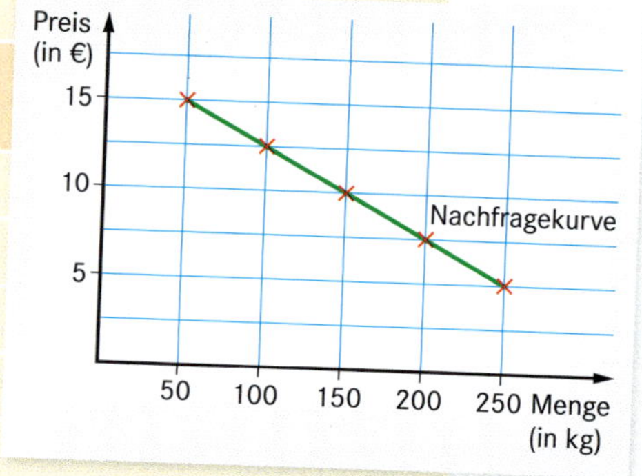

1 Das beschriebene Gesetz der Nachfrage unterstellt, dass alle anderen Bestimmungsfaktoren der Nachfrage unverändert bleiben. Die mit dem Gesetz zum Ausdruck gebrachte **Beziehung zwischen Preis und Nachfragemenge** lässt sich durch die **Nachfragekurve** veranschaulichen.

Gesetz des Angebots

Merke! **Sinkt der Marktpreis** eines Gutes, so **sinkt das Angebot** an dem Gut. **Steigt der Marktpreis** eines Gutes, so **steigt das Angebot** an dem Gut.[2]

Das ökonomische Handeln der Unternehmen ist vom **Prinzip der Gewinnmaximierung** geprägt. Wenn sie für ein Gut – bei gleich bleibenden Kosten – einen höheren Preis erzielen können, dann werden sie aufgrund der höheren Gewinnspanne tendenziell mehr von dem Gut anbieten. Sinkt der erzielbare Preis, dann werden sie die Angebotsmenge eines Gutes zugunsten anderer Güter reduzieren oder – wenn der erzielbare Preis die Kosten nicht mehr deckt – das Gut gar nicht mehr anbieten.

2 Das beschriebene Gesetz des Angebots unterstellt, dass alle anderen Bestimmungsfaktoren des Angebots unverändert bleiben. Die mit dem Gesetz zum Ausdruck gebrachte **Beziehung zwischen Preis und Angebotsmenge** lässt sich durch die **Angebotskurve** veranschaulichen.

Beispiel Die Anbieter auf dem Wochenmarkt in Bonn wurden gefragt, wie viel Kilogramm Spargel sie bei verschiedenen Preisen anbieten würden. Da die Anbieter ihre Marktstände nicht vergrößern können oder wollen (wegen der Standgebühren), würden sie bei niedrigeren Spargelpreisen weniger Spargel anbieten, da sie mit anderen Gemüsesorten mehr Gewinn machen könnten. Einige würden bei sehr niedrigen Preisen gar keinen Spargel mehr anbieten, da die Kosten nicht gedeckt wären. Die Tabelle gibt für jeden Preis das jeweilige Gesamtangebot auf dem Wochenmarkt an.

Spargelpreis (in €/kg)	gesamte Angebotsmenge (in kg)
5,00	50
7,50	100
10,00	150
12,50	200
15,00	250

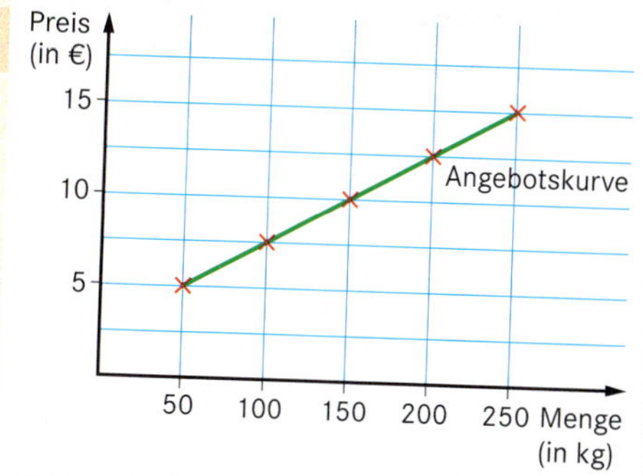

3.1.2 Preisbildung im Modell der vollständigen Konkurrenz

Werden nun das Nachfrager- und Anbieterverhalten gemeinsam betrachtet, so ergibt sich ein komplettes **Marktmodell mit beiden Marktseiten**. Im Diagramm werden dazu die Nachfragekurve und die Angebotskurve zusammengefügt.

Beispiel

Spargelpreis (in €/kg)	gesamte Nachfragemenge (in kg)	gesamte Angebotsmenge (in kg)
5,00	250	50
7,50	200	100
10,00	150	150
12,50	100	200
15,00	50	250

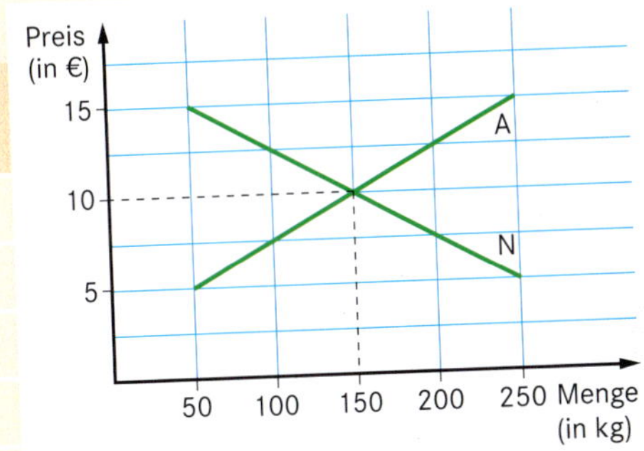

Der Schnittpunkt von Nachfrage- und Angebotskurve liegt bei einem Preis von 10,00 € und einer Menge von 150 kg. Bei diesem Gleichgewichtspreis werden also genau 150 kg Spargel nachgefragt und auch angeboten. Alle Anbieter, die bereit sind, ihren Spargel für 10,00 € zu verkaufen, werden ihr gesamtes Angebot auch los. Alle Nachfrager, die bereit sind, 10,00 € pro kg auszugeben, bekommen ihre gewünschte Menge. Auf dem Spargelmarkt werden zu einem Preis von 10,00 € genau 150 kg Spargel abgesetzt.

Marktgleichgewicht

Im Schnittpunkt von Nachfrage- und Angebotskurve liegt das Marktgleichgewicht. Beim **Gleichgewichtspreis** sind die Nachfragemenge und die Angebotsmenge gleich groß (**Gleichgewichtsmenge**). Nachfrage und Angebot werden bei diesem Preis genau ausgeglichen. Der Preis eines Gutes ist somit gewissermaßen der Kompromiss zwischen den Interessen der Nachfrager und Anbieter.[1]

1 Im vorliegenden Marktmodell der vollständigen Konkurrenz bestimmen ausschließlich Nachfrage und Angebot den Gleichgewichtspreis und damit auch die Gleichgewichtsmenge.

Annahmen des Modells der vollständigen Konkurrenz

Die Betrachtungen zur Bildung des Gleichgewichtspreises auf den vorherigen Seiten beruhen auf Modell-Annahmen. Für das dargestellte **Modell**[1] des Marktgleichgewichts wird ein Markt mit idealen Bedingungen unterstellt.

Dieser Markt mit sogenannter **vollständiger Konkurrenz** existiert nur in der Theorie und die Vereinfachung des Marktgeschehens erfolgt durch die folgenden **Annahmen:**

1. **Marktform „Polypol“:** Es gibt auf dem Markt sehr viele Anbieter und Nachfrager, d. h., vor allem der Marktanteil der einzelnen Anbieter ist sehr gering.

2. **Vollkommener Markt:** Dieser ist durch folgende Bedingungen gekennzeichnet:

- **Homogene Güter:** Die gehandelten Güter sind (in den Augen der Nachfrager) vollkommen gleichartig, z. B. stimmt der gesamte auf dem Wochenmarkt angebotene Spargel in Qualität (Frische), Form, Größe und Aussehen überein.
- **Markttransparenz:** Alle Marktteilnehmer kennen sämtliche relevanten Informationen zum Markt, z. B. kennen alle Anbieter und Nachfrager auf dem Wochenmarkt die Angebots- und Nachfragemengen sowie die Preisvorstellungen.
- **Keine persönlichen Präferenzen**[2]**:** Entscheidungen werden unabhängig von Personen getroffen, z. B. wird ein besonders freundlicher Anbieter **nicht** bevorzugt.
- **Keine räumlichen Präferenzen:** Entscheidungen werden nicht durch einen Standort beeinflusst, z. B. wird **nicht** am erstbesten Marktstand gekauft.
- **Keine zeitlichen Präferenzen:** Entscheidungen werden unabhängig von Liefer- oder Öffnungszeiten getroffen, z. B. haben alle Stände gleiche Öffnungszeiten.

1 Ein Modell ist ein Abbild der Realität, das allerdings nicht alle Eigenschaften des Originals erfasst, sondern sich auf wesentliche Faktoren beschränkt.

2 **Keine Präferenzen:** Die Nachfrager entscheiden unter rein sachlichen Gesichtspunkten, d. h. ohne irgendwelche Vorlieben. Sie handeln also rational – nach dem Ökonomischen Prinzip.

3.1.3 Käufermärkte und Verkäufermärkte

Bei Preisen ober- oder unterhalb des Gleichgewichtspreises ergeben sich Marktungleichgewichte, die ganz unterschiedliche Auswirkungen auf die **Marktmacht**[3] von Nachfragern bzw. Anbietern haben.

3 Mit Markmacht wird zum Ausdruck gebracht, welche Marktseite in der stärkeren Marktposition ist.

Angebotsüberhang – Käufermarkt

Bei einem Preis oberhalb des Gleichgewichtspreises ist das Angebot größer als die Nachfrage, es liegt ein **Angebotsüberhang** bzw. eine **Nachfragelücke** vor. In dieser Situation können die Anbieter nicht ihr gesamtes Angebot verkaufen, da der Preis zu hoch ist. Sie werden die **Preise senken**, weil sie ihren Überschuss verkaufen möchten und die Nachfrager ihre stärkere (mächtigere) Marktposition ausnutzen, indem sie durch Preisverhandlungen Preisdruck ausüben.

Merke! Bei einem **Angebotsüberhang** liegt ein **Käufermarkt** vor. **Die Käufer** haben gegenüber den Verkäufern eine stärkere Marktposition (**Marktmacht**).

Beispiel Die Gemüsehändler verlangen an einem Markttag einen Spargelpreis von 12,50 € pro kg. Sie bieten zu diesem Preis insgesamt 200 kg Spargel an. Die Käufer fragen jedoch nur 100 kg nach, da der Spargel zu teuer ist. Es entsteht ein Angebotsüberhang von 100 kg. Am nächsten Markttag werden die Anbieter den Preis und damit auch ihre Angebotsmenge senken. Die Käufer fragen bei sinkenden Preisen mehr nach. Erst wenn der Preis bis zum Gleichgewichtspreis von 10,00 € pro kg gesunken ist, befindet sich der Markt in seinem Gleichgewicht. Die Anbieter können nun wieder ihre gesamte Angebotsmenge absetzen.

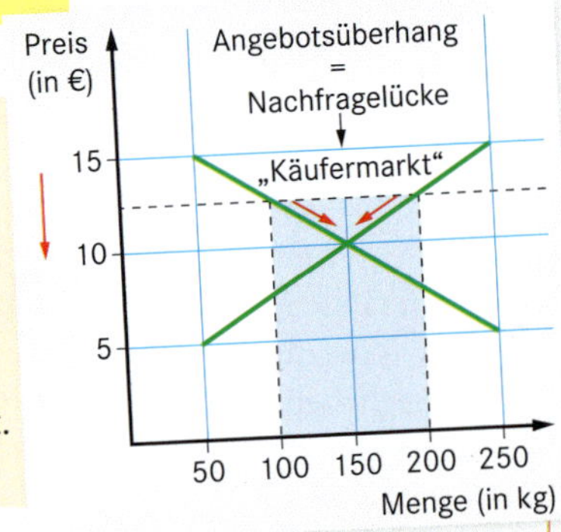

Nachfrageüberhang – Verkäufermarkt

Bei einem Preis unterhalb des Gleichgewichtspreises ist die Nachfrage größer als das Angebot, es liegt ein **Nachfrageüberhang** bzw. eine **Angebotslücke** vor. In dieser Situation werden nicht alle Nachfragerwünsche befriedigt, weil der Preis zu niedrig ist. Die Anbieter werden die **Preise erhöhen**, weil sie merken, wie begehrt ihr Angebot ist. Sie nutzen ihre stärkere (mächtigere) Marktposition für Preiserhöhungen aus.

Merke! Bei einem **Nachfrageüberhang** liegt ein **Verkäufermarkt** vor. Die **Verkäufer haben** gegenüber den Käufern eine stärkere Marktposition (**Marktmacht**).

Beispiel Die Gemüsehändler verlangen an einem Markttag einen Spargelpreis von 7,50 € pro kg. Sie bieten zu diesem Preis insgesamt 100 kg Spargel an. Die Käufer fragen jedoch 200 kg nach, da der Spargel sehr günstig ist. Es entsteht ein Nachfrageüberhang von 100 kg. Am nächsten Markttag werden die Anbieter den Preis und auch ihre Angebotsmenge erhöhen. Die Käufer fragen bei steigenden Preisen weniger nach. Erst wenn der Preis bis zum Gleichgewichtspreis von 10,00 € pro kg gestiegen ist, befindet sich der Markt im Gleichgewicht. Die Wünsche der Nachfrager werden nun wieder vollständig befriedigt.

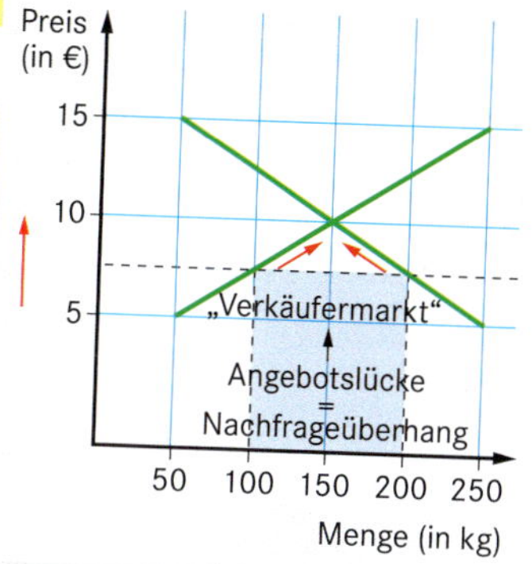

Die **Preisbildung** sorgt dafür, dass sich die angebotenen und die nachgefragten Mengen ausgleichen. Ein Angebotsüberhang wird langfristig durch sinkende Preise und ein verringertes Angebot, ein Nachfrageüberhang durch steigende Preise und ein vermehrtes Angebot beseitigt. Der **Preismechanismus** führt letztlich immer ins Marktgleichgewicht.

Das bisher beschriebene Zusammenspiel von Angebot und Nachfrage beruht auf den Modell-Annahmen der sogenannten vollkommenen Konkurrenz. Obwohl **in der Realität vollkommene Märkte kaum existieren**, sind diese Modell-Annahmen und damit die Erkenntnisse zur idealen Preisbildung ein geeignetes **Instrument zur Analyse von Geschehnissen auf realen Märkten**. Dies gilt insbesondere für die Verhaltensweisen von Anbietern und Nachfragern in Verkäufer- und Käufermärkten.

Wandel der Marktbedingungen – Vom Verkäufermarkt zum Käufermarkt

Nach dem Zweiten Weltkrieg waren nahezu alle Märkte in Deutschland **Verkäufermärkte**. Es existierten große Engpässe bei der Güterversorgung, da die Produktionskapazitäten der Unternehmen durch die Kriegsschäden extrem klein waren. Auf der anderen Seite entstand aufgrund der Entbehrungen während des Krieges bei den Nachfragern ein immenser Nachholbedarf. Schließlich hatten auch viele Haushalte im Krieg ihr gesamtes „Hab und Gut“ verloren. Der starke **Nachfrageüberhang** führte dazu, dass die produzierten **Waren problemlos abgesetzt** werden konnten. Sie wurden den Anbietern förmlich „aus den Händen gerissen“. „Marketing“ oder „Kundenorientierung“ waren Fremdwörter.

Im Laufe der 60er-Jahre des 20. Jahrhunderts war der Wiederaufbau in Deutschland so weit fortgeschritten, dass sich die **Märkte langsam von Verkäufermärkten zu Käufermärkten wandelten.** Immer mehr Unternehmen produzierten immer mehr Güter und das Warenangebot wuchs. Die Grundbedürfnisse waren befriedigt und die Unternehmen mussten sich zunehmend mit gesättigten Märkten auseinandersetzen. Der Absatz der Leistungen lief nicht mehr von alleine, **Angebotsüberhänge** entstanden und Unternehmen begannen, **„vom Markt her zu denken“**. Sie stellten die Kundenorientierung zunehmend in den Mittelpunkt des unternehmerischen Handelns.

Merke! Das heute erforderliche **marktbezogene Denken** sowie alle daraus resultierenden Maßnahmen zur **Gewinnung und Bindung von Kunden** werden unter dem Begriff **„Marketing“** zusammengefasst.[1]

1 Eine sehr anschauliche Definition des Begriffs **Marketing: „vom Markt her denken“**

Marktsituation „früher“	Marktsituation „heute“
Verkäufermarkt	**Käufermarkt**
Mangel an Material, Maschinen und Arbeitskräften	Mangel an Kunden
Nachfrageüberhang: Anbieter können Verkaufsbedingungen diktieren	Angebotsüberhang: starke Verhandlungsposition der Kunden
kaum Wettbewerb	starker Wettbewerb, v. a. über den Preis
geringe Produktvielfalt	hohe Produktvielfalt
vorwiegend regionale Konkurrenz	häufig auch internationale Konkurrenz
hohe Kundentreue (teilweise mangels Konkurrenz)	Kundenbindung muss durch Marketing erhalten werden

3.1.4 Möglichkeiten der Preisfestsetzung (Preisstrategien)

Die Konkurrenzsituation auf einem Markt, also die Frage nach der Marktmacht, beeinflusst die Anbieter besonders stark in ihren Möglichkeiten, Preise festzusetzen.

Niedrigpreisstrategie auf Käufermärkten

Der intensive Wettbewerb auf starken Käufermärkten wird häufig über den Preis geführt („Preiskampf“). Die **Marktmacht eines Anbieters ist umso schwächer,**

- je **mehr Wettbewerber** auf dem Markt sind (Polypol),
- je **mehr die Bedingungen des vollkommenen Marktes**[2] gegeben sind und
- je größer der **Angebotsüberhang** ist.

2 Bedingungen des vollkommenen Marktes
→ LF 5, Kap. 3.1.2

Beispiel Die Pluralus AG möchte ab nächstem Jahr Laptops anbieten. Die Marktanalyse der BE Partners KG hat ergeben, dass der Markt für Laptops inzwischen von einem starken Angebotsüberhang geprägt ist. Sehr viele Wettbewerber kämpfen bereits um die Marktanteile. Die Kunden sehen zudem keine nennenswerten Qualitätsunterschiede zwischen den vorhandenen Marken. Da für die Zielgruppe eine hohe Markttransparenz besteht, sind die Preisunterschiede zwischen den Anbietern klein. Der Preiskampf hat zu einem sehr niedrigen Marktpreis geführt. Die Pluralus AG könnte nur mit einer Niedrigpreisstrategie in den Markt eintreten.

Bei einer Niedrigpreisstrategie wird der Preis auf einem niedrigen Niveau festgesetzt, um die Konkurrenz zu verdrängen oder den Kaufwiderstand der Kunden zu brechen.

Merke! Auf **Käufermärkten** mit einem hohen **Angebotsüberhang** bietet sich eine **Niedrigpreisstrategie** an, insbesondere wenn die Bedingungen der vollkommenen Konkurrenz (nahezu) erfüllt sind.

Hochpreisstrategie auf Verkäufermärkten[1]

Wenn es Unternehmen gelingt, sich beispielsweise durch echte technische Innovationen einen Verkäufermarkt zu schaffen, bietet sich häufig eine Hochpreisstrategie an. Die **Marktmacht eines Anbieters ist umso stärker,**

- je **weniger Wettbewerber** auf dem Markt sind (Monopol, Oligopol),
- je **weniger die Bedingungen des vollkommenen Marktes** gegeben sind (Anbieter hat mit seinem Produkt ein Alleinstellungsmerkmal, für Nachfrager besteht kaum Markttransparenz, Nachfrager haben persönliche, räumliche oder zeitliche Präferenzen) und
- je größer der **Nachfrageüberhang** ist.

Hochpreisstrategien sind häufig den Anbietern mit dem höchsten Marktanteil, den **Marktführern**, vorbehalten. Um sie realisieren zu können, ist es wichtig, dass das **Alleinstellungsmerkmal** von den Kunden auch als wertvoll angesehen wird. Der Kunde muss durch die Leistung einen hohen (Zusatz-)Nutzen empfinden, den ihm die Wettbewerber nicht bieten.[1] Dabei spielen „Marken" und ihr Image heutzutage eine große Rolle.

[1] **Consumer Benefit**
→ LF 5, Kap. 3.2.3

Beispiel Die Fly Bike Werke GmbH möchte ab dem nächsten Jahr „Maßfahrräder" anbieten. Kunden sollen die Möglichkeit bekommen, sich ihr Fahrrad individuell an den persönlichen Körperbau anpassen zu lassen. Hierzu können Sie bei ausgewählten Fahrradhändlern einen Körperscan anfertigen lassen. Mittels einer für diesen Zweck entwickelten Software werden dann bestimmte Fahrradkomponenten passend zum individuellen Körperbau konstruiert und produziert. Da es für diese Marktnische kaum Wettbewerber gibt, plant die Fly Bike Werke GmbH für diese Produktgruppe eine Hochpreisstrategie.

Bei einer Hochpreisstrategie wird der Preis auf einem hohen Niveau festgesetzt, da die angebotene Leistung keiner direkten Konkurrenz ausgesetzt ist.

Merke! Auf **Verkäufermärkten** mit einem hohen **Nachfrageüberhang** bietet sich eine **Hochpreisstrategie** an, insbesondere wenn die Bedingungen der vollkommenen Konkurrenz nur wenig erfüllt sind.

Eine solche Marktsituation lockt natürlich Wettbewerber an, die hohe Gewinnpotenziale sehen und versuchen, das Alleinstellungsmerkmal nachzuahmen (zu kopieren). Wenn den Konkurrenten dies gelingt, muss ein Unternehmen seine Preisstrategie neu überdenken.

Bevor eine Leistung auf den Markt gebracht wird, muss über die Preisstrategie entschieden werden. Die gewählte Preisstrategie ist die Grundlage für die Preispolitik des Unternehmens im Rahmen des Marketing-Mix. Neben den beschriebenen Festpreisstrategien (Niedrigpreisstrategie und Hochpreisstrategie), bei denen ein einmal gewähltes Preisniveau langfristig beibehalten wird, gibt es noch so genannte Preisabfolgestrategien (Marktdurchdringungsstrategie und Marktabschöpfungsstrategie). Bei diesen Preisstrategien passt ein Anbieter den Preis seiner Leistung im Zeitverlauf gezielt an. Der Preis kann dabei entweder von einem niedrigen Niveau aus steigen, wie es bei der Marktdurchdringungsstrategie der Fall ist, oder von einem hohen Niveau aus sinken, wie bei der Marktabschöpfungsstrategie.[1]

1 Preisstrategien und Preispolitik im Rahmen des Marketing-Mix
→ LF 5, Kap. 5.2

Alles klar?

1 Begründen Sie, warum die Marktsituation, in der sich ein Unternehmen befindet, nicht immer einfach zu bestimmen ist.

2 Erläutern Sie die Funktionen des Marktes.

3 Erläutern Sie die Bestimmungsfaktoren der Nachfrage und des Angebots.

4 Erläutern Sie für die folgenden Beispiele, durch welche Bestimmungsfaktoren das Nachfrageverhalten besonders beeinflusst wird:

a) Tüley Öztürk kauft sich ein Smartphone des Marktführers, da sie es für anwendungsfreundlicher als die Smartphones der Wettbewerber hält.
b) Natalie Fiedler benötigt ein neues Auto. Mit der Anschaffung wartet sie aber noch, da sie noch nicht weiß, ob sie nach der Ausbildung übernommen wird.
c) Laura Deneke kauft im Supermarkt ein Päckchen Margarine, obwohl sie normalerweise Butter bevorzugt. Diese ist ihr im Moment aber zu teuer.
d) Anna Foss hat in den letzten Jahren Geld angespart, da sie schon immer von einem Sport-Cabriolet geträumt hat. Nachdem sie sich vor Kurzem aber einen Hund angeschafft hat, kauft sie sich nun doch einen Pkw-Kombi.

5 Erläutern und begründen Sie das Gesetz der Nachfrage und das Gesetz des Angebots.

6 Für ein Spiel für eine Spielkonsole werden verschiedene Marktpreise festgelegt und das Verhalten der Marktteilnehmer wird beobachtet. Folgende Daten werden erhoben:

Preis (in €)	Nachfragemenge (in Stück)	Angebotsmenge (in Stück)
18,00	100	900
16,00	300	700
14,00	500	500
12,00	700	300
10,00	900	100

a) Bestimmen Sie anhand der Tabelle den Gleichgewichtspreis und die Gleichgewichtsmenge.
b) Bestimmen Sie den Absatz und den Umsatz im Marktgleichgewicht.
c) Bestimmen Sie den Angebotsüberhang in Stück bei einem Preis von 16,00 €.
d) Bestimmen Sie den Absatz und den Umsatz bei einem Preis von 16,00 €.
e) Bestimmen Sie den Nachfrageüberhang in Stück bei einem Preis von 10,00 €.
f) Bestimmen Sie den Absatz und den Umsatz bei einem Preis von 10,00 €.

g) Stellen Sie die Marktsituation grafisch dar und tragen Sie die Begriffe „Gleichgewichtspreis“, „Gleichgewichtsmenge“, „Angebotskurve“, „Nachfragekurve“, „Angebotsüberhang“ und „Nachfrageüberhang“ in die Grafik ein. Überprüfen Sie Ihre Ergebnisse zu den Aufgaben a) bis f) anhand der Grafik.

h) Erläutern Sie, wie die Machtverhältnisse auf dem Markt bei einem Preis von 16,00 € sind, und begründen Sie, wozu diese Machtverhältnisse in der Modellbetrachtung führen werden.

i) Erläutern Sie, wie die Machtverhältnisse auf dem Markt bei einem Preis von 10,00 € sind, und begründen Sie, wozu diese Machtverhältnisse in der Modellbetrachtung führen werden.

7 Beurteilen Sie anhand der verschiedenen Annahmen, ob auf den folgenden realen Märkten die Bedingungen der vollständigen Konkurrenz gegeben sind:

a) Mineralölmarkt (Anbieter = Tankstellenketten / Nachfrager = Autofahrer)

b) Markt für Hamburger (Anbieter = Fast-Food-Restaurants / Nachfrager = Konsumenten von Hamburgern)

8 „Im Einkauf liegt der halbe Gewinn.“ Begründen Sie anhand des Begriffs „Marktmacht“, dass diese Kaufmannsregel heute mehr denn je gilt.

9 Finden Sie jeweils zwei Beispiele für Unternehmen, die (mit einem bestimmten Produkt) eine Niedrig- bzw. Hochpreisstrategie gewählt haben. Begründen Sie jeweils anhand der Beispiele, ob die Strategie richtig ist.

10 Begründen Sie in den folgenden Fällen, welche Preisstrategie die Unternehmen (mit dem jeweiligen Produkt) nutzen. Recherchieren Sie gegebenenfalls im Internet.

a) Energy-Drink Red Bull®

b) Ryanair®

c) Rolex-Uhren®

d) Aldi®

e) Apple® mit dem neuen iPhone®

f) Kleidung von Dolce & Gabbana® (D & G)

11 Erläutern Sie die wesentlichen Unterschiede zwischen einer Marktwirtschaft und einer Planwirtschaft.

3.2 Kunden als wichtige Partner

LS 59 Kundenorientierung verwirklichen

3.2.1 Kundenorientierung als Erfolgsfaktor

Beispiel Tüley Öztürk und Florian Hamm werten gerade die Daten der Befragung für die Fly Bike Werke GmbH aus, als sich spontan folgendes Gespräch ergibt:

Florian: Ich habe ja inzwischen an einigen Treffen zwischen Frau Epstein und Herrn Peters von der Fly Bike Werke GmbH teilnehmen dürfen. Du glaubst gar nicht, wie oft das Wort „Kundenorientierung" gefallen ist.

Tüley: Das ist halt heutzutage der Schlüssel zum Unternehmenserfolg. Du kennst doch auch den Spruch „Der Kunde ist König!". Der gilt heute mehr denn je.

Florian: Im Prinzip ist mir das ja klar. In der Berufsschule haben wir auch gerade über den Wandel vom Verkäufer- zum Käufermarkt gesprochen. Aber wie kann man eigentlich konkret die Aktivitäten eines Unternehmens an den Bedürfnissen der Kunden ausrichten?

Können Sie Florian Hamm bei der Klärung des Begriffs „Kundenorientierung" helfen?

Die **Kundenorientierung als Bestandteil der Marktorientierung**[1] bedeutet, den Kunden in das Zentrum des unternehmerischen Denkens und Handelns zu stellen. Somit ist Kundenorientierung weit mehr als Kundenfreundlichkeit. Es geht darum, alle Unternehmensaktivitäten ständig an den Bedürfnissen und Problemen der Kunden auszurichten. Von dieser Denkweise ist vor allem das Marketing betroffen.

1 Marktorientierung

Merke! **Kundenorientierung** bedeutet, dass der Kunde im Mittelpunkt aller Aktivitäten des Unternehmens steht.

Anforderungen der Kundenorientierung

In einem Unternehmen müssen verschiedene **Anforderungen** erfüllt sein, um wirklich kundenorientiert handeln zu können:

- Kundenorientierung sollte im **Leitbild** des Unternehmens verankert sein. Außerdem müssen sowohl Vorgesetzte als auch Mitarbeiter nach dieser **Unternehmensphilosophie** handeln, dann empfindet sie auch der Kunde als positiv.
- Mitarbeiter im Verkauf müssen die Möglichkeit haben, bei Kundenwünschen schnell und kompetent zu handeln. Dazu müssen sie ihre **Befugnisse und die Abläufe im Unternehmen** kennen.[2] Sie müssen z. B. wissen, wer bei Reklamationen Entscheidungen trifft und wie diese schnell abgewickelt werden können, ohne den Kunden unnötig warten zu lassen.
- Von den Mitarbeitern im Verkauf wird ein hohes Maß an Kundenfreundlichkeit und Kundennähe erwartet. Nur **motivierte Mitarbeiter** werden bei den Kunden erfolgreich sein.[3]

2 Vollmachten → FK 1, LF 1

3 Informationen zur Mitarbeitermotivation finden Sie in LF 8.

Elemente der Kundenorientierung[1]

1. **Kundenkenntnis** erlangen: Die aufmerksame Betreuung eines (potenziellen) Kunden ist nur möglich, wenn man ihn gut kennt (z. B. Geburtstag ermitteln).

2. **Kundenanforderungen** erfüllen: Den Wünschen des Kunden muss auch nachgegangen werden (z. B. Sonderwunsch eines Kunden erfüllen).

3. **Kundenempathie**[2] entwickeln: Es wird versucht, sich in den Kunden hineinzuversetzen (z. B. abschätzen, wie oft der Kunde Kontakt wünscht).

4. **Kundenbeziehung** pflegen: Die Kundenbeziehung muss durch aktive Maßnahmen gepflegt werden (z. B. eine Glückwunschkarte zum Geburtstag versenden).

5. **Kundenfreundlichkeit** zeigen: Kunden sollte stets mit einer ehrlichen Freundlichkeit gegenübergetreten werden (z. B. Kunden mit dem Namen ansprechen).

6. **Kundenservice** anbieten: Neben der eigentlichen Leistung sollten zusätzliche Dienstleistungen angeboten werden (z. B. Wasserspender im Wartebereich).

7. **Kundenzufriedenheit** erzeugen: Die Kunden sollten mit uns als Anbieter in allen Belangen zufrieden sein.

Beispiel In der Auftragsbearbeitung der Fly Bike Werke GmbH hängt folgende Checkliste an der Wand:

Checkliste Kundenzufriedenheit	
Liefertreue	Die Auftragserfüllung findet zu dem Termin statt, der von uns zugesagt und bestätigt wurde.
Lieferzeit	Die Zeitspanne zwischen dem Datum der Auftragserteilung und der Auftragserfüllung ist im Wettbewerbsvergleich konkurrenzfähig und entspricht den Kundenerwartungen.
Lieferfähigkeit	Der vom Kunden gewünschte Termin für die Bereitstellung einer Leistung kann von uns gehalten werden.
Lieferqualität	Die vom Kunden gewünschte Qualität einer Leistung wird von uns fehlerfrei ausgeführt.
Flexibilität	Änderungen von Kundenwünschen in Bezug auf Leistungsmengen, -ausstattungen, -termine usw. können von uns berücksichtigt werden.
Informationsbereitschaft	In allen Phasen der Auftragsabwicklung sind wir in der Lage, dem Kunden Auskunft über seinen Auftrag zu geben.

8. **Kundenfaszination** erzeugen: Im Idealfall kann über die Zufriedenheit hinaus mehr geboten werden, als der Kunde erwartet hat.

Beispiel Herr Peters von der Fly Bike Werke GmbH ist Vater geworden. Als Frau Epstein die Geburtsanzeige in der Zeitung liest, veranlasst sie, dass Töchterchen Pauline Peters ein Päckchen mit einer Spieluhr und einer Glückwunschkarte von der BE Partners KG bekommt.

1 Als übergeordnetes Element der Kundenorientierung wird häufig die **Kundenaktivität** betrachtet: Man sollte ständig über Maßnahmen nachdenken, die der Kundenorientierung dienen.

2 **Empathie** bezeichnet die Fähigkeit, Gedanken, Emotionen oder Absichten eines Anderen zu erkennen und zu verstehen.

Ziele der Kundenorientierung

1. Kundenbindung: Aus Marketingsicht wird durch Kundenorientierung das Ziel verfolgt, die Erwartungen der Kunden zu erfüllen, um sie zu zufriedenen und begeisterten Kunden zu machen. Ein Kunde, der zufrieden ist, wird mit großer Wahrscheinlichkeit wiederkommen. Er wurde erfolgreich an das Unternehmen gebunden.[1]

2. Kundengewinnung: Ein begeisterter Kunde wird anderen Personen von seinen Erfahrungen erzählen und sie somit für das Unternehmen gewinnen. Dies ist umso wichtiger, da es in wettbewerbsintensiven Märkten immer anspruchsvoller wird, Kunden für das eigene Unternehmen zu gewinnen.[2]

1 Einen neuen Kunden zu gewinnen ist zehnmal teurer als einen zufriedenen Kunden zu binden!

2 Ein häufig verwendetes Synonym für Kundengewinnung ist **Kundenakquise**.

3.2.2 Wertvorstellungen und Kaufmotive

Auch wenn das Prinzip der Kundenorientierung sehr plausibel klingt, so ist die Umsetzung dieses Leitgedankens nicht immer einfach. Besonders macht sich dies bei der Gestaltung des Leistungsangebots eines Unternehmens bemerkbar. Kunden haben häufig ganz **unterschiedliche Bedürfnisse**. Sie unterscheiden sich in ihren **Wertvorstellungen** und lassen sich im **Kaufverhalten** von verschieden **Kaufmotiven** leiten.

Beispiel Eines der beliebtesten Güter der Deutschen ist das Auto. Möchte man im Rahmen der Kundenorientierung die Bedürfnisse der Kunden ermitteln, so stellt man fest: Da gibt es den **wirtschaftlich** handelnden Autokäufer. Er achtet auf einen günstigen Anschaffungspreis und geringe laufende Kosten bei Steuern und Versicherungen. Ein anderer Kunde macht mehrere Probefahrten, da er am **Komfort** des Fahrzeugs interessiert ist. Dann gibt es den **ökologischen** Autokäufer. Er interessiert sich vor allem für moderne Motortechnologien ohne Schadstoffausstoß, da kann der Anschaffungspreis schon etwas höher sein. Der Käufer mit hohem **Geltungsbedürfnis** interessiert sich eher für große Autos mit viel Hubraum. Und eine prestigeträchtige Marke muss es natürlich sein. Es soll ja auch Menschen geben, die von Autos gar nicht so viel Ahnung haben. Die orientieren sich dann an ihrem **sozialen Umfeld**, ihrer Peergroup. Am einfachsten hat es da der **bequeme** Autokäufer, der zum Händler um die Ecke geht und **spontan** ein Modell aussucht.

Jeder Mensch hat eine bestimmte Vorstellung davon, was für ihn wertvoll bzw. weniger wertvoll ist. Diese **Wertvorstellungen**[3] leiten das Handeln der Menschen. Kunden fragen eine Leistung nach, wenn sie ihnen etwas wert ist, sie also einen hohen Nutzen (für sich oder die Gesellschaft) darin sehen.[4] Andere Menschen können die gleiche Leistung als vollkommen nutzlos ansehen.

3 **Wertvorstellungen:** Werte

4 Ein preiswertes Gut ist seinen Preis wert.

Beispiel Auf die Frage, was der wichtigste Gegenstand in ihrem Leben ist, antwortet Natalie Fiedler spontan: Mein Smartphone! Das Smartphone ermöglicht nahezu unbegrenzte Kommunikation, man kann spielen, Termine verwalten, Fotos machen, ... Außerdem haben die Freundinnen auch alle eins. – Welchen Nutzen hätte das Smartphone wohl für Natalies 93-jährige Uroma?

Merke! Wertvorstellungen sind dauerhafte Überzeugungen, dass ein bestimmtes Verhalten positiv ist. Sie bezeichnen als erstrebenswert und für wertvoll erachtete Zustände.

Beispiele für Werte: Was ist wichtig im Leben?			
Abenteuer	Freundschaft	Intelligenz	Spaß
Abwechslung	Frieden	körperliche Ertüchtigung	Treue
Achtung	Gastfreundschaft	Kontakt	Veränderung
Bescheidenheit	Geduld	Kreativität	Verantwortung
Bindungen	Gerechtigkeit	Nachhaltigkeit	Vergnügen
Dienst für andere	Gesundheit	Ordnung	Verpflichtung
Ehrlichkeit	Glück	Reichtum	Verständnis
Einfluss	Großzügigkeit	Respekt	Vertrauen
Einfühlungsvermögen	Harmonie	Selbstbestimmtheit	Wärme
Entspannung	Herausforderung	Selbstbewusstsein	Zugehörigkeit
Freude	Hilfsbereitschaft	Sicherheit	Zuneigung

Aus Sicht der Anbieter von Gütern und Dienstleistungen sind **Wertvorstellungen** die Motive für Kaufentscheidungen, also die **Kaufmotive**[1]. Die Vielfalt der Wertvorstellungen stellt für das Marketing der Unternehmen eine große Herausforderung dar. Dies gilt umso mehr, da die Werte in der Gesellschaft einem stetigen **Wertewandel** unterliegen.

1 Kaufmotive
→ LF 5, Kap. 2.1.1

Beispiel Die Lebensmittelskandale der letzten Jahre haben den Wert von biologisch erzeugten Lebensmitteln für viele Menschen deutlich erhöht. Die BE Partners KG hat aufgrund einer Analyse der Sortimentsstruktur der Goldregen Einkaufszentrum GmbH empfohlen, diesen Wertewandel zu berücksichtigen und für Bio-Produkte deutlich mehr Fläche zur Verfügung zu stellen.

Güter und Dienstleistung müssen den Wertvorstellungen der Kunden so gut wie möglich entsprechen, wenn sie von ihnen angenommen werden sollen. Eine Leistung wird dann für den Kunden interessant, wenn er damit einen Wert verwirklichen kann, der auch in seine Wertvorstellung passt. Das Gut oder die Dienstleistung muss ihm einen hohen Nutzen bieten.

3.2.3 Produktnutzen und Alleinstellungsmerkmale

Kunden erwarten von einem Gut oder einer Dienstleistung einen bestimmten Nutzen. Sie wollen ihre Bedürfnisse befriedigen. Der **Produktnutzen** hat oft mehrere Facetten und kann in Grund- und Zusatznutzen unterteilt werden:

- Der **Grundnutzen** wird durch die **Haupteigenschaft** des Produkts erzielt. Jedes Produkt bzw. jede Leistung bietet einen objektiven Grundnutzen, der ein wesentliches Bedürfnis des Kunden befriedigt. Autos bieten Fortbewegungsmöglichkeiten, Bekleidung schützt den Körper vor Kälte und Nässe und Waschmaschinen sorgen für saubere Wäsche.
- Der **Zusatznutzen** befriedigt **Nebenbedürfnisse** des Kunden (z. B. Prestigegewinn, Ansehen, ökologisches Handeln). Häufig bezieht sich der Zusatznutzen auf Produkteigenschaften, die nicht objektiv messbar sind. Dieser subjektive Zusatznutzen wird je nach Kundentyp sehr unterschiedlich wahrgenommen (z. B. Design, Komfort, Produktimage).

Consumer Benefit (Nutzenversprechen)

Die Grenzen zwischen Grund- und Zusatznutzen können fließend sein. Entscheidend ist aber die Erkenntnis, dass viele Produkte sich in ihrem Grundnutzen nicht vom Angebot der Wettbewerber unterscheiden. Deswegen verfolgen viele Unternehmen das Ziel, sich speziell **durch das Schaffen bzw. Herausstellen von Zusatznutzen von Mitbewerbern abzugrenzen** (z. B. Markenimage bei Turnschuhen). Nur so lassen sich höhere Preise am Markt erzielen. Unternehmen werden mit Marketing versuchen, ihre Produkte mit von Kunden gewünschtem Zusatznutzen auszustatten.[1]

Merke! Als **Consumer Benefit**[2] wird der Teil eines Marketingkonzepts bezeichnet, der dem Kunden den Nutzen des Produktes erläutert (bzw. verspricht). Dabei wird ganz bewusst auf die Nebenbedürfnisse der Zielgruppe eingegangen. Ein Produkt wird durch den versprochenen Nutzen von den Produkten der Wettbewerber abgehoben.

Bei dem für den Consumer Benefit versprochenen Zusatznutzen wird zwischen objektivem und subjektivem Zusatznutzen unterschieden. Ein **objektiver Zusatznutzen** bringt dem Käufer Vorteile, die „auf der Hand liegen", während ein **subjektiver Zusatznutzen** persönlich (sehr unterschiedlich) empfundene Vorzüge eines Produkts zum Ausdruck bringt. Er wird häufig durch Marketing erzeugt.

Consumer Benefit

objektiver Grundnutzen
- wird erreicht durch die funktionale Eigenschaft des Produkts
- keine Relevanz für das Marketing, da alle Produkte der Gattung den gleichen Grundnutzen besitzen

Beispiel: Jedes Auto ermöglicht die Fortbewegung von A nach B.

Zusatznutzen
- wird von den Kunden zusätzlich (unterschiedlich) empfunden
- hohe Relevanz für das Marketing, da sich die unterschiedlichen Produkte einer Gattung nur im Zusatznutzen unterscheiden

objektiver Zusatznutzen
- bringt dem Käufer nachweisbare Vorteile
- wird durch Marketing hervorgehoben

Beispiel: In einem Werbespot wird auf den niedrigen Benzinverbrauch des Modells hingewiesen.

subjektiver Zusatznutzen
- bringt dem Käufer „gefühlte" Vorteile
- wird durch Marketing erst erzeugt

Beispiel: In einem Werbespot wird ein Modell als besonders sportlich dargestellt.

Subjektiver Zusatznutzen

Bei dem durch Marketing erzeugten **subjektiven Zusatznutzen** wird häufig unterschieden zwischen

- **emotionalem Zusatznutzen**, der die Gefühle der potenziellen Kunden anspricht (z. B. eine idyllische Familiensituation im Zusammenhang mit einem Auto) und
- **sozialem Zusatznutzen**, der die Stellung des potenziellen Kunden in der Gesellschaft verändert (z. B. wird jemand wegen seines Autos bewundert).

1 Nur bei echten technischen Innovationen kann auch der Grundnutzen für das Marketing relevant sein.

2 **Consumer Benefit** (engl.): Verbrauchervorteil

Alleinstellungsmerkmale und Marken

Merke! Als **Alleinstellungsmerkmal**[1] wird im Marketing ein herausragendes Merkmal eines Produkts oder einer Dienstleistung bezeichnet, mit dem sich ein Angebot deutlich von allen Wettbewerbern abhebt.

Ein Alleinstellungsmerkmal ist ein einzigartiges Nutzenversprechen eines Produkts. In den seltensten Fällen kann es über den **Grundnutzen** erreicht werden.

Beispiel Revolutionäre Produktinnovationen sind sehr selten. Als Carl Benz im Jahr 1886 das erste Auto mit Verbrennungsmotor erfand oder Motorola im Jahr 1984 das erste Mobiltelefon auf den Markt brachte, hatten diese Produkte ein Alleinstellungsmerkmal durch ihren Grundnutzen.

Heute gibt es immer weniger Produkte und Dienstleistungen, die wirklich innovativ sind. Die einzigartige Eigenschaft eines Produktes oder eines Markenartikels, mit der ein Vorteil gegenüber der Konkurrenz verbunden ist, liegt sehr viel häufiger in seinem **Zusatznutzen**. Ein Alleinstellungsmerkmal kann in der Formgebung, in besonderen technischen Eigenarten oder dem Service begründet sein. Es gibt **zwei Varianten von Alleinstellungsmerkmalen**:

1. Natürliches (echtes) Alleinstellungsmerkmal: Es lässt sich aus dem Produkt, seinen Eigenschaften oder seiner Herstellungsweise her ableiten. Es wird ein objektiver (Grund- oder Zusatz-)Nutzen geboten.

Beispiel Im Jahr 2007 bringt Apple® das erste Smartphone mit Multitouch-Bedienoberfläche auf den Markt – das iPhone®.

2. Künstliches Alleinstellungsmerkmal: Es ist ein Nutzenversprechen, das erst durch das Marketing aufgebaut wird. Es wird also ein subjektiver Zusatznutzen geboten.[2]

Beispiel Inzwischen hat Apple® auf dem Smartphone-Markt zahlreiche Konkurrenten. Das Marketing zielt deswegen verstärkt auf das Image der Marke Apple® ab.

Das Alleinstellungsmerkmal ist typischerweise die Grundlage einer Werbekampagne für ein Produkt. Die Bereitstellung eines Alleinstellungsmerkmals stellt die zentrale Herausforderung für die Produktpolitik im Marketing dar, weil der Kunde ohne ein solches Merkmal keinen genügenden Nutzen erkennt. Er wird dann nur über den besten Preis angesprochen werden können.[3]

Viele Produkte unseres täglichen Konsums sind **Markenwaren**. Der englische Begriff für Marke ist **„brand"**, genau wie das Brandzeichen, durch das die Cowboys ihre Rinder von denen anderer Viehzüchter unterscheiden. Einen ähnlichen Zweck verfolgen Anbieter heutzutage mit der **Markierung (engl. branding)** ihrer Produkte. Sie möchten, dass der Verbraucher ihre Produkte von Produkten anderer Anbieter unterscheiden kann.

Somit können Alleinstellungsmerkmale geschaffen werden, die auch gegen Nachahmer Bestand haben.[4]

1 **Unique Selling Proposition = USP** (engl.): Alleinstellungsmerkmal

2 Ein künstliches Alleinstellungsmerkmal wird auch als **Unique Advertising Proposition (UAP)** bezeichnet.

3 Niedrigpreisstrategie → LF 5, Kap. 3.1.4

4 In ganz seltenen Fällen gelingt es Unternehmen sogar, ihren Markennamen zum Produktnamen werden zu lassen. Ein klassisches Beispiel hierfür ist die Marke „Tempo®" des Unternehmens Beiersdorf. Seit Jahrzehnten verwenden viele Verbraucher den Markennamen als Produktbezeichnung: „Hast du mal ein Tempo®?"
Ein modernes Beispiel hierfür ist der Markenname „iPhone®", der (von überzeugten Nutzern) als Produktbezeichnung für Smartphones verwendet wird.

Beispiel Eine der stärksten Marken weltweit ist Coca-Cola®. Obwohl das Produkt mehr als 120 Jahre alt ist, dient der Markenname in den Augen zahlreicher Konsumenten als Alleinstellungsmerkmal auf dem Markt für koffeinhaltige Erfrischungsgetränke.

3.2.4 Marktsegmentierung und Zielgruppen

Beispiel Eine Analyse der Marktforschungsstudie der BE Partners KG nach Altersgruppen gibt Aufschluss darüber, dass die Anforderungen der Fahrradfahrer unterschiedlich sind. Älteren Kunden ist der Komfort auf langen Strecken besonders wichtig. Die jüngere Zielgruppe nannte das Merkmal „modernes Design" am häufigsten.

Unternehmen können die unterschiedlichen Wünsche aller Kunden selten mit einem Produkt erfüllen. Um Kundenorientierung so gut zu verwirklichen, dass sich jeder Kunde in seinen Bedürfnissen optimal angesprochen fühlt, ist häufig Marktsegmentierung erforderlich.[1] Verschiedene Zielgruppen müssen festgelegt werden, um die unterschiedlichen Kundengruppen (z. B. ältere oder jüngere Kunden) adressatengerecht über passende Produkte bzw. Dienstleistungen informieren zu können. Zudem können dann im Rahmen der Kommunikationspolitik zielgruppengerechte Informationsmittel (z. B. Prospekte oder Flyer) gewählt werden.

Merke! **Marktsegmentierung** bedeutet, den heterogenen[2] Gesamtmarkt eines Anbieters in mehrere homogene[3] Teilmärkte aufzuteilen (zu segmentieren). Es werden Käufergruppen gebildet.

Die Bildung **homogener Kundengruppen**, die in ihren Bedürfnissen und in ihren erwarteten Reaktionen auf Marketingmaßnahmen vergleichbar sind, erfolgt anhand relevanter **Zielgruppenmerkmale**, z. B.:

bei **Privatpersonen** als Kunden	bei **Unternehmen** als Kunden
- soziodemografische Merkmale (Alter, Geschlecht, Ausbildungsniveau) - geografische Merkmale (Stadt/Land, Region, Nationalität) - psychografische Merkmale (Lebensstil, Interessen) - verhaltensbezogene Merkmale (Markentreue, Einkaufsstätten)	- Bedeutung der Kunden (z. B. nach Umsatz in A-, B- und C-Kunden) - Rechtsstatus der Kunden (öffentliche oder private Unternehmen) - Dauer der Kundenbeziehung (Bestandskunden, Neukunden) - Kundentreue (kaufen regelmäßig oder unregelmäßig)

Um sich auf Kunden individuell einstellen zu können, ist die Kenntnis der unterschiedlichen **Kundentypen** von entscheidender Bedeutung. Somit ist die **Bedarfsforschung**[4] die Grundlage, um die Leistungen des Unternehmens kundenorientiert erbringen zu können.

Bei der Marktsegmentierung ist darauf zu achten, dass

- die **Teilmärkte in sich homogen**, also die Kunden in einem Marktsegment sehr gleichartig sind,
- die einzelnen Teilmärkte sich möglichst deutlich **voneinander abgrenzen** und
- jeder **Teilmarkt groß genug** ist, damit sich segmentspezifisches Marketing lohnt.

1 Die **Marktsegmentierung bei Unternehmen als Kunden** beruht (anders als bei Privatkunden) häufig nicht auf unterschiedlichen Bedürfnissen. Es geht hier eher um die **Wertigkeit des Kunden.** Großkunden werden beispielsweise deutlich intensiver betreut als kleinere Kunden. Neukunden werden mit anderen Marketingmaßnahmen bedacht als Bestandskunden und unregelmäßig kaufende Kunden versucht man dahingehend zu beeinflussen, den Lieferanten zukünftig nicht mehr zu wechseln.

2 **heterogen** (griech.): verschiedenartig

3 **homogen** (griech.): gleichartig

4 Bedarfsforschung → LF 5, Kap. 2.1.1

Beispiel Ein Hauptziel der Marktforschungsstudie der BE Partners KG ist, das Marktvolumen eines möglichen Teilmarktes „E-Bikes für junge Leute" zu prognostizieren. Nur wenn dies als groß genug eingeschätzt wird, würden sich die Investitionen in eine Neuproduktentwicklung und spezielle Werbemaßnahmen für dieses Marktsegment lohnen.

Verschiedene Zielgruppenmerkmale können auch miteinander kombiniert werden, um **Kundentypen** zu beschreiben. Ein bekanntes Beispiel ist die **Sinus-Milieu®-Studie**, die Menschen mit ähnlichen Lebensauffassungen und Lebensweisen in Bezug auf Arbeit, Familie und Freizeit sowie Konsum zusammenfasst. Das Sinus-Milieu®-Modell wird von der „SINUS Markt- und Sozialforschung GmbH" parallel zu den gesellschaftlichen Veränderungen aktualisiert und dient Unternehmen zur gezielten Produktentwicklung und für das strategische Marketing insgesamt.

1 Die Prozentwerte geben den Anteil des jeweiligen Milieus an der Wohnbevölkerung (14 bis 64 Jahre) in Deutschland an.

Die Sinus-Milieus® in Deutschland 2020: Kurzcharakteristik[1]	
Sozial gehobene Milieus	
Konservativ-Etablierte (10 %)	**Das klassische Establishment:** Verantwortungs- und Erfolgsethik; Exklusivitäts- und Führungsansprüche; Standesbewusstsein; Wunsch nach Ordnung und Balance
Liberal-Intellektuelle (7 %)	**Die aufgeklärte Bildungselite:** kritische Weltsicht; liberale Grundhaltung; Wunsch nach Selbstbestimmung und Selbstentfaltung
Performer (8 %)	**Die multi-optionale, effizienzorientierte Leistungselite:** global-ökonomisches Denken; Konsum- und Stil-Avantgarde; hohe Technik- und IT-Affinität
Expeditive (9 %)	**Die ambitionierte kreative Avantgarde:** jung; hip; nonkonfirmistisch; globale Mobilität; leistungsorientiert – aber kein klassisches Karrieredenken
Milieus der Mitte	
Bürgerliche Mitte (13 %)	**Der leistungs- und anpassungsbereite bürgerliche Mainstream:** generelle Bejahung der gesellschaftlichen Ordnung; Wunsch nach beruflicher und sozialer Etablierung, nach gesicherten und harmonischen Verhältnissen
Adaptiv-pragmatische (11 %)	**Die moderne junge Mitte:** ausgeprägter Lebenspragmatismus; Realismus und Nützlichkeitsdenken; leistungs- und anpassungsbereit; aber auch Wunsch nach Spaß und Unterhaltung; zielstrebig; flexibel
Sozialökologisches Milieu (7 %)	**Engagiert gesellschaftskritisches Milieu mit normativen Vorstellungen vom „richtigen" Leben:** ausgeprägtes ökologisches und soziales Gewissen; Globalisierungs-Skeptiker, Befürworter von Political Correctness und Diversity
Milieus der unteren Mitte/Unterschicht	
Traditionelle (11 %)	**Die Sicherheit und Ordnung liebende ältere Generation:** verhaftet in der kleinbürgerlichen Welt bzw. in der traditionellen Arbeiterkultur; Sparsamkeit und Anpassung an die Notwendigkeiten
Prekäre (9 %)	**Die um Orientierung und Teilhabe („dazu gehören") bemühte Unterschicht:** Wunsch, Anschluss zu halten an die Konsumstandards der breiten Mitte – aber Häufung sozialer Benachteiligungen; Ausgrenzungserfahrungen
Hedonisten (15 %)	**Die spaß- und erlebnisorientierte moderne Unterschicht/untere Mittelschicht:** Leben im Hier und Jetzt, unbekümmert und spontan; häufig angepasst im Beruf; aber Ausbrechen aus den Zwängen in der Freizeit

Die Sinus-Milieus® in Deutschland 2020: Soziale Lage und Grundorientierung[1]

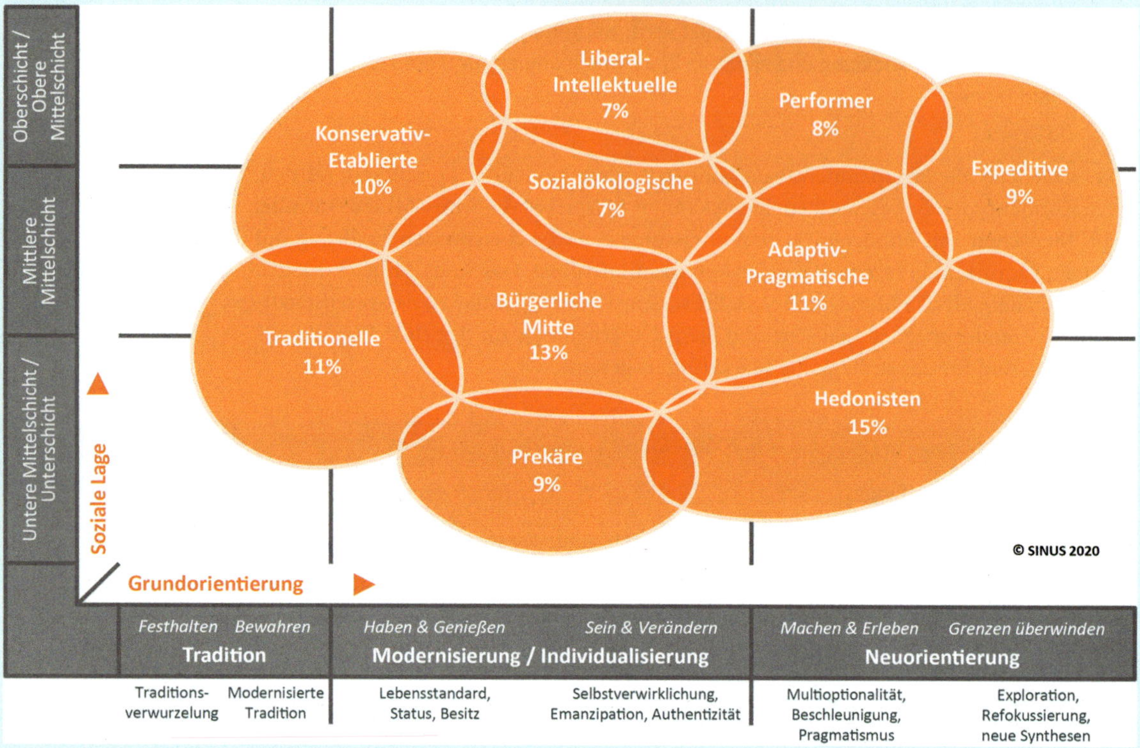

Quelle: SINUS Markt- und Sozialforschung GmbH

3.2.5 Kundenorientierte Serviceleistungen

Ein Zusatznutzen im Sinne des Consumer Benefit kann nicht nur durch zusätzliche Produkteigenschaften erzielt werden. Häufig werden von den Unternehmen auch zahlreiche Serviceleistungen angeboten, um sich von der Konkurrenz zu differenzieren und **zusätzliche Kundenbedürfnisse zu befriedigen**. Serviceleistungen können für den Kunden **kostenpflichtig oder kostenlos** sein. Hierbei ist zu berücksichtigen, dass (für den Kunden kostenlose) Serviceleistungen dem Anbieter zusätzliche Kosten verursachen, die er in der Preiskalkulation seiner Produkte berücksichtigen muss.

Beispiel Der Fahrradhändler „Radstation" in Frankfurt, ein Kunde der Fly Bike Werke GmbH, bietet seinen Kunden einen kostenlosen 24-Stunden-Pannenservice im Stadtgebiet an (kostenlose Serviceleistung → Kosten dafür fließen in die Preise der Fahrräder ein).

Ein anderer Fahrradhändler in Frankfurt bietet einen 24-Stunden-Pannenservice gegen eine Pauschale von 35,00 € an. Damit sind die durchschnittlichen Kosten für einen Serviceeinsatz gedeckt und die Kosten der Serviceleistung müssen nicht in die Kalkulation der Verkaufspreise einfließen.

Merke! Trotz eventueller Zusatzkosten sind Serviceleistungen im Rahmen der Kundenorientierung ein wichtiges Marketinginstrument, um Kunden zu gewinnen und zu binden.

1 Mithilfe dieser „strategischen Landkarte" können **Marketingmaßnahmen am vorliegenden Kundentyp** orientiert werden.

Die grafische Darstellung verdeutlicht die Position des jeweiligen Milieus nach sozialer Lage und Grundorientierung. Je höher ein Milieu in der Grafik angesiedelt ist, desto gehobener sind Bildung, Einkommen und Berufsgruppe. Je weiter es sich nach rechts erstreckt, desto moderner ist die Grundorientierung. Es fällt auf, dass die Grenzen zwischen den Milieus fließend sind. Ein anschauliches Tutorial finden Sie unter https://www.sinus-institut.de/sinus-loesungen/sinus-milieus-deutschland/

Je nach Branche können ganz unterschiedliche Serviceleistungen in Betracht kommen, z. B.:

- Kundenbesuche mit Beratung

Beispiel Die Vertriebsmitarbeiter der Fly Bike Werke GmbH besuchen alle Händler mindestens ein Mal pro Jahr, um sie bezüglich des Sortiments oder der Verkaufsraumgestaltung zu beraten.

- Garantie

Beispiel Die Fly Bike Werke GmbH gibt über die gesetzliche Gewährleistung hinaus kostenlos eine dreijährige Garantie. Diese beinhaltet kostenlose Reparaturen bei nahezu allen Funktionsteilen. Ausgenommen sind Verschleißteile wie Bremsen. Gegen einen Aufpreis von 50,00 € wird diese Garantie auf fünf Jahre verlängert.

- Händlerschulungen

Beispiel Für die A-Kunden (Händler mit einem Jahresumsatz über 50.000,00 €) werden einmal pro Jahr kostenlose Schulungen angeboten. Hier wird das Verkaufspersonal hinsichtlich der Wareneigenschaften und des Einsatzes der Waren im Verkaufsgespräch geschult.

- Kundendienst

Beispiel Die Heizmanns GmbH vertreibt Erdwärmeheizungen über den Fachhandel. Im Notfall können sich die Hausbesitzer über eine kostenlose Hotline direkt an die Heizmanns GmbH wenden. Innerhalb von 48 Stunden kommt ein Servicemitarbeiter, um eine ausgefallene Heizung instand zu setzen.

- Kulanz

Beispiel Die Heizmanns GmbH ist hinsichtlich ihres Kundendienstes sehr kulant. Auch nach Ablauf der zweijährigen Gewährleistungsfrist werden viele Reparaturen nicht berechnet.

- Einkaufserleichterungen

Beispiel Die „Radstation“ in Frankfurt bietet ihren Kunden kostenlose Parkplätze, einen ebenfalls kostenlosen Bringdienst der gekauften Fahrräder und Kartenzahlung an.

Alles klar?

1 Erläutern Sie die Bedeutung der Kundenorientierung für Ihren Ausbildungsbetrieb.

2 Beschreiben Sie für jedes Element der Kundenorientierung jeweils ein Beispiel aus Ihrem Ausbildungsbetrieb.

3 Erläutern Sie die Begriffe „Kundenbindung“ und „Kundenakquise“.

4 Erläutern Sie an einem persönlichen Beispiel, dass sich Wertvorstellungen im Laufe des Lebens verändern.

5 Betrachten Sie die Liste mit den Beispielen für Werte in Kap. 3.2.2.

a) Schreiben Sie aus der Liste die Werte heraus, die Ihnen wichtig sind.
b) Ergänzen Sie Werte, die Ihnen wichtig sind, aber in der Liste fehlen.
c) Bringen Sie die herausgeschriebenen Werte in eine Reihenfolge. Beginnen Sie mit dem für Sie wichtigsten Wert.
d) Erläutern Sie an fünf Beispielen, welche der Werte in letzter Zeit bei Ihnen zu Nachfrage (Kauf) geführt haben.
e) Nennen Sie Werte aus der Liste in Kap. 3.2.2, die die Fly Bike Werke GmbH ansprechen kann.

6 Erläutern Sie den Unterschied zwischen Grundnutzen und Zusatznutzen.

7 Erläutern Sie für die folgenden Produkte,

a) worin der Grundnutzen besteht,

b) ob das jeweilige Produkt einen objektiven Zusatznutzen hat und

c) welche subjektiven Zusatznutzen mit dem Produkt verbunden sein könnten:

1. Fahrrad
2. Hose
3. Handtasche
4. Auto
5. Smartphone

8 Erläutern Sie den Unterschied zwischen Unique Selling Proposition und Unique Advertising Proposition.

9 Beschreiben Sie anhand von fünf realen Beispielen die Alleinstellungsmerkmale von Leistungen.

10 Nennen und erläutern Sie jeweils drei Kriterien zur Bestimmung von Zielgruppen

a) bei Privatpersonen als Kunden und
b) bei Unternehmen als Kunden.

11 Erläutern Sie, worauf bei der Marktsegmentierung zu achten ist.

12 Beschreiben Sie, nach welchen Kriterien Ihr Ausbildungsbetrieb Marktsegmentierung betreibt.

13 Machen Sie drei Vorschläge, in welche Marktsegmente ein großer Fahrradhändler seinen Absatzmarkt einteilen könnte. Berücksichtigen Sie dabei jeweils eines der in der Tabelle auf S. 56 aufgeführten Zielgruppenmerkmale.

14 Machen Sie einen Vorschlag, in welche Segmente ein Pkw-Produzent seinen Gesamtmarkt aufteilen könnte. Berücksichtigen Sie dabei auch die Sinus-Milieus®. Versuchen Sie, die Segmente durch Kombinationen von Zielgruppenmerkmalen zu beschreiben.

15 Begründen Sie, ob Unternehmen kostenlose Serviceleistungen anbieten sollten.

16 Nennen Sie möglichst viele Serviceleistungen, die Ihr Ausbildungsbetrieb seinen Kunden anbietet.

3.3 Gestaltung von Kundenbeziehungen als Prozess[1]

In Zeiten wettbewerbsintensiver Käufermärkte ist es die zentrale Aufgabe des Marketings, Kunden zu gewinnen, zufriedenzustellen und zu binden. Da der Kunde dermaßen im Mittelpunkt steht, sollte der gesamte **Prozess einer Kundenbeziehung** optimal gestaltet werden. Er umfasst die folgenden drei Phasen:

Kunden identifizieren und akquirieren → Kundenaufträge abwickeln → Kunden nachbetreuen und binden

3.3.1 Kundenakquise (Kundengewinnung)

Merke! Unter **Kundenakquise**[2] werden alle Maßnahmen zur Kundengewinnung verstanden, die einen **Neukunden** auf das Unternehmen bzw. Produkt aufmerksam machen und zum erstmaligen Kauf veranlassen.

Nachdem im Rahmen der Marktforschung Informationen über potenzielle Kunden und ihre Bedürfnisse gewonnen und homogene Marktsegmente gebildet wurden, müssen die zukünftigen Neukunden auf das Unternehmen und seine Leistungen aufmerksam gemacht werden. Je nach Kundengruppe, Branche, Art der Leistung und Charakteristika des Marktsegments kommen hierfür zahlreiche **Instrumente der Kundenakquise** infrage:

Traditionelle Instrumente der Kundenakquise

- Werbung in Massenmedien (Fernsehen, Kino, Radio, Zeitungen, Zeitschriften)
- Plakatwerbung
- Prospekte, Flyer
- Stände auf Messen
- Mailing: Zusendung von Werbung per Post (z. B. Postwurfsendungen)
- Ansprache auf der Straße (mit Werbematerial)
- Besuche von Außendienstmitarbeitern
- Telefonate[3]
- ansprechende Visitenkarten
- klassisches Empfehlungsmarketing (Mund-zu-Mund-Propaganda)

Online-Instrumente der Kundenakquise

- ansprechender Internetauftritt
- Eintrag in Suchmaschinen
- Links auf anderen Internetseiten (Lieferanten, Verbände)
- Werbebanner (Onlinewerbung)
- Präsens in sozialen Netzwerken (z. B. Facebook®, Twitter®, Instagram®)
- Mailing per E-Mail (z. B. Newsletter)
- modernes Empfehlungsmarketing über soziale Netzwerke

Beispiel Die Kunden der BE Partners KG sind Geschäftskunden. Das Unternehmen versucht, vor allem über Inserate in Fachzeitschriften bestimmter Branchen, einen ansprechenden Internetauftritt und einen kostenpflichtigen Eintrag bei Google® Kunden zu akquirieren. Es gibt inzwischen aber auch viele zufriedene Stammkunden, die die Werbeagentur gerne an Geschäftspartner weiterempfehlen.

1 auch: Kundenmanagement

2 **acquirere** (lat.): erwerben

3 Gegenüber Privatkunden ist die sogenannte **Kaltakquise per Telefon** nach dem **Gesetz gegen den unlauteren Wettbewerb (UWG)** grundsätzlich **verboten.** Sie darf nur mit ausdrücklicher Genehmigung des Angerufenen erfolgen.

Wenn der erste Kontakt zwischen Anbieter und Neukunde hergestellt wurde, entscheidet häufig ein **Kunden- oder Beratungsgespräch** über das Zustandekommen des Auftrags. Bei diesem Erstkontakt müssen die Bedürfnisse bzw. Probleme des potenziellen Kunden aufmerksam erfasst werden, um ihm die passenden Leistungen bzw. Problemlösungen anbieten zu können.

Beispiel Bei dem Dachdeckerbetrieb Jobst Dickstein e. K. hatte man vor längerer Zeit die Maßnahmen zur Kundenakquise mit Anzeigen in der regionalen Tageszeitung, Flyern und Postwurfsendungen deutlich intensiviert. Die Maßnahmen hatten auch Erfolg, da zunehmend potenzielle Neukunden zu Beratungsgesprächen kamen. Allerdings erteilten nur sehr wenige dieser Interessenten einen Auftrag. Die BE Partners KG schulte daraufhin die Mitarbeiterinnen und Mitarbeiter bezüglich ihres Verhaltens in Beratungsgesprächen und erstellte zudem ein Konzept zur Neugestaltung des Empfangsbereichs und der Besprechungsräume.[1]

1 Der erste Eindruck ist der wichtigste!

3.3.2 Auftragsabwicklung[2]

2 Aufträge bearbeiten
→ FK 1, LF 3

Wenn der erste Auftrag erfolgreich erteilt worden ist, ist die Kundenakquise geglückt. Nun geht es darum, den Kunden mit der Auftragsabwicklung (mehr als) zufriedenzustellen. In dieser Phase kommt es beispielsweise auf folgende Aspekte an:

- Einhaltung einer zugesagten Lieferzeit
- Information des Kunden über den Stand der Auftragsabwicklung (z. B. E-Mail mit Versandbenachrichtigung)
- Information des Kunden und Bitte um Verständnis, wenn es zu Verzögerungen kommt
- ordnungsgemäße und mangelfreie Lieferung der Ware bzw. Erbringung der Dienstleistung

Merke! Mit Kundenorientierung soll nun langfristig das nächste Ziel erreicht werden, die Kundenbindung.

3.3.3 After-Sales-Maßnahmen und Customer-Relationship-Management

Zu den After-Sales-Maßnahmen gehört jegliches Bemühen eines Unternehmens, den Kunden auch **nach der Kaufhandlung** durch eine **umfassende Betreuung** in seiner Kaufentscheidung zu bestätigen. Richtig eingesetzt, tragen sie entscheidend zur Kundenzufriedenheit und Kundenbindung bei. Sie haben vor allem in den letzten Jahren bei vielen Unternehmen erheblich an Bedeutung gewonnen.

Merke! **After-Sales-Prozesse** bezeichnen Marketingmaßnahmen, die **nach einem erfolgreichen Verkaufsabschluss** ergriffen werden, um den **Kunden an das Unternehmen zu binden.**

Pre-Sales-Kommunikation und After-Sales-Kommunikation

Da die Kundenbindung auf Käufermärkten[1] von Natur aus nicht besonders hoch ist, müssen die Unternehmen über die „**Kundenpflege**“ nach dem Kauf dafür sorgen, dass der Kundenkontakt erhalten bleibt und es zu einem **Wiederkaufkontakt** kommt. In diesem Zusammenhang gilt im Verkauf folgende Regel:

1 Käufermarkt
→ LF 5, Kap. 3.1.3

Merke! Es kostet ein Vielfaches mehr, einen neuen Kunden zu gewinnen, als eine bestehende Kundenbeziehung zu halten.

Die **Ziele der After-Sales-Maßnahmen** sind somit eine **Erhöhung der Wiederkaufrate zufriedener Kunden** und eine **langfristige Bindung dieser Kunden** durch eine aufmerksame Kommunikation gerade auch nach dem Kauf. After-Sales-Maßnahmen können auf ganz verschiedenen Ebenen realisiert werden, z. B. durch:

- die **Abfrage der Kundenzufriedenheit** (mit dem Produkt, der Auftragsabwicklung, dem Service usw.) über verschiedene Kommunikationskanäle (z. B. telefonisch oder per E-Mail)

Beispiel Die Westfalica Möbel KG vertreibt ihre Produkte unter anderem über einen Onlineshop. Wenige Tage nach der Auslieferung werden die Kunden in einer E-Mail darum gebeten, in einem Bewertungsportal im Internet eine (möglichst positive) Bewertung für das Unternehmen abzugeben.

- eine professionelle **Auswertung solcher Kundenfeedbacks** und die Weiterleitung negativer Rückmeldungen an die entsprechenden Stellen im Unternehmen (z. B. Serviceabteilung, Produktentwicklung), damit Konsequenzen zur Verbesserung gezogen werden können
- ein aktives **Beschwerdemanagement**[2], das dem Kunden das Gefühl gibt, mit seiner Beschwerde verstanden zu werden, und mit dem innerbetriebliche Verbesserungen (der Produkte, Serviceleistungen usw.) ausgelöst werden
- Gewinnung zusätzlicher Informationen über Kunden, z. B. mit einer **Kundenkarte** (Verbindung zur Marktforschung)

2 Beschwerdemanagement
→ LF 7, Kap. 4.4

Für viele Unternehmen spielt heutzutage auch das sogenannte Dialogmarketing eine wichtige Rolle. Dabei wird das bisherige Kaufverhalten von Kunden ausgewertet, um ihnen dann gezielt auf ihre Interessen zugeschnittene Produkte oder Dienstleistungen anzubieten. Ziel ist es, mit den Kunden im Kontakt zu bleiben und idealerweise einen **Kundendialog** mit ihnen aufzubauen.

Erfolgreiche After-Sales-Maßnahmen setzen eine **umfangreiche Kundenkenntnis** voraus. Um Informationen über Kunden strukturiert zu sammeln und zu nutzen, wird sogenannte **Customer-Relationship-Management-Software** (CRM-Software) genutzt. Wichtige Kundendaten und Informationen zu Verkaufschancen und Kundeninteressen werden mithilfe dieser Software verwaltet.

Customer-Relationship-Management[3] (CRM)

3 Kundenbeziehungsmanagement

In den meisten Unternehmen gibt es tagtäglich viele **Kundenkontakte**. Die dabei gewonnenen **Informationen** können zusammengefasst und den verschiedenen Unternehmensbereichen für die Entscheidungsfindung zur Verfügung gestellt werden.

Merke! Mit **Customer-Relationship-Management** werden alle Kundeninformationen bzw. Kundenbeziehungen systematisch gesammelt, gepflegt und für die optimale Kundenbetreuung genutzt.

Beispiel Uwe Dittmer hat sich nach seinem Abschlussbesuch bei dem Dachdeckerbetrieb Jobst Dickstein e. K. an den PC gesetzt und einen Verkaufsbericht in die CRM-Software eingegeben. Er hat kritische Anmerkungen von Herrn Dickstein, die verteilten Dokumente und ein paar persönliche Eindrücke über potenzielle Aufträge erfasst. Ihm war z. B. aufgefallen, dass der Slogan „Alles bedacht!" etwas in die Jahre gekommen ist. Zudem hat Herr Dickstein erwähnt, dass ein befreundeter Bauunternehmer dringend eine Werbeagentur zur Optimierung seines Internetauftritts sucht.

Alle Kundendaten werden in einer Datenbank mit der entsprechenden CRM-Software gesammelt und sortiert. Diese Software kann anhand der gesammelten Kundendaten sogar Vorschläge für Direktmarketingaktionen (z. B. Direct Mailings) oder andere personalisierte Marketingmaßnahmen machen. Auch wenn die Daten im Unternehmen erhoben und genutzt werden, muss bei der Speicherung und Verarbeitung der persönlichen Kundendaten der Datenschutz gewahrt werden.

Merke! Customer-Relationship-Management erlaubt den Übergang vom universellen **Massenmarketing** zum wesentlich effizienteren **Individualmarketing**.

Kundendaten als Ware

Unternehmen haben zur Optimierung ihres Marketings ein großes Interesse daran, **möglichst viel über ihre Kunden zu erfahren**. Sie möchten gerne anhand von Informationen über ihre Kunden Marketingmaßnahmen personenbezogen[1] gestalten.

1 d. h. individualisiert

Beispiel Der Online-Versandhändler Amazon® sammelt massenhaft Daten, vor allem über das Kaufverhalten seiner Kunden. Eine leistungsstarke CRM-Software verarbeitet diese Daten und nutzt sie für gezielte Kundenansprachen. Als Florian Hamm gerade an seinem Privat-PC www.amazon.de aufruft, bekommt er als Produktvorschlag das neueste Trikot vom 1. FC Köln. Er hat die vorherigen Trikots auch bei Amazon® gekauft.

Die gewünschten Daten (z. B. Alter, Geschlecht, Vermögensverhältnisse, Kaufgewohnheiten usw.) der Kunden werden durch die Beobachtung des Kaufverhaltens im Internet oder mithilfe von Kundenkarten im Einzelhandel[2] gesammelt. Die Kundendaten werden entweder selbstständig von dem nutzenden Unternehmen erhoben (z. B. Amazon®) oder von sogenannten „Adresshändlern" angekauft.

2 **Payback**® (engl.: Rückzahlung) ist eine Kundenkarte, die in einer Vielzahl von Geschäften genutzt werden kann. Durch eine geschickte Verarbeitung und Auswertung der umfangreichen Daten (**Datamining**) wird den teilnehmenden Unternehmen ein sehr umfassender Einblick in die Lebensgestaltung und Kaufgewohnheiten der Karteninhaber ermöglicht.

Alles klar?

1 Beschreiben Sie am Beispiel Ihres Ausbildungsbetriebs, welche Instrumente zur Kundenakquise eingesetzt werden.

2 Erläutern Sie, was After-Sales-Maßnahmen sind und welche Rolle hierbei das Customer-Relationship-Management spielt.

3 Beurteilen Sie Datamining aus Sicht von Verbrauchern und Unternehmen.

3.4 Marketingziele[1]

LS 60 Marketingziele festlegen und Marketingstrategien entwickeln

Beispiel Die BE Partners KG hat im Rahmen des Auftrags der Fly Bike Werke GmbH inzwischen alle Marktforschungsergebnisse ausgewertet und Frau Epstein sieht sich mit Herrn Peters heute noch einmal die wichtigsten Grafiken und Tabellen an.

Hr. Peters: In den letzten Jahren konnten wir mit unserem bestehenden Sortiment immer gute Erfolge erzielen. Die Konkurrenzanalyse zeigt aber, dass sich der internationale Wettbewerb immer mehr verstärkt. Und dass der Fahrradmarkt ein Käufermarkt mit einem hohen Sättigungsgrad ist, war zu erwarten. Den Preisdruck unserer Kunden spüren wir schon lange.

Fr. Epstein: Die Bedarfsforschung zeigt aber auch, dass das E-Bike für die junge Zielgruppe eine erfolgversprechende Produktinnovation sein könnte. Wir müssten uns erst einmal über die grundsätzlichen Unternehmensziele der Fly Bike Werke GmbH unterhalten und im nächsten Schritt die quantitativen und qualitativen Marketingziele konkretisieren.

Erfolgreiches Marketing beginnt immer mit der Analyse der Ausgangslage. Neben der **Marktsituation** müssen auch die grundsätzlichen **Unternehmensziele** berücksichtigt werden. Auf dieser Grundlage werden die **Marketingziele** festgelegt.[2]

1. Analyse der Ausgangslage

Marktsituation (Kunden, Konkurrenz, Konjunktur)	Unternehmensziele (ökonomisch, ökologisch, sozial)

↓

2. Marketingziele festlegen[3]

↓

3. Marketingstrategie bestimmen

↓

4. Marketinginstrumente im Marketing-Mix ausgestalten

Produktpolitik	Preispolitik	Distributionspolitik	Kommunikationspolitik
Ziele[4]	Ziele[4]	Ziele[4]	Ziele[4]
Maßnahmen	Maßnahmen	Maßnahmen	Maßnahmen

↓

5. Marketingkonzept umsetzen

↓

6. Marketingerfolg beurteilen

Wollen Unternehmen sich markt- und kundenorientiert verhalten, müssen die **allgemeinen Marketingziele** aus der Marktsituation (Kunden, Konkurrenz, Konjunktur) und aus unternehmensinternen Gegebenheiten (Unternehmensziele, Wertvorstellungen, Leistungspotenzial) abgeleitet werden. Später werden im Rahmen der Ausgestaltung des Marketing-Mix auch die **Marketingziele der einzelnen Marketinginstrumente** bestimmt.

1 Da sich dieses Lernfeld ausschließlich dem Marketing im Sinne des Absatzmarketings widmet, können die Begriffe **„Marketingziele"** und **„Absatzpolitische Ziele"** synonym verwendet werden.

2 Nur wenn die Ziele klar formuliert sind, kann anschließend die **Marketingstrategie,** der Weg zur Erreichung der Ziele, bestimmt werden. Steht der Weg fest, müssen danach die verschiedenen **Marketinginstrumente** im **Marketing-Mix** aufeinander abgestimmt werden.

3 allgemeine Marketingziele (= Oberziele) → LF 5, Kap. 3.4.1

4 Marketingziele der einzelnen Marketinginstrumente (= Unterziele) → LF 5, Kap. 3.4.2

3.4.1 Allgemeine Marketingziele

Je nachdem, ob das Ziel zahlenmäßig bestimmt werden kann, unterscheidet man bei den allgemeinen Marketingzielen quantitative und qualitative Ziele.

Quantitative Marketingziele[1]

Mithilfe der quantitativen Marketingziele soll häufig die **ökonomische (wirtschaftliche) Situation** des Unternehmens verbessert oder gesichert werden. Da die Ziele zahlenmäßig bestimmbar sind, haben quantitative Ziele den Vorteil, dass sie im Rahmen der Beurteilung des Marketingerfolgs gut überprüft werden können. Zu den quantitativen Zielen gehören z. B.:

- Steigerung der **Absatzmenge** um X Stück
- Steigerung der **Umsatzes** in einer Warengruppe um X %
- Erreichung eines **Marktanteils** von X % oder Sicherung des Marktanteils
- Steigerung des **Gewinns** um X %
- **Reduzierung der Kundenreklamationen** um X %
- Gewinnung von X **Neukunden**

Um den Erfolg von Marketingmaßnahmen später überprüfen zu können, ist es wichtig, die Ziele konkret zu formulieren.

Beispiel Die Fly Bike Werke GmbH hat in der Produktgruppe „E-Bikes“ zurzeit einen Marktanteil von 5 % in Deutschland. Um die Kosten der bevorstehenden Marketingaktivitäten im Zuge der Einführung einer neuen Modellreihe für eine junge Zielgruppe mindestens zu decken, wird das folgende Marketingziel formuliert: Der Marktanteil in der Produktgruppe E-Bikes in Deutschland soll bis zum Abschluss des Geschäftsjahres 20X3 auf 7 % steigen.

1 Die **quantitativen Ziele** werden häufig auch als **ökonomische Ziele** bezeichnet. Dies ist etwas irreführend, da auch durch die qualitativen Ziele letztlich ökonomische Ziele des Unternehmens unterstützt werden sollen.

Qualitative Marketingziele[2]

Neben den quantitativen Zielen sind für das Marketing auch qualitative Marketingziele bedeutsam. Mit ihrer Hilfe sollen bei den (potenziellen) Kunden **Präferenzen für das Unternehmen bzw. Produkt** aufgebaut und verstärkt werden. Auch die qualitativen Ziele dienen langfristig jedoch ökonomischen Zwecken wie der Umsatzsteigerung und der Erhöhung des Marktanteils. Es gibt dabei eine Vielzahl an möglichen qualitativen Zielen, z. B.:

- Erhöhung des **Bekanntheitsgrads** des Unternehmens oder eines Artikels
- Erhöhung der **Kundenzufriedenheit**
- Verbesserung des **Unternehmens- oder Markenimages**
- Erhöhung der **Kundenbindung**

Auch bei den qualitativen Zielen ist eine klare Zielformulierung sinnvoll.

Beispiel Die Primärerhebung der BE Partners KG hat ergeben, dass E-Bikes in der Zielgruppe der Personen zwischen 25 und 39 Jahren ein zu starkes „Alte-Leute-Image“ haben. Dörthe Epstein hält es für erforderlich, dieses Image deutlich zu verbessern, um die Kaufbereitschaft in der Zielgruppe zu erhöhen. Durch das Marketingkonzept der BE Partners KG soll die Produktgruppe „E-Bike“ der Fly Bike Werke GmbH bei der Zielgruppe der Personen zwischen 25 und 39 Jahren ein moderneres Image bekommen.

2 Da die **qualitativen Ziele** auf die Einstellungen bzw. das Verhalten der Konsumenten ausgerichtet sind, werden sie auch als **psychologische Ziele** bezeichnet.

Zielkonflikte und Zielharmonien

Unternehmen setzen sich in der Regel mehrere Marketingziele. Dabei kann es zu **Zielkonflikten**[1] kommen. Beispielsweise könnte man zur Steigerung der Bekanntheit die Werbeaufwendungen erhöhen, was zunächst aber den Gewinn reduzieren würde. Einfacher ist die Gestaltung des Marketingkonzepts beim Vorliegen von **Zielharmonien**[2]. Eine Reduzierung der Kundenreklamationen würde z. B. auch die Verwirklichung des Ziels „Imageverbesserung“ unterstützen.

1 Ein **Zielkonflikt** besteht, wenn das Anstreben eines Ziels die Erreichung eines anderen Ziels beeinträchtigt (konkurrierende Ziele).
→ FK 1, LF 1, Kap. 3.1.3

2 Eine **Zielharmonie** besteht, wenn das Anstreben eines Ziels die Erreichung eines anderen Ziels unterstützt (komplementäre Ziele).
→ FK 1, LF 1, Kap. 3.1.3

3.4.2 Marketingziele der einzelnen Marketinginstrumente

Nachdem allgemeine Marketingziele formuliert und die Marketingstrategie bestimmt wurden, müssen vor der Festlegung der einzelnen Marketingmaßnahmen für jedes einzelne Marketinginstrument Ziele formuliert werden.

Marketingziele der einzelnen Marketinginstrumente (Beispiele)

Ziele der Produktpolitik	Ziele der Preispolitik	Ziele der Kommunikationspolitik[3]	Ziele der Distributionspolitik[4]
– hochwertige Produkte – modernes Design – Massenprodukte – ökologische Produkte	– Unterbietung der Wettbewerber – höhere Renditen	– Erhöhung der Kaufbereitschaft – Bekanntmachung des Produktes	– Lagerdauer senken – Online-Vertrieb ausbauen – Filialnetz erweitern – Versand verkürzen

3 **Kommunikationspolitik** beschäftigt sich mit der Frage, **wie** geworben werden soll.

4 **Distributionspolitik** (auch: **Vertriebspolitik**) beschäftigt sich mit den Vertriebswegen.

Die Marketingziele der einzelnen Marketinginstrumente sind gewissermaßen Unterziele der allgemeinen Marketingziele. Zwischen diesen Zielebenen müssen Zielharmonien bestehen, da die untergeordneten Ziele zur Realisierung der übergeordneten allgemeinen Ziele beitragen sollen.

Beispiel Auszug aus dem aktuellen Marketingzielsystem der Fly Bike Werke GmbH

Unternehmensziele

Steigerung des Umsatzes um 10 % bis 20X5 — Stabilisierung der Gewinnspanne bis 20X5

↓

Allgemeine Marketingziele

- Steigerung des Marktanteils der E-Bikes auf 7 % bis 20X3
- Modernisierung des Unternehmensimages der Produktgruppe „E-Bikes“ in der Zielgruppe „25–39 Jahre“

↓ ↓ ↓ ↓

Teilziele Produktpolitik	Teilziele Preispolitik	Teilziele Kommunikationspolitik	Teilziele Distributionspolitik
– E-Bikes im modernen Design entwickeln – Individualisierung der E-Bikes ermöglichen	– Preise der Wettbewerber mitgehen – Preisobergrenze E-Bikes von 1.499,00 € einhalten	– hohen Bekanntheitsgrad der E-Bikes in der Zielgruppe erreichen – Unternehmensimage modernisieren	– Onlineshop ausbauen – Händlernetz vergrößern – Händler mit modernerem Image gewinnen

Alles klar?

1 Erläutern Sie Unterschiede und Zusammenhänge zwischen allgemeinen Marketingzielen und den Marketingzielen der einzelnen Marketinginstrumente.

4 Marketingstrategien

Beispiel Florian Hamm protokolliert heute ein weiteres Gespräch zwischen Frau Epstein und Herrn Peters von der Fly Bike Werke GmbH:

Fr. Epstein: Ich denke, die Konkurrenzanalyse zeigt eindeutig, dass die **Strategie der Kostenführerschaft** nicht infrage kommt, insbesondere wegen der asiatischen Wettbewerber.

Hr. Peters: Wir hatten ja am Anfang schon darüber gesprochen, dass ein modernes E-Bike uns im Rahmen einer **Differenzierungsstrategie** helfen könnte.

Fr. Epstein: Genau. Das moderne E-Bike wäre auch zur Erreichung des Marketingziels, den Marktanteil bei E-Bikes auf 7 % zu steigern, die ideale Neuproduktentwicklung.

Nachdem die Marktsituation analysiert und Marketingziele festgelegt wurden, müssen passende Marketingstrategien[1] gewählt werden.

1 auch: Absatzstrategien

Merke! **Marketingstrategien** legen die grundsätzlichen Wege zu den Marketingzielen fest.

Es handelt sich hierbei um generelle Verhaltensweisen, mit denen ein Unternehmen erfolgreich sein möchte. Man unterscheidet dabei **Wettbewerbsstrategien** und **Produkt-Markt-Strategien.**

4.1 Wettbewerbsstrategien

Auf Käufermärkten wird der Erfolg von Unternehmen auch dadurch bestimmt, wie sie mit der jeweiligen **Wettbewerbssituation** umgehen. Diese wird beeinflusst durch:

- die Rivalität zwischen den **bestehenden Wettbewerbern**
- die Bedrohung durch mögliche **neue** (ausländische) **Konkurrenten**
- die Bedrohung durch (neue) **Substitutionsgüter** und
- die Verhandlungsmacht der Kunden

Um sich **Wettbewerbsvorteile** zu verschaffen, stehen den Unternehmen drei grundsätzliche Wettbewerbsstrategien zur Verfügung:

1. Strategie der Kostenführerschaft[2]

Mit dieser Strategie möchte ein Unternehmen durch **geringe Kosten** einen Wettbewerbsvorteil erlangen. Diese Strategie macht Unternehmen widerstandsfähig bei intensiven Preiskämpfen, da man auch bei niedrigen Preisen noch Gewinn erwirtschaften kann, während die Konkurrenten schon in der Verlustzone sind. Wichtige Voraussetzungen zur Erlangung eines Kostenvorsprungs sind z. B.:

- Größenvorteile aufgrund hoher Absatzmengen
- hoher Marktanteil, möglichst Marktführerschaft
- hohes Kostenbewusstsein und strenge Kostenminimierung (z. B. in Forschung und Entwicklung, im Service, im Vertriebsnetz)[3]

2 „Die Strategie, die auf **Masse** setzt."

3 Die Strategie der Kostenführerschaft ist insbesondere auf Märkten anzustreben, auf denen die Bedingungen des vollkommenen Marktes nahezu erfüllt sind („Massenprodukte", „Produkte von der Stange"), da hier das Preisargument bei den Kunden häufig den Ausschlag gibt.

Beispiel Bekannte Unternehmen, die eine Strategie der Kostenführerschaft verfolgen, sind Aldi®, Media Markt® und IKEA®.

2. Strategie der Differenzierung[1]

Mit dieser Strategie möchte ein Unternehmen seine Produkte oder Dienstleistungen **von der Konkurrenz abheben (differenzieren)**. Es soll ein Leistungsangebot geschaffen werden, das in der Branche von den Kunden als **einzigartig** bzw. besonders angesehen wird.[2] Mit dieser Strategie zielt das Unternehmen darauf ab, höhere Preise (gegenüber der Konkurrenz) durch einen **besonderen Produktnutzen** rechtfertigen zu können. Differenzierung kann beispielsweise über folgende **Bereiche** erfolgen:

- eine besondere Qualität oder eine einzigartige Technologie
- ein besonderes (Unternehmens- oder Produkt-)Image
- ein besonderes Design
- besondere Serviceleistungen (z. B. sehr guter Kundendienst)
- ein einprägsamer Markenname[3]

Beispiel Frau Epstein bespricht mit Herrn Peters die Erfolgsaussichten einer Differenzierungsstrategie für die Fly Bike Werke GmbH. Sie meint, ein modernes E-Bike in einem sehr jugendlichen Design könne bei der Umsetzung dieser Strategie helfen. Sie schlägt als Markennamen „SmartBike" vor und diskutiert mit Herrn Peters verschiedene Nutzungsmöglichkeiten von Smartphones in Verbindung mit dem E-Bike.

3. Strategie der Konzentration auf Schwerpunkte (Nischenstrategie)[4]

Mit der Nischenstrategie konzentriert sich ein Unternehmen auf **Schwerpunkte (Marktnischen)**. Bei dieser Konzentrationsstrategie geht es darum, **ein bestimmtes Marktsegment**[5] zu bevorzugen und **alle** Marketingmaßnahmen auf die gewählte Marktnische auszurichten. Der Wettbewerbsvorteil dieser Strategie soll dadurch entstehen, dass das Unternehmen seine Marketingmaßnahmen auf die gewählte Zielgruppe konzentriert und diese so wirkungsvoller und effizienter erreichen kann als die Konkurrenz. **Nischen** können z. B. sein: eine bestimmte Kundengruppe, ein bestimmter Teil des Leistungsangebots oder ein geografisch abgegrenzter Markt.[6]

Beispiel Ein Onlinehändler hat sich auf den Vertrieb von Kaffee spezialisiert.

4.2 Produkt-Markt-Strategien

Die strategische Ausrichtung der Marketingaktivitäten kann auch davon abhängig gemacht werden, ob ein Unternehmen **auf bestehenden oder neuen Märkten** erfolgreich sein möchte **und** ob es dabei **vorhandene oder neu zu entwickelnde Produkte** nutzen möchte. Entsprechend können vier verschiedene Produkt-Markt-Strategien unterschieden werden:

1. Strategie der Marktdurchdringung[7]

Mit den bereits **vorhandenen Produkten** wird der bereits **bestehende Markt** intensiv bearbeitet. Es wird eine umfassende Durchdringung – möglichst Beherrschung – des vorhandenen Marktes angestrebt. Dies erfolgt über eine Steigerung des Absatzes bzw. Marktanteils, z. B. durch die Akquise von Neukunden.

Beispiel Die Fly Bike Werke GmbH arbeitet seit Jahren daran, weitere Fahrradhändler in Deutschland als Kunden zu gewinnen, damit mehr Endkunden beim Fahrradkauf den Hersteller Fly Bike in die engere Wahl nehmen und die Marke letztlich auch kaufen.

1 „Die Strategie, die auf **Klasse** setzt."

2 Consumer Benefit und Alleinstellungsmerkmale
→ LF 5, Kap. 3.2.3

3 Die Strategie der Differenzierung schirmt ein Unternehmen gegenüber dem Wettbewerb ab, indem sie Kunden an eine Marke bindet (persönliche Präferenz) und somit ihre Preisempfindlichkeit verringert. Es wird also gezielt angestrebt, die Bedingungen des vollkommenen Marktes zu „brechen".

4 „Die Strategie, die auf eine **Nische** setzt"

5 Marktsegmentierung und Zielgruppen
→ LF 5, Kap. 3.2.4

6 Die Nischenstrategie soll dem Unternehmen **in dem gewählten Marktsegment** entweder eine Differenzierung oder eine Kostenführerschaft ermöglichen („Masse oder Klasse innerhalb der gewählten Nische") – im Idealfall beides zusammen.

7 auch: Marktintensivierung, Marktausschöpfung

2. Strategie der Markterschließung[1]

Ein Unternehmen möchte **neue Märkte** mit den **vorhandenen Produkten** erschließen. Diese Strategie wird häufig durch die Erschließung neuer Zielgruppen verwirklicht. In diesem Fall kommt der Marktsegmentierung[2] große Bedeutung zu.

1 auch: Marktentwicklung

2 Marktsegmentierung
→ LF 5, Kap. 3.2.4

Beispiel Die Fly Bike Werke GmbH hat vor einigen Jahren begonnen, auch im benachbarten Ausland Fahrradhändler zu akquirieren und diese zu beliefern.

3. Strategie der Produktentwicklung

Bei dieser Strategie steht die Entwicklung **neuer Produkte** (Innovationen) für die **bestehenden Märkte** im Vordergrund. Die neuen Produkte können dabei das bisherige Leistungsprogramm ergänzen oder einzelne Produkte ersetzen. Diese Strategie ist insbesondere auf **dynamischen Märkten** angebracht, auf denen sich die Kundenbedürfnisse bzw. Kaufmotive häufig verändern.

Beispiel Die Fly Bike Werke GmbH hat im Jahr 20XX erstmalig ein City-Bike auf den Markt gebracht, das sich in kurzer Zeit in ein Cargobike (Lastenfahrrad) umbauen lässt, mit dem vor allem in Großstädten Einkäufe transportiert werden können.

4. Strategie der Diversifikation

Durch Diversifikation wird häufig eine generelle Neuorientierung eines Unternehmens erreicht. **Neue Produkte** werden auf **neuen Märkten** angeboten und das Unternehmen erschließt sich damit neuartige Leistungsbereiche.[3] Mit dieser Strategie wird häufig ein Unternehmenswachstum angestrebt.

3 Produktpolitik
→ LF 5, Kap. 5.1

Beispiel Frau Epstein diskutiert mit Herrn Peters darüber, ob die Fly Bike Werke GmbH zukünftig eventuell auch Roller und Rutschautos für Kleinkinder anbieten soll.

Die verschiedenen Wettbewerbs- und Produkt-Markt-Strategien treten nicht immer einzeln und in eindeutiger Form auf. Sehr häufig gibt es betriebsindividuelle Kombinationen. Letztlich müssen häufig **verschiedene Marketingstrategien** so **miteinander kombiniert** werden, dass das Unternehmen langfristig mit seinem Leistungsangebot eine wettbewerbsfähige Position in einem Markt erlangt und behält.

Alles klar?

1 Erläutern Sie die drei Wettbewerbsstrategien allgemein und anhand je eines Beispiels.

2 Beschreiben Sie jeweils ein Beispiel für jede der Produkt-Markt-Strategien, die Sie als Konsument bereits kennen gelernt haben.

3 Erläutern Sie, welche Wettbewerbsstrategien vorrangig verfolgt werden:

a) Apple® mit dem iPhone®
b) Motorradhersteller Harley Davidson®
c) Fluggesellschaft Ryanair®
d) Volkswagen® mit dem Golf®
e) Porsche®
f) Textilhändler für Übergrößen

5 Abstimmung von Marketinginstrumenten im Marketingkonzept (Marketing-Mix)

Beispiel Dörthe Epstein hat inzwischen mit Herrn Peters von der Fly Bike Werke GmbH die Marketingziele und Marketingstrategien konkretisiert. Heute hat sie Florian Hamm zu sich gerufen: „So, jetzt ist Kreativität gefragt. Und dafür brauche ich Sie. Wir müssen ein in sich schlüssiges Marketingkonzept für die Fly Bike Werke GmbH erstellen. Bitte entwickeln Sie doch schon einmal zusammen mit den anderen Auszubildenden ein paar Ideen. Sie können mir dann Ihre Vorschläge am nächsten Montag um 10:00 Uhr vorstellen. Aber denken Sie daran, Produkt-, Preis-, Vertriebs- und Kommunikationspolitik aufeinander abzustimmen. Der Marketing-Mix muss stimmen."

Nach der Festlegung der Marketingziele und -strategien erfolgt die Auswahl und Ausgestaltung der einzelnen **Marketinginstrumente**. Das absatzpolitische Instrumentarium setzt sich aus vier Bereichen zusammen:

Marketinginstrumente

- Produkt- und Sortimentspolitik
- Preis- und Konditionenpolitik
- Distributionspolitik
- Kommunikationspolitik (inklusive Werbung)

Jetzt wird klar, dass zum Marketing natürlich auch die Werbung gehört, aber eben nur als ein Teilbereich. Die **optimale Kombination einzelner Marketingmaßnahmen** zu einem aufeinander abgestimmten und sich gegenseitig unterstützenden Maßnahmenbündel wird als **Marketing-Mix** bezeichnet.

5.1 Produkt- und Sortimentspolitik

LS 61 Produkt- und Sortimentspolitik gestalten

5.1.1 Produktlebenszyklus

Beispiel Herr Peters legt Frau Epstein heute die aktuelle Absatzstatistik der Fly Bike Werke GmbH vor, die hier in Auszügen dargestellt wird und die Absatzmengen einiger Modelle wiedergibt (siehe auch Folgeseite).

	Jahr			
Modell	20X1	20X2	20X3	20X4
Mountainbike Dispo	20 500	17 300	10 200	5 600
Trekkingrad Light	14 100	20 800	21 000	20 900
Cityrad Glide	800	3 400	9 200	18 400
E-Bike Comfort	0	0	350	600

Hr. Peters: Ich habe von der Geschäftsleitung grünes Licht für die Produktentwicklung eines modernen Modells für die Produktgruppe E-Bike bekommen.

Fr. Epstein: Ich denke, eine solche Produktinnovation in Form einer Differenzierung tut dem Unternehmen auch hinsichtlich des gesamten Sortiments gut. Es gibt schließlich auch einige Räder, die am Ende ihres Produktlebenszyklus stehen und eventuell eliminiert werden könnten. Im Zukunftsmarkt E-Bikes täte eine größere Sortimentstiefe sicherlich gut.

Können Sie die Aussage von Frau Epstein mithilfe der Daten erläutern?

Kaum ein Produkt hält sich für unbegrenzte Zeit am Markt. Nach der Einführung kaufen die Kunden das neue Produkt für eine gewisse Zeit. Nach Monaten oder Jahren veraltet das Produkt und wird weniger nachgefragt. Letztlich müssen die Unternehmen es häufig aufgrund mangelnder Nachfrage vom Markt nehmen. Es durchläuft damit einen **Produktlebenszyklus**.

Der Produktlebenszyklus stellt die Umsatzentwicklung eines Produktes von seiner Einführung auf dem Markt bis zum Niedergang grafisch dar. Seine Dauer ist je nach Produkt bzw. Dienstleistung sehr unterschiedlich.[1]

1 So „lebt“ ein bestimmtes Modell eines Smartphones manchmal nur weniger als ein Jahr, während sich andere Produkte, wie beispielsweise das Tempo-Taschentuch, über Jahrzehnte erfolgreich am Markt halten.

Phasen des Produktlebenszyklus

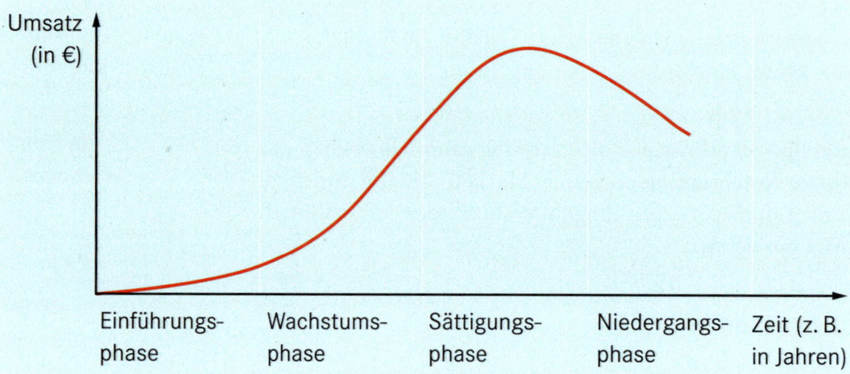

- **Einführungsphase:** Das Produkt ist noch relativ unbekannt und Kunden verhalten sich abwartend („Kinderkrankheiten“ beim Produkt), die Umsätze steigen nur langsam.
- **Wachstumsphase:** Die Umsatzzuwächse sind enorm. Das Produkt trägt erheblich zum Erfolg des Unternehmens bei. In dieser Phase wird häufig der Break-Even-Punkt[2] in Richtung Gewinnzone überschritten.
- **Sättigungsphase:** Viele Kunden haben das Produkt bereits gekauft, es drängen massiv Konkurrenten mit ähnlichen Produkten auf den Markt. Der Gewinn geht stetig zurück.
- **Niedergangsphase:** Der Umsatz sinkt deutlich, der Break-Even-Punkt wird erneut in Richtung Verlustzone durchschritten. Das Produkt wirkt immer stärker erfolgsmindernd und wird deswegen häufig vom Markt genommen.

2 **Break-Even-Punkt:** Gewinnschwelle, an der die Erlöse und Kosten eines Produktes gleich groß sind. Weitere Informationen finden Sie in FK 3, LF 10.

Jede Phase im Produktlebenszyklus erfordert zudem individuelle Maßnahmen, um den Erfolgsbeitrag eines Produktes zu optimieren. In der Realität lassen sich die verschiedenen Phasen selten eindeutig bestimmen. Eine grobe Einschätzung reicht jedoch, um situativ sinn- volle produktpolitische Maßnahmen auszuwählen.

5.1.2 Produktpolitische Maßnahmen

Beispiel Frau Epstein schlägt Herrn Peters von der Fly Bike Werke GmbH auf Grundlage des letzten Absatzberichts zwei produktpolitische Maßnahmen vor: Für die Produktgruppe „Mountainbikes“ sollte schnell ein neues Modell entwickelt werden, das den aktuellen Trend „Sportlichkeit“ erfüllt. Für das umsatzstarke Trekkingrad Light sollen drei neue Modellvarianten mit zeitgemäßer Farbgestaltung und Smartphonehalterung angeboten werden. Sie hofft, dass der Umsatz damit angekurbelt werden kann.

Je nachdem, in welcher Lebenszyklusphase sich ein Produkt befindet, setzen Unternehmen unterschiedliche produktpolitische Maßnahmen ein, um es möglichst lange erfolgreich am Markt zu halten. Sind alle Möglichkeiten ausgeschöpft, wird ein Verlust bringendes Produkt eliminiert. Mögliche produktpolitische Maßnahmen sind:

Produktinnovation: Bei der Produktinnovation wird ein völlig neues Produkt eingeführt. Möglicherweise löst dieses neue Produkt ein altes ab, das sich am Ende der Verfallsphase befindet. Produktinnovationen können als **Differenzierung** oder als **Diversifikation**[1] des bestehenden Sortiments realisiert werden.

1 Strategie der Diversifikation
→ LF 5, Kap. 4.2

Differenzierung	Diversifikation		
Das neue Produkt stammt aus dem gleichen Bereich wie vorhandene Angebote. Damit bedeutet die Differenzierung eine Ergänzung. (Beispiel: Ein Fahrradhersteller bringt ein neues Mountainbike auf den Markt.)	**horizontal**	**vertikal**	**diagonal/lateral**
	Das neue Produkt entstammt der gleichen Wirtschaftsstufe und Branche, hebt sich jedoch deutlich vom bisherigen Angebot ab. (Beispiel: Ein Fahrradhersteller bietet neuerdings auch Roller an.)	Das neue Produkt repräsentiert eine vor- oder nachgelagerte Wirtschaftsstufe. (Beispiel: Ein Fahrradhersteller betreibt einen Fahrradgroßhandel.)	Das neue Produkt hat keinen Zusammenhang zu den bisherigen Leistungen. (Beispiel: Ein Fahrradhändler bietet auch Energieriegel an.)

Produktvariation: Ein vorhandenes Produkt wird z. B. in Form, Farbe, Größe, Geschmack oder Verpackung leicht geändert. Nach den Änderungen lässt sich das Produkt immer noch wiedererkennen (z. B. „jetzt noch besser im Geschmack“).

Produktelimination: Ein wenig erfolgreiches Produkt wird nicht mehr angeboten. Diese Maßnahme verursacht eine Lücke im vorhandenen Angebot und kommt häufig erst dann in Betracht, wenn neue Produkte entwickelt und marktreif sind. Insofern stehen Produktinnovation und -elimination in enger Beziehung zueinander.[2]

2 Produktpolitische Maßnahmen bei einem Produkt müssen immer die Auswirkungen auf das gesamte Sortiment eines Unternehmens berücksichtigen. Es wäre z. B. nicht sinnvoll, einen Kaffee-Pad-Automaten, der keinen Gewinn mehr erwirtschaftet, zu eliminieren, wenn mit den passenden Kaffee-Pads ein großer Gewinn erzielt wird.

Die verschiedenen produktpolitischen Maßnahmen werden immer in Abstimmung mit dem Produktlebenszyklus eines Produktes phasengerecht eingesetzt.

Produktpolitische Maßnahmen im Produktlebenszyklus[3]

Entwicklung	Einführung	Wachstum	Reife	Sättigung	Verfall
–	Innovation	Differenzierung	Variation, Diversifikation	Variation, Relaunch[4]	Variation, Elimination

3 Diese Angaben sind allerdings nur grobe Anhaltspunkte.

4 **Relaunch** (engl.): Neustart; Sonderfall der Produktvariation, bei dem ein Produkt nach umfassender Umgestaltung neu eingeführt wird

5.1.3 Sortimentspolitische Maßnahmen

Alle Überlegungen der Produkt- und Sortimentspolitik zielen darauf ab, ein optimales Leistungsprogramm (Was?, Wie viel?, Wann?) festzulegen. Die Begriffe „**Produkte**“ und „Produktgruppen“ verwendet man vorwiegend in Industrieunternehmen, während sich die Begriffe, „Artikel“, „Ware“ und „Warengruppen“ eher auf den Handel beziehen. Die Summe aller von einem Unternehmen angebotenen Leistungen heißt generell **Sortiment**. Bei Industrieunternehmen kann dies auch eine Mischung aus produzierten Erzeugnissen, Handelswaren und Dienstleistungen sein.

Sortimentsbreite und Sortimentstiefe

Das Sortiment kann gerade bei mittelständischen und großen Unternehmen leicht unüberschaubar werden. Deshalb ist es vorteilhaft, das Sortiment zu gliedern.

- Die **Produktions- oder Sortimentsbreite** gibt an, wie viele verschiedene Produktgruppen (bzw. Warengruppen im Handel) ein Unternehmen anbietet. Hierbei wird zwischen einem **breiten und einem schmalen Sortiment** unterschieden. Besteht das Sortiment aus vielen Produktgruppen, wird es als breites Sortiment bezeichnet.
- Die **Produktions- oder Sortimentstiefe** informiert über die unterschiedliche Anzahl an Varianten einer Produktgruppe (bzw. Artikel oder Sorten[1] im Handel). Hierbei kann zwischen einem **flachen und einem tiefen Sortiment** unterschieden werden. Bei einer großen Auswahl spricht man von einem tiefen Sortiment.

[1] **Sorte:** kleinste Sortimentseinheit, unterscheidet sich z. B. hinsichtlich Farbe, Größe oder Verpackungseinheit

Durch die **Verbreiterung oder Vertiefung des Sortiments** können Unternehmen für Kunden attraktiver werden (Kundenorientierung) und sich Wettbewerbsvorteile gegenüber der Konkurrenz erarbeiten.

Beispiel Die Fly Bike Werke GmbH bietet folgendes Sortiment (Ausschnitt):

Produktions- oder Sortimentsbreite:
Anzahl der verschiedenen Produktgruppen

Produktions- oder Sortimentstiefe: Anzahl der Varianten in einer Produktgruppe	**Mountainbike** - Herrenmodell - Damenmodell	**Trekkingrad** - Herrenmodell - Damenmodell - Kindermodell - Seniorenmodell	**City-Rad** - Damenmodell

Beim Trekkingrad ist die Sortimentstiefe am größten.

Alles klar?

1 Erläutern Sie die „Lebensphasen“ eines Produkts der Fly Bike Werke GmbH von der Produktidee bis zur Produktelimination.

2 Erläutern Sie Produktinnovation, -variation und -elimination.

3 Erläutern Sie anhand von realen Unternehmen breites, schmales, tiefes und flaches Sortiment.

4 Was könnte ein Unternehmen dazu veranlassen, seine Sortimentstiefe zu vergrößern oder zu verkleinern?

5.2 Preis- und Konditionenpolitik

LS 62 Einen Preis für eine Leistung festlegen

Beispiel Bevor die Neuproduktentwicklung eines E-Bikes in der Fly Bike Werke GmbH in Angriff genommen wird, müssen noch einige Rahmenbedingungen abgesprochen werden. Heute geht es um den zukünftigen Preis des E-Bikes.

Fr. Epstein: Wir sollten das neue E-Bike eher im Niedrigpreissegment ansiedeln. Die Konkurrenzforschung hatte ja eine Niedrigpreisstrategie nahegelegt. Zudem ist gerade bei der jungen Zielgruppe nicht davon auszugehen, dass sie bereit ist, hohe Preise zu zahlen.

Hr. Peters: Wir müssen aber auch unsere Produktionskosten berücksichtigen. Und mit schlechter „Supermarktqualität“ würden wir unser Qualitätsimage gefährden.

Fr. Epstein: Genau diesen Zielkonflikt zwischen Kosten-, Konkurrenz- und Kundenorientierung müssen wir bei der Preisfestsetzung lösen.

Im Rahmen der Preis- und Konditionenpolitik[1] finden alle Überlegungen, Planungen und Entscheidungen statt, die den Preis einer Leistung und alle auf den Preis bezogenen (Sonder-)Konditionen betreffen. Dabei gilt die **Preisgestaltung** allgemein als wichtigster Bestandteil des Marketings, da auf vielen (Käufer-)Märkten der Preis eines Gutes als entscheidendes Kaufargument betrachtet wird.[2]

grundsätzliche Preisstrategie bestimmen und ggf. verfeinern → Preise kosten-, kunden- und konkurrenzorientiert gestalten → evtl. Preisdifferenzierung durchführen → evtl. zusätzliche Konditionen anbieten

1 Preis- und Konditionenpolitik wird auch als **Kontrahierungspolitik** zusammengefasst.

2 Dies gilt insbesondere, wenn rationale (wirtschaftliche) Kaufmotive im Vordergrund stehen.

5.2.1 Preisstrategien

Unter einer Preisstrategie[3] versteht man die **langfristige Ausrichtung** der Preisgestaltung. Preisstrategien sind damit weitgehend unabhängig von kurzfristigen Entscheidungen des Tagesgeschäftes (z. B. Sonderangeboten). Bei der **Hochpreis- und der Niedrigpreisstrategie** handelt es sich um auf Dauer angelegte Strategien, die häufig auf Grundlage der generellen Konkurrenzsituation auf dem betroffenen Markt gewählt werden. Diese beiden Strategien werden zur **Markteinführung neuer Produkte** häufig kurzfristig verfeinert:

Marktdurchdringungsstrategie (Penetrations-Strategie[4]): Es wird zunächst ein relativ niedriger Preis gewählt, mit dem am Markt möglichst schnell hohe Umsätze erzielt werden können. Das Produkt soll schnell an Bedeutung am Markt gewinnen und der Konkurrenz soll der Marktzutritt erschwert werden. Wenn eine gute Marktposition erreicht wurde, werden die Preise angehoben. Wenn der Preis dauerhaft niedrig gehalten wird, liegt eine **Niedrigpreisstrategie** vor.

Marktabschöpfungsstrategie (Skimming-Strategie[5]): In diesem Fall werden die Preise zunächst so hoch angesetzt, dass erhebliche Gewinnspannen „abgeschöpft“ werden können. Diese Strategie wird häufig bei vorübergehenden Nachfrageüberhängen eingesetzt, wie bei der Einführung begehrter Neuprodukte (z. B. neue Elektronikgeräte). Sobald ernsthafte Konkurrenten mit Substitutionsgütern in den Markt treten, wird der Preis gesenkt. Werden die Preise jedoch dauerhaft hoch gehalten, dann liegt eine **Hochpreisstrategie** vor.

3 Preisstrategien → LF 5, Kap. 3.1.4

4 **to penetrate the market** (engl.): den Markt durchdringen, in den Markt eindringen

5 **to skim the market** (engl.): den Markt abschöpfen

5.2.2 Preisgestaltung

Basierend auf der gewählten Preisstrategie und unter Beachtung der Ergebnisse der Bedarfs-, Konkurrenz- und Konjunkturforschung wird entschieden, welcher Preis für eine Leistung festgelegt wird. Bei der Preisgestaltung sind drei Aspekte zu berücksichtigen:

Aspekte der Preisgestaltung

- Kostenorientierung
- Kundenorientierung
- Konkurrenzorientierung

Kostenorientierte Preisgestaltung

Die kostenorientierte Preisgestaltung basiert auf den Kosten, die die Herstellung einer Leistung im Unternehmen verursacht. Hierbei sind zu beachten:

- **Bezugspreise:** Das sind die Preise, zu denen die für die Leistungserstellung benötigten Materialien oder Waren von anderen Unternehmen bezogen wurden.
- **Handlungskosten:** Dies sind alle Kosten, die neben den Bezugspreisen regelmäßig anfallen. Es sind also zusätzliche Kosten, die einer Leistung nicht direkt zugerechnet werden können (z. B. Löhne, Gehälter, Raumheizung, Beleuchtung). Sie müssen bei der Kostenermittlung einzelner Leistungen anteilig (prozentual) mit einem Handlungskostenzuschlagssatz einkalkuliert werden.[1] Durch diesen Zuschlag auf die Bezugspreise sollen alle Kosten des Unternehmens gedeckt werden.

1 Weitere Informationen zur Kalkulation finden Sie in FK 3, LF 10.

Merke! Die **kostenorientierte Preisbildung** folgt dem Prinzip „aus dem Unternehmen heraus in den Markt hinein **(from company to market)**".

Durch die Verkaufserlöse, die mit dem Absatz einer Leistung erzielt werden, sollen mindestens die anfallenden Kosten gedeckt werden. Der so ermittelte Preis gilt gewissermaßen als **Preisuntergrenze**, da Preise unterhalb dieser Schwelle nicht kostendeckend wären und dem Unternehmen Verlust verursachen würden. Da privatwirtschaftliche Unternehmen aber grundsätzlich Gewinn erzielen möchten, wird zu den ermittelten Kosten noch ein angestrebter **Gewinnzuschlag** hinzugerechnet. Ein so kalkulierter Preis lässt sich auf Käufermärkten mit starkem Wettbewerb oftmals nicht durchsetzen, da er eventuell über dem Marktpreis liegt.

Beispiel Jens Lübkemann, der Leiter der Produktentwicklung bei der Fly Bike Werke GmbH, hat für ein mögliches neues E-Bike eine erste Kalkulation aufgestellt:

	Bezugspreise aller Materialien	956,00 €
+	Handlungskostenzuschlag (75 %)	717,00 €
=	Selbstkostenpreis (Preisuntergrenze)	1.673,00 €
+	Gewinnzuschlag (30 %)	501,90 €
=	Listenverkaufspreis	2.174,90 €

Frau Epstein und Herr Peters sind sich einig, dass in Anbetracht der jungen Zielgruppe ein Listenverkaufspreis von 2.174,90 € nicht realisierbar ist. Sie überlegen, welcher Preis wohl von der Zielgruppe akzeptiert werden würde.

Die kostenorientierte Preisbildung ist jedoch nicht überflüssig. Sie ermittelt unabhängig vom Markt, welchen Preis das Unternehmen für eine Leistung dauerhaft erzielen **müsste**. Sollten Konkurrenzprodukte dauerhaft zu Preisen angeboten werden, die unter dem eigenen kostenorientiert kalkulierten Preis liegen, so muss das Unternehmen die Kosten senken, auf einen Teil der Gewinnspanne verzichten oder den Verkauf der Ware einstellen und auf andere Produkte umschwenken.

Kundenorientierte Preisgestaltung[1]

Neben den anfallenden Kosten muss sich die Preisgestaltung auch an den Kunden (Nachfragern) orientieren. Hier kommt der Marktforschung eine große Bedeutung zu. Im Rahmen der Bedarfsforschung gilt es zu ermitteln, welchen Preis die (meisten) Kunden bereit sind, für eine Leistung zu bezahlen. Der Preis wird also nicht nur vom Unternehmen kalkuliert, sondern auch vom Markt vorgegeben.

1 auch: nachfrageorientierte Preisgestaltung

Merke! Die **kundenorientierte Preisgestaltung** folgt dem Prinzip „vom Markt in das Unternehmen hinein **(from market to company)**".

Generell streben dabei rational handelnde Nachfrager nach niedrigen Preisen. Möglicherweise sind die Kunden aber auch bereit, weit mehr als den auf Kostenbasis ermittelten Preis zu zahlen. Das ist vor allem dann möglich, wenn die Leistung ein Alleinstellungsmerkmal[2] aufweist und die Nachfrager ihr einen hohen Produktnutzen zusprechen. In diesen Fällen unterstützen diese Leistungen andere Leistungen, die zu einem eher niedrigen Preis angeboten werden müssen (**Mischkalkulation**).

2 Consumer Benefit und Alleinstellungsmerkmale → LF 5, Kap. 3.2.3

Beispiel Mit dem Modell Superfast hat die Fly Bike Werke GmbH vor vielen Jahren ein Rennrad auf den Markt gebracht, das von den Kunden sehr gut angenommen wird. Das Modell kann 35 % über dem auf Kostenbasis kalkulierten Preis angeboten werden. Mit den hohen Gewinnen werden teilweise sogar kleinere Verluste in anderen Produktgruppen ausgeglichen. Dadurch kann die Fly Bike Werke GmbH den Fahrradhändlern auch weiterhin ein Komplettsortiment anbieten.

Konkurrenzorientierte Preisgestaltung

Zum Markt eines Unternehmens gehören nicht nur die Kunden, sondern auch die Wettbewerber. Das Prinzip der konkurrenzorientierten Preisgestaltung entspricht weitestgehend der kundenorientierten Preisgestaltung. Einziger Unterschied ist die Bezugsgruppe: Statt der Kunden ist hier die Konkurrenz der Orientierungspunkt für den vom Markt vorgegebenen Preis.

Beispiel Ein typisches Beispiel für konkurrenzorientierte Preisgestaltung sind die permanenten Preisanpassungen an den Tankstellen.

Konkurrenzorientierte Preisgestaltung bedeutet häufig, Wettbewerber zu unterbieten. Löst ein Konkurrent einen Preiskampf aus, indem er die Preise der Mitbewerber unterbietet, ziehen andere Konkurrenten mit noch niedrigeren Preisen nach. Solche **Preiskämpfe** bedeuten oft das Ausscheiden von Konkurrenten (Marktbereinigung) und können auch für Verbraucher schädlich sein. Der zunehmende Preisdruck kann nämlich zu weniger ausgereiften und wenig innovativen Produkten führen, da das Geld für Neuentwicklungen oder Qualitätssicherung fehlt.

Nachdem der Preis kosten-, kunden- und konkurrenzorientiert gestaltet wurde, erfolgt häufig noch eine **psychologische Preisfestsetzung**. Dabei wird der **Preis knapp unterhalb einer „Preisschwelle"** festgesetzt, um ihn kleiner wirken zu lassen.

Beispiel Für das Kinderfahrrad „Princess" wurde kostenorientiert ein Preis von 206,73 € ermittelt. In ihrem Fabrikverkauf bietet die Fly Bike Werke GmbH das Mädchenfahrrad den Endkunden für 199,90 € an.

5.2.3 Preiselastizität der Nachfrage

Kundenorientierte Preisgestaltung bedeutet auch, neben dem grundsätzlich von den Nachfragern akzeptierten Preisniveau auch die **Preissensibilität der Nachfrager** zu berücksichtigen. Die erforderlichen Informationen kann ebenfalls die Bedarfsforschung in Form von Preiselastizitäten liefern.

Merke! Die **Preiselastizität der Nachfrage** gibt an, **wie stark** sich die Nachfragemenge nach einer Leistung ändert, wenn sich der entsprechende Preis ändert.

[1] Gesetz der Nachfrage
→ LF 5, Kap. 3.1.1

Die Verkaufsmenge wird durch den Verkaufspreis entscheidend beeinflusst. Bei den meisten Gütern ergibt sich zwischen Menge und Preis folgender Zusammenhang: Je höher der Preis eines Gutes ist, desto geringer wird normalerweise die Nachfrage nach diesem Gut sein.[1] Umgekehrt sind bei sinkenden Preisen in der Regel mehr Kunden bereit, das Gut zu kaufen. Dieser im Normalfall gegensätzliche **Zusammenhang zwischen Preis und Nachfragemenge** ist allerdings bei jedem Gut **unterschiedlich stark ausgeprägt**. Die jeweilige Stärke, mit der die Nachfrage (mengenmäßig) auf Preisänderungen reagiert, nennt man **Preiselastizität der Nachfrage**.

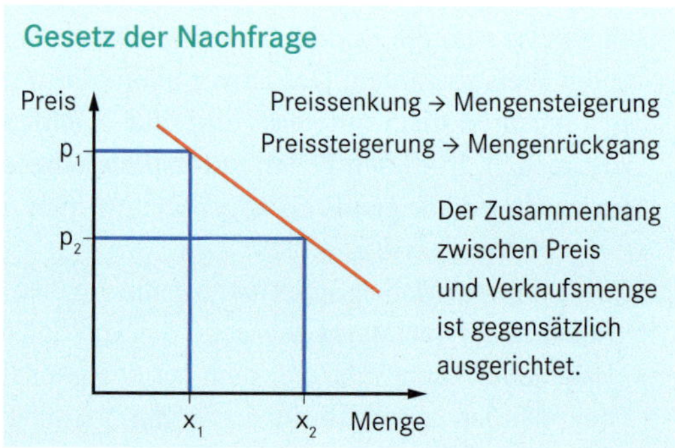

Die **Preiselastizität** ist ein Indikator dafür, wie empfindlich die Kunden auf Preisänderungen reagieren. Je stärker die Änderung der Nachfrage ausfällt, desto größer ist die Preiselastizität dieses Gutes.

Bestimmungsfaktoren der Preiselastizität der Nachfrage

1. Substitutionsmöglichkeiten: Die Preiselastizität der Nachfrage ist umso größer, je mehr Substitutionsmöglichkeiten zu dem Gut existieren.

Beispiel Ein Anbieter von Butter muss sich vor einer Preiserhöhung darüber im Klaren sein, dass seine Kunden nicht nur zu den Produkten anderer Butteranbieter, sondern auch zum Substitutionsgut Margarine wechseln könnten.

2. Wichtigkeit des Gutes: Die Preiselastizität ist umso kleiner, je (lebens-)wichtiger das Gut für die Nachfrager ist.

Beispiel Bei Apple® ist man sich darüber bewusst, wie wichtig das iPhone® inzwischen für viele Benutzer geworden ist. In dieser Situation kann das Unternehmen erwarten, dass eine Preiserhöhung beim nächsten Modell keinen großen Nachfragerückgang auslösen wird.

3. Anteil der Ausgaben am Einkommen: Die Preiselastizität ist umso kleiner, je geringer der Anteil der Ausgaben der Nachfrager für dieses Gut ist.

Beispiel Über das Jahr betrachtet geben Haushalte sehr wenig Geld für Salz aus. Aus diesem Grund ist vielen Haushalten der Marktpreis für 500 g Salz nicht bewusst. Eine Preiserhöhung würde wahrscheinlich nur eine geringe Änderung der Nachfrage auslösen.

Berechnung der Preiselastizität der Nachfrage[1]

$$\text{Preiselastizität} = \frac{\text{relative Mengenänderung in \%}}{\text{relative Preisänderung in \%}} = \frac{\dfrac{\text{neue Menge} - \text{alte Menge}}{\text{alte Menge}}}{\dfrac{\text{neuer Preis} - \text{alter Preis}}{\text{alter Preis}}}$$

[1] Hinweis: Das Ergebnis der Division wird stets mit –1 multipliziert, um ein positives Ergebnis zu erhalten.

Folgende Preiselastizitäten der Nachfrage werden unterschieden:

Isoelastische Nachfrage

Elastizität = 1 (Zähler = Nenner)
Preisänderung und Mengenreaktion sind gleich groß.

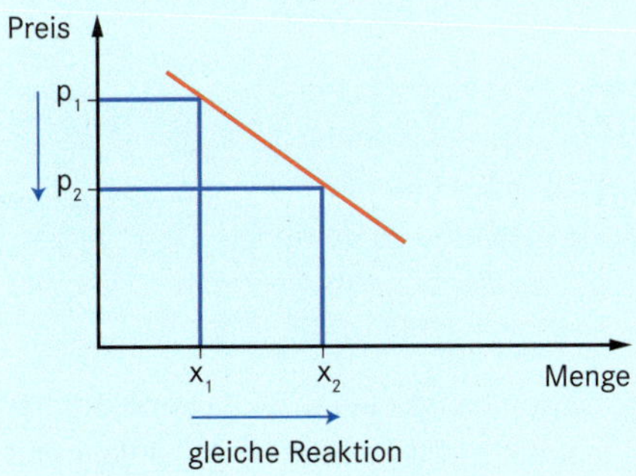

theoretische Größe, in der Realität eher selten

Elastische Nachfrage (empfindliche Reaktion)

Elastizität > 1 (Zähler > Nenner)
Die Mengenreaktion ist stärker als die Preisänderung.

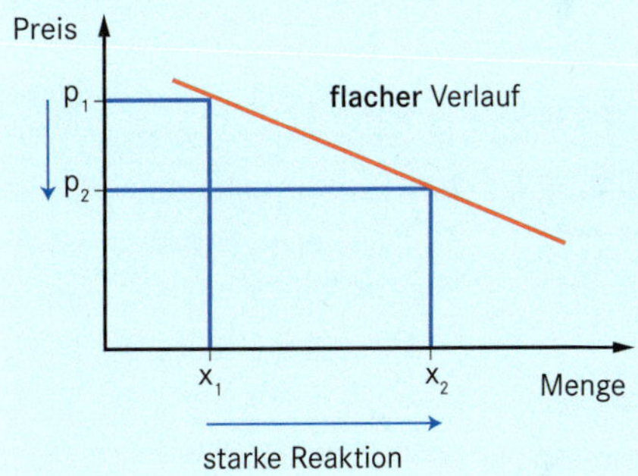

z. B. Autos, Unterhaltungselektronik

Unelastische Nachfrage (unempfindliche Reaktion)

Elastizität < 1 (Zähler < Nenner)
Die Mengenreaktion ist schwächer als die Preisänderung.

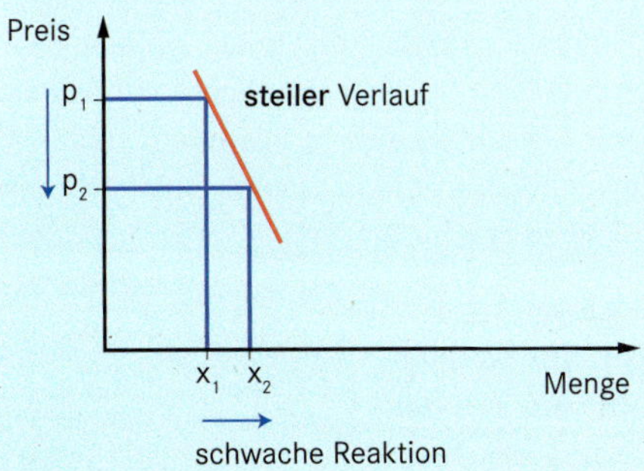

z. B. Benzin

Vollkommen unelastische Nachfrage (Grenzfall)

Elastizität = 0 (Zähler = 0)
Die Kunden reagieren nicht auf Preisänderungen.

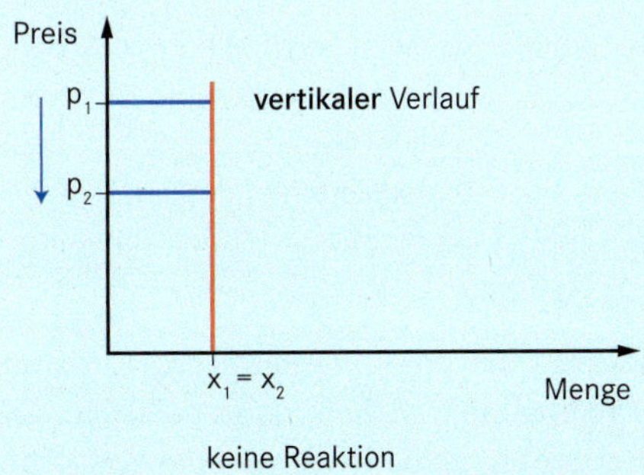

lebensnotwendige Güter, z. B. Medikamente

Die Preiselastizität der Nachfrage eines Gutes ist eine wichtige Information zur Prognose des Kundenverhaltens. Bevor ein Unternehmen seine Preise ändert, sollte ermittelt werden, wie stark die Kunden darauf voraussichtlich reagieren werden. Die Preiselastizität gibt wertvolle Hinweise darauf, wie der Preis für eine Ware gestaltet sein sollte, um den Umsatz zu optimieren.

Preisgestaltung bei elastischer und unelastischer Nachfrage	
elastische Nachfrage $E > 1$	moderate Preissenkung: relative Mengensteigerung > relative Preissenkung; der Umsatz steigt
unelastische Nachfrage $E < 1$	moderate Preiserhöhung: relativer Mengenrückgang < relative Preiserhöhung; der Umsatz steigt

5.2.4 Preisdifferenzierung

Wird die gleiche Leistung zu unterschiedlichen Preisen angeboten, so handelt es sich um eine Preisdifferenzierung. Eine Preisdifferenzierung ist nur dann erfolgreich, wenn die **Teilmärkte** mit den unterschiedlichen Preisen voneinander isoliert werden können. Nur so wird verhindert, dass die Hochpreiskäufer nicht auf die Niedrigpreismärkte ausweichen. Diese Voraussetzung lässt sich in der Praxis nicht durchgehend realisieren. Dennoch ist die Preisdifferenzierung für viele Unternehmen ein wirksames Instrument der Preispolitik.

Häufig sollen durch die Preisdifferenzierung **neue, zusätzliche Kundengruppen** zum Kauf der Waren bewegt werden, um den Unternehmenserfolg zu erhöhen.[1] Die Preisdifferenzierung kann dabei auf sehr verschiedene Arten realisiert werden. Welche Form konkret gewählt wird, hängt vom Sortiment und der Branche ab.

1 Kundenakquise durch Preisdifferenzierung

Arten der Preisdifferenzierung		Beispiel
räumliche Preisdifferenzierung	Eine Leistung wird an verschiedenen Orten zu unterschiedlichen Preisen verkauft.	Die Fly Bike Werke GmbH hat in diesem Jahr begonnen, einige osteuropäische Länder als Absatzmärkte zu gewinnen. Dort werden ausgewählte Räder vertrieben, allerdings zu niedrigeren Verkaufspreisen, da die Kaufkraft in diesen Ländern schwächer ist.
zeitliche Preisdifferenzierung	Eine Leistung wird zu verschiedenen Zeiten zu unterschiedlichen Preisen angeboten.	In der Herbst- und Wintersaison bietet die Fly Bike Werke GmbH fast die gesamte Produktpalette günstiger an als im Frühjahr und Sommer.
personenbezogene Preisdifferenzierung	Je nach Kundengruppe werden für die gleiche Leistung unterschiedliche Preise verlangt.	Die Fly Bike Werke GmbH beliefert Fahrradvermieter an der Nordsee. Man erhofft sich hiervon auch, dass Urlaubsgäste, die mit dem gemieteten Fahrrad zufrieden sind, später einmal das Produkt kaufen. Deswegen bekommen die Fahrradvermieter günstigere Preise.
sachliche Preisdifferenzierung	Gleiche Leistungen werden in unterschiedlicher Aufmachung zu verschiedenen Preisen verkauft.	Bei der Fly Bike Werke GmbH wird zurzeit diskutiert, ob man das Rennrad Superfast auch zu einem deutlich günstigeren Preis über Baumärkte vertreiben soll. Man müsste dann mit einem veränderten Design die Marke unkenntlich machen, um das Qualitätsimage des Markenproduktes nicht zu gefährden.

Bei allen Formen der Preisdifferenzierung ist darauf zu achten, dass einzelne Kunden durch die Maßnahmen nicht verärgert werden. Das geschieht z. B., weil sie von der Preisdifferenzierung keine Kenntnis erlangen können (z. B. Verschleierung des Markennamens bei sachlicher Preisdifferenzierung durch „No-Name-Produkte").

Es kann aber auch darauf geachtet werden, dass die Maßnahmen von den Kunden akzeptiert werden, weil sie nachvollziehbar sind. Während reduzierte Fahrkartenpreise für Schüler allgemein nachvollzogen werden können, wäre z. B. ein nach der Attraktivität der Personen gestaffeltes Eintrittsgeld in Schwimmbädern nicht förderlich für das Image des Unternehmens.

5.2.5 Konditionenpolitik

Unternehmen legen verschiedene Konditionen[1] fest, zu denen sie die Leistungen an den Kunden abgeben. Es handelt sich dabei insbesondere um **kundenspezifische Rabatte sowie Liefer- und Zahlungsbedingungen.** Gerade auf Märkten mit nahezu gleichen Preisen bei den Wettbewerbern bieten (Sonder-)Konditionen eine Möglichkeit, das eigene Angebot „schmackhaft" zu machen.

1 **Konditionen:** Bedingungen

Rabatte

Rabatte[2] bieten die Möglichkeit, verschiedenen Kunden unterschiedliche Endpreise anzubieten. Die Tabelle führt die gängigsten Rabattarten auf.

2 **Rabatt:** Preisnachlass; von „rabbattere" (ital.) = abschlagen, abziehen

Rabattart	Erläuterung	Beispiel
Mengenrabatt	Der Käufer erhält einen Preisnachlass ab einer bestimmten Bestellmenge. Häufig werden Rabattstaffeln angeboten, um Kunden zum Kauf **größerer Mengen** zu bewegen.	Die Fly Bike Werke GmbH bietet ihren Kunden grundsätzlich folgende Rabattstaffel: 10 % ab 25 Fahrrädern, 15 % ab 50 Fahrrädern, 20 % ab 100 Fahrrädern
Treuerabatt	Diesen Preisnachlass erhalten langjährige Kunden. Er dient also insbesondere zur **Kundenbindung.**	Die Fly Bike Werke GmbH bietet jedes Jahr im Oktober für Stammkunden (mind. 5 Jahre Geschäftsbeziehung) einen Treuerabatt von 10 % an.
Neukundenrabatt (Erstbestellerrabatt)	Zur **Kundengewinnung** wird für Erstbestellungen oder für einen bestimmten Zeitraum ein besonderer Preisnachlass gewährt.	Die Fly Bike Werke GmbH bietet Neukunden in den ersten sechs Monaten nach dem ersten Auftrag einen Neukundenrabatt von 7,5 %.
Naturalrabatt	Der Preisnachlass wird nicht als Geld-, sondern als Warenleistung gewährt. Bei der **Draufgabe** bezahlt der Kunde die gewünschte Menge und bekommt zusätzliche Ware gratis. Bei der **Dreingabe** bezahlt der Kunde nur einen Teil der gewünschten Menge. Der Rest der Ware ist gratis.	Der Fahrradhändler „Radstation" in Frankfurt bietet zu seinem alljährlichen Tag der offenen Tür eine „Familienaktion" an. Beim Kauf von zwei Erwachsenenfahrrädern bekommt man ein Kinderfahrrad als Draufgabe gratis dazu.
Wiederverkäuferrabatt	Dieser Preisnachlass wird **Groß- und Einzelhändlern** gewährt, damit diese auch noch einen angemessenen Gewinn erzielen können.	Die Fly Bike Werke GmbH vertreibt ihre Fahrräder auch in einem hauseigenen Fabrikverkauf. Damit die Unternehmenskunden annähernd mit diesen Preisen mithalten können, wird den Händlern ein Wiederverkäuferrabatt eingeräumt.
Saisonrabatt	Dieser Preisnachlass wird bei **frühzeitigem Bezug von Waren,** die starken Saisonschwankungen unterliegen, gewährt.	Die Fly Bike Werke GmbH bietet in den Monaten Januar und Februar einen Saisonrabatt an, um den Lagerbestand im Winter zu senken.

Eine besondere Rabattart ist der **Bonus.** Hierbei handelt es sich um einen **nachträglichen Preisnachlass** auf den vom Kunden innerhalb einer Periode (z. B. ein Jahr) realisierten Umsatz. Bonus-Vereinbarungen dienen der Kundenbindung.

Lieferbedingungen: Lieferkosten und Lieferzeit[1]

Grundsätzlich – d. h., falls im Kaufvertrag nichts Abweichendes vereinbart wurde – trägt der Käufer die **Lieferkosten** (Fracht, Paketgebühren, Transportversicherungen usw.). Es können jedoch kunden- oder auftragsspezifische Sondervereinbarungen getroffen werden. Möglich ist eine Aufteilung der Kosten zwischen Käufer und Verkäufer oder die völlige Übernahme der Kosten durch den Verkäufer (Frei-Haus-Lieferung). Letzteres ist dann die „reizvollste" Kondition für den Kunden.

1 Für Kunden ist häufig auch eine möglichst kurze **Lieferzeit** von großer Bedeutung. Auch wenn dieser Aspekt keine direkten Auswirkungen auf den Endpreis der Ware hat, so wird generell auch die Lieferzeit als Instrument der Konditionenpolitik angesehen.

Zahlungsbedingungen: Zahlungsziel und Skonto

Auch bei der Gestaltung der Zahlungsbedingungen können kundenorientiert besondere Konditionen angeboten werden:

1. Zahlungsziel: Wenn im Kaufvertrag über den Zahlungszeitpunkt keine Vereinbarungen getroffen wurden, muss der Käufer sofort bei Erhalt der Leistung bezahlen (gesetzliche Regelung). Der Verkäufer kann dem Käufer aber auch ein Zahlungsziel anbieten, sodass er **erst zu einem späteren Zeitpunkt bezahlen** muss. Dies ist für Kunden häufig dann reizvoll, wenn ihre Liquidität zum Zeitpunkt der Lieferung noch nicht ausreicht, um die Rechnung zu bezahlen.

2. Skonto[2]: Zusätzlich kann dem Kunden ein Skontoabzug **für die frühzeitige Begleichung der Rechnung** angeboten werden. Dies wird von Kunden als reizvoll empfunden, da es einen weiteren Nachlass (vom Rechnungsbetrag) darstellt. Für den Verkäufer dient das Anbieten von Skonto auch dazu, Kunden zur schnellen Begleichung von Rechnungen zu bewegen, um die eigene Liquidität zu sichern.

2 Skonto
→ FK 1, LF 3, Kap. 2.3.3

Beispiel Die Fly Bike Werke GmbH bietet ihren Kunden grundsätzlich sowohl ein Zahlungsziel von 30 Tagen als auch die Möglichkeit des Skontoabzugs an. Die generelle Vereinbarung im Kaufvertrag und auf der Rechnung lautet: „zahlbar mit 2 % Skonto innerhalb 10 Tagen ab Rechnungsdatum, sonst 30 Tage ohne Abzug".

Alles klar?

1 Erläutern Sie die vier unterschiedlichen Preisstrategien allgemein und anhand jeweils eines Beispiels.

2 Erläutern Sie, was eine Mischkalkulation ist.

3 Die *BE Partners KG* ermittelte in einer repräsentativen Marktforschungsstudie die Preiselastizität von Zigaretten (E = 0,35) und von Bananen (E = 1,8).

a) Begründen Sie die Werte anhand der Bestimmungsfaktoren.
b) Beschreiben Sie die Auswirkungen dieser Erkenntnisse auf die Preispolitik.

4 Erläutern Sie anhand von realen Beispielen die verschiedenen Arten der Preisdifferenzierung.

5 Beschreiben Sie, welche Rabattarten Ihr Ausbildungsbetrieb bereits nutzt, und machen Sie Vorschläge für weitere kundenspezifische Preisnachlässe.

6 Erläutern Sie den Unterschied zwischen Skonto und Rabatt. Erläutern Sie auch, was ein Zahlungsziel ist.

7 Erläutern Sie die Bedeutung der Preis- und Konditionenpolitik im Marketing-Mix.

5.3 Distributionspolitik

LS 63 Absatzwege sinnvoll bestimmen

Beispiel Florian Hamm hat wieder einmal eine Idee für das Marketingkonzept der Fly Bike Werke GmbH. Er meint, dass in der heutigen Zeit ein Onlineshop unbedingt erforderlich sei. Schließlich kaufe er auch fast alles im Internet. Frau Epstein entgegnet, dass man bei beratungsintensiven Produkten wie Fahrrädern mit Onlineshops vorsichtig sein müsse. Man möchte ja nicht, dass die Kunden ein Fahrrad im Internet kaufen und dann unzufrieden sind, weil es die falsche Größe hat. Außerdem sei es in Industrieunternehmen wie der Fly Bike Werke GmbH eher üblich, die Waren auf indirektem Wege an die Endverbraucher zu vertreiben.

Können Sie Florian Hamm erklären, was indirekter Absatz ist?

Im Rahmen der **Distributionspolitik**[1] werden alle Entscheidungen bezüglich der **Vertriebskanäle** getroffen, auf denen das Gut oder die Dienstleistung vom Anbieter zum Endverbraucher gelangt.

1 **Distribution** (lat.): Verteilung; Distributionspolitik wird häufig auch als **Vertriebspolitik** bezeichnet.

Merke! Die **Distributionspolitik** befasst sich mit der Frage, wie, durch wen und womit der Kunde die Ware oder Dienstleistung erhält.

Alle Maßnahmen, die ein Unternehmen zur Verteilung seiner betrieblichen Leistungen ergreift, werden zur Distributionspolitik gerechnet. Je nach Branche und Unternehmen können diese Entscheidungen bezüglich der Absatzwege sehr unterschiedlich sein. Sie werden von den folgenden Faktoren beeinflusst:

Einflussfaktoren auf die Distributionspolitik

Einflussfaktoren	Beispiele
warenbezogen	- Erklärungsbedürftigkeit der Ware - Transportempfindlichkeit - Lagerfähigkeit der Leistung
kundenbezogen	- Anzahl der potenziellen Kunden - geografische Verteilung der Kunden - Aufgeschlossenheit der Kunden gegenüber verschiedenen Verkaufsmethoden (Direktverkauf, E-Commerce)
konkurrenzbezogen	- Zahl der Mitbewerber - Vertriebsmethoden der Konkurrenz - Stärken und Schwächen gegenüber der Konkurrenz
unternehmensbezogen	- Größe des Unternehmens - Finanzkraft des Unternehmens - Erfahrungen des Unternehmens

Merke! Der **Absatzweg** ist der Weg, auf dem eine Leistung den Kunden erreicht.

Grundsätzlich wird zwischen direkten und indirekten Absatzwegen unterschieden.

5.3.1 Direkte Absatzwege

Beim **direkten Absatzweg** verteilt ein Unternehmen seine Leistungen direkt an den Endkunden.[1] Es werden also keine Handelsunternehmen eingeschaltet, um das Gut oder die Dienstleistung entlang einer Handelskette zum Endkunden zu bringen. Je nach Unternehmen bieten sich folgende direkte Absatzwege an:

[1] Die Endkunden von Leistungen sind in der Regel die privaten Konsumenten (z. B. die Fahrradfahrer). Es können aber auch Unternehmen sein (z. B. die *BE Partners KG* als Endkunde von Kopierpapier).

1. Stationärer Absatz: Häufig erfolgt der Absatz über **stationäre Verkaufsniederlassungen**. Der Kunde kommt hierbei zum Anbieter, kann das Angebot dort betrachten und sich meistens auch beraten lassen. Dieser stationäre Absatz erfolgt beispielsweise

- in einer Verkaufsfiliale bzw. einem Verkaufsbüro (in eigenen Läden),
- in einem hauseigenen Fabrikverkauf (Factory Outlet) oder
- durch Automaten (Automatenverkauf).

Beispiel Die Tischlerei Holz Reinhardt OHG hat einen kleinen Ausstellungsraum mit Besprechungsecke. Der Inhaber, Herr Reinhardt, berät hier die Kunden, die zu ihm kommen.

2. Mobiler Absatz: Viele Unternehmen nutzen (zusätzlich) **mobile Möglichkeiten**. Sie besuchen ihre Kunden, z. B.

- durch Außendienstmitarbeiter (Reisende[2]) oder
- auf Home Partys.

[2] Neben dem **Reisenden** (Mitarbeiter des eigenen Unternehmens) können auch selbstständige **Handelsvertreter** die Vertriebsaufgaben übernehmen.

Beispiel Herr Reinhardt besucht auch regelmäßig Kunden, um sie vor Ort über Gestaltungsmöglichkeiten zu beraten.

3. Absatz durch Medien: Zunehmende Bedeutung hat der direkte **Absatz durch Medien**. Hierzu gehören beispielsweise:

Lernvideo
Handelsvertreter vs. Reisender

- Telefon: Telefonvertrieb an Endkunden durch die eigene Verkaufsabteilung
- Fernsehen: Teleshopping
- Internet: Onlineshops (E-Commerce[3])

[3] E-Commerce
→ LF 5, Kap. 5.3.3

Beispiel Die Tischlerei Holz Reinhardt OHG betreibt seit letztem Jahr auch einen kleinen Internetshop mit Dekorationsartikeln aus edlen Hölzern.

5.3.2 Indirekte Absatzwege

Beim **indirekten Absatzweg** schaltet ein Unternehmen zur Verteilung seiner Waren den Handel ein.[4] Die Waren gelangen also nicht direkt, sondern indirekt über weitere Handelsunternehmen zum Endverbraucher. Grundsätzlich bieten sich folgende Möglichkeiten an:

[4] Auch zur Unterstützung des indirekten Absatzes können **Reisende** oder **Handelsvertreter** genutzt werden, um den Kontakt zu den Handelskunden zu pflegen.

- Vertrieb an den Großhandel, der dann an den Einzelhandel weiterverkauft
- Vertrieb an den Einzelhandel, der dann an den Endverbraucher verkauft
- Vertrieb über Vertragshändler

Beispiel Die Autohaus Wünschle KG in Köln ist ein Vertragshändler des Autoherstellers „Drive You" und vertreibt ausschließlich Marken des Konzerns. Endverbraucher haben nicht die Möglichkeit, direkt im Drive-You-Werk in Köln ein Auto zu kaufen. Sie können es dort allerdings abholen, nachdem sie es bei einem Vertragshändler gekauft haben.

Vorteile von direktem und indirektem Absatz

Vorteile des direkten Absatzes	Vorteile des indirekten Absatzes
direkter Kontakt zum Kunden; Möglichkeit, schnell auf Kundenwünsche und -anregungen zu reagieren	Aufgabenteilung bei der Warenverteilung; hierdurch Entlastung des Herstellers
Absatzpolitik liegt alleine in der Hand des Unternehmens (Preise, Konditionen, Werbung)	Ausnutzen der Vorteile des Handels (z. B. Präsenz in vielen Orten, intensive Kundenbetreuung)

Unternehmen müssen die **Vor- und Nachteile direkter und indirekter Absatzwege** gegeneinander abwägen, um für ihren speziellen Fall eine optimale Lösung zu finden. Häufig nutzen Unternehmen auch mehrere Absatzwege in Kombination, um die produzierten Leistungen möglichst kundengerecht zu verteilen.

Beispiel Die Fly Bike Werke GmbH nutzt den folgenden Distributions-Mix: Im Rahmen des indirekten Absatzes werden die Fahrräder an Fachhändler (Fahrradläden) und weitere Einzelhändler (z. B. Spielwarenmärkte) sowie an zwei Fahrradgroßhändler vertrieben. Diese Kunden werden regelmäßig von Außendienstmitarbeitern besucht. Direkter Absatz an Privatkunden erfolgt ausschließlich über den Fabrikverkauf auf dem Werksgelände.

5.3.3 Electronic Commerce und Social Commerce

Die Kommunikation auf elektronischem Wege via E-Mail oder Internet hat den Unternehmen in den letzten Jahren nie gekannte Möglichkeiten in den Bereichen des Vertriebs betrieblicher Leistungen beschert. Viele Bereiche der betrieblichen Kommunikation mit den Kunden wurden regelrecht revolutioniert. So können die Verkaufssortimente in kürzester Zeit allen (potenziellen) Kunden weltweit vorgestellt, Werbeanzeigen per Knopfdruck global geschaltet sowie Preise und Konditionen verändert werden. Die Möglichkeiten der Nutzung der globalen Datennetze haben damit sowohl die Geschäftsprozesse **zwischen Unternehmen**[1] als auch **zwischen Unternehmen und Endverbraucher**[2] beschleunigt und optimiert.

1 Business to Business (B2B)

2 Business to Consumer (B2C)

3 kurz **E-Commerce** (engl.): elektronischer Handel

Electronic Commerce[3]

Electronic Commerce ist eine Form des Warenvertriebs, bei der Verkäufer und Käufer mithilfe des Internets Geschäftsbeziehungen eingehen. Ein potenzieller Käufer kann unter einer bestimmten Internetadresse im **Onlineshop** eines Verkäufers Waren ansehen, zusätzliche Wareninformationen anfordern, Geschäftsbedingungen einsehen und Waren konkret bestellen.

Beispiel Ein großer Onlinehändler ist Amazon®. Amazon® bietet neben konventionellen auch digitale Produkte an (z. B. Video-Streaming). Nutzer erhalten auf der Homepage sofort weiterführende Informationen über das Produkt ihrer Wahl; so z. B. darüber, ob das Produkt vorrätig ist, wie lange die Lieferzeit beträgt oder welche Produktausführungen es gibt. Hat sich der Kunde entschieden, erfolgen die Bestellung und die Bezahlung ebenfalls elektronisch bzw. online. Sollte der Nutzer Fragen haben, kann er sich per E-Mail oder Chat an den Kundendienst wenden.

Vorteile des E-Commerce

Vorteile für den Verkäufer	Vorteile für den Käufer
- Kundenakquisition kann weltweit und zu jeder Zeit erfolgen. - Kosteneinsparungen, z. B. durch geringeren Personaleinsatz, geringere Mietausgaben - Such- und Informationskosten für die Markterkundung sinken durch Internetrecherche. - größere Absatzmärkte durch globalen Marktzugriff	- Die heimischen Wände müssen nicht mehr so häufig verlassen werden. - Konsumgüter werden preiswerter, weil die Verkäufer Preisvorteile weitergeben können. - Per Knopfdruck steht ein weltweites riesiges Warensortiment zur Verfügung. - Ladenschlusszeiten spielen keine Rolle.

Um das **Kaufverhalten** ihrer Kunden besser kennenzulernen, entwickeln Unternehmen **Steckbriefe**. Die Steckbriefe werden anhand der Informationen, die ein Nutzer im Shop hinterlässt, erstellt. Sie enthalten z. B. Informationen darüber, welche Produkte der Kunde angeschaut oder was er bestellt bzw. reklamiert hat. Ziel ist es, Kunden **personalisierte Einkaufsvorschläge** unterbreiten zu können.

Social Commerce

Neben dem klassischen Angebot des E-Commerce setzen Unternehmen zunehmend **soziale Netzwerke** ein: So ist es möglich, sich mit seinem Facebook®-Profil auf E-Commerce-Seiten anzumelden, diese Seiten zu **„liken“** oder das **Produkt Freunden in Facebook® zu empfehlen**. Auf vielen Seiten ist es darüber hinaus möglich, auf der Seite eines Produkts eine eigene **Beurteilung zu hinterlassen**. Käufer bzw. potenzielle Käufer erhalten dadurch die Möglichkeit, sich auf der Seite über Qualität und Eigenschaften des Produkts auszutauschen.

Mit gleicher Zielsetzung nutzt Facebook® die empfohlenen Seiten von Freunden, die immer wieder auf der Startseite des eigenen Profils erscheinen. Die E-Commerce-Anbieter blenden sogenannte **Pack-Shots** ein, die neben einer Abbildung des zuvor angesehenen Produkts den Hinweis enthalten, für welche Produkte sich Kunden, die das gleiche Produkt gekauft haben, ebenfalls interessierten.

Beispiel Melanie möchte ein neues Kleid kaufen. Auf der Seite eines großen Bekleidungsunternehmens lädt sie ein Foto von sich hoch und kleidet sich virtuell ein. Drei Bilder teilt sie anschließend mit ihren Freunden auf Facebook® und bittet sie um eine Rückmeldung, welches Kleid ihr am besten steht. Fünf ihrer Freunde geben daraufhin Empfehlungen ab, drei dieser Fünf gehen selbst über den geposteten Link auf die Seite des Bekleidungsunternehmens, um das Angebot zu nutzen.

Alles klar?

1 Erläutern Sie, womit sich die Distributionspolitik beschäftigt.

2 Erläutern Sie anhand von Beispielen die verschiedenen a) direkten Absatzwege und b) indirekten Absatzwege.

3 Erläutern Sie E-Commerce und Social Commerce. Gehen Sie auch auf Unterschiede ein.

4 Beurteilen Sie aus Sicht des Verkäufers und des Käufers die Vor- und Nachteile von E-Commerce.

5.4 Kommunikationspolitik

Beispiel Bei der Fly Bike Werke GmbH hat die Produktentwicklung eines SmartBikes inzwischen begonnen und nach bisheriger Kostenplanung kann eine Niedrigpreisstrategie angestrebt werden. Außerdem wurde beschlossen, keine grundsätzlich neuen Absatzwege zu beschreiten. Man möchte jedoch solche Fachhändler als Neukunden gewinnen, die vorrangig junges Publikum ansprechen. Heute beraten Frau Epstein und Herr Peters von der Fly Bike Werke GmbH über die passenden Maßnahmen der Kommunikationspolitik. Frau Epstein bemerkt: „Ich habe mir einen Überblick über Ihre derzeitigen kommunikationspolitischen Maßnahmen verschafft. Außer klassischer Werbung in Fachzeitschriften machen Sie ja nicht viel. Da gibt es durchaus Ausbaupotenzial."

Ziel der Kommunikationspolitik ist es, (potenzielle) Kunden zu informieren und ihr (Kauf-)Verhalten zu beeinflussen. Viele denken dabei zuerst an die klassische Absatzwerbung. Unternehmen stehen jedoch verschiedene Instrumente zur Verfügung.

Kommunikationspolitik

- Absatzwerbung
- Verkaufsförderung (Salespromotion)
- Öffentlichkeitsarbeit (Public Relations)
- Sonderformen

5.4.1 Ziele und Wirkung der Werbung

LS 64 Eine Werbemaßnahme planen

Unter **Absatzwerbung** (im allgemeinen Sprachgebrauch kurz „Werbung" genannt) versteht man jede Kommunikation, mit der Informationen über ein Produkt oder eine Dienstleistung zu den (potenziellen) Nachfragern gebracht werden.

Merke! Die **Werbung** ist ein Instrument der Kommunikationspolitik. Durch Werbung sollen Zielgruppen wirkungsvoll angesprochen und (zum Kauf) beeinflusst werden.

Ziele der Werbung

Grundsätzlich ist Werbung ein Instrument, um die festgelegten Marketingziele (z. B. Umsatzsteigerung) zu erreichen. Um diese langfristigen Oberziele zu erreichen, müssen durch Werbung drei Unterziele angestrebt werden.

1. Bekanntmachen der Leistung: Werbung soll dazu führen, dass möglichst viele potenzielle Käufer aus der festgelegten Zielgruppe das Gut oder die Dienstleistung des Unternehmens kennenlernen. Neben der reinen Existenz des Gutes muss es Werbung auch gelingen, die Zielgruppe über dessen Grund- und Zusatznutzen zu informieren.[1]

2. Wecken von Bedürfnissen: In einer Wohlstandsgesellschaft sind bereits viele Bedürfnisse der Menschen befriedigt. Der Werbung kommt somit zunehmend die Bedeutung zu, neue (latente) Bedürfnisse bei den Kunden zu erzeugen bzw. zu wecken.

1 Consumer Benefit

→ LF 5, Kap. 3.2.3

3. Beeinflussen der Kaufentscheidung: Die Kunden sollen die Leistung tatsächlich nachfragen. Konkret können dies Bestandskunden sein, die zu einem erneuten Kauf bewegt wurden, oder Neukunden, die man erstmals von einer Leistung überzeugen konnte.

Beispiel Die BE Partners KG möchte eine erfolgreiche Werbekampagne für das neue SmartBike entwickeln. Mit ihrer Hilfe sollen möglichst viele junge Menschen **über die Existenz des neuen Produkts informiert** werden. Zudem sollte die Werbemaßnahme darauf ausgerichtet sein, bei möglichst vielen von ihnen das **Bedürfnis nach einem E-Bike** zu wecken. Durch die Herausstellung des Produktnutzens soll natürlich vor allem die **Kaufentscheidung zugunsten des SmartBikes beeinflusst** werden.

Das Wirkungsprinzip von Werbung – Die AIDA-Formel

Werbung möchte in erster Linie Aufmerksamkeit erregen, um nach Möglichkeit letztlich eine Kaufhandlung auszulösen. Deshalb nutzt man im Rahmen der Werbung ein **Grundprinzip moderner Kommunikationspsychologie**, das diese Zielsetzung weitgehend unterstützt. Erfolgreiche Werbung folgt fast immer den folgenden vier Kommunikationsstufen, die der Kunde durchlaufen soll und die letztlich zum Kauf führen sollen:

Die AIDA-Formel		
A	Attention	Aufmerksamkeit erregen
I	Interest	Interesse an der Leistung erwecken
D	Desire	Wunsch/Verlangen nach der Leistung wecken
A	Action	(Kauf-)Handlung auslösen

LS 65 Einen Werbebrief und andere Werbemittel gestalten

LS 66 Winning customers with sales letters

5.4.2 Arten der Werbung

Absatzwerbung lässt sich auf unterschiedliche Weise realisieren. Die Unterscheidung der Werbearten kann dabei anhand von zwei verschiedenen Kriterien erfolgen:

Werbearten nach der Anzahl der Umworbenen

1. Massenwerbung: Die Massenwerbung richtet sich gleichzeitig an eine Vielzahl möglicher Kunden und ist daher recht **unpersönlich**. Bei der **gestreuten Massenwerbung (Allgemeinwerbung)** wird ein sehr breiter, nicht abgrenzbarer Teil der Bevölkerung angesprochen (z. B. Fernsehwerbespots oder Postwurfsendungen). Wendet sich die Massenwerbung hingegen an eine bestimmte Zielgruppe (z. B. eine Berufs- oder Geschlechtsgruppe), so liegt **gezielte Massenwerbung (Gruppenwerbung)** vor (z. B. Kosmetikwerbung in Frauenzeitschriften).

2. Direktwerbung: Mit Direktwerbung werden bestimmte Personen oder Unternehmen durch (Telefon-)Gespräche, **Werbebriefe** oder Werbemails **direkt und persönlich angesprochen**. Durch Direktwerbung entstehen zwar höhere Werbekosten, meist ist aber der wirtschaftliche Erfolg auch größer. Im Vergleich zur Massenwerbung hat die Direktwerbung eine viel **höhere Zielgruppensicherheit** (weniger Streuverlust), weil sie persönlicher wirkt und direkt zugestellt wird.

Werbearten nach der Anzahl der Werbetreibenden

1. Einzelwerbung (Alleinwerbung): Ein Unternehmen wirbt allein. Die Werbung kann sehr gezielt gestaltet und mit dem konkreten Produkt- bzw. Unternehmensnamen versehen werden. Die Kosten müssen jedoch auch alleine getragen werden.

2. Verbundwerbung: Wenige (meist zwei) Unternehmen mit einem sich ergänzenden Angebot werben gemeinsam bei Namensnennung. Die Werbenden möchten vom guten Image des jeweiligen Verbundpartners profitieren (z. B. Waschmaschinen- und Waschmittelhersteller).

3. Sammelwerbung: Viele Unternehmen z. B. einer Region werben gemeinsam unter Namensnennung aller beteiligten Unternehmen (z. B. Sammelwerbung an Flughäfen, Bahnhöfen oder am Ortseingang).

4. Gemeinschaftswerbung: Eine ganze Branche wirbt gemeinsam, ohne einzelne Unternehmensnamen zu nennen. Die Werbung wird durch freiwillige Beiträge der Branchenmitglieder finanziert und soll ein positives Bild der Branche vermitteln. Ob die Werbung für das einzelne Unternehmen Erfolg gebracht hat, lässt sich in der Regel nicht zweifelsfrei feststellen.

Einzelwerbung

Gemeinschaftswerbung

5.4.3 Werbeplanung

Eine Werbemaßnahme entsteht nicht spontan. Vielmehr wird sie genau geplant und ist mit allen anderen Marketingmaßnahmen abzustimmen. Die Werbeplanung, also die Erstellung eines Werbeplans, läuft in einer bestimmten Reihenfolge ab.

Lernvideo Werbeplan

Ablaufschema Werbeplanung

Werbeziele festlegen → Werbegegenstand bestimmen → Werbeetat festlegen → Streukreis festlegen → Streugebiet festlegen → Werbebotschaft formulieren → Werbemittel und Werbeträger bestimmen → Streuzeit festlegen → Werbeerfolg messen

1. Werbeziele festlegen

Zu Beginn der Werbeplanung müssen sich die Verantwortlichen die Frage stellen, warum sie werben wollen, d. h., sie müssen sich über die konkreten Ziele der Werbemaßnahme klarwerden.[1] Die Einführung eines neuen Artikels oder die Erinnerung an einen bereits vorhandenen Artikel können Ziele sein.

Beispiel Das Werbeziel der zu planenden Werbekampagne für die Fly Bike Werke GmbH besteht darin, ein neues E-Bike für junge Leute erfolgreich am Markt einzuführen. Konkret soll mit dem Neuprodukt SmartBike ein Umsatz von mindestens 750.000,00 € im ersten Jahr erzielt werden.

1 Die Formulierung konkreter (möglichst messbarer) Werbeziele ist auch eine wichtige Voraussetzung für die **Werbeerfolgsmessung**.
→ LF 5, Kap. 5.4.6

2. Werbegegenstand[1] bestimmen

Viele Unternehmen vertreiben ein umfangreiches Sortiment. Deshalb muss der Werbegegenstand genau bestimmt werden: Soll ein einzelner Artikel, eine Warengruppe oder das komplette Sortiment beworben werden?

Beispiel Die Werbekampagne der Fly Bike Werke GmbH soll ausschließlich das neue Modell SmartBike aus der Produktgruppe E-Bikes zum Gegenstand haben.

1 auch: Werbeobjekt

3. Werbeetat[2] festlegen

Es muss festgelegt werden, welcher Geldbetrag für die Werbemaßnahme ausgegeben werden darf. Da die Werbeaufwendungen in die Kalkulation der Verkaufspreise einfließen, ist es wichtig, den Werbeetat nicht zu überschreiten. Ansonsten besteht die Gefahr, dass trotz guter Absatzzahlen Verluste entstehen.

Beispiel Die Kostenplanung für das SmartBike hat ergeben, dass für die Einführungswerbung ein Etat von 200.000,00 € zur Verfügung steht.

2 auch: Werbebudget

4. Streukreis[3] festlegen

Ein Unternehmen muss sich vor der Realisierung einer Werbekampagne überlegen, welchen Personenkreis es umwerben will. So hätte z. B. eine Werbung für ein Herzmedikament bei Kindern wenig Aussicht auf Erfolg. Werbung, die eine falsche Zielgruppe erreicht, bedeutet eine Verschwendung des Werbeetats.

Beispiel Die Fly Bike Werke GmbH möchte mit der Werbekampagne möglichst alle Menschen in Deutschland zwischen 25 und 39 Jahren ansprechen.

3 auch: Zielgruppe

5. Streugebiet festlegen

Mit dem Streugebiet wird der geografische Raum festgelegt, in dem geworben werden soll. Ein Supermarkt wird seine Waren nicht weit über die Stadtgrenzen hinaus anpreisen wollen und der Autohändler in Kassel ist kaum an einer Werbung in ganz Deutschland interessiert. Es kommt darauf an, den Werberadius an das Produkt und die Werbeziele anzupassen. Teure Streuverluste sind zu vermeiden.

Beispiel Da die Fly Bike Werke GmbH Fahrradhändler in ganz Deutschland mit dem SmartBike beliefern will, wird als Streugebiet „Deutschland“ festgelegt.

6. Werbebotschaft[4] formulieren

Jede Kommunikation enthält eine Information, die der Sender (Verkäufer) dem Empfänger (möglicher Kunde) mitteilen möchte. Der Inhalt einer Werbemaßnahme heißt Werbebotschaft. Beispielsweise soll mit einer Werbebotschaft die Information übermittelt werden, dass Fahrradfahren gesund ist. Im Rahmen der gesamten Werbekampagne wird mit Texten, Bildern, Farben, Symbolen, Produktnamen usw. versucht, diese Botschaft zu übermitteln. Eine besondere Bedeutung haben hierbei **Werbeslogans**, z. B. „Fahrrad fahren hält fit“. Häufig helfen professionelle Werbeagenturen dabei, die gewünschten Inhalte wirkungsvoll zu gestalten.

4 Häufig wird der Begriff **„Werbebotschaft“** mit dem Begriff **„Werbeslogan“** gleichgesetzt. Das ist aber nicht richtig, da ein Werbeslogan nur eines der Stilmittel ist – neben Namen, Bildern, Texten usw. –, mit denen eine Werbebotschaft übermittelt werden kann.

Beispiel Bisher wurde in Werbekampagnen für die E-Bikes der Fly Bike Werke GmbH vor allem die Botschaft übermittelt, dass E-Bikes komfortabel und gesund sind. Diese Botschaft wurde beispielsweise mit dem Werbeslogan „Ganz gemütlich Frischluft genießen!“ und den Produktnamen „Comfort“ und „Nordseewind“ übermittelt. Um die deutlich jüngere Zielgruppe anzusprechen, schlägt Frau Epstein vor, Slogans wie „No limits – auch wenn dein Akku alle ist“ und Werbefotos mit jungen Leuten in ihrer Freizeit zu verwenden. Die Werbebotschaft soll sein: modern, stylisch und flexibel.

7. Werbemittel und Werbeträger bestimmen

Mit der Festlegung der Werbemittel und Werbeträger bestimmt das Unternehmen, auf welche Weise die Informationen dem Kunden vorgestellt werden sollen. Transportiert wird die Botschaft mithilfe eines **Werbemittels**, z. B. eines Fernsehspots. Werbemittel enthalten die eigentliche Werbebotschaft und sind gekennzeichnet durch Schrift, Bild oder Sprache. Damit die Werbebotschaft die möglichen Kunden auch erreicht, benötigt man Medien, die die Werbemittel zu den möglichen Kunden transportieren. Diese Medien heißen **Werbeträger**, z. B. ein Fernsehsender. Werbebotschaft, Werbemittel und Werbeträger müssen unbedingt zielgruppengerecht aufeinander abgestimmt werden, um eine optimale Werbewirkung zu erzielen. Ältere Menschen über einen Werbespot im Kinderfernsehen erreichen zu wollen, wäre z. B. unpassend. Jedes Werbemittel hängt eng mit einem passenden Werbeträger zusammen:[1]

[1] Diese Auflistung gibt nur einen Überblick über das große Spektrum an Möglichkeiten.

Werbemittel	passende Werbeträger
Fernsehwerbespot	→ TV-Sender, Display in der U-Bahn
Radiowerbespot	→ Radiosender
Kinowerbespot	→ Kinoleinwand
Anzeigen, Beilagen	→ Zeitungen, Zeitschriften
Plakate	→ Plakatwände
Druck auf einer Einkaufstüte	→ Einkaufstüte
Beschriftung	→ Kugelschreiber, Feuerzeuge, Busse
Textildruck	→ T-Shirts, Mützen
Mailing (Massen-Postsendung)	→ Postkarte, Briefpapier
Pop-up	→ Internetseite

Beispiel Die BE Partners KG hat im letzten Jahr für die Fly Bike Werke GmbH eine Werbeplanung für die Produktgruppe „Mountainbikes“ erstellt. Frau Epstein hat die Anzeigenwerbung noch einmal herausgeholt und überlegt nun, ob sie eine Grundlage für die SmartBike-Werbung sein könnte. Sie beschließt, dass Werbebotschaft und Anzeigenlayout grob passen könnten. Sie glaubt aber nicht, dass die neue Zielgruppe mit dem damaligen Werbeträger, der Fachzeitschrift „Mein Bike“, angesprochen werden kann.

Werbemittel: Anzeige

Werbeträger: Fachzeitschrift

Die Auswahl eines Werbemittels und des dazugehörigen Werbeträgers wird auch stark vom **Streugebiet** beeinflusst.

Beispiel Ein kleiner Handwerksbetrieb, dessen Kunden aus der Region kommen, wird nicht gut beraten sein, einen Fernsehspot als Werbemittel und den Fernsehsender ARD als Werbeträger zu wählen.

Grundsätzlich gibt es kaum etwas, das nicht als Werbeträger geeignet ist oder genutzt wird. Die einzige Bedingung ist, dass der Werbeträger von Menschen wahrgenommen wird.

Beispiel Auch die Druckkapsel, aus der der Extremsportler Felix Baumgartner aus 39 000 Metern Höhe mit dem Fallschirm absprang, war ein Werbeträger – für Red Bull®.

Extremsportler Felix Baumgartner während einer Pressekonferenz in Salzburg am 27.10.2012

8. Streuzeit festlegen

Die Streuzeit gibt an, zu welchem Zeitpunkt und wie lange die Werbung in dem entsprechenden Medium erscheinen soll. Die richtige Wahl des Werbezeitpunktes kann den Werbeerfolg maßgeblich beeinflussen. So hätte es z. B. wenig Sinn, bereits im Juni für weihnachtliche Geschenkpapiere zu werben.

Beispiel Da die Marktforschungsstudie der BE Partners KG ergeben hat, dass Fahrräder (auch E-Bikes) vermehrt im Frühjahr und Sommer gekauft werden, wurde als Streuzeit die Periode vom 1. April bis zum 31. August festgelegt.

9. Werbeerfolg messen[1]

Werbung ist erst dann erfolgreich, wenn die festgelegten Werbeziele erreicht werden konnten. Unternehmen sollten dies nach dem Ende der Werbeaktion überprüfen.

1 Werbeerfolgskontrolle → LF 5, Kap. 5.4.6

Beispiel Genau ein Jahr nach der Markteinführung wird Herr Peters mit einer Umsatzstatistik des Modells SmartBike messen, ob das Werbeziel (750.000,00 € Umsatz) erreicht wurde.

5.4.4 Grundsätze und rechtliche Grenzen der Werbung

LS 67 Die Grenzen der Werbung respektieren

Werbung soll Aufmerksamkeit erregen, um dadurch Kaufwiderstände zu reduzieren bzw. Kaufwünsche auszulösen. Um zu verhindern, dass um der Aufmerksamkeit willen übertriebene oder bewusst falsche Aussagen gemacht werden, sollten sich Unternehmen an bestimmte **Grundsätze** halten:

Werbegrundsätze	Erläuterungen	Beispielhafte Verstöße
Wirksamkeit	Die Werbeplanung muss dazu führen, dass Werbung im Sinne der AIDA-Formel wirkt und die Zielgruppe hinsichtlich der Werbeziele erfolgreich beeinflusst wird.	Die Fly Bike Werke GmbH schaltet für das SmartBike eine unmoderne Werbeanzeige in einer Zeitschrift, die vorwiegend von Senioren gelesen wird.
Wahrheit	Werbung soll sachlich und richtig informieren. Sie darf keine falschen Angaben machen. Zwar sollen die Waren im positiven Licht erscheinen, dies darf aber nur im rechtlich einwandfreien Rahmen geschehen.	Die Fly Bike Werke GmbH wirbt damit, dass das SmartBike „zum Nulltarif" fährt. Tatsächlich verursacht der Strom für das Aufladen der Akkus aber Kosten von durchschnittlich 2,50 € pro 100 km.
Klarheit	Werbung muss klar und leicht verständlich sein. Die Werbeaussagen müssen eindeutig und nicht missverständlich sein.	In einer Werbung der Fly Bike Werke GmbH heißt es: „Der hyperaktive Vibrationsstabilisator aus VA sorgt für vertikale Speichenstabilität."
Wirtschaftlichkeit	Die Kosten der Werbung müssen in einem wirtschaftlichen Verhältnis zum Erfolg stehen. Der zusätzliche Erfolg (z. B. Umsatzsteigerung) muss höher sein als die Werbekosten.	Mit den 2,5 Mio. € Werbeaufwendungen für die achtwöchige TV-Werbung zur Prime Time konnte mit dem SmartBike ein Umsatz von 800.000,00 € erzielt werden.
gesellschaftliche Akzeptanz	Werbung sollte gesellschaftliche Wertvorstellungen nicht missachten oder Minderheiten zwecks Effekthascherei missbrauchen (Moral).	In einer Anzeige der Fly Bike Werke GmbH liegt ein alter Mann neben einem Fahrrad und wird wiederbelebt. Der Slogan darunter: „Mit einem E-Bike von Fly Bike wäre das nicht passiert."

Nicht alle Unternehmen halten sich immer an diese Werbegrundsätze. Deshalb hat die Werbebranche freiwillig den **Deutschen Werberat**[1] installiert.

1 www.werberat.de

Merke! Der **Deutsche Werberat** ist ein **Kontrollgremium der Werbewirtschaft**. Er hat Verhaltensregeln entwickelt, die als Leitlinien der Werbung dienen und verbraucherfreundliche Werbung fördern. Er korrigiert Fehlentwicklungen der Werbewirtschaft auf partnerschaftlichem Weg und **unterstützt vorbildliche Werbung**.

Jedermann kann Verstöße gegen die Werbegrundsätze dem Deutschen Werberat melden. Juristische Konsequenzen haben die Einsprüche des Werberates jedoch nicht. Zum Schutz von Mitbewerbern und Verbrauchern hat der Gesetzgeber daher ein **Gesetz gegen unlauteren Wettbewerb (UWG)** erlassen.

Rechtliche Grenzen der Werbung

Lernvideo Grenzen der Werbung

Das **Gesetz gegen den unlauteren**[2] **Wettbewerb (UWG)** setzt Werbemaßnahmen rechtliche Grenzen. Wenn Werbung diese Grenzen verletzt, können Unterlassungs- und Schadensersatzansprüche entstehen. Diese Ansprüche können insbesondere von Wettbewerbern geltend gemacht werden, wenn ein Unternehmen sich durch unlauteres oder irreführendes Verhalten einen Wettbewerbsvorsprung verschaffen will.

2 **unlauter**: nicht ehrlich, nicht fair, nicht legitim

Die Grenze zwischen lauterer und unlauterer Werbung ist häufig nicht einfach zu ziehen. In der Praxis muss diese Frage häufig von Richtern entschieden werden, nachdem Wettbewerber gegen die Werbemaßnahme eines Unternehmens geklagt haben.

§ 1 UWG Zweck des Gesetzes

Dieses Gesetz dient dem Schutz der Mitbewerber, der Verbraucherinnen und Verbraucher sowie der sonstigen Marktteilnehmer vor unlauteren geschäftlichen Handlungen. Es schützt zugleich das Interesse der Allgemeinheit an einem unverfälschten Wettbewerb.

Das UWG zählt beispielhaft geschäftliche Handlungen auf, die unlauter und somit zu unterlassen sind, damit insbesondere Endverbraucherinnen und Endverbraucher sowie Mitbewerber geschützt werden.

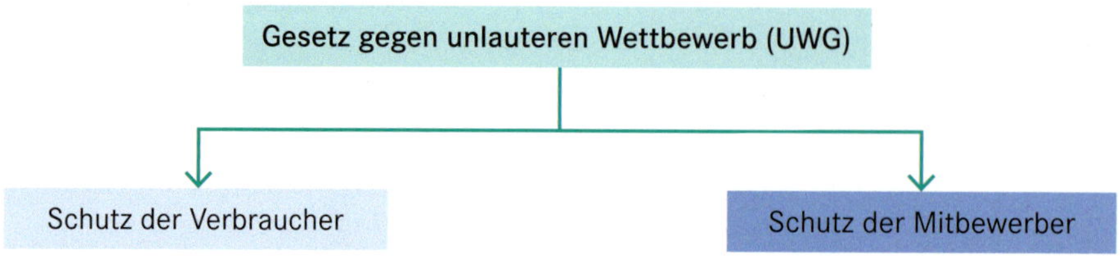

1. Unlautere und aggressive geschäftliche Handlungen

Gemäß § 3 UWG sind geschäftliche Handlungen unlauter, wenn sie „dazu geeignet sind, das wirtschaftliche Verhalten des Verbrauchers wesentlich zu beeinflussen". Verboten sind zu allererst **unwahre Angaben**. Zudem ist Werbung verboten, die auf den Kunden **psychologischen Druck** ausübt und ihn so in seiner Entscheidungsfreiheit beeinträchtigt. Wer also mit Werbung den Kunden belügt, ängstigt oder bedroht, handelt unlauter. Ebenso verboten sind Werbemaßnahmen, die geeignet sind, die **geschäftliche Unerfahrenheit** von Kindern und Jugendlichen oder bestehende **Zwangslagen** von Verbrauchern auszunutzen.[1]

1 Eine umfangreiche Auflistung unlauterer Handlungen befindet sich im Anhang des UWG.

Beispiel Dietrich Knollmann nimmt an einer „Kaffeefahrt" zum Restaurant Heideblick in der Lüneburger Heide teil. Im Rahmen einer sechsstündigen Verkaufsveranstaltung wird er aufgefordert, ein „Anti-Aging-Set" mit Kosmetikprodukten für 199,00 € zu erwerben. Als er das Angebot ablehnt, wird er von drei muskulösen Herren sehr deutlich auf das kostenlose Mittagessen hingewiesen.

Unlauter handelt außerdem, wer

- den Werbecharakter einer Wettbewerbshandlung verschleiert (**Schleichwerbung**),
- die Waren, Dienstleistungen, Tätigkeiten oder die geschäftlichen Verhältnisse eines **Mitbewerbers herabsetzt oder verunglimpft**,
- über Wettbewerber Tatsachen verbreitet, die **nicht der Wahrheit entsprechen** oder
- Mitbewerber gezielt behindert.

2. Irreführende geschäftliche Handlungen

Eine Werbung ist irreführend, wenn sie bei der Mehrzahl der Verbraucher eine **falsche Vorstellung über eine Ware oder eine Dienstleistung** hervorruft und diese Vorstellung für die Kaufentscheidung ausschlaggebend ist. Irreführende Handlungen können beispielsweise erfolgen:

- **über den Preis:** Wurde beispielsweise ein **Mondpreis**[2] nie oder nur für einen sehr kurzen Zeitraum verlangt, so ist die Werbung mit Rabatten auf den hohen Preis nicht zulässig.
- **über die Menge:** Bei der **Lockvogelwerbung** werden Kunden mit besonders günstigen Angeboten angelockt. Dann stellt sich heraus, dass das Angebot „ausverkauft" ist. Unzulässig ist, wenn ein Angebot nicht in angemessener Menge zur Verfügung steht. Als angemessen gilt im Regelfall ein Vorrat für zwei Tage.

2 Bei einem **Mondpreis** (auch: **Rotstiftpreis**) wird absichtlich ein überhöhter Ausgangspreis angegeben, der über dem üblichen Marktpreis liegt.

- **über Eigenschaften des Produkts:** Wenn die Werbung bestimmte Eigenschaften des Produkts verspricht (z. B. Testurteil der Stiftung Warentest, Herkunftsangabe, Gütesiegel), die es nicht hat, ist Werbung ebenfalls irreführend.

Beispiel Ein Hersteller von Molkereiprodukten wirbt damit, dass seine Produkte ausschließlich aus gesunder Alpenmilch hergestellt werden. Zudem verwendet er das Bio-Siegel auf seinen Verpackungen. Tatsächlich kommt die Milch aber von Kühen aus Norddeutschland. Da sie außerdem mit „normalem" Tierfutter gefüttert werden, wurde dem Unternehmen das Bio-Siegel von der EU nicht erteilt.

3. Vergleichende Werbung

Bei der vergleichenden Werbung werden Waren und Dienstleistungen eines Konkurrenten mit dem eigenen Angebot verglichen. Diese Art der Werbung ist **grundsätzlich zulässig**. Sie ist allerdings **verboten, wenn der Vergleich irreführend, herabsetzend oder verunglimpfend ist**. Es dürfen nur nachprüfbare und typische Wareneigenschaften verglichen werden.

Beispiel O_2® warb mit dem **zulässigen** Werbeslogan „Was ist blau und günstiger als die Telekom?", da der Preisvorteil des Unternehmens gegenüber dem Wettbewerber Telekom bei einer bestimmten Leistung objektiv nachprüfbar war. Als die Telekom diese Werbung mit dem Werbeslogan „O_2 can't do!" kontern wollte, wurde ihr dies als **unzulässig** untersagt, da es sich um eine subjektiv herabsetzende Werbung handelt.

4. Unzumutbare Belästigung

Von einer unzumutbaren Belästigung ist auszugehen, wenn erkennbar ist, dass der **Empfänger die Werbung beziehungsweise geschäftliche Handlung nicht wünscht**. Dies gilt insbesondere bei einer Direktwerbung durch Telefonautomaten, per Fax oder E-Mail (**Spam**), ohne dass eine Einwilligung des Empfängers vorliegt. Für (persönliche) **Anrufe bei Verbrauchern** muss ebenfalls eine ausdrückliche Einwilligung vorliegen; bei Telefonaten mit gewerblichen Kunden ist deren mutmaßliche Einwilligung ausreichend.

Hier ist Briefkastenwerbung unzulässig!

Beispiel Eine Briefkastenwerbung mit Handzetteln ist unzulässig, wenn auf dem Briefkasten der Hinweis „keine Werbung" angebracht ist.

Eine Werbung per E-Mail ist außerdem zulässig, wenn der Kunde mit dem Werbenden bereits früher wegen einer ähnlichen Leistung in Kontakt getreten und die Identität des Absenders klar zu erkennen ist.

Beispiel Die Auszubildende Sophie Fischer hat per Internet verschiedene Fachbücher bestellt und dabei ihre E-Mail-Adresse angegeben. Der Buchversandhandel darf ihr nun Werbung für Bücher per E-Mail zusenden. Sophie kann aber jederzeit widersprechen, wenn sie diese Art der Werbung nicht wünscht.

5.4.5 Gesellschaftliche Auswirkungen der Werbung

Für Unternehmen ist Werbung ein wichtiges Instrument, um sich im Wettbewerb zu behaupten. Entsprechend groß sind die Werbeausgaben der deutschen Unternehmen.

Pro Werbung

Werbung bietet aber auch den Verbrauchern zahlreiche **Vorteile.** Sie werden über neue Güter und Dienstleistungen informiert, mit denen sie ihre Lebensqualität steigern können. Als Arbeitnehmer sind sie am (Werbe-) Erfolg ihrer Arbeitgeber interessiert, die durch Werbung ihre Absätze und Gewinne steigern können und Arbeitsplätze sichern. Weitere Arbeitsplätze bietet die Werbebranche an sich. Außerdem spornt der durch Werbung geförderte Wettbewerb unter den Unternehmen diese zu Qualitätsverbesserungen und Innovationen an.

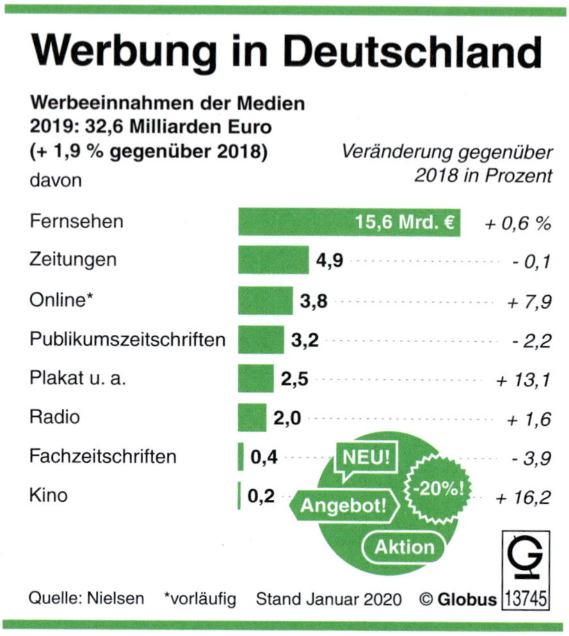

Kontra Werbung

Aufgrund ihrer Allgegenwärtigkeit stößt Werbung bei den Menschen aber auch in zunehmendem Maße auf **Kritik.** Es ist nicht mehr möglich, sich in der Öffentlichkeit zu bewegen und Medien zu nutzen, ohne sich der Werbung auszusetzen. Die **Werbung dringt mehr und mehr in die Privatsphäre der Menschen ein** und wird zunehmend als lästig empfunden.

Mit der zunehmenden **Vereinnahmung des öffentlichen Raumes durch Werbung** sind **vier Problembereiche** verbunden:

1. Beeinflussung der Wertebildung: Werbung ist Teil der gesellschaftlichen Kommunikation und **beeinflusst somit auch die Wertebildung der Menschen,** insbesondere bei der Zielgruppe, die in besonderem Maße durch Werbung beeinflussbar ist – Kinder und Jugendliche. Menschen orientieren sich (unbewusst) an Werten, die durch Werbung vermittelt werden. Die Werbung gibt ihnen vor, was richtig bzw. wichtig ist.

Beispiel Ein großer Teil der Werbung bewirbt Produkte, die mit dem Aussehen von Menschen zu tun haben. Insbesondere auf Mädchen und Frauen üben Medien dadurch einen hohen (unbewussten) Druck aus, einem vorgegebenen Schönheitsideal zu entsprechen. Die Folgen davon sind beispielsweise Essstörungen und eine stark ansteigende Zahl von Schönheitsoperationen.

2. Weckung von Bedürfnissen: Eine weitere häufig kritisierte negative Auswirkung auf die Gesellschaft ist die massive **Weckung von (latenten) Bedürfnissen**. Werbung führt zu einer **Zunahme des Gesamtkonsums in einer Gesellschaft**. Menschen kaufen sich Dinge, die sie eigentlich gar nicht brauchen. Dies ist besonders gefährlich, wenn Bedürfnisse nach gesundheitsschädlichen Produkten geweckt werden, wie beispielsweise Zigaretten.

Massenhafter Konsum ist gesellschaftlich problematisch, da die entsprechenden Ressourcen auf der Erde endlich sind. Eine individuelle Gefahr für einzelne Mitglieder dieser Gesellschaft besteht zudem in einer steigenden **Gefahr der Überschuldung**, da die geweckten Bedürfnisse die finanziellen Mittel deutlich übersteigen.[1]

1 Gerade Handelsunternehmen, die mit einer **„0-%-Finanzierung“** werben, werden dahingehend kritisiert, dass sie damit die Gefahr der Überschuldung verstärken würden.

3. Überschreitung der ethischen[2] Grenzen der Werbung: Massenhafte Werbung erhöht den Druck auf Unternehmen, sich mit der eigenen Werbung gegenüber der Konkurrenz hervorzuheben. Dies führt vermehrt zu außergewöhnlichen (extremen) Werbemaßnahmen. Gerade diese Formen der **Schockwerbung (Radical Advertising)** widersprechen gesellschaftlichen Wertvorstellungen und überschreiten zunehmend **ethische Grenzen**.

2 **Ethik:** „das sittliche Verständnis“

Beispiel 2011 provozierte das italienische Textilunternehmen Benetton® mit seiner „Unhate“-Kampagne. Ein Plakatmotiv zeigte dabei eine Fotomontage des damaligen US-Präsidenten Barack Obama, wie er Chinas damaligen Staatspräsidenten Hu Jintao küsst. Nach Protesten wurde ein Motiv mit Papst Benedikt XVI und dem Iman von Kairo zurückgezogen.

Fußgänger vor einem Plakat von Benetton in Paris am 17.11.2011

4. Beeinflussung der Medien durch die Werbetreibenden: Bei fast allen Massenmedien handelt es sich um Werbeträger. Die Einnahmen von privaten Fernseh- und Rundfunksendern sowie Zeitschriftenverlagen sind zu großen Teilen Werbeeinnahmen. Kritiker bemerken deshalb, dass diese **Medien nicht unabhängig** sein können. Diese **Abhängigkeit von den Werbetreibenden** kann Auswirkungen auf die eigentlichen Medieninhalte (z. B. Nachrichten) haben. Journalisten können aufgefordert werden, Berichte so zu gestalten, dass sie den Werbtreibenden „passen“. Negative oder unerwünschte Berichterstattung kann unterbunden oder beeinflusst werden, da Medien ein möglichst gutes „Werbeumfeld“ anbieten wollen.[3]

3 Im privaten Fernseh- und Rundfunkwesen entscheidet grundsätzlich die Quote über das Programm. Aber auch beim öffentlich-rechtlichen Fernsehen und Rundfunk kann bei Werbeeinnahmen von bis zu 40 % von einer Abhängigkeit von den Werbekunden gesprochen werden.

Beispiel Die Beeinflussung von Medien durch Werbetreibende gehört in den USA schon lange zum Programmalltag. Das Unternehmen Procter & Gamble® (P&G) machte bereits 1933 einen „Deal“ mit einem Radiosender. P&G produzierte eine eigene Sendung und „ersparte“ somit dem Radiosender die teure Produktion von Inhalten. Im Gegenzug wurden die Werbespots von P&G verbreitet. Zudem forderte P&G, dass seine Produkte natürlich auch während der „Radioshow“ gut in Szene gesetzt werden. Die so entstandene Serie „Ma Perkins“, die P&G als Werbemittel für die damals führende Waschmittelmarke Oxydol® nutzte, gilt als „Mutter aller Seifenopern“ (Soap Operas).“[4]

4 Das Unternehmen Procter & Gamble® ist übrigens heutzutage in der „Seifenbranche“ immer noch sehr erfolgreich, beispielsweise mit Marken wie „Ariel®“, „Lenor®“ oder „Meister Proper®“.

5.4.6 Werbeerfolgskontrolle

LS 68 Werbeerfolgskontrolle durchführen und weitere Maßnahmen der Kommunikationspolitik vorschlagen

Da jede Werbung Kosten verursacht, sollte geprüft werden, **ob die Werbung tatsächlich zur Erreichung der Werbeziele beigetragen hat**. Das Problem der Werbeerfolgskontrolle besteht darin, dass man nicht genau feststellen kann, ob die durchgeführte Werbung die (alleinige) Ursache für beobachtete Entwicklungen ist oder ob auch andere Faktoren (z. B. Konkurrenz, Konjunktur) einen Einfluss hatten. Es kann nicht ermittelt werden, wie groß z. B. der Umsatz ohne Werbemaßnahmen gewesen wäre. Grundsätzlich werden zwei Arten von Werbeerfolg kontrolliert:

Ökonomischer Werbeerfolg

Der Werbeerfolg wird anhand von Messgrößen überprüft, die den wirtschaftlichen Erfolg des Unternehmens **direkt** bestimmen. Es wird gemessen, ob die quantitativen Marketingziele erreicht wurden. Diese Werbeerfolgskontrolle beruht in der Regel auf dem Vergleich von **Verkaufszahlen** vor und nach der Werbemaßnahme:

$$\text{Wirtschaftlichkeit der Werbung}^{1} = \frac{\text{Umsatzzuwachs} \cdot 100\,\%}{\text{Werbekosten}}$$

$$\text{Marktanteil} = \frac{\text{eigener Umsatz} \cdot 100\,\%}{\text{Umsatz des Marktes}^{2}\ (\text{in €})} \quad \text{oder} \quad \frac{\text{eigener Absatz} \cdot 100\,\%}{\text{Absatz des Marktes}^{3}\ (\text{in Stück})}$$

1 Die Erfolgskennziffer „Wirtschaftlichkeit“ wird auch als **Werberendite** bezeichnet.

2 3 Der Umsatz bzw. Absatz des Marktes wird auch als **Marktvolumen** bezeichnet.

Der Marktanteilswert nach der Werbemaßnahme muss mit dem Marktanteilswert vor der Werbemaßnahme verglichen werden. Die **Veränderung des Marktanteils** liefert dann Informationen über den Werbeerfolg.

Außerökonomischer Werbeerfolg

Auch die Erreichung qualitativer Marketingziele kann gemessen werden. Hierzu werden häufig erneut Daten der Marktforschung benötigt. Beispielsweise kann **vor und nach einer Werbemaßnahme**[4] die Bekanntheit eines Produktes gemessen werden:

4 **Pre**test: Messung **vor** Durchführung der Werbemaßnahme

Posttest: Messung **nach** Durchführung der Werbemaßnahme

$$\text{Bekanntheitsgrad} = \frac{\text{Anzahl potenzieller Kunden, die das Produkt kennen} \cdot 100\,\%}{\text{Anzahl potenzieller Kunden}}$$

Auch bei dieser Kennzahl geht es natürlich darum, den Bekanntheitsgrad vor und nach einer Werbemaßnahme zu vergleichen. Der Erfolg einer Werbemaßnahme zeigt sich schließlich an der **Steigerung des Bekanntheitsgrads**.

Beispiel Die BE Partners KG hat für die Fly Bike Werke GmbH einen Pretest vor Beginn und einen Posttest nach Ende der Werbekampagne durchgeführt. Es wurde ermittelt, dass der Bekanntheitsgrad des SmartBikes bei der Zielgruppe von 6 % auf 23 % gestiegen ist. Herr Peters wertet dies als großen Erfolg der Werbemaßnahme.

Ein Jahr nach der Neuprodukteinführung überprüft Herr Peters, ob auch das quantitative Werbeziel (mind. 750.000,00 € Umsatz mit 200.000,00 € Werbeetat) erreicht wurde. Er ermittelt, dass der Werbeetat komplett ausgeschöpft wurde und der Umsatz von 0,00 € (Neuprodukt) auf 860.000,00 € gestiegen ist.

Dann berechnet er die Wirtschaftlichkeit der Werbung:

$$\text{Wirtschaftlichkeit}^{1} = \frac{860.000\,€ \cdot 100\,\%}{200.000\,€} = 430\,\%$$

Er vergleicht den Wert mit dem früherer Werbemaßnahmen für andere Produkte und ist sehr zufrieden mit der Werberendite. Mit 1,00 € Werbekosten wurden 4,30 € zusätzlicher Umsatz erwirtschaftet.

1 Von hohen Werten bei der Kennzahl „Wirtschaftlichkeit" darf man sich nicht täuschen lassen, da sie lediglich die Werbekosten berücksichtigen. Alle anderen Kosten zur Herstellung der Leistung bleiben außen vor. Aussagekraft erlangt die Kennziffer also nur durch den Vergleich mit anderen Werten (branchentypische Werberendite oder eigene frühere Werbemaßnahmen).

5.4.7 Weitere Maßnahmen der traditionellen Kommunikationspolitik

1. Salespromotion (Verkaufsförderung)

Beispiel Die BE Partners KG organisiert für die Fly Bike Werke GmbH jedes Jahr im Frühjahr eine „BikingTour". Auf dieser Promotiontour werden die aktuellen Modelle des Jahres in Sportfachgeschäften und großen Einkaufszentren vorgestellt. Es gibt ein Rahmenprogramm mit Getränken, Gewinntombola und prominenten Radsportlern. Speziell geschulte Mitarbeiterinnen und Mitarbeiter verwickeln dabei Kunden und Passanten in Verkaufsgespräche und bieten Probefahrten auf den verschiedenen Rädern an. Letztlich versuchen sie, möglichst viele Räder im Rahmen der „BikingTour" zu verkaufen.

Im Gegensatz zur Absatzwerbung, die eher langfristig ausgerichtet ist, hat die Verkaufsförderung einen **kurzfristigen Charakter** und ist **zeitlich eng begrenzt**. Besonderes Kennzeichen der Kundenpromotion ist die **möglichst direkte Kommunikation mit dem Kunden**, wobei der schnelle Absatzerfolg gesucht wird.

Häufig werden Maßnahmen der Verkaufsförderung auch durch die Produkthersteller, insbesondere von Markenartikeln, durchgeführt. Aber auch größere Handelsorganisationen und der Einzelhandel greifen auf die verschiedenen Möglichkeiten der Verkaufsförderung zurück. Je nachdem, wer durch die Aktion angesprochen wird, unterscheidet man **drei Arten der Verkaufsförderung**:

Kundenpromotion	Händlerpromotion	Mitarbeiterpromotion
Angesprochen werden Kunden bzw. Endverbraucher, um den Absatz kurzfristig zu steigern.	Am Verkauf beteiligte Personen (Einzelhändler, Verkäufer) erhalten Unterstützungsmaßnahmen, damit sie die Waren bevorzugt empfehlen und verkaufen.	Zielgruppe ist der eigene Vertrieb, z. B. Außendienstmitarbeiter bzw. Reisende
- Produktvorführungen, Verkostungen - Aktionen mit Prominenten - Gewinnspiele, Gutscheine, Preisausschreiben - Tag der offenen Tür	- Schulungen - Prämiensysteme - Informations- und Werbematerial - Verkaufsdisplays	- Schulungen - Prämien - Prospekte

Im Vergleich zu vielen Formen der Absatzwerbung bietet die Verkaufsförderung Vor- und Nachteile.

Vorteile der Verkaufsförderung	Nachteile der Verkaufsförderung
- gezielte Kundenauswahl - direkte Ansprache - schnelle Wirkung - subtile[1] Form der Beeinflussung durch direkten Kontakt	- geringe Streubreite - nicht bei allen Waren und Zielgruppen einsetzbar - hoher Arbeitsaufwand, hohe Kosten

1 **subtil:** mit viel Feingefühl

2. Public Relations (Öffentlichkeitsarbeit)

Beispiel Seit vielen Jahren unterstützt die Fly Bike Werke GmbH verschiedene Kindergärten in der Umgebung. Jeder dieser Kindergärten erhält jährlich ein Kinderfahrrad vom Unternehmen im Rahmen einer Kinderparty geschenkt. Zu dieser Kinderparty werden auch Reporter der Lokalpresse eingeladen, die am nächsten Tag in der Tageszeitung über die Veranstaltung berichten.

Am zweiten Mai-Wochenende jedes Jahres veranstaltet die Fly Bike Werke GmbH außerdem einen „Tag der offenen Tür" mit einem Sicherheitsparcours für Fahrräder. Alle Interessierten können das Werk besichtigen und Fragen zur Produktion stellen. Ein Verkauf findet am „Tag der offenen Tür" nicht statt.

Unter Öffentlichkeitsarbeit (Public Relations) versteht man Kommunikationsmaßnahmen, die Informationen zur **Imagepflege** des Unternehmens transportieren und nicht direkt auf eine Absatzerhöhung ausgerichtet sind.[2] Diese Art der Kommunikation ist nicht auf bestimmte Warengruppen oder Artikel bezogen. Im Mittelpunkt steht das **Unternehmen als Ganzes**. Die Öffentlichkeitsarbeit hat damit eine eher indirekte Wirkung auf den Unternehmenserfolg.

2 „Tue Gutes und sprich darüber!"

Maßnahmen der Öffentlichkeitsarbeit sind beispielsweise:

- Unterstützung gemeinnütziger Einrichtungen (z. B. Kindergärten)
- Artikel in Zeitungen oder Zeitschriften
- Umweltschutzmaßnahmen
- Kundenzeitschriften
- Informationsmaterial für Schulen

Unabhängig von der konkreten Maßnahme soll die Öffentlichkeitsarbeit **bei allen Marktpartnern ein positives Bild vom Unternehmen** bewirken.

3. Sponsoring (Förderung)

Fördern Unternehmen Veranstaltungen, Organisationen, Gruppen oder einzelne (prominente) Personen, so spricht man von Sponsoring. Unterstützt werden in der Regel **kulturelle, sportliche, soziale oder ökologische Projekte**. Neben der Förderung durch Geldmittel kann der Sponsor (Förderer) auch Sachmittel zur Verfügung stellen. Der Unterstützte muss dafür eine Gegenleistung erbringen, z. B. den Unternehmensnamen auf dem Trikot tragen.

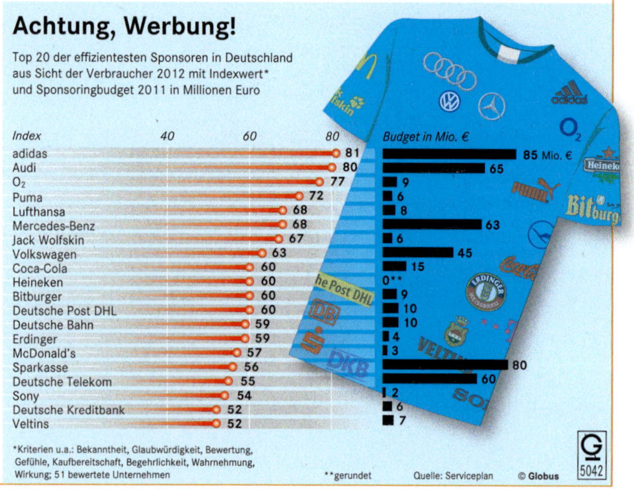

4. Direct-Marketing (Direktmarketing)

Beim Direktmarketing versucht das Unternehmen, durch die **direkte Ansprache eines möglichen Kunden** sofort auch eine entsprechende Antwort zu erhalten und in den Dialog zu treten. Das Direktmarketing beinhaltet eine Vielzahl von Möglichkeiten zur Umsetzung. So ist z. B. **Telefonmarketing über sogenannte Callcenter** ein Mittel, um von potenziellen Kunden im persönlichen Telefongespräch Informationen zu erhalten, auf spezielle Bedürfnisse einzugehen und ggf. auch direkt zu verkaufen. Eine vereinfachte Form des Direktmarketings ist der persönliche **Werbebrief** im Rahmen der Direktwerbung. Die Ziele des Direktmarketings sind eine **persönliche Ansprache** der Kunden und die **Minimierung von Streuverlusten**.

5. Productplacement (Produktplatzierung)

Beim Productplacement werden **Produkte in Filmen oder in Fernsehsendungen** gezielt wiederholt im Bild gezeigt. Für den Zuschauer soll das Erscheinen des Produktes wie ganz selbstverständlich aussehen. In Wirklichkeit haben Unternehmen jedoch häufig gegen Bezahlung ihr Produkt im Film oder in der Fernsehsendung platziert. Entscheidende Vorteile gegenüber klassischer Werbung sind, dass Productplacement nicht als Werbung empfunden wird und dass der Zuschauer nicht „wegzappt".

Beispiel Beim Bezug der Modelvilla finden die Teilnehmerinnen von Germany's Next Topmodel beispielsweise einen eindeutig von Zalando® bestückten Kleiderschrank vor.

Alles klar?

1 Begründen Sie, warum Unternehmen werben.

2 Erläutern Sie das Wirkungsprinzip von Werbung anhand des Plakats „Abenteuer erleben!" der Fly Bike Werke GmbH in Kap. 5.4.1.

3 Erklären Sie den Zusammenhang zwischen den Begriffen „Werbung" und „Kommunikationspolitik".

4 Erläutern Sie die Werbearten nach der Anzahl der Umworbenen allgemein und anhand von jeweils zwei Beispielen.

5 Nennen Sie die einzelnen Schritte einer Werbeplanung und erläutern Sie jeden Schritt in einem bis zwei Sätzen.

6 Erläutern Sie den Zusammenhang zwischen Werbemittel und Werbeträger anhand von zwei Beispielen.

7 Begründen Sie, ob das Plakat „Abenteuer erleben!" der Fly Bike Werke GmbH in Kap. 5.4.1 die Werbegrundsätze erfüllt.

8 Erläutern Sie zusammenfassend, wovor das UWG wen schützt.

9 Bereiten Sie Stichpunkte für ein kurzes „Statement" vor, mit dem Sie Ihren Mitschülerinnen und Mitschülern das Für und Wider der Werbung frei erläutern können.

10 Was versteht man unter den Begriffen „Public Relations" und „Salespromotion"? Definieren Sie diese Begriffe und nennen Sie jeweils drei Möglichkeiten, wie diese Maßnahmen umgesetzt werden könnten.

6 Möglichkeiten des Onlinemarketings

LS 69 Einen Unternehmensauftritt in einem sozialen Netzwerk gestalten und pflegen

Beispiel Dörthe Epstein reflektiert heute mit Florian Hamm die zurückliegende Werbekampagne für die Fly Bike Werke GmbH. Anschließend ergibt sich folgendes Gespräch:

Florian: Ich denke immer noch, dass die Fly Bike Werke GmbH das Internet mehr nutzen müsste. Gerade weil man ja die junge Zielgruppe ansprechen möchte.

Fr. Epstein: Wir hatten ja damals schon darüber gesprochen, dass Onlineshops bei beratungsintensiven Produkten problematisch sein können.

Florian: Ich meine ja auch gar nicht die Vertriebspolitik. Wenn ich bedenke, wie viel Zeit ich bei Youtube® und Facebook® verbringe – da müsste die Fly Bike Werke GmbH doch eigentlich präsent sein. Schließlich gehöre ich zur Zielgruppe.

Haben Sie Ideen, wie die Fly Bike Werke GmbH das Internet für ihr Marketing nutzen könnte?

Das Internet bietet Unternehmen heutzutage weit mehr Möglichkeiten, als „nur“ ihre Produkte in Onlineshops anzubieten (**E-Commerce**[1]) und moderne Formen der **Marktforschung**[2] zu nutzen. Das Internet und die darin verwendeten Technologien ermöglichen vor allem **neue Aktivitäten im Rahmen der Kommunikationspolitik**, um die Benutzer auf eine Vielzahl unterschiedlicher Arten anzusprechen.

1 E-Commerce
→ LF 5, Kap. 5.3.3

2 Online-Marktforschung
→ LF 5, Kap. 2.2.2

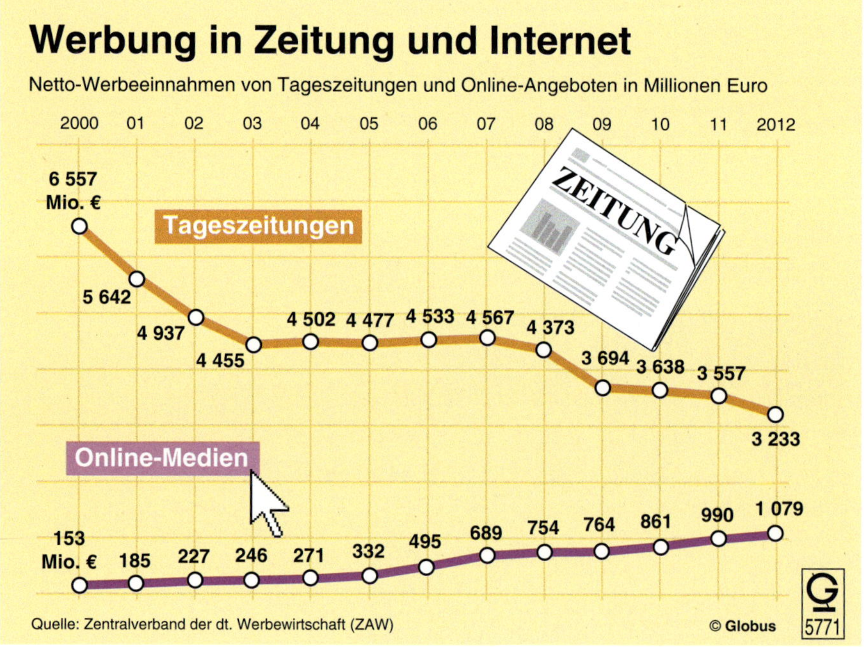

6.1 Werbemöglichkeiten im Internet

Das **Internet**[1] ist inzwischen auch ein sehr bedeutender **Werbeträger** für viele Unternehmen und bietet ihnen zusätzlich zur klassischen Werbung ein breites Spektrum weiterer **Werbemöglichkeiten**, beispielsweise:

- Werbung auf der **Unternehmenshomepage**
- **E-Mail-Werbung** (z. B. mit einem Link auf die Unternehmenshomepage)
- **Newsletter** als E-Mail-Werbung
- **Bannerwerbung** (Werbung als Grafik oder Animation in eine Webseite eingebunden, Banner verweisen dann als Hyperlink auf die Website des Werbenden.)
- **Videowerbung**[2] (Inzwischen verlieren Werbebanner zugunsten von Videowerbung, die in ähnlicher Form in Internetseiten integriert wird, an Bedeutung.)
- **Pop-ups** (Zusätzlich zur betrachteten Seite wird ein weiteres Browserfenster geöffnet, das die Werbung enthält. Das Pop-up überlagert dann die Hauptseite.)
- **Suchmaschinenwerbung** (Zusätzlich zu den eigentlichen Suchergebnissen werden – oftmals sogar über den eigentlichen Suchergebnissen – bezahlte Anzeigen zum Suchbegriff eingeblendet.)
- **Suchmaschinenoptimierung** (Maßnahmen, mit denen ein Unternehmen versucht, seine eigene Webseite möglichst weit oben in den unbezahlten Suchergebnissen zu platzieren, z. B. Optimierung des Seiteninhalts durch gängige Suchbegriffe)
- **Targeting** (Werbemöglichkeit mit gezielter Ansprache bestimmter Kunden)

1 Internet – Web 1.0

2 Eine besondere Form von Videowerbung im Internet ist das Einstellen von Filmen zum Unternehmen oder zu Produkten in Videoportalen (z. B. YouTube®). Diese „Filmchen“ sind prinzipiell mit Fernsehwerbung vergleichbar, aber in der Ausstrahlung deutlich günstiger.

Beispiel Ein Autoverkaufsportal bietet seinen Werbekunden Targeting an. Ein Händler von Kfz-Ersatzteilen für Oldtimer der Marke Mercedes-Benz lässt seine Werbung immer dann einblenden, wenn ein Nutzer des Portals als Suchoptionen die Marke „Mercedes-Benz“ und ein Baujahr vor 1995 eingibt.

Die verschiedenen Werbemöglichkeiten im Internet bieten den Werbenden **zwei wichtige Vorteile gegenüber traditioneller Werbung**:

1. Messbarkeit des Werbeerfolgs: Die technischen Möglichkeiten im Internet geben den Werbenden teilweise sehr exakte Möglichkeiten, um den Erfolg einer Werbemaßnahme auszuwerten und zu beurteilen. Dazu gehören beispielsweise:

- Messung, wie viele Nutzer den Link zur Unternehmenshomepage in einer Werbe-E-Mail oder einem Newsletter genutzt haben
- Messung, wie viele Nutzer ein Werbebanner oder Pop-up angeklickt haben
- Messung der Aufrufe eines Produktvideos in einem Videoportal (z. B. YouTube®)
- Messung der Kundenkontakte, die über eine Suchmaschine entstanden sind

2. Streuverlustarme Werbung: Das Onlinemarketing bietet im Gegensatz zum traditionellen Massenmarketing auch den Vorteil, dass eine **Zielgruppe besser angesprochen** werden kann und Streuverluste der Werbung häufig vermieden werden.

Beispiel Während beispielsweise ein Werbespot für einen Damen-Epilierer im Fernsehen sowohl von zahlreichen Herren als auch von an einem solchen Produkt nicht interessierten Damen gesehen wird (Streuverlust), wird er in einem Videoportal wohl nur von tatsächlich interessierten Damen angeklickt.

Ein Internetnutzer, der in einem Autoverkaufsportal nach einem maximal drei Jahre alten VW Golf sucht, dürfte kein besonderes Interesse an Kfz-Ersatzteilen für Oldtimer von Mercedes-Benz haben. Deswegen wird ihm diese Werbung auch nicht eingeblendet, evtl. aber die von einem VW®-Autohaus um die Ecke.

6.2 Unternehmensauftritt in sozialen Netzwerken

Für Maßnahmen im Rahmen des Onlinemarketings eignen sich insbesondere soziale Netzwerke[1] wie Facebook® oder Kommunikationsplattformen wie Twitter®. Hier findet von Natur aus ein reger Austausch statt. Erlebnisse werden geteilt, Ideen verbreitet und Meinungen geäußert. Dienstleistungen und Produkte werden von Nutzern beschrieben und bewertet.

Folglich bietet es sich für immer mehr Unternehmen an, auch dort zu sein, wo (über ihre Produkte) kommuniziert wird. Immer mehr Unternehmen melden Accounts in sozialen Netzwerken an, pflegen die Inhalte und kommunizieren mit den Usern. Größere Unternehmen haben sogar eigene „Redaktionen“, die den Unternehmensauftritt in den sozialen Netzwerken betreuen und die Kontakte mit den hier massenhaft aktiven Kunden pflegen.[2]

1 soziale Netzwerke – Web 2.0

2 Verhalten in sozialen Netzwerken
→ Webcode 4519152_ IT_Trainer, V Excel, Kap. 2.1.3

Kundenbindung und Imagebildung in sozialen Netzwerken

Auch in sozialen Netzwerken sind die Messbarkeit des Erfolgs (z. B. über Likes oder Follower) und der geringe Streuverlust entscheidende Vorteile. Vor allem bieten soziale Netzwerke aber durch den Dialog mit den Kunden hervorragende Möglichkeiten, die **Kundenzufriedenheit und Kundenbindung** zu verbessern.

In sozialen Netzwerken ist es möglich, den Kunden bzw. Nutzer direkt anzusprechen und mit ihm zu interagieren, sofern sich dieser für ein bestimmtes Produkt, eine Marke oder ein Unternehmen interessiert. Durch Offenheit in der Kommunikation fühlen sich Kunden wertgeschätzt. Getreu dem Motto **„Kunden zu Fans machen“** versuchen Unternehmen, die Nutzer in ihre Marketingaktivitäten einzubinden.

Eine gute Kundenbindung ist wesentlicher Bestandteil einer **positiven Imagebildung**. Ein Unternehmen, das ein Profil in sozialen Netzwerken hat, übermittelt dem Nutzer und somit einem potenziellen Kunden aktuell die Botschaft, **kundennah, offen und modern** zu sein. Ein gelungener Auftritt in einem sozialen Netzwerk lässt das Unternehmen **sympathisch** erscheinen. Damit sich aber die Imagebildung auch langfristig positiv entwickelt, spielen die Kommunikation und Interaktion mit den Kunden eine wichtige Rolle. Schlecht betreute Auftritte in sozialen Netzwerken, bei denen Kunden beispielsweise sehr lange auf eine Reaktion auf ihre Posts warten müssen, haben dagegen eine negative Wirkung auf die Imagebildung.

Merke! Kundenbindung entsteht durch gute Kundenkommunikation.

Alles klar?

1 Nennen und erläutern Sie die Werbemöglichkeiten im Internet.

2 Erläutern Sie die wichtigsten Vorteile des Onlinemarketings gegenüber dem traditionellen Marketing.

3 Erläutern Sie, wie ein Kundendialog

a) im traditionellen Marketing,
b) im Internet und
c) in sozialen Netzwerken funktioniert.

4 Begründen Sie, warum Unternehmen in sozialen Netzwerken präsent sind. Verdeutlichen Sie an Beispielen, für welche Unternehmen dies besonders wichtig ist.

7 Useful office vocabulary

1 

2 

3 

4 

5 

6 

7 

8 

9 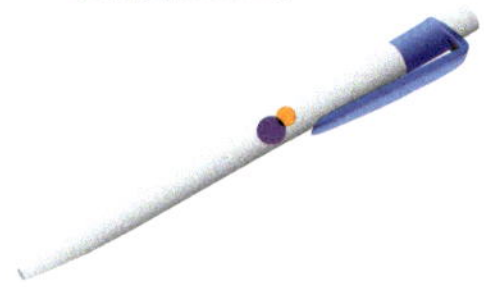

1 outdoor hoardings (BrE) / billboards (AmE), 2 classified advertisements, 3 TV commercial, 4 neon signs, 5 magazine advertisement, 6 special displays, 7 digital advertising, 8 mass mailing, 9 give-away

decline stage	Abnahmephase
supply	Angebot
excess supply	Angebotsüberhang
follow-up phone call	Anschlusstelefonat, Telefonat zur Nachverfolgung einer Angelegenheit
response rate	Antwortquote, Rücklaufquote
pay-off	Auszahlung (im Sinne von Gewinn, Nutzenzuwachs)
eye-catching	auffallend, ins Auge springend
brand awareness	Bekanntheitsgrad einer Marke
data collection	Datensammlung
introduction phase	Einführungsphase
branding	Entstehung und Entwicklung einer Marke
saturated market	gesättigter Markt
profit maximization	Gewinnmaximierung
to grab	greifen, packen
sales representative	(Handels-)Vertreter/-in
premium pricing	Hochpreisstrategie
buyers market	Käufermarkt
economic cycle	Konjunktur

competition	Konkurrenz
pie chart	Kreis- oder Tortendiagramm
customer acquisition	Kundenakquise
customer loyalty	Kundenbindung
customer (relationship) management	Kundenmanagement
customer focus	Kundenorientierung
customer satisfaction	Kundenzufriedenheit
vivid	lebhaft
mission statement	Leitbild
line chart	Liniendiagramm
loss leader	Lockvogelangebot, Lockartikel
brand value	Markenwert
market analysis	Marktanalyse
market share	Marktanteil
market penetration	Marktdurchdringung
exploring of markets	Markterschließung
market research	Marktforschung
equilibrium	Marktgleichgewicht
market price	Marktpreis
market segmentation	Marktsegmentierung
market volume	Marktvolumen
to man a stand	einen (Messe-)Stand betreuen, am Stand arbeiten
competitor	Mitbewerber, Konkurrent
verbal survey	mündliche Befragung
demand	Nachfrage
excess demand	Nachfragelücke
economy pricing	Niedrigpreisstrategie
price ceiling	Preisobergrenze
pricing	Preispolitik
price floor	Preisuntergrenze
product life cycle	Produktlebenszyklus
product differentiation	Produktunterscheidung, die Besonderheit eines Produktes herausheben und betonen
testimonial	Referenz
bar chart	Säulendiagramm

written survey	schriftliche Befragung
to conduct a survey	eine Befragung (Umfrage) durchführen
trend, craze	Trend
mailing list	Verteiler, Adressenverzeichnis
distribution channel	Vertriebsweg
advertising agency	Werbeagentur
sales letter	Werbebrief
advertising channel	Werbekanal
to reestablish	wieder herstellen
target group	Zielgruppe

Useful phrases for marketing meetings

Participating in discussions

Giving your opinion	
I think / feel that ...	Ich denke / Ich habe das Gefühl ...
It would be great to ...	Es wäre großartig ...
We definitely should ...	Wir sollten unbedingt ...

Agreeing	
Me too. / Me neither.	Ich auch / Ich auch nicht.
Yes, and ...	Ja, und ...
That's true.	Das stimmt.
Good point.	Das ist ein stichhaltiges Argument.

Disagreeing	
I don't think ...	Ich denke nicht, dass ...
That would be (free), which is nice, but ...	Das wäre (gratis) und sehr gut, aber ...
Sure, but ...	Sicher, aber ...
I don't know ...	Ich weiß nicht ...
I see what you mean, but ...	Ich weiß, was du meinst, aber ...

Asking others for their opinion	
What do you think, [Dörthe]?	Was denkst du, [Dörthe]?
[Dörthe], do you agree?	Stimmst du zu, [Dörthe]?
[Dörthe], would you like to say a few words about that?	[Dörthe], möchtest du ein paar Worte hierzu sagen?

Presenting your ideas	
We think / feel that ...	Wir denken / Wir haben das Gefühl, dass ...
In our opinion, the best options are ...	Wir sind der Meinung, dass die folgenden Möglichkeiten die besten sind ...
The most effective values for our company would be ...	Die überzeugendsten Werte für unsere Unternehmung wären ...

Giving Feedback	
Thank you for your draft of [date].	Vielen Dank für den Entwurf vom [Datum].
We really like ...	Wir mögen wirklich ...
We're very happy with what you've done.	Wir sind sehr zufrieden mit dem, was Sie gemacht haben.
We think that the images might be too ...	Wir denken, dass die Bilder vielleicht zu ... sein könnten.
We're a little concerned about ...	Wir sind etwas besorgt über ...
How about ... instead?	Wie wäre es mit ... als Alternative?
Could you add a picture of ...?	Könnten Sie ein Bild von ... hinzufügen?
Could you please remember to ...?	Könnten Sie bitte daran denken und ... ?
We need to add information on ...	Wir müssen Informationen über .... hinzufügen.
It's important to mention that ...	Es ist wichtig zu erwähnen, dass ...
We want to stress ...	Wir möchten betonen ...
One point to emphasize is ...	Eine Sache, auf die Wert gelegt wird, ist ...

Discussing an ad campaign

Typically, our products have appealed to ...	Bisher haben unsere Produkte ... gefallen.
We'd like to change our image.	Wir wollen unser Image ändern.
Our X is/are very well known, but we want to raise the profile of our ...	Unser/e X ist/sind sehr bekannt, aber wir wollen das Image für unseren ... erhöhen.
We want to appeal to a younger / an older audience.	Wir wollen einem jüngeren / älteren Publikum gefallen.
We want to change perceptions of our product.	Wir wollen die Wahrnehmung unseres Produktes verändern.
We want to reinforce our brand's positive image.	Wir wollen unseren Markennamen stärken.
We'd like to rebrand our product.	Wir wollen unser Produkt umbenennen.
We have a high market share among teenagers / 18-25-year-old men. We want to create ads that appeal to women in the same age range.	Wir haben einen hohen Marktanteil bei Jugendlichen / 18-25 Jahre alten Männern. Wir wollen Werbeanzeigen erstellen, die auch Frauen in dieser Altersgruppe erreichen.
Our ads should also appeal to ...	Unsere Werbeanzeigen sollten auch ... ansprechen.
It's important for us to create a new image.	Es ist wichtig für uns, ein neues Image zu schaffen.

Lernfeld 6
Wertströme erfassen und beurteilen

1 Erkennen von Wertströmen im Unternehmen
2 Dokumentation von Wertströmen im Unternehmen
3 Buchung von Wertströmen im Unternehmen
4 Wertströme beeinflussen den Erfolg des Unternehmens
5 Useful office vocabulary

1 Erkennen von Wertströmen im Unternehmen

LS 70 Das Kassenbuch führen

1.1 Wertströme im Kassenbereich

Beispiel Wenn die Mittagszeit beginnt, wird es hektisch am Tresen von Margarethe Brummer: Als Inhaberin eines kleinen Kiosks versorgt sie u. a. Mitarbeiter der BE Partners KG täglich mit einem warmen Mittagessen und kleinen Snacks.

Frau Brummers Arbeit am Kiosk beschränkt sich aber nicht nur auf den Verkauf: Ihr Tag beginnt damit, Wechselgeld für den Tag zu besorgen, die leeren Verkaufsregale aufzufüllen und knapp werdende Waren direkt bei Lieferanten nachzubestellen. Dann ist die Zubereitung der warmen und kalten Speisen an der Reihe. Sie möchte nicht zuviel Essen übrig behalten und trotzdem alle Wünsche bedienen können. Wenn die Verkaufszeit vorbei ist, füllt sie die geleerten Regale auf und schließt die Kasse ab. Dabei nimmt sie das Kassenbuch zu Hilfe, in das sie die Umsätze des Tages aufgeschrieben hat.

1.1.1 Ein Kassenbuch führen

Am Kiosk werden die Umsätze überwiegend bar abgewickelt, d. h., bei Bezahlung der Waren erhält *Frau Brummer* Bargeld und gibt eventuell Wechselgeld zurück. Dadurch verändert sich der vorhandene Bargeldbestand in ihrer Kasse ständig.

Um diese Veränderungen später noch nachvollziehen zu können, werden die getätigten Umsätze jedes Verkaufstages in einem sogenannten **Kassenbuch**[1] dokumentiert. *Frau Brummers* Kassenbuch am 26.09. sieht bis jetzt so aus:

Kassenbuch Margarethe Brummer Kiosk — Datum: 26.09.20.. — Blatt: 175

Lfd. Nr.	Beleg-nummer	Text / Vorgang	Einzahlung €	ct	Auszahlung €	ct
1	---	Kassenbestand Vortag	376	55		
2	#175/1	Verkauf Obstbecher	2	50		
3	#175/2	Verkauf Butterbrezen	3	60		
4	#175/3	Verkauf Brötchen (belegt)	5	90		
5	#175/4	Verkauf Schokoriegel	1	85		
6	#175/5	Verkauf Brötchen (belegt)	14	75		
7						

Das Kassenbuch beginnt mit allgemeinen Daten (Name/Firma, Datum der Eintragungen u. Ä.). Für jeden Vorgang wird neben einer Belegnummer,[2] einer Beschreibung der Art des Umsatzes (z. B. „Verkauf Butterbrezeln") auch der entsprechende Geldbetrag als **Einzahlung** oder **Auszahlung** festgehalten. Auf die Eintragung des ausbezahlten Wechselgeldes wird verzichtet und nur der zu zahlende Betrag entsprechend dem Kassenbon dokumentiert.

1 Das **Kassenbuch** ist die einfachste Form der Buchführung. *Frau Brummer* ist aufgrund ihrer Umsätze gesetzlich **nicht** zum Führen des Kassenbuches verpflichtet. Sie macht es aber, um eine Übersicht über den Tagesumsatz zu haben.
→ LF 6, Kap. 1.1.5

2 Eine Belegnummer wird auf jedem Kassenbon eingetragen und ermöglicht eine eindeutige Zuordnung.

Merke! **Einzahlung** = Annahme von Bargeld
Auszahlung = Rückgabe von Bargeld

Der erste Eintrag im Kassenbuch steht für den vorhandenen Bargeldbestand vom Vortag und ist gleichzeitig der Bestand an Wechselgeld für den aktuellen Tag (**Anfangsbestand**[1]).

1 **Anfangsbestand:** vorhandener Bargeldbestand zu Beginn des Tages, an dem in die Kasse eingezahlt wird

Wie *Frau Brummer* führen kleinere Unternehmen oder Kioskbesitzer ihre Kassenbücher häufig noch von Hand. Größere Unternehmen oder Unternehmen mit vielen Verkaufsvorgängen nutzen dagegen in der Regel elektronische Kassensysteme, die die Aufgabe der Dokumentation übernehmen.

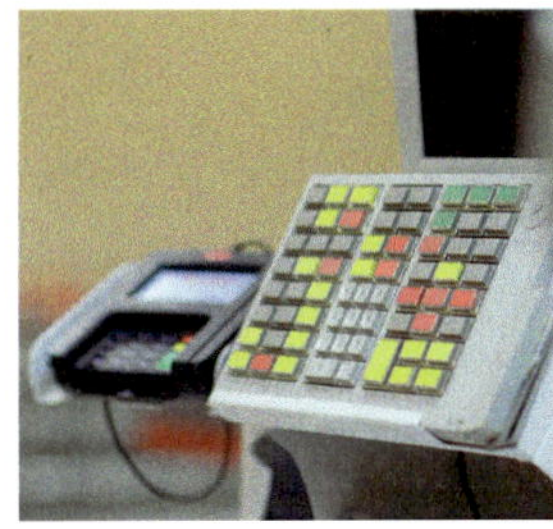

Diese Systeme speichern automatisch jeden Umsatz und erstellen am Ende des Tages das Kassenbuch mit den entsprechenden Angaben. Auch bei diesen Systemen müssen die Eintragungen im Kassenbuch anhand von Belegen nachvollzogen werden können. Da die Originalbelege an die Kunden ausgehändigt werden müssen, können **elektronische** Kassen die Verkaufsvorgänge als Belegkopien reproduzieren.

1.1.2 Die Kasse abschließen

Wie die Geschäfte an einem Tag gelaufen sind, lässt sich an der Anzahl der bedienten Kunden abschätzen. Zur genauen Aussage, wie gut oder schlecht der Verkaufstag war, muss der gesamte **Tagesumsatz** in Euro festgestellt werden. Man nennt das „die Kasse abschließen".

Für den Kassenabschluss am Ende des Tages wird anhand des Kassenbuches die Summe aller Einzahlungen (einschließlich des Anfangsbestandes) sowie aller Auszahlungen ermittelt. Die Differenz aus beiden Summen ergibt den rechnerisch vorhandenen Kassenbestand. Dieser Endbestand[2] wird auch als **Sollbestand** bezeichnet, da er bar vorhanden sein sollte. Der Sollbestand wird häufig auch als **Kassensaldo** bezeichnet und die Ermittlung des Kassensaldos als **Saldieren.**

2 Anfangsbestand der Kasse
+ Einzahlungen
– Auszahlungen
= **Endbestand der Kasse**

Merke! Der **Sollbestand** (Buchbestand) ist die, laut Kassenbuch, vorhandene (rechnerische) Menge an Bargeld.

Subtrahiert man vom Sollbestand den vorhandenen Bargeldbestand vom Beginn des Tages (Anfangsbestand), so ergibt sich der **Umsatz**[3] für diesen Tag.

3 Sollbestand der Kasse
– Anfangsbestand der Kasse
= **Umsatz des Tages**

Um zu überprüfen, ob diese Rechnung und damit die Eintragungen im Kassenbuch richtig sind, muss der tatsächlich vorhandene Bestand an Bargeld, der sogenannte **Istbestand**, ermittelt werden. Dafür werden alle Münzen und Banknoten in der Kasse sortenweise gezählt und in einer **Bargeldzählliste** dokumentiert.

Merke! Der **Istbestand** ist die tatsächlich vorhandene Menge an Bargeld.

Eine solche Aufstellung über den vorhandenen Bargeldbestand dient dem Verkäufer als Information, wie viel und welches Wechselgeld er vorrätig hat. Wird z. B. bei einem Einbruch Geld aus der Kasse gestohlen, so lässt sich durch eine Bargeldzählliste auch die Menge an gestohlenem Geld nachweisen, die z. B. gegenüber der Versicherung geltend gemacht werden kann.

Normalerweise stimmen der ermittelte Ist- und der Sollbestand der Kasse überein. Dann kann das Bargeld im Tresor sicher verwahrt und das Kassenbuch für den laufenden Tag fertiggestellt und abgelegt werden.

Bargeldzählliste

Für: Margarethe Brummer Kiosk   Datum: 25.09.20..

Geldsorte	Anzahl	Summe €	ct
Banknoten			
200,00	0		
100,00	0		
50,00	1	50	00
20,00	5	100	00
10,00	9	90	00
5,00	8	40	00
Zwischensumme		280	00
Münzen			
2,00	27	54	00
1,00	23	23	00
0,50	23	11	50
0,20	15	3	00
0,10	26	2	60
0,05	31	1	55
0,02	32	0	64
0,01	26	0	26
Zwischensumme		96	55
Gesamter Bargeldbestand		376	55

Margarethe Brummer
Unterschrift

Es kann vorkommen, dass die Soll- und Istbestände nicht übereinstimmen. Dann liegt eine **Kassendifferenz** vor: Entweder ist der Istbestand[1] fehlerhaft (z. B. fehlt Geld in der Kasse) oder der Sollbestand[2] im Kassenbuch stimmt nicht. Da Kassendifferenzen nicht hinnehmbar sind, muss der Fehler aufgeklärt werden.

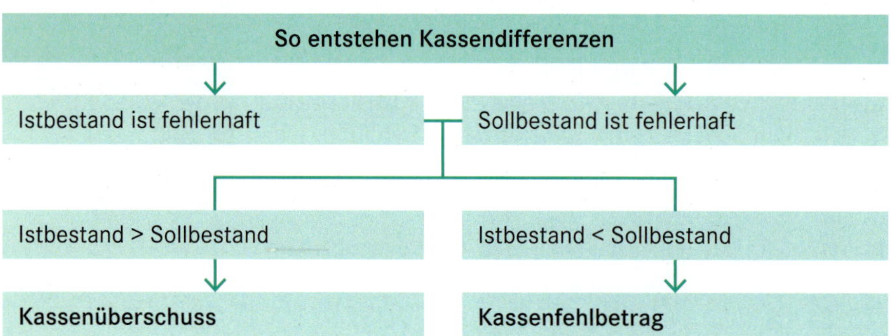

1 **Fehlerhafter Istbestand:**
- Zählfehler bei Annahme oder Herausgabe von Bargeld
- Diebstahl und Unterschlagung durch Kunden oder Mitarbeiter

2 **Fehlerhafter Sollbestand:**
- Rechenfehler bei der Ermittlung des Kassensaldos
- falscher Eintrag (Zahlendreher) im Kassenbuch
- fehlender Eintrag im Kassenbuch aufgrund eines fehlenden oder nicht erfassten Beleges
- mehrfacher Eintrag des gleichen Beleges
- Verwechslung von Einzahlung oder Auszahlung beim Eintragen

Um Zähl- und Rechenfehler auszuschließen, wird zunächst der vorhandene Bargeldbestand nochmals gezählt und aufaddiert. Danach werden alle Eintragungen im Kassenbuch erneut anhand der Belege überprüft.

Auch wenn die Ursache einer Kassendifferenz nicht geklärt werden kann, müssen der Soll- und Istbestand letztlich durch Anpassung übereinstimmen. Dazu erstellt der Verkäufer einen **eigenen Korrekturbeleg** über den ermittelten Differenzbetrag:

- Einen **Kassenfehlbetrag** muss er als zusätzliche Auszahlung im Kassenbuch erfassen, um den zu hohen Sollbestand an den niedrigeren Istbestand anzugleichen.
- Einen **Kassenüberschuss** trägt er hingegen als zusätzliche **Einzahlung** im Kassenbuch ein, um den zu geringen Sollbestand anzuheben.

Der ermittelte Kassensaldo ist der Endbestand des aktuellen Tages und bildet gleichzeitig den Anfangsbestand des darauffolgenden Tages. Auf diese Weise wird der Bargeldbestand im Kassenbuch täglich aktualisiert. Dies wird auch als **buchmäßiges Fortschreiben** des Kassenbestandes bezeichnet.

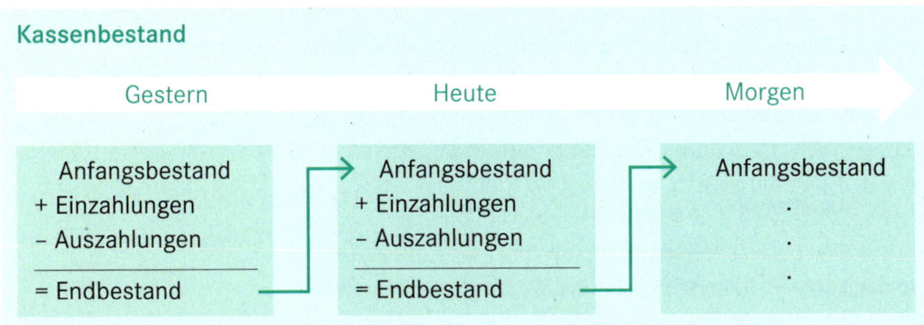

1.1.3 Die Bedeutung des Kassenbuches

Betrachtet man den Verkauf der Waren **aus Sicht des Verkäufers**, z. B. *Frau Brummer*, finden grundsätzlich zwei Vorgänge statt:

- die Annahme von Geld (hier: Bargeld) in Höhe des Kaufpreises,
- die Abgabe der Ware.

Da die Waren mit einem Verkaufspreis ausgezeichnet und damit für Verkäufer und Käufer bewertet sind, spricht man anstatt von Waren auch von **Werten**[1].

Merke! Jeder **Verkauf** von Waren führt aus Sicht des Verkäufers zu einem **Abfluss** von **Werten** (**Wertabgang** bzw. **Wertabfluss**[2]). Als Gegenleistung erhält der Verkäufer den Kaufpreis meist in Form von Bargeld. Dieser **Bargeldzugang** ist ein **Wertzugang** bzw. **Wertzufluss**[3] für den Verkäufer, denn auch das Bargeld stellt einen Wert dar.

Wertzuflüsse und -abflüsse werden auch als **Wertströme** bezeichnet und grafisch durch Pfeile dargestellt.

1 **Werte:** Geld bzw. (Verkaufs-)Waren mit einem festen Preis

2 **Wertabfluss:** Leistung des Verkäufers = Abgabe von Waren

3 **Wertzufluss:** Gegenleistung für den Verkäufer = Erhalt des Kaufpreises

Merke! Ein **Wertstrom** verdeutlicht hier aus Sicht des Verkäufers, **von wem** er **etwas erhält** (meist Geld) und **an wen** er **etwas abgibt** (meist Waren).

In den meisten Fällen zahlen die Kunden von *Frau Brummer* ihre Einkäufe bar. Doch in letzter Zeit sind auch immer wieder Kunden dabei, die mit Karte bargeldlos[1] bezahlen möchten. Auch in diesem Fall findet ein Wertzufluss in Form der Bezahlung statt. Allerdings nimmt der Zahlungsbetrag einen Umweg über das Girokonto von *Frau Brummer*. Sie kann es vom Konto in bar abheben und in die Kasse geben.

1 bargeldloses Bezahlen
→ FK 1, LF 4, Kap. 8.2.3

1.1.4 Wenn die Geschäfte andersherum laufen – Rückgabe von Waren

Gekaufte, einwandfreie Ware kann normalerweise nicht zurückgegeben oder umgetauscht werden, insbesondere nicht, wenn es Nahrungsmittel sind. Aus Kulanzgründen und um eine gute Kundenbeziehung zu fördern, macht der Verkäufer davon Ausnahmen, wenn die Verpackung noch intakt und die Ware unbeschädigt ist. Der Kaufvertrag[2] muss dann rückgängig gemacht, d. h. **storniert** werden. Der Kunde gibt die Ware an den Verkäufer zurück und erhält den Kaufpreis erstattet. Da jeder Vorgang dokumentiert werden muss, führt auch diese Warenrückgabe zu einer Eintragung im Kassenbuch. Die **Rücknahme der Ware** ist der entsprechende **Wertzufluss**. Die **Erstattung des Kaufpreises** entspricht dem **Wertabfluss**, da aus der Kasse Geld entnommen und an den Kunden gegeben wird.

2 Kaufvertrag
→ FK 1, LF 4, Kap. 5.3

1.1.5 Grundlagen der Kassenbuchführung

Wer ein Kassenbuch führen muss, sollte auf einige Grundprinzipien achten.[3] Viele dieser Prinzipien oder Grundsätze sind im Laufe der Zeit in der Praxis entstanden. Manche von ihnen wurden in Verordnungen und Gesetze übernommen, z. B. in die **Abgabenordnung** (AO) und das **Handelsgesetzbuch** (HGB). In den §§ 145 ff. AO und §§ 239, 257 HGB finden sich die gesetzlichen Vorschriften für folgende Regeln:

- Die Kassenvorgänge müssen nachvollziehbar dokumentiert sein, d. h., insbesondere sollten die Eintragungen **zeitnah** (täglich) **in lückenloser Reihenfolge** und **sachlicher Richtigkeit**[4] erfolgen.
- Eintragungen sind nur nachvollziehbar, wenn sie aufgrund eines Beleges erstellt wurden. Daher darf **ohne Beleg kein Kassenbucheintrag** vorgenommen werden.[5]
- Die Aufzeichnungen sind in einer **lebenden Sprache** vorzunehmen. Ist dies eine andere als die deutsche, kann eine Übersetzung verlangt werden.
- Für ein leichteres Auffinden von Eintragungen im Kassenbuch müssen die Belege fortlaufend nummeriert und zusammen mit dem Kassenbuch **10 Jahre lang aufbewahrt** werden. Die Frist beginnt mit Ende des Kalenderjahres, in dem die Unter-

3 Ob jemand buchführungspflichtig ist, hängt von verschiedenen Kriterien ab
→ LF 6, Kap. 2.6

4 Eine Auszahlung ist **sachlich richtig**, wenn die hinter der dazugehörigen Rechnung stehende Lieferung genau wie in der Rechnung aufgeführt erbracht wurde. **Rechnerisch richtig** ist die Rechnung, wenn z. B. die Stückzahl und der Preis richtig multipliziert und der richtige Umsatzsteuerbetrag addiert wurden.

5 Zudem gilt seit 2020 die Bonpflicht, sodass jedem Kunden ein Kassenbon bereitgestellt werden muss.

lagen angefertigt wurden. Eine Aufbewahrung auf elektronischen Datenträgern ist möglich, sofern die Unterlagen jederzeit verfügbar gemacht werden können.
- Eintragungen müssen **dauerhaft lesbar** sein, d.h., sie dürfen nachträglich weder unkenntlich gemacht, gestrichen noch gelöscht werden. Korrekturen müssen so vorgenommen werden, dass der Originaleintrag weiterhin erkennbar bleibt.

Merke! Diese und weitere Regelungen im Rahmen der Buchführung bezeichnet man auch als **Grundsätze ordnungsgemäßer Buchführung (GOB)**.

1.1.6 Kassenbücher im privaten Bereich

Nicht nur in Unternehmen werden die täglich anfallenden Kauf- und Verkaufsvorgänge schriftlich dokumentiert, auch viele Privatpersonen führen ein **Kassenbuch**[1], das unter der Bezeichnung **Haushaltsbuch** oder **Einnahmen-Ausgaben-Rechnung** bekannt ist. In einem Haushaltsbuch werden meist für einen Monat das zur Verfügung stehende Einkommen und die getätigten Ausgaben für Lebensmittel, Kleidung, Miete oder andere Zahlungen vermerkt. Dies ermöglicht einen besseren Überblick über die finanzielle Situation. Ausgaben können auf der Basis langfristig geplant und unnötige Geldausgaben vermieden werden.

1 Das Girokonto ist grundsätzlich nichts anderes als ein **Kassenbuch**, da es die Zahlungseingänge als auch -abgänge in zeitlicher Reihenfolge erfasst und einen Saldo (Guthaben oder Überziehung) des Kontos ausweist.

Alles klar?

1 Benennen Sie die Informationen, die ein Kassenbuch dokumentiert.

2 Beschreiben Sie Geschäftsvorgänge, die zu Ein- oder Auszahlungen in der Kasse führen.

3 Erläutern Sie die Vorteile einer Kassenbuchführung.

4 Erklären Sie, weshalb der Bargeldbestand des Vortages als Einzahlung in das Kassenbuch eingetragen wird.

5 Erklären Sie den Zweck zum Führen einer Bargeldzählliste.

6 a) Nennen Sie die Rahmenbedingungen und Grundsätze, die bei der Führung eines Kassenbuches beachtet werden müssen.
b) Nennen Sie auch die gesetzlichen Grundlagen hierfür.

7 Begründen Sie den Grundsatz „Keine Eintragung ohne Beleg“.

8 Erläutern Sie den Unterschied zwischen Soll- und Istbestand und beschreiben Sie, wie beide Bestände ermittelt werden können.

9 Beschreiben Sie, wie Sie den täglichen Endbestand der Kasse ermitteln können.

10 Nennen Sie Gründe für Kassendifferenzen und erläutern Sie, wie diese vor Kassenabschluss behandelt werden.

11 Nennen Sie die Aufbewahrungsdauer der Unterlagen aus dem Kassenbereich.

12 Erläutern Sie die Begriffe Wertzufluss und -abfluss im Hinblick auf die täglichen Kassengeschäfte.

13 Begründen Sie, warum bei einem Geschäftsvorgang die Summe der Wertzuflüsse immer der Summe der Wertabflüsse entsprechen muss.

1.2 Einfache Wertströme im Beschaffungs- und Absatzbereich

LS 71 Wertpositionen im Unternehmen identifizieren

Beispiel Endlich ist Mittagszeit und Tanja Wagner aus der Buchhaltung steht bei Frau Brummer am Kiosk. „Sie sehen ein wenig erschöpft aus, die richtige Zeit für eine Stärkung“, meint Frau Brummer. Tanja Wagner seufzt und antwortet, dass zurzeit enorm viel in der Buchhaltung los sei, sich die Lieferanten- und Kundenrechnungen geradezu stapelten und sie mit der Buchführung gerade so hinterherkomme. „Oh ja, die liebe Buchführung, ...“, erwidert Frau Brummer, „... da kann ich glücklicherweise nicht so sehr klagen, denn der Aufwand hält sich bei mir in Grenzen ...“

1.2.1 Wodurch entstehen Wertströme in der Beschaffung?

Die *BE Partners KG* benötigt wie jedes andere Unternehmen unabhängig von seiner Branche oder Größe verschiedene **Ressourcen** zur betrieblichen Leistungserstellung, d. h. den Endprodukten und Dienstleistungen. Während *Frau Brummer* vor allem Lebensmittel für ihren Verkauf benötigt, sind dies bei der *BE Partners KG* u. a. verschiedene Papiersorten, Druckerfarbe, vorgefertigte Produkte zum Bedrucken oder diverse Werbeartikel.[1]

Die Beschaffung von Ressourcen führt zu Wertströmen im Unternehmen. Damit diese richtig dargestellt und zu einem späteren Zeitpunkt auch noch nachvollzogen werden können, müssen bei der buchhalterischen Dokumentation die einzelnen Ressourcen unterschieden werden.

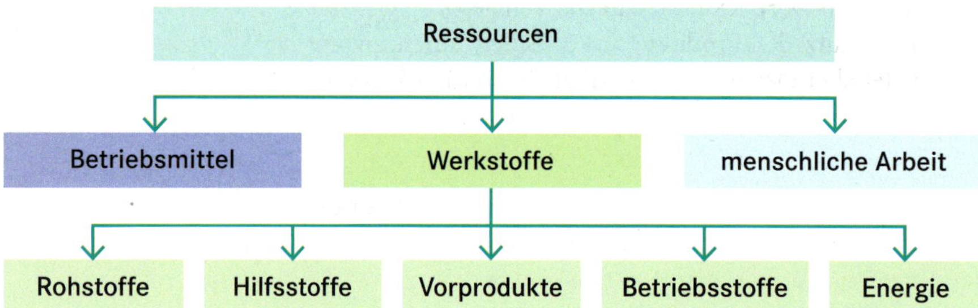

Zu den **Betriebsmitteln** zählen in erster Linie Produktionsanlagen wie Maschinen, Gabelstapler oder andere technische Geräte, die bei der Herstellung der Produkte und Dienstleistungen eingesetzt werden.

Werkstoffe fließen direkt oder indirekt in das hergestellte Endprodukt. Gehen Werkstoffe in das jeweilige Produkt ein, so werden sie nicht immer in ihrer ursprünglichen Form Bestandteil des Endprodukts, sondern werden ganz oder teilweise in ihrer Beschaffenheit verändert.

Rohstoffe sind der Hauptbestandteil eines Endprodukts, wobei für die Einstufung als Rohstoff nicht der Wert (Preis), sondern die tatsächlich benötigte Menge ausschlaggebend ist. Je nach Produktart wird eine unterschiedliche Anzahl von Rohstoffen gleichzeitig eingesetzt.

1 Die genannten Ressourcen bezeichnet man auch als **Elementarfaktoren** bzw. **betriebliche Produktionsfaktoren**.
→ FK 1, LF 1, Kap. 3.2.2
In der Buchführung werden Ressourcen und alles andere, das Wertströmen zugrunde liegt, auch als **Wertposition** bezeichnet.

Ein Produkt besteht selten nur aus Rohstoffen[1]. Meistens werden noch weitere Bestandteile oder Materialien benötigt, die aber nur eine geringe Menge des Endprodukts ausmachen. Diese bezeichnet man daher als **Hilfsstoffe**.[2]

Diese für ein Produkt wichtigen Roh- und Hilfsstoffe fließen direkt, d. h. unmittelbar, in das fertige Produkt ein. Zusätzlich zu den Werkstoffen setzt ein Unternehmen noch **Betriebsstoffe**[3] ein, die aber nicht Bestandteil des Produkts werden. Dazu zählen z. B. Benzin und mineralische oder synthetische Öle, die als Schmierstoffe eingesetzt werden. Sie werden von den verwendeten Betriebsmitteln (z. B. Maschinen) verbraucht und sind zum Betrieb der Anlagen notwendig oder stellen einen reibungslosen und störungsfreien Produktionsverlauf sicher.

Moderne Produktionsanlagen werden mit Strom oder Luftdruck betrieben, für dessen Erzeugung ebenfalls Strom benötigt wird. Dieser Betriebsstoff wird in der Buchführung häufig separat als **Energie**[4] bezeichnet.

Die Einteilung in Roh-, Hilfs- und Betriebsstoffe ist abhängig von der jeweiligen Branche und dem einzelnen Unternehmen. Papier ist bei der *BE Partners KG* ein Rohstoff, bei einem Automobilhersteller hingegen ein Betriebsstoff. Dort wird Papier hauptsächlich zur Dokumentation von Produktionsprozessen (z. B. Materialverbrauch, -bestellung) oder anderen Geschäftsprozessen (z. B. Kundenaufträge) verwendet. Somit trägt es zu einem reibungslosen Ablauf all dieser Prozesse bei.

Die wenigsten Unternehmen fertigen ihre Produkte komplett selbst. Stattdessen werden die Arbeitsschritte bis zum Endprodukt in aufeinanderfolgende Produktionsstufen aufgeteilt und diese von verschiedenen Unternehmen im In- und Ausland durchgeführt. In die Produktion fließen dann nicht Roh- und Hilfsstoffe ein, sondern bereits fertige Teilprodukte, sogenannte **Vorprodukte** oder **Fremdbauteile**[5].

Für den Transport zwischen einzelnen Produktionsstandorten oder zum Händler und Endkunden müssen die Erzeugnisse in **Verpackungsmaterial**[6] eingepackt werden. Dieses dient in erster Linie dem Schutz der Produkte vor Schäden durch äußere Einflüsse (z. B. Stoßen, Nässe); bietet aber gleichzeitig die Möglichkeit für Werbeaufdrucke.

Trotz Nutzung der digitalen und technischen Möglichkeiten für die Leistungserstellung bleibt die menschliche Arbeitskraft[7] die wichtigste Ressource. Diese kann für die Bedienung der Betriebsmittel (z. B. Druckmaschine) ebenso notwendig sein wie für die Erstellung von Dienstleistungen (z. B. Werbekonzept). In jedem Unternehmen müssen die drei Elementarfaktoren erfolgversprechend kombiniert werden. Das erfordert Leitung, Planung und Organisation. Diese Aufgaben gehören zu einem weiteren, dem **dispositiven Faktor**[8]. Dazu gehört auch die Beschaffung der nach wie vor wichtigsten Ressource, der **menschlichen Arbeitskraft**. Ein eigener Bereich im Unternehmen, Personalwirtschaft oder -management oder Human Ressource Management (HRM) ist damit beauftragt.[9]

Einsatz von Werkstoffen am Beispiel der Erstellung eines Werbeplakats bei der *BE Partners KG*:

1 Papier auf Rollen

2 Druckfarbe, Heftklammern, Klebemittel

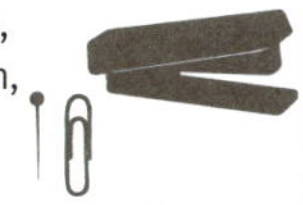

3 Öl, Schmiermittel, Benzin

4 Strom für die Druck- und Stanzmaschinen

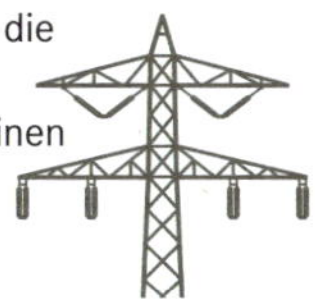

5 Plakataufsteller für das Werbeplakat im Außenbereich

6 Kartonagen, Verpackungsfolie

7 Arbeitskraft des Druckers, der die Druckvorlage anfertigt und die Maschinen bedient

8 dispositiver Faktor
→ FK 1, LF 1, Kap. 3.2.2

9 Personalplanung- und -beschaffung
→ LF 8, Kap. 3 und Kap. 4

Das Leistungsspektrum der *BE Partners KG* reicht von verschiedenen Dienstleistungen bis hin zu den unterschiedlichen Druckereierzeugnissen. Zusätzlich vertreibt sie auch Produkte anderer Unternehmen, sogenannte **Handelswaren**. Dabei handelt es sich um bereits absatzfähige Produkte, die mit geringfügiger oder ohne jegliche Anpassung weiterverkauft werden.

1.2.2 Wodurch entstehen Wertströme im Absatzbereich?

Je nach Branche fällt die Leistungserbringung der Unternehmen unterschiedlich aus. In der Werbeagentur der *BE Partners KG* ist es eine reine **Dienstleistung**[1]. In der Druckerei entstehen „richtige" (d. h. anfassbare) **Produkte**[2] aus Werkstoffen, die zuvor einen bestimmten Produktionsprozess durchlaufen haben. Produkte und Dienstleistungen sind **eigene Erzeugnisse** bzw. **Fertigerzeugnisse** und werden auch als Leistungen bezeichnet.

Unternehmen erweitern durch **Handelswaren**[3] ihr bestehendes Sortiment. Nach der Beschaffung dieser Waren können sie unverändert oder mit geringfügigen Veränderungen weiterverkauft werden.[4]

Leistungsspektrum bei der *BE Partners KG*:

1 **Dienstleistungen**, z. B. Konzeption einer Marketing-Maßnahme, Gestaltung eines neuen Internetauftritts

2 **Produkte**, z. B. Prospekte, Werbeflyer

3 **Handelswaren**, z. B. Flaschenöffner mit individuellem Werbeaufdruck

4 Sortimentspolitik → LF 5, Kap. 5.1.3

1.2.3 Die Bezahlung von Beschaffungs- und Absatzvorgängen

Die Absatzgeschäfte am Verkaufskiosk wickelt *Frau Brummer* größtenteils bar ab. Bei den umfangreichen Beschaffungs- und Absatzvorgängen der *BE Partners KG* ist eine Barzahlung unüblich. Stattdessen werden Rechnungen bis zum Zahlungsziel[5] durch eine SEPA-Überweisung[6] beglichen.

Die *BE Partners KG* gewährt ihren Kunden eine Zahlungsfrist und erhält von ihnen hierfür ein **Zahlungsversprechen (Wertzufluss)**. Bis zum Eingang des Rechnungsbetrages hat die *BE Partners KG* eine **Geldforderung** an diese Kunden[7] und vertraut darauf, dass sie ihr Zahlungsversprechen vor Ablauf der Zahlungsfrist einlösen. Aus diesem Grund bezeichnet man ein solches Zahlungsversprechen auch als **Forderung aus Lieferung und Leistung** (kurz: **Forderung LuL**). Bei Bezahlung erlischt die Forderung LuL an den Kunden in Form eines Werteabflusses. Er nimmt sein Zahlungsversprechen zurück und leistet stattdessen die Zahlung.

Ähnlich verhält es sich bei Beschaffungsvorgängen der *BE Partners KG*. In diesem Fall erhält der Lieferant ein **Zahlungsversprechen (Wertabfluss)**. Bis zur Bezahlung hat die *BE Partners KG* eine **Schuld** gegenüber dem Lieferanten[8], die man auch als **Verbindlichkeit aus Lieferung und Leistung** (kurz: **Verbindlichkeit LuL**) bezeichnet. Bei Bezahlung der Lieferantenrechnung nimmt die *BE Partners KG* ihr Zahlungsversprechen (Verbindlichkeit) zurück. Die Verbindlichkeit erlischt.

5 **Zahlungsziel:** Ende der Frist zur Bezahlung der gekauften Leistung. Man nennt das auch „Kauf auf Ziel".

6 SEPA-Überweisung → FK 1, LF 4, Kap. 8.2.3

7 Man bezeichnet den Kunden daher auch als **Debitor** (Schuldner) der Geldforderung. debere: (lat.), schulden

8 Den Lieferanten bezeichnet man auch als **Kreditor**. credere: (lat.), anvertrauen, glauben

Merke! **Forderung LuL = Zahlungsversprechen** des **Kunden,** bis zu einem bestimmten Zeitpunkt die offene Rechnung zu bezahlen.
Verbindlichkeit LuL = Zahlungsversprechen gegenüber dem **Lieferanten,** eine offene Rechnung bis zu einem bestimmten Zeitpunkt zu bezahlen.

Neben der Überweisung des Rechnungsausgleichs ist die **Girocard-Zahlung**[9] eine weitere Form der bargeldlosen Zahlung. Hierbei lassen sich zwei Varianten aus Kundensicht unterscheiden:

- Der Kunde quittiert mit seiner Unterschrift auf dem Kassenbon die Richtigkeit des Zahlungsbetrages und ermächtigt damit den Händler, den Geldbetrag von seinem Girokonto mittels Lastschrift abzubuchen. Bis dahin hat der Händler eine Forderung an den Kunden, die auf der Wertposition **Forderungen LuL** verbucht wird. Für den Händler besteht das Risiko, dass das Konto des Kunden keine ausreichende Deckung hat und die Forderung somit nicht beglichen werden kann. Mit der Girocard werden die Kontodaten des Kunden in das System des Händlers übertragen.

9 Zahlung mit der **Girocard** → FK 1, LF 4, Kap. 8.2.3

- Gibt der Kunde bei Bezahlung mit seiner Girocard die persönliche Geheimnummer (PIN) in das Zahlungsgerät ein, erhält der Händler sofort eine Zahlungszusage und damit die Garantie, den Geldbetrag zu erhalten. Bis zum endgültigen Zahlungseingang hat auch hier der Händler eine Forderung an den Kunden.

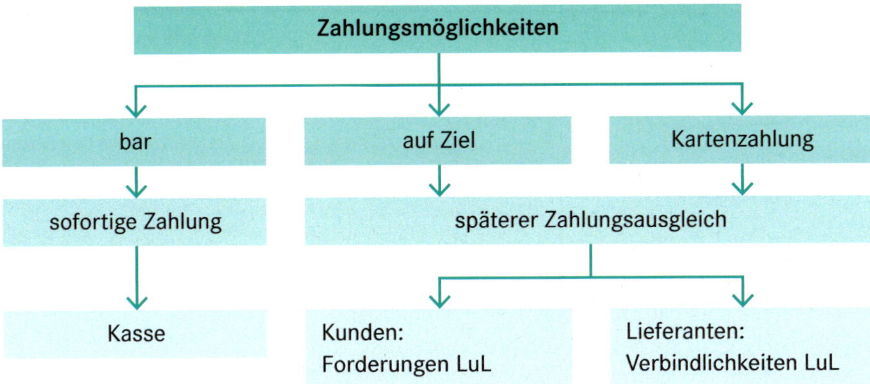

1.2.4 Wie lassen sich Wertströme darstellen?

Frau Brummer hat es ziemlich einfach, denn sie dokumentiert ihre täglichen Absatz- und Beschaffungsvorgänge hauptsächlich im Kassenbuch als Wertzufluss oder -abfluss.[1] Bei der *BE Partners KG* sind diese Vorgänge vielfältiger und finden in größerem Umfang statt, so dass ein Kassenbuch allein nicht mehr genügt.

Beispiel Die Drogerie AG in Wuppertal bestellte bei der BE Partners KG mehrere Werbeplakate und Flyer auf Hochglanzpapier für eine ihrer neuen Filialen. Das hierfür notwendige Spezialpapier bestellte die BE Partners KG bei der Bergischen Papierkontor GmbH in Wuppertal. Es wurde gestern Vormittag geliefert. Den Rechnungsbetrag in Höhe von 675,00 € erhält der Lieferant sofort gegen Quittung bar bezahlt.[2] Das Spezialpapier wird nach Erhalt der Lieferung bei der BE Partners KG eingelagert und verbleibt im Lager, bis es benötigt wird.

Bei dem gelieferten Papier handelt es sich um Rohstoffe[3], die als Vorrat zunächst eingelagert werden. Der Lagerbestand an **Rohstoffen** erhöht sich durch diesen **Wertzufluss** um 675,00 €. Die sofortige Bezahlung der Lieferantenrechnung entspricht dem dazugehörigen **Wertabfluss** aus der **Kasse** in Höhe von 675,00 €. Die beiden Wertströme können grafisch folgendermaßen veranschaulicht werden:[4]

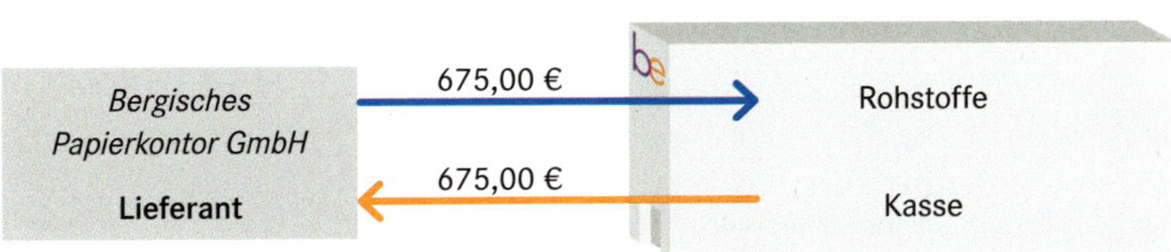

Beispiel Die Drogerie AG in Wuppertal erhält die in Auftrag gegebenen Werbeplakate und Flyer. Für diesen Auftrag berechnet die BE Partners KG insgesamt 960,00 €, die der Kunde direkt bei Auslieferung bar bezahlt.

1 Aufgrund von Art und Umfang ihrer Geschäftstätigkeit erstellt *Frau Brummer* zusätzlich noch eine sogenannte Einnahmen-Überschuss-Rechnung zur Gewinnermittlung.
→ LF 6, Kap. 4.2

2 Aus Vereinfachungsgründen wird auf die Erfassung der Umsatzsteuer in diesem Kapitel verzichtet und nach der Bruttobuchungsmethode vorgegangen.
Verbuchung der Umsatzsteuer
→ LF 6, Kap. 3.1

3 weitere Arten von Ressourcen
→ LF 6, Kap. 1.2.1

4 Der Wertzufluss wird durch einen blauen Pfeil symbolisiert, der vom Lieferanten zur *BE Partners KG* verläuft. Er symbolisiert den Weg der gelieferten Güter in Höhe ihres Warenwertes. Der orangefarbene Pfeil (Wertabfluss) verläuft von der *BE Partners KG* zum Lieferanten und verdeutlicht die geleistete Bezahlung.

Die Übergabe der erbrachten Unternehmensleistung (sogenannte **eigene Erzeugnisse**) führt zu einem **Wertabfluss**. Der Wert dieses Abflusses entspricht dem **Umsatz**[1] für diese eigenen Erzeugnisse. Man bezeichnet ihn daher auch als **Umsatzerlöse für eigene Erzeugnisse**. Die Gegenleistung des Kunden in gleicher Höhe erfolgt durch die sofortige Barzahlung und ist damit der **Wertzufluss** für das Unternehmen, der die **Kasse** entsprechend verändert.[2]

1 **Umsatz** = Menge · Preis

2 Der Wertabfluss in Form des orangefarbenen Pfeils verdeutlicht die Abgabe der eigenen Erzeugnisse an den Kunden. Die Bezahlung wird als Wertzufluss durch den blauen Pfeil dargestellt.

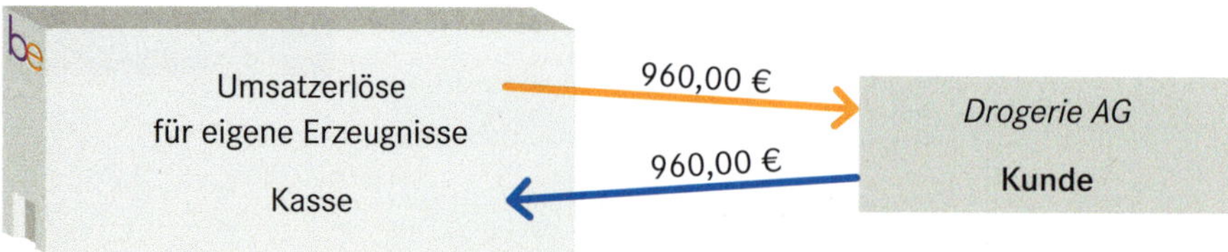

Merke! Wertströme lassen sich durch Pfeile darstellen und zeigen die **Beziehungen** zwischen den einzelnen **Geschäftspartnern**. Sie geben Auskunft darüber, **wer von wem und in welcher Höhe etwas erhält**. Die (betragsmäßigen) Summen der Wertzuflüsse und der -abflüsse müssen übereinstimmen.
Das, was den Wertströmen zugrunde liegt, z. B. Ressourcen, Zahlungsmittel oder sonstige Leistungen, wird als **Wertposition** (auch: Konto) bezeichnet.

1.2.5 Belege als Grundlage für Wertströme

Bei der *BE Partners KG* findet täglich eine Vielzahl an Beschaffungs-, Absatz- und sonstigen wirtschaftlichen Aktivitäten statt. Um hier auch zu einem späteren Zeitpunkt noch den Überblick zu behalten, wird jeder dieser Geschäftsvorgänge durch einen Beleg[3] nachvollziehbar und inhaltlich dokumentiert. Die Fülle dieser Belege lässt sich dabei nach verschiedenen Kriterien einteilen:

3 **Beleg:** Dokument, das einen Geschäftsvorgang im Unternehmen wiedergibt.

- Belege nach **Herkunft** und **Aussteller**

Eigenbelege werden von der *BE Partners KG* selbst erstellt und dokumentieren Absatzgeschäfte oder interne Vorgänge.	**Beispiele:** Ausgangsrechnungen[4], Gutschriften für Kunden, interne Umbuchungsbelege
Fremdbelege werden von anderen Unternehmen erstellt und treten besonders bei Beschaffungsvorgängen auf.	**Beispiele:** Eingangsrechnungen[5], erhaltene Lieferscheine, Quittungen über den Erwerb von Postwertzeichen

4 **Ausgangsrechnung:** Rechnung an einen Kunden

5 **Eingangsrechnung:** Rechnung von einem Lieferanten

- Belege nach **Anzahl** der dokumentierten Vorgänge

Einzelbelege dokumentieren jeweils nur einen einzelnen wirtschaftlichen Vorgang.	**Beispiele:** Ausgangsrechnung an einen Kunden, Einzahlungsbeleg auf das Girokonto der *BE Partners KG*, Lieferschein eines Lieferanten
Sammelbelege fassen mehrere gleichartige Vorgänge zusammen und reduzieren damit den Arbeitsaufwand beim Verbuchen in der EDV.	**Beispiel:** Sammelüberweisungen der Mitarbeiterentgelte

– Belege nach **Zweck**

Natürliche Belege dokumentieren reale Vorgänge bei der Beschaffung oder dem Absatz von Produkten, bei Zahlungsvorgängen usw.	**Beispiele:** Rechnungen, Kontoauszüge, Quittungen, Lieferscheine
Künstliche Belege entstehen immer dann, wenn kein natürlicher Beleg vorhanden ist, aber der wirtschaftliche Vorgang dennoch dokumentiert werden muss. Dabei handelt es sich meist um interne Vorgänge.	**Beispiele:** Korrekturbeleg bei einer Kassendifferenz oder einer nicht mehr einzubringenden Kundenforderung, Beleg für eine Materialentnahme aus dem Lager

Merke! Ein **Geschäftsvorgang** (auch: **Geschäftsfall**) beschreibt einen wirtschaftlichen Vorgang, der durch Belege dokumentiert und mit Wertströmen dargestellt wird.

Für die Buchführung sind Belege wichtig, da sie die wirtschaftlichen Veränderungen im Unternehmen dokumentieren. Eigene Belege müssen deshalb sorgfältig erstellt und extern erhaltene Belege auf ihre Richtigkeit hin überprüft werden.

Eingehende Belege werden bei der *BE Partners KG* zunächst **sachlich**[1] dahingehend geprüft, ob das Unternehmen auch der Empfänger ist. Weiter werden die Daten einer Bestellung mit denen der Lieferung und Rechnungsstellung (z. B. Typ, Farbe, Menge, Qualität der Ware, Preis usw.) verglichen. Ist der Beleg **sachlich in Ordnung**, wird er **rechnerisch**[2] überprüft. Auf diese Weise lässt sich feststellen, ob Rechenfehler z. B. bei der Gesamtmenge oder der berechneten Umsatzsteuer gemacht wurden.

1 Prüfung der sachlichen Richtigkeit

2 Prüfung der rechnerischen Richtigkeit

Nach der sachlichen und rechnerischen Überprüfung kann der Beleg für die Verbuchung vorbereitet werden. Das bezeichnet man als **Vorkontierung** und meint damit, dass die relevanten Wertpositionen sowie die dazugehörigen Beträge auf dem Beleg vermerkt werden. Um diese Routinevorgänge zügig durchzuführen, werden **Kontierungsstempel** verwendet. Sie können je nach Unternehmen unterschiedlich aussehen, fassen aber immer die wichtigsten Beleginformationen zusammen. Die Belege können damit einfacher und rationeller in den EDV-Systemen erfasst werden und es werden dabei auch weniger Fehler gemacht.

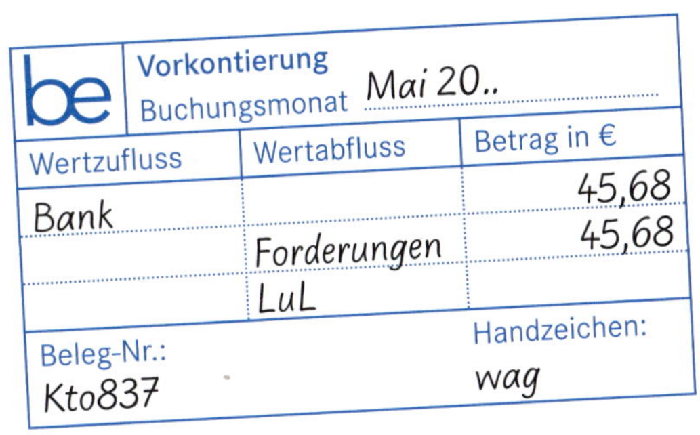

Letztlich werden die verbuchten Belege entweder in Papierform oder nach dem Scannen in elektronischer Form nach den gesetzlichen Vorgaben archiviert.[3]

3 Archivierung
→ LF 6, Kap. 2.5

1.2.6 Vom Beleg zur Darstellung von Wertströmen

In der Buchhaltung der *BE Partners KG* fällt täglich eine Vielzahl unterschiedlicher Belege an. Jeder dieser Belege beschreibt einen realen Geschäftsvorgang und dokumentiert die zugrunde liegenden Wertströme. Aus dieser Belegvielfalt ist im Folgenden eine kleine Auswahl abgedruckt.

Deutsche Post AG
53119 Bonn
829183748 15.10.20XX

7027
Postwertzeichen ohne Zuschlag
*0,80 EUR 50St. 40,00 EUR A
*1,55 EUR 100St. 155,00 EUR A

Bruttoumsatzsumme *195,00 EUR
umsatzsteuerbefreit A
Nettoumsatzsumme A *195,00 EUR

Vielen Dank für Ihren Besuch.
Ihre Deutsche Post AG

Beleg 1

Empfangsbescheinigung
für Barauszahlung vom eigenen Konto

Bonner Sta

Mit Ihrer Unterschrift bestätigen Sie, den unten maschinell abgedruckten Betrag zur Auszahlung vom bezeichneten Konto erhalten zu haben.

Unterschrift: E. Bernle

Datum	Konto-Nr.	Mehrzweckfeld	Konto-Inhaber	Betrag EUR
17.11.20XX 13:35:02	DE90 3705 0198 0900 5218 66	51 938A	BE Partners KG	***750,00 EUR

Beleg 2

Kontoinhaber	Kontonummer	IBAN	SWIFT – BIC	erstellt am	Auszugs-Nr.	Blatt
BE Partners KG	900521866	DE44 1079 4561 0900 5218 66	SBBODEU5XXX	16.10.20XX	88	1

Bonner Stadtbank

Bu-Tag	Wert	Vorgang	Soll	Haben
		alter Kontostand:		**39.838,00 €**
16.10.	16.10.	GUTSCHRIFT Beska GmbH DE2510050000-6603XXXXXX / BELADEBEXXX SVWZ+Re-Nr. 38947/2 KD.NR. 29187		3.034,50 €
16.10.	16.10.	FOLGELASTSCHRIFT Securita Versicherung DE02370800400980295200 DRESDEFF370 SVWZ+Vers.Nr. 2921837 Brandschutz	8.540,00 €	
		neuer Kontostand:		**34.332,50 €**

Beleg 3

Empfangsbescheinigung
für Bareinzahlung auf eigenes Konto

Sie bestätigen hiermit, den unten maschinell abgedruckten Betrag zur Einzahlung auf das bezeichnete Konto gegeben zu haben.

Unterschrift: E. Bernle

Datum	IBAN	Mehrzweckfeld	Konto-Inhaber	Betrag EUR
16.12.20XX 15:35:02	DE90 3705 0198 0900 5218 66	51 749E	BE Partners KG	*1.200,00 EUR

Beleg 4

Zu welchen Wertveränderungen führen diese Belege bei der *BE Partners KG*?

Beleg 1: Die gekauften Postwertzeichen führen zu einem Wertzufluss in Höhe von 195,00 €. Die sofortige Barzahlung stellt einen Wertabfluss aus der Kasse an die Deutsche Post AG dar.

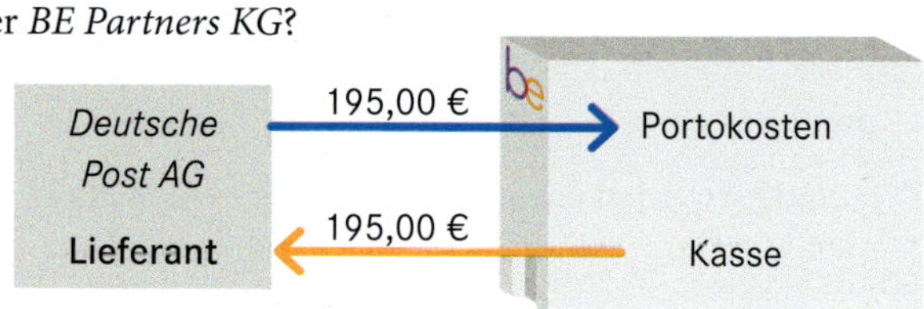

Beleg 2: Dieser Bankbeleg dokumentiert eine Barauszahlung vom Geschäftskonto der *BE Partners KG*. Das abgehobene Bargeld in Höhe von 750,00 € stellt einen Wertzufluss in der Kasse dar und in gleicher Höhe einen Wertabfluss vom Girokonto (Bank).

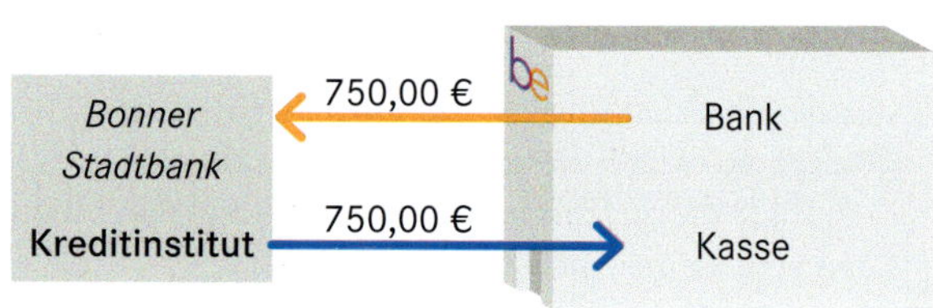

Beleg 3: Der abgebildete Kontoauszug zeigt zwei unterschiedliche Buchungsvorgänge auf dem Girokonto.

Bei dem ersten Eintrag handelt es sich um eine Gutschrift für die *BE Partners KG*. Ein Kunde hat seine noch offene Rechnung über 3.034,50 € überwiesen (Wertzufluss). Die dadurch erloschene Forderung LuL (Erlöschen bzw. Rücknahme des Zahlungsversprechens) stellt den Wertabfluss dar.

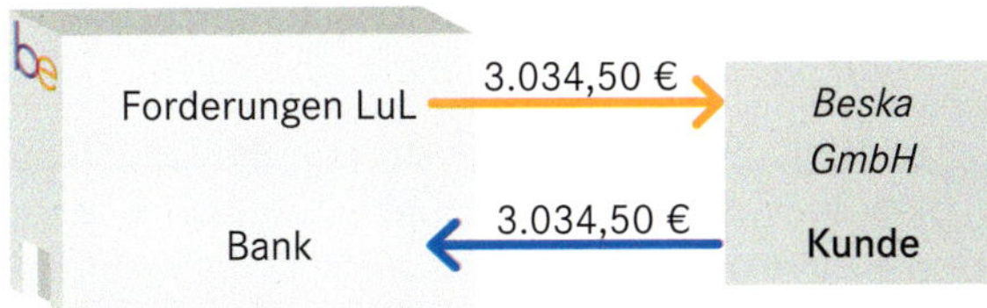

Der zweite Vorgang betrifft die Prämie für eine Brandschutzversicherung, die die *BE Partners KG* an die Securita Versicherung AG gezahlt hat. Der Wertabfluss in Höhe von 8.540,00 € findet auf dem Girokonto statt. Der erhaltene Versicherungsschutz wird als Wertzufluss auf der gleichnamigen Wertposition erfasst.

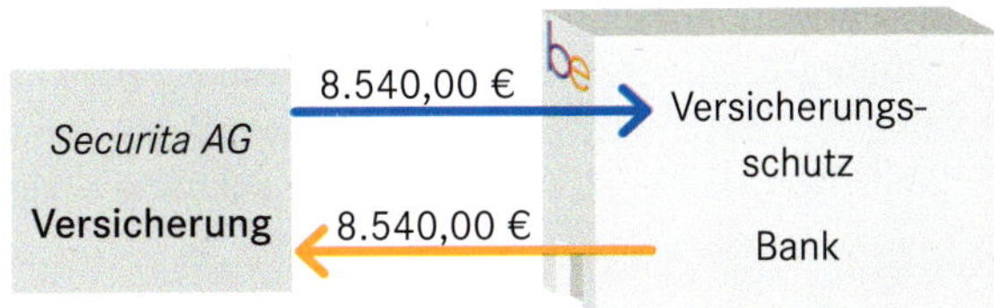

Beleg 4: Auf das Geschäftskonto wurde eine Bareinzahlung in Höhe von 1.200,00 € vorgenommen, die zu einem Wertzufluss auf dem Girokonto führt. Das dazu aus der Kasse entnommene Bargeld führt dort zu einem Wertabfluss in gleicher Höhe.

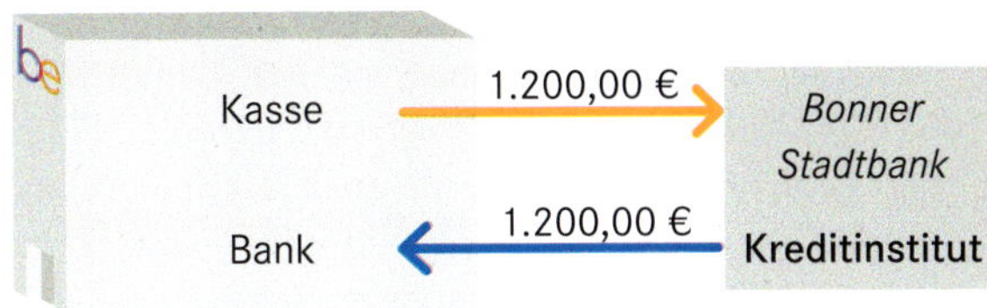

Alles klar?

1. Erläutern Sie anhand eines geeigneten Beispiels die beiden Begriffe Wertzufluss und Wertabfluss.
2. Unterscheiden Sie Roh-, Hilfs-, Betriebsstoffe und Vorprodukte voneinander.
3. Finden Sie Beispiele für Rohstoffe und Vorprodukte bei der *BE Partners KG* und Ihrem Ausbildungsunternehmen.
4. Beschreiben Sie, was man unter Werkstoffen versteht.
5. Erläutern Sie, was unter Handelsware zu verstehen ist, und finden Sie geeignete Beispiele bei der *BE Partners KG* und in Ihrem Ausbildungsunternehmen.
6. Begründen Sie, weshalb Unternehmen Handelsware anbieten.
7. Das Sortiment von Unternehmen besteht meist aus eigenen Erzeugnissen und Handelsware. Unterscheiden Sie beide Arten voneinander.
8. Erläutern Sie den Begriff Forderungen aus Lieferungen und Leistungen.
9. Erläutern Sie den Begriff Verbindlichkeiten aus Lieferungen und Leistungen.
10. Erläutern Sie, was es bedeutet, eine Lieferung auf Ziel einzukaufen.
11. Nennen Sie verschiedene Formen der Bezahlung, die die *BE Partners KG* ihren Kunden grundsätzlich anbieten kann.
12. Finden Sie zu den einzelnen Zahlungsformen aus Frage 11 jeweils zwei Vor- und Nachteile aus Sicht der *BE Partners KG*.
13. Die *BE Partners KG* gewährt ihren Kunden eine Zahlungsfrist. Nennen Sie mögliche Nachteile.

1.3 Wertströme fließen im gesamten Unternehmen

Der Zweck der *BE Partners KG* wie auch jedes anderen Unternehmens ist es, durch den Einsatz betrieblicher **Ressourcen**[1] verschiedene Waren und Dienstleistungen bereitzustellen und auf dem Absatzmarkt anzubieten.

Vor Beginn der Leistungserstellung müssen Produktionsräume geschaffen und die notwendigen Maschinen (= Betriebsmittel) angeschafft werden. Die *BE Partners KG* muss geeignete Mitarbeiter einstellen, die die einzelnen Produktionsschritte durchführen und überwachen können. Diese Geschäftsvorgänge wie auch der Absatz fertiger Erzeugnisse führen dann zu verschiedenen Wertströmen, z. B. in Form von Kundenzahlungen oder Zahlungen an Lieferanten. Hier hat die Buchhaltung nicht nur die Aufgabe, diese Wertströme zu dokumentieren, sondern sie muss diese auch steuern und überwachen. Treten kurzfristig Zahlungsmittelengpässe auf, so müssen diese z. B. durch Bankkredite überbrückt werden.

Die Geschäftsvorgänge zur Versorgung eines Unternehmens mit den notwendigen Ressourcen und finanziellen Mitteln sind umfangreich und führen dazu, dass sie aus Sicht der Buchführung verschiedenen Unternehmensbereichen gezielt zugewiesen werden. Alle Geschäftsvorgänge (Wertströme), die die Ausstattung des Unternehmens betreffen, werden im Unternehmensbereich **Anlage-** und **Vorratsvermögen** zusammengefasst. Die vielfältigen Zahlungsvorgänge werden im **Zahlungs-** und **Finanzmittelbereich** erfasst. Im **Leistungsbereich** werden alle Vorgänge, die die Leistungserstellung (Produktion) betreffen, erfasst. Diese drei Unternehmensbereiche mit den jeweiligen Wertströmen werden in den folgenden Abschnitten näher betrachtet.

LS 72 Wertströme im Unternehmen erkennen und dokumentieren

1 **Ressourcen:** Betriebsmittel, Werkstoffe, menschliche Arbeitskraft → FK 1, LF 1, Kap. 3.2.2; LF 6, Kap. 1.2.1

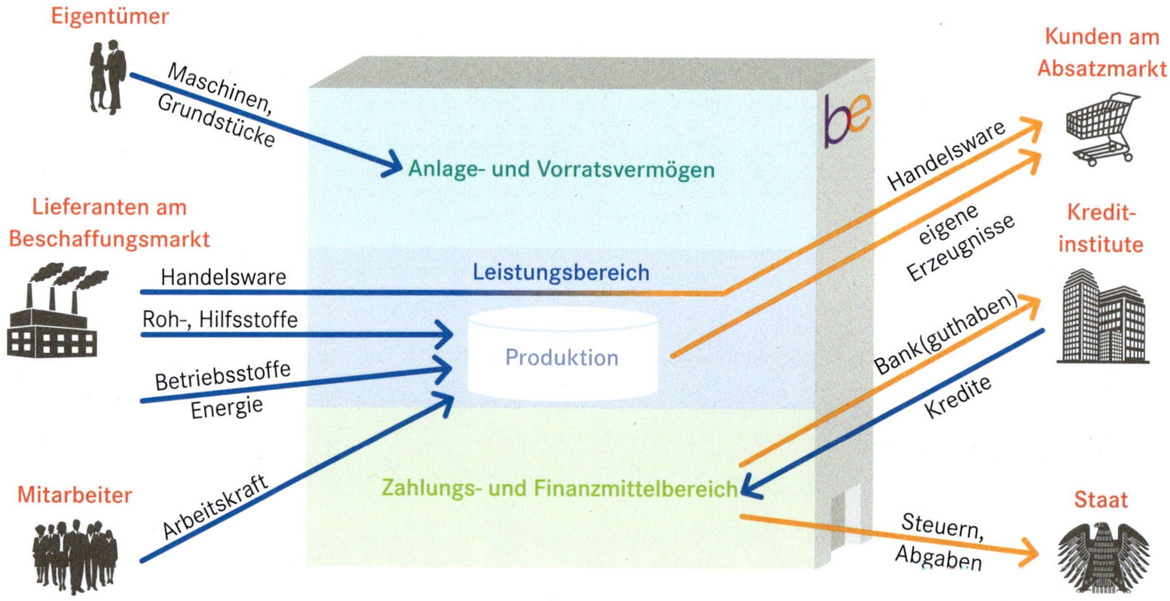

1.3.1 Das Anlage- und Vorratsvermögen

Jedes Unternehmen benötigt eine gewisse Ausstattung an Gebäuden und Maschinen, unabhängig davon, was es herstellt: das sogenannte **Anlagevermögen**. Im Fall der *BE Partners KG* sind das z. B. die Räumlichkeiten für die Werbeagentur oder die Druckmaschinen. Daneben verfügt jedes Unternehmen aber auch über eine bestimmte **technische Ausstattung**. Das können einfache Büromaschinen (z. B. Computer, Kopier- und Faxgerät) oder komplexe Produktionsanlagen sein.

Das **Anlagevermögen** steht dem Unternehmen längerfristig zur Verfügung und kann während dieser ganzen Zeit eingesetzt werden. In den beiden Sparten der *BE Partners KG* gehören hierzu u. a.:

Bereich Druckerei	Bereich Werbeagentur
- betriebseigenes Lager- und Produktionsgebäude - Regalsysteme und Transportmittel (Gabelstapler und Hubwagen) im Lagerbereich - Druckmaschinen für verschiedene Druckverfahren - Maschinen für Falt- und Bindearbeiten fertiger Druckerzeugnisse, Stanzmaschinen - Verpackungsmaschinen	- betriebseigenes Verwaltungsgebäude, in dem die einzelnen Abteilungen untergebracht sind - Ausstattung der jeweiligen Büros mit Schreibtischen, Stühlen, Aktenschränken, ... - technische Ausstattung mit professionellen Computerarbeitsplätzen - spezielle Softwareprogramme zur Gestaltung und Konzeption von Werbeflyern und anderen Druckmedien

In der Buchhaltung wird für jeden dieser Vermögenswerte eine eigene Wertposition verwendet, die mit festgelegten Bezeichnungen benannt wird: Grundstücke und Gebäude, Büromaschinen, Betriebs- und Geschäftsausstattung oder technische Anlagen. Diese Festlegung hat den Vorteil, dass jeder genau weiß, was sich hinter einer bestimmten Wertposition verbirgt.

Genauso wichtig wie das **Anlagevermögen** sind die verschiedenen Ressourcen, aus denen die Endprodukte gefertigt werden.[1] Bei der *BE Partners KG* sind dies u. a. Rohstoffe (z. B. Druckpapier), Verpackungsmaterial oder Betriebsstoffe (Öl). Diese Materialien werden bei der Produktion verbraucht. Bis dies jedoch soweit ist, werden sie im Lager als Vorrat aufbewahrt und daher auch als **Vorratsvermögen**[2] bezeichnet. Auch für das Vorratsvermögen gibt es verschiedene festgelegte Wertpositionen, wie z. B. Rohstoffe, Verpackungsmaterial oder Hilfsstoffe. Das Vorratsvermögen steht dem Unternehmen nur kurzfristig bis zum Verbrauch zur Verfügung und kann auch nur einmalig eingesetzt werden.

1 Ressourcen
→ LF 6, Kap. 1.2.1

2 Da sich das gesamte Vorratsvermögen ständig verändert, man sagt: „in Umlauf befindet", wird es auch als **Umlaufvermögen** bezeichnet. Zum Umlaufvermögen gehören auch noch bereits fertig und halbfertig hergestellte Produkte.

Anlage- und Vorratsvermögen

Maschinen	Rohstoffe
Grundstücke	Vorprodukte
Gebäude	Betriebsstoffe
Betriebs- und Geschäftsausstattung	Verpackungsmaterial
Fuhrpark	Hilfsstoffe
...	...

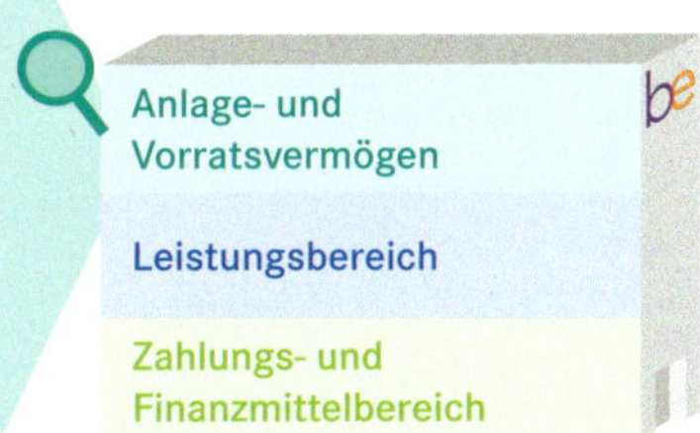

Nur durch den Einsatz von Anlage- und Vorratsvermögen können Unternehmen überhaupt die gewünschten Leistungen bereitstellen. Seine Existenz ist eine Grundvoraussetzung für jede betriebliche Tätigkeit im Unternehmen. Da das Anlage- und Vorratsvermögen dem Unternehmen für einen bestimmten Zeitraum zur Verfügung steht, kann jederzeit festgestellt werden, welche Wertpositionen in welcher Höhe vorhanden sind. Jede dieser Wertpositionen weist einen **Bestand** auf, ähnlich dem Kassenbestand beim Kassenbuch. Die Wertpositionen des **Anlage-** und **Vorratsvermögens** bezeichnet man deshalb als **Bestandskonten.** Da es sich dabei um **Vermögenspositionen** der *BE Partners KG* handelt, spricht man auch von **aktiven Bestandskonten** oder kurz **Aktivkonten.**

1.3.2 Der Leistungsbereich

Die *BE Partners KG* existiert, um bestimmte Produkte und Dienstleistungen bereitzustellen und durch deren Verkauf Geld zu verdienen. Diese Kernaufgabe des Unternehmens findet im **Leistungsbereich** statt. Neben den rein technischen Prozessen zur Herstellung der Endprodukte gehören auch die Bereitstellung der Produktionsressourcen und die der Herstellung nachgelagerte Bereitstellung der fertigen Erzeugnisse für den Absatzmarkt zum Leistungsbereich. Der Leistungsbereich des Unternehmens wird daher in die Teilbereiche **Input**[1], **Produktion** und **Output** unterteilt.

1 **Input** = Ressourcen

Die für die Produktion notwendigen Ressourcen werden dem Leistungsbereich durch die Lagerabteilung und damit aus dem Vorratsvermögen zur Verfügung gestellt. Dieser Input stellt einen innerbetrieblichen **Wertzufluss** in den Leistungsbereich dar. Man nennt diese Wertströme auch **Aufwendungen** und dokumentiert sie auf **Aufwandskonten**[2], da sie im Rahmen der Produktion verbraucht, also aufgewendet werden.

2 **Aufwand**
= Verbrauch von Ressourcen
= Input im Leistungsprozess
= Wertzufluss zum Leistungsprozess

Immer wenn Waren beschafft und ohne Zwischenlagerung direkt in der Produktion verwendet werden, spricht man vom **Just-in-time-Verfahren**[3] bzw. von der **fertigungssynchronen** (auch: **aufwandsorientierten**) Beschaffung. Hierbei lässt die *BE Partners KG* die notwendigen Materialien genau dann liefern, wenn sie im Leistungsbereich benötigt werden.

3 Durch eine Just-in-time-Anlieferung verschmelzen die Beschaffung von Ressourcen und deren Einsatz (Verbrauch) im Leistungsbereich des Unternehmens.

Beispiel In der Druckerei sollen Lagerkosten durch das aufwandsorientierte Beschaffungsverfahren eingespart werden. Daher wurde das für einen Großauftrag benötigte Normpapier im Wert von 2.922,22 € so bestellt, dass es pünktlich zum Andruck in der Druckerei der BE Partners KG angeliefert wird.
Nach der Wareneingangskontrolle[4] werden die Rohstoffe direkt in die Druckerei gegeben und können sofort im laufenden Produktionsprozess eingesetzt werden.

4 Wareneingangskontrolle
→ FK 1, LF 4, Kap. 6.1

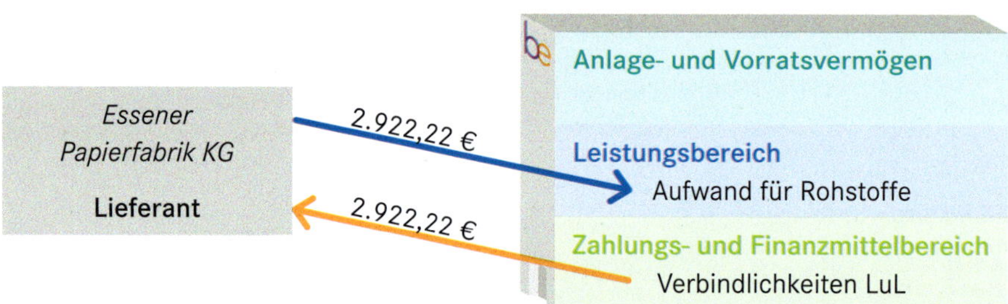

Den Einsatz des Just-in-time-Verfahrens muss die *BE Partners KG* genau abwägen:

Vorteile, z. B.:	Nachteile, z. B.:
- Vorräte, die nur selten benötigt werden, werden nicht mehr auf Lager genommen, sondern nur bei tatsächlichem Bedarf bestellt. - Für die Produktion wird nur so viel bestellt, wie auch verbraucht wird. So wird nicht nur Lagerplatz eingespart, sondern auch das Wegwerfen von (verderblichen) Waren vermieden. - Durch ein verkleinertes oder weggefallenes Lager können ganz oder teilweise Kosten für Personal oder die Unterhaltung des Lagers eingespart werden.	- Spontane oder kurzfristige Kundenaufträge können u. U. wegen fehlender Lagervorräte nicht angenommen werden. - Der Produktionsfluss ist störanfälliger, wenn dringende Lieferungen z. B. aufgrund von Streiks, längeren Verkehrswegen oder Unzuverlässigkeit des Lieferanten ausbleiben. - Stärkere Abhängigkeit von Lieferanten, die ihre Macht nachteilig ausüben können (z. B. durch Preiserhöhungen).

Durch den Produktionsprozess entsteht der **Output**, der verkaufsbereit ist und am Markt angeboten werden kann. Beim Output kann es sich um Produkte (z. B. Druckerzeugnisse, Flyer) oder um Dienstleistungen (z. B. eine konzipierte Website, ein Werbekonzept) handeln.

Zum Sortiment der *BE Partners KG* gehören außerdem zugekaufte Handelswaren. Obwohl diese nicht selbst produziert werden, können sie dennoch als Output des Leistungsbereichs betrachtet werden. Handelsware durchläuft bei einem Unternehmen immerhin einen Teil der Prozesse des Leistungsbereichs: Sie wird ausgepackt, mit Preisen ausgezeichnet und auf Lager genommen bzw. in die Verkaufsregale geräumt, bevor sie weiterverkauft wird.

Die absatzfähigen Produkte und Dienstleistungen (Output) stellen bei ihrem Verkauf einen **Wertabfluss** aus dem Leistungsbereich dar. Um diesen in der Buchhaltung erfassen zu können, muss der mengenmäßige Output mit dem jeweiligen Verkaufspreis bewertet werden. Der so ermittelte **Umsatz**[1] wird auch als **(Umsatz-)Erlös** bzw. **Ertrag**[2] bezeichnet. Die *BE Partners KG* kann grundsätzlich Erträge aus dem Verkauf von eigenen Erzeugnissen oder aus dem Verkauf von Handelsware erwirtschaften. Diese beiden Wertpositionen bezeichnet man als **Ertragskonten.**

1 **Umsatz** =
Absatzmenge · Preis

2 **Ertrag**
= hergestellte Leistung
= Output des Leistungsprozesses
= Wertabfluss aus dem Leistungsprozess

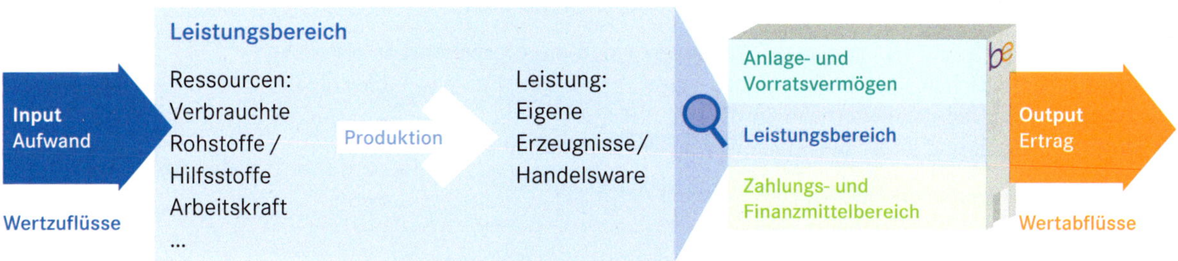

1.3.3 Der Zahlungs- und Finanzmittelbereich

Neben dem Leistungsbereich als Motor der betrieblichen Tätigkeit ist der Bereich der Zahlungs- und Finanzmittel ein weiterer wichtiger Unternehmensbereich. Hier werden die finanziellen Mittel abgebildet, über die die *BE Partners KG* verfügt. Dazu zählen **Zahlungsmittel** wie der Bargeldbestand (Kasse) und das Guthaben bzw. die Überziehungsmöglichkeit auf dem Girokonto (Bank). Darüber hinaus verfügt das Unternehmen über weitere **Finanzmittel**, die nicht sofort, sondern erst zu einem späteren Zeitpunkt zur Verfügung stehen, wie z. B. ausstehende Forderungen an Kunden.

Daneben gibt es auch Wertpositionen, die Zahlungsverpflichtungen darstellen und in naher oder fernerer Zukunft beglichen werden müssen, wie z. B. Verbindlichkeiten gegenüber Lieferanten, dem Finanzamt oder Kreditinstituten.

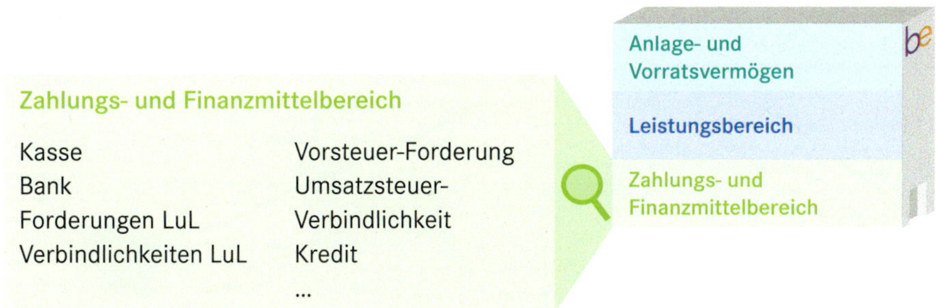

Die verfügbaren Zahlungs- und Finanzmittel (auch: **Liquidität**[1]) beeinflussen die Handlungsfähigkeit eines Unternehmens erheblich. Aus diesem Grund ist eine laufende Planung, Steuerung und Kontrolle der Liquidität erforderlich. In vielen Unternehmen wird hierfür regelmäßig eine sogenannte Finanzplanung durchgeführt.

Wie in den anderen Unternehmensbereichen auch werden die einzelnen finanziellen Mittel durch Wertpositionen abgebildet. Wertzuflüsse führen dabei z. B. zu einer Erhöhung des Bargeldbestandes oder einer Forderung aus dem Verkauf von Handelsware. Wertabflüsse haben den Abfluss finanzieller Mittel sofort oder künftig zur Folge.

Soll zu einem bestimmten Zeitpunkt ermittelt werden, welche finanziellen Mittel in welcher Höhe vorhanden sind, muss der jeweilige Bestand dieser Wertpositionen festgestellt werden. Die Wertpositionen der **Zahlungs-** und **Finanzmittel** gehören deshalb auch zu den **Bestandskonten.** Zu den **passiven Bestandskonten**[2] zählen all jene Wertpositionen, die bei der *BE Partners KG* zu bestehenden oder künftigen Zahlungsverpflichtungen führen. Alle anderen Wertpositionen zählen zu den **aktiven Bestandskonten.** Die aktiven Bestandskonten der Zahlungsmittel (Forderungen LuL, Kasse, Bank) zählen auch zum Umlaufvermögen, da sie sich ständig verändern.[3]

1.3.4 Wertströme zwischen Unternehmen und Geschäftspartnern

Die bereits beschriebenen Vorgänge (Wertströme) sind ohne Geschäftspartner nicht denkbar. Diese stehen außerhalb des Unternehmens und haben jeweils unterschiedliche Ansprüche[4] an das Unternehmen. Durch Wertströme können die Beziehungen sichtbar gemacht und in der Buchführung festgehalten werden. Dazu zählen z. B.

- die Bezahlung der von Lieferanten bezogenen Rohstoffe,
- die Entlohnung der Mitarbeiter oder
- der Einzug der Umsatzsteuerzahllast[5] durch das zuständige Finanzamt.

Zu den typischen Anspruchsgruppen zählen Lieferanten, Kunden, Kreditinstitute, staatliche Einrichtungen sowie die Mitarbeiter und die Eigentümer des Unternehmens. Die entstehenden Wertströme werden wie im Schaubild gezeigt in den drei Unternehmensbereichen verbucht.

1 **Liquidität**
(abgeleitet aus dem lateinischen liquidus = flüssig): Fähigkeit, offene und ausstehende Verbindlichkeiten fristgerecht und vereinbarungsgemäß zurückzuzahlen.
Der Kassenbestand und die Bank zählen zu den flüssigen Zahlungsmitteln. Sie werden daher auch als Liquiditätsebene bezeichnet. Veränderungen der flüssigen Mittel resultieren aus Ein- und Auszahlungen. Forderungen und Verbindlichkeiten werden erst in der Zukunft zu Zahlungen. Sie betreffen die Vermögensebene und sind das Ergebnis von Einnahmen und Ausgaben.

2 **Passivkonten:**
Verbindlichkeiten LuL, Umsatzsteuer-Verbindlichkeit Umsatzsteuer
→ LF 6, Kap. 3

3 **Aktivkonten:**
Forderungen LuL, Kasse, Bank, Vorsteuer-Forderung, ...

4 Man spricht bei diesen Geschäftspartnern auch von **Anspruchsgruppen.** Es sind Personen, Gruppen oder Institutionen, die Ansprüche und Erwartungen an ein Unternehmen haben.

5 Umsatzsteuer
→ LF 6, Kap. 3.1

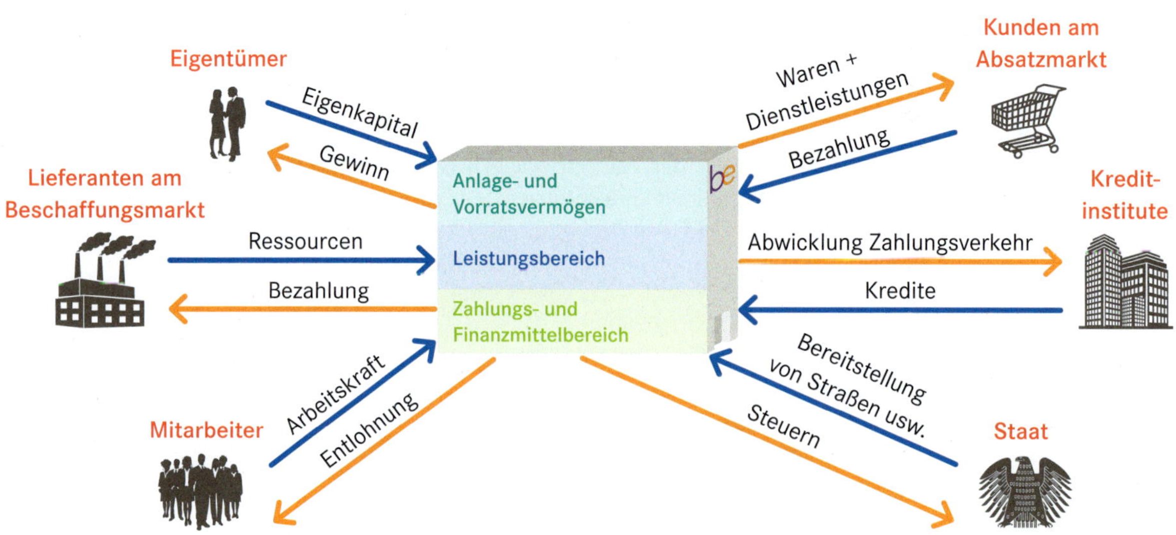

1.3.5 In die Vielfalt der Wertpositionen Ordnung bringen

Beispiel Tüley Öztürk ist seit Kurzem in der Buchhaltung bei Frau Wagner. Sie konnte sich von Anfang an schon für die Vorgänge hier begeistern und darf daher seit heute bei der Vorkontierung der Belege tatkräftig unterstützen.
Einige Zeit später und viele Belege noch vor sich, macht Tüley eine Pause und meint zu Frau Wagner: „Puh, das ist doch eine ganze Menge Arbeit, dieses Vorkontieren. Und dieses viele Schreiben ...“ Als sich Frau Wagner zu ihr wendet und einen kurzen Blick auf das bisherige Ergebnis wirft, erwidert sie nur: „Tüley, du machst dir ja wirklich viel Arbeit damit, aber es reicht völlig, wenn du nur die Kontennummern aufschreibst.“ Mit fragendem Blick antwortet sie: „Äh Kontennummern? Aber was meinen Sie damit genau, Frau Wagner?“

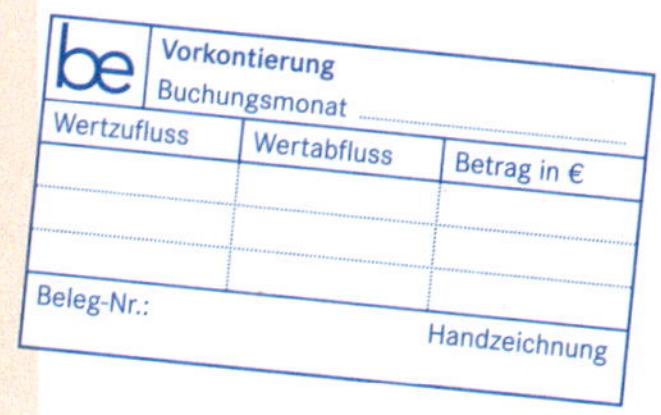

Bei der *BE Partners KG* finden täglich viele Geschäftsvorgänge statt. Um diese Arbeitsmenge in der Buchhaltung bewältigen zu können, muss nicht jedes Mal die vollständige Bezeichnung für die Wertpositionen, z. B. Bank, Verbindlichkeiten LuL, Aufwendungen für Rohstoffe, bei der Vorkontierung notiert werden.

In der Praxis hat sich bereits vor vielen Jahrzehnten ein einfaches System zur Kontierung von Eingangsrechnungen entwickelt, bei dem die Namen der Wertpositionen (Konten) durch eine meist vierstellige Nummer, die sogenannte **Kontennummer**, ersetzt werden. Alle möglichen Kontennummern bilden zusammen den **Kontenrahmen**.

2800 Bank
0840 Fuhrpark
4400 Verbindlichkeiten LuL

Durch die Kontennummern können die vielen Wertpositionen in einzelne Gruppen und diese wiederum in Untergruppen usw. übersichtlich zusammengefasst werden. Ein Beispiel soll dies verdeutlichen:

Beispiel 0 8 4 0 Wertposition Fuhrpark
0 **Kontenklasse:** Anlagevermögen, d. h. Sachanlagen
_ 8 **Kontengruppe:** andere Anlagen, Betriebs- und Geschäftsausstattung
_ _ 4 **Kontenart:** Fuhrpark
_ _ _ 0 **Kontenunterart:** zur weiteren Differenzierung verschiedener Fahrzeuge

Jede Branche[1] hat ihre eigenen Besonderheiten z. B. in der Bereitstellung von Produkten oder Dienstleistungen oder deren Absatz. Um dies auch im Kontenrahmen zu berücksichtigen, haben sich branchenspezifische Varianten[2] entwickelt. Durch eine einheitliche Vergabe dieser Kontennummern können einerseits Zahlenvergleiche innerhalb eines Unternehmens über mehrere Jahre hinweg leichter durchgeführt werden. Andererseits können auch innerhalb der Branche Entwicklungen einfacher miteinander verglichen werden.

1 Branche
→ FK 1, LF 1, Kap. 2.2.2

2 Kontenrahmen für den Einzelhandel, Groß- und Außenhandel, Industrie, Banken, Krankenhäuser usw.

Die *BE Partners KG* verwendet grundsätzlich den Kontenrahmen für den Industriebereich (kurz: IKR[3]), da er alle wichtigen Wertpositionen bereits enthält. Im Absatzbereich musste die *BE Partners KG* allerdings die eine oder andere Wertposition ergänzen, um jeden Geschäftsvorgang richtig dokumentieren zu können. Einige Wertpositionen im Anlagevermögen wurden herausgestrichen, da sie bislang noch nie benötigt wurden. Dieser individuell angepasste Kontenrahmen wird auch als **Kontenplan** bezeichnet.

3 IKR = Industriekontenrahmen

Um einen Überblick im Kontenrahmen bzw. -plan zu erhalten, werden die Wertpositionen in gleichartige Gruppen, die **Kontenklassen**, zusammengefasst. Ausgehend vom Unternehmensmodell der *BE Partners KG* ergeben sich folgende **8** Kontenklassen:

Diese **Sachanlagen** gehören zum **Anlagevermögen** und stehen in Kontenklasse **0**. Wertpapiere zählen als langfristige **Finanzanlagen** auch zum Anlagenvermögen und stehen in Kontenklasse **1**.

Zu den **Vorräten** im Lager des Unternehmens gehören diese Wertpositionen und stehen in Kontenklasse **2** als Umlaufvermögen.

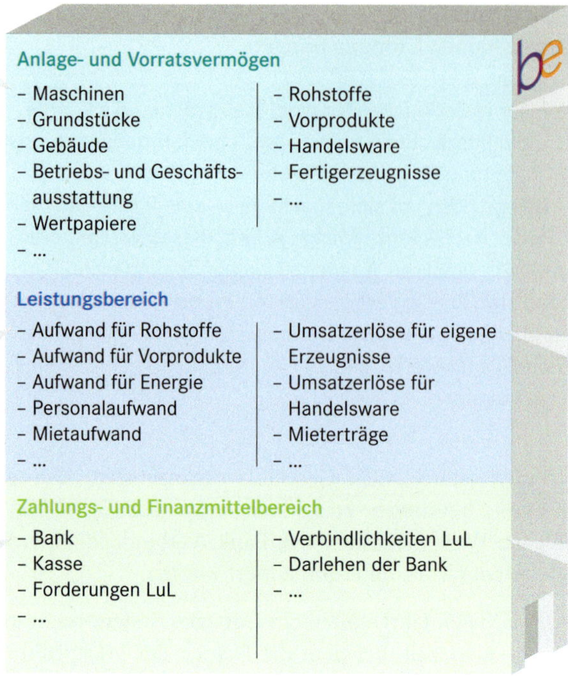

Ressourcen und andere **Aufwendungen**, die für den Leistungsbereich **aufgewendet** werden müssen, finden sich in Kontenklasse **6** und **7** wieder.

Die **Umsatzerlöse für die Leistungen** des Unternehmens zählen zu den **Erträgen** in Kontenklasse **5**.

Bargeld, Guthaben auf dem Girokonto und andere **später verfügbare Zahlungsmittelansprüche** stehen in Kontenklasse **2**.

Verbindlichkeiten, Kredite und andere **Rückzahlungsverpflichtungen** des Unternehmens finden sich in den Kontenklassen **3** und **4** wieder.

Mit diesen Kontenklassen lassen sich alle Geschäftsvorgänge in der Buchhaltung dokumentieren, die gewöhnlich bei der *BE Partners KG* anfallen.

Am Ende eines (Geschäfts-)Jahres werden noch Wertpositionen einer weiteren Kontenklasse **8** benötigt, um die Höhe des erwirtschafteten Gewinns[1] und die noch vorhandenen Vermögenswerte oder Schulden ermitteln zu können.

In manchen Unternehmen wird auch für die innerbetriebliche Kosten- und Leistungsrechnung[2] eine eigene Kontenklasse **9** geführt, die somit den Kontenrahmen auf insgesamt 10 Kontenklassen erweitert.

1 Jahresabschluss
→ LF 6, Kap. 4.2

2 Kosten- und Leistungsrechnung
→ FK 3, LF 10

Kontenklasse	Wertpositionen, z. B.
0 Anlagevermögen > Sachanlagen	Grundstücke und Gebäude, Maschinen, Fuhrpark, Betriebs- und Geschäftsausstattung, ...
1 Anlagevermögen > Finanzanlagen	Wertpapiere, ...
2 Umlaufvermögen	Vorräte (Roh-, Hilfs-, Betriebsstoffe usw.), Forderungen LuL, Bank, Kasse, ...
3 Eigenkapital	Kapital der Eigentümer der *BE Partners KG*
4 Verbindlichkeiten	Verbindlichkeiten LuL, ...
5 Erträge	Umsatzerlöse für eigene Erzeugnisse und Handelsware, Mieterträge, Zinserträge, ...
6 Aufwendungen	Aufwand für Roh-, Hilfs-, Betriebsstoffe, Vorprodukte, Energie, Mietaufwand, ...
7 weitere Aufwendungen	Zinsaufwand, Gewerbesteuer, Kfz-Steuer, ...
8 Jahresabschluss	Eröffnungs- und Schlussbestandskonto, Gewinn- und Verlustkonto

Kontenplan der *BE Partners KG*

Kontenklasse 0
Unternehmensbereich: Anlagevermögen
Bilanzposition: Anlagevermögen

Sachanlagen
0500 Unbebaute Grundstücke
0510 Bebaute Grundstücke
0530 Betriebsgebäude
0540 Verwaltungsgebäude
0700 Technische Anlagen und Maschinen
0710 Anlagen der Materiallagerung und -bereitstellung
0750 Transportanlagen und -maschinen
0760 Verpackungsanlagen und -maschinen
0790 Geringwertige Anlagen und Maschinen
0830 Lager- und Transporteinrichtungen
0840 Fuhrpark
0860 Büromaschinen, Organisationsmittel und Kommunikationsanlagen
0870 Büromöbel und sonstige Geschäftsausstattung
0890 Geringwertige Vermögensgegenstände der Betriebs- und Geschäftsaustattung

Kontenklasse 1
Unternehmensbereich: Finanzmittel
Bilanzposition: Anlagevermögen

Finanzanlagen
1500 Wertpapiere des Anlagevermögens

Kontenklasse 2
Unternehmensbereich: Zahlungsmittel
Bilanzposition: Umlaufvermögen

Vorräte
2280 Waren (Handelswaren)

Forderungen und Sonstige Vermögensgegenstände
2400 Forderungen aus Lieferungen und Leistungen
2600 Vorsteuer (voller Steuersatz)
2610 Vorsteuer (ermäßigter Steuersatz)
2640 SV-Beitragsvorauszahlung
2650 Forderungen an Mitarbeiter
2700 Wertpapiere des Umlaufvermögens
2800 Bank (Guthaben bei Kreditinstituten)
2880 Kasse

Kontenklasse 3
Unternehmensbereich: Finanzmittel
Bilanzposition: Eigenkapital

Eigenkapital
3000 Eigenkapital
3001 Privatkonto

Kontenklasse 4
Unternehmensbereich: Finanzmittel
Bilanzposition: Verbindlichkeiten

Verbindlichkeiten
4200 Kurzfristige Bankverbindlichkeiten
4250 Langfristige Bankverbindlichkeiten
4400 Verbindlichkeiten aus Lieferungen und Leistungen
4800 Umsatzsteuer (voller Steuersatz)
4810 Umsatzsteuer (ermäßigter Steuersatz)
4830 Verbindlichkeiten gegenüber Finanzbehörden
4860 Verbindlichkeiten aus vermögenswirksamen Leistungen

Kontenklasse 5
Unternehmensbereich: Leistungsbereich (Output)
GuV-Position: Erträge

Umsatzerlöse für eigene Erzeugnisse und andere Leistungen
5000 Umsatzerlöse für eigene Erzeugnisse und Dienstleistungen
5001 Erlösberichtigungen
5100 Umsatzerlöse für Handelsware
5101 Erlösberichtigungen

Sonstige betriebliche Erträge
5401 Nebenerlöse aus Vermietung und Verpachtung
5420 Entnahme von Gegenständen und Leistungen (Eigenverbrauch)

Erträge aus anderen Finanzanlagen
5710 Zinserträge

Kontenklasse 6
Unternehmensbereich: Leistungsbereich (Input)
GuV-Position: Aufwendungen

Materialaufwand
6000 Aufwendungen für Rohstoffe (Fertigungsmaterial)
6002 Nachlässe
6010 Aufwendungen für Vorprodukte
6012 Nachlässe
6020 Aufwendungen für Hilfsstoffe
6022 Nachlässe
6030 Aufwendungen für Betriebsstoffe
6032 Nachlässe
6040 Aufwendungen für Verpackungsmaterial
6042 Nachlässe
6050 Aufwendungen für Energie
6052 Nachlässe
6060 Aufwendungen für Reparaturmaterial
6062 Nachlässe
6070 Aufwendungen für sonstiges Material
6072 Nachlässe
6080 Aufwendungen für Waren (Handelsware)
6082 Nachlässe
6100 Fremdleistungen für Erzeugnisse und andere Umsatzleistungen
6140 Ausgangsfrachten und Nebenkosten (Fremdlager)
6150 Vertriebsprovision (Absatz)
6160 Fremdinstandhaltung
6170 Sonstige Aufwendungen für bezogene Leistungen

Personalaufwand
6200 Löhne
6300 Gehälter
6400 Arbeitgeberanteil zur Sozialversicherung für Lohnzahlungen
6410 Arbeitgeberanteil zur Sozialversicherung für Gehaltszahlungen
6420 Beiträge zur Berufsgenossenschaft

Abschreibungen auf Anlagevermögen
6520 Abschreibungen auf Sachanlagen
6540 Abschreibungen auf geringwertige Wirtschaftsgüter (GWG)
6550 Außerplanmäßige Abschreibungen auf Sachanlagen

Kontenklasse 6
Unternehmensbereich: Leistungsbereich (Input)
GuV-Position: Aufwendungen

Sonstige betriebliche Aufwendungen
6700 Mieten, Pachten
6710 Leasing
6730 Gebühren
6750 Kosten des Geldverkehrs
6760 Provisionsaufwendungen (Beschaffung) (außer Vertriebsprovision)
6770 Rechts- und Beratungskosten
6800 Büromaterial
6810 Zeitungen und Fachliteratur
6820 Portokosten
6850 Reisekosten
6870 Werbung
6880 Spenden
6900 Versicherungsbeiträge
6920 Beiträge zu Wirtschaftsverbänden und Berufsvertretungen
6960 Verlust aus dem Abgang von Vermögenswerten

Kontenklasse 7
Unternehmensbereich: Leistungsbereich (Input)
GuV-Position: Weitere Aufwendungen

7020 Grundsteuer
7030 Kraftfahrzeugsteuer

Zinsen und ähnliche Aufwendungen
7510 Zinsaufwendungen

Kontenklasse 8
Unternehmensbereich: Gesamtunternehmen

Eröffnung/Abschluss
8000 Eröffnungsbestandskonto (EBK)
8010 Schlussbestandskonto (SBK)
8020 Gewinn- und Verlustkonto (GuV-Konto)

Alles klar?

1 Beschreiben Sie das Input-Output-Modell der *BE Partners KG*.

2 Aus Sicht der Buchführung kann die *BE Partners KG* in verschiedene Unternehmensbereiche unterteilt werden. Beschreiben Sie diese mit wenigen Worten.

3 Beschreiben Sie, was man unter dem Anlagevermögen eines Unternehmens versteht.

4 Finden Sie passende Beispiele für das Anlagevermögen der *BE Partners KG* und Ihres Ausbildungsunternehmens.

5 Erläutern Sie die Bedeutung des Anlagevermögens für ein Unternehmen.

6 Erklären Sie, was das Vorratsvermögen umfasst.

7 Nennen Sie passende Beispiele für Bestandteile des Vorratsvermögens bei der *BE Partners KG* und bei Ihrem Ausbildungsunternehmen.

8 Beschreiben Sie den Leistungsbereich der *BE Partners KG*.

9 Finden Sie geeignete Beispiele für den Input und den Output des Leistungsbereiches der *BE Partners KG*.

10 Stellen Sie dar, warum es sich

- bei Aufwendungen (Input) um einen Wertezufluss
- bei Erträgen (Output) um einen Werteabfluss aus dem Leistungsbereich

handelt.

11 Beschreiben Sie den Zahlungs- und Finanzmittelbereich der *BE Partners KG*.

12 Nennen Sie verschiedene Zahlungs- und Finanzmittel. Beschreiben Sie, wie Veränderungen bei diesen Positionen die Liquidität des Unternehmens verändern.

13 Erläutern Sie, weshalb es für ein Unternehmen sinnvoll ist, regelmäßig eine Finanzplanung durchzuführen.

14 Ordnen Sie die Begriffe aktive und passive Bestandskonten sowie Aufwands- und Ertragskonten den einzelnen Unternehmensbereichen zu.

15 Zählen Sie verschiedene Geschäftspartner auf, zu denen die *BE Partners KG* wirtschaftliche Beziehungen unterhält.

16 Weshalb werden in der Buchhaltung Kontenrahmen eingesetzt?

17 Erläutern Sie den Aufbau des Kontenrahmens bei der *BE Partners KG* und in Ihrem Ausbildungsbetrieb.

18 Nennen Sie verschiedene Beispiele für die einzelnen Kontenklassen.

19 Benennen Sie Vor- und Nachteile bei der Verwendung eines Kontenrahmens.

20 Erklären Sie die Unterschiede zwischen einem Kontenrahmen und einem Kontenplan.

21 a) Nehmen Sie sich den Kontenplan der *BE Partners KG* zur Hand und markieren Sie bereits bekannte Wertpositionen.
b) Finden Sie auf diese Weise heraus, welche Bereiche des Kontenplans sehr häufig bzw. eher wenig genutzt werden und welche Geschäftsvorgänge damit jeweils abgebildet werden.

2 Dokumentation von Wertströmen im Unternehmen

2.1 Warum muss dokumentiert werden?

LS 73 Zahlungs- und Finanzmittel überwachen

Beispiel Bei der BE Partners KG vergeht kein Tag, an dem nicht jede Menge Belege anfallen. Ob es nun Eingangsrechnungen von Lieferanten oder Rechnungen an Kunden sind, die Mitarbeiter in der Abteilung Buchhaltung sind ständig mit der Bearbeitung dieser Belege beschäftigt.

Die Kernaufgabe der *BE Partners KG* besteht in der Bereitstellung unterschiedlicher Produkte und Dienstleistungen. Die Beschaffung der dafür notwendigen Ressourcen sowie der Absatz der damit erstellten Leistungen lösen Geschäftsvorgänge aus, die zu Wertströmen führen. Jedem dieser Wertströme liegen Belege zugrunde, wie z. B. Lieferscheine und Eingangs- oder Ausgangsrechnungen. Um aktuell und vor allem auch zukünftig den Überblick zu behalten, ist jedes Unternehmen zur Dokumentation dieser Geschäftsvorgänge verpflichtet.[1]

§ 238 Abs. 1 HGB

Jeder Kaufmann ist verpflichtet, Bücher zu führen und in diesen seine Handelsgeschäfte[2] [...] ersichtlich zu machen. [...]

Die Darstellung der Handelsgeschäfte der *BE Partners KG* mithilfe grafischer Wertströme verdeutlicht nochmals folgendes Beispiel.

Beispiel Die Beska GmbH beauftragte die BE Partners KG, ihre Website vollständig zu überarbeiten. Die hierfür gestellte Rechnung wurde von der Beska GmbH durch Banküberweisung beglichen.

Kontoinhaber	Kontonummer	IBAN	SWIFT – BIC	erstellt am	Auszugs-Nr.	Blatt
BE Partners KG	900521866	DE44 1079 4561 0900 5218 66	SBBODEU5XXX	18.10.20XX	95	1

Bonner Stadtbank

Bu-Tag	Wert	Vorgang	Soll	Haben
		alter Kontostand:		19.392,50 €
18.10.	18.10.	Re-Nr. 39381, Beska GmbH		960,93 €
		neuer Kontostand:		20.353,43 €

Der Zahlungseingang auf dem Girokonto der *BE Partners KG* in Höhe von 960,93 € entspricht dem Wertzufluss. Der entsprechende Wertabfluss besteht im Abgang (Erlöschen) der Kundenforderung.

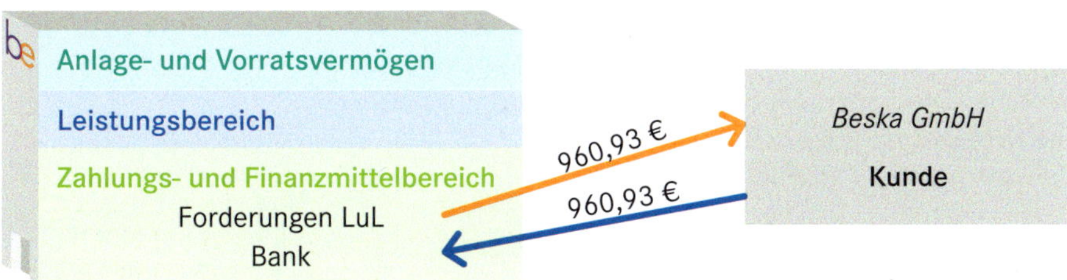

In der Praxis ließe sich eine grafische Dokumentation aufgrund der Fülle an Geschäftsvorgängen trotz moderner Computersysteme nur schwer realisieren. Daher haben sich effizientere Aufzeichnungs- und Dokumentationsformen durchgesetzt, die mithilfe elektronischer Datenverarbeitungssysteme die Erfassung und Verarbeitung unternehmerischer Wertströme erheblich vereinfachen.[3]

1 Gesetzliche Dokumentationspflicht (§ 238 Abs. 1 HGB, § 140 AO)

2 **Handelsgeschäfte:** Beschaffungs- oder Absatzvorgänge aller Art eines Unternehmens (§ 343 Abs. 1 HGB)

3 In den Anfängen der Buchführung gab es natürlich keine elektronischen Systeme. Man nutzte verschiedene papiergebundene Verfahren zur Dokumentation von Handelsgeschäften. In Abschnitt 2.7.1 werden diese näher beschrieben.

2.2 Das Dokumentationssystem der Buchführung

Der gesetzlichen Pflicht zur Dokumentation kann man auf unterschiedliche Weise nachkommen. Der Gesetzgeber stellt aber in jedem Fall genaue Anforderungen an die Form und Beschaffenheit des verwendeten Systems.

§ 238 Abs. 1 HGB

> [...] Die Buchführung muss so beschaffen sein, dass sie einem sachverständigen Dritten innerhalb angemessener Zeit einen Überblick über die Geschäftsvorfälle und über die Lage des Unternehmens vermitteln kann. Die Geschäftsvorfälle müssen sich in ihrer Entstehung und Abwicklung verfolgen lassen.

Um die Anforderungen zu erfüllen, werden in der Praxis verschiedene Dokumentationsmittel eingesetzt. Diese lassen sich in **Systembücher** und **Nebenbücher** einteilen.

Dokumentationsmittel in der Buchführung

Systembücher	Nebenbücher
- Grundbuch - Hauptbuch - Inventar- und Bilanzenbuch	- Kassenbuch - Lagerbuch - Anlagenbuch - Lohn- und Gehaltsbuch - usw.

Die Grundlage jeder Buchführung bilden die Systembücher. In ihnen wird jeder Wertstrom dokumentiert. Dabei werden aber nur die wesentlichen Daten erfasst. Bei einer Eingangsrechnung sind dies u. a. die bezogenen Ressourcen (z. B. Rohstoffe, Vorprodukte usw.), die Zahlungsweise (z. B. bar oder auf Ziel) sowie die Brutto- und Nettobeträge. Darüber hinaus gibt es aber noch eine Reihe weiterer wichtiger Daten, wie die Zahlungsfrist oder bestimmte Zahlungskonditionen (z. B. Skonto). Da diese Informationen in die Systembücher keinen Eingang finden und diese sonst auch inhaltlich überfrachten würden, werden sie in den sogenannten Nebenbüchern der Buchhaltung festgehalten.[1]

In § 238 Abs. 1 HGB verlangt der Gesetzgeber, dass die Buchführung jederzeit nachvollziehbar sein muss. Aus diesem Grund dürfen Eintragungen in den Systembüchern nur dann vorgenommen werden, wenn hierzu ein entsprechender (Buchungs-)Beleg vorliegt.[2] Gleiches gilt für die Nebenbücher auch.

1 Für kleinere Unternehmen sieht der Gesetzgeber Erleichterungen bei der Führung dieser Bücher vor.
→ LF 6, Kap. 2.6

2 „Keine Buchung ohne Beleg!"
§ 238 Abs. 2 HGB,
§ 257 Abs. 1 Nr. 4 HGB
§ 147 Abs. 1 Nr. 4 AO

2.3 Die Systembücher

2.3.1 Das Grundbuch

Das am häufigsten verwendete Systembuch ist das Grundbuch (auch: Journal, Tagebuch oder Primanota). Es enthält zu jedem Geschäftsvorgang die daraus resultierenden Wertströme. Die Eintragungen im Journal müssen, wie es der Gesetzgeber verlangt, **vollständig**, **richtig** und in **zeitlich geordneter (chronologischer) Reihenfolge** vorgenommen werden.[3]

3 § 239 Abs. 2 HGB,
§ 146 Abs. 1 AO

Journal Für: BE Partners KG Datum: 18.10.20.. Blatt: 211/3

Lfd. Nr.	Beleg-Nr.	Wertzufluss	€	ct	Wertabfluss	€	ct
45	Kto95	2800 Bank	960	93	2400 Forderungen LuL	960	93
46	ER86	6000 Aufwand für Rohstoffe	17.457	30	4400 Verbindlichkeiten LuL	17.457	30
47	Kto95	2800 Bank	653	50	2880 Kasse	653	50
48	AR94	2400 Forderungen LuL	89	85	5100 Umsatzerlöse für Handelsware	89	85
49	ER96	6080 Aufwand für Handelsware	1.963	50	4400 Verbindlichkeiten LuL	1.963	50
50	Kto95	4400 Verbindlichkeiten LuL	2.568	60	2800 Bank	2.568	60
51	ER104	6040 Aufwand für Verpackungsmaterial	385	25	4400 Verbindlichkeiten LuL	385	25
52	ER105	6820 Portokosten	95	50	2880 Kasse	95	50
53	AR97	2880 Kasse	245	70	5000 Umsatzerlöse für eigene Erzeugnisse	245	70
54	IB77	6200 Personalaufwand	200	00	2880 Kasse	200	00

Das Grundbuch ist wie eine Tabelle aufgebaut und enthält verschiedene Mindestinhalte:

- die fortlaufende Nummer der Eintragung,
- die Belegnummer als Verweis auf den ursprünglichen Beleg,
- den Wertzufluss[1] mit Wertposition und Betrag,
- den Wertabfluss[1] mit Wertposition und Betrag.

Merke! Spricht man in der Praxis von einer **Buchung** oder dem **Verbuchen** von Wertströmen, so ist das Eintragen eines Geschäftsvorfalls in das Grundbuch gemeint.

Für eine zeitnahe und insbesondere nachvollziehbare Dokumentation aller Wertströme sollte das Grundbuch täglich geführt werden. Die einzelnen Geschäftsfälle werden in der Reihenfolge eingetragen, in der sie zeitlich anfallen.

Merke! Das Grundbuch (Journal) besitzt eine **zeitliche** bzw. **chronologische** Ordnung.

Das Grundbuch ist eine wichtige Dokumentationsgrundlage der Buchführung. Deshalb dürfen, wie beim Kassenbuch auch, nachträgliche Änderungen nur so vorgenommen werden, dass der ursprüngliche Inhalt weiterhin erkennbar und nachvollziehbar bleibt.[2] Falschbuchungen dürfen nicht einfach korrigiert, sondern müssen durch eine sogenannte **Stornobuchung**[3], die die Falschbuchung neutralisiert, wieder aufgehoben werden.

Für den Zahlungseingang der *Beska GmbH* lässt sich der entsprechende Buchungsvorgang im Grundbuch in den folgenden Schritten darstellen:

1 Die beiden Hauptspalten „Wertzufluss" und „Wertabfluss" werden in der Praxis auch als **„Soll"** und **„Haben"** bezeichnet. Die Benennung geht bis in die Anfänge der ersten modernen Buchführung im 15. Jahrhundert n. Chr. zurück. Die Sollseite wurde damals bereits für noch ausstehende Forderungen („soll haben") verwendet. Auf der Habenseite wurden bereits gezahlte Forderungen („habe gehabt") erfasst.

2 Verboten sind daher: überschreiben, löschen, radieren usw.
→ LF 6, Kap. 1.1.5

3 Eine **Stornobuchung** wird wie eine Warenrückgabe erfasst, indem der ursprüngliche Buchungssatz umgekehrt erfasst wird.

Der Zahlungsvorgang im **Beleg** ...

Kontoinhaber	Kontonummer	IBAN	SWIFT - BIC	erstellt am	Auszugs-Nr.	Blatt
BE Partners KG	900521866	DE44 1079 4561 0900 5218 66	SBBODEU5XXX	18.10.20XX	95	1

Bonner Stadtbank

Bu-Tag	Wert	Vorgang	Soll	Haben
		alter Kontostand:		19.392,50 €
18.10.	18.10.	Re-Nr. 39381, Beska GmbH		960,93 €
		neuer Kontostand:		20.353,43 €

... als **Wertströme**

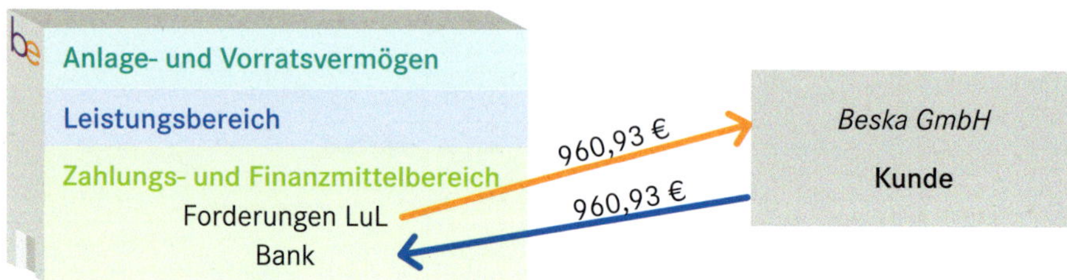

... und im **Grundbuch**.

Lfd. Nr.	Beleg-Nr.	Wertzufluss	€	ct	Wertabfluss	€	ct
45	Kto95	2800 Bank	960	93	2400 Forderungen LuL	960	93

2.3.2 Buchungen ohne Grundbuch: Der Buchungssatz

Lernvideo
Der Buchungssatz

Das Grundbuch erlaubt die strukturierte Erfassung von Buchungsvorgängen mithilfe der vorgefertigten Tabellenform. Im Schulunterricht steht ein Grundbuch nicht immer zur Verfügung. In diesem Fall nutzt man eine andere Art der Dokumentation, die auf dem Prinzip des Grundbuches basiert: den sogenannten **Buchungssatz.** Darin werden die Daten wie im Grundbuch in derselben Reihenfolge notiert. Da es keine Spalten gibt, werden Wertzuflüsse und -abflüsse durch das Wort „an" voneinander getrennt.[1]

Wertzufluss	€-Betrag	an	Wertabfluss	€-Betrag

Für den Zahlungseingang der *Beska GmbH* sieht der Buchungssatz dann so aus:

2800 Bank	960,93 €	an	2400 Forderungen LuL	960,93 €

2.3.3 Das Hauptbuch

Das Grundbuch dokumentiert alle Wertströme in der zeitlichen Reihenfolge ihrer Entstehung. Sobald aber über einen längeren Zeitraum Veränderungen von einer bestimmten Wertposition zusammengefasst werden sollen, müsste das gesamte Grundbuch nach den relevanten Eintragungen durchforstet werden.[2] Wegen der großen Anzahl von Eintragungen wäre dieses Vorgehen schlichtweg unpraktikabel – erst recht in den Zeiten der Papierbuchführung. Daher werden alle Buchungsvorgänge zusätzlich zum Grundbuch noch nach der **jeweiligen Wertposition zusammengefasst.** Diese Aufgabe übernimmt das **Hauptbuch** bzw. **Sachbuch,** in dem alle Wertströme einer **sachlichen (systematischen) Ordnung** folgen.

1 Gelegentlich verwendet man statt dem Wort „an" auch einen senkrechten Strich, um die Wertströme voneinander zu trennen.

2 Dazu ein praktischer Test: Welche Wertströme wurden auf der Wertposition Bank auf der Vorseite im Grundbuch erfasst?

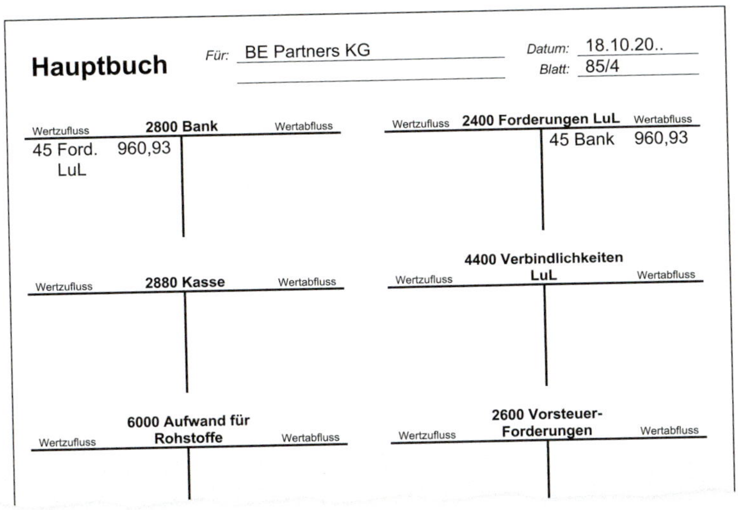

Für jede einzelne Wertposition[1] wird im Hauptbuch eine Art Tabelle[2] geführt. Die linke Spalte listet dabei alle Wertzuflüsse für die jeweilige Wertposition auf, während alle Wertabflüsse rechts zusammengefasst werden. Der Geldbetrag ist in EUR vermerkt. **Sachkonten** werden in der Regel als T-Konto dargestellt. Das Hauptbuch ist damit eine Ansammlung aller Sachkonten, die bei der *BE Partners KG* vorkommen.

1 **Wertposition** auch (Sach-)Konto

2 Da diese Tabelle dem Buchstaben „T" ähnlich sieht, trägt die Darstellung auch den Namen T-Konto.

2.3.4 Vom Grundbuch zum Hauptbuch

Im Journal werden zunächst alle Buchungsvorgänge chronologisch erfasst. Um diese dann ins Hauptbuch zu übernehmen, überträgt man sämtliche Wertzuflüsse einer Wertposition (z. B. Bank) auf die gleichnamige Seite im zugehörigen Sachkonto.[3] Ebenso verfährt man mit den vorhandenen Wertabflüssen der Wertposition. Dieses Vorgehen erfolgt für jede einzelne Wertposition.[4]

3 Steht die Wertposition (z. B. Bank) beim Buchungsvorgang im Wertzufluss, so wird auch im T-Konto in der Spalte Wertzufluss die Eintragung vorgenommen. Gleiches gilt für den Wertabfluss.

4 Moderne elektronische Systeme übernehmen diese Aufgaben automatisch.

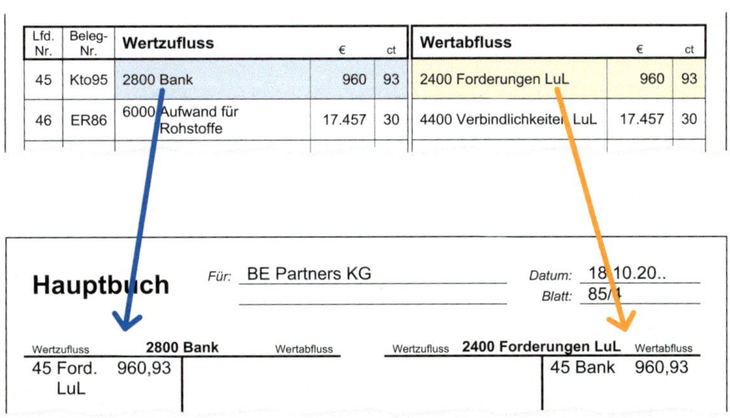

Damit jede Eintragung im Hauptbuch zusammen mit dem Grundbuch nachvollziehbar ist, werden neben dem entsprechenden Geldbetrag auch die laufende Buchungsnummer sowie oftmals das **Gegenkonto**[5] der Wertposition eingetragen.

Für jedes einzelne Konto (Wertposition) lässt sich der Endbestand ermitteln. Hierzu werden wie beim Kassenbuch zu einem bestimmten Zeitpunkt die Summe aller Wertzuflüsse und die Summe aller Wertabflüsse ermittelt. Die Differenz aus beiden ergibt dann den **Saldo**, d. h. den **Endbestand**.

5 Das **Gegenkonto** ist jeweils diejenige Wertposition, bei der der gegenläufige Wertstrom gebucht wird.

Beispiel Die Wertposition Bank weist am 18.10.20.. die folgenden Wertzuflüsse und -abflüsse auf, die im T-Konto bereits eingetragen sind. Die Summe aller Zuflüsse beträgt 3.589,93 €, während die Abflüsse auf 2.568,60 € kommen. Die Differenz zwischen Wertzufluss und -abfluss bedeutet, dass am Ende des Tages das Bankguthaben 1.021,33 € (= Saldo) betrug.

Wertzufluss	2800 Bank[1]		Wertabfluss
45 Forderungen LuL	960,93	50 Verbindlichkeiten LuL	2.568,60
47 Kasse	653,50	Saldo	1.021,33
55 Forderungen LuL	1.475,50		
60 Kasse	500,00		
	3.589,93		3.589,93

1 Aus historischen Gründen wurden Leerzeilen in T-Konten jeweils entwertet, um keine nachträglichen Ergänzungen zu ermöglichen. Die dabei verwendete gekrümmte Linie, (im Beispiel beim T-Konto auf der Seite der Wertabflüsse) bezeichnet man als **Buchhalternase**.

2.3.5 Das Inventar- und Bilanzenbuch

Beim Kassenbuch wird täglich ein Kassensturz gemacht und die Einnahmen und Ausgaben ermittelt. In der gesamten Buchführung geschieht dies mindestens einmal jährlich. Dabei werden alle vorhandenen Vermögenspositionen (z. B. Maschinen oder Grundstücke) sowie Schulden (z. B. Verbindlichkeiten, Darlehen bei Kreditinstituten) ermittelt und in einem **Inventar-**[2] und **Bilanzenbuch**[3] festgehalten.

2 Inventar
→ LF 6, Kap. 4.7.2

3 Bilanz
→ LF 6, Kap. 4.7.3

2.4 Die Nebenbücher der Buchhaltung

Die Systembücher erfassen die Kerninformationen zu jedem wirtschaftlichen Vorgang. Obwohl die Buchführung dadurch übersichtlich bleibt, werden viele weitere Informationen zunächst außer Acht gelassen, wie z. B. Zahlungsfristen und Vereinbarungen zu Zahlungskonditionen. Genau hierfür werden die Nebenbücher der Buchhaltung eingesetzt. Mit ihrer Hilfe können das Journal und Hauptbuch inhaltlich ergänzt und Buchungsvorgänge bei einzelnen Sachkonten noch aussagekräftiger gestaltet werden.

In der Praxis haben sich im Laufe der Zeit ganz unterschiedliche Nebenbücher für verschiedene Anwendungsgebiete entwickelt. Einige der wichtigsten werden im Folgenden näher vorgestellt:

Kassenbuch	Verzeichnis aller Verkaufs- und Kaufaktivitäten im Kassenbereich des Unternehmens, wie am Kiosk von *Frau Brummer*.
Bankbuch	Dokumentation aller Gutschriften und Abbuchungen auf den jeweiligen Geschäftsbankkonten des Unternehmens.
Kontokorrentbücher für Debitoren und Kreditoren	Für jeden einzelnen Kreditor (Lieferant) und Debitor (Kunde) werden die Eingangs- bzw. Ausgangsrechnungen erfasst. Zusätzlich sind aus den Kontokorrentbüchern weitere Zahlungsinformationen und der Status der Rechnungen ersichtlich, d. h., ob sie bereits bezahlt wurden oder ob die Zahlung noch aussteht.
Anlagenbuch	Verzeichnis aller im Unternehmen vorhandenen Anlagegüter mit dem jeweils aktuellen Wert, wie z. B. Maschinen, Fuhrpark oder der Büroausstattung.
Lagerbuch (Wareneingangs- und -ausgangsbuch)	Dokumentiert alle Veränderungen im Warenlager durch Lieferung oder Entnahme der Ressourcen und Handelswaren.
Lohn- und Gehaltsbuch	Übersicht über die monatlichen Auszahlungen an Mitarbeiter oder öffentliche Institutionen wie das Finanzamt oder die Krankenkassen.

2.5 Aufbewahrungsfristen und -formen

Mit der Erfassung der betrieblichen Vorgänge in den System- und Nebenbüchern der Buchhaltung ist es für die *BE Partners KG* noch nicht getan. Der Gesetzgeber verlangt die **Aufbewahrung** der **Buchungsbelege** über einen Zeitraum von **10 Jahren.** Die Systembücher selbst müssen ebenfalls 10 Jahre aufbewahrt werden.

Die Frist zur Aufbewahrung beginnt jeweils am 31.12. des Jahres, in dem der Beleg buchhalterisch erfasst bzw. die letzte Eintragung im Systembuch erstellt wurde.[1]

Bei der Archivierung der Unterlagen kann das Unternehmen verschiedene Möglichkeiten nutzen. So ist neben der klassischen papiergebundenen Aufbewahrung auch das Verfilmen oder Scannen der Dokumente mit anschließendem Abspeichern in elektronischen Datenbanken gesetzlich erlaubt. Das Bilanzenbuch muss jedoch im Original aufbewahrt werden.

Nutzt das Unternehmen moderne Archivierungssysteme, muss sichergestellt sein, dass die Daten und Dokumente innerhalb einer angemessenen Frist wieder hergestellt und lesbar gemacht werden können.

1 § 257 Abs. 4 und 5 HGB, § 147 Abs. 3 und 4 AO

2.6 Erleichterungen der Buchführungspflicht

Der Gesetzgeber legt in § 238 Abs. 1 HGB fest, dass grundsätzlich alle Kaufleute[2] zur Führung von Büchern verpflichtet sind. Diese Pflicht wie auch die Aufbewahrung relevanter Unterlagen ist für kleinere Unternehmen nicht immer leicht zu erfüllen. Deshalb gibt es hier für Unternehmen unterhalb einer bestimmten Größe Vereinfachungen bei der Dokumentation.

2 Kaufmannsbegriff §§ 1 ff. HGB → FK 1, LF 1, Kap. 3.4.1

Merke! Liegt der Umsatz bei Einzelkaufleuten in zwei aufeinander folgenden Geschäftsjahren bei maximal 600.000,00 € und der erwirtschaftete Jahresüberschuss (Gewinn) bei maximal 60.000,00 €, so sind sie von der handelsrechtlichen Buchführungspflicht befreit.[3]

3 § 241 a HGB

Gewerbliche Unternehmer[4] sowie Land- und Forstwirte, die nach Handelsrecht nicht buchführungspflichtig sind, werden auch steuerrechtlich davon befreit, wenn sie die folgenden Kriterien vollständig erfüllen:

4 Begriff des Unternehmers § 141 Abs. 1 AO → LF 6, Kap. 3.1.2

Umsatz	≤ 600.000,00 €
Wirtschaftswert der genutzten Flächen (nur Land- und Forstwirte)	≤ 25.000,00 €
Gewinn[5]	≤ 60.000,00 €

5 Gewinnermittlung → LF 6, Kap. 4.2

Unternehmen und Gewerbetreibende, die keine Bücher führen, sind verpflichtet, eine sogenannte **Einnahmen-Überschuss-Rechnung** (kurz: EÜR) zu erstellen, denn der Gesetzgeber muss auch bei ihnen eine Grundlage für die Steuerfestsetzung haben. Dafür werden die Einnahmen und Ausgaben eines Geschäftsjahres gegenübergestellt und so der erwirtschaftete Überschuss (= Gewinn) oder Fehlbetrag (= Verlust) ermittelt.

2.7 Buchführungssysteme

2.7.1 Wie es früher war ...

Dass die Buchführung keinesfalls eine Erfindung der Neuzeit ist, wurde schon an einigen Stellen in diesem Lernfeld erwähnt. Zu jeder Zeit wurde versucht, die Arbeit des Buchhalters zu vereinfachen, sodass sich ganz unterschiedliche Verfahren und Systeme entwickelten. In Unternehmen wird hauptsächlich die **klassische kaufmännische Buchführung** eingesetzt, die als einfache oder doppelte Form vorkommt.

Bei der **einfachen kaufmännischen Buchführung** werden nur die wichtigsten betrieblichen Vorgänge, d. h. insbesondere Kassen-, Lieferanten- und Kundengeschäfte, dokumentiert. Innerbetriebliche Prozesse, wie z. B. eine Lagerentnahme von Rohstoffen im Rahmen der Produktion, bleiben generell außer Acht.

Bei der **doppelten kaufmännischen Buchführung** kommen das Journal und Hauptbuch gemeinsam zum Einsatz und jeder Geschäftsvorgang wird als Wertzufluss und -abfluss erfasst. Diese doppelte Erfassung ermöglicht gleichzeitig eine Kontrolle der Eintragungen. Man bezeichnet dieses System auch mit **Doppik.**

Im öffentlichen Sektor wird die sogenannte **Kameralistik**[1] oder auch **Kameralbuchhaltung** angewendet. Sie dokumentiert, wie die einfache kaufmännische Buchführung, die Einnahmen und Ausgaben. Der Haushaltsplan oder Etat, der vom Bundestag bzw. den jeweiligen Länderparlamenten als Gesetz beschlossen wird, besteht aus Einnahmen- und Ausgabenpositionen mit unzähligen Einzelpositionen.[2]

In den Anfängen der Buchführung gab es weder elektronische noch mechanische Verfahren, um die Dokumentation vorzunehmen, sondern alle Eintragungen wurden von Hand vorgenommen. Die ursprüngliche Übertragungsbuchführung vereinfachte man später zu einer einfachen Durchschreibebuchführung.

- **Übertragungsbuchführung:** Jeder wirtschaftliche Vorgang wurde einzeln in separaten Dokumenten und Büchern erfasst, d. h., jeweils von einem Medium in das andere übertragen.
- **Durchschreibebuchführung:** Durch Kombination verschiedener Vordrucke konnte der Buchungsvorgang gleichzeitig in allen einzelnen Dokumenten in nur einem Arbeitsgang erfasst werden.

Zeitweise wurde auch eine **Offene-Posten-Buchhaltung** eingesetzt. Hierbei bestand die Buchführung aus den einzelnen Belegen, die getrennt nach bereits bezahlten und noch offenen Rechnungen abgelegt wurden. Viele weitere Formen der Buchführung haben sich je nach Bedarf entwickelt, wie z. B. eine Geheim- oder Filialbuchführung.

1 Der Begriff **Kameralistik** ist abgeleitet von camera = fürstliche Schatzkammer im Mittelalter. So alt ist die „Kameralwirtschaft“.

2 Nach dem Grundgesetz Artikel 114 ist „der Bundesminister der Finanzen verpflichtet, dem Bundestage und dem Bundesrate über alle Einnahmen und Ausgaben sowie über das Vermögen und die Schulden im Laufe des nächsten Rechnungsjahres zur Entlastung der Bundesregierung Rechnung zu legen.“ Entsprechendes gilt auch für die jeweiligen Länderminister.

2.7.2 So ist es heute: die elektronische Buchführung

Die Einführung moderner Datenverarbeitungssysteme in den Unternehmen hat oft in der Buchführung ihren Anfang genommen und ist auch in kleinen Unternehmen mittlerweile Standard.

Mit elektronischen Systemen lassen sich große Mengen von Buchungen effizient und schnell verarbeiten. Immer wiederkehrende Buchungsvorgänge können fast vollständig automatisiert und so kann Arbeitszeit eingespart werden.

Einmal im System erfasste Daten lassen sich auf vielfältige Weise auswerten und für andere Zwecke weiterverarbeiten. Der Buchhaltung kommt damit eine völlig neue Aufgabe zu: Informationen für unternehmerische Entscheidungen bereitzustellen.

Beispiel Tanja Wagner bearbeitet gerade eine Eingangsrechnung des Werbeartikel-Herstellers Schnürer GmbH. Dabei nutzt sie die elektronische Buchungssoftware und gibt die wesentlichen Daten der Rechnung (z. B. Datum, bestellte Ware, Menge, Preis usw.) ins System ein. Da der Lieferant bereits im System hinterlegt ist, werden allgemeine Daten wie Zahlungsbedingungen und Bankverbindung automatisch eingefügt.

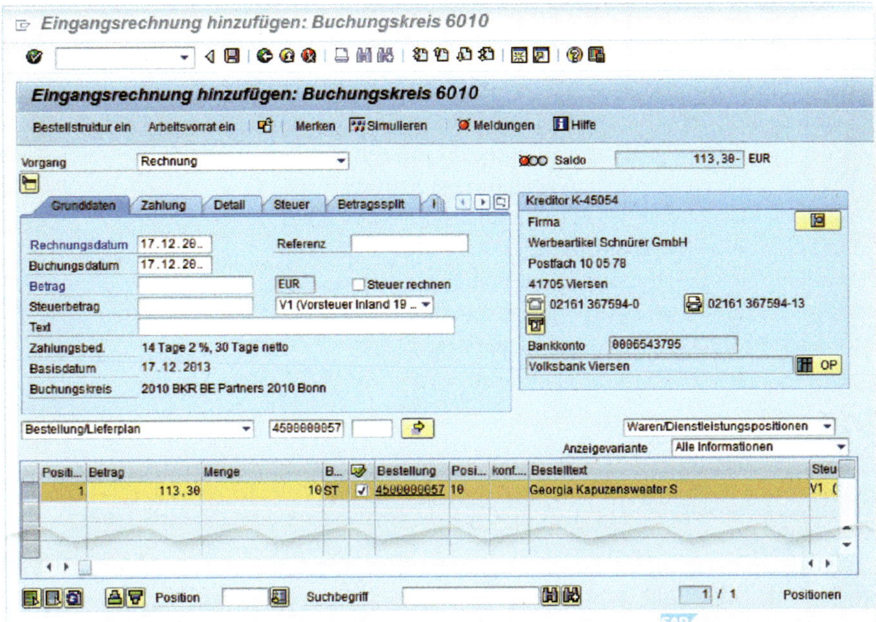

Alles klar?

1 Begründen Sie, warum jedes Unternehmen seine täglichen Geschäftsvorgänge dokumentieren muss.

2 „Keine Buchung ohne Beleg“. Erläutern Sie diesen Grundsatz der Buchführung.

3 Unterscheiden Sie verschiedene Arten von Systembüchern.

4 Beschreiben Sie den Aufbau des Journals.

5 Erklären Sie den Zusammenhang zwischen Wertströmen (Wertzufluss und Wertabfluss) und einem Grundbuch.

6 a) Erläutern Sie den Unterschied zwischen Journal und Hauptbuch.
b) Grund- und Hauptbuch werden nach bestimmten Prinzipien geführt. Erläutern Sie diese Prinzipien jeweils.

7 Geben Sie an, wie lange Unterlagen der Buchführung aufbewahrt werden müssen und wann sie dann frühestens vernichtet werden dürfen.

8 Nennen Sie verschiedene Nebenbücher und ihren jeweiligen Zweck.

9 a) Beschreiben Sie den Aufbau eines T-Kontos.
b) Leiten Sie daraus ab, welche Informationen daraus gewonnen werden können.

10 Erklären Sie den Begriff „Doppik“.

3 Buchungen von Wertströmen im Unternehmen

3.1 Die Umsatzsteuer

LS 74 Die Umsatzsteuer berücksichtigen – damit der Staat sein Geld bekommt!

Beispiel

Prognosen zu Steuereinnahmen wegen der Corona-Krise sinken massiv

Berlin Der Arbeitskreis Steuerschätzung hat in seiner Mai-Sitzung die Schätzungen für die kommenden vier Jahre deutlich nach unten korrigiert …

Lernvideo
Das System der Umsatzsteuer

Der Staat, d. h. Bund, Länder und Gemeinden, hat eine Fülle von Einzelaufgaben, um einen funktionierenden Alltag der Bürger gewährleisten zu können. Es müssen Straßen und Schulen gebaut, Behörden und andere öffentliche Einrichtungen betrieben werden. Für die Erfüllung aller Aufgaben im Interesse der Bevölkerung werden beträchtliche finanzielle Mittel benötigt. Diese Mittel beschafft sich der Staat durch die Erhebung von Steuern. Steuern sind die Haupteinnahmequelle des deutschen Staates, was auch in Artikel 105 des Grundgesetzes und seiner Interpretation durch das Bundesverfassungsgericht zum Ausdruck kommt: Deutschland ist ein Steuerstaat.

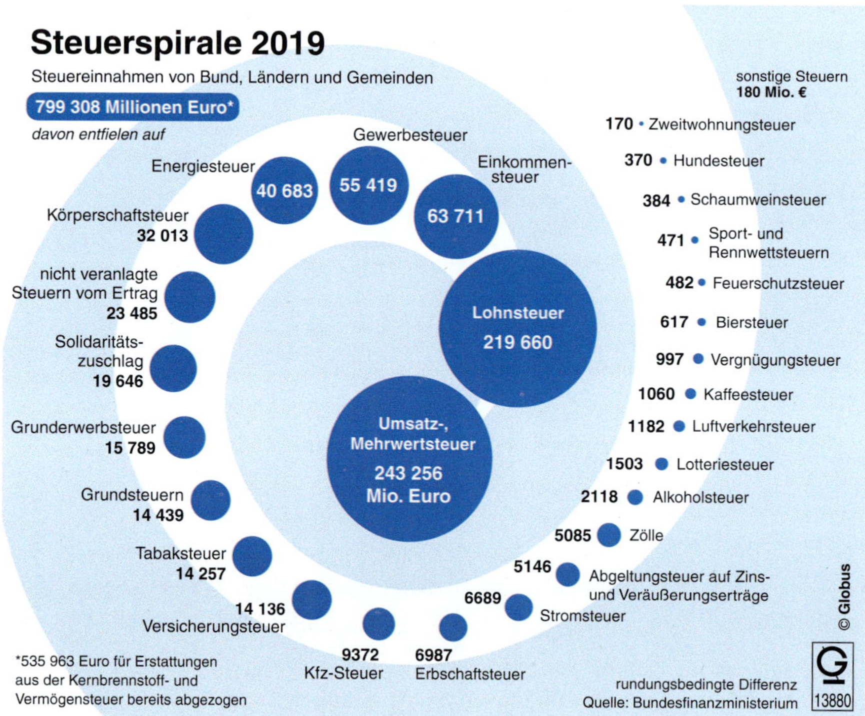

Die einnahmestärkste Steuerart im Jahr 2019 ist die Umsatzsteuer.[1] Als Verkehrs- und Gemeinschaftssteuer wird sie grundsätzlich auf alle wirtschaftlichen Vorgänge des täglichen Lebens erhoben.

Verkehrssteuer bedeutet, dass sie an den Rechtsverkehr, d. h. an den **Leistungsaustausch** oder **Umsatz** geknüpft ist. Gemeinschaftssteuer bedeutet, dass sich Bund, Länder und Gemeinden dieses Steueraufkommen teilen: Von der Umsatzsteuer bekommt der Bund etwas mehr als die Hälfte, die Länder etwas weniger als 50 % und die Gemeinden etwas mehr als 3 %.[2]

1 Recherchieren Sie, wie dies im aktuellen Jahr ist!

2 Die genaue Verteilung kann jährlich leicht variieren und hängt von den jeweiligen Einwohnerzahlen ab (§ 2 Finanzausgleichsgesetz).

3.1.1 Ausgangsrechnungen mit Umsatzsteuer

Beispiel Ein neuer Kunde in Sicht …

Vor einigen Tagen erhielt die BE Partners KG eine Anfrage der ortsansässigen Berufsschule. Die Abschlussklasse der Kaufleute für Büromanagement möchte die bestandene Prüfung feiern und sich zu diesem Anlass T-Shirts mit dem nebenstehenden Musteraufdruck anfertigen lassen. Doch vorab soll der Preis entscheiden, ob die BE Partners KG auch den Zuschlag erhält …

Wie bei allen anderen Produkten und Dienstleistungen bestimmt sich der Wert der Leistung, in diesem Fall der T-Shirts, in erster Linie aufgrund der **Kosten**[1] für die Herstellung oder Beschaffung der Ware. Da die *BE Partners KG* auch bei diesem Auftrag etwas verdienen möchte, kommt zu den Herstellungskosten noch ein Gewinnzuschlag hinzu. Der Angebotspreis für den Kunden verteuert sich noch durch eine weitere Komponente: die Umsatzsteuer.

1 Die **Kosten** je T-Shirt enthalten die Aufwendungen für das benötigte Material und Personal.

Beispiel Zu welchem Preis kann der Auftrag angeboten werden?

Die T-Shirts liefert Eulenberger & Samtmann Textilgroßhandel GmbH & Co. KG zu einem besonders günstigen Stückpreis von 2,75 € netto. Für die Erstellung der Siebdruckvorlage nach Kundenvorgabe wird eine halbe Stunde benötigt.

Einkauf von 25 T-Shirts, weiß, Baumwolle zu je 2,75 €	68,75 €
+ Erstellung der Siebdruckvorlage	44,50 €
+ Kosten für Aufdruck zu je 1,35 €	33,75 €
= Herstellungskosten	147,00 €
+ 10 % Gewinnaufschlag	14,70 €
= Angebotspreis (ohne Umsatzsteuer)	161,70 €
+ 19 % Umsatzsteuer	30,72 €
= endgültiger Angebotspreis (mit Umsatzsteuer)	192,42 €

Der Berufsschulklasse können die 25 farbig bedruckten T-Shirts zu einem Gesamtpreis von 192,42 € angeboten werden. Der Gewinnaufschlag wird im Angebot nicht offen ausgewiesen. Stattdessen schlägt ihn die BE Partners KG auf die Kosten für die Siebdruckvorlage auf. So wird es dann auch in der Rechnung ausgewiesen.

Neben der *BE Partners KG* „verdient“ auch der Staat bei diesem Geschäft durch die aufgeschlagene Umsatzsteuer mit. Die Umsatzsteuer ist seine wichtigste Einnahmequelle, wie der Abbildung „Steuerspirale“ auf der Vorseite zu entnehmen ist.

Zwar bezahlt der Kunde die Umsatzsteuer, doch der Leistungserbringer (der die Ware oder die Dienstleistung verkauft) muss dem Kunden die Umsatzsteuer in Rechnung stellen und an das Finanzamt abführen. Der Leistungserbringer ist im Normalfall Steuerschuldner der Umsatzsteuer und das Finanzamt wendet sich an ihn. Die genaue Höhe und die Berechnungsgrundlage für die Umsatzsteuer muss er auf jeder Rechnung eindeutig ausweisen.[2]

Da die Umsatzsteuer immer auf den Nettobetrag der Ware oder Dienstleistung erhoben wird, bezeichnet man sie auch als Nettosteuer.[3] Sie ist außerdem eine Quellensteuer, weil sie direkt an der Quelle, d.h. beim Lieferanten, abgeschöpft und nicht erst im Nachhinein beim Verbraucher durch Erklärung erhoben wird.

2 Mindestinhalte einer Rechnung
→ LF 6, Kap. 3.1.6

3 § 10 Abs. 1 UStG Entgelt der Lieferung und sonstigen Leistung

Bitte bei Zahlung immer angeben:

BE Partners KG, Postfach 10 01 .., 53100 Bonn
Berufskolleg Bonn-Nord
Tobias Schranner
Römerstraße 422
53117 Bonn

Ihre Kundennummer: 30017
Rechnungsnummer: 48473/20..

Name: Ulrike Fuchs
Telefon: +49 228 1236..-287
Telefax: +49 228 1236..-114
E-Mail: u.fuchs@bepartners.de

Datum: 30. Januar 20..

Rechnung zum Auftrag Nr. 48473A vom 07.01.20..
Leistungsmonat: Januar

Pos.	Art.-Nr.	Bezeichnung	Menge	Einzelpreis €	Rabatt %	Betrag €
1	D1330	Erstellung Druckvorlage nach Vorgabe	0,5 h	59,20		59,20
2	T0102	T-Shirt, weiß	25 St.	2,75		68,75
3	X384	Aufdruck nach Vorlage	25 St.	1,35		33,75
Summe Positionen						161,70
Lieferkosten						0,00
Rechnungsbetrag netto						161,70
Umsatzsteuer 19 %						30,72
Rechnungsbetrag (inkl. USt)						**192,42**

Die verkauften Erzeugnisse stellen einen Wertabfluss in Höhe des Warenwertes, d. h. den Nettoverkaufspreis der Produkte, dar. Die Gegenleistung des Kunden besteht in der Bezahlung des gesamten Kaufpreises. Dieser Wertzufluss in Höhe des Zahlungsbetrages (Bruttobetrag der Ware) setzt sich aus dem (reinen) Warenwert und der Umsatzsteuer zusammen.[1]

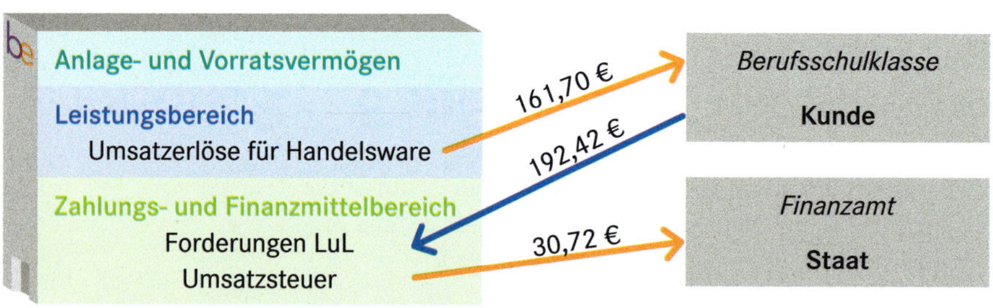

#	Beleg-Nr.	Wertzufluss (Soll)	€	Wertabfluss (Haben)	€
311	AR221	2400 Forderungen LuL	192,42	5100 Umsatzerlöse für Handelsware	161,70
				4800 Umsatzsteuer	30,72

Die Umsatzsteuer steht dem Staat zu. Da er diese aber nicht selbst bei den Beziehern von Lieferungen und Leistungen einziehen will, haben Unternehmen wie die *BE Partners KG* die Aufgabe, die im Absatzgeschäft eingenommene Umsatzsteuer gesammelt

1 Warenwert ohne USt (netto)
+ Umsatzsteuer
= Warenwert mit USt (brutto)

an den Staat abzuführen. Solange dies noch nicht erfolgt ist, handelt es sich bei der vom Kunden vereinnahmten Umsatzsteuer für die Unternehmen um eine **Verbindlichkeit gegenüber dem Staat,** d. h. um einen (künftigen) Wertabfluss. Aus Sicht der Buchführung ist die vereinnahmte Umsatzsteuer eine **Umsatzsteuer-Verbindlichkeit**.

Merke! Steuerträger ist der Erwerber (meist Endverbraucher) als Steuerpflichtiger.
Steuerschuldner ist das Unternehmen, das die Steuer an den Staat abführt.[1]
Umsatzsteuer-Verbindlichkeit = Steuerschuld an den Staat, die durch Lieferungen und Leistungen des Unternehmens entsteht.

1 § 13 a Abs. 1 Nr. 1 UStG

3.1.2 Eingangsrechnungen mit Umsatzsteuer

Noch bevor die T-Shirts bedruckt und ausgeliefert werden können, lässt sich die *BE Partners KG* die T-Shirts liefern und erhält die folgende Eingangsrechnung:

Eulenberger & Samtmann
Textilgroßhandel GmbH & Co. KG

Eulenberger & Samtmann, Postfach 20 14 .., 56014 Koblenz
BE Partners KG
Schlesienstraße 490 – 492
53119 Bonn

Bitte bei Zahlung immer angeben:

Ihre Kundennummer: 54321
Rechnungsnummer: 382-20..

Name: Waldemar Fogelmann
Telefon: 0261 1002..-36
Telefax: 0261 1002..-20
E-Mail: w.fogelmann@eulenberger-textil.dex

Datum: 23. Januar 20..

Rechnung und Lieferschein Nr. 382-20..
Ihr Auftrag Nr. 51-20.. vom 09.01.20..

Datum	Art.-Nr.	Bezeichnung	Menge	Einzelpreis (€)	Gesamtpreis (€)
23.01.20..	T013	T-Shirt, Baumwolle, weiß	25	2,75	68,75
Gesamtpreis netto					68,75
19 % Umsatzsteuer					13,06
Rechnungsbetrag					81,81

Die Lieferung erfolgte am 22.01.20..

Zahlbar innerhalb von 30 Tagen netto.

Für die *Eulenberger & Samtmann Textilgroßhandel GmbH & Co. KG* stellt dieser Vorgang nichts anderes als ein Absatzgeschäft dar und sie muss die ausgewiesene Umsatzsteuer an den Staat abführen. Die *BE Partners KG* als Kunde muss den Warenwert (netto) sowie die darauf entfallende Umsatzsteuer an den Lieferer zahlen.[2]

Da sowohl im Beschaffungs- wie auch im Absatzbereich von Unternehmen Umsatzsteuer auftritt, bezeichnet man die Umsatzsteuer bei Beschaffungsvorgängen als **Vorsteuer.** Dieser Begriff lässt sich darauf zurückführen, dass es sich um eine an den **Vor**unternehmer geleistete Steuer handelt. Durch die unterschiedlichen Begriffe werden Verwechslungen vermieden und beide Bereiche eindeutig unterschieden.

2 **Achtung!**
Die Zahlungsangabe „Zahlbar innerhalb von 30 Tagen netto“ bedeutet nicht, dass die Umsatzsteuer geschenkt wird. Vielmehr muss der Zahlungspflichtige den vollen Rechnungsbetrag ohne jegliche Abzüge für Skonto bezahlen.

Die bezogene Handelsware ist ein Wertzufluss in Höhe des Nettowertes der T-Shirts. Der gesamte zu zahlende Rechnungsbetrag (Bruttobetrag) wird als Wertabfluss ausgewiesen.[1] Bei der Umsatzsteuer (Vorsteuer) handelt es sich in diesem Fall – anders als im Absatzgeschäft zuvor – jetzt um einen Wertzufluss. Aber wie kommt das?

1 Nettobetrag der Ware
+ Umsatzsteuer
= Bruttobetrag der Ware

Die Umsatzsteuer ist grundsätzlich von jedem zu zahlen, der Waren oder Leistungen erwirbt. Dabei ist es unerheblich, ob es sich um Privatpersonen oder Unternehmen handelt. Wenn der Erwerber jedoch Unternehmer ist und für seine Leistungen selbst Umsatzsteuer berechnen muss, kann er sich die bei Beschaffungsvorgängen gezahlte Umsatzsteuer vom Staat erstatten lassen.[2] Deshalb handelt es sich bei der **Umsatzsteuer im Beschaffungsbereich** um einen **Wertzufluss,** da sie zu einem späteren Zeitpunkt erstattet wird. Voraussetzung für eine Erstattung ist eine Eingangsrechnung mit Ausweis der Umsatzsteuer.

2 § 15 Abs. 1 UStG
Ein Unternehmer (§ 2 UStG) führt eine selbstständige berufliche oder gewerbliche Tätigkeit aus.

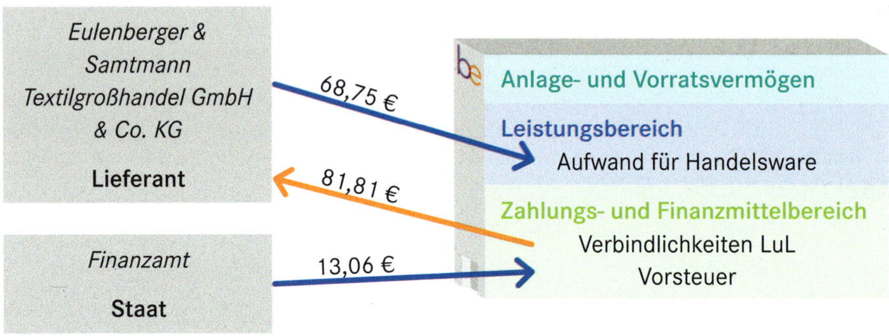

#	Beleg-Nr.	Wertzufluss (Soll)	€	Wertabfluss (Haben)	€
312	ER73	6080 Aufwand für Handelsware	68,75	4400 Verbindlichkeiten LuL	81,81
		2600 Vorsteuer	13,06		

Merke! Die Umsatzsteuer gehört nicht zu den unternehmerischen Kosten bei der Herstellung der Unternehmensleistung. Sie ist für das Unternehmen **wettbewerbsneutral.** Man bezeichnet die Umsatzsteuer deshalb auch als **durchlaufenden Posten,** der das Unternehmensergebnis[3] nicht belastet.

3 **Unternehmensergebnis:** Gewinn oder Verlust

Bis zur Erstattung der Vorsteuer durch den Staat hat das Unternehmen einen Zahlungsanspruch und damit eine Forderung an das Finanzamt (**Vorsteuer-Forderung**[4]).

4 **Vorsteuer-Forderung:** Anspruch des Unternehmens auf Rückerstattung der im Einkauf bezahlten Umsatzsteuer (Vorsteuer) vom Staat

3.1.3 Die Umsatzsteuer bekommt der Staat

Beispiel Im September wurden neben dem Geschäft mit den bedruckten T-Shirts noch zahlreiche weitere Beschaffungs- und Absatzvorgänge getätigt. Dafür wurde den Kunden Umsatzsteuer in Höhe von insgesamt 44.459,62 € in Rechnung gestellt. Im gleichen Zeitraum betrug die gezahlte Vorsteuer 19.389,52 €.

In regelmäßigen Abständen muss die vereinnahmte Umsatzsteuer mit der gezahlten Vorsteuer verrechnet und die Ausgleichszahlung an den Staat vorgenommen bzw. angefordert werden. Dass erfolgt durch eine **Umsatzsteuervoranmeldung** beim zuständigen Finanzamt.

Für den Abrechnungsmonat September müsste die *BE Partners KG* einen Umsatzsteuerbetrag von 44.459,62 € an das zuständige Finanzamt abführen, während gleichzeitig Vorsteuer in Höhe von 19.389,52 € erstattet werden soll. Aus Vereinfachungsgründen sieht das Verfahren deshalb vor, dass die Beträge verrechnet werden und nur der Differenzbetrag abgeführt bzw. erstattet wird.

Merke!

  Summe der im Voranmeldezeitraum[1] erhaltenen Umsatzsteuer
– Summe der im Voranmeldezeitraum bezahlten Vorsteuer

= Umsatzsteuer-Schuld bzw. -Guthaben

1 **Voranmeldezeitraum:** Zeitraum, für den die Umsatzsteuer bzw. Vorsteuer ermittelt und mit dem Finanzamt verrechnet wird

Muss die *BE Partners KG* Steuern an das Finanzamt abführen, so spricht man von einer **Umsatzsteuerzahllast**[2], kurz: Zahllast. Hat das Unternehmen höhere Anschaffungen als Umsätze getätigt, übersteigt die gezahlte Vorsteuer die vereinnahmte Umsatzsteuer. Dann liegt eine Steuerforderung gegenüber dem Staat vor. Dieser sogenannte **Vorsteuerüberhang**[3] wird vom zuständigen Finanzamt zurückerstattet.

2 Umsatzsteuer > Vorsteuer: **Umsatzsteuerzahllast**

3 Umsatzsteuer < Vorsteuer: **Vorsteuerüberhang**

Für den Monat September sieht die Ermittlung der Steuerschuld folgendermaßen aus:

Beispiel

Summe der Umsatzsteuer	44.459,62 €
– Summe der Vorsteuer	19.389,52 €
= Umsatzsteuer-Schuld (Zahllast)	25.070,10 €

Die Überweisung der Zahllast an das zuständige Finanzamt führt zu einem Wertabfluss auf dem Girokonto (Bank) der *BE Partners KG*. Der entsprechende Wertzufluss erfolgt bei der Umsatzsteuer-Verbindlichkeit, da diese durch die Zahlung erlischt.[4]

4 Vgl. z. B. Zahlung einer offenen Lieferantenrechnung, bei der die Verbindlichkeit aus Lieferungen und Leistungen durch einen entsprechenden Wertzufluss erlischt.

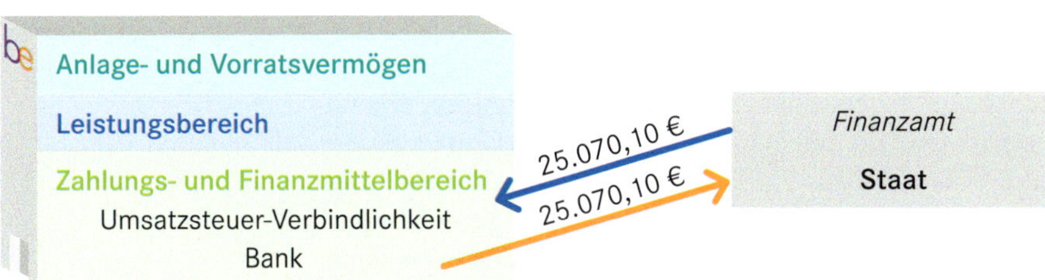

#	Beleg-Nr.	Wertzufluss (Soll)	€	Wertabfluss (Haben)	€
313	IB36	4800 Umsatzsteuer	25.070,10	2800 Bank	25.070,10

Von der Wertposition Umsatzsteuer-Verbindlichkeit sind 25.070,10 € durch Überweisung der Zahllast an den Staat erloschen. Ursprünglich wurde aber im Rahmen der Verkaufsvorgänge Umsatzsteuer von insgesamt 44.459,62 € gebucht. Die Differenz zwischen diesen beiden Beträgen – und damit der Restbetrag an noch vorhandener Umsatzsteuer-Verbindlichkeit – entspricht der bezahlten Vorsteuer in Höhe von 19.389,52 €.

Nach Überweisung der Zahllast hat die *BE Partners KG* **weder** eine **Steuerschuld** noch ein **Steuerguthaben**, die beiden Wertpositionen Vorsteuer-Forderung und Umsatzsteuer-Verbindlichkeit müssen ausgeglichen sein. Dies erreicht man, indem das Steuerguthaben (Vorsteuer-Forderung) auf die Umsatzsteuer-Verbindlichkeit umgebucht und so beide Wertpositionen miteinander verrechnet werden. Dadurch entsteht ein Wertabfluss bei der Vorsteuer-Forderung in Höhe von 19.389,52 € und ein Wertzufluss in gleicher Höhe bei der Umsatzsteuer-Verbindlichkeit.[1]

#	Beleg-Nr.	Wertzufluss (Soll)	€	Wertabfluss (Haben)	€
314	IB37	4800 Umsatzsteuer	19.389,52	2600 Vorsteuer	19.389,52

1
Umsatzsteuer	44.459,62
- Vorsteuer	- 19.389,52
= Zahllast	25.070,10
- Überweisung ans Finanzamt	- 25.070,10
= Zahllast	0

Merke! Bis zur (vollständigen) Überweisung der Zahllast ist diese für die BE Partners KG eine Verbindlichkeit. Bei einem Vorsteuerüberhang handelt es sich hingegen um eine Forderung gegenüber dem Finanzamt.

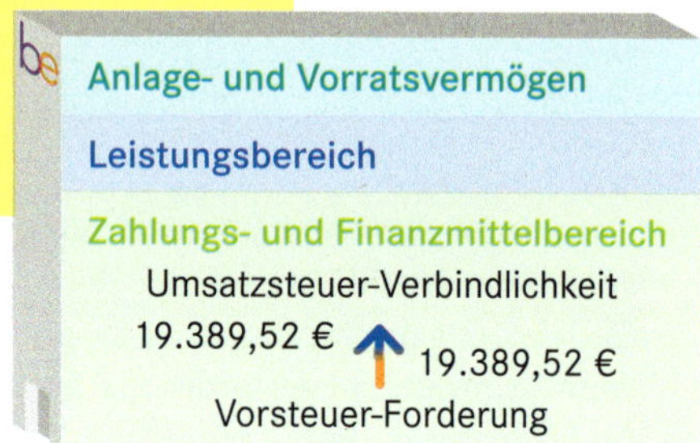

Die Wertposition Vorsteuer-Forderung weist damit Wertzuflüsse von insgesamt 19.389,52 € sowie einen Wertabfluss in gleicher Höhe auf. Damit ist die Vorsteuer-Forderung ausgeglichen. Die Summe an Wertzuflüssen entspricht betragsmäßig den Wertabflüssen. Gleiches gilt letztlich für die Umsatzsteuer-Verbindlichkeit.

2600 Vorsteuer

Wertzufluss		Wertabfluss	
Sammelbuchung	19.389,52	314 USt	19.389,52
	19.389,52		19.389,52

4800 Umsatzsteuer

Wertzufluss		Wertabfluss	
314 Vorst.	19.389,52	Sammelbuchung	44.459,62
313 Bank	25.070,10		
	44.459,62		44.459,62

Die Ermittlung der entsprechenden Steuerschuld muss regelmäßig erfolgen. Hierzu hat der Gesetzgeber einen sogenannten Voranmeldungszeitraum im § 18 Umsatzsteuergesetz (UStG) festgelegt. Jedes Unternehmen gibt bis zum **10. Tag nach Ablauf des Voranmeldungszeitraums** eine Voranmeldung ab und leistet gleichzeitig eine **Vorauszahlung** der zu erwartenden Zahllast an das zuständige Finanzamt. Diese Meldung erfolgt heute zwingend elektronisch, z. B. über das ElsterOnline-Portal.

§ 18 UStG

(1) Der Unternehmer hat bis zum 10. Tag nach Ablauf jedes Voranmeldungszeitraums eine Voranmeldung nach amtlich vorgeschriebenem Datensatz durch Datenfernübertragung zu übermitteln, in der er die Steuer für den Voranmeldungszeitraum (Vorauszahlung) selbst zu berechnen hat. Auf Antrag kann das Finanzamt zur Vermeidung von unbilligen Härten auf eine elektronische Übermittlung verzichten; in diesem Fall hat der Unternehmer eine Voranmeldung nach amtlich vorgeschriebenem Vordruck abzugeben. [...] Die Vorauszahlung ist am 10. Tag nach Ablauf des Voranmeldungszeitraums fällig.

(2) Voranmeldungszeitraum ist das Kalendervierteljahr. Beträgt die Steuer für das vorangegangene Kalenderjahr mehr als 7 500 Euro, ist der Kalendermonat Voranmeldungszeitraum. Beträgt die Steuer für das vorangegangene Kalenderjahr nicht mehr als 1 000 Euro, kann das Finanzamt den Unternehmer von der Verpflichtung zur Abgabe der Voranmeldungen und Entrichtung der Vorauszahlungen befreien. Nimmt der Unternehmer seine berufliche oder gewerbliche Tätigkeit auf, ist im laufenden und folgenden Kalenderjahr Voranmeldungszeitraum der Kalendermonat. [...]

3.1.4 Warum die Umsatzsteuer auch als Mehrwertsteuer bezeichnet wird

Viele Erzeugnisse werden heute in aufeinander aufbauenden Produktionsstufen[1] von mehreren Unternehmen hergestellt. Durch die Leistung jedes beteiligten Unternehmens erhöht sich der Wert des Erzeugnisses (**Wertschöpfung**[2]). Jedes beteiligte Unternehmen hat einen **Mehrwert** am Produkt geschaffen. Diese Arbeitsteilung führt zu Absatz- und Beschaffungsgeschäften zwischen den Unternehmen der einzelnen Produktionsstufen, deren Umsätze der Umsatzsteuer unterliegen.[3] Wie wirkt sich dies aber nun auf die Besteuerung des Endprodukts aus? Die Antwort auf diese Frage soll anhand des Kundenauftrags aus dem Einstiegsbeispiel gegeben werden.

1 Produktionsstufen
→ FK 1, LF 1, Kap. 2.2.1

2 **Wertschöpfung:** der von jedem Unternehmen zusätzlich geschaffene Wert (= Mehrwert) einer Ware oder Leistung

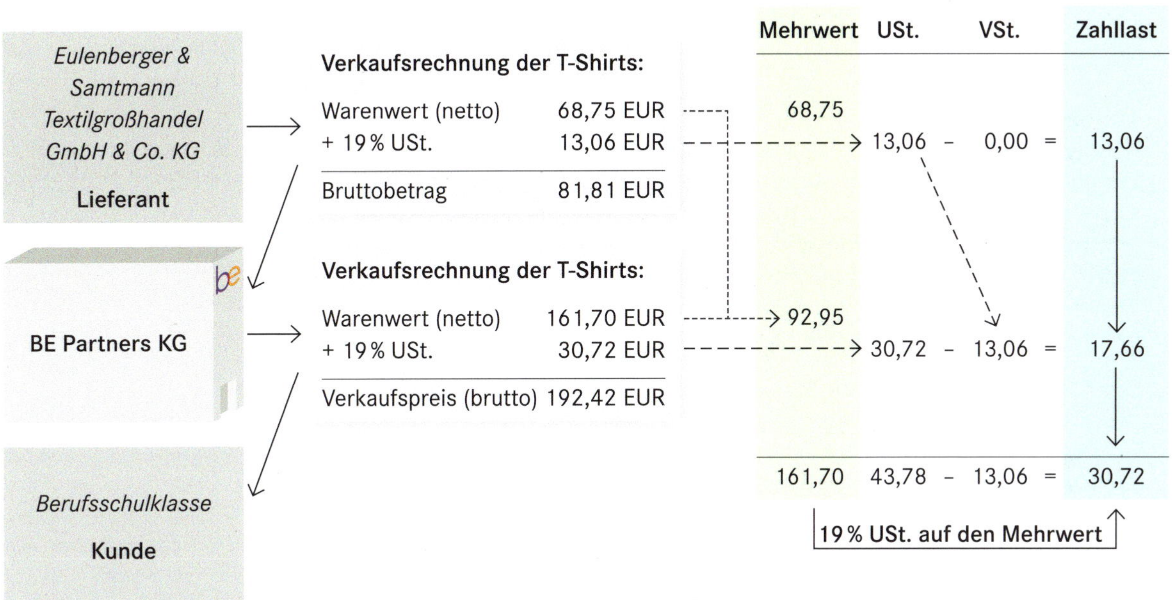

Addiert man den von jedem Unternehmen geschaffenen Mehrwert des Produkts, so ergibt sich der gesamte Warenwert (netto) des Endprodukts. Die auf jeder Produktionsstufe abgeführte Umsatzsteuer-Zahllast entspricht der Umsatzsteuer auf den dort geschaffenen Mehrwert.[4] Jedes Unternehmen müsste eigentlich nur den Mehrwert der Steuerberechnung zugrunde legen. Tatsächlich wird die Umsatzsteuer immer vom gesamten Warenwert ermittelt. Das würde Produkte, die in mehreren aufeinander folgenden Produktionsstufen hergestellt werden, erheblich verteuern. Deshalb dürfen Unternehmen die gezahlte Vorsteuer – und damit die auf den Warenwert der vorherigen Produktionsstufe berechnete Umsatzsteuer – abziehen. Damit ergibt sich nur eine Besteuerung des jeweiligen Mehrwerts.

Da die Umsatzsteuer faktisch eine Steuer auf den Mehrwert der Ware darstellt, bezeichnet man sie im Alltag auch als **Mehrwertsteuer.** Die korrekte Bezeichnung ist jedoch der im Gesetz verwendete Begriff Umsatzsteuer.[5]

3 Die Umsatzsteuer ist eine Allphasen(netto)steuer, die auf jeder Produktions- bzw. Wirtschaftsstufe vom Nettobetrag erhoben wird.

4 **Lieferant:**
Mehrwert = 68,75 €
USt. = 13,06 €
BE Partners KG:
Mehrwert = 92,95 €
USt. = 17,66 €
Staat:
13,06 € + 17,66 € = 30,72 €

5 Im englischen Sprachraum heißt es value added tax (VAT) = Mehrwertsteuer.

3.1.5 Die Umsatzsteuer in Deutschland

Jeden Tag wird eine riesige Anzahl von Waren und Dienstleistungen verkauft, d.h. gegen Entgelt ausgetauscht, die meisten davon unterliegen der Umsatzsteuer, es handelt sich um **steuerbare Umsätze.**[1] Zu den **nicht steuerbaren Umsätzen** zählen Vorgänge, bei denen die wirtschaftliche Verbindung zwischen Leistung und Gegenleistung fehlt (z. B. Zahlung eines echten Schadensersatzes, Mitgliedsbeiträge an einen Turnverein) oder überhaupt keine Gegenleistung vorhanden ist (z. B. Erbschaft, Schenkung). Verkäufe von Privatpersonen sind ebenfalls nicht steuerbar, da § 1 UStG von Lieferungen und Leistungen eines Unternehmers ausgeht. In allen anderen Fällen handelt es sich um steuerbare Umsätze, die grundsätzlich der Umsatzsteuer unterliegen.

1 Unter einem Umsatz versteht der Gesetzgeber Lieferungen oder Leistungen eines Unternehmers im Inland der Bundesrepublik Deutschland (§ 1 Abs. 2 UStG) gegen Zahlung eines Entgelts.

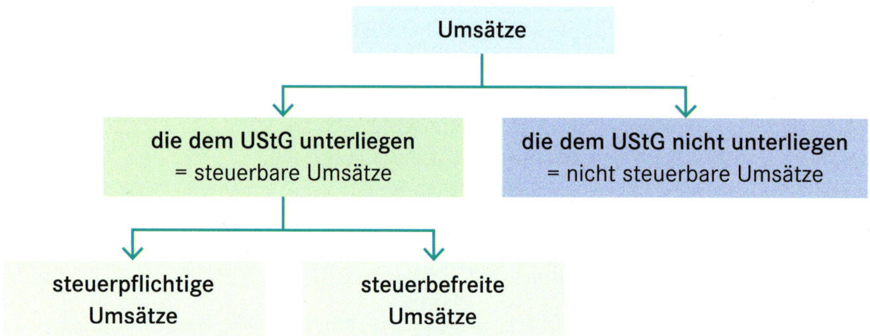

Die überwiegende Anzahl der steuerpflichtigen Umsätze unterliegt dem **Regelsteuersatz** von 19 %.[2] Für bestimmte Lieferungen und Leistungen **ermäßigt** sich der Steuersatz auf **7 %,** um die Bedürfnisse des täglichen Lebens nicht zu sehr zu verteuern. Hierunter fallen z. B. viele Lebensmittel, Zeitungen, Beförderung von Personen im öffentlichen Schienen- und Busverkehr sowie mit Taxen innerhalb einer Kommune bzw. bis zu einer Beförderungsstrecke von höchstens 50 km.

2 § 1 Abs. 1 Nr. 1 UStG, § 12 UStG
Steuersätze
allgemein: 19 %
ermäßigt: 7 %

Der Katalog der Leistungen, die dem **ermäßigten Umsatzsteuersatz** unterliegen, bildet die Anlage 2 zum UStG und umfasst mehrere Druckseiten. Gerade bei Lebensmitteln ist die Zuordnung zum vollen oder zum ermäßigten Umsatzsteuersatz oft schwer nachzuvollziehen. Es wird zwischen Lebensmitteln unterschieden, die mit 7 % belegt sind, und Getränken (alkoholisch oder nicht), die dem Regelsteuersatz von 19 % unterliegen. Milch als Grundnahrungsmittel gehört zu den mit 7 % belegten Artikeln. Bei fertig zubereiteten Speisen richtet sich der Steuersatz danach, ob die Lieferung der Ware oder die Dienstleistung überwiegt: Essen, das man aus dem Schnellrestaurant mitnimmt, wird mit 7 % besteuert, wenn man es vor Ort verzehrt, beträgt der Steuersatz 19 %.

Eine Reihe von Unternehmensleistungen ist von der Besteuerung komplett befreit.[3] Hierzu zählen u. a.:

- Umsätze im Geld- und Kreditverkehr von Banken, z. B. Aufnahme von Krediten oder Bareinzahlungen auf Girokonten, Zinsumsätze,
- Erwerb und Veräußerung von **Grundstücken**[4],
- Umsätze im **Versicherungsgeschäft**[5],
- Umsätze im Postwesen der Deutschen Post AG, z. B. Porto,
- Umsätze aus **Vermietung**[6] und Verpachtung,
- Umsätze der gesetzlichen Sozialversicherung, Renten- oder Krankenleistungen.

3 §§ 4 Nr. 8 – 28, 4b, 5 UStG

4 Umsätze mit **Grundstücken** unterliegen in Deutschland der Grunderwerbsteuer, die grundsätzlich 3,5 % vom Verkaufspreis beträgt, wobei die einzelnen Bundesländer einen höheren Satz festlegen können.

5 Beiträge und Prämienzahlungen werden mit einer eigenen **Versicherungssteuer** belegt, diese beträgt aber ebenfalls 19 %.

6 Mietzahlungen für **Vermietung** und Verpachtung mit überwiegend gewerblichem Anteil sind umsatzsteuerpflichtig (§ 4 Nr. 12 Satz 2 UStG).

3.1.6 Die Rechnung als Grundlage für die Besteuerung

Verkaufsvorgänge werden üblicherweise schriftlich dokumentiert. Es wird über die Lieferung und Leistung eine **Rechnung** ausgestellt, die neben den einzelnen Nettoleistungen und -beträgen die Umsatzsteuer und den gesamten Rechnungsbetrag ausweist.

Merke! Eine **Rechnung** im Sinne des UStG ist ein Dokument zur Abrechnung einer unternehmerischen Leistung (§ 14 Abs. 1 UStG).

Gut zu wissen! Nach § 14 Abs. 4 UStG muss eine Rechnung folgende Angaben enthalten:

- den vollständigen Namen und die vollständige Adresse des leistenden Unternehmers und des Leistungsempfängers, (1)
- die [...] erteilte Steuernummer oder die [...] erteilte Umsatzsteueridentifikationsnummer, (2)
- das Ausstellungsdatum, (3)
- eine fortlaufende Nummer [...], die zur Identifizierung der Rechnung vom Rechnungsaussteller einmalig vergeben wird (Rechnungsnummer), (4)
- die Menge und die Art (handelsübliche Bezeichnung) der gelieferten Gegenstände oder den Umfang und die Art der sonstigen Leistung, (5)
- den Zeitpunkt der Lieferung oder sonstigen Leistung [...], (6)
- das nach Steuersätzen [...] aufgeschlüsselte Entgelt für die Lieferung oder sonstige Leistung (7) sowie jede im Voraus vereinbarte Minderung des Entgelts [...], (8)
- den anzuwendenden Steuersatz (9) sowie den auf das Entgelt entfallenden Steuerbetrag [...]. (10)

be

(1)

BE Partners KG, Postfach 10 01 .., 53100 Bonn
Berufskolleg Bonn-Nord
Tobias Schranner
Römerstraße 422
53117 Bonn

Bitte bei Zahlung immer angeben:

Ihre Kundennummer: 30017
Rechnungsnummer: 48473/20.. (4)

Name: Ulrike Fuchs
Telefon: +49 228 1236..-287
Telefax: +49 228 1236..-114
E-Mail: u.fuchs@bepartners.de

Datum: 30. Januar 20.. (3)

Rechnung zum Auftrag Nr. 48473A vom 07.01.20..
Leistungsmonat: Januar (6)

Pos.	Art.-Nr.	Bezeichnung	Menge	Einzelpreis €	Rabatt %	Betrag €
1	D1330	Erstellung Druckvorlage nach Vorgabe (5)	0,5 h	59,20	(6)	59,20 (7)
2	T0102	T-Shirt, weiß	25 St.	2,75		68,75
3	X384	Aufdruck nach Vorlage	25 St.	1,35		33,75
Summe Positionen						161,70
Lieferkosten						0,00
Rechnungsbetrag netto						161,70
Umsatzsteuer 19 % (9)				(10)		30,72
Rechnungsbetrag (inkl. USt)						**192,42**

BE Partners KG
Geschäftsführender Gesellschafter: Rolf Bastian
Schlesienstraße 490 – 492
53119 Bonn
info@bepartners.de
www.bepartners.de
Bonner Stadtbank
BIC: SBBODEU5XXX
IBAN: DE44 1079 4561 0900 5218 66
Amtsgericht Bonn
Handelsregister: A 96617/124
Umsatzsteuer-ID: DE1457777987 (2)

Diese umfangreichen Anforderungen an den Inhalt einer Rechnung sind bei Barverkäufen des täglichen Bedarfs nur mit großem Aufwand zu erfüllen. Deshalb erlaubt der Gesetzgeber bei Verkäufen bis maximal **250,00 €** (brutto), eine sogenannte **Kleinbetragsrechnung** als vereinfachte Form der Rechnungsstellung auszustellen.[1] Für Kleinbetragsrechnungen genügen:

- Angaben zum leistenden Unternehmen (vollständiger Name und Anschrift),
- Ausstellungsdatum,
- Beschreibung der Leistung,
- Gesamtsumme aus Entgelt und Steuerbetrag,
- Steuersatz.

Heute nutzen immer mehr Unternehmen die komfortable und kostengünstige Möglichkeit, Rechnungen auf elektronischem Wege (z. B. per E-Mail als PDF-Dokument) an ihre Kunden zu versenden. Im elektronischen Datenverkehr besteht grundsätzlich die Gefahr, dass Inhalte verfälscht oder vollständig vorgetäuscht (fingiert) werden können. Da Rechnungen Unternehmen zum Abzug der geleisteten Vorsteuer berechtigen, muss die Echtheit dieser elektronischen Dokumente eindeutig nachweisbar sein. Viele nutzen daher freiwillig qualifizierte elektronische Signaturen oder andere Systeme (z. B. EDI – Electronic Data Interchange).[2]

1 § 33 UStDV; die vereinfachte Form gilt auch für Fahrausweise in der Personenbeförderung.

2 elektronische Rechnung: § 14 Abs. 3 UStG

Alles klar?

1 Beschreiben Sie, wie die Umsatzsteuer ermittelt wird.

2 Erläutern Sie, weshalb man bei der Umsatzsteuer von einer Nettosteuer spricht.

3 Nennen Sie Steuerträger und Steuerschuldner der Umsatzsteuer.

4 Begründen Sie, warum es sich bei der Umsatzsteuer um eine Verbindlichkeit gegenüber dem Staat handelt.

5 Erläutern Sie, weshalb es sich bei der Umsatzsteuer-Verbindlichkeit für die *BE Partners K*G um einen Wertabfluss handelt.

6 Warum handelt es sich bei der Vorsteuer um eine Forderung an den Staat?

7 Erläutern Sie, warum es sich bei der Vorsteuer-Forderung um einen Wertzufluss für die *BE Partners KG* handelt.

8 Die Umsatzsteuer wird auch als durchlaufender Posten für das Unternehmen betrachtet. Erläutern Sie, weshalb dies so ist.

9 Erklären Sie, was man unter der Zahllast versteht und wie diese ermittelt wird.

10 Beschreiben Sie, wie ein Vorsteuer-Überhang zustande kommt.

11 Erläutern Sie, was unter dem Voranmeldezeitraum zu verstehen ist und welche Fristen jeweils gelten.

12 Beschreiben Sie das Mehrwertsteuersystem anhand eines geeigneten Beispiels.

13 Unterscheiden Sie steuerpflichtige und steuerbefreite Umsätze im deutschen Umsatzsteuersystem. Finden Sie passende Beispiele.

14 Aus welchen Gründen hat der Gesetzgeber manche Umsätze von der Umsatzsteuer befreit?

15 Die Umsatzsteuer kann nur dann mit dem Finanzamt abgerechnet werden, wenn eine ordnungsgemäße Rechnung vorliegt. Wann ist dies der Fall?

3.2 Besondere Buchungen bei Beschaffungsvorgängen

3.2.1 Rabatte über Rabatte - die Preise fallen ...

LS 75 Besondere Buchungen im Beschaffungsbereich durchführen

Beispiel „Da würde sich eine größere Bestellung ja lohnen ...“, so schießt es Thomas Martin aus der Einkaufsabteilung durch den Kopf, als er den Werbeflyer des Bergischen Papierkontors sieht. Für die laufenden Druckaufträge benötigt die BE Partners KG ohnehin noch Papier, und bei einem vergünstigten Einkaufspreis könnten gleich größere Mengen beschafft werden.

Lieferanten und Hersteller geben häufig bei Abnahme größerer Mengen **Rabatte.** Daneben gibt es eine Reihe weiterer Gründe für Rabattaktionen:

Gewinnen neuer Kunden oder Aufrechterhalten bestehender Kundenbeziehungen	
– Neukundenrabatt	Preisnachlass für neue Kunden
– Stamm- bzw. Treuerabatt	Preisnachlass für langjährige (Stamm-)Kunden
Beeinflussen der Bestellmenge	
– Mengenrabatt	Preisnachlass bei Abnahme größerer Mengen
– Dreingabe (Naturalrabatt inklusive)	ein Teil der bestellten Warenlieferung ist kostenlos
– Draufgabe (Naturalrabatt exklusive)	zusätzlich zur bestellten Warenlieferung erhält der Kunde noch weitere kostenlose Ware
weitere Anlässe	
– Wiederverkäuferrabatt	Preisnachlass für Einzel- und Großhändler, die die Waren weiterverkaufen
– Personal- bzw. Mitarbeiterrabatt	Preisnachlass für Mitarbeiter bei Einkauf aus dem eigenen Sortiment
– Sonderrabatte	z. B. bei saisonalem Ausverkauf, Räumungsverkauf usw.

Die Gründe für eine Rabattgewährung sind vielfältig, aber immer sollen Kunden zu erstmaligen, weiteren oder umfangreicheren Einkäufen angeregt werden. Um dies zu erreichen, wird bereits bei Abschluss des Kaufvertrages ein Rabatt gewährt. Ein solcher **Sofortrabatt** reduziert unmittelbar den Anschaffungspreis[1], und der neue Preis wird direkt auf der Rechnung ausgewiesen.

[1] Anschaffungspreis
→ LF 6, Kap. 4.4.1

Beispiel Bei dem günstigen Angebot der Bergischen Papierkontor GmbH wurde eine Großbestellung im Gesamtwert von 5.381,25 € (netto) getätigt. Wenige Tage später trifft die Lieferung zusammen mit der Eingangsrechnung ein und weist den gewährten Mengenrabatt von 5 % aus. Der Warenwert reduziert sich um 269,06 € (netto).

Bergisches Papierkontor GmbH
Elberfelder Straße 85 — 42285 Wuppertal

Bergisches Papierkontor GmbH | Elberfelder Str. 85 | 42285 Wuppertal
BE Partners KG
Schlesienstraße 490 – 492
53119 Bonn

Rechnung Nr. 13582

Bearbeiter	Kundennummer	Ihre Bestellung Nr.	vom	Rechn.-Datum
Stoll	42093		23.04.20..	26.04.20..
Versandart/Freivermerk		Verpackungsart	geliefert am	
Lkw/frei Haus		Karton à 5 000 Blatt	25.04.20..	

Pos.-Nr.	Artikel-Nr.	Warenbezeichnung	Menge	Preis/Einheit €	Gesamtpreis €
01	10243	Papier Prima/weiß	525	10,25 / Paket	5.381,25
02		5 % Stammkundenrabatt			269,06
		Nettorechnungsbetrag			5.112,19
		+ 19 % Umsatzsteuer			971,32
		Bruttorechnungsbetrag			6.083,51

Bitte überweisen Sie unter Angabe der Rechnungsnummer.
Bei Zahlung innerhalb von 10 Tagen gewähren wir 3 % auf den Bruttorechnungsbetrag. Rein netto innerhalb von 30 Tagen.

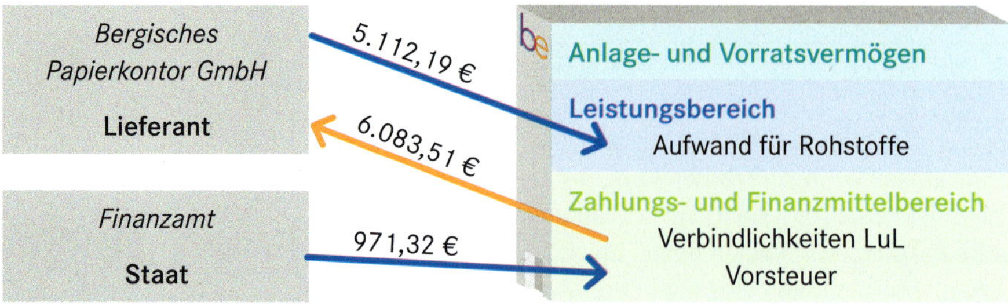

#	Beleg-Nr.	Wertzufluss (Soll)	€	Wertabfluss (Haben)	€
320	ER284	6000 Aufwand für Rohstoffe	5.112,19	4400 Verbindlichkeiten LuL	6.083,51
		2600 Vorsteuer	971,32		

Der Journaleintrag zeigt, dass Sofortrabatte keine Veränderung beim Buchungsvorgang mit sich bringen. Es wird einfach der neue, günstigere Einkaufspreis verbucht.

Merke! Lieferanten gewähren direkt beim Kauf einen Sofortrabatt auf den Warenwert. Dieser vermindert den Beschaffungspreis, wird aber in der Buchhaltung nicht weiter ausgewiesen, da die Beschaffung sofort mit den neuen Preisen verbucht wird.

Exkurs: Der Rabatt wurde vergessen!

Rabatte werden grundsätzlich bei Abschluss des Kaufvertrages eingeräumt. Es kann aber auch vorkommen, dass die Rabattgewährung übersehen oder vergessen wurde und man eine nachträgliche Gutschrift erhält.

Beispiel Die letzte Bestellung bei der apv Augsburger Papierveredelungsgesellschaft mbH ging so richtig schief. Neben der falsch gelieferten Ware, die mittlerweile ersetzt wurde, wurde auch der Stammkundenrabatt gänzlich übersehen. Durch ein kurzes Telefonat lässt sich der Irrtum aufklären und die BE Partners KG erhält eine Gutschrift über insgesamt 1.850,00 € (netto) als nachträglichen Rabatt.

Eine nachträglich gewährte Gutschrift reduziert die Höhe bestehender Verbindlichkeiten als Wertzufluss und wirkt damit wie eine Zahlung. Gleichzeitig vermindert sich der Warenwert der eingekauften Ressourcen (hier der Rohstoffe) und führt zu einem Wertabfluss. Durch den verminderten Warenwert muss eine Korrektur der Vorsteuer vorgenommen werden, die ebenfalls zu einem Wertabfluss führt.

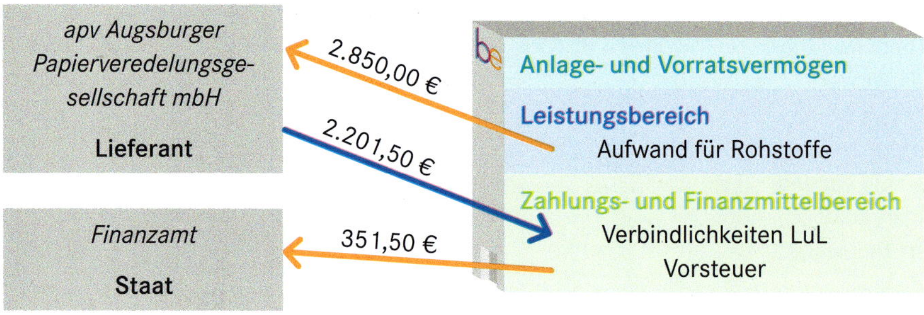

#	Beleg-Nr.	Wertzufluss (Soll)	€	Wertabfluss (Haben)	€
321	Gu304	4400 Verbindlichkeiten LuL	2.201,50	6000 Aufwand für Rohstoffe	1.850,00
				2600 Vorsteuer	351,50

3.2.2 Wenn Ware an den Lieferanten zurückgeht ...

Beispiel Ayshe Arslan kommt etwas verärgert in ihr Büro zurück. Beim Verteilen des heute gelieferten Büromaterials musste sie feststellen, dass ein Teil davon nicht bestellte Ware ist – immerhin im Wert von 185,00 € (netto). Nach einem kurzen Telefonat mit dem Lieferanten ist klar, dass die Ware umgehend wieder an ihn zurückgeht.

Dieser Vorfall ist ärgerlich, aber in jedem Unternehmen kommt es immer wieder vor, dass fehlerhafte oder falsche Ware geliefert wird. Da man damit normalerweise nichts anfangen kann, gehen solche Falschlieferungen an den Absender zurück.[1]

Der Lieferant nimmt die Ware entweder bei der nächsten Lieferung zurück oder sie wird ihm vorher zugeschickt. Der ursprüngliche Beschaffungsvorgang wird dadurch rückgängig gemacht, man sagt, er wird **storniert.** In der Buchhaltung wird ein Storno dadurch erreicht, dass die zugrunde liegende Beschaffungsbuchung nochmals erfasst wird, jedoch in **umgekehrter Reihenfolge**.

1 Gründe für eine Rücksendung:
- mangelhafte Ware (Qualität, Produkteigenschaften usw.)
- falsche Ware
- mehr Ware erhalten als bestellt
- Ware zu spät erhalten, die nicht mehr verwendet werden kann, z. B. bei Terminaufträgen

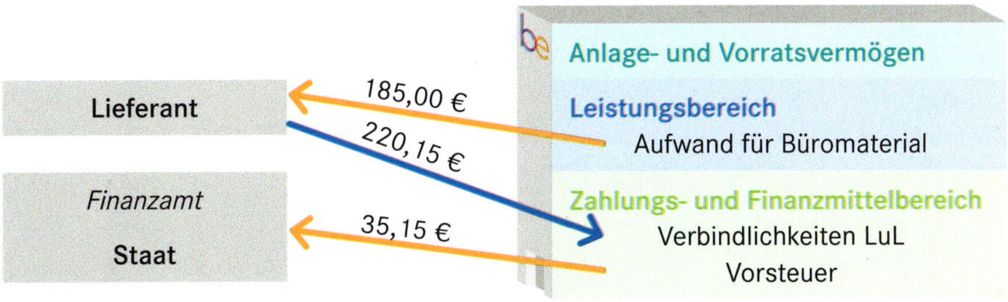

Für das Beispiel ergibt sich damit folgende Journalbuchung:

#	Beleg-Nr.	Wertzufluss (Soll)	€	Wertabfluss (Haben)	€
322	ER674	4400 Verbindlichkeiten LuL	220,15	6800 Aufwand für Büromaterial	185,00
				2600 Vorsteuer	35,15

Merke! Bei Rückgabe von Waren an den Lieferanten wird der zugrunde liegende Beschaffungsvorgang storniert. Buchhalterisch geschieht dies durch eine erneute, aber seitenverkehrte Erfassung der Beschaffungsbuchung, d. h., der ursprüngliche Wertzufluss erscheint dann als Wertabfluss und umgekehrt.

3.2.3 Skonto – bei vorzeitiger Bezahlung von Rechnungen Geld sparen

Beispiel Die derzeitige Ausbildungsstation von Florian Hamm ist die Buchhaltung. Dort unterstützt er Anton Gerke im Bereich des Kreditorenmanagements. Aktuell steht ein Zahlungslauf offener Lieferantenverbindlichkeiten an. Bevor diese in der EDV freigegeben werden, soll Florian die Überweisungsbeträge und mögliche Skontoabzüge prüfen.

Wenn die *BE Partners KG* die ihr von Lieferanten eingeräumten **Zahlungsfristen** komplett ausnutzt, bevor sie offene Rechnungen begleicht, zahlt sie **„rein netto“**[1]. Damit lässt sich die Liquidität langfristiger planen.[2] Offene Verbindlichkeiten werden oft deutlich vor dem Fälligkeitstermin bezahlt, und zwar dann, wenn sich dadurch der zu zahlende Rechnungsbetrag reduzieren lässt. Wird die Rechnung bereits innerhalb einer **kürzeren Skontofrist** (meist sind dies 8 bis 15 Tage ab Erhalt der Rechnung) gezahlt, so gewähren viele Lieferanten einen **Preisnachlass (Skonto)**[3] auf den Warenwert der Lieferung in Höhe eines bestimmten Prozentsatzes (**Skontosatz**). Die Dauer der Zahlungs- und Skontofrist und die Höhe des Skontosatzes legt der Lieferant fest. Er entscheidet, ob er überhaupt Skonto gewährt, und wenn ja, welche Leistungen (nur der Warenwert oder z. B. auch Transportleistungen) skontierbar sind.

1 Formulierungen wie z. B. „netto Kasse“ oder „ohne Abzug“ haben die gleiche Bedeutung.

2 Informationen zur Liquiditätsplanung
➔ FK 3, LF 9

3 **Sconto** (ital.): Nachlass, Barzahlungsrabatt für frühzeitige Zahlung

Beispiel Kunden der Werbeartikel Schnürer GmbH erhalten 2 % Skonto auf den Rechnungsbetrag, sofern dieser innerhalb von 10 Tagen ab Erhalt der Rechnung gezahlt wird. Für die BE Partners KG ergibt sich dadurch eine Ersparnis von 6,25 € (brutto), bezogen auf den gesamten Warenwert.

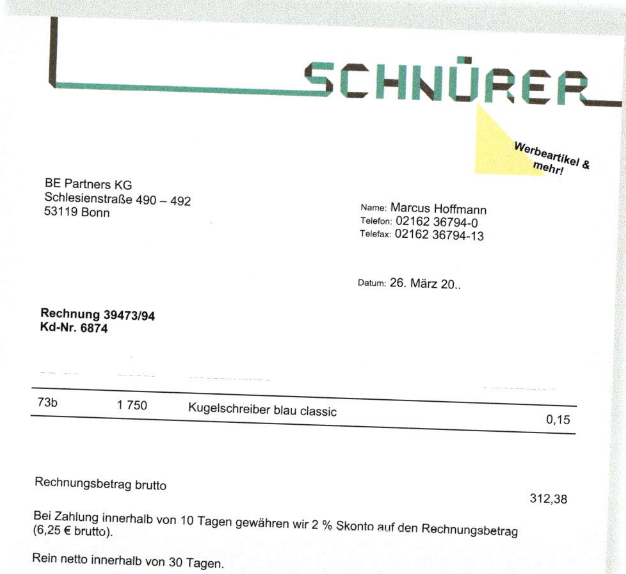
SCHNÜRER
Werbeartikel & mehr!

BE Partners KG
Schlesienstraße 490 – 492
53119 Bonn

Name: Marcus Hoffmann
Telefon: 02162 36794-0
Telefax: 02162 36794-13

Datum: 26. März 20..

Rechnung 39473/94
Kd-Nr. 6874

73b	1 750	Kugelschreiber blau classic	0,15

Rechnungsbetrag brutto 312,38

Bei Zahlung innerhalb von 10 Tagen gewähren wir 2 % Skonto auf den Rechnungsbetrag (6,25 € brutto).

Rein netto innerhalb von 30 Tagen.

Rechnungsbetrag brutto	312,38 €	100 %	Skonto brutto	6,25 €	119 %
– 2 % Skonto brutto	6,25 €	2 %	– 19 % USt.	1,00 €	19 %
= Zahlungsbetrag brutto	306,13 €	98 %	= Skonto netto	5,25 €	100 %

Auf der Rechnung werden Skontosatz und Skontofrist in den Zahlungsbedingungen genannt. Den Skontobetrag kann der Empfänger ebenfalls der Rechnung entnehmen und weiß so, wie viel er bei der Zahlung der Rechnung abziehen darf.

Ein in Anspruch genommenes Skonto reduziert den Zahlungs- und damit Überweisungsbetrag an den Lieferanten. Da sich das Skonto immer auf eine bestimmte Warenlieferung bezieht, wird der Warenwert nachträglich um den Skontobetrag vermindert.

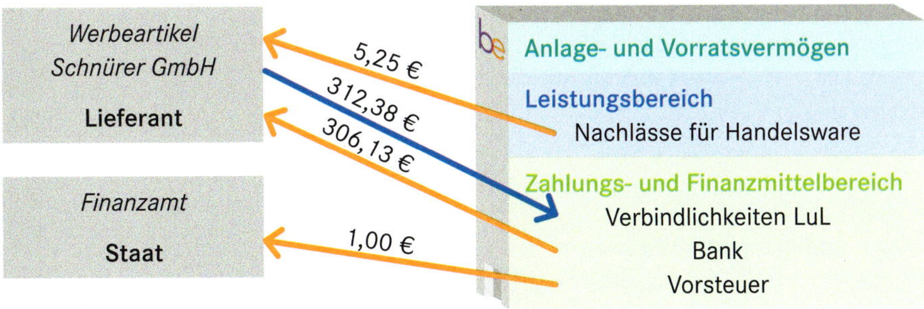

Bei der Bezahlung ergibt sich dann folgender Eintrag im Buchungsjournal:

#	Beleg-Nr.	Wertzufluss (Soll)	€	Wertabfluss (Haben)	€
323	Kto483	4400 Verbindlichkeiten LuL	312,38	2800 Bank	306,13
				6082 Nachlässe für Handelsware	5,25
				2600 Vorsteuer	1,00

Die Verbindlichkeiten in ihrer ursprünglichen Höhe erlöschen durch die Bezahlung vollständig (Wertzufluss). Das Guthaben auf dem Girokonto verringert sich um den Überweisungsbetrag (Wertabfluss). Da der Skontoabzug zu einer nachträglichen Verringerung des Warenwertes führt, wird dieser auf einem eigenen Konto **Nachlässe**[1] als Wertabfluss erfasst. Mit dem verminderten Warenwert sinkt auch die gezahlte Vorsteuer und muss entsprechend als Wertabfluss korrigiert werden.

Ob ein angebotenes Skonto in Anspruch genommen werden soll oder nicht, lässt sich sehr einfach beantworten: Es lohnt sich immer! Die Ersparnis in Höhe des Skontos sollte immer genutzt werden, selbst dann, wenn für eine frühzeitige Zahlung keine ausreichenden finanziellen Mittel vorhanden sind und das Geschäftskonto überzogen werden muss. Bei einem Skonto von 2 % bei Zahlung innerhalb von 10 Tagen und einem Zahlungsziel von 30 Tagen würde man bei Nichtausnutzung des Skontos für diesen Lieferantenkredit einen Zinssatz von 2 % für 20 Tage bezahlen, was einem Jahreszinssatz von 36 %[2] entspricht.

1 Die Wertposition **Nachlässe** wird am Jahresende mit dem Warenkonto (hier: Aufwand für Handelsware) verrechnet. Die Wertposition Nachlässe gibt während des Jahres Auskunft über die Höhe der gesamten Skontonachlässe.

2 Gesucht wird der Zinssatz x, der bei 360 Tagen zu zahlen wäre:

$2\%/20 = x/360$

$\frac{2\% \cdot 360}{20} = x$

$x = 36\%$

Merke! Das von Lieferanten gewährte Skonto reduziert nachträglich die Beschaffungskosten für Waren und wird buchhalterisch als Nachlass erfasst. Durch den verringerten Warenwert muss auch die Vorsteuer berichtigt werden.

3.2.4 Leistungen fremder Unternehmen nutzen

Beispiel Die Hard- und Software Handels- und Beratungshaus GmbH in Aachen möchte ein neues Erscheinungsbild und hat bei der BE Partners KG die Entwicklung eines Corporate Design sowie die Neugestaltung der bisherigen Website in Auftrag gegeben. Die Website soll durch ein modernes Layout und eine komfortable Bedientechnik Kunden ein beeindruckendes visuelles Erlebnis bieten. Die Programmierung ist aber sehr zeitintensiv und bei der schon ausgelasteten Kapazität in der Werbeagentur der BE Partners KG bis zum vereinbarten Termin nicht zu schaffen. Daher wird ein externes Softwarehaus damit beauftragt.

Die *BE Partners KG* stellt die Produkte und Dienstleistungen ihres umfangreichen Sortiments in erster Linie selbst bereit. Ab und zu werden Teile des Produktionsprozesses auf andere Unternehmen ausgelagert, z. B. wenn es sich um spezielle Bearbeitungsvorgänge handelt oder zeitliche Vorgaben bei der Selbsterstellung nicht eingehalten werden könnten.[1]

1 Die Zusammenarbeit zwischen den beteiligten Unternehmen wird über Dienstleistungs- oder Werkverträge geregelt.

Vertragsarten
→ FK 1, LF 4, Kap. 5.3.4

Fremdleistungen lassen sich je nach Einsatzbereich unterscheiden:

- **Fremdleistungen im Material- und Produktionsbereich**
  Für Leistungen fremder Unternehmen bei der Be- oder Verarbeitung von Material oder im Verlauf der Erstellung des Gesamtproduktes werden die berechneten Kosten als **Aufwand für bezogene Leistungen** (Konto 6100) erfasst. Neben den Lohnkosten, die bei der Fertigung der eigenen Erzeugnisse durch andere Unternehmen entstehen, sind dies Kosten für in Auftrag gegebene Konstruktions-, Entwicklungs-, Versuchs- oder Montageleistungen.[2] Die Erstellung der Website aus dem Einstiegsbeispiel zählt zu bezogenen Fremdleistungen im Produktionsbereich, da sie extern erbracht wird.

2 Bei der *BE Partners KG*: Produktion einer Werbe-CD für einen Kunden durch ein Medienunternehmen

- **Fremdleistungen im Vertriebsbereich**
  Beim Vertrieb der Erzeugnisse werden oft selbstständige (Handels-)Vertreter eingesetzt. Diese erhalten abhängig vom erzielten Umsatz eine **Vertriebsprovision** (Konto: 6150).

  Noch häufiger werden Transportunternehmen, sogenannte Frachtführer oder Spediteure, mit dem Transport der Produkte zum Endkunden beauftragt. Die erbrachte Leistung wird der *BE Partners KG* zunächst in Rechnung gestellt und als **Aufwand für Ausgangsfrachten und Nebenkosten** (Konto 6140)[3] erfasst. Meist erfolgt später eine Weiterbelastung dieser Kosten an den Endkunden.

ProWeb OHG
Römerstraße 18
53111 Bonn

ProWeb OHG | Römerstraße 18 | 53111 Bonn
BE Partners KG
Schlesienstraße 490 – 492
53119 Bonn

Bitte bei Zahlung immer angeben:
Ihre Kundennummer: 12307

Datum: 25.04.20..

Rechnung Nr. 239/4

1	Programmierung einer Client-responsiven Frontend-Webpage auf Basis von HTML5, CSS und Javascript	
	9 Stunden à 50,00 EUR	450,00 €
	+ 19 % USt	85,50 €
	Rechnungsbetrag	**535,50 €**

Die Rechnung ist zahlbar bis 15 Tage nach Erhalt rein netto.

Wir danken Ihnen für Ihren Auftrag.

- **Reparaturleistungen**
  Der Haustechniker der *BE Partners KG* kann kleinere Störungen an den technischen Anlagen meist selbst beheben. Größere Instandsetzungen müssen von Fachleuten bzw. direkt vom Hersteller der Produktionsanlagen durchgeführt werden. Die dadurch entstehenden Kosten werden als **Aufwand für Fremdinstandhaltung** (Konto 6160) verbucht. Auf diesem Konto werden zusätzlich die Kosten für das benötigte Reparaturmaterial oder auch die in Rechnung gestellte Arbeitsleistung verbucht.

3 Nebenkosten können entstehen, wenn einem Kunden z. B. die bestellte Ware nicht zugestellt werden kann und diese bis zur Abnahme in einem Fremdlager zwischengelagert wird.

- **Sonstige in Anspruch genommene Fremdleistungen**
  In der betrieblichen Praxis können noch mehr Leistungen anderer Unternehmen in Anspruch genommen werden. Buchhalterisch werden diese dann als **Aufwand für sonstige bezogene Leistungen** (Konto 6170) erfasst, sofern sie keinem der anderen Bereiche zugeordnet werden können. Typische Beispiele sind die anfallenden Kosten für einen externen Hausmeisterservice, für die Gebäudereinigung, die Abfallentsorgung oder das eingesetzte Wach- und Sicherheitspersonal.

Jede in Anspruch genommene Fremdleistung muss die *BE Partners KG* zunächst selbst bezahlen und daher als **Aufwand** erfassen. Für die in Auftrag gegebene Programmierarbeit aus dem Einstiegsbeispiel erhielt sie die vorangehende Rechnung und und erfasst sie buchhalterisch.

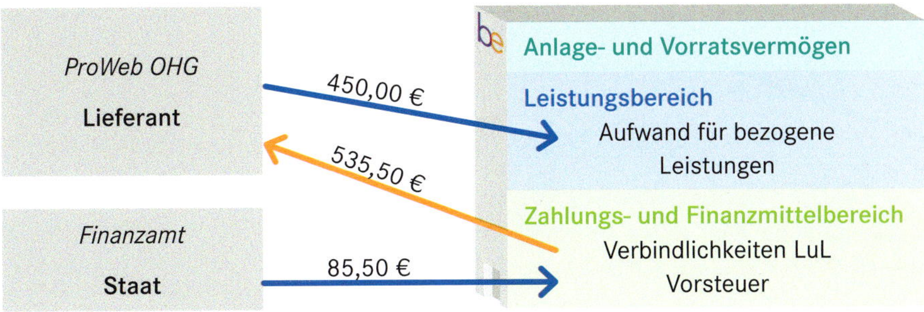

#	Beleg-Nr.	Wertzufluss (Soll)	€	Wertabfluss (Haben)	€
327	ER531	6100 Aufwand für bezogene Leistungen	450,00	4400 Verbindlichkeiten LuL	535,50
		2600 Vorsteuer	85,50		

Kosten für Fremdleistungen an Kunden weiterbelasten

Bei der Weiterbelastung an den Kunden erhöht sich die ursprüngliche Forderung aus dem Warenverkauf um den Geldbetrag der Fremdleistung. Da die *BE Partners KG* dem Kunden gegenüber als Erbringer der (Fremd-)Leistung auftritt, verbucht sie den Gegenwert dieser Leistung als **Ertrag.** Hierfür verwendet man gewöhnlich das **Umsatzerlöskonto**, das auch für die Hauptleistung genutzt wird. Die erbrachte Fremdleistung ist ebenso wie jede andere ein umsatzsteuerpflichtiger Vorgang (§ 1 Abs. 1 Nr. 1 UStG), sodass für die Weiterbelastung ebenfalls die Umsatzsteuer gebucht werden muss.[1]

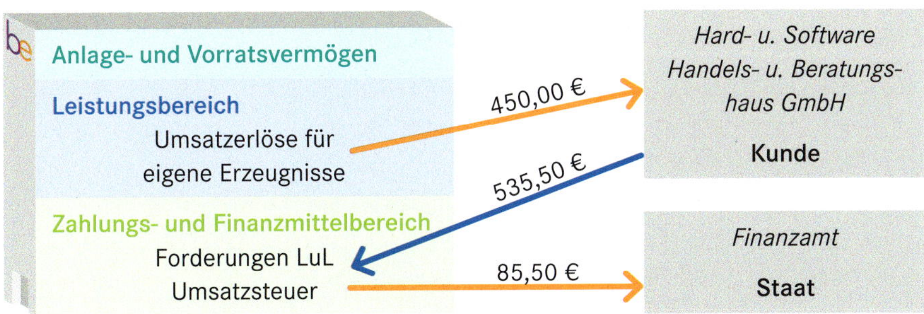

#	Beleg-Nr.	Wertzufluss (Soll)	€	Wertabfluss (Haben)	€
328	AR572	2400 Forderungen LuL	535,50	5000 Umsatzerlöse für eigene Erzeugnisse	450,00
				4800 Umsatzsteuer	85,50

Merke! Unternehmen nutzen Fremdleistungen im Material-, Produktions- und Vertriebsbereich oder auch für Reparaturen. Kommen diese Leistungen Kunden zugute, werden sie meist weiterbelastet und als umsatzsteuerpflichtige Umsatzerlöse erfasst.

1 Bei der Inanspruchnahme und Weiterbelastung einer Fremdleistung handelt es sich um zwei getrennte wirtschaftliche Vorgänge. Daher darf der zunächst gebuchte Aufwand mit dem später erfassten Ertrag nicht verrechnet werden (gesetzliches Verrechnungsverbot, § 246 Abs. 2 HGB).

Alles klar?

1 Erläutern Sie, was unter einem Rabatt zu verstehen ist.

2 Nennen Sie verschiedene Anlässe, die zu einer Rabattgewährung führen können. Welche dieser Rabattaktionen gibt es in Ihrem Ausbildungsbetrieb?

3 Begründen Sie, weshalb die *BE Partners KG* überhaupt Rabatte gewährt.

4 Nennen Sie Auswirkungen der Rabatte auf die Buchführung der *BE Partners KG*.

5 Entwickeln Sie für die *BE Partners KG* ein Rabattsystem, aus dem sowohl Anlässe für die Gewährung als auch die Höhe der Rabatte hervorgehen. Orientieren Sie sich ggf. an einem Rabattsystem in Ihrem Ausbildungsunternehmen.

6 Aus welchen Gründen schickt ein Unternehmen Ware an den Lieferanten zurück?

7 Erläutern Sie, wie Rücksendungen buchhalterisch behandelt werden.

8 Erläutern Sie den Begriff „Skonto" und erklären Sie, wann es gewährt wird.

9 Erklären Sie den auf vielen Rechnungen zu findenden Satz: „Zahlung rein netto".

10 Begründen Sie aus Sicht der *BE Partners KG*, ob sich die Ausnutzung eines gewährten Skontos lohnt oder nicht.

11 Bei der Ablage mehrerer Lieferantenrechnungen sehen Sie, dass die Höhe des jeweiligen Skontosatzes sehr unterschiedlich ist. Finden Sie eine mögliche Begründung für diese Unterschiede.

12 Nennen Sie Leistungen der *BE Partners KG* und Ihres Ausbildungsunternehmens, die bei Bezahlung skontiert werden können.

13 Bei Zahlungsvorgängen wird das genutzte Skonto auf dem Konto Nachlässe erfasst. Erläutern Sie einen möglichen Grund.

14 Bei Inanspruchnahme von Skonto bleibt die Höhe der offenen Verbindlichkeit trotzdem unverändert. Erläutern Sie, warum nicht einfach die ausstehenden Verbindlichkeiten um den Skontobetrag reduziert werden (können).

15 a) Nennen Sie verschiedene Gründe, warum die *BE Partners KG* Teilbereiche des eigenen Produktionsprozesses auf andere Unternehmen auslagert.
b) Erläutern Sie mögliche Probleme für die *BE Partners KG*, die hierbei entstehen können.

16 Zählen Sie Fremdleistungen auf, die die *BE Partners KG* bzw. Ihr Ausbildungsbetrieb im Material- und Produktionsbereich in Anspruch nehmen kann.

17 Finden Sie Beispiele für sonstige bezogene Leistungen, die bei der *BE Partners KG* bzw. in Ihrem Ausbildungsbetrieb genutzt werden.

18 Die Weiterbelastung von Fremdleistungen an Kunden der *BE Partners KG* erfolgt über das Konto Umsatzerlöse. Erläutern Sie, warum bei Weiterbelastung ein Ertragskonto verwendet werden muss.

19 a) Erläutern Sie die buchhalterische Auswirkung einer Fremdleistung auf die Vorsteuer- und Umsatzsteuersituation der *BE Partners KG*.
b) Beschreiben Sie, wie sich dadurch die zu ermittelnde Zahllast verändert.

20 Die *BE Partners KG* gewährt auf Fremdleistungen, die dem Kunden weiterbelastet werden, kein Skonto. Finden Sie eine mögliche Begründung hierfür.

3.3 Besondere Buchungen bei Absatzvorgängen

LS 76 Besondere Buchungen im Absatzbereich durchführen

3.3.1 Rabatte und alles wird günstiger!

Auch die *BE Partners KG* führt immer wieder Aktionswochen durch, bei denen sie ihre Produkte mit attraktiven Rabatten anbietet. Die Anlässe dafür sind vielfältig: Preisnachlässe für größere Mengen,[1] für Stammkunden oder Sonderaktionen.

Meist werden Kundenrabatte bereits bei der Preiskalkulation berücksichtigt und erhöhen dadurch den Angebotspreis. Auf diese Weise kann ein Unternehmen wie die *BE Partners KG* Rabatte anbieten, ohne einen finanziellen Nachteil zu erleiden.

In der Buchhaltung werden in Anspruch genommene Rabatte nicht erfasst. Wie auch bei Beschaffungsbuchungen, so wird auch im Absatzbereich der Verkaufsvorgang buchhalterisch mit dem reduzierten Angebotspreis verbucht.

1 Gründe für Rabattaktionen → LF 6, Kap. 3.2.1

3.3.2 „Einmal Umtausch bitte" – wenn Ware zurückgenommen wird ...

Beispiel Da lief wohl etwas schief, schoss es Thomas Martin aus der Druckerei durch den Kopf, als sich der Kunde lautstark empörte, dass er keine schwarzen T-Shirts bedruckt haben wollte. Glücklicherweise konnte Herr Martin den Kunden beruhigen und nach kurzer Wartezeit die richtigen T-Shirts mit dem gewünschten Aufdruck aushändigen. Die fehlerhaften T-Shirts hatten einen Warenwert von 65,60 € (netto).

Wenn Kunden die erbrachte Leistung reklamieren, nimmt die *BE Partners KG* die entsprechenden Produkte zurück oder ersetzt sie durch einwandfreie, um ein solches Ärgernis für beide Seiten zufriedenstellend zu lösen.[2]

Aus Sicht der Buchhaltung handelt es sich bei der Rücknahme von Ware um eine **Stornierung** des Kundenauftrages. Der ursprüngliche Absatzvorgang wird rückgängig gemacht und durch Stornovorgang buchhalterisch erfasst:

2 Gründe für eine Warenrückgabe durch den Kunden:
- mangelhafte Ware
- falsche Ware
- zu viel Ware erhalten
- Ware zu spät erhalten und kann nicht mehr verwendet werden

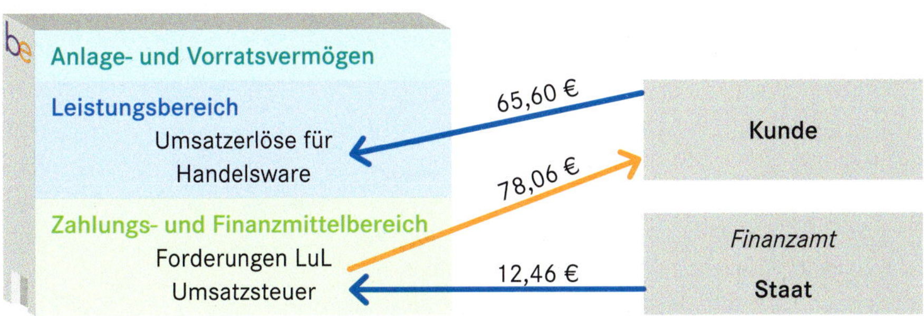

#	Beleg-Nr.	Wertzufluss (Soll)	€	Wertabfluss (Haben)	€
331	AR485	5100 Umsatzerlöse für Handelsware	65,60	2400 Forderungen LuL	78,06
		4800 Umsatzsteuer	12,46		

Merke! Bei Rückgabe von Waren durch einen Kunden wird der zugrunde liegende Verkaufsvorgang storniert. Buchhalterisch geschieht dies durch eine erneute, aber seitenverkehrte Erfassung der Verkaufsbuchung, d. h., der ursprüngliche Wertzufluss erscheint dann als Wertabfluss und umgekehrt.

3.3.3 Transportkosten

Beispiel Der Veranstalter Live in Bonn OHG ist mitten in den Vorbereitungen für ein größeres Musikevent. Die BE Partners KG wurde mit der Herstellung von Flyern, Plakaten und Werbebannern beauftragt. Auch das dazugehörige Marketingkonzept wurde von der Werbeagentur der BE Partners KG entwickelt. Die hergestellten Druckerzeugnisse können bereits ausgeliefert werden. Für den Transport wurde eine externe Spedition beauftragt, da die eigenen Lieferkapazitäten derzeit ausgeschöpft sind.

In der Regel lassen sich Kunden ihre Waren direkt nach Hause oder ins Unternehmen liefern. Die Kosten für diese zusätzlich in Anspruch genommene **Nebenleistung**[1] werden ihnen dann direkt oder nachträglich in Rechnung gestellt.

1 Beispiele für Nebenleistungen, die dem Kunden in Rechnung gestellt werden:
- Verpackungsmaterial
- Fracht und Transportkosten
- Zustellkosten der Post

Bitte bei Zahlung immer angeben:
Ihre Kundennummer: 30006
Rechnungsnummer: 48475/20..

BE Partners KG, Postfach 10 01 .., 53100 Bonn
Live in Bonn
Hermann-Hesse-Ring 242
53111 Bonn

Name: Tanja Wagner
Telefon: +49 228 1236..-242
Telefax: +49 228 1236..-118
E-Mail: t.wagner@bepartners.de

Datum: 15. März 20..

Rechnung zum Auftrag Nr. 48475A vom 11.03.20..
Leistungsmonat: März

Pos.	Art.-Nr.	Bezeichnung	Menge	Einzelpreis €	Rabatt %	Betrag €
1	2372	Werbekonzept Musikevent	25 h	89,00		2.225,00
2	3232	Druckerzeugnisse, div., nach Vorlage	2 500 St.			1.110,00
		Hinweis: Transportkosten werden separat abgerechnet				
Summe Positionen						3.335,00
Lieferkosten						0,00
Rechnungsbetrag netto						3.335,00
Umsatzsteuer 19 %						633,65
Rechnungsbetrag (inkl. USt)						**3.968,65**

Transporte Ferdinand Müller OHG

Transporte F. Müller OHG – Postfach 39 93 .. 53100 Bonn
BE Partners KG
Frau Tanja Wagner
Postfach 10 01 ..
53100 Bonn

Name: Frau C. Ngyuen
Telefon: 0228 9999..-50
E-Mail: cb@transporte-mueller.dex

Rechnungs-Nr.	Kunden-Nr.	Datum	
3873-49	848	14.03.20..	Bitte bei Zahlung immer angeben.

Sehr geehrte Frau Wagner,

die erbrachte Transportleistung

Von: Schlesienstraße 490 – 492, 53119 Bonn
Nach: Hermann-Hesse-Ring 242, 53111 Bonn
Am: 14.03.20..

stellen wir Ihnen wie folgt in Rechnung:

Nettowert der erbrachten Transportleistung 143,50 EUR
+ 19 % Umsatzsteuer 27,27 EUR
Rechnungsbetrag (brutto) 170,77 EUR

Bitte zahlen Sie innerhalb von 10 Tagen nach Erhalt der Rechnung rein netto.

Nach Beauftragung des externen Spediteurs erhält die *BE Partners KG* über die erbrachte Leistung eine Eingangsrechnung vom Spediteur und verbucht diese als **Aufwand für Ausgangsfrachten.**

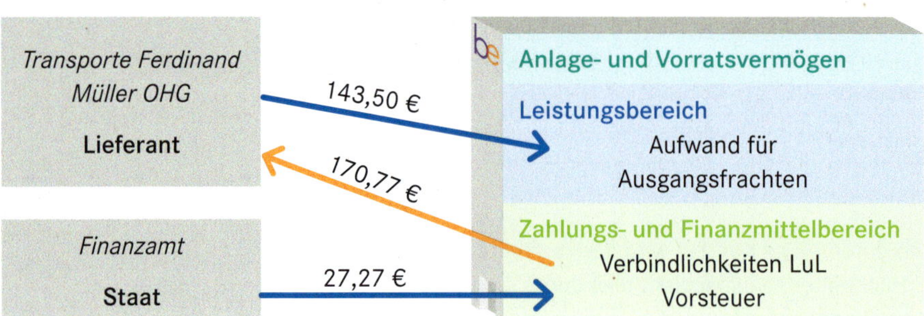

#	Beleg-Nr.	Wertzufluss (Soll)	€	Wertabfluss (Haben)	€
332	ER392	6140 Aufwand für Ausgangsfrachten	143,50	4400 Verbindlichkeiten LuL	170,77
		2600 Vorsteuer	27,27		

Die entstandenen Transportkosten werden dem Kunden mit einer neuen Rechnung weiterbelastet, falls er wie im Eingangsbeispiel für die Warenlieferung bereits eine Rechnung erhalten hat. Damit erhöhen sich die ausstehenden Forderungen gegenüber dem Kunden. Die Transportleistung wird als Nebenleistung direkt auf das Konto **Umsatzerlöse**[1] verbucht. Da es sich um eine an Kunden erbrachte Leistung handelt, muss darauf Umsatzsteuer berechnet werden.

1 Das Konto Umsatzerlöse erfasst sowohl die verkaufte Ware als auch sämtliche Nebenleistungen.

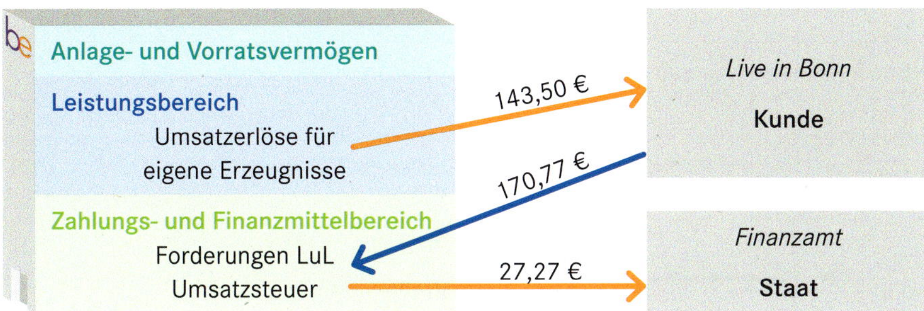

#	Beleg-Nr.	Wertzufluss (Soll)	€	Wertabfluss (Haben)	€
333	IB832	2400 Forderungen	170,77	4400 Umsatzerlöse für eigene Erzeugnisse	143,50
				4800 Umsatzsteuer	27,27

Merke! Transportkosten werden dem Kunden meist als Nebenleistung in Rechnung gestellt und buchhalterisch als Bestandteil der Umsatzerlöse erfasst.

3.3.4 Skonto – Kunden zahlen nicht immer den vollen Rechnungsbetrag

Beispiel Im Debitorenmanagement ist heute wieder ein arbeitsreicher Tag. Viele Kunden haben ihre ausstehenden Forderungen überwiesen. Manche haben aber weniger als den Rechnungsbetrag gezahlt und Skonto abgezogen. Ob diese Abzüge aber auch richtig sind, muss Tanja Wagner genau prüfen ...

Kunden sparen gerne Geld, vor allem bei der Bezahlung von Rechnungen. Die *BE Partners KG* unterstützt ihre Kunden hierbei und bietet einen Preisnachlass (**Skonto**) an, wenn sie ihre offene Rechnung innerhalb der vereinbarten **Skontofrist** von 8 Tagen bezahlen.[2] Mit dieser Sparmöglichkeit möchte das Unternehmen erreichen, dass ausstehende Forderungen so früh wie möglich beglichen werden und nicht erst am Ende der regulären Zahlungsfrist – bei der *BE Partners KG* sind das immerhin 30 Tage. Auf diese Weise wird die Liquidität des Unternehmens gerade im Hinblick auf eigene Zahlungsverpflichtungen geschont.

2 Im Rahmen der Preiskalkulation für eigene Produkte und Dienstleistungen erhöht die *BE Partners KG* die Preise bereits um den späteren Skontoabzug.

Preiskalkulation
→ FK 3, LF 10

Durch die Ausnutzung von Skonto reduziert sich der Zahlungsbetrag, den die *BE Partners KG* erhält, und es verringern sich nachträglich die erwirtschafteten Umsatzerlöse des jeweiligen Kunden. Deshalb bezeichnet man die zugehörige Buchung als **Erlösberichtigung**[1]. Durch die verminderten Umsatzerlöse ist auch die ursprünglich berechnete Umsatzsteuer zu hoch und muss nachträglich berichtigt werden.

1 Erlösberichtigungen
- für eigene Erzeugnisse
- für Handelsware

Beispiel Ein Kunde hat seine offene Rechnung über 3.908,76 € durch Überweisung auf das Geschäftskonto der BE Partners KG überwiesen. Dabei hat er 3 % Skonto vereinbarungsgemäß abgezogen.

Rechnungsbetrag brutto	3.908,76 €	100 %	Skonto brutto	117,26 €	119 %
– 3 % Skonto brutto	117,26 €	3 %	– 19 % USt.	18,72 €	19 %
= Zahlungsbetrag brutto	3.791,50 €	97 %	= Skonto netto	98,54 €	100 %

Der Zahlungsvorgang des Kunden führt zu folgender Buchung.

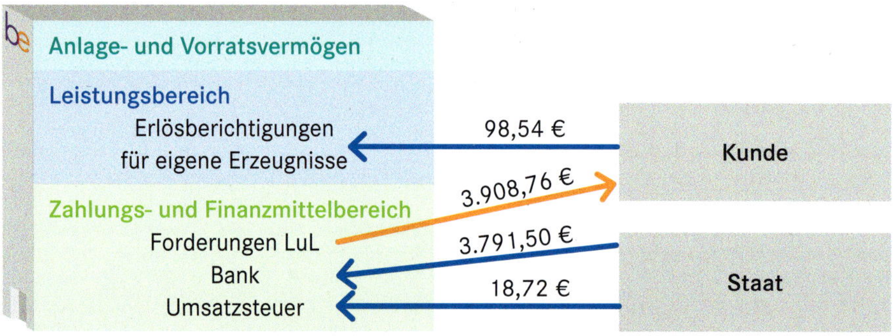

#	Beleg-Nr.	Wertzufluss (Soll)	€	Wertabfluss (Haben)	€
334	Kto 229	2800 Bank	3.791,50	2400 Forderungen LuL	3.908,76
		5001 Erlösberichtigungen für eigene Erzeugnisse	98,54		
		4800 Umsatzsteuer	18,72		

Der Zahlungseingang führt zu einem Wertzufluss bei der Wertposition Bank und zu einem Wertabfluss bei den offenen Forderungen. Die Erlösberichtigung wird als Wertzufluss verbucht, da sie den zu geringen Zahlungseingang gegenüber der ausstehenden Forderung ausgleicht. Die Umsatzsteuer(-Berichtigung) steht ebenfalls im Wertzufluss, da sie die ursprünglich gebuchte Umsatzsteuer beim Absatzvorgang korrigiert. Die *BE Partners KG* muss bei der nächsten Umsatzsteuervoranmeldung also weniger Umsatzsteuer an das Finanzamt abführen als vor der Skontozahlung des Kunden..

Merke! Das Kunden gewährte Skonto reduziert nachträglich die Verkaufserlöse und wird buchhalterisch als Erlösberichtigung erfasst. Durch die gesunkenen Verkaufserlöse muss auch die Umsatzsteuer berichtigt werden.

Alles klar?

1 Nennen Sie Gründe, warum die *BE Partners KG* Ware von Kunden zurücknimmt.

2 Erläutern Sie, wie Warenrücksendungen buchhalterisch behandelt werden.

3 Im Absatzbereich werden häufig bestimmte Nebenleistungen erbracht. Nennen Sie verschiedene Beispiele bei der *BE Partners KG* und in Ihrem Ausbildungsbetrieb.

4 Erklären Sie, warum die *BE Partners KG* bei der Beauftragung einer externen Spedition die Transportkosten zunächst selbst übernehmen muss.

5 Beschreiben Sie, wie Transportkosten buchhalterisch erfasst und mit dem Kunden verrechnet werden.

6 Die *BE Partners KG* gewährt ihren Kunden in aller Regel 3 % Skonto. Erläutern Sie mögliche Motive des Unternehmens.

7 Auf den Rechnungsformularen eines Handelsunternehmens befindet sich standardmäßig folgender Vermerk:

> Zahlung 8 Tage 3 % Skonto, 45 Tage rein netto

Erläutern Sie die Bedeutung dieser Aussage.

8 Beschreiben Sie, wie Skontoabzüge bei Bezahlung von Kunden buchhalterisch behandelt werden.

9 „Als Kunde sollte man einen angebotenen Skontoabzug immer in Anspruch nehmen." Nehmen Sie zu dieser Aussage Stellung.

10 Stellen Sie in einer Tabelle Unterschiede und Gemeinsamkeiten von Rabatten und Skonti übersichtlich dar.

11 Ein Kunde der *BE Partners KG* erhält zunächst einen Mengenrabatt von 5 % gewährt. Bei Zahlung innerhalb von 8 Tagen erhält er weitere 3 % Skonto. Zeigen Sie rechnerisch, wie hoch der gesamte Preisnachlass in Euro und Prozent für diesen Kunden ist.

3.4 Veränderungen des Eigenkapitals dokumentieren

LS 77 Eine Finanzierungsentscheidung treffen

3.4.1 Das Eigenkapital und das Fremdkapital

Bei Gründung der *BE Partners KG* haben die Eigentümer *Rolf Bastian* und *Dörthe Epstein* jeweils einen bestimmten Geldbetrag aus ihrem privaten Vermögen zur Verfügung gestellt. Mit diesem Geld konnten die notwendigen Maschinen, Ausstattungen der Büroräume und auch Rohstoffe und andere Materialien für die Produktion beschafft werden.

Das von den **Eigentümern** bereitgestellte Geld (auch: **Kapital**) nennt man **Eigenkapital.**[1] Die Eigentümer erhalten als Gegenleistung für das überlassene Eigenkapital den erwirtschafteten Gewinn[2] am Ende des Jahres. Bis zur Auszahlung an die Eigentümer wird der Gewinn dem Eigenkapitel hinzugerechnet und erhöht dieses entsprechend.

Zusätzlich zum Eigenkapital kann sich die *BE Partners KG* **Fremdkapital**[3] bei anderen Geldgebern, wie z. B. einem Kreditinstitut, beschaffen. Dieses muss die *BE Partners KG* entsprechend der vertraglichen Vereinbarung zurückzahlen. Für die Zeit der Kapitalüberlassung zahlt die *BE Partners KG* Zinsen an das Kreditinstitut.

Sowohl das **Eigen-** als auch das **Fremdkapital** sind Wertpositionen, die sich im **Zahlungs- und Finanzmittelbereich** der *BE Partners KG* wiederfinden.

1 **Eigenkapital:**
- zeitlich unbefristet verfügbar
- Rückzahlung nur bei Auflösung des Unternehmens und nur in Höhe des dann vorhandenen Eigenkapitals

2 Ermittlung des Gewinns
→ LF 6, Kap. 4.1.2

3 **Fremdkapital:**
- zeitlich befristet verfügbar
- Rückzahlung in voller Höhe

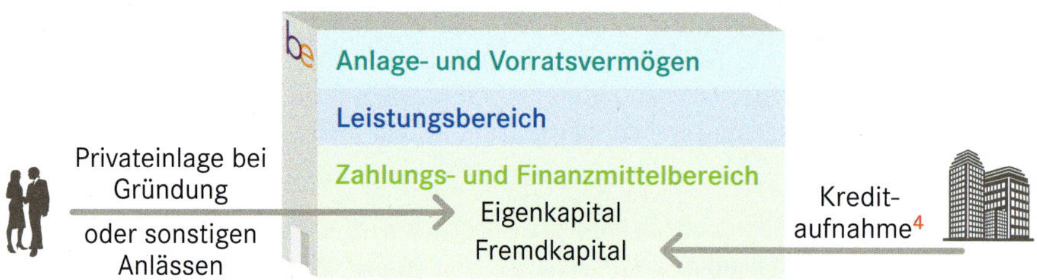

4 Aufnahme als kurz- oder langfristiger Kredit (auch: Darlehen)

3.4.2 Die Privateinlage

Beispiel Bei der BE Partners KG werden hochwertige Druckerzeugnisse in Fotoglanzqualität seit einiger Zeit immer stärker nachgefragt. Da die vorhandenen Druckmaschinen diesen Qualitätsanforderungen nicht genügen, soll eine moderne Digitaldruckanlage zum Preis von 35.650,00 € (netto) angeschafft werden. Die finanziellen Mittel des Unternehmens sind momentan ausgeschöpft und ein weiterer Kredit soll nicht aufgenommen werden. Daher beabsichtigt der Gesellschafter Rolf Bastian, das notwendige Kapital aus seinem Privatvermögen zur Verfügung zu stellen.

Damit die *BE Partners KG* über das Geld für die anstehende Investition verfügen kann, überweist es *Rolf Bastian* von seinem privaten Girokonto auf das Geschäftskonto des Unternehmens. Damit liegt ein **Wertzufluss** in Form der Gutschrift auf dem Geschäftskonto vor, der als **Privateinlage** bezeichnet wird. Worin besteht aber der Wertabfluss für die *BE Partners KG*?

Das Geld der Privateinlage verändert das Eigenkapital von *Rolf Bastian* und führt in diesem Fall zu einer Erhöhung. Dadurch steigt gleichzeitig der **Eigentumsanspruch** von *Rolf Bastian* an der *BE Partners KG*. Er kann künftig also mehr Geld vom Unternehmen verlangen, beispielsweise durch eine **höhere Gewinnausschüttung**. Dies entspricht dem **(künftigen) Wertabfluss**, der also einer Privateinlage gegenübersteht.

Die Darstellung der Wertströme ergibt folgendes Bild:

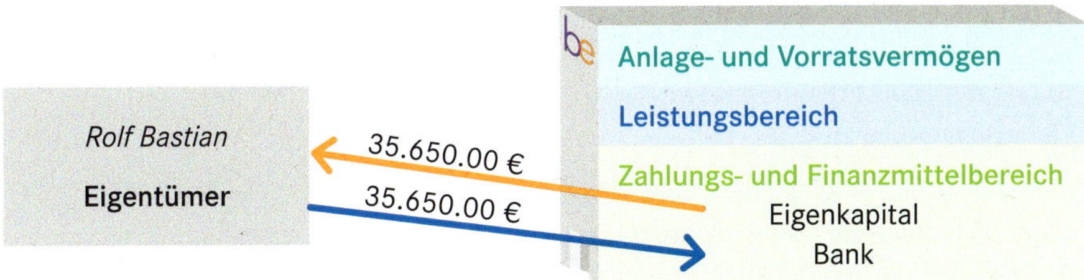

Nach Gutschrift auf dem Geschäftskonto wird folgende Buchung durchgeführt:

#	Beleg-Nr.	Wertzufluss (Soll)	€	Wertabfluss (Haben)	€
411	Kto185	2800 Bank	35.650,00	3000 Eigenkapital	35.650,00

Obwohl die *BE Partners KG* 42.423,50 € für die Maschine bezahlen muss, genügt es, wenn *Rolf Bastian* 35.650,00 € aus seinem privaten Vermögen leistet.[1] Der Differenzbetrag entspricht der Vorsteuer, die zusätzlich zum Nettobetrag noch an den Lieferanten der Anlage zu zahlen ist, aber vom Finanzamt wieder erstattet wird.

Rolf Bastian hat in diesem Fall eine **Bareinlage** durch Überweisung auf das Geschäftskonto geleistet. Darüber hinaus können aber auch Vermögensgegenstände (**Sachmittel**) als Einlage in die *BE Partners KG* eingebracht werden. Typische Beispiele sind ein Grundstück mit/ohne Gebäude, eine Computerausstattung, ein Kraftfahrzeug oder Lizenzrechte und Patente.

1 Die Einlage von Sachmitteln entspricht keinem entgeltlichen Erwerb und fällt damit nicht unter die steuerbaren Umsätze (§ 1a Abs. 1 UStG). Es muss somit keine Umsatzsteuer gebucht werden.

Merke! Durch eine **Privateinlage** bringt der Unternehmensinhaber **Bar-** oder **Sachmittel** aus seinem privaten Vermögen in das Unternehmen ein und erhöht dadurch das Eigenkapital des Unternehmens.

3.4.3 Die Privatentnahme

Beispiel Es ist schon einige Zeit her, dass Rolf Bastian zur Schule ging, und jedes Mal freut er sich auf das jährliche Klassentreffen. In diesem Jahr organisiert er das Treffen und hat dafür von einer Grafikerin der BE Partners KG eine passende Einladungskarte erstellen lassen. Die Gestaltung sowie der Druck auf Hochglanzpapier verursachen Kosten von insgesamt 195,00 € (netto).

Rolf Bastian als Eigentümer der *BE Partners KG* kann auch Leistungen seines Unternehmens in Anspruch nehmen und damit als Kunde auftreten. Allerdings muss er diese nicht jeweils direkt bezahlen, sondern kann die anfallenden Rechnungsbeträge über seinen Eigenkapitalanteil und damit als Vorwegnahme des Gewinns verrechnen lassen. Einen solchen Vorgang bezeichnet man als **Privatentnahme**.

Die Privatentnahme einer Unternehmensleistung unterliegt wie jedes andere Absatzgeschäft ebenfalls der Umsatzsteuer. Damit unterscheidet der Gesetzgeber bei Kunden nicht, ob es sich um den Eigentümer oder fremde Personen handelt:

§ 3 Abs. 1 b UStG

Einer Lieferung gegen Entgelt werden gleichgestellt

1. die Entnahme eines Gegenstands durch einen Unternehmer aus seinem Unternehmen für Zwecke, die außerhalb des Unternehmens liegen;

[...]

Für die Erstellung und den Druck der Einladungskarten muss *Rolf Bastian* daher auch 19 % Umsatzsteuer bezahlen.

Umsätze mit Kunden werden als Umsatzerlöse erfasst. Private Umsätze des Eigentümers werden zur besseren Unterscheidung auf dem Konto **Entnahme von Gegenständen und Leistungen**[1] verbucht. Mithilfe der Wertströme ergibt sich folgende Darstellung:

1 Man bezeichnet dies alternativ auch als **Eigenverbrauch**.

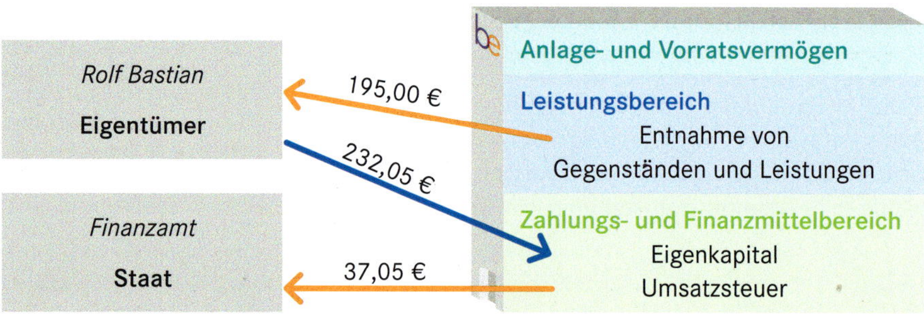

Der Wertabfluss besteht aus dem Abgang der hergestellten Einladungskarten in Höhe von 195,00 € sowie der Umsatzsteuer von 37,05 €, die an das Finanzamt im Rahmen der Zahllastermittlung weitergeleitet wird. Da die Bezahlung des Auftrages durch Verrechnung mit dem Eigenkapital bzw. genauer gesagt dem Gewinn erfolgt, reduziert sich für die *BE Partners KG* die mögliche künftige Auszahlungsverpflichtung. Dies führt dadurch zu einem Wertzufluss[2] in Höhe von 232,05 €.

2 Vergleichbar ist dies mit der Reduzierung einer Verbindlichkeit durch z. B. Warenrückgabe. Die Verbindlichkeit der BE Partners KG reduziert sich und wird als Wertzufluss erfasst.

Im Grundbuch ergibt sich durch den Vorgang der folgende Eintrag:

#	Beleg-Nr.	Wertzufluss (Soll)	€	Wertabfluss (Haben)	€
412	AR93	3000 Eigenkapital	232,05	5420 Entnahme von Gegenständen und Leistungen	195,00
				4800 Umsatzsteuer	37,05

Merke! Der Unternehmer kann betriebliches Vermögen nutzen, Erzeugnisse und Handelswaren des Leistungsprozesses (**Sachmittel**) sowie Bargeld aus der Kasse oder dem Geschäftskonto (**Barmittel**) entnehmen. Diese **Privatentnahmen** werden mit dem erwirtschafteten Gewinn verrechnet und vermindern dadurch das Eigenkapital des Unternehmens.

3.4.4 Das Privatkonto

Im Laufe des Geschäftsjahres[1] tätigt *Rolf Bastian* immer wieder Privateinlagen und -entnahmen. Dadurch verändert sich das Eigenkapital bei der *BE Partners KG* laufend, was zu entsprechenden Buchungen auf dem Eigenkapitalkonto führt.

1 Geschäftsjahr
→ LF 6, Kap. 4.1

Das Eigenkapital ist für Unternehmen eine wichtige Wertposition, die man so **übersichtlich** wie möglich halten möchte. Deshalb vermeidet man es, während des Geschäftsjahres ständig auf dem Eigenkapitalkonto zu buchen, und verwendet dafür ein **Ersatzkonto**, das sogenannte **Privatkonto.**[2] Es nimmt anstelle des Eigenkapitalkontos alle relevanten Buchungsvorgänge stellvertretend auf, die das Eigenkapital betreffen. Die Privatvorgänge von *Rolf Bastian* werden im Grundbuch folgendermaßen verbucht:

2 In der Praxis führt man für jeden Gesellschafter, der Privatentnahmen tätigen darf, ein solches Privatkonto.

#	Beleg-Nr.	Wertzufluss (Soll)	€	Wertabfluss (Haben)	€
411	Kto185	2800 Bank	35.650,00	3001 Privatkonto (Bastian)	35.650,00
412	AR93	3001 Privatkonto (Bastian)	232,05	5420 Entnahme von Gegenständen und Leistungen	195,00
				4800 Umsatzsteuer	37,05

Eine Gesamtübersicht über alle privaten Vorgänge ergibt sich, wenn alle Buchungsvorgänge auf dem T-Konto **Privatkonto** zusammengefasst werden:

3001 Privatkonto *(Bastian)*

Wertzufluss		Wertabfluss	
412 Entnahme Gegenständen und Leistungen	232,05	411 Bank	35.650,00
Saldo	35.417,95		
	35.650,00		35.650,00

Die Summe an Privateinlagen ist deutlich höher als die der Privatentnahmen. Der errechnete Saldo zeigt damit, dass *Rolf Bastian* während des Jahres mehr finanzielle Mittel in die *BE Partners KG* eingebracht als entnommen hat. Dies führt dazu, dass das Eigenkapital um diesen Saldobetrag steigt. Damit hat sich die künftige Rückzahlungsverpflichtung in Form des Eigenkapitals für die *BE Partners KG* erhöht.[3]

3 Privateinlagen > Privatentnahmen
= Eigenkapital steigt

Privateinlagen < Privatentnahmen
= Eigenkapital sinkt

Damit dies aber auch im Eigenkapitalkonto ersichtlich ist, muss der Saldo des Privatkontos auf das Eigenkapitalkonto übertragen werden. Durch diesen Vorgang löst sich das Privatkonto am Ende des Jahres auf und hat seinen Zweck als **Ersatzkonto** erfüllt. Der Saldo des Privatkontos steht als Wertzufluss im T-Konto und gleicht so beide Kontenseiten summenmäßig aus. Der dazugehörige Wertabfluss erscheint im Eigenkapitalkonto.

3000 Eigenkapital *(Bastian)*

Wertzufluss		Wertabfluss	
		vorhandenes EK	615.000,00
		Saldo Privatkonto	35.417,95

#	Beleg-Nr.	Wertzufluss (Soll)	€	Wertabfluss (Haben)	€
413	IB39	3001 Privatkonto (Bastian)	35.417,95	3000 Eigenkapital	35.417,95

Die grafische Darstellung der beiden Wertströme zeigt, dass es sich um einen **innerbetrieblichen Buchungsvorgang** handelt, der aus nur einem kombinierten Wertstrom besteht.

Bei dieser Umbuchung vom Privat- auf das Eigenkapitalkonto handelt es sich um einen rein **buchungstechnischen Vorgang.** Er bewirkt, dass das Privatkonto als Ersatzkonto aufgelöst und der Saldo in das Eigenkapitalkonto übertragen wird.

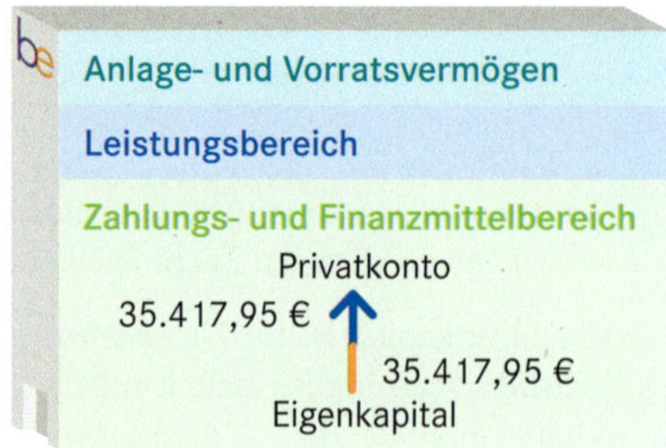

Merke! Alle privaten Einlagen und Entnahmen werden während des Geschäftsjahres auf dem Privatkonto erfasst, um das Eigenkapitalkonto übersichtlich zu halten. Der Saldo des Privatkontos wird dann auf das Eigenkapital umgebucht.
→ Privateinlage > Privatentnahme: Eigenkapital steigt
→ Privateinlage < Privatentnahme: Eigenkapital sinkt

Alles klar?

1 Beschreiben Sie die Merkmale von Eigenkapital und nennen Sie, wer es zur Verfügung stellt.

2 Unterscheiden Sie die Begriffe Eigen- und Fremdkapital voneinander.

3 Nennen Sie Vor- und Nachteile der Beschaffung von Eigen- oder Fremdkapital für die *BE Partners KG*.

4 a) Beschreiben Sie, was eine Privateinlage ist.
b) Nennen Sie verschiedene, sinnvolle Beispiele einer Privateinlage bei der *BE Partners KG* und in Ihrem Ausbildungsbetrieb.

5 Privateinlagen führen zu einem Wertabfluss bei der Wertposition Eigenkapital. Erläutern Sie diesen Zusammenhang.

6 Nennen Sie Gründe, die *Rolf Bastian* als Inhaber der *BE Partners KG* für oder gegen eine Privateinlage haben könnte.

7 a) Unterscheiden Sie die verschiedenen Arten von Privateinnahmen.
b) Nennen Sie verschiedene Beispiele für Privatentnahmen bei der *BE Partners KG* und in Ihrem Ausbildungsbetrieb.

8 Begründen Sie die Erfassung mancher Privatentnahmen auf dem Konto Entnahme von Gegenständen und Leistungen.

9 Begründen Sie, weshalb bei Privatentnahmen die Umsatzsteuer buchhalterisch erfasst werden muss.

10 Erklären Sie den Zusammenhang zwischen dem Privat- und dem Eigenkapitalkonto.

11 a) Der Geschäftsinhaber der *BE Partners KG* hat im laufenden Geschäftsjahr insgesamt 8.540,00 € private Entnahmen und nur 6.375,00 € Einlagen geleistet. Ermitteln Sie die Veränderung des Eigenkapitals.
b) Erstellen Sie die Buchung, die vorgenommen werden muss, um die Veränderung des Eigenkapitals zu dokumentieren.
c) Formulieren Sie ein konkretes Beispiel für den Fall, dass die Privateinlagen die privaten Entnahmen übersteigen.

4 Wertströme beeinflussen den Erfolg des Unternehmens

4.1 Das Geschäftsjahr abschließen

Beispiel In letzter Zeit sieht man Frau Brummer häufiger an ihrem Schreibtisch im Nebenraum zum Kiosk sitzen. Sie nutzt die verkaufsruhigen Momente und bringt ihre Buchführung auf den aktuellen Stand, denn das Geschäftsjahr geht allmählich zu Ende und sie möchte alles rechtzeitig fertigstellen. Auch bei der BE Partners KG laufen seit einiger Zeit die Abschlussarbeiten und die Mitarbeiter in der Buchhaltung sind sehr beschäftigt und müssen teilweise Überstunden machen.

In jedem Unternehmen werden im Zuge der Geschäftstätigkeit viele wirtschaftliche Vorgänge ausgelöst, die sich in der Buchführung niederschlagen. Um daraus Aussagen über **Gewinn** bzw. **Verlust**, die **Finanz**- oder auch **Vermögenslage** des Unternehmens ableiten zu können, die für laufende Entscheidungen nützlich sind, betrachtet man nicht die gesamte Lebensdauer des Unternehmens, sondern kurze und überschaubare Zeiträume. Ein solcher Zeitraum wird als **Geschäftsjahr** bezeichnet.[1]

Ein Geschäftsjahr umfasst 12 Monate[2] und beginnt meist am 01.01. und endet dann am 31.12., stimmt also meist mit einem Kalenderjahr überein.[3] Umfasst das Geschäftsjahr bei Gründung oder Auflösung eines Unternehmens weniger als 12 Monate, so wird es als **Rumpfgeschäftsjahr** bezeichnet.

Am Ende eines Geschäftsjahres werden alle Daten der Buchführung zusammengefasst, um sie für bestimmte Zwecke auszuwerten. Man macht sozusagen „Kassensturz" und schließt das abgelaufene Jahr ab, indem man die Ergebnisse in einem sogenannten **Jahresabschluss** zusammenfasst.

Die einzelnen Jahresabschlüsse werden bei der *BE Partners KG* über die Jahre hinweg miteinander verglichen, um so Rückschlüsse für zukünftige Entscheidungen über die strategische Ausrichtung zu gewinnen. Auch deshalb ist es wichtig, dass sich die Informationen auf gleiche Zeiträume und damit ein Geschäftsjahr mit gleichbleibendem Beginn und Ende beziehen.

1 Im Einkommensteuerrecht wird das Geschäftsjahr als **Wirtschaftsjahr** bezeichnet (§ 4 a Abs. 1 EStG).

2 § 240 Abs. 2 HGB

3 Unternehmen können ein vom Kalenderjahr abweichendes Geschäftsjahr festlegen, wenn sie ins Handelsregister eingetragen sind und die Zustimmung vom zuständigen Finanzamt erhalten haben. Zum Beispiel gilt für Land- und Forstwirte ein gesetzlich festgelegtes Geschäftsjahr vom 01.07. bis 30.06. (§ 4a Abs. 1 EStG).

Merke! Im Jahresabschluss werden die buchungsrelevanten Vorgänge eines Geschäftsjahres zusammengefasst dargestellt. Zur Erstellung eines Jahresabschlusses sind verschiedene Schritte erforderlich:

- Ermittlung von Gewinn oder Verlust
- Ermittlung vorhandener Vermögens- und Schuldenwerte
  - Wertminderung durch Abschreibungen
  - Bestandsveränderungen an Handelswaren
- Inventur Inventar Bilanz

Alles klar?

1 Erläutern Sie, welche Ziele mit der Erstellung eines Jahresabschlusses grundsätzlich verfolgt werden.

2 Beschreiben Sie den Begriff des Geschäftsjahres. Finden Sie eine mögliche Begründung, weshalb man sich auf ein Jahr bei der Erstellung des Jahresabschlusses beschränkt.

4.2 Die Ermittlung des Erfolgs

LS 78 Das Geschäftsjahr geht zu Ende – wie erfolgreich war es?

4.2.1 Wie erfolgreich war das Geschäftsjahr?

Lernvideo Erfolgsbuchungen und Gewinnermittlung

Beispiel Frau Brummer vom Verkaufskiosk ist mit ihrem Jahresabschluss schon weit vorangeschritten. Das zurückliegende Jahr scheint erfolgreich gewesen zu sein.
Bei der BE Partners KG laufen die letzten Jahresabschlussarbeiten noch. Für Rolf Bastian und Dörthe Epstein wird die kommende Zeit richtig spannend werden. Beide wissen zwar, dass ein gutes Jahr hinter ihnen liegt, aber noch ist offen, wie erfolgreich es tatsächlich war. Haben sich die vielen Anstrengungen während des Jahres gelohnt und wie viel Gewinn wurde erwirtschaftet? Vielleicht konnte er im Vergleich zum Vorjahr sogar noch gesteigert werden? Es bleibt also spannend ...

Ob sich die Arbeit für *Frau Brummer* im abgelaufenen Geschäftsjahr gelohnt hat, kann sie verhältnismäßig einfach ermitteln. Dafür fasst sie alle getätigten Ausgaben für Einkäufe oder andere bezogene Leistungen zusammen und ermittelt damit die **Summe aller Aufwendungen**. Ihre Einnahmen – besser gesagt **Erträge** – ergeben sich im gleichen Zeitraum aus der Summe aller Verkäufe. Die Differenz zwischen den Erträgen und Aufwendungen stellt ihren **Erfolg**[1] für das betrachtete Geschäftsjahr dar. Dieser kann entweder positiv (**Gewinn**) oder negativ (**Verlust**) ausfallen.

Auch bei der *BE Partners KG* wird der Erfolg, also Gewinn oder Verlust, am Ende des Geschäftsjahres ganz ähnlich ermittelt. Nur die Menge an Geschäftsvorgängen und damit der Arbeitsaufwand ist um einiges größer als bei *Frau Brummer*.

Die **Aufwendungen** der *BE Partners KG* kommen durch die Ressourcen zustande, die beim **Leistungsprozess**[2] benötigt werden. Der Absatz der hergestellten und erbrachten Leistungen als Output im Leistungsprozess führt zu **Erträgen**.

Auch hier ergibt die Gegenüberstellung der gesamten Erträge und Aufwendungen den **Erfolg** des Geschäftsjahres. Man fasst sie daher als **erfolgswirksame**[3] Geschäftsvorgänge zusammen. Sie werden auf den sogenannten **Erfolgskonten**, den Aufwands- und Ertragskonten, gebucht. Daneben gibt es noch **erfolgsneutrale** bzw. **-unwirksame** Vorgänge. Es handelt sich hierbei um Veränderungen des Vorrats- und Anlagevermögens oder des Zahlungs- und Finanzmittelbereiches, bei denen keine Ertrags- oder Aufwandskonten verwendet werden. Typische Beispiele sind die Bezahlung einer Lieferanten- oder Kundenrechnung, die Beschaffung von Lagervorräten oder die Rückzahlung eines Darlehens an das Kreditinstitut.

1 **Erfolg**
= Erträge – Aufwendungen

2 Leistungsprozess
→ LF 6, Kap. 1.3.2

3 **erfolgswirksam:** Geschäftsvorgänge führen zu Aufwendungen und Erträgen und beeinflussen damit den Erfolg.

erfolgsneutral: Geschäftsvorgänge beeinflussen den Erfolg nicht, da keine Aufwendungen oder Erträge gebucht werden.

Merke! Der Unternehmenserfolg wird folgendermaßen ermittelt:

  Summe aller Erträge innerhalb des Geschäftsjahres
– Summe aller Aufwendungen innerhalb des Geschäftsjahres

= Erfolg (Gewinn oder Verlust)

Gewinn: Erträge > Aufwendungen
Verlust: Erträge < Aufwendungen

Die Erfolgsermittlung in der Buchführung

Für jede der unterschiedlichen Aufwands- bzw. Ertragsarten führt die *BE Partner KG* jeweils ein eigenes Hauptbuchkonto. Bei jedem wird zunächst die Gesamtsumme, der Saldo,[1] berechnet.

5000 Umsatzerlöse für eigene Erzeugnisse

WZ[2]			WA[3]
Saldo	2.189.000,00	[4]Ford.	1.957.500,00
		368 Ford.	231.500,00
	2.189.000,00		2.189.000,00

5100 Umsatzerlöse für Handelsware

WZ			WA
Saldo	756.900,00	[4]Ford.	718.780,00
		412 Ford.	38.120,00
	756.900,00		756.900,00

5900 sonstige betriebliche Erträge

WZ			WA
Saldo	14.750,00	[4]Bank	14.750,00
	14.750,00		14.750,00

7510 Zinsaufwendungen

WZ			WA
[4]Bank	42.835,00	Saldo	46.730,00
470 Bank	3.895,00		
	46.730,00		46.730,00

6000 Aufwand für Rohstoffe

WZ			WA
[4]Verb.	1.152.250,00	391 Verb.	7.540,00
375 Verb.	74.375,00	Saldo	1.228.670,00
401 Verb.	9.585,00		
	1.236.210,00		1.236.210,00

6030 Aufwand für Betriebsstoffe

WZ			WA
[4]Kasse	8.780,00	Saldo	57.650,00
[4]Verb.	46.920,00		
352 Verb.	1.950,00		
	57.650,00		57.650,00

6200 Löhne

WZ			WA
[4]Bank	203.760,00	Saldo	231.650,00
483 Bank	27.890,00		
	231.650,00		231.650,00

6300 Gehälter

WZ			WA
[4]Bank	783.975,00	Saldo	857.350,00
484 Bank	73.375,00		
	857.350,00		857.350,00

6800 Büromaterial

WZ			WA
[4]Kasse	4.870,00	Saldo	34.300,00
247 Bank	11.295,00		
389 Verb.	18.135,00		
	34.300,00		34.300,00

6870 Werbung

WZ			WA
[4]Verb.	6.870,00	Saldo	8.530,00
451 Verb.	1.660,00		
	8.530,00		8.530,00

1 Saldierung
→ LF 6, Kap. 2.3.4

2 **WZ** = Wertzufluss (Soll)

3 **WA** = Wertabfluss (Haben)

4 Anmerkung zur Darstellung: Es handelt sich hierbei um Sammelbuchungen, um die Übersicht im T-Konto zu wahren.

Für die Gegenüberstellung aller Aufwendungen und Erträge als Vorstufe der Erfolgsermittlung wird ein eigenes T-Konto genutzt. Es enthält die **Salden aller Aufwands- und Ertragskonten** und wird als **Gewinn- und Verlustkonto** (kurz: **GuV-Konto**) bezeichnet.

8020 Gewinn- und Verlustkonto

Wertzufluss		Wertabfluss	
6000 Aufwand für Rohstoffe	1.228.670,00	5000 Umsatzerlöse für eigene Erzeugnisse	2.189.000,00
6030 Aufwand für Betriebsstoffe	57.650,00	5100 Umsatzerlöse für Handelsware	756.900,00
6200 Löhne	231.650,00	5900 sonstige betriebliche Erträge	14.750,00
6300 Gehälter	857.350,00		
6800 Büromaterial	34.300,00		
6870 Werbung	8.530,00		
7510 Zinsaufwendungen	46.730,00		
sonstige Aufwendungen[1]	338.200,00		

1 Zur besseren Übersicht sind die Salden mehrerer Konten zusammengefasst.

Die Salden der **Aufwandskonten** stehen als Wertabfluss im jeweiligen T-Konto. Sie werden damit als **Wertzufluss** in das **GuV-Konto** übernommen, da auch hier gilt: Wertzufluss = Wertabfluss. Das Gleiche gilt entsprechend für die **Ertragssalden**, die im jeweiligen T-Konto als Wertzufluss ausgewiesen sind. Im **GuV-Konto** erscheinen sie dann als **Wertabfluss**.

Das GuV-Konto fasst damit alle wirtschaftlichen Vorgänge des Leistungsbereiches der *BE Partners KG* übersichtlich zusammen. Alle vorgenommenen Aufwendungen innerhalb eines Geschäftsjahres stehen als **Wertzufluss** (oder **Input**) des **Leistungsprozesses** auf der **Sollseite** des **GuV-Kontos**. Die **Habenseite** weist hingegen alle hergestellten Produkte und Leistungen als Erträge und damit als **Wertabflüsse** (oder **Output**) des **Leistungsprozesses** aus.

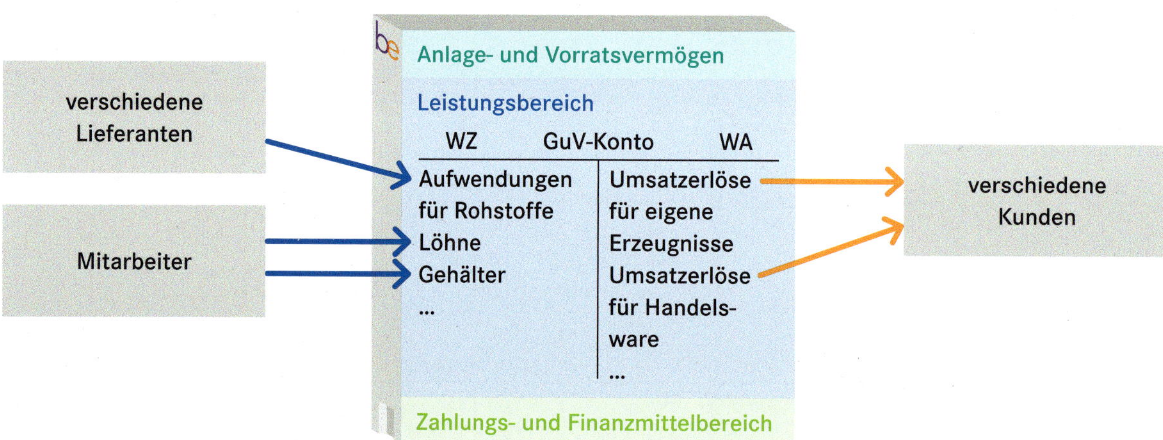

Für die Übertragung der Aufwands- und Ertragssalden in das GuV-Konto ist wie bei anderen Geschäftsvorgängen auch ein Buchungssatz erforderlich. Diese Buchungen bereiten den Abschluss des Geschäftsjahres vor und werden daher vorbereitende Abschlussbuchungen genannt. Im Journal ergeben sich damit folgende Eintragungen:

#	Beleg-Nr.	Wertzufluss (Soll)	€	Wertabfluss (Haben)	€
420	IB360	8020 GuV-Konto	1.228.670,00	6000 Aufwand für Rohstoffe	1.228.670,00
421	IB361	8020 GuV-Konto	57.650,00	6030 Aufwand für Betriebsstoffe	57.650,00
422	IB362	8020 GuV-Konto	231.650,00	6200 Löhne	231.650,00
423	IB363	8020 GuV-Konto	857.350,00	6300 Gehälter	857.350,00
424	IB364	8020 GuV-Konto	34.300,00	6800 Büromaterial	34.300,00
425	IB365	8020 GuV-Konto	8.530,00	6870 Werbung	8.530,00
426	IB366	8020 GuV-Konto	46.730,00	7510 Zinsaufwendungen	46.730,00
427	[1]	8020 GuV-Konto	338.200,00	sonstige Aufwendungen[1]	338.200,00
428	IB367	5000 Umsatzerlöse für eigene Erzeugnisse	2.189.000,00	8020 GuV-Konto	2.189.000,00
429	IB368	5100 Umsatzerlöse für Handelswaren	756.900,00	8020 GuV-Konto	756.900,00
430	IB369	5900 sonstige betriebliche Erträge	14.750,00	8020 GuV-Konto	14.750,00

[1] Zur besseren Übersicht sind die Salden mehrerer Konten zusammengefasst.

Der tatsächlich **vorhandene Erfolg** wird durch den Saldo des **GuV-Kontos** dargestellt.

Wertzufluss	8020 Gewinn- und Verlustkonto		Wertabfluss
6000 Aufwand für Rohstoffe	1.228.670,00	5000 Umsatzerlöse für eigene Erzeugnisse	2.189.000,00
6030 Aufwand für Betriebsstoffe	57.650,00	5100 Umsatzerlöse für Handelsware	756.900,00
6200 Löhne	231.650,00	5900 sonstige betriebliche Erträge	14.750,00
6300 Gehälter	857.350,00		
6800 Büromaterial	34.300,00		
6870 Werbung	8.530,00		
7510 Zinsaufwendungen	46.730,00		
sonstige Aufwendungen[2]	338.200,00		
Saldo (= Gewinn)	157.570,00		
	2.960.650,00		2.960.650,00

[2] Zur besseren Übersicht sind die Salden mehrerer Konten zusammengefasst.

Für das abgelaufene Geschäftsjahr ergibt sich bei der *BE Partners KG* ein Gesamterfolg von 157.570,00 €. Da die Erträge größer sind als die Aufwendungen, steht der Saldo auf der linken Seite des GuV-Kontos. Es handelt sich also um einen Gewinn.

Merke! Der ermittelte Erfolg (Gewinn oder Verlust) fasst alle erfolgswirksamen Geschäftsvorgänge innerhalb eines Geschäftsjahres zusammen. Der Erfolg bezieht sich daher immer auf einen bestimmten Zeitraum **(Zeitraumbetrachtung)**.

4.2.2 Kann man mit dem Gewinn zufrieden sein?

Für die Antwort muss zuerst geklärt werden, wie viel Kapital die Eigentümer der *BE Partners KG* überlassen haben. Mit dem zu Beginn des Geschäftsjahres zur Verfügung gestellten Eigenkapital[1] wird der Gewinn erwirtschaftet. Im Falle von *Rolf Bastian* und *Dörthe Epstein* ist es das jeweilige Eigenkapital, das dem Unternehmen in Form von Maschinen, Büroausstattung, Bankguthaben usw. zur Verfügung steht. Setzt man nun den Erfolg zum eingesetzten Eigenkapital ins Verhältnis, so ergibt sich die Eigenkapitalrentabilität.[2]

Merke!

$$\text{Eigenkapitalrentabilität} = \frac{\text{Gewinn}^{3} \cdot 100\,\%}{\text{Eigenkapital zu Beginn des Geschäftsjahres}}$$

Beispiel Im vergangenen Geschäftsjahr konnte die *BE Partners KG* einen Gewinn in Höhe von 157.570,00 € erwirtschaften. Hierfür stellten die beiden Eigentümer insgesamt Eigenkapital in Höhe von 640.000,00 € bereit. Für die Eigenkapitalrentabilität ergibt sich damit folgender Wert:

$$\text{Eigenkapitalrentabilität} = \frac{157.570{,}00\,€ \cdot 100\,\%}{640.000{,}00\,€} = 24{,}62\,\%$$

Ob die Eigentümer der *BE Partners KG* nun mit der erzielten Rentabilität zufrieden sein können oder nicht, hängt von den zu Beginn des Jahres gesetzten Zielen[4] ab. Darüber hinaus kann auch ein Vergleich mit Werten aus der Vergangenheit oder mit anderen Unternehmen im Rahmen eines Branchenvergleiches Klarheit schaffen. Letztlich muss bei der Bewertung der Eigenkapitalrentabilität überlegt werden, ob eine alternative Kapitalanlage z. B. bei einem Kreditinstitut oder in einer Immobilie einen höheren Erfolg (z. B. höhere Zinsen) erwirtschaften könnte. Dann würde es sich lohnen, das Unternehmen aufzulösen und das Kapital anderweitig anzulegen, um eine höhere Rendite zu erzielen.

Merke! Die Eigenkapitalrentabilität gibt Auskunft darüber, wie sich durch die wirtschaftlichen Aktivitäten des Unternehmens das Eigenkapital innerhalb eines Geschäftsjahres verzinst hat.

Neben der Rentabilität stellt sich außerdem die Frage, wie **effizient** bzw. **ressourcenschonend** im **Leistungsbereich** des Unternehmens gearbeitet wird. Diese Frage kann mit der Kennzahl der **Wirtschaftlichkeit** beantwortet werden.

Merke!

$$\text{Wirtschaftlichkeit}^{5} = \frac{\text{Ertrag}}{\text{Aufwand}} = \frac{\text{Output}^{6}\text{ des Leistungsbereiches}}{\text{Input}^{7}\text{ des Leistungsbereiches}}$$

Lässt sich z. B. mit einem geringeren Einsatz von Produktionsfaktoren der gleiche oder sogar ein höherer Ertrag erzielen, verbessert sich die Wirtschaftlichkeit. Gleichzeitig kann durch die gesunkenen Aufwendungen ein größerer Gewinn erzielt werden. Dies verbessert wiederum die Eigenkapitalrentabilität.

1 Eigenkapital
→ LF 6, Kap. 3.4

2 engl.: return on equity (ROE)
equity = Eigenkapital
return = Rendite

3 Bei einem Verlust wird dieser mit einem negativen Vorzeichen in die Formel eingesetzt und führt damit zu einer negativen Eigenkapitalrentabilität.

4 Unternehmensziele
→ FK 1, LF 1, Kap. 3.1

5 Betrachtet man nur den mengenmäßigen Input und Output, spricht man auch von der Produktivität.

6 **Output:**
hergestellte Sachgüter und Dienstleistungen zum jeweiligen Marktpreis

7 **Input:**
Arbeitsstunden, Materialverbrauch usw. zum jeweiligen Einkaufspreis

Merke! Die Wirtschaftlichkeit gibt Auskunft darüber, wie effizient oder ressourcenschonend im Leistungsbereich des Unternehmens gearbeitet wird.

4.2.3 Die Verwendung des erwirtschafteten Gewinns

Beispiel Herr Bastian kommt bei Frau Brummer vorbei, als diese gerade mit Jahresabschlussarbeiten beschäftigt ist: „Und, Frau Brummer, hat sich die viele Arbeit im letzten Jahr gelohnt?" „Ach hallo, Herr Bastian. Ja es sieht gut aus und der Gewinn dieses Jahr scheint sogar höher als erwartet auszufallen. Da kann ich dann endlich den Kiosk renovieren und für mich privat bleibt auch noch etwas übrig." „Das freut mich für Sie. In der Buchhaltung nähern wir uns allmählich dem Ende und wir können wieder auf ein erfolgreiches Jahr zurückblicken." „Und ist schon bekannt, wofür der Gewinn bei der BE Partners KG verwendet wird?"

Frau Brummer, die *BE Partners KG* und jedes andere Unternehmen verfolgen während eines Geschäftsjahres das Ziel, Gewinn zu erwirtschaften. Ganz unterschiedlich fällt jedoch die Verwendung des erwirtschafteten Gewinns dann oftmals aus.

- *Rolf Bastian* und *Dörthe Epstein* als Eigentümer des Unternehmens stellen neben ihrer persönlichen Arbeitsleistung auch Sachmittel und Kapital bereit. Als Gegenleistung haben sie damit einen Anspruch auf den erzielten **Gewinn** und können sich diesen **auszahlen** (man sagt: **ausschütten**) lassen.[1]
- Alternativ kann der Gewinn auch im Unternehmen als **Gewinnrücklage** belassen werden. Auf diese Weise wird zusätzliches Eigenkapital geschaffen, das für künftige Investitionen (z. B. für die Instandhaltung, die technische Modernisierung oder die Erweiterung des Maschinenparks) verwendet werden kann. Dieses Vorgehen bezeichnet man als **Gewinnthesaurierung**.
- Eine ganz besondere Form der Gewinnverwendung stellt die **Beteiligung** der **Mitarbeiter** am Gewinn dar. Ein Gewinn ist immer auch auf die Arbeitsleistung der Mitarbeiter zurückzuführen. Durch die Ausschüttung eines Teils des Gewinns als Prämie an die Mitarbeiter wird deren Motivation gestärkt. Prämienlohnsysteme stärken die Identifikation der Mitarbeiter mit dem Unternehmen.[2]

Unabhängig von der Verwendung steht der Gewinn zunächst den Eigentümern zu und muss daher aus dem GuV-Konto auf das Eigenkapitalkonto von *Rolf Bastian* und *Dörthe Epstein* umgebucht werden.[3]

Beispiel Im vergangenen Geschäftsjahr konnte die BE Partners KG einen Gewinn von 157.570,00 € erzielen. Dieser soll den beiden Eigentümern auf ihrem Eigenkapitalkonto gutgeschrieben werden.

#	Beleg-Nr.	Wertzufluss (Soll)	€	Wertabfluss (Haben)	€
431	IB370	8020 GuV-Konto	157.570,00	3000 Eigenkapital	157.570,00

1 Eigentümer einer Einzelunternehmung, OHG oder KG erhalten kein festes monatliches Gehalt. Der Gewinnanspruch ist damit ihr jährlicher Verdienst.

2 Prämienlohn
→ LF 8, Kap. 7.1.3

3 Auf eine genaue Aufteilung nach Kapitalanteilen für Komplementär *(Bastian)* und Kommanditist *(Epstein)* soll an dieser Stelle verzichtet werden.

Wertzufluss	3000 Eigenkapital (Sammelkonto für *Bastian* und *Epstein*)		Wertabfluss
		vorhandenes Kapital	640.000,00
		431 GuV-Konto (Gewinn)	157.570,00
		⋮	

Im GuV-Konto ergibt sich durch Gegenüberstellung aller Aufwendungen und Erträge ein Gewinn. Dieser steht als Wertzufluss im GuV-Konto (Sollseite). Der Gewinn wird nun auf das Eigenkapitalkonto der beiden Inhaber umgebucht und erscheint dort als Wertabfluss, weil sich die Eigentumsansprüche der beiden Eigentümer durch den Gewinn erhöht haben und sie sich diesen in der Zukunft auszahlen lassen können. Für die *BE Partners KG* erhöht sich die künftige Rückzahlungsverpflichtung.

Bei einem Verlust vermindern sich hingegen die Eigentumsansprüche der Inhaber. Für die *BE Partners KG* würde dies bedeuten, dass die Rückzahlungsansprüche sinken und dadurch zu einem Wertzufluss beim Eigenkapital führen.

4.2.4 Exkurs: Ermittlung des Erfolgs durch Eigenkapitalvergleich

Sowohl Gewinne als auch Verluste verändern das Eigenkapital eines Unternehmens. Damit weicht üblicherweise die Höhe des Eigenkapitals am Anfang des Geschäftsjahres von der am Ende des Jahres ab. Der Unternehmenserfolg kann deshalb auch durch Gegenüberstellung der beiden Eigenkapitalbeträge ermittelt werden.

Merke!

  Eigenkapital am Ende des Geschäftsjahres
– Eigenkapital zu Beginn des Geschäftsjahres

= Erfolg (Gewinn oder Verlust)

Während eines Jahres können die Eigentümer der *BE Partners KG* durch Privateinlagen oder -entnahmen das Eigenkapital ebenfalls verändern. Der errechnete Erfolg muss somit noch um alle (nicht erfolgswirksamen) Privatvorgänge[1] bereinigt werden.

1 Privatvorgänge
→ LF 6, Kap. 3.4

Einlagen aus dem Privatvermögen von *Rolf Bastian* oder *Dörthe Epstein* führen während des Geschäftsjahres zu einem Wertzufluss (an meist liquiden Mitteln) und einem späteren Wertabfluss an Eigenkapital. Zunächst erhöht sich das Eigenkapital, jedoch ohne dass damit ein Ertrag verbunden wäre. Um dies – rein rechnerisch – rückgängig zu machen, muss der Betrag der Privateinlage subtrahiert werden. Ähnlich verhält es sich mit einer Privatentnahme, die addiert werden muss.

Merke!

  Eigenkapital am Ende des Geschäftsjahres
– Eigenkapital zu Beginn des Geschäftsjahres

= vorläufiger Erfolg
+ getätigte Privatentnahmen
– getätigte Privateinlagen

= tatsächlicher Erfolg (Gewinn oder Verlust)

Alles klar?

1 Erläutern Sie, was man grundsätzlich unter dem Erfolg eines Unternehmens versteht, und unterscheiden Sie dabei Gewinn und Verlust.

2 Beschreiben Sie, wie der Erfolg am Ende des Geschäftsjahres ermittelt wird.

3 Unterscheiden Sie erfolgswirksame und erfolgsneutrale Vorgänge. Finden Sie passende Beispiele bei der *BE Partners KG* und in Ihrem Ausbildungsbetrieb.

4 Aus welchen Gründen führt man in der Buchhaltung ein GuV-Konto?

5 Treffen Sie eine generelle Aussage über den Saldo des GuV-Kontos.

6 Aufwendungen werden als Wertzuflüsse und Erträge als Wertabflüsse des GuV-Kontos erfasst. Erläutern Sie die Richtigkeit dieses Vorgehens.

7 Erläutern Sie anhand eines passenden Beispiels, was man unter vorbereitenden Abschlussbuchungen versteht.

8 Am Ende eines Geschäftsjahres wird nach Feststellung des Erfolgs oftmals die Eigenkapitalrentabilität ermittelt.

a) Erläutern Sie diese Kennzahl und wie man sie berechnet.
b) Ein Unternehmen hat eine Eigenkapitalrentabilität von 8,5 % erzielt. Folgern Sie daraus Erkenntnisse.

9 Nennen Sie Möglichkeiten zur Verwendung des Gewinns der *BE Partners KG*.

10 Vom erwirtschafteten Gewinn lässt sich *Rolf Bastian* seinen Anteil in Höhe von 8.500,00 € auf sein privates Girokonto auszahlen. Beschreiben Sie den Buchungsvorgang.

11 Stellen Sie dar, wodurch Eigenkapitalmehrungen und -minderungen zustande kommen.

12 Beschreiben und erläutern Sie, wie durch Eigenkapitalvergleich der Erfolg eines Geschäftsjahres ermittelt werden kann.

4.3 Die Ermittlung der Vermögens- und Schuldenwerte

→ LS 79 Vermögen und Schulden der BE Partners KG ermitteln

Beispiel „Hast Du die ersten Gewinnprognosen schon gesehen, Rolf?“, wendet sich Dörthe Epstein an ihren Geschäftspartner. „Ja und die machen bislang einen guten Eindruck. Allerdings fürchte ich, dass wir langfristig vielleicht nicht viel davon haben werden. Denn wir haben noch die anstehenden Investitionen und da ist die Frage der Kapitalbeschaffung immer noch offen ...“

Ohne Zweifel ist die Höhe des Gewinnes bzw. Verlustes die spannendste Frage am Ende eines Geschäftsjahres. Im Laufe des Jahres verändern sich aber auch viele weitere Wertpositionen bei der *BE Partners KG*: angefangen bei den Vorräten und den Lagerbeständen der Absatzprodukte bis hin zu Neuanschaffungen des Fuhrparks, der Betriebsausstattung oder neuen Kreditverpflichtungen.

Die wirtschaftliche Lage und die Zukunft eines Unternehmens werden durch diese Veränderungen beeinflusst. Um sich dieser Tatsache bewusst zu werden, verlangt der Gesetzgeber von jedem Unternehmen eine jährliche Aufstellung.

§ 242 HGB Pflicht zur Aufstellung

(1) Der Kaufmann hat […] für den Schluss eines jeden Geschäftsjahres einen das Verhältnis seines Vermögens und seiner Schulden darstellenden Abschluss (Eröffnungsbilanz, Bilanz) aufzustellen. […]

Vor diesem Hintergrund werden bei der *BE Partners KG* für alle Vermögens- und Schuldenkonten zunächst die Endbestände (Salden) ermittelt.

WZ	0510 Bebaute Grundstücke		WA
[1] Verb.	450.000,00	Saldo	450.000,00
	450.000,00		450.000,00

WZ	0700 Technische Anlagen und Maschinen		WA
[1] Verb.	370.000,00	Saldo	377.500,00
287 Verb.	7.500,00		
	377.500,00		377.500,00

WZ	0870 BGA[2]		WA
[1] Verb.	330.000,00	353 Bank	1.750,00
		Saldo	328.250,00
	330.000,00		330.000,00

WZ	2400 Forderungen LuL		WA
[1] …	2.271.484,00	[1] …	2.022.235,00
372 UE HW[3]	2.386,00	415 Bank	8.375,00
386 UE eE[4]	18.470,00	Saldo	261.730,00
	2.292.340,00		2.292.340,00

WZ	2800 Bank		WA
[1] …	660.970,00	[1] Verb.	587.260,00
437 Verb.	45.720,00	382 Verb.	71.230,00
		Saldo	48.200,00
	706.690,00		706.690,00

WZ	2880 Kasse		WA
[1] …	79.710,00	[1] …	70.000,00
365 Verb	3.490,00	420 Büromat.	350,00
		Saldo	12.850,00
	83.200,00		83.200,00

WZ	3000 Eigenkapital		WA
Saldo	797.570,00	[1] …	640.000,00
		320 GuV	157.570,00
	797.570,00		797.570,00

WZ	4400 Verbindlichkeiten LuL		WA
[1] …	1.436.650,00	[1] …	1.495.100,00
394 Bank	71.350,00	398 Rohst.	175.400,00
Saldo	162.500,00		
	1.670.500,00		1.670.500,00

1 Anmerkung zur Darstellung: Es handelt sich hierbei um Sammelbuchungen, um die Übersicht im T-Konto zu wahren.

2 **BGA** = Betriebs- und Geschäftsausstattung

3 **UE HW** = Umsatzerlöse für Handelswaren

4 **UE eE** = Umsatzerlöse für eigene Erzeugnisse

Alle Salden der Vermögens- und Schuldenkonten werden, ähnlich wie dies bereits bei der Erfolgsermittlung mit dem GuV-Konto der Fall war, in einem eigenen Sammelkonto, dem **Schlussbestandskonto**[5] (kurz: SBK), zusammengefasst.

Wertzufluss	8010 Schlussbestandskonto		Wertabfluss
0510 Bebaute Grundstücke	450.000,00	3000 Eigenkapital	797.570,00
0700 Technische Anlagen und Maschinen	377.500,00	4400 Verbindlichkeiten LuL	162.500,00
0870 BGA	328.250,00	sonstige Schuldenwerte[6]	1.430.430,00
2400 Forderungen LuL	261.730,00		
2800 Bank	48.200,00		
2880 Kasse	12.850,00		
sonstige Vermögenswerte[6]	911.970,00		
	2.390.500,00		2.390.500,00

5 Häufig bezeichnet man dieses Konto als **Schlussbilanzkonto.**

6 Zur besseren Übersicht sind die Salden mehrerer Konten zusammengefasst.

Abschlussbuchungen zur Umbuchung der Kontensalden im Journal:

#	Beleg-Nr.	Wertzufluss (Soll)	€	Wertabfluss (Haben)	€
432	IB371	8010 SBK	450.000,00	0510 Bebaute Grundstücke	450.000,00
433	IB372	8010 SBK	377.500,00	0700 Technische Anlagen und Maschinen	377.500,00
434	IB373	8010 SBK	328.250,00	0870 BGA	328.250,00
435	IB374	8010 SBK	261.730,00	2400 Forderungen LuL	261.730,00
436	IB376	8010 SBK	48.200,00	2800 Bank	48.200,00
437	IB375	8010 SBK	12.850,00	2880 Kasse	12.850,00
438	IB377	3000 Eigenkapital	797.570,00	8010 SBK	797.570,00
439	IB378	4400 Verbindlichkeiten LuL	162.500,00	8010 SBK	162.500,00
440	IB379	8010 SBK	911.970,00	sonst. Vermögenswerte	911.970,00
441	IB380	sonst. Schuldenwerte	1.430.430,00	8010 SBK-Konto	1.430.430,00

Das Schlussbestandskonto führt auf der Seite der **Wertzuflüsse** alle **Vermögenspositionen** des Unternehmens. Das **Eigenkapital** von *Rolf Bastian* und *Dörthe Epstein* sowie die vorhandenen **Schulden** werden auf der Seite der **Wertabflüsse** ausgewiesen. **Beide Seiten stimmen betragsmäßig überein**. Damit ergibt sich im Schlussbestandskonto **kein Saldo**.

Die *BE Partners KG* verfügt über eine bestimmte Summe an Kapital bestehend aus **Eigen-** und **Fremdkapital**. Unabhängig von der jeweiligen Verwendung findet sich das **gesamte Kapital** im **Vermögen** wieder. Daher ist die Summe aus Eigen- und Fremdkapital exakt gleich mit der Summe an Vermögen.

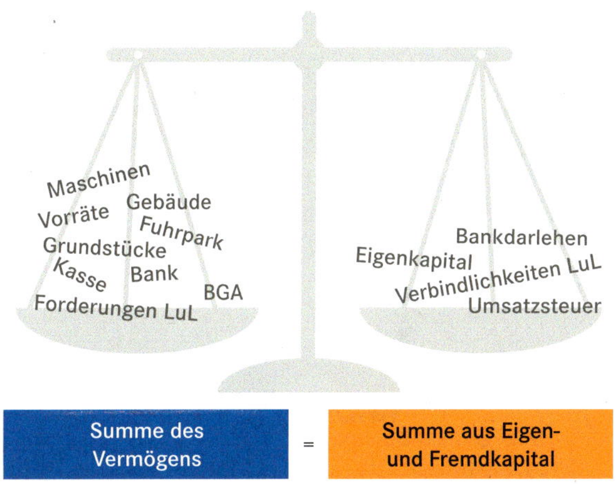

Merke! Das Schlussbestandskonto (SBK) fasst die Salden aller Vermögens- und Schuldenpositionen sowie des Eigenkapitals zu einem bestimmten Stichtag (am Ende des Geschäftsjahres) zusammen. Diese Salden nennt man daher auch **Endbestände**. Es handelt sich dabei um eine **Stichtagsbetrachtung**.

Alles klar?

1 Erläutern Sie mögliche Gründe dafür, dass ein Unternehmer am Ende des Geschäftsjahres sein Vermögen und seine Schulden gegenüberstellen muss.

2 Beschreiben Sie den Aufbau des SBK.

3 Im SBK ergibt sich kein Saldo. Begründen Sie die Richtigkeit dieser Tatsache.

4.4 Erfassung des Wertverlustes beim Anlagevermögen durch Abschreibungen

LS 80 Sachanlagen verlieren an Wert – jetzt investieren oder noch warten?

Beispiel Bei der Produktion von Druckaufträgen oder dem Entwerfen von Werbekonzepten, der Gestaltung von Flyern, Broschüren und bei vielen weiteren Leistungen nutzt die BE Partners KG ihre vorhandenen Sachanlagen wie Druckmaschinen, Computer, Bürotische, Kopiergeräte u. v. m.

Bei jedem Gebrauch nutzen sich Maschinen und Anlagen ab und verlieren im Lauf der Zeit an Wert. Selbst wenn eine Maschine wenig läuft, verliert sie trotzdem an Wert. Das ist im privaten Bereich nicht anders, auch wenn ein Pkw nur wenige tausend Kilometer pro Jahr gefahren wird, verliert er trotzdem sehr schnell an Wert.

In der betrieblichen Praxis versucht man diese Entwicklung zu berücksichtigen, indem man jährlich die (vermutliche) **Wertminderung** der Anlagegegenstände ermittelt und in der Buchhaltung erfasst. Dieses Vorgehen bezeichnet man als **Abschreibung**.

Merke! Sachanlagen verlieren durch Gebrauch oder technische Veralterung an Wert.

Lernvideo Lineare Abschreibung

4.4.1 Der Ausgangswert für Abschreibungen

§ 253 HGB

(3) Bei Vermögensgegenständen des Anlagevermögens, deren Nutzung zeitlich begrenzt ist, sind die Anschaffungs- oder die Herstellungskosten um planmäßige Abschreibungen zu vermindern. Der Plan muss die Anschaffungs- oder Herstellungskosten auf die Geschäftsjahre verteilen, in denen der Vermögensgegenstand voraussichtlich genutzt werden kann. [...]

Die Höhe der insgesamt anfallenden Wertminderung einer Sachanlage hängt von ihrem ursprünglichen Kaufpreis, dem **Anschaffungspreis**, ab. Hinzu kommen oft noch weitere Ausgaben. Beim Erwerb eines Kfz ist das z. B. der Preis für zusätzliche Ausstattungsgegenstände wie Winterreifen oder Gepäckträger, Zulassungsgebühren und Überführungskosten. Diese zusätzlich zum Anschaffungspreis anfallenden Ausgaben sind die **Anschaffungsnebenkosten** und werden ebenfalls auf dem Anlagenkonto erfasst.[1]

Manchmal werden dem Käufer Rabatte oder Skonto gewährt, die zu einer Verringerung des Anschaffungspreises führen, sogenannte **Anschaffungspreisminderungen**.

1 **Anschaffungsnebenkosten** fallen im Rahmen der Beschaffung einer Sachanlage zusätzlich an und decken alle Ausgaben ab, um die erworbene Sache in einen **betriebsbereiten Zustand** zu versetzen.

§ 255 HGB

(1) Anschaffungskosten sind die Aufwendungen, die geleistet werden, um einen Vermögensgegenstand zu erwerben und ihn in einen betriebsbereiten Zustand zu versetzen, soweit sie dem Vermögensgegenstand einzeln zugeordnet werden können. Zu den Anschaffungskosten gehören auch die Nebenkosten sowie die nachträglichen Anschaffungskosten. Anschaffungspreisminderungen sind abzusetzen.

Beispiel Für einen neu erworbenen Pkw fielen folgende Anschaffungskosten an:

	Betrag	Zusammensetzung
Nettopreis lt. Kaufvertrag	24.490,00 €	Anschaffungspreis
Rabatt 10 %	– 2.449,00 €	– Anschaffungspreisminderung
Überführungskosten und Zulassungsgebühren	+ 730,00 €	+ Anschaffungsnebenkosten
1 Satz Winterreifen auf Felgen	+ 469,82 €	+ nachträgliche Anschaffungskosten
Skonto 2 % aus 22.041,00 €[1]	– 440,82 €	– nachträgliche Anschaffungspreisminderungen
	= 22.800,00 €	**= Anschaffungskosten**

1 24.490,00 € – 2.449,00 € = 22.041,00 €

Um die Sachanlage in einen **betriebsbereiten Zustand** zu bringen, d.h. den Pkw abfahrbereit zur Verfügung zu haben, müssen die gesamten Anschaffungskosten aufgewendet werden. Nachträgliche Anschaffungspreisminderungen sind abzuziehen. Die so ermittelten Anschaffungskosten bilden den Ausgangspunkt für künftige Wertminderungen, also die Abschreibung.

Merke! Abgeschrieben wird von den Anschaffungskosten. Neben dem tatsächlich bezahlten Kaufpreis gehören dazu alle Ausgaben, die nötig sind, um das Anlagegut in einen betriebsbereiten Zustand zu versetzen.

4.4.2 Eine Sachanlage verliert gleichmäßig an Wert

Alle Vermögenswerte (Sachanlagen) können über einen bestimmten Zeitraum genutzt werden. Wenn jedes Unternehmen diese **Nutzungsdauer** selbst bestimmte, kämen für ähnliche Sachanlagen die unterschiedlichsten Abschreibungen zustande. Aus diesem Grund hat das Bundesministerium für Finanzen in sogenannten AfA[2]-Tabellen für viele Anlagegegenstände die Nutzungsdauer festgelegt.

2 **AfA** = Absetzung für Abnutzung als Synonym für Abschreibung aus dem Steuerbereich

Anlagegut	Betriebsgewöhnliche Nutzungsdauer in Jahren
Personenkraftwagen und Kombiwagen	6
Verpackungsmaschinen, Folienschweißgeräte	13
Personalcomputer, Notebooks und andere Peripheriegeräte (Drucker, Scanner, Bildschirme u. Ä.)	3

Merke! Nutzungsdauer ist derjenige Zeitraum, in dem das Anlagegut vermutlich im Unternehmen genutzt werden kann, bevor es entweder verschrottet oder verkauft wird.

Im einfachsten Fall kann die *BE Partners KG* nun davon ausgehen, dass der Wertverlust in jedem Jahr der Nutzungsdauer in gleicher Höhe (**linear**) eintritt. Die Höhe der Abschreibung lässt sich dann folgendermaßen berechnen:

Merke!

$$\text{linearer Abschreibungsbetrag in EUR} = \frac{\text{Anschaffungskosten (netto)}}{\text{gewöhnliche Nutzungsdauer in Jahren}}$$

Beispiel Für den gekauften Pkw sieht die AfA-Tabelle eine Nutzungsdauer von 6 Jahren vor, auf die die gesamten Anschaffungskosten gleichmäßig verteilt werden können. Es ergibt sich ein jährlicher Abschreibungsbetrag von:

$$\frac{\text{Anschaffungskosten (netto)}}{\text{Nutzungsdauer (Jahre)}} = \frac{22.800{,}00\ €}{6}$$

Für jedes Jahr der Nutzungsdauer entspricht der errechnete Wertverlust also 3.800,00 €.

Lfd. Nr.	Anlagegüter	Nutzungsdauer i. J.
[…]		
4	Fahrzeuge	
4.1	Schienenfahrzeuge	25
4.2	Straßenfahrzeuge	
4.2.1	Personenkraftwagen und Kombiwagen	6
4.2.2	Motorräder, Motorroller, Fahrräder u.ä.	7
4.2.3	Lastkraftwagen, Sattelschlepper, Kipper	9
4.2.4	Traktoren und Schlepper	12
4.2.5	Kleintraktoren	8
4.2.6	Anhänger, Auflieger, Wechselaufbauten	11
4.2.7	Omnibusse	9

Die errechnete Wertminderung reduziert den Wert des Fuhrparks und wird auf dem entsprechenden Konto (hier: Fuhrpark) als Wertabfluss erfasst. Da sie im weitesten Sinne im Rahmen der Produktion und Geschäftstätigkeit der *BE Partners KG* entstanden ist, kann sie als Aufwand im Leistungsbereich des Unternehmens verstanden werden und wird dort als Wertzufluss am Ende des Jahres buchhalterisch erfasst.

#	Beleg-Nr.	Wertzufluss (Soll)	€	Wertabfluss (Haben)	€
415	IB221	6520 Abschreibung auf Sachanlagen	3.800,00	0840 Fuhrpark	3.800,00

Die Entwicklung des Wertverlustes lässt sich mithilfe eines **Abschreibungsplanes** darstellen. Aus diesem kann am Ende des Jahres die Höhe des **Restbuchwertes** festgestellt werden, mit dem die Sachanlage noch zu den Vermögenswerten des Unternehmens gerechnet wird und damit im Schlussbestandskonto erscheint.

Beispiel Abschreibungsplan für den unternehmenseigenen Pkw:

Anschaffungskosten - Abschreibungsbetrag 1. Jahr	22.800,00 € 3.800,00 €
= Restwert (Buchwert) Ende 1. Nutzungsjahr - Abschreibungsbetrag 2. Jahr	19.000,00 € 3.800,00 €
= Restwert (Buchwert) Ende 2. Nutzungsjahr - Abschreibungsbetrag 3. Jahr	15.200,00 € 3.800,00 €
= Restwert (Buchwert) Ende 3. Nutzungsjahr - Abschreibungsbetrag 4. Jahr	11.400,00 € 3.800,00 €
= Restwert (Buchwert) Ende 4. Nutzungsjahr - Abschreibungsbetrag 5. Jahr	7.600,00 € 3.800,00 €
= Restwert (Buchwert) Ende 5. Nutzungsjahr - Abschreibungsbetrag 6. Jahr	3.800,00 € 3.800,00 €
= Restwert (Buchwert) Ende 6. Nutzungsjahr	0,00 €

Am Ende der Nutzungsdauer ist der Restbuchwert durch den jährlichen Wertverlust auf 0 € gesunken. Dennoch kann die Sachanlage weiterhin im Unternehmen genutzt werden, wenn sie technisch noch einwandfrei ist. Um dies auch in der Buchhaltung kenntlich und nachvollziehbar zu machen, wird im letzten Jahr nur so viel Abschreibung gebildet, dass 1 € als Restbuchwert (**Erinnerungswert**) erhalten bleibt.

Beispiel

– Abschreibungsbetrag 5. Jahr	3.800,00 €
= Restwert (Buchwert) Ende 5. Nutzungsjahr	3.800,00 €
– Abschreibungsbetrag 6. Jahr	3.799,00 €
= Erinnerungswert (Buchwert) Ende 6. Nutzungsjahr	1,00 €

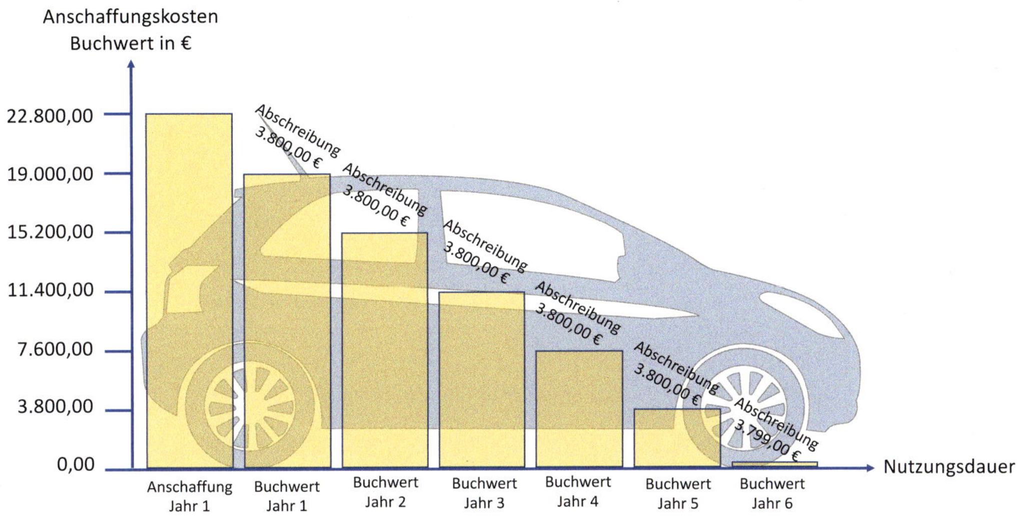

Zu Vergleichszwecken wird die jährliche Abschreibung häufig in einen Prozentsatz (**Abschreibungssatz**) umgewandelt. Mit diesem lässt sich dann ebenfalls die Abschreibung berechnen.

Merke!

$$\text{Abschreibungssatz in \%} = \frac{100\,\%}{\text{Nutzungsdauer in Jahren}}$$

$$\text{Abschreibungsbetrag in EUR} = \frac{\text{Anschaffungskosten} \cdot \text{Abschreibungssatz}}{100\,\%}$$

Beispiel

$$= \frac{100\,\%}{6} = 16{,}67\,\%\ \text{pro Jahr}$$

$$= \frac{22.800{,}00\ € \cdot 16{,}67\,\%}{100\,\%} = 3.800{,}00\ €\ \text{(gerundet auf ganze Euro)}$$

4.4.3 Die Sachanlage wird nicht das ganze Jahr genutzt

Die ermittelte Abschreibung bezieht sich immer auf ein Kalenderjahr. Man geht davon aus, dass der Vermögenswert dem Unternehmen auch das ganze Jahr zur Verfügung stand und genutzt wurde. Doch nicht immer ist dies der Fall, insbesondere wenn Sachanlagen während eines Jahres gekauft, wieder verkauft oder verschrottet werden. Dann darf die Abschreibung nur für den Zeitraum berechnet werden, in dem auch tatsächlich eine Nutzung möglich war sowie ein Wertverlust stattgefunden hat. Man spricht in diesem Fall von einer **zeitanteiligen Abschreibung**.

Die **zeitanteilige Abschreibung** wird immer für **volle Monate** berechnet. Auch wenn ein Gegenstand am letzten Tag des Monats beschafft wurde, zählt der ganze Monat zum Abschreibungszeitraum.

Beispiel Die Anschaffungskosten für eine Empfangstheke im Eingangsbereich der BE Partners KG betragen 15.600,00 € (netto). Die Theke wird am 05.05.20.. angeschafft. Sie hat eine betriebsgewöhnliche Nutzungsdauer von 13 Jahren. Der jährliche Abschreibungsbetrag beträgt somit 1.200,00 €.[1]

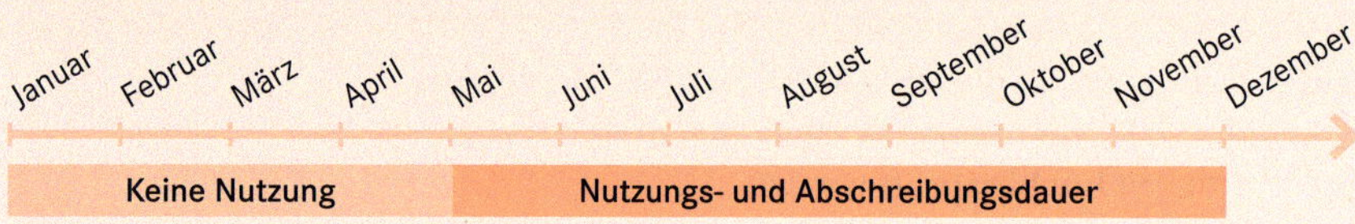

Für das erste Jahr ergibt sich folgender Abschreibungsbetrag:

$$\frac{1.200,00\ € \cdot 8\ \text{Monate}}{12\ \text{Monate}} = 800,00\ €$$

Dann werden 12 Jahre lang 1.200,00 € abgeschrieben. Im letzten Jahr der Nutzung verbleiben dann noch 4 Monate, was zu einer Abschreibung von 400,00 € führt.

1 $\frac{15.600,00\ €}{13} = 1.200,00\ €$

Alles klar?

1 Erläutern Sie verschiedene Gründe, warum Unternehmen bei ihren Sachanlagen Abschreibungen durchführen müssen.

2 Die Grundlage für Abschreibungen bilden die Anschaffungskosten. Erläutern Sie die einzelnen Bestandteile anhand eines passenden Beispiels aus Sicht der *BE Partners KG*.

3 Erklären Sie den Begriff der Nutzungsdauer. Nennen Sie verschiedene Beispiele.

4 Beschreiben Sie die lineare Abschreibung anhand eines passenden Beispiels.

5 Erläutern Sie, was unter einer zeitanteiligen Abschreibung zu verstehen ist und wie diese durchgeführt wird.

4.5 Bestandsveränderungen von Handelswaren

LS 81 Die Bestände im Lager verändern sich ...

Bei der *BE Partners KG* schwankt der Absatz von Handelswaren und kann nicht immer exakt vorhergesagt werden. Daher bleiben am Jahresende manchmal Handelswaren über, die dann auf Lager genommen werden. Der Lagerbestand am Ende des Geschäftsjahres kann dadurch höher oder niedriger als zu Beginn des Jahres sein. Man spricht von einer **Bestandsveränderung**[1] im Lager.

1 Im Unterschied dazu stellt man bei einer Inventurdifferenz fest, dass der dokumentierte Lagerbestand vom tatsächlich vorhandenen abweicht.
→ LF 6, Kap. 4.6.1

4.5.1 Der Lagerbestand erhöht sich am Ende des Geschäftsjahres

Beispiel Im letzten Jahr konnten nicht alle Plakataufsteller verkauft werden. Ein Anfangsbestand von 50 Stück ist in diesem Jahr noch im Lager. Der Nettowert für einen Aufsteller liegt bei 50,00 €. Der Einkäufer Luigi Ferrara versucht, den Absatz während des Jahres so gut wie möglich zu schätzen, und bestellt beim Lieferanten:

Bestellmenge	30 Stück	85 Stück	60 Stück	120 Stück
Warenwert (netto)	1.500,00 €	4.250,00 €	3.000,00 €	6.000,00 €

Im gesamten Geschäftsjahr wurden insgesamt 270 Plakataufsteller verkauft.

Die noch vorhandene Menge an Plakataufstellern lässt sich wie folgt ermitteln:

Anfangsbestand im Lager	**50 Stück**	**2.500,00 €**
+ Beschaffungen von Handelswaren[2]	+ 30 Stück	+ 1.500,00 €
	+ 85 Stück	+ 4.250,00 €
	+ 60 Stück	+ 3.000,00 €
	+ 120 Stück	+ 6.000,00 €
= insgesamt verfügbare Plakataufsteller	= 345 Stück	= 17.250,00 €
– Verkäufe von Handelswaren	– 270 Stück	– 13.500,00 €
= nicht verkaufte Handelswaren	**= 75 Stück**	**= 3.750,00 €**

2 Insgesamt werden 295 Stück während des Jahres beschafft.

Die *BE Partners KG* hat in diesem Jahr weniger Plakataufsteller verkauft, als sie insgesamt zur Verfügung hatte. Es bleiben 75 Stück übrig, die für das folgende Jahr eingelagert werden. Damit ist der Endbestand um 25 Stück höher als der Anfangsbestand. Es liegt also eine **Bestandsmehrung** vor.

Merke! Liegt der Lagerbestand am Ende des Geschäftsjahres über dem Anfangsbestand, handelt es sich um eine **Lagererhöhung**. Man spricht von einer **Bestandsmehrung**:

Endbestand > Anfangsbestand

Die *BE Partners KG* verbucht alle Beschaffungen von Handelswaren während des Jahres als Aufwand. Die verkauften Handelswaren werden als Erträge (Umsatzerlöse) erfasst. Am Jahresende werden beide Vorgänge im Gewinn- und Verlustkonto gegenübergestellt.

Wertzufluss		8020 GuV-Konto	Wertabfluss
Beschaffungen von Handelswaren als Aufwand: 295 Stück	14.750,00	Verkauf von Handelswaren als Erträge: 270 Stück	13.500,00

Die Gegenüberstellung zeigt, dass die Stückzahlen der Handelswaren aus der Beschaffung und dem Verkauf voneinander abweichen. Der daraus ermittelte Erfolg (Gewinn oder Verlust) wird dadurch verfälscht, da er nicht auf **identischen Stückzahlen** beruht. Die nicht verkauften Handelswaren in Höhe der Bestandsmehrung müssen als Lagerbestand erfasst werden. Zudem müssen sie als Ertrag ins GuV-Konto mit eingehen.

Vorgehensweise:	
Schritt ①	Anfangsbestand (AB) der Handelswaren im Bestandskonto 2280 eintragen
Schritt ②	Endbestand (EB) laut Lagerinformation (Inventur) im Bestandskonto 2280 eintragen
Schritt ③	Endbestand in das Schlussbestandskonto 8010 übertragen
Schritt ④	Differenz (Saldo) zwischen AB und EB im Konto 2280 berechnen und eintragen; Saldo in das Aufwandskonto 6080 Aufwendungen für Handelswaren übertragen
Schritt ⑤	Saldo des Aufwandskontos 6080 berechnen und in das GuV-Konto 8020 übertragen

WZ	2280 Handelswaren		WA
AB (50 St.) ①	2.500,00	EB (75 St.) ②③	3.750,00
6080 ④	1.250,00		
	3.750,00		3.750,00

WZ	6080 Aufwand für Handelswaren		WA
Kauf (30 St.)	1.500,00	2280 ④	1.250,00
Kauf (85 St.)	4.250,00	8020 GuV ⑤	13.500,00
Kauf (60 St.)	3.000,00		
Kauf (120 St.)	6.000,00		
	14.750,00		14.750,00

Durch die korrekte Verbuchung der Bestandsmehrung werden im Schlussbestandskonto die auf Lager befindlichen Handelswaren (Anfangsbestand + Bestandsmehrung) erfasst. Im GuV-Konto werden hingegen nur die tatsächlich verkauften Handelswaren als Aufwand ausgewiesen.[1]

WZ	8010 Schlussbestandskonto		WA
2280 ③	3.750,00		

WZ	8020 GuV-Konto		WA
6080 ⑤	13.500,00		

#	Beleg-Nr.	Wertzufluss (Soll)	€	Wertabfluss (Haben)	€
451	IB958	8010 Schlussbestandskonto	3.750,00	2280 Handelswaren	3.750,00
452	IB959	2280 Handelswaren	1.250,00	6080 Aufwand für Handelswaren	1.250,00
453	IB960	8020 GuV-Konto	13.500,00	6080 Aufwand für Handelswaren	13.500,00

Merke! Bei der Verbuchung der Bestandsveränderung wird keine Umsatz- oder Vorsteuer erfasst, da es sich um einen betriebsinternen Vorgang handelt.

1 **Schlussbestandskonto**
= (50 + 25) · 50,00 €
= 3.750,00 €

GuV-Konto
= (295 − 25) · 50,00 €
= 13.500,00 €

4.5.2 Der Lagerbestand reduziert sich am Ende des Geschäftsjahres

Beispiel Aus dem Vorjahr sind noch 50 Plakataufsteller auf Lager, deren Einzelwert (netto) bei jeweils 50,00 € liegt. Der Einkäufer Luigi Ferrara versucht, den Absatz während des Jahres so gut wie möglich zu schätzen, und bestellt wie folgt:

Bestellmenge	30 Stück	85 Stück	60 Stück	120 Stück
Warenwert (netto)	1.500,00 €	4.250,00 €	3.000,00 €	6.000,00 €

Die Prognosen von Luigi Ferrara scheinen dieses Jahr sehr gut zuzutreffen. Es konnten insgesamt 330 Plakataufsteller verkauft werden.

Die noch vorhandene Menge an Plakataufstellern lässt sich ermitteln, wenn man die insgesamt verfügbare Menge an Aufstellern der verkauften Menge gegenüberstellt.

Anfangsbestand im Lager	**50 Stück**	**2.500,00 €**
+ Beschaffungen von Handelswaren[1]	+ 30 Stück	+ 1.500,00 €
	+ 85 Stück	+ 4.250,00 €
	+ 60 Stück	+ 3.000,00 €
	+ 120 Stück	+ 6.000,00 €
= insgesamt verfügbare Plakataufsteller	= 345 Stück	= 17.250,00 €
– Verkäufe von Handelswaren	– 330 Stück	– 16.500,00 €
= nicht verkaufte Handelswaren	**= 15 Stück**	**= 750,00 €**

1 Insgesamt werden 295 Stück während des Jahres beschafft.

Die *BE Partners KG* konnte in diesem Jahr deutlich mehr Plakataufsteller verkaufen und damit auch einen Teil der Lagerbestände abbauen. Somit bleiben nur noch 15 Plakataufsteller übrig. Der Lagerbestand hat sich damit um 35 Stück gegenüber dem Anfang des Geschäftsjahres reduziert. Es liegt also eine **Bestandsminderung** vor.

Merke! Liegt der Lagerbestand am Ende des Geschäftsjahres unter dem Anfangsbestand, handelt es sich um eine **Lagerreduzierung**. Man spricht von einer **Bestandsminderung:**

Endbestand < Anfangsbestand

Die *BE Partners KG* verbucht alle Beschaffungen von Handelswaren als Aufwand. Die verkauften Handelswaren werden als Umsatzerlöse (Erträge) erfasst. Am Jahresende werden beide Vorgänge im Gewinn- und Verlustkonto gegenübergestellt.

Wertzufluss	**8020 GuV-Konto**		Wertabfluss
Beschaffungen von Handelswaren als Aufwand: 295 Stück	14.750,00	Verkauf von Handelswaren als Erträge: 330 Stück	16.500,00

Die Gegenüberstellung zeigt, dass die Stückzahlen der Handelswaren aus der Beschaffung und dem Verkauf voneinander abweichen. Damit der Erfolg (Gewinn oder Verlust) auch korrekt ermittelt werden kann, müssen die aus dem Lager verkauften Handelswaren als Aufwand zusätzlich erfasst werden.

Vorgehensweise:	
Schritt ①	Anfangsbestand (AB) der Handelswaren im Bestandskonto 2280 eintragen
Schritt ②	Endbestand (EB) laut Lagerinformation (Inventur) im Bestandskonto 2280 eintragen
Schritt ③	Endbestand in das Schlussbestandskonto 8010 übertragen
Schritt ④	Differenz (Saldo) zwischen AB und EB im Konto 2280 berechnen und eintragen; Saldo in das Aufwandskonto 6080 übertragen
Schritt ⑤	Saldo des Aufwandskontos 6080 berechnen und in das GuV-Konto 8020 übertragen

WZ	**2280 Handelswaren**		WA
AB (50 St.) ①	2.500,00	EB (15 St.) ②③	750,00
		680 ④	1.750,00
	2.500,00		2.500,00

WZ	**6080 Aufwand für Handelswaren**		WA
Kauf (30 St.)	1.500,00	8020 GuV ⑤	16.500,00
Kauf (85 St.)	4.250,00		
Kauf (60 St.)	3.000,00		
Kauf (120 St.)	6.000,00		
2280 ④	1.750,00		
	16.500,00		16.500,00

Durch die korrekte Verbuchung der Bestandsminderung werden im Schlussbestandskonto die auf Lager befindlichen Handelswaren (Anfangsbestand – Bestandsminderung) erfasst. Im GuV-Konto werden hingegen die tatsächlich verkauften Handelswaren als Aufwand ausgewiesen.[1]

WZ	**8010 Schlussbestandskonto**		WA
2280 ③	750,00		

WZ	**8020 GuV-Konto**		WA
6080 ⑤	16.500,00		

#	Beleg-Nr.	Wertzufluss (Soll)	€	Wertabfluss (Haben)	€
451	IB958	8010 Schlussbestandskonto	750,00	2280 Handelswaren	750,00
452	IB959	6080 Aufwand für Handelswaren	1.750,00	2280 Handelswaren	1.750,00
453	IB960	8020 GuV-Konto	16.500,00	6080 Aufwand für Handelswaren	16.500,00

1 **Schlussbestandskonto**
= (50 – 35) · 50,00 €
= 750,00 €

GuV-Konto
= (295 + 35) · 50,00 €
= 16.500,00 €

Alles klar?

1 Erläutern Sie anhand eines passenden Beispiels, was man unter Bestandsveränderungen versteht.

2 Begründen Sie, warum eine Bestandsmehrung zu einer Erhöhung des Lagerbestandes am Jahresende führt.

3 Begründen Sie, warum eine Bestandsminderung zu einer Reduzierung des Lagerbestandes am Jahresende führt.

4 Erläutern Sie, warum Bestandsveränderungen als Aufwand bzw. als Ertrag in die Gewinn- und Verlustrechnung eingehen.

4.6 Das Geschäftsjahr ist vorüber – und wie geht es weiter?

Beispiel Es ist Mittagszeit und Frau Wagner aus der Buchhaltung wechselt am Kiosk ein paar Worte mit Frau Brummer. „Ach, Sie sehen wieder entspannter aus ..." „Oh ja, da haben Sie Recht, Frau Brummer. Endlich haben wir den Abschluss des Geschäftsjahres hinter uns und Zeit für andere Dinge." Frau Brummer nickt und meint mit einem Lachen auf den Lippen: „... ja und jetzt fangen wir wieder von vorne an!"

Der Jahresabschluss ist für Unternehmen eine arbeitsintensive Phase. Aber sobald die GuV-Rechnung erstellt, der Gewinn verteilt und das Schlussbestandskonto aufgestellt sind, kann das alte Geschäftsjahr endgültig abgeschlossen werden. Danach beginnt ein neues Geschäftsjahr und in der Buchführung werden wieder alle anfallenden Geschäftsvorgänge in den Büchern dokumentiert. Nach Ablauf des Jahres bilden diese Eintragungen die Grundlage für die Ermittlung eines Gewinns oder Verlustes und die Erstellung des Schlussbestandskontos.

Auch wenn die Buchhaltung von Neuem beginnt, werden bei der *BE Partners KG* die vorhandenen Betriebsmittel, wie z. B. Maschinen, weiter genutzt. Auch Lagerbestände werden in der Produktion wieder verwendet oder an Kunden verkauft. Offene Forderungen und Verbindlichkeiten müssen im neuen Jahr vereinnahmt bzw. bezahlt werden. Letztlich bleiben alle Positionen des Schlussbestandskontos damit im neuen Geschäftsjahr erhalten.

Um die vorhandenen Bestände in die neu begonnene Buchhaltung zu übernehmen, benötigt man ein eigenständiges Konto, das alle Vermögens- und Kapitalbestände enthält. Dieses T-Konto bezeichnet man als **Eröffnungsbestandskonto**[1] (kurz: **EBK**). Es hat folgendes Aussehen:

Wertzufluss — **8000 Eröffnungsbestandskonto**[2] — Wertabfluss

Wertzufluss		Wertabfluss	
3000 Eigenkapital	797.570,00	0510 Bebaute Grundstücke	450.000,00
4400 Verbindlichkeiten LuL	162.500,00	0700 Technische Anlagen und Maschinen	377.500,00
sonstige Schuldenwerte	1.430.430,00	0870 BGA	328.250,00
		2400 Forderungen LuL	261.730,00
		2800 Bank	48.200,00
		2880 Kasse	12.850,00
		sonstige Vermögenswerte	911.970,00
	2.390.500,00		2.390.500,00

Eine Besonderheit zeigt sich gleich zu Beginn: Die Inhalte des EBK sind im Vergleich zum SBK seitenverkehrt. Die Positionen im Wertzufluss des SBK stehen im EBK auf der Seite des Wertabflusses und umgekehrt. Aber woran liegt das?

Die Übertragung[3] der Schlussbestände aus dem SBK in das EBK des neuen Geschäftsjahres basiert wie auch alle anderen Buchungen auf dem Prinzip Wertzufluss = Wertabfluss. Die im Wertzufluss des SBK stehenden Vermögenspositionen werden daher auf die Seite des Wertabflusses des EBK übertragen. Gleiches gilt für das Eigenkapital und die Schulden, die von der Seite des Wertablusses des SBK auf die Seite des Wertzuflusses des EBK übernommen werden. Und schließlich können die vorhandenen Bestände aus dem EBK in die einzelnen Vermögens- und Schuldenkonten übertragen werden, sodass z. B. der Anfangsbestand auf dem Konto Bebaute Grundstücke wie gewohnt im Wertzufluss steht.

1 In Anlehnung an das Schlussbilanzkonto wird das EBK auch als Eröffnungsbilanzkonto bezeichnet.

2 Der Endbestand einer Wertposition im alten Geschäftsjahr ist der Anfangsbestand im neuen.

3 Hierfür werden in der Buchführungspraxis allerdings keine Buchungssätze gebildet. Es handelt sich damit um einen rein technischen Vorgang.

WZ	0510 Bebaute Grundstücke		WA
AB[1]	450.000,00		

WZ	0700 Technische Anlagen und Maschinen		WA
AB	377.500,00		

1 AB = Anfangsbestand

WZ	0870 BGA		WA
AB	328.250,00		

WZ	2400 Forderungen LuL		WA
AB	261.730,00		

WZ	2800 Bank		WA
AB	48.200,00		

WZ	2880 Kasse		WA
AB	12.850,00		

WZ	3000 Eigenkapital		WA
		AB	797.570,00

WZ	4400 Verbindlichkeiten LuL		WA
		AB	162.500,00

Für die Übertragung der Anfangsbestände in die einzelnen Konten müssen die entsprechenden Buchungssätze, die **Eröffnungsbuchungen**, im Journal erfasst werden:

#	Beleg-Nr.	Wertzufluss (Soll)	€	Wertabfluss (Haben)	€
01	IB1380	0510 Bebaute Grundstücke	450.000,00	8000 EBK	450.000,00
02	IB1381	0700 Technische Anlagen und Maschinen	377.500,00	8000 EBK	377.500,00
03	IB1382	0870 BGA	328.250,00	8000 EBK	328.250,00
04	IB1383	2400 Forderungen LuL	261.730,00	8000 EBK	261.730,00
05	IB1385	2800 Bank	48.200,00	8000 EBK	48.200,00
06	IB1384	2880 Kasse	12.850,00	8000 EBK	12.850,00
07	IB1386	8000 EBK	797.570,00	3000 Eigenkapital	797.570,00
08	IB1387	8000 EBK	162.500,00	4400 Verbindlichkeiten LuL	162.500,00

Aufwendungen und Erträge entstehen durch Geschäftsvorgänge während eines Geschäftsjahres. Am Ende wird die Differenz als Gewinn oder Verlust auf das Eigenkapital übertragen. Damit besitzen Aufwands- und Ertragskonten keinen Anfangsbestand.[1]

1 Erst durch erfolgswirksame Geschäftsvorgänge im neuen Jahr wird auf den Aufwands- und Ertragskonten wieder gebucht.

Merke! Bestandskonten erhalten ihren Anfangsbestand aus dem Eröffnungsbestandskonto durch die Eröffnungsbuchungen. Erfolgskonten haben keinen Anfangsbestand.

Alles klar?

1 Beschreiben Sie die Bedeutung des EBK.

2 Erläutern Sie anhand passender Beispiele, weshalb Aufwands- und Ertragskonten keinen Anfangsbestand besitzen.

4.7 Inventur, Inventar und Bilanz

Am Ende des Geschäftsjahres sind alle Mitarbeiter und besonders die der Buchhaltung der *BE Partners KG* froh, wenn die Abschlussbestände sowie der Erfolg des Unternehmens ermittelt sind. Obwohl die Dokumentation aller Geschäftsvorgänge sehr gewissenhaft vorgenommen wird, kann es trotzdem immer wieder vorkommen, dass sich Fehler eingeschlichen haben.

Deshalb müssen die Daten der Buchhaltung **mindestens einmal jährlich überprüft** werden, indem sie mit den **tatsächlich vorhandenen Werten abgeglichen** werden.

LS 82 Eine Inventur durchführen – die BE Partners KG wird auf den Kopf gestellt …

Lernvideo
Inventur, Inventar, Bilanz

4.7.1 Die Inventur

Beispiel „125, 126, 127, –“ Zugerufene Zahlen hört man in den letzten Wochen immer häufiger an verschiedenen Stellen der BE Partners KG. Gerade im Lager sind die Mitarbeiter besonders intensiv damit beschäftigt, die vorhandenen Vorräte zu überprüfen und festzustellen, wie viel jeweils davon vorhanden ist.

Eine solche Überprüfung der Lagerbestände wäre eigentlich nicht notwendig. Denn moderne Lagerhaltungssoftware, wie sie bei der *BE Partners KG* und in vielen anderen Unternehmen zum Einsatz kommt, ermöglicht es jederzeit, die aktuellen Bestände zu ermitteln. Doch eine Frage drängt sich trotzdem auf: Stimmen die Daten aus der Lagerdokumentation auch mit dem tatsächlichen Bestand überein?

Um diese Frage verlässlich beantworten zu können, müssen die Daten aus der EDV (**Sollbestand**) mit den tatsächlich vorhandenen Lagermengen (**Istbestand**) abgeglichen werden. Genaue Vorgaben hierzu macht der Gesetzgeber:

§ 240 HGB Inventar[1]

(1) Jeder Kaufmann hat zu Beginn seines Handelsgewerbes seine Grundstücke, seine Forderungen und Schulden, den Betrag seines baren Geldes sowie seine sonstigen Vermögensgegenstände genau zu verzeichnen und dabei den Wert der einzelnen Vermögensgegenstände und Schulden anzugeben.
(2) Er hat demnächst für den Schluss eines jeden Geschäftsjahres ein solches Inventar aufzustellen. Die Dauer des Geschäftsjahres darf zwölf Monate nicht überschreiten.[...]

1 **Inventar:**
Aufstellung aller bei der Inventur ermittelten Vermögens- und Schuldenwerte
→ LF 6, Kap. 4.7.2

Die *BE Partners KG* muss also **zu Beginn** ihrer Geschäftstätigkeit und **am Ende** eines **jeden Geschäftsjahres**[2] die Istbestände im Lager erfassen. Hierzu gehören neben den Produktionsmaterialien, wie z. B. Roh-, Hilfsstoffe, Vorprodukte, auch die selbst hergestellten Erzeugnisse, sofern sie gelagert werden.[3]

Die Erfassung aller Istbestände, die sogenannte **Inventur**, beschränkt sich aber keinesfalls nur auf das Lager. Die *BE Partners KG* soll einen Überblick über ihr **gesamtes Vermögen** erstellen. Hierzu zählen somit auch Grundstücke und Gebäude, die Fahrzeuge des Fuhrparks, die vorhandene Büroausstattung, aber auch die noch offenen Forderungen an Kunden, das verfügbare Bankguthaben oder der Bargeldbestand. Neben diesen und vielen anderen Vermögenswerten ermittelt man bei einer Inventur auch die vorhandenen **Schulden** des Unternehmens, also Bankkredite und Verbindlichkeiten gegenüber Lieferanten oder anderen Personen, wie z. B. dem Finanzamt.

2 Geschäftsjahr
→ LF 6, Kap. 4.1

3 Die eigenen Produkte lassen sich dabei in bereits **fertige** und somit verkaufsfähige Erzeugnisse (z. B. gedruckte Kataloge und Flyer) sowie in **halbfertige Produkte** (z. B. gedruckte, aber noch nicht verklebte Katalogbestandteile) einteilen.

Bei vielen Unternehmen wird die Inventur zu Beginn bzw. am Ende des Geschäftsjahres, also an den beiden Stichtagen 01.01. oder 31.12., in der Form der **Stichtagsinventur** durchgeführt.

Merke! Bei einer Inventur werden die tatsächlich vorhandenen Istwerte von Vermögensgegenständen und Schulden im Unternehmen ermittelt. Dadurch lassen sich die Daten der Buchführung und u. a. der Lagerverwaltung kontrollieren.

Wie wird eine Inventur durchgeführt?

Während bei kleinen Betrieben die Inventur von einer oder nur wenigen Personen durchgeführt werden kann, ist dies bei größeren Unternehmen wie der *BE Partners KG* nicht mehr möglich, ohne zu sehr vom Stichtag abzuweichen. Die Mitarbeiter der einzelnen Abteilungen werden daher in die Inventur einbezogen.

Um die Mitarbeiter bei ihrer Tätigkeit zu unterstützen, erhalten sie **Inventurlisten**. Auf diesen sind alle möglichen Vorräte oder Vermögensgegenstände verzeichnet, die im Rahmen der Inventur erfasst werden müssen. Sind die aufgeführten Gegenstände auch tatsächlich vorhanden, werden ihre Bestände durch **Zählen**, **Messen** oder **Wiegen** ermittelt. Durch diese **körperliche Inventur** können zudem auch die Art und Beschaffenheit überprüft werden.

Die Inventur liefert als Ergebnis Mengen wie z. B. Stück, Kilogramm oder andere Einheiten. Um die Daten allerdings sinnvoll weiter verwenden zu können, werden die Mengen mithilfe der ursprünglichen Einstandspreise bzw. der errechneten Herstellkosten in Euro-Beträge umgerechnet.[1]

Bei zähl- oder messbaren Vermögensgegenständen wie den Vorräten lässt sich der Inventurwert relativ einfach ermitteln. Wertpositionen wie Forderungen oder Kreditverbindlichkeiten lassen sich jedoch weder anfassen noch zählen und messen. Um dennoch einen Inventurwert zu erhalten, werden Unterlagen der Buchführung[2] verwendet oder einfach die Endsalden aus den entsprechenden Hauptbuchkonten ermittelt. Dieses Vorgehen bezeichnet man daher auch als **Buch-** oder **Beleginventur**.

1 Wert einer Inventurposition
= Menge · Einstandspreis bzw.
= Menge · Herstellkosten

2 Beispiele: Kontoauszüge, Kreditverträge, offene Posten-Listen für Debitoren usw.

Merke! Eine Inventur liefert vor allem Informationen über Art und Menge von Vermögen und Schulden eines Unternehmens und gibt diese in Euro-Beträgen an.

Exkurs: Zählen und Messen ist doch einfach – worauf bei einer Inventur dennoch geachtet werden sollte

Für die Durchführung einer Inventur gibt es nur sehr wenige gesetzliche Vorschriften. Da sie aber eine wichtige Kontrollmöglichkeit für die Buchführung darstellt, haben sich im Laufe der Zeit bestimmte Prinzipien, die **Grundsätze ordnungsgemäßer Inventur (GoI)**, verbreitet.

Einige der wichtigsten GoI werden im Folgenden kurz dargestellt. Manche von ihnen sind mittlerweile auch in Gesetzesform gefasst.

- Nach dem **Grundsatz der Vollständigkeit**[3] müssen alle vorhandenen Vermögenswerte und Schulden im Unternehmen erfasst werden.

3 § 246 Abs. 1 HGB

- Der **Grundsatz der Richtigkeit**[1] gewährleistet, dass die erfassten Inventurdaten sachlich richtig sind und mit der Realität übereinstimmen. Da sich aber nicht immer die exakten Werte ermitteln lassen, können Schätzungen verwendet werden. Diese müssen aber realitätsnah sein und dürfen nach dem **Grundsatz der Willkürfreiheit** keineswegs beliebig angenommen werden.
- In vielen Unternehmen gibt es oftmals sehr ähnliche Materialien oder Produkte, die aber nicht zusammengefasst dokumentiert werden dürfen. Nach dem **Grundsatz der Klarheit** müssen sie in nachvollziehbarer Weise voneinander getrennt aufgezeichnet werden. Bei der Durchführung der Inventur sind diese Materialien und Produkte außerdem einzeln zu erfassen und mit einem Geldwert zu bewerten (**Grundsatz der Einzelerfassung und -bewertung**).
- Nach dem **Grundsatz der Nachprüfbarkeit** muss eine Inventur so durchgeführt und ihre Ergebnisse müssen so dokumentiert werden, dass sie ein sachverständiger Dritter ohne größere Probleme anhand der Unterlagen nachvollziehen kann.

1 § 252 Abs. 1 Nr. 3 HGB

Wie lässt sich die Inventur vereinfachen?

Beispiel Heute ist ein besonderer Tag, denn auch die Auszubildenden der BE Partners KG wie Sophie Fischer dürfen bei der diesjährigen Inventur mithelfen. Sophie soll die Kollegen im Lager unterstützen. Doch als sie vor Gitterboxen mit den Heftklammern steht, schwindet die anfängliche Motivation rasch. „Und da soll ich jetzt jede Box durchzählen …“, grummelt sie vor sich hin. „Damit werde ich heute ja nie fertig …“

Die Istbestände lassen sich in der Praxis für manche Materialien oder Produkte oft nur mit größerer Anstrengung oder erheblichem Aufwand ermitteln. Wenn der Wert solcher Vermögenswerte dann vergleichsweise gering und die Vorratsmenge entsprechend groß ausfällt, erlaubt der Gesetzgeber eine Vereinfachung der Inventur.

§ 241 HGB Inventurvereinfachungsverfahren

(1) Bei der Aufstellung […] darf der Bestand der Vermögensgegenstände nach Art, Menge und Wert auch mit Hilfe anerkannter mathematisch-statistischer Methoden auf Grund von Stichproben ermittelt werden. […] Der Aussagewert […] muss dem Aussagewert eines auf Grund einer körperlichen Bestandsaufnahme aufgestellten Inventars gleichkommen.

Für diese Vorräte darf die *BE Partners KG* also durch eine **Stichprobeninventur** die tatsächlich vorhandene Menge schätzweise ermitteln. Das Ergebnis muss aber realistisch sein und dem tatsächlichen Istbestand nahekommen.

Beispiel Da die 8 Gitterboxen alle etwa gleich gefüllt sind, zählt Sophie Fischer nur eine dieser Boxen und kommt auf 71 Packungen mit Heftklammern. Damit müssten schätzungsweise für alle Gitterboxen insgesamt 568 Packungen vorhanden sein.[2]

2 Alternativ kann auch eine kleine Menge der Produkte gewogen und über das Gesamtgewicht der Vorratsbestand hochgerechnet werden.

Eine Stichprobeninventur kann in vielen Fällen die Durchführung zwar erheblich vereinfachen und damit beschleunigen. Aber je größer die Lagervorräte oder die Anzahl sonstiger Vermögensgegenstände des Unternehmens sind, umso zeitintensiver wird eine Inventur und kann mehrere Tage oder Wochen dauern.

Um noch eine ordnungsgemäße Inventur zu gewährleisten, sieht der Gesetzgeber bestimmte **Vereinfachungen** beim **Zeitpunkt der Durchführung** vor.

- **Ausgeweitete Stichtagsinventur**
  Die Inventur kann **bis zu 10 Tage vor oder nach dem Stichtag** erfolgen. Bei besonders von der Witterung abhängigen Lagerbeständen kann dieser Zeitraum noch weiter ausgedehnt werden. Die ermittelten Bestände müssen aber auf den Stichtag zurück- oder vorgerechnet werden.

ESt-Richtlinie R 5.3 Nr. 1

Beispiel Die Inventur der Papiervorräte der Sorte XC4 (weiß) wurde bereits fünf Tage früher begonnen und ergab einen Bestand von 8 250 Bögen. Bis zum Inventurstichtag wurden noch weitere 2 675 Bögen davon verbraucht, die vom ermittelten Bestand nun abgezogen werden und so eine Inventurmenge von 5 575 Bögen ergeben.

- **Zeitlich vorverlegte bzw. nachgelagerte Inventur**
  Bei sehr umfangreichen Inventuren kann der Zeitraum der Bestandserhebung noch deutlich weiter ausgedehnt werden. So kann die Inventur bereits **bis zu drei Monate vor dem Stichtag** begonnen oder noch **bis zu zwei Monate danach** beendet werden. Allerdings müssen auch in diesem Fall die ermittelten Istbestände auf den Stichtag vor- oder zurückgerechnet werden.

§ 241 Abs. 3 Nr. 1 HGB

- **Permanente Inventur**
  Bei vielen Waren wird heute der aktuelle Bestand im Lager laufend mithilfe moderner Lagerhaltungsprogramme erfasst und bei Lieferungen oder Entnahmen entsprechend aktualisiert. Daher kann man jederzeit, sozusagen permanent, den aktuellen Istbestand abfragen. Um die Lagerdokumentation jedoch zu überprüfen, muss zu einem beliebigen Zeitpunkt mindestens einmal im Geschäftsjahr eine körperliche Inventur durchgeführt werden.

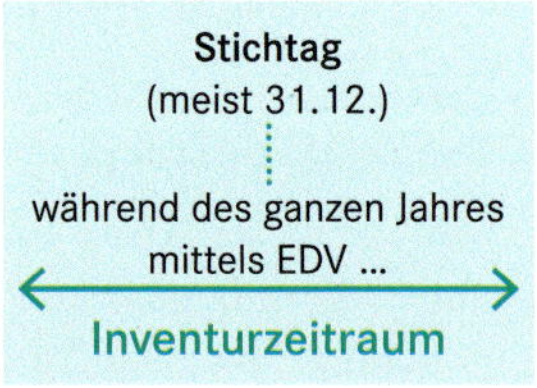

§ 241 Abs. 3 Nr. 2 HGB

Bei einer Stichtagsinventur beispielsweise zum 31.12. beziehen sich die Ergebnisse auf diesen Zeitpunkt. Wurde die Inventur davon abweichend durchgeführt, müssen die ermittelten Bestände trotzdem auf diesen Stichtag fortgeschrieben bzw. zurückgerechnet werden.

Fortschreibung bei einer Inventur vor dem Stichtag:	Rückrechnung bei einer Inventur nach dem Stichtag:
Wert bzw. Menge am Inventurtag + Wert bzw. Menge der Zugänge bis zum Stichtag – Wert bzw. Menge der Abgänge bis zum Stichtag	Wert bzw. Menge am Inventurtag – Wert bzw. Menge der Zugänge ab dem Stichtag + Wert bzw. Menge der Abgänge ab dem Stichtag
= Wert bzw. Menge am Stichtag des Geschäftsjahres	= Wert bzw. Menge am Stichtag des Geschäftsjahres

Umfangreiche Inventurarbeiten lassen sich im Rahmen der gesetzlichen Möglichkeiten auf vielfältige Weise vereinfachen. Vor allem **technische Hilfsmittel** wie mobile Scanner helfen beim Erfassen und vereinfachen so die Inventur.

Inventurliste BE Partners KG

Inventurliste BE Partners KG

Bereich: Papierlager A6 (Rohstoffe)

Lagervorrat
15,5 Rollen Papier, weiß, beidseitig bedruckbar, 500 m x 2 m pro Rolle
Einstandspreis 3.850,00 €/Rolle
Gesamtwert: 59.675,00 €

Differenzen bei der Inventur

Beispiel Bei der Inventur der großen Papierrollen wurden 15,5 Rollen gezählt. Aus den Unterlagen der Buchführung geht jedoch hervor, dass eigentlich noch 16,5 Rollen auf Lager sein müssen.

Im Normalfall stimmen die erhobenen Istbestände mit den Daten aus der Buchhaltung überein. Trotzdem können Abweichungen vorkommen, ohne dass zunächst ein möglicher Grund erkennbar ist. Um den fehlerhaften Sollbestand der Buchhaltung an den tatsächlichen Istbestand anzugleichen, muss eine entsprechende **Korrekturbuchung** durchgeführt werden. Hierbei wird der Sollbestand an den niedrigeren Istbestand angepasst.[1]

Gründe für Inventurdifferenzen:
- Schwund bei verderblichen Waren
- Diebstahl oder Unterschlagung durch Mitarbeiter
- bereits zu geringe Liefermenge, falls die Wareneingangskontrolle nicht sorgfältig durchgeführt wurde

1 Vergleiche dazu Kassendifferenz
→ LF 6, Kap. 1.1.2

4.7.2 Das Inventar

Beispiel Endlich sind alle Abteilungen mit der diesjährigen Inventur fertig und in der Buchhaltung stapeln sich viele einzelne Inventurlisten. Damit erhalten aber Rolf Bastian und Dörthe Epstein jedoch keinen schnellen Überblick über die Bestände der BE Partners KG.

Die einzelnen Inventurlisten sind für einen Gesamtüberblick über die Vermögens- und Schuldenlage der *BE Partners KG* zu umfangreich und unübersichtlich und werden deshalb in einem **Inventar** zusammengefasst.

Für die Form eines Inventars gibt es keine gesetzlichen Vorschriften. In der Praxis hat sich jedoch eine **Staffeldarstellung** verbreitet, bei der zunächst das vorhandene **Vermögen** und danach die **Schulden** aufgelistet werden.

Ähnliche Positionen im Vermögensbereich werden zusammengefasst und weisen einen Gesamtbetrag in Euro aus. Angaben zu Art und Menge der einzelnen Posten können auch in einem separaten Verzeichnis wie den Inventurlisten enthalten sein. Die Reihenfolge der Vermögenswerte folgt dem in der Praxis weit verbreiteten **Prinzip der steigenden Liquidität**. Hierbei stehen Vermögenswerte umso **weiter unten**, je leichter sie sich in **liquide Mittel** wie Bankguthaben oder Bargeld **umwandeln** lassen. Sehr illiquide Werte wie Grundstücke und Gebäude stehen damit ganz oben.[2]

Bei den Schulden ist für die *BE Partners KG* wichtig zu wissen, welche davon sehr bald zurückgezahlt werden müssen und welche erst später. Sie werden daher nach dem **Prinzip der fallenden Fristigkeit** bzw. **steigenden Dringlichkeit** angeordnet. Schulden mit längerfristigen Zahlungszielen (z. B. Bankkredite) stehen oben, während solche mit kurzen Fristen (z. B. Verbindlichkeiten an Lieferanten) am Ende stehen.

2 Das Vermögen wird in Anlage- und Umlaufvermögen unterteilt.
→ LF 6, Kap. 1.3.1

Das Inventar liefert damit in verkürzter Form einen Überblick über das vorhandene Vermögen und die Schulden eines Unternehmens zum Stichtag. Allerdings lässt sich noch keine Aussage darüber treffen, wie bedeutsam oder wertvoll das Unternehmen ist, auch wenn zweifelsohne die *BE Partners KG* für die beiden Eigentümer eine große Bedeutung hat. Eine wirtschaftliche Beurteilung ist möglich, wenn man das vorhandene Vermögen nach Abzug aller offenen Schulden betrachtet: das **Reinvermögen**.

be

Inventar der BE Partners KG zum 31.12.20..

A Vermögen	
I Anlagevermögen	
1. Grundstücke und Gebäude lt. Inventurliste A1	450.000,00 €
2. Maschinen lt. Inventurliste A2	377.500,00 €
3. Fuhrpark lt. Inventurliste A3	95.200,00 €
4. Betriebs- und Geschäftsausstattung lt. Inventurliste A4	328.250,00 €
5. Finanzanlagen lt. Inventurliste A5	133.600,00 €
II Umlaufvermögen	
1. Rohstoffe lt. Inventurliste A6	195.600,00 €
2. Hilfsstoffe lt. Inventurliste A7	37.350,00 €
3. Betriebsstoffe lt. Inventurliste A8	12.500,00 €
4. Unfertige Erzeugnisse lt. Inventurliste A9	57.300,00 €
5. Fertige Erzeugnisse lt. Inventurliste A10	152.700,00 €
6. Handelsware lt. Inventurliste A11	68.400,00 €
7. Forderungen an Kunden lt. Inventurliste A12	391.050,00 €
8. Bankguthaben lt. Inventurliste A13	78.200,00 €
9. Kassenbestand lt. Inventurliste A14	12.850,00 €
Summe Vermögen	**2.390.500,00 €**
B Schulden	
I Langfristige Schulden lt. Inventurliste B1	432.430,00 €
II Kurzfristige Schulden	
1. Verbindlichkeiten an Lieferanten lt. Inventurliste B2	162.500,00 €
2. sonstige Verbindlichkeiten lt. Inventurliste B3	998.000,00 €
Summe Schulden	**1.592.930,00 €**
C Reinvermögen	
Vermögen	2.390.500,00 €
Schulden	1.592.930,00 €
Summe Reinvermögen	**797.570,00 €**

Bonn, 31.12.20..

Bei Auflösung des Unternehmens ist das Reinvermögen der Geldbetrag, den die Eigentümer nach Verkauf aller Vermögenswerte und Bezahlung der Schulden übrig behalten. Wird das Unternehmen als Ganzes verkauft, bestimmt das Reinvermögen auch die Höhe des Kaufpreises, denn mit steigendem Reinvermögen wird ein Unternehmen für Käufer attraktiver.[1]

Das Reinvermögen wird am Ende des Inventars als Differenz von Vermögen und Schulden aufgeführt (Position C).

1 Liegt der Kaufpreis sogar über dem Reinvermögen, so spricht man in der Praxis von einem **Goodwill**, andernfalls von einem **Badwill**.

Merke!

  Summe aller Vermögenswerte
– Summe aller Schulden

= Reinvermögen

4.7.3 Die Bilanz

Beispiel Viele Stunden sind nun vergangen, viel Arbeit und Fleiß sind in die Inventur und in die Erstellung des Inventars investiert worden. Doch so umfangreich und detailliert das Inventar auch ist, für viele Analysen und betriebliche Entscheidungen brauchen Rolf Bastian und Dörthe Epstein eine kürzer gefasste Darstellung.

Das Inventar enthält viele Informationen über Art, Menge und Wert von Vermögensgegenständen und Schulden. Es ist damit für eine schnelle Entscheidungsfindung oder auch für die Weitergabe an fremde Personen ungeeignet, zumal es sich auch um viele betriebsinterne Daten handelt. Daher werden bestimmte Informationen gestrichen und ähnliche Positionen zusammengefasst. Auf diese Weise erhält man eine **Bilanz**[2].

2 **Bilanz** = ital. bilancia (Waage)

§ 242 HGB Pflicht zur Aufstellung

(1) Der Kaufmann hat zu Beginn seines Handelsgewerbes und für den Schluss eines jeden Geschäftsjahrs einen das Verhältnis seines Vermögens und seiner Schulden darstellenden Abschluss (Eröffnungsbilanz, Bilanz) aufzustellen. [...]

Während für ein Inventar nahezu keine Vorgaben existieren, regelt der Gesetzgeber die Gestaltung und Inhalte einer Bilanz sehr detailliert. So muss sie grundsätzlich in **deutscher Sprache** und in **Euro**[3] erstellt werden. Außerdem müssen die **Eigentümer** des Unternehmens die Bilanz mit **Ort** und **Datum unterschreiben**[4] und damit die Richtigkeit der Daten bestätigen. Bilanzen wie auch Inventare müssen nach ihrer Erstellung mindestens **10 Jahre**[5] aufbewahrt werden und dürfen erst danach vernichtet werden.

3 § 244 HGB

4 Unterschriftspflichtig sind nur die persönlich haftenden Gesellschafter, bei der *BE Partners KG* also nur *Rolf Bastian* (§ 245 HGB).

5 § 257 Abs. 4 HGB

6 § 266 Abs. 1 HGB, § 247 Abs. 1 HGB

Eine Bilanz wird grundsätzlich in Kontenform erstellt und enthält auf der linken Seite, der sogenannten **Aktivseite**, alle **Vermögenspositionen (Aktiva)**. Diese werden wie im Inventar in Anlage- und Umlaufvermögen unterteilt. Die **Schulden** sowie das **Reinvermögen**, das man in der Bilanz allerdings als **Eigenkapital** bezeichnet (**Passiva**), erscheinen auf der rechten Kontenseite, der **Passivseite**.[6]

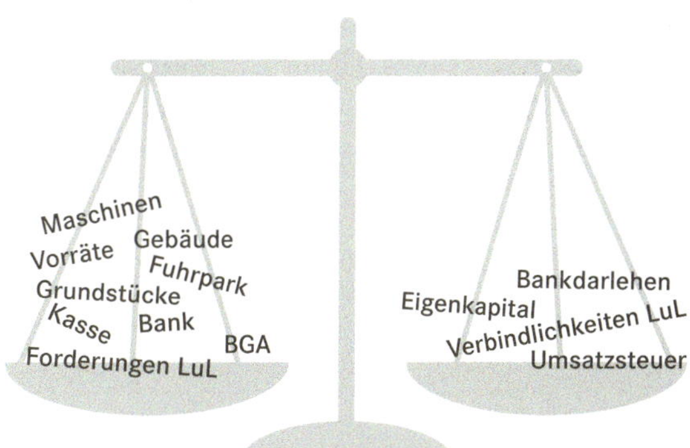

Aktiva	Bilanz der BE Partners KG zum 31.12.20.. in EUR		Passiva
I Anlagevermögen		**I Eigenkapital**	797.570,00
1. Sachanlagen (Grundstücke, Gebäude, Maschinen, Fuhrpark)	922.700,00	**II Fremdkapital**	
2. Betriebs- und Geschäftsausstattung	328.250,00	1. Langfristige Schulden	432.430,00
3. Finanzanlagen	133.600,00	2. Kurzfristige Schulden	1.160.500,00
II Umlaufvermögen			
1. Roh-, Hilfs-, Betriebsstoffe	245.450,00		
2. Unfertige Erzeugnisse	57.300,00		
3. Fertige Erzeugnisse	152.700,00		
4. Handelsware	68.400,00		
5. Forderungen an Kunden	391.050,00		
6. Guthaben bei Kreditinstituten	78.200,00		
7. Kassenbestand	12.850,00		
	2.390.500,00		2.390.500,00

Bonn, 31.12.20.. *Rolf Bastian*

Die Aktivseite einer Bilanz gibt Auskunft darüber, **wofür** die finanziellen Mittel des Unternehmens **verwendet** wurden. Die **Herkunft der finanziellen Mittel** und insbesondere die Aufteilung in Eigen- und Fremdkapital ist auf der Passivseite der Bilanz ersichtlich.[1] Auf diese Weise können z. B. Eigenkapitalgeber, Kreditinstitute, staatliche Institutionen oder auch Mitarbeiter einen schnellen Überblick und Antworten auf wichtige Fragen zum Unternehmen aus der Bilanz erhalten.

1 **Aktiva**
= Mittelverwendung
= Investition

Passiva
= Mittelherkunft
= Finanzierung
→ FK 3, LF 9

Aktiva	**Bilanz**	**Passiva**
Anlagevermögen		Eigenkapital
Umlaufvermögen		Schulden

Verwendung des Kapitals (Mittelverwendung) = Investition	**Beschaffung des Kapitals (Mittelherkunft) = Finanzierung**

Die Bilanz liefert eine weitere wichtige Erkenntnis. Ein Unternehmen kann nur so viel investieren, wie es an finanziellen Mitteln zuvor aufgenommen hat. Auf der anderen Seite wird das gesamte beschaffte Kapital für das Anlage- und/oder Umlaufvermögen verwendet, so dass nichts „übrig bleiben" kann. Die Summe aller Aktiva und die Summe aller Passiva sind deshalb immer identisch. Die Bilanz als Waage ist damit immer ausgeglichen.

Merke!

Summe an Vermögen = Summe an Kapital
Aktiva = Passiva
Investition = Finanzierung

4.7.4 Die Geschäftstätigkeit beeinflusst die Bilanz

Während eines Geschäftsjahres findet eine Vielzahl wirtschaftlicher Vorgänge statt: Kauf von Büromaschinen, Ausgleich offener Lieferanten- und Kundenrechnungen, die Beschaffung von Rohstoffen, die Bezahlung von Mitarbeiterlöhnen und -gehältern u. v. m. Einige dieser Vorgänge sind **erfolgsneutral** und wirken sich direkt auf einzelne Bilanzpositionen wie z. B. Büromaschinen, Bankguthaben oder Verbindlichkeiten aus. Andere sind **erfolgswirksam**, sie wirken sich als Aufwand oder Ertrag über das GuV-Konto[1] auf das Eigenkapital des Unternehmens aus. Damit erhöht oder reduziert sich das Eigenkapital und es verändert sich die Kapitalstruktur des Unternehmens. Das Verhältnis von Eigen- und Fremdkapital zueinander verändert sich damit laufend.

Die **Kapitalstruktur** gibt Auskunft über das Verhältnis von Eigen- und Fremdkapital zueinander bzw. zum insgesamt vorhandenen **Kapital**.[2] Zum Vergleich mit dem Vorjahr oder mit anderen Unternehmen errechnet man häufig folgende Kennzahlen:

1 GuV-Konto
→ LF 6, Kap. 4.2.1

2 Eigenkapital + Fremdkapital = Gesamtkapital

Merke!

$$\text{Eigenkapital-Quote} = \frac{\text{Eigenkapital} \cdot 100\,\%}{(\text{Eigenkapital} + \text{Fremdkapital})}$$

$$\text{Fremdkapital-Quote} = \frac{\text{Fremdkapital} \cdot 100\,\%}{(\text{Eigenkapital} + \text{Fremdkapital})}$$

$$\text{Verschuldungsgrad} = \frac{\text{Fremdkapital}}{\text{Eigenkapital}}$$

Lernvideo
Jahresabschluss: Ermittlung und Bewertung von Kennzahlen

Weitere Informationen liefert eine Analyse der **Bilanzveränderungen** zum Vorjahr.

Verändern wirtschaftliche Vorgänge nur Positionen auf der Aktivseite der Bilanz, sodass einige ihren Wert erhöhen und andere ihn gleichzeitig reduzieren, handelt es sich um einen **Aktivtausch**. Die Bilanzsumme bleibt hierbei **unverändert**.

Beispiel Kauf eines Bürotisches zum Nettopreis von 125,00 € gegen Barzahlung.[3]

3 **Aktivseite:**

BGA	+125,00 €
Vorsteuer	+23,75 €
Kasse	-148,75 €

Bei einem **Passivtausch** sind hingegen nur Positionen der Passivseite betroffen. Auch hier bleibt die Bilanzsumme **unverändert**.

Beispiel Rolf Bastian tätigt eine Privateinlage in Höhe von 4.500,00 €, um eine Sondertilgung auf einen Bankkredit des Unternehmens zu leisten.[4]

4 **Passivseite:**

Eigenkapital	+4.500,00 €
Bankverbindlichkeit	-4.500,00 €

Bei einer **Aktiv-Passiv-Mehrung** werden Positionen sowohl auf der Aktiv- als auch Passivseite verändert, sodass die Bilanzsumme insgesamt **steigt**.

Beispiel Für die Personalabteilung wird eine neue Büroausstattung im Wert von 5.650,00 € (netto) angeschafft. Die Lieferung erfolgt auf Ziel.[5]

5 **Aktivseite:**

BGA	+5.650,00 €
Vorsteuer	+1.073,50 €

Passivseite:

Verbindlichkeit LuL	+6.723,50 €

Bei einer **Aktiv-Passiv-Minderung** findet bei Positionen der Aktiv- und Passivseite insgesamt eine Verminderung statt, sodass die Bilanzsumme **sinkt**.

Beispiel Eine noch ausstehende Lieferantenrechnung über 18.340,00 € (brutto) wird durch Überweisung vom Geschäftskonto beglichen.[6]

6 **Aktivseite:**

Bank	-18.340,00 €

Passivseite:

Verbindlichkeit LuL	-18.340,00 €

Alles klar?

1 Bei der *BE Partners KG* wird eine Inventur durchgeführt.

a) Erläutern Sie, was darunter zu verstehen ist.
b) Nennen und erläutern Sie verschiedene Ziele, die mit der Durchführung einer Inventur verfolgt werden.

2 Beschreiben Sie, wie in den folgenden Abteilungen der *BE Partners KG* jeweils die Inventur durchgeführt werden kann.

a) Lagerabteilung b) Personalabteilung c) Druckereibereich

3 Zu welchem Zeitpunkt muss eine Inventur grundsätzlich durchgeführt werden? Gehen Sie dabei auch auf die Stichtagsinventur ein.

4 In der Praxis werden häufig sogenannte Inventurlisten eingesetzt. Erläutern Sie den Zweck.

5 Unterscheiden Sie die körperliche von der Buch- bzw. Beleginventur. Finden Sie passende Beispiele für die Anwendung der beiden Verfahren bei der *BE Partners KG* und in Ihrem Ausbildungsbetrieb.

6 a) Nennen und beschreiben Sie verschiedene Grundsätze ordnungsgemäßer Inventur (GoI).
b) Weshalb ist die Einhaltung solcher Grundsätze grundsätzlich sinnvoll?

7 Welche Probleme können bei der Durchführung einer Inventur auftreten?

8 Der Gesetzgeber erlaubt bei der Durchführung einer Inventur bestimmte Vereinfachungen. Nennen und erläutern Sie diese jeweils durch ein praktisches Beispiel.

9 Erarbeiten Sie Ursachen heraus, die zu Inventurdifferenzen führen können.

10 Entscheiden Sie sich für geeignete Maßnahmen bei Inventurdifferenzen.

11 Erläutern Sie, was unter einem Inventar zu verstehen ist.

12 Beschreiben Sie den Aufbau eines Inventars und gehen Sie dabei auf die beiden Prinzipien der steigenden Liquidität bzw. fallenden Fristigkeit näher ein.

13 Begründen Sie, warum sich diese beiden Prinzipien bis heute so stark durchgesetzt haben.

14 Erklären Sie die Ermittlung des sogenannten Reinvermögens.

15 Stellen Sie die Bedeutung des Reinvermögens für die *BE Partners KG* dar.

16 Beschreiben Sie den Aufbau und Inhalt einer Bilanz.

17 Nennen Sie Regelungen für die Erstellung einer Bilanz.

18 Grenzen Sie die Begriffe Aktiva und Passiva voneinander ab.

19 Gewinnen Sie Aussagen aus den Werten der Aktiv- als auch Passivseite einer Bilanz.

20 Beim Vergleich zweier Bilanzen können die Veränderungen in vier Grundtypen eingeteilt werden: Aktivtausch, Passivtausch, Aktiv-Passiv-Mehrung, Aktiv-Passiv-Minderung. Erläutern Sie diese Begriffe jeweils anhand eines praktischen Beispiels.

5 Useful office vocabulary

Warm-up – Balance sheet

Compare this balance sheet with the German version on p. 200.

Assets	Balance Sheet BE Partners KG as of December 31, 20.., in EUR		Liabilities
I Fixed assets		**I Equity capital**	797.570,00
1. Tangible assets	922.700,00	**II Borrowed capital**	
2. Factory and office equipment	328.250,00	1. Long term loans	432.430,00
3. Investments	133.600,00	2. Short-term loans	1.160.500,00
II Current assets			
1. Raw materials and supplies	245.450,00		
2. Work in progress	57.300,00		
3. Finished goods	152.700,00		
4. Goods for resale	68.400,00		
5. Trade debtors	391.050,00		
6. Cash at bank	78.200,00		
7. Cash in hand	12.850,00		
	2.390.500,00		2.390.500,00

Bonn, 31.12.20.. *Rolf Bastian*

to write off / to depreciate	abschreiben
depreciation	Abschreibung
asset account	Aktivkonto
to sell on credit	auf Ziel verkaufen
expense	Aufwand
payout	Auszahlung
burdened	belastet
receipt	Beleg
to take into account	berücksichtigen
balance sheet	Bilanz
bookkeeper / accountant	Buchhalter
accounting record	Buchungssatz
deposit	Einzahlung
outcome	Ergebnis
revenue	Ertrag
profit	Gewinn
journal	Grundbuch

credit	Haben
general ledger	Hauptbuch
domestic	inländisch
inventory	Inventar; auch: Lager, Warenbestand
to take inventory	eine Inventur machen
actual stock	Istbestand
cash book	Kassenbuch
chart of accounts	Kontenplan
account	Konto
bank statement	Kontoauszug
bank transfer (BrE) / bankwire (AmE)	Überweisung
liability account	Passivkonto
invoice	Rechnung
legitimate	rechtmäßig
residual value	Restwert
to balance	saldieren
scrap value	Schrottwert
debit	Soll
target stock	Sollbestand
turnover	Umsatz
value added tax (VAT)	Umsatzsteuer (USt.)
commitment	Verpflichtung

Useful Accounting Idioms

red flag – a warning about a problem: Our accountant raised a red flag in regards to the offer.	Warnung vor einem Problem: Unser Buchhalter hat uns vor dem Angebot gewarnt.
ballpark – an estimate or range: Do you have a ballpark figure for the costs?	Eine ungefähre Zahl/Summe angeben: Haben Sie eine ungefähre Summe für die Kosten?
hot water – in trouble: Our company is in hot water now.	In Schwierigkeiten stecken: Unser Unternehmen ist in echten Schwierigkeiten.
to rock the boat – to cause trouble: I am trying to rock the boat as little as possible.	Unruhe/Ärger verursachen: Ich versuche so wenig Unruhe wie möglich zu verursachen.
in the same boat – in the same situation: We are in the same boat.	Wir sitzen alle im selben Boot.
to keep an eye on something – to watch over something: We really need to keep an eye on this project and make sure things don't get any worse.	Ein wachsames Auge auf etwas haben: Wir müssen dieses Projekt sehr genau beobachten, um sicherzustellen, dass es nicht schlechter wird.

Lernfeld 7
Gesprächssituationen gestalten

1 Kommunikation in Betrieben

„Man kann nicht **nicht** kommunizieren.“

Dieses Zitat von **Paul Watzlawick**, den Sie bald näher kennen lernen werden, könnte auch als Überschrift über diesem Lernfeld stehen. Darin lernen Sie, zielorientierte Gespräche zu führen. Gleichzeitig erhalten Sie viele Tipps, wie Sie auch in schwierigen Gespächssituationen sicher und gelassen bleiben können.

Paul Watzlawick

Kommunikation – schriftlich, nonverbal[1] und verbal – ist für Sie als künftige Kaufleute für Büromanagement ein wesentlicher Bestandteil Ihrer Arbeit. In diesem Lernfeld geht es hauptsächlich um die **verbale Kommunikation**. Bevor Sie mehr zur Gestaltung von Gesprächssituationen erfahren, gibt Ihnen dies Kapitel eine kurze Vorstellung der für Ihr Arbeitsumfeld typischen Gesprächsformate.

1 nonverbale Kommunikation
→ FK 1, LF 2, Kap. 4.4.1
schriftliche Kommunikation
→ FK 1, LF 3, Kap. 3

1.1 Zweckgebundene Gesprächssituationen

Im beruflichen Alltag spielen Gespräche eine wesentliche Rolle. Das gilt für den Kontakt mit Kunden oder Auftraggebern, mit Lieferanten oder Kollegen, mit Auszubildenden oder Vorgesetzten. Das Gespräch steht oft **am Beginn** einer Geschäftsbeziehung. Es kann, je nach Inhalt und Gestaltung, motivieren oder demotivieren. Es dient der Lösung von Konflikten, der Information, der Beratung und der Meinungsbildung. Ein Gespräch kann leider auch ein Auslöser für Probleme sein.

In der geschäftlichen Kommunikation geht es für alle Beteiligten auch darum, die jeweiligen Unternehmensinteressen zu berücksichtigen.

1.1.1 Interessen des Unternehmens

Achten Sie darauf, wie Ihre Kollegen im Ausbildungsbetrieb die Gespräche mit Geschäftspartnern strukturieren und durchführen. Davon können Sie viel für sich selbst lernen. Ein freundliches und zuvorkommendes Verhalten ist dabei selbstverständlich. Des Weiteren liegt es im Interesse Ihres Ausbildungsbetriebs, dass Sie die Bedürfnisse Ihres Gesprächspartners erkennen und berücksichtigen. Zusätzliche Informationen dazu finden sich oft im **Unternehmensleitbild**.[2]

2 Unternehmensleitbild
→ FK 1, LF 1, Kap. 3.1

Beispiel Im Foyer der BE Partners KG wird eine Präsentation gezeigt. Sie enthält folgende Sätze: „Unser Name ist unser Konzept. Wir wollen Ihr Partner sein und Ihr Unternehmen begleiten. Durch gegenseitigen Respekt, Fachkompetenz und absolute Zuverlässigkeit leisten wir unseren Beitrag zu Ihrem Erfolg.“

Diese wenigen Sätze enthalten Schlüsselwörter, die Ihr Gesprächsverhalten bestimmen sollten: Respekt, Fachkompetenz, Zuverlässigkeit. Denn schließlich sind die Kunden diejenigen, die Ihren Arbeitsplatz sichern. Versuchen Sie deshalb, echtes Interesse für Ihre Geschäftspartner zu entwickeln.

Gut zu wissen! Notieren Sie sich auch persönliche Termine wie Geburtstage oder andere Informationen („Herr G. ist gestern Vater einer Tochter geworden.“), um in späteren Gesprächen darauf einzugehen. Das schafft Vertrauen und kann eine gute Zusammenarbeit unterstützen.

1.1.2 Beratung

In Beratungsgesprächen erfragen und erkennen Sie die Wünsche und Absichten der Geschäftspartner und Sie verhandeln mit Ihrem Geschäftspartner auf einen gemeinsamen Abschluss hin. Damit ist ein wechselseitiger Informationsaustausch verbunden.

Beispiel Das Familiencafé *Zaunkönig* befindet sich in seiner Gründungsphase. Für den crossmedialen Auftritt sucht die Gründerin nach einem erfahrenen Anbieter, um ihr Unternehmen insbesondere bei Eltern mit Internetvorlieben bekannt zu machen. Mittels eigener Internetrecherche ist sie auf die BE Partners KG gestoßen. Nach einem ersten Telefonat ist sie jetzt zum Beratungsgespräch mit Herrn Schurns und dem Kontakter Herrn Ditttmer eingeladen.

Für ein erfolgreiches Beratungsgespräch steht die verbale Kommunikation im Vordergrund. Beratungsgespräche sollten Sie gut vorbereiten – das gibt Sicherheit.

Während des Gesprächs können Sie „Gesprächsförderer"[1] nutzen. Solche positiven Bausteine der Sprache zeigen Ihrem Gesprächspartner, dass Sie aufmerksam und zielorientiert zuhören, dass Sie alles richtig verstehen und neue Informationen effizient einsetzen.

1 Gesprächsförderer
→ LF 7, Kap. 2.5.3

Auch wenn Sie sich auf die Wünsche des Gesprächspartners eingestellt haben, sind aus unterschiedlichen Gründen Kommunikationsstörungen nicht ausgeschlossen. Für den richtigen Umgang damit hilft Hintergrundwissen von Experten und zunehmende Gesprächserfahrung.[2]

2 Vermeidung von Kommunikationsstörungen
→ LF 7, Kap. 2.2.3

1.1.3 Beschwerde und Reklamation

Zum Büroalltag gehört auch der Umgang mit unzufriedenen Kunden. Neben der Beachtung rechtlicher Vorgaben, zum Beispiel zu dem Unterschied zwischen **Beschwerde** und **Reklamation**,[3] sollten Sie die Unternehmensinteressen wahren und kundenfreundliches Verhalten zeigen. Das ist manchmal recht anstrengend. Dabei hilft es, wenn Beanstandungen der Kunden vonseiten der Unternehmensführung ebenfalls ernst genommen werden.

3 Unterschied von Beschwerde und Reklamation
→ LF 7, Kap. 4

Beispiel Genervt legt Ulrike Fuchs das Telefon auf und reibt sich die Stirn. „Schon wieder ein Kunde, der sich beklagt, der Aufdruck auf dem T-Shirt sei nach zweimal Waschen total verblasst. Was ist da nur los?"
„Haben Sie in letzter Zeit häufiger solche Reklamationen von Kunden bekommen?", fragt der Gruppenleiter, Marius Schurns, der ihr gegenübersitzt. Frau Fuchs nickt.
„Dann müssen wir unbedingt etwas tun: Zuerst werden wir den Hersteller der T-Shirts kontaktieren und die Druckfarben überprüfen", entscheidet er.

Unabhängig davon, ob Beschwerden und Reklamationen berechtigt sind oder nicht: Der Umgang mit ihnen entscheidet oft über Erfolg oder Misserfolg eines Produkts oder einer Dienstleistung, vielleicht sogar eines Unternehmens. Durch ein erfolgreiches Beschwerdemanagement[4] können Mängel in Abläufen oder Produktmängel entdeckt und vermieden werden.

4 Beschwerdemanagement
→ Kap. 4.4

Merke! Durch gelungene Gespräche überzeugen Sie die Kunden und schaffen eine langfristige Bindung an das Unternehmen.

1.2 Telefongespräche

LS 83 Mit Geschäftspartnern telefonieren

Inzwischen ist das Telefonieren lediglich **eine** von mehreren Möglichkeiten der Kontaktaufnahme auf Distanz. Für den persönlichen Kontakt mit Kunden ist es immer noch wichtig. Deshalb sind in vielen Unternehmen Mitarbeiter ausschließlich für die Annahme und Weiterleitung von Telefongesprächen zuständig sind (Telefonzentrale). Einige Unternehmen haben die Kundenbetreuung und damit auch das Beschwerdemanagement an externe Dienstleister (Call Center) outgesourct,[1] deren Mitarbeiter meistens zusätzliche Kommunikationsschulungen absolviert haben.

1 **outsourcen** (engl.): out = draußen und source = Quelle bedeutet so viel wie Leistungen nach außen verlagern

1.2.1 Vorbereitung und Durchführung

Sie sollten stets darauf vorbereitet sein, Telefonanrufe entgegenzunehmen.

Machen Sie sich fit im Umgang mit dem Telefon. Wie wird die Telefonanlage bedient? Gibt es persönliche Anrufbeantworter und Anrufweiterleitungen? Informieren Sie sich und üben Sie!

- Eine Liste mit wichtigen Telefonnummern und eine Namensliste mit den Durchwahlnummern Ihres Unternehmens sollte auf jedem Schreibtisch vorhanden sein. Vielleicht sind diese Daten schon in Ihrem Telefon einprogrammiert? – Falls nötig, sollten Sie das nachholen.
- Aktuelle Produkt- und Preislisten können Ihnen helfen, telefonische Fragen von Kunden schnell zu beantworten.
- Formulare für Telefonnotizen oder entsprechende Vorlagen im PC helfen Ihnen, bei Telefonaten an alle Informationen zu denken.
- Unabhängig davon: Halten Sie stets Notizpapier und Stifte bereit!
- Sobald Sie das Gespräch angenommen haben, nennen Sie Ihren Namen und den Namen des Unternehmens. Halten Sie sich dabei an die Konventionen Ihres Unternehmens. Viele, besonders größere Unternehmen geben den Mitarbeitern eine einheitliche Meldung am Telefon vor.

Gut zu wissen! Das Telefon dient als Kommunikationsmedium, um direkte Kontakte zu Kunden aufzubauen. Es ist kein Störenfried. Auch ermöglicht es den schnellen Austausch innerhalb des Betriebs.

1.2.2 Besondere Anforderungen an die Gesprächsführung

Betriebliche Telefongespräche stellen für viele Auszubildende eine besondere Herausforderung dar. Ein Grund liegt darin, dass die nonverbale Kommunikation ausgeschaltet ist und es deshalb schneller zu Missverständnissen kommen kann. Deshalb sollten Sie die folgenden Regeln beachten:

- Deutlich und artikuliert sprechen: Telefonieren Sie in aufrechter Haltung im Sitzen oder im Stehen. Nur dann funktioniert Ihre Atmung optimal. Im Liegen oder Gehen sollten Sie nicht telefonieren.
- Lächeln Sie, wenn Sie telefonieren. Dieses unsichtbare Lächeln hört man – es überträgt sich auf den Gesprächspartner.
- Ihre Stimme transportiert zusammen mit Wörtern auch Atmosphäre: Äußern Sie Zustimmung, Interesse oder Mitgefühl. Denken Sie vor einem wichtigen Telefongespräch an etwas Schönes. All das hilft Ihnen, einen guten Eindruck zu hinterlassen.
- Machen Sie sich immer Notizen. Sensible Gespräche sollten Sie in einem Text zusammenfassen, den Sie an Ihre Gesprächspartner senden.

- Notieren Sie den Namen Ihres Ansprechpartners und wiederholen Sie ihn im Gespräch mehrmals. Das wirkt aufmerksam und außerdem: Jeder hört gern seinen Namen.
- Lassen Sie sich Zahlen, Ziffern und Eigennamen wiederholen. Sagen Sie „zwo“ statt „zwei“, „Juno“ statt „Juni“, um Verwechslungen zu vermeiden.
- Verwenden Sie das amtliche Buchstabieralphabet. Das sorgt für eine „einheitliche“ Sprache, die von allen Kaufleuten verstanden wird.

Deutsches Buchstabieralphabet DIN 5009						
Anton	Dora	Ida	Nordpol	Richard	Ulrich	Ypsilon
Ärger	Emil	Julius	Otto	Samuel	Übermut	Zacharias
Berta	Friedrich	Kaufmann	Ökonom	Schule	Viktor	
Cäsar	Gustav	Ludwig	Paula	ß = Eszett	Wilhelm	
Charlotte	Heinrich	Martha	Quelle	Theodor	Xanthippe	

Beispiel Der Firmenname BE Partners KG wird folgendermaßen buchstabiert:

„groß[1] **B**erta – groß **E**mil – Leerzeichen – groß **P**aula – **A**nton – **R**ichard – **T**heodor – **N**ordpol – **E**mil – **R**ichard – **S**amuel – Leerzeichen – groß **K**aufmann – groß **G**ustav.“

1 Die Bezeichnung für die Großschreibung „groß“ orientiert sich ebenfalls an der DIN 5009 (Diktierregeln)

1.3 Videokonferenzen

Anstelle des Telefons werden verstärkt Kameras mit Tonaufnahme eingesetzt, um den persönlichen Kontakt zwischen Gesprächspartnern herzustellen.

1.3.1 Videokonferenzen im Vergleich zu Telefongesprächen und persönlichen Treffen

Videokonferenzen bieten den großen Vorteil, dass auch nonverbale Kommunikationssignale sichtbar werden. Durch den visuellen Kontakt entsteht mehr Nähe zu den Gesprächspartnern. Videokonferenzen ersetzen immer häufiger persönliche Treffen.

Vorteile der Videokonferenz gegenüber persönlichen Geschäftsterminen

Vorteil	Grund
Kostenersparnis	Einsparung von Reisekosten
Zeitersparnis	Wegfall von Reisen, kurzfristige Terminierung möglich
Nachhaltigkeit und Umweltschutz	Verringerung der CO_2-Belastung durch Wegfall von Reisen
Steigerung der Produktivität	Wegfall von Reisezeiten, konzentriertes Arbeiten von Anfang an möglich
wenig organisatorischer Aufwand	kaum Planungs- und Organisationstätigkeiten im Vorfeld und in der Umsetzung erforderlich
Erleichterung einer effizienten Arbeitsweise	direkter Zugriff auf eigene Dokumente und Produkte möglich
Förderung der Work-Life-Balance	Wegfall von Reisestress und Jetlag

Trotz Videokonferenzen spielt der **persönliche Kontakt** zu Kunden, Auftraggebern und Lieferanten weiterhin eine besondere Rolle. Das persönliche Treffen bietet auch die Gelegenheit zum Gespräch „neben" dem Gespräch: während einer Veranstaltung, am Rande und außerhalb der dienstlichen Pflichttermine. Das kann am Sitzungstisch geschehen, in der Pause, beim Essen oder abends an der Hotelbar.

Merke! Ein persönliches Treffen lässt sich nicht immer durch ein virtuelles Meeting ersetzen. Besonders zur Aufnahme, aber auch zur Pflege von Geschäftsbeziehungen werden Reisen weiterhin nützlich und notwendig bleiben.

Gut zu wissen! Neben den Videokonferenzen, die u. a. als „Viko" oder „virtuelles Meeting" bezeichnet werden, haben sich auch andere Formen der Einbindung digitaler Videotechnik im Geschäftsleben eingebürgert. Weit verbreitet sind **Webinare** – Seminare ohne persönliche Anwesenheit, wobei meist nur die Dozenten zu hören und zu sehen sind.

1.3.2 Technische und organisatorische Vorbereitung

Die technischen Voraussetzungen reichen von einfachen Point-to-Point-Lösungen[1] über Multipoint[2]-Konferenzen bis zu Tagungen in firmeneigenen oder gemieteten Videokonferenzräumen mit modernster technischer Ausstattung. Neben der Technik sollten einige organisatorische Vorgaben beherzigt werden:

- Die Teilnehmer müssen vorher über alle Einzelheiten wie Termin, Tagesordnung und eventuelle Anmelde-, Einwahlnummern oder Zugriffscodes informiert werden sowie über alle Unterlagen, die sie während der Konferenz benötigen.
- Bei internationalen Meetings ist Englisch in der Regel die gemeinsame Konferenzsprache. Änderungen dazu müssen rechtzeitig kommuniziert werden.
- Ein Moderator ist auch bei Treffen mit wenigen Teilnehmern sinnvoll. Er ist neben der Gesprächsleitung zuständig für die technische Durchführung der Veranstaltung und sollte nach Möglichkeit 15 bis 30 Minuten vor dem geplanten Start online sein, um die technischen und formalen Voraussetzungen zu prüfen und ggf. Hilfestellung bei Problemen zu leisten.
- Eine kleine Vorstellungsrunde sollte beim virtuellen Meeting ebenso selbstverständlich sein wie bei einem persönlichen Treffen, sobald Personen dabei sind, die nicht allen bekannt sind.
- Pünktliches Erscheinen zur Konferenz mit allen erforderlichen Unterlagen (gedruckt oder digital) ist ein absolutes „Muss".
- Während der Videokonferenz ist „Viko-Disziplin" angebracht: Dazu gehört, dass man das eigene Mikrofon stumm schaltet, wenn eine andere Person spricht. Privatgespräche sind ebenso tabu wie aktiv genutzte Mobiltelefone.
- Für das Protokoll bietet sich während der Videokonferenz auch die elektronische Aufzeichnung an. Sie ist in der Regel als Tool im Programm vorhanden. Für die Aufzeichnung muss vor Beginn der Konferenz aus Datenschutzgründen die Zustimmung der Teilnehmenden eingeholt werden.

Für Videokonferenzen gibt es mittlerweile eine große Auswahl an Software-Angeboten,[3] meist als Download erhältlich und auch als Freeware, also kostenfrei. Die kostenlosen Angebote sind dabei technisch oft ebenso ausgereift wie die kostenpflichtigen. Allerdings gibt es manchmal Sicherheitsprobleme,[4] besonders in datenschutzrechtlicher Hinsicht, oder Schwierigkeiten mit der stabilen Verbindung zwischen den Rechnern und dem Server.

1 **Point-to-Point:** Zwei Teilnehmer sitzen jeweils an ihrem Computer.

2 **Multipoint:** Mehrere Teilnehmer, jeder am eigenen Computer, werden zusammengeschaltet.

3 Bekannte kostenfreie bzw. in den Grundfunktionen kostenfreie Systeme sind: Teams (über Windows Office), Google Meet, Skype, Jitsi sowie Big Blue Button.

4 Manche Unternehmen und die meisten Behörden bestehen aus Gründen der Sicherheit auf Systemen, bei denen der Server in Deutschland steht.

1.4 Interkulturelle Besonderheiten

LS 84 Mit Geschäftspartnern aus fremden Kulturkreisen umgehen

Inzwischen sind globale Geschäftsbeziehungen ein selbstverständlicher Bestandteil der Tätigkeit im Büromanagement. Die vorangestellten Verhaltensweisen in der verbalen und nonverbalen Kommunikation gelten prinzipiell nicht nur für das Geschäftsleben in Deutschland, sondern weltweit. Mit Höflichkeit, Freundlichkeit und Verständnis sammeln Sie nicht nur im Inland, sondern auch international Punkte. Dennoch gibt es ein paar Verhaltensregeln, die man bei Auslandskontakten beachten sollte, vor allem, wenn Sie geschäftlich im Ausland tätig sind.

1.4.1 Umgang mit Visitenkarten

Beim Austausch von Visitenkarten betrachtet man die Karten gewissenhaft von beiden Seiten. Oft sind sie beidseitig bedruckt, z. B. auf der einen Seite mit chinesischen Schriftzeichen und auf der anderen Seite in kyrillischer Schrift. Nach dem Anschauen können Sie in einem Satz ein kurzes Lob für die Karte aussprechen, im Sinne von „Das ist eine sehr schöne Karte". Das ist der beste Moment, um Ihre eigene Visitenkarte zu präsentieren. Überreichen Sie die Karte mit ein paar passenden Worten („Und hier ist meine Karte."). Dann stecken Sie die Visitenkarte des Geschäftspartners sorgsam ein, am besten ins Visitenkarten-Etui, wo sich auch die eigenen Karten befinden. Keinesfalls sollten Sie die Karte Ihres Gesprächspartners einfach wortlos an sich nehmen und achtlos in die Jackentasche stecken oder die eigene Karte nachlässig auf den Tisch werfen.

1.4.2 Umgang mit Geschenken

Gastgeschenke sind überall auf der Welt üblich und beliebt. Jeder Gast bringt selbstverständlich ein Geschenk mit, auch im geschäftlichen Rahmen. Wenn Sie ein Geschenk erhalten, lassen Sie es bitte in der Verpackung, auch wenn Sie neugierig sind. Nur in Deutschland ist es üblich, Verpackungen sofort zu öffnen, um das Geschenk zu inspizieren. Dieses Verhalten führt häufig zu Irritationen. So entstehen Vorurteile („die gierigen, materialistischen Deutschen"). Öffnen Sie in Ruhe die Geschenke, wenn Ihre Gäste gegangen sind, und bedanken Sie sich nachträglich telefonisch oder – noch besser – kurz schriftlich.

Gut zu wissen! In vielen Unternehmen existieren sogenannte „Compliance-Regeln", die festlegen, ob und welche Geschenke angenommen und überreicht werden dürfen. Erkundigen Sie sich, ob es in Ihrem Ausbildungsbetrieb dafür bereits einen Leitfaden und eigens entwickelte Präsente gibt.

Wenn Sie selbst Geschenke überreichen, orientieren Sie sich beim Preis am besten an der geschäftlichen Bedeutung Ihres Gastgebers. Beim ersten Treffen mit einem neuen Geschäftspartner wählen Sie am besten ein Präsent mit Bezug zum eigenen Unternehmen oder dessen Standort. Es sollte hochwertig sein, ohne allzu protzig zu wirken. Das kann ein Bildband über das Unternehmen selbst oder den Ort sein, wo es ansässig ist, eine hübsch verpackte regionale Konfekt- oder Süßwarenspezialität oder vielleicht sogar ein künstlerisch gestaltetes Souvenir, das typisch ist für Ihre Heimat.

Wenn Sie Ihre Geschäftspartner besser kennen gelernt haben, können Sie auch persönliche Geschenke überreichen. Schon deshalb ist es sinnvoll, immer gut zuzuhören: Machen Sie sich eine kurze Notiz, wenn Sie etwas über die persönlichen Vorlieben oder über die Hobbys Ihrer Geschäftspartner erfahren – das gilt natürlich für sämtliche Kontakte, nicht nur im Ausland!

Ein Gastgeschenk aus China: kostbarer Tee in origineller Verpackung

Gut zu wissen! Tabu sind billige Give aways (Kugelschreiber, Kaffeebecher, Flaschenöffner, Feuerzeug mit Firmeneindruck) ebenso wie Geschenke, die Alkohol enthalten. Außerdem abzuraten ist von Wurst- und Fleischerzeugnissen, zumal deren Einfuhr aus Hygienegründen oft verboten ist. Auch ein Blumenstrauß wirkt unpassend.

1.4.3 Smalltalk

Zum ersten Mal mit einem neuen Geschäftskontakt und womöglich in einer anderen als der Muttersprache zu sprechen, ist eine echte Herausforderung. Wenn Sie darin unerfahren sind, lassen Sie sich am besten von Ihrem Gesprächspartner führen, bis Sie sich sicherer fühlen. Bleiben Sie stets bei unverfänglichen Gesprächsthemen. Der Smalltalk ist dazu da, sich ein wenig besser kennen zu lernen, ohne sofort in Diskussionen oder in Streit zu geraten. Vielmehr geht es darum, Gemeinsamkeiten zu finden und sich darüber auszutauschen. Sprechen Sie z. B. über das Wetter, über Ihre Unterkunft oder Ihre letzte Urlaubsreise, über Sport oder über einen Film, den Sie gesehen haben. Stellen Sie Fragen zu dem, was Ihr Gesprächspartner Ihnen erzählt. Denken Sie daran: Wer fragt, führt! Außerdem zeigen Sie damit Ihr Interesse und letztlich gewinnen Sie vielleicht sogar Informationen, die sich später als nützlich erweisen können. Sie können auf Antworten auch nonverbal reagieren oder mit sogenannten Interjektionen (aha, oh je, hm, ach).

Gut zu wissen! Tabu ist alles, was zu Streit führen könnte oder in den persönlichen Bereich eingreift: Politik, Religion, Krankheiten, Todesfälle und Ehekrisen sowie alles, was mit dem Beruf zu tun hat – diese Themen sind absolut ungeeignet für den Smalltalk.

1.4.4 Geschäftliche Gespräche

In vielen Kulturkreisen ist es **unüblich**, sofort zum Geschäftlichen zu kommen. Üblich sind „Eröffnungen", die – je nach Anzahl der Beteiligten – mindestens so lange dauern, bis alle dabei sind. Zu Beginn des Gesprächs steht immer die Frage nach dem Befinden.

Die berühmte Frage: „Wie geht's?"

Als Antwort wird hier keinesfalls ein Arztbericht oder der aktuelle Stand Ihrer Privatbeziehungen erwartet. Antworten Sie einfach und kurz darauf. Ein „Danke, gut" oder ein „Sehr gut, danke" sind dafür angemessen. Sollte es Ihnen nicht gut gehen, dann behalten Sie das bitte für sich. Ein „Danke, es geht" ist aussagekräftig genug.

Auf die Antwort folgt immer Ihre Rückfrage, z. B. „Und wie geht es Ihnen?" – Vermeiden Sie das umgangssprachliche „Und selbst?", wenn Ihre Geschäftssprache Deutsch ist.

In der englischen Sprache (und damit bei vielen internationalen Gesprächen weltweit) ist „How are you?" keine ernst gemeinte Frage, sondern eine Floskel, wie zum Beispiel „Schönes Wetter heute". Ihre Antwort auf „How are you?" sollte immer „Fine, thanks" oder „I'm fine, thank you" lauten. Gegenüber US-Amerikanern können Sie auch mit der Rückfrage „And how are you?" antworten. Gesprächspartner aus asiatischen Ländern verzichten häufig auf diese Floskeln und fragen gleich nach dem Wetter.

Gut zu wissen! Bei der Verabschiedung besiegelt in unserem Kulturkreis der Handschlag das Ergebnis. Bei asiatischen Gesprächspartnern wird z. B. mit der Tiefe der Verbeugung beim Abschied der Respekt vor den Geschäftspartnern und dem Ergebnis signalisiert.

Zuhören und ausreden lassen

Für Videokonferenzen und Telefongespräche gilt ebenso wie für das direkte Gespräch: Lassen Sie ihren Gesprächspartner ausreden. Sie können die Zeit gut zum Zuhören und für Notizen nutzen. Sprechen Sie selbst nicht zu viel, sondern nur wenige Sätze – es sei denn, Sie halten einen Vortrag oder eine Rede. Korrigieren Sie Ihre Gesprächspartner nicht, gestalten Sie Ihre Erwiderungen ruhig und bleiben Sie gelassen. Also bitte kein lautes „Nein!“ in die Runde bellen. Sagen Sie „Da vertrete ich eine andere Meinung“, und führen Sie dann Ihre Bedenken an. Weltweit gelten Deutsche oft als besserwisserisch – zeigen Sie, dass Sie diplomatisch sind!

1.4.5 Das Geschäftsessen

Gemeinsame Mahlzeiten sind ein wichtiger Bestandteil der internationalen Geschäftskultur, oft auch, wenn die Geschäftsbeziehung noch nicht oder erst kurze Zeit besteht. Eine Einladung zum Essen sollten Sie immer annehmen.

Bei Tisch ist es sinnvoll, sich vom Gastgeber leiten zu lassen. Übernehmen Sie sein Verhalten. Sie werden bald erkennen, dass man im Ausland oft freundlicher und geduldiger mit kleinen Ausrutschern umgeht als hierzulande. Bleiben Sie selbst stets freundlich und höflich und versuchen Sie, über eigene Fehler zu lächeln.

Merke! Beobachten Sie Ihre Gesprächspartner und übernehmen Sie ihr Verhalten.

Zum Schluss ein paar Verhaltensweisen, die Sie kennen sollten:

- In asiatischen Ländern putzt man sich nicht vor anderen die Nase. Zum Schnäuzen gehen Sie bitte zur Toilette.
- In Indien benutzt man zum Essen nur die rechte Hand – die linke bleibt unter dem Tisch; sie gilt als unrein. Ebenso nimmt man nur die rechte Hand, um Gegenstände zu übergeben.
- Das Händeschütteln ist nicht überall üblich und auch nicht überall angebracht. Richten Sie sich am besten nach Ihren Gastgebern.
- In einigen Kulturkreisen ist die körperliche (physische) Distanz zu den Gesprächspartnern gering, was für Mittel- und Nordeuropäer manchmal irritierend wirkt. Ein Zurückweichen gilt als sehr unhöflich.

Informieren Sie sich rechtzeitig vor einer Reise über die landesüblichen Sitten und Verhaltensweisen. Dies gilt im Übrigen auch für europäische Länder einschließlich der Nachbarländer und manchmal sogar schon für andere deutsche Bundesländer.

Gut zu wissen! Bedenken Sie unterwegs, dass manche Verhaltensregeln in Deutschland anders oder in Vergessenheit geraten sind. Sie werden aber international nach wie vor geschätzt. Das gilt z. B. dafür, dass die Herren sich erst dann hinsetzen, wenn alle Damen sitzen, oder für die alte Regel, dass man nicht beim Kauen spricht. Vermeiden Sie es daher, mit vollem Munde zu sprechen.

Alles klar?

1 Erklären Sie den Unterschied zwischen **verbaler** und **nonverbaler** Kommunikation und nennen Sie jeweils ein Beispiel.

2 Bestätigen Sie durch Beispiele die Feststellung des Kommunikationswissenschaftlers Paul Watzlawick: „Man kann **nicht** nicht kommunizieren."

3 Informieren Sie sich über das Leitbild Ihres Ausbildungsunternehmens. Untersuchen Sie darin Empfehlungen für den Umgang mit Geschäftspartnern.

4 Begründen Sie, warum sich Mitarbeiter in Gesprächen mit Geschäftspartnern am Leitbild ihres Unternehmens orientieren sollen. Nennen Sie Konsequenzen für den gegenteiligen Fall.

5 Finden Sie aktuelle Beispiele aus Ihrem Ausbildungsbetrieb für ein Beratungsgespräch, eine Beschwerde, eine Reklamation.

6 Nennen Sie drei Unterschiede zwischen einem Beratungsgespräch und einer Beschwerde.

7 Entwickeln Sie für die Situation in Ihrem Ausbildungsbetrieb eine Handlungsanweisung zur Vorbereitung auf ein Beratungsgespräch am Telefon.

8 Nennen Sie Vorteile persönlicher Treffen gegenüber Video- und Telefonkonferenzen.

9 Begründen Sie die zunehmende Beliebtheit von Videokonferenzen. Diskutieren Sie die Argumente in Gruppen.

10 Schildern Sie den Ablauf der Vorbereitung einer Videokonferenz.

11 Nennen Sie Bereiche der Kundenbetreuung, die sich outsourcen lassen? Bitte begründen Sie.

12 Buchstabieren Sie den Namen Ihres Ausbildungsunternehmens und Ihren eigenen Namen nach dem amtlichen Buchstabieralphabet.

13 Erarbeiten Sie in Gruppenarbeit unterschiedliche Verhaltensweisen, die Sie aus anderen Ländern/Kulturkreisen kennen, zu den Themen:

- Essen und Trinken,
- Besuche (als Gast und Gastgeber) und
- in der Öffentlichkeit (in Verkehrsmitteln, bei Veranstaltungen, beim Einkauf).

14 Stellen Sie Themen vor, die Sie im Smalltalk problemlos besprechen können.

15 Üben Sie den Smalltalk in Zweiergruppen.

2 Grundlagen der Kommunikation

LS 85 Grundlagen der Kommunikation präsentieren

Kaufleute für Büromanagement kommunizieren mit dem Unternehmen und den Anspruchsgruppen[1] außerhalb und innerhalb des Betriebs. Ihr Gesprächsstil ist im Kollegenkreis anders als im Freundeskreis, Verhandlungen mit dem Chef unterscheiden sich von Kundengesprächen.

1 Anspruchsgruppen → LF 6, Kap. 1.3.4

Der Austausch von Informationen zwischen Gesprächspartnern stellt eine Beziehung her. Begegnen Sie Ihrem Geschäftspartner dabei respektvoll, wertschätzend und selbstbewusst. Passen Sie sich flexibel auf die jeweiligen Herausforderungen an.

Die Kommunikationsforschung untersucht u. a. Abläufe und Dynamiken von Gesprächsbeziehungen. Mit den Erkenntnissen werden die Strukturen zwischenmenschlicher Interaktion sichtbar gemacht und gegenseitiges Verständnis gefördert. So können Absichten und Wünsche des Gegenübers erkannt werden, aber auch verborgene Gefühle oder manipulative Strategien wahrgenommen werden. Die wichtigsten dieser Theorien und Kommunikationsmodelle werden nachfolgend vorgestellt.

2.1 Kommunikationswege

Kommunikation in Betrieben verläuft entsprechend der internen Unternehmensstrukturen auf **horizontaler**, **vertikaler** oder **diagonaler** Ebene:

Horizontale Ebene	Die Gesprächspartner arbeiten auf der gleichen hierarchischen Ebene.
Vertikale Ebene	Beide stehen in einem Über- oder Unterordnungsverhältnis zueinander.
Diagonale Ebene	Sie befinden sich auf unterschiedlichen hierarchischen Ebenen und in verschiedenen Abteilungen.

Sind an einem Gespräch zwei Parteien beteiligt, spricht man von **einstufiger Kommunikation**.

Beispiel Ein Vorgesetzter gibt die Genehmigung zur Nutzung von Kundenparkplätzen durch Mitarbeiter nach 18:00 Uhr an die Teamleiter weiter.

Die **zweistufige Kommunikation** dagegen verläuft indirekt über eine dritte Person oder Instanz. Damit wächst die Wahrscheinlichkeit von subjektiver Interpretation und Missverständnissen durch fehlerhafte Weitergabe.

Beispiel Die Teamleiter geben die Information über die Kundenparkplätze an ihre Mitarbeiter weiter. Einige Teamleiter haben die Uhrzeit vergessen, andere sagen „bis 18:00 Uhr".

2.2 Kommunikationsmodelle

Kommunikation ist mehr als nur das gesprochene Wort. Die Stimme gibt unsere Stimmung wieder, Körpersprache drückt unsere Gefühle aus. Je wohler wir uns in einer Situation oder Sache fühlen, desto stimmiger wird der Eindruck, den wir anderen übermitteln. Unser Gegenüber nimmt alle Informationen auf: mit dem Verstand die gewählten Worte, mit dem Auge und dem Ohr die Einstellung zu der Sache, die wir vertreten.

2.2.1 Das Eisbergmodell (Floyd L. Ruch und Philip G. Zimbardo)

Als Weiterentwicklung der Theorien Sigmund Freuds wurde in den 1970er-Jahren von Floyd L. Ruch und Philip G. Zimbardo das Bild des Kommunikationseisbergs nach der 80/20-Regel des Paretoprinzips[1] geschaffen. In einer Gesprächssituation sind, wie bei einem Eisberg, nur 20 % des Ganzen offen und sichtbar – nämlich unser Verhalten. Der wesentlich größere Anteil von 80 % bleibt in der Kommunikation verborgen oder unsichtbar, hat aber entscheidenden Einfluss auf ihr Gelingen oder Scheitern.

Der sichtbare Teil des Kommunikationseisbergs zeigt die Sachebene, auf der Daten, Fakten oder Zahlen kommuniziert werden. Optik, Körpersprache und Verhalten werden direkt wahrgenommen und interpretiert.

Unter der Oberfläche verborgen liegen die Wurzeln unserer Persönlichkeit, also unsere Gefühle, Bedürfnisse, Werte und Erfahrungen. Diese senden wir unbewusst als Botschaften und beeinflussen so die Atmosphäre auf der Beziehungsebene. Der Verlauf der Kommunikation kann durch diese verdeckten Botschaften gefördert oder gestört werden, ohne dass dies in unser Bewusstsein gelangt.

1 Pareto-Prinzip
→ FK 1, LF 2, Kap. 4.1.1

2.2.2 Das Zwei-Ebenen-Modell (Paul Watzlawick)

Paul Watzlawick (1921–2007) war Kommunikationswissenschaftler, Psychotherapeut, Philosoph und Autor. Mit seinen **Grundregeln der Kommunikation** erlangte er weltweit Berühmtheit.

Die fünf Axiome von Paul Watzlawick

Man kann nicht nicht kommunizieren.
Jede Kommunikation hat einen Inhalts- und einen Beziehungsaspekt.
Kommunikation ist immer Ursache und Wirkung.
Menschliche Kommunikation bedient sich analoger und digitaler[2] Modalitäten.
Kommunikation ist symmetrisch oder komplementär.[3]

Quelle: https://www.paulwatzlawick.de/axiome.html

Die Kernthesen des Autors besagen, dass jede Kommunikation eine Form von Verhalten ist – nicht nur die in Worten ausgedrückte. So wie man sich nicht nicht verhalten kann, kann man nicht nicht kommunizieren. Selbst Schweigen ist eine Form von Kommunikation aufgrund der nonverbalen Komponenten wie Mimik, Gestik und Körperhaltung.

Kommunikation hat immer einen **Inhalts**- und einen **Beziehungsaspekt**, wobei letzterer den ersten bestimmt. Dabei wird die Inhaltsebene, auch **Sachebene** genannt, vorwiegend durch das gesprochene Wort repräsentiert. Die **Beziehungsebene** hingegen wird eher nonverbal übermittelt und beeinflusst die Wahrnehmung des Gegenübers subtil, aber entscheidend. Kommunikation ist erst dann gelungen, wenn beide Ebenen übereinstimmen.

Auf Reiz folgt Reaktion – so entsteht eine Verhaltenskette. Jeder Teilnehmer einer Interaktion gibt der Beziehung somit Dynamik und Struktur. Beruht die Beziehung zwischen den Partnern auf einem Gleichgewicht, verläuft sie symmetrisch. Sie ist komplementär, wenn Unterschiedlichkeit den Kontakt prägt.

2 **analog** (hier): Beziehungsaspekt einer Nachricht
digital (hier): Inhaltsaspekt einer Nachricht

3 **symmetrisch:** spiegelbildlich (hier): gleichstarke Partner
komplementär: ergänzend (hier): Unterschiedlichkeit der Partner

Beispiel Ein ganz normaler Montagmorgen

Tüley und Florian treffen sich in der Küche. Florian stellt folgende Frage: „Ist noch Kaffee da?" Tüley fährt hoch und platzt heraus: „Immer muss ich Kaffee kochen!" Dann stürmt sie aus der Küche.

Florian ist perplex. Er hatte nicht die Absicht, sie zum Kaffeekochen aufzufordern – im Gegenteil!

2.2.3 Partnerzentrierte Kommunikation (Carl Rogers)

Der amerikanische Psychologe und Psychotherapeut **Carl Rogers** (1902–1987) entwickelte aus seiner praktischen Arbeit die **Technik des aktiven Zuhörens**. Im Gesprächsverhalten seiner Klienten achtete er primär auf die emotionalen Signale, die er als nonverbal übermittelte Aussagen deutete. Das Zuhören wird somit zu einer Handlung, die aktiv die Interessen, Stimmungen und Wünsche des Gegenübers aufnimmt und gewichtet.

Voraussetzungen für ein empathisches Gesprächsverhalten sind nach Rogers die **drei Kriterien einer positiven Grundhaltung** der Beteiligten:

- **Kongruenz:**[1] authentisch auftreten – also ehrlich und echt sein
- **Respekt:** Akzeptanz – anderen mit unbedingter Wertschätzung begegnen
- **Empathie:**[2] sensibles Einfühlen in die Wahrnehmungsweise des Gegenübers

1 **Kongruenz:** Übereinstimmung

2 **Empathie:** Einfühlungsvermögen

Aktives Zuhören wird von Rogers **„partnerzentrierte Kommunikation"** genannt. Gezielte Nachfragen lassen Ihr Gegenüber erkennen, dass Sie ganz bei der Sache sind. Indem Sie das Gehörte regelmäßig zusammenfassen, stellen Sie fest, ob Sie alles richtig verstanden haben.

Daraus lassen sich vier Grundsätze partnerzentrierter Gesprächsführung ableiten:

- **Wahrnehmung:** Wie sieht das Anliegen für mein Gegenüber aus?
- **Verbalisierung:**[3] Was denkt und fühlt mein Gegenüber zu diesem Thema?
- **Paraphrasierung:**[4] Welche Ideen und Lösungen findet mein Gesprächspartner?
- **Feedback:** Welche Ideen und Lösungen sind realisierbar?

3 **Verbalisierung:** Nonverbale Signale in Worte fassen

4 **Paraphrasierung:** Eine Aussage mit eigenen Worten wiedergeben

Gut zu wissen! Durch Körpersprache – Haltung, Kopfnicken, Lächeln – schaffen Sie eine offene, zugewandte Atmosphäre. Aufmerksamkeit signalisieren Sie durch empathische Ausrufewörter wie: „ah, so, aha, hm, oh!" So lässt sich erkennen, ob eine Äußerung positiv oder negativ ankommt. Das schafft Vertrauen, hilft Kommunikationsstörungen zu vermeiden und funktioniert auch dann, wenn nur eine Seite so agiert.

Zusätzliche Voraussetzungen einer gelungenen Kommunikation

Äußere Rahmenbedingungen	positive Raumatmosphäre: Wärme, Licht, Störungen verhindern, Getränke anbieten
Gesprächsförderer[5]	Blickkontakt, ausreden lassen, zielgerichtete Fragen stellen, paraphrasieren, zusammenfassen
Wahrnehmung versteckter Signale	Empathie zeigen, Stimmungen aufgreifen, Körpersignale deuten, nonverbale Botschaften verbalisieren

5 Gesprächsförderer → LF 7, Kap. 2.5.3

2.2.4 Die vier Seiten einer Nachricht (Friedemann Schulz von Thun)

Der deutsche Psychologe und Kommunikationswissenschaftler **Friedemann Schulz von Thun** (*1944) erweiterte Watzlawicks „Zwei-Ebenen-Modell“ zum sogenannten **„Vier-Ohren-Modell“**. Er verwendete zur Unterscheidung der Gesprächspartner die Begriffe **„Sender“** und **„Empfänger“**. Der Sender übermittelt in diesem Modell zusätzlich zur Sach- und Beziehungsebene eine sogenannte „Selbstoffenbarung“. Über sein Selbstverständnis und seine Gefühle richtet er auch unbewusst einen „Appell“, also eine Handlungsaufforderung an den Empfänger.

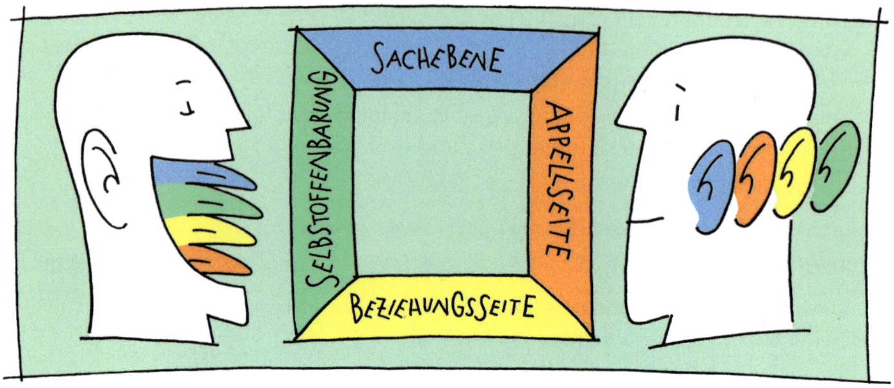

Jede Äußerung enthält nach Schulz von Thun diese vier Bedeutungsebenen. Die Information des Senders wird also an den Empfänger auf vierfache Weise übermittelt. Qualität und Erfolg eines Gesprächs hängen davon ab, in welcher Weise die „vier Ohren“ und die „vier Münder“ zusammenspielen.

Vom Sender werden die vier Ebenen einer Nachricht **nicht gleichwertig** übermittelt. Durch Wortwahl, Tonfall, Lautstärke sowie Körpersprache bestimmt der Sender, um welche der vier Ebenen es ihm besonders geht.

Beispiel Ulrike Fuchs kommt eines Morgens in das Büro ihres Gruppenleiters Marius Schurns. Er sieht sie an uns sagt: „Ich bin wirklich begeistert, wie schnell Herr Wagner sich in seine neue Position eingearbeitet hat!“

Was verbirgt sich hinter dieser Nachricht, was hat der Vorgesetzte bewusst, was unbewusst ausgedrückt und was kann *Frau Fuchs* dieser Nachricht alles entnehmen?

Eine Nachricht – vier Botschaften

Sachebene (was der Sender sagt)	Marius Schurns gibt die Sachinformation, dass er mit der Arbeit von Herrn Wagner zufrieden ist.
Selbstoffenbarung (was der Sender über sich mitteilt)	Wir erfahren, dass Herr Schurns begeistert ist, den passenden Mitarbeiter befördert zu haben.
Beziehungsebene (wie Sender und Empfänger zueinander stehen)	Hier fühlt sich Frau Fuchs auf der persönlichen Ebene angesprochen, evtl. sogar kritisiert. Sie könnte vermuten, dass Herr Schurns ihr diese Position nicht zutraut.
Appellebene (was der Sender vom Empfänger erwartet und was der Empfänger wirklich hört)	Auf der Appellebene versucht der Sender, offen oder versteckt auf den Empfänger Einfluss zu nehmen. Im Beispiel kann das bedeuten: Der Vorgesetzte möchte erreichen, dass Herr Wagner auch vom Team der Mitarbeiter akzeptiert und unterstützt wird.

2.3 Fragetechniken

„Wer fragt, führt“ ist eine der Grundregeln erfolgreicher Kommunikation. Fragen haben das Ziel der Orientierung und Informationsgewinnung. Sie dienen der Klärung, tragen zur Konsensbildung bei und überprüfen in der Abschlussphase des Gesprächs, ob alle Beteiligten mit dem Ergebnis übereinstimmen.

Fragearten im Überblick

Frageart	Beispiel	Charakteristikum	Gesprächssituation
Offene-Fragen wer, wie, was, wann, wo, warum, für wen?	„Was erwarten Sie von Ihrem neuen Firmenprofil?“	Jede Antwort ist richtig und wichtig.	- Zu Beginn eines Gesprächs - Zur Klärung eines Sachverhalts - Zur Äußerung von Wünschen und Erwartungen
Geschlossene Frage	„Möchten Sie das Marketing-Gesamtpaket in dieser Form annehmen?“	Kurze Antworten: meist „ja“, „nein“, „eventuell“, „vielleicht“.	- Als Entscheidungshilfe zu Beginn oder am Ende eines Verhandlungsgesprächs
Alternativfrage	„Sollen wir den Flyer so übernehmen oder neu bearbeiten?“	Antworten sind bei Zustimmung meist kurz, bei Ablehnung eher ausführlicher.	- Zur Herbeiführung einer grundsätzlichen Entscheidung
Entscheidungsfrage	„Entspricht das Ihren Vorstellungen?“ „Sind Sie mit dieser Lösung zufrieden?“	Sensible Frage: Blockiert den Diskussionsverlauf, wenn der Zeitpunkt im Diskussionsverlauf zu früh ist.	- Um eine Debatte abzuschließen - Um den Vertragsabschluss einzuleiten - Um eine Entscheidung/Teilentscheidung herbeizuführen
Informations-/ Verständnisfrage	„Sollen die Flyer zwei- oder mehrfarbig werden?“	Die Frage wird aus echtem Interesse gestellt.	- Trägt zum Verständnis bei - Präzisiert das Anliegen
Klärungsfrage	„Wie meinen Sie das?” „Können Sie das belegen?“	Der Wahrheitsgehalt wird abgeprüft.	- Wenn es auf Werte ankommt - Wenn der Redebeitrag diffus ist
Kontrollfrage	„Stimmen Sie mit mir überein, dass ...?“	Die nützlichsten Teile der Argumentation werden verstärkt oder betont.	- Zum Abgleich des aktuellen Informationsstandes - Zur Vergewisserung, ob das Gegenüber richtig verstanden wurde - Zur Klärung des weiteren Vorgehens
Lenkungsfrage	„Könnten Sie sich auch vorstellen, ...?“	Das Interesse wird in eine andere Richtung gelenkt.	- Wenn die Diskussion verfahren ist
Reflektierende Frage	„Habe ich Sie richtig verstanden, dass ...?“	Greift den letzten Hauptgedanken auf, um ihn zu präzisieren.	- Um Missverständnisse zu vermeiden oder Positionen abzugleichen
Rhetorische Frage	„Wollen Sie diese einmalige Chance verstreichen lassen?“ „Sie stimmen mir doch sicher zu, dass ...?“	Frage, die man sich selbst beantworten kann, die Antwort liegt mehr oder weniger auf der Hand.	- Um in einem Gespräch die Führung zu bekommen oder zu behalten - Um eine Unterhaltung in eine gewünschte Richtung zu lenken
Suggestivfrage	„Die erste Idee war mit Abstand die beste, oder?“	Keine direkte Frage, eher Aufforderung oder Unterstellung Erreicht die Gefühlsebene, auf der 80 % der Entscheidungen getroffen werden Gefahr: Kunden fühlen sich manipuliert.	- Schlüsselfrage, verschafft Aufmerksamkeit - Regt bildhafte Vorstellung an - Verstärkt Kooperationsbereitschaft - Beschleunigt Entscheidungen, weil Übereinstimmung erzielt oder suggeriert wird

Fragen können nach den folgenden Kriterien unterschieden werden:

- **Form:** offene oder geschlossene Frage
- **Zielrichtung:** Informations-, Lenkungs- oder Kontrollfrage, zielorientierte oder Entscheidungsfrage, reflektierende Frage
- **Fragen, die keine Antwort erwarten:** suggestive oder rhetorische Fragen
- **FAQ:**[1] wiederkehrende Fragen, die Personen oder Unternehmen häufig gestellt werden. Diese werden deshalb z. B. in Gebrauchsanweisungen, Internetforen oder auf Firmenwebsites vorformuliert beantwortet.
- **NQ:**[2] trickreiche Fragen, die aus der Fassung bringen oder in eine Falle locken. Auch eine **Killerphrase**[3] wie: „Meinen Sie das ernst?" gehört in diese Rubrik.

1 **FAQ:** Abk. (engl.) frequently asked questions: häufige Fragen

2 **NQ:** Abk. (engl.) nasty questions: unangenehme Fragen

3 Killerphrasen
→ LF 7, Kap. 5.3.6

2.4 Argumentationsmethoden in Gesprächsphasen

Bei Beratungs- und Informationsgesprächen[4] ist es sinnvoll, Argumentationsmethoden zu kennen und sie an der richtigen Stelle einzusetzen.

Im Gespräch mit Ihren Kunden können Sie davon ausgehen, dass diese meist wissen, welches Produkt oder welche Dienstleistung sie wünschen. Je genauer Sie aber erfragen, was der Kunde möchte, desto besser können Sie ihn zufriedenstellen. Das gilt auch für Gespräche, die sich um Beschwerden und Reklamationen[5] drehen.

4 Beratungs- und Informationsgespräche
→ LF 7, Kap. 3.1

5 Beschwerden und Reklamationen
→ LF 7, Kap. 4

2.4.1 Bedarfsermittlung

In der **Bedarfsermittlung**[6] erfragen Sie die Vorstellungen, Wünsche und Ziele der Kunden. **Ja-, Rück-** oder **Gegenfragen** zielen auf die Umsetzbarkeit und Passgenauigkeit Ihres Angebots. Die „Ja-aber- bzw. **Plus-Minus-Methode**" oder die „**Relativierung** bzw. **Nachteil-Vorteil-Methode**"[7] klären die Ansprüche des Kunden an das Produkt oder die Dienstleistung und bringen Vorstellung und Realität in Einklang.

6 Bedarf und Bedürfnisse
→ LF 5, Kap. 2.1.1

7 Argumentationsmethoden im Überblick
→ LF 7, Kap. 2.4.5

2.4.2 Preisnennung

Preisnennungen gehören zur Auftragsabstimmung und können über Erfolg oder Misserfolg der Geschäftsanbahnung entscheiden. Preise stehen dann zur Diskussion, wenn sie dem Kunden nicht angemessen scheinen. Manche Kunden meinen, dass hohe Qualität einen hohen Preis rechtfertigt. Andere versuchen den Preis zu drücken, indem sie das Angebot eines Konkurrenten ins Spiel bringen. Manche machen ihre Entscheidung ausschließlich an einem niedrigen Preis fest.

Durch **Polarisierung**[8] stellen Sie Qualität und Preis in die verbindliche Kombination: **entweder** Qualität **oder** Niedrigpreis. Stellt ein Kunde den Preis an die erste Stelle, erläutern Sie, wie Qualitätsmerkmale und Eigenschaften eines Angebots den Preis beeinflussen und welche Vorteile ein hochpreisigeres Produkt haben kann (**Verzögerungsmethode, Sandwichmethode**).[9]

8 **Polarisierung:** Ausschlussverfahren, entweder – oder

9 Verzögerungsmethode, Sandwichmethode
→ LF 7, Kap. 2.4.5

2.4.3 Kundeneinwände

Wenn Kunden Einwände erheben, fragen Sie genau nach, wogegen sich diese hauptsächlich richten. Äußert Ihr Kunde konkret und sachlich Kritik, ist das für Sie bei der Fortführung des Gesprächs nützlich. Je genauer Sie wissen, was Ihrem Kunden nicht zusagt, desto besser können Sie Alternativen aufzeigen.

Äußert Ihr Gesprächspartner berechtigte Kritik, stimmen Sie zunächst zu. Jede Medaille hat allerdings zwei Seiten. Mit der Methode **„Rück- oder Gegenfrage"** gewinnen Sie Zeit, um seine Argumente zu entkräften oder zu relativieren. Differenziertes Eingehen auf Nachteile kann weitere Vorteile aufzeigen. So wird aus einem Einwand möglicherweise ein zusätzliches Verkaufsargument.

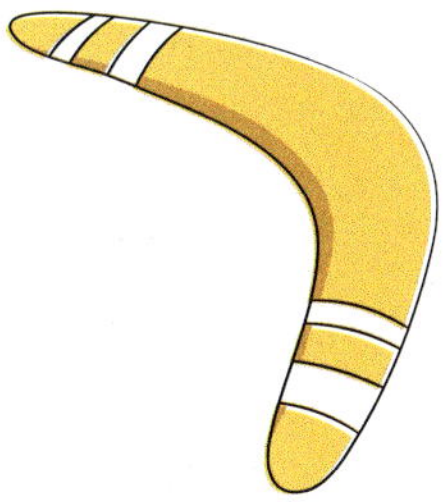

Sie können Einwände des Kunden aber auch als wirkungsvolles Argument für den Vertragsabschluss nutzen. Mit der **Einwandumkehr** oder **Bumerang-Methode** benennen Sie Vorteile, die der Kunde bisher noch nicht gesehen hat.

Manche Bedenken der Kunden kennen Sie schon im Voraus. Sie entkräften diese durch die Methode der **Einwandvorwegnahme**. Führen Sie sich vor dem Gespräch mögliche Bedenken Ihres Gesprächspartners vor Augen und suchen Sie passende Gegenargumente. Wenn zwei gleichwertige Angebote zur Auswahl stehen, benennen Sie die jeweils hervorstechenden Eigenschaften und konkretisieren so den wirklichen Bedarf des Kunden.

Gut zu wissen! Auszubildende und junge Mitarbeiter werden gerne infrage gestellt aufgrund ihrer fehlenden Erfahrung, vermeintlich geringerer Beratungskompetenz und ihres zu saloppen Umgangs mit Kunden. Geben Sie Ihrem Gegenüber aber immer das Gefühl, dass Sie seine Einwände ernst nehmen. Bleiben Sie gelassen und überzeugen Sie durch Konzentration und Kompetenz in der Sache. Schlägt das fehl, haben Sie immer noch die Möglichkeit, sich erfahrene Kollegen an die Seite zu holen.

2.4.4 Auftragsentscheidung

Manche Kunden sind in ihrer Entscheidung so unsicher, dass sie die Verantwortung gern an den Berater abgeben möchten. Mit **Alternativfragen** unterstützen Sie die Entscheidungsfindung. Eine **Gesprächspause** (Schweigen des Verkäufers) gibt dem Kunden Zeit, in Ruhe seine Wahl zu treffen. Versetzen Sie sich in die Lage des Kunden: „Wenn ich jetzt entscheiden müsste …“

Nur wenn Sie sich sicher sind, dass Sie das Anliegen des Kunden erfüllen können, sprechen Sie eine Empfehlung aus. Im Zweifel geben Sie Ihrem Gegenüber lieber den Tipp, den Vertrag zu einem späteren Zeitpunkt zu unterschreiben. Sichern Sie ihm zu, dass er auf Ihre Unterstützung vertrauen kann, falls er nachträglich Fragen hat.

Als **„schwebende Variante“** bezeichnet man verbale und nonverbale Signale, mit denen der Kunde zu erkennen gibt, dass er unmittelbar vor der Auftragsvergabe steht, sich aber noch Bedenkzeit wünscht. Manchmal ist ein Einwand aber nur ein Vorwand, um Entscheidungen zu verschieben oder zu vermeiden.

Am Ende des Gesprächs machen Sie eine Zusammenfassung der Vereinbarungen. Die stärksten Argumente stehen am Schluss und werden durch **„Ja-Fragen“** bekräftigt. Mit seiner Zustimmung bestätigt der Kunde seine Zufriedenheit und bestätigt den Auftrag.

Gut zu wissen! Natürlich sind Sie erfreut, wenn der Kunde Ihr Angebot nach eingehender Beratung sofort annimmt. Ist dies nicht der Fall, bedeutet das nicht automatisch, dass Ihre Beratung erfolglos war. Oft kommen Kunden später auf Ihr Angebot zurück, denn gute Beratung zahlt sich langfristig aus.

Das letzte gute Argument für Ihren Kunden ist die **Verabschiedung**. Auch hier gelten die elementaren Regeln der Höflichkeit. Nutzen Sie Formulierungen wie „Ich wünsche Ihnen einen schönen Feierabend“ oder „… ein erholsames Wochenende!“ Unabhängig von Aussehen, Alter, Kleidung und gesellschaftlichem Status Ihres Kunden: Danken Sie ihm abschließend für den Besuch und den erteilten Auftrag.

2.4.5 Argumentationsmethoden im Überblick

Beispiel Herr Peters von der Fly Bike Werke GmbH hat mit Frau Epstein ein neues Marketingkonzept besprochen und überlegt, zukünftig das Internet verstärkt für die Vermarktung zu nutzen. Sein Unternehmen bringt aktuell eine neue Generation von E-Bikes auf den Markt und möchte das „Senioren-Image" dieser Produktgruppe überwinden. Das aerodynamische Design „Fun und Sport" soll Vorreiter eines neuen Trends für junge, hippe Familien werden.

Frau Epstein möchte die Medienkompetenz ihrer Auszubildenden nutzen, um die Marketingmaßnahmen als „Crossmediales Marketing" aufeinander abzustimmen. Alle Auszubildenden nutzen ganz selbstverständlich Soziale Netzwerke, Apps, Internetportale und Diskussionsforen und fühlen sich durch konservative Werbung nur wenig angesprochen. Deshalb erhält Florian Hamm den Auftrag, zusammen mit den anderen Auszubildenden Ideen und Vorschläge für das geplante Relaunch[1] der Internetpräsenz der Fly Bike Werke GmbH zu sammeln.
Das Team recherchiert zunächst, wie sich vergleichbare Unternehmen im Internet präsentieren, Werbung schalten und ihre Kunden und Geschäftspartner über Diskussionsforen und Blogs einbinden. Die Ergebnisse ihrer Recherchen visualisieren sie in einer PowerPoint-Präsentation. Florian und Tüley recherchieren darüber hinaus die Kosten für die Einrichtung und Gestaltung einer umfassenden Social-Media-Präsenz. Frau Epstein stellt ihnen dafür eine Beispielrechnung zur Verfügung, auf deren Grundlage sie eine Kostenübersicht entwickeln.
Die Auszubildenden führen ihre Ergebnisse zusammen und laden neben Frau Epstein auch Frau Herrmann und Herrn Schurns zu ihrer Präsentation ein. Darin wollen sie die Entscheidungsträger von ihrem Vorschlag überzeugen und ihnen die Grundlage für das Verkaufsgespräch mit der Fly Bike Werke GmbH liefern.

1 Begriff aus dem Marketing: neue verbesserte Gestaltung eines Produkts

Methoden	Beschreibung	Beispiel	Gesprächsanlass
Ja-Fragen	Eine zustimmende Reaktion des Kunden ist beabsichtigt.	Frau Epstein fasst die Aussagen von Herrn Peters zusammen und lässt sich die Korrektheit bestätigen.	Bedarfsermittlung Auftragsbestätigung
Rück- oder Gegenfragemethode	Kundenwünsche werden präzisiert. So gewinnt man Zeit für weitere Argumente.	Frau Epstein stellt Herrn Peters sachliche Fragen. Dadurch hat sie mehr Zeit, gute Argumente zu finden.	Bedarfsermittlung Einwandbehandlung. Auftragsbestätigung
Einwandvorwegnahme	Vor dem Gespräch werden mögliche Bedenken erarbeitet und in die Argumentation eingebaut.	Herr Peters kennt sich im Social-Media-Bereich zu wenig aus und scheut vor dem Online-Marketing zurück. Frau Epstein hat damit gerechnet und zeigt ihm die neuesten Social-Media-Statistiken.	Auftragsabstimmung
„Ja-aber"-Methode/Plus-Minus-Methode	Argumente des Kunden werden aufgenommen und entweder ergänzt oder korrigiert.	Herr Peters argumentiert: „Die Erschließung neuer Zielgruppen für die Fly Bike Werke GmbH dauert mir zu lange!" Frau Epstein: „Genau deshalb ist das neue Marketingkonzept langfristig angelegt."	Angebotserstellung, Einwandbehandlung
Einwandumkehr oder Bumerang-Methode	Einwände werden aus einem anderen Blickwinkel betrachtet und als Vorteile aufgezeigt, die der Kunde so noch nicht wusste.	Herr Peters wird gefragt, wie viele Social-Media-Nutzer er in seiner Belegschaft kennt. Er könnte diese zukünftig in die Betreuung der Seiten einbinden und damit sogar ihre Arbeitsmotivation erhöhen.	Einwandbehandlung

Methoden	Beschreibung	Beispiel	Gesprächsanlass
Relativierung oder Nachteil-Vorteil-Methode	Der Einwand wird akzeptiert, aber durch einen zusätzlichen Aspekt als Vorteil präsentiert.	Die Fly Bike Werke GmbH hat mehrere Mitarbeiter, die in den Sozialen Medien aktiv sind. Diese könnte man in die Betreuung der Chats und Blogs einbinden. Das reduziert die Auftragskosten.	Einwandbehandlung, Preisverhandlung
Verzögerungsmethode	Wenn der Preis eines Angebots an erster Stelle steht, wird zuerst kurz über Inhalt und Qualität des Produkts bzw. der Dienstleistung informiert.	Herr Peters möchte „zum Ausprobieren“ nur eine einzige Social-Media-Präsenz einrichten, um Kosten zu sparen. Frau Epstein argumentiert, dass crossmediales Marketing mehrere Kanäle benötigt, dafür aber um ein Vielfaches wirksamer ist.	Preisverhandlung
Sandwichmethode	Das Angebot wird in der Reihenfolge Pluspunkte - Preis - Pluspunkte argumentiert.	Frau Epstein beschreibt Herrn Peters die enorme Wirkung einer Social-Media-Präsenz, nennt den Preis und verstärkt die Bedeutung des unmittelbaren Kontakts zu Kunden und Nutzern.	Preisverhandlung
Polarisierung	Schwarz oder Weiß? Mini oder Maxi? Sekt oder Selters? „Wenn - dann“ ist der gedankliche Ansatz für ein ausgewogenes Preis-Leistungs-Verhältnis, das alle Beteiligten zufrieden stellt.	Herr Peters muss abwägen: Qualität oder Preis? Kostenminimierung oder Premium-Angebot? Wie kann der Auftrag bei vertretbaren Kosten die gewünschte Wirkung bieten? Herrn Peters logische Schlussfolgerung: Eine Preissenkung funktioniert nur über die Einschränkung von Leistungen.	Bedarfsermittlung Preisverhandlung Auftragsbestätigung
Schweigen des Verkäufers	Der Kunde ist unsicher und braucht Bedenkzeit.	Herr Peters wirkt unentschlossen. Frau Epstein schlägt eine Pause vor und bietet ihm ein Getränk an. Sie lässt ihn allein, damit er in Ruhe alles überdenken kann.	Auftragsbestätigung Abschluss
Empfehlung	Der Kunde kann oder will die Entscheidung heute nicht treffen.	Frau Epstein ist sicher, welche Bausteine aus dem Angebot richtig sind, und fasst sie noch einmal als Empfehlung zusammen. Darüber hinaus bietet sie ihm den Vertragsabschluss zu einem späteren Zeitpunkt an.	Auftragsbestätigung Abschluss

2.5 Gesprächsführung

LS 86 Bedürfnisse, Erwartungen, Emotionen in Gesprächen berücksichtigen

Gespräche haben immer einen Zweck und ein Ziel. Sie dienen der gegenseitigen Information und Verständigung, der Meinungsbildung oder der Überzeugung. **Formelle** Gespräche sind geprägt von Rahmenbedingungen wie geleiteter Sitzung mit festgelegtem Themenbereich (Abteilungsbesprechung). **Informelle** Gespräche sind persönlicher Natur und verzichten auf Formalitäten (Pausengespräch in der Cafeteria).

Merke! Eine Voraussetzung für ein gelungenes Gespräch ist das ernsthafte Interesse am Gegenüber.

2.5.1 Wichtige Gesprächsarten im Überblick

Art/Name	Kriterium	Konstellation	Besonderheiten
formelles Gespräch	Strukturiert, auf einen Themenbereich konzentriert	Abteilungsleiterbesprechung und Geschäftsführung	Anpassung des Sprachstils an das Gegenüber: offiziell oder inoffiziell
informelles Gespräch	ohne Formalitäten, persönlich	Pausengespräch unter Kollegen	Quelle für die Weitergabe sensibler Informationen („unter der Hand") und Indiskretion („Klatsch und Tratsch")
mündliche Kommunikation	„Face-to-Face"	Außendienstmitarbeiter und Kunde im Vier-Augen-Gespräch	Wahrnehmung auf allen Kommunikationskanälen
Telekommunikation	Einsatz technischer Medien	Fernmündliche Kommunikation zwischen Kunde und Sachbearbeiter	Das Zwischenschalten von Technik kann zu Missverständnissen führen.
Sitzung/Meeting	Vorbereitete Zusammenkunft mit fester Tagesordnung und Gesprächsleitung, Themen sind vorgegeben	Teilnehmer diskutieren Ereignisse, Fakten, Probleme, Meinungen und geplante Projekte	erfordert Kooperationsfähigkeit und Sozialkompetenz Eine Gesprächsleitung kann das Gespräch planen und beeinflussen.
Stegreifgespräch	spontan, ungeplant	zwischen „Tür und Angel", am Mittagstisch	Zufallsprinzip hinsichtlich Teilnehmer- und Themenwahl
Informationsgespräch	Weitergabe und Austausch von Wissen und Fakten	Betriebsrat informiert über Neuerungen im Unternehmen.	organisatorische Voraussetzung für seriöse Arbeit. Nur mit einem gemeinsamen Wissensstand sind fundierte Entscheidungen möglich.
Beratungsgespräch	Kombination von Information und Expertise, fachlicher oder persönlicher Unterstützung	Ein langjähriger Kunde lässt sich zum Thema Online-Marketing beraten.	festgelegte Ziele, kein festgelegtes Gesprächsschema, stattdessen individuelles Eingehen auf Kundenwünsche Bei sensiblen Beratungen sind Loyalität und Vertraulichkeit essenziell.
Beschwerdegespräch	drückt Unzufriedenheit aus und ist mit Forderungen verbunden kein Rechtsanspruch	Kunde beschwert sich über unfreundlichen Verkäufer.	Kunden machen ihrem Unmut Luft – neutrale, freundliche Haltung zeigen.
Reklamationsgespräch	objektiver Fehler oder Mangel eines Produkts bzw. einer Dienstleistung. Es besteht ein Rechtsanspruch auf Beseitigung des Mangels.	Bei Mängelrügen die rechtliche Situation einschätzen und kulant reagieren, um Kundenbindung zu bewahren.	Die Verkäufer sind die ersten Ansprechpartner, obwohl sie oft mit dem Mangel nichts zu tun haben.

2.5.2 Gesprächskultur

Jedes Gespräch mit Kunden hat das Ziel, diese zufrieden zu stellen. Unabhängig davon, ob es sich um ein Beratungs-, Verkaufs- oder Reklamationsgespräch handelt: Überlegen Sie vor dem Gespräch, was der Kunde möchte und wie Sie dies mit den Zielen Ihres Unternehmens vereinbaren können.

Aktives Zuhören[1] und **Mitdenken** sind Grundvoraussetzungen für die erfolgreiche Kommunikation. Verständnisfragen und die Zusammenfassung der Argumente des Kunden in Ihren Worten geben dem Gesprächspartner die Gewissheit, dass seine Vorstellungen verstanden wurden. Denn durch bruchstückhaft oder falsch verstandene Informationen entstehen oft Missverständnisse.

1 Aktives Zuhören
→ LF 7, Kap. 2.2.3

In einer positiven Gesprächsatmosphäre wird die Sachebene durch die Beziehungsebene unterstützt.[1] Damit sich Ihr Kunde respektiert und willkommen fühlt, prüfen Sie, ob sich Bewirtung und Raumgestaltung sogar auf den Kulturkreis[2] Ihrer Gesprächspartner abstimmen lässt.

1 Sach- und Beziehungsebene
→ LF 7, Kap. 2.2.2

2 Kulturkreis
→ LF 7, Kap. 1.4

Tipps für einen positiven Gesprächsverlauf:

- Beobachten Sie, in welcher **Stimmung** sich Ihr Gegenüber befindet, um Ihr Gesprächsverhalten und Ihre Argumentation darauf abzustimmen.
- Achten Sie darauf, dass Ihre **Körpersprache, Stimme** und **Inhalt** übereinstimmen. Wenn Sie Sprechtempo und Artikulation an Ihr Gegenüber anpassen, kann Sie auch ein Nicht-Muttersprachler gut verstehen.
- Planen Sie bei längeren Gesprächen **Pausen** ein. Droht ein Gespräch zu eskalieren, bieten Sie eine Unterbrechung an. In dieser Zeit können Vorstellungen und Argumente in Ruhe überdacht werden.
- Schreiben Sie während des Gesprächs **Stichpunkte** mit. Visualisieren Sie, wenn möglich, Ergebnisse (z. B. per Flipchart), gemeinsame Entscheidungen und offene Fragen, eventuell auch strittige Punkte. So sehen alle, in welchen Punkten Konsens besteht und welche Fragen noch zu klären sind.
- Ein **Fotoprotokoll**, einfach und schnell erstellt, wird allen Teilnehmern zum Abschluss ausgehändigt.
- Am Ende des Gesprächs wiederholen Sie kurz die Vereinbarungen und **bedanken** Sie sich bei Ihrem Gesprächspartner.

2.5.3 Allgemeine Gesprächsregeln

Der Kommunikationswissenschaftler Friedemann Schulz von Thun[3] beschreibt die Eckpfeiler einer verständlichen Kommunikation wie folgt:[4]

3 Friedemann Schulz von Thun
→ LF 7, Kap. 2.2.4

4 Quelle: Friedemann Schulz von Thun: Miteinander reden. Bd. 1, Reinbeck 2010, S. 142 ff.

Einfachheit	- unkompliziertes Denken - bekannte Wörter benutzen - Fachausdrücke erklären - Fremdwörter möglichst vermeiden - konkret formulieren
Gliederung und Ordnung	- Folgerichtigkeit - Wesentliches von Unwesentlichem trennen - erkennbarer roter Faden - sinnvolle Reihenfolge
Kürze und Treffsicherheit	- auf das Wesentliche beschränken - auf das Ziel konzentrieren - knappe Sätze bilden, nicht zu lange reden - Satzruinen vermeiden, Sätze zu Ende führen - Aussagen ohne Informationswert vermeiden, z. B. Füllwörter wie „sozusagen“
Anreiz (Stimulus)	- Beispiele geben - bildhafte Beschreibungen - abwechslungsreich und anregend formulieren - Fragen zum Mitdenken stellen - positive Reizworte benutzen = Begriffe aus der Sicht des Empfängers

Bedienen Sie sich während des Gesprächsverlaufs folgender **„Gesprächsförderer“**.[1] Diese erhöhen Glaubwürdigkeit und wirken vertrauensbildend.

1 **Gesprächsförderer:** positive Bausteine der Sprache

Direkte Ansprache	Sie sprechen den Geschäftspartner im „Sie-Stil“ an: „**Sie** erhalten von mir die Beschreibung“ ist besser als: „**Ich** gebe Ihnen die Beschreibung.“
Wertschätzung	An Ihrem Auftreten, Ihrer Wortwahl und dem Raum, den Sie ihm zum Ausreden lassen, erkennt Ihr Gesprächspartner, dass sie ihn respektieren und ernst nehmen. Dazu gehört die volle Konzentration auf das Hier und Jetzt, ohne Störungen durch Dritte, Telefonate oder digitale Nachrichten.
Toleranz	Fragen Sie behutsam nach, wenn Sie auf unverständliche Formulierungen oder nicht nachvollziehbare Handlungen treffen – oder Sie akzeptieren, dass dies die Wirklichkeit Ihres Gegenübers ist.
Feedback	Sie spiegeln Ihrem Gegenüber, wie Sie seine Aussage verstehen.
Authentizität	Ihre Aussage steht im Einklang mit Wortwahl und Körpersprache.
Betonung/Modulation	Die Stimme gibt Ihre Stimmung wieder. Wenn sie mal tiefer, mal höher moduliert ist, wirken Sie überzeugend und halten das Interesse Ihres Gesprächspartners. Abgehacktes und monotones Sprechen irritiert oder wirkt einschläfernd.
Lautstärke/ Aussprache	Sprechen Sie klar und deutlich in angemessener Lautstärke. So hört Ihr Kunde gerne und ohne Anstrengung zu.
Pausen	Legen Sie während des Gesprächs Pausen ein. So bekommt Ihr Gegenüber die Möglichkeit, nachzudenken, Fragen zu stellen und selbst etwas beizutragen.
Ausdruck und Form	Sprechen Sie abwechslungsreich und verständlich. Passen Sie Ihren Wortschatz dem Sprachverständnis Ihres Gegenübers an.
Fachbegriffe	Benutzen Sie Fachbegriffe nur, wenn Sie sicher sind, dass Ihr Gegenüber sie versteht. Reduzieren Sie fremdsprachliche Begriffe.
„Gendern“	Sprache beeinflusst unser Denken. Verwenden Sie möglichst genderneutrale Begriffe. So werden aus Zuhörer*innen in einer neutralen Formulierung Zuhörende.

2.6 Konstruktiver Umgang mit Kritik

Beispiel **Rede im Rotary Club**

Tüley Öztürk bekommt von Frau Foss den Auftrag, passende Inhalte für eine Rede zusammenzustellen, die Herr Bastian vor Geschäftspartnern im Rotary Club halten soll. Frau Foss hat gerade sehr viel zu tun und braucht diese Informationen, damit sie die Rede vorbereiten kann.

Am nächsten Tag legt Tüley ihre Texte mit Darstellungen der Produktpalette, detaillierten Produktbeschreibungen und Informationen zur Umweltfreundlichkeit der Printprodukte vor. Frau Foss nimmt dies nickend zur Kenntnis, ruft Tüley jedoch eine Stunde später wieder zu sich ins Büro. Tüley erhält das Feedback, dass sie gut recherchiert und ihre Aufgabe zuverlässig und schnell gelöst hat. Allerdings merkt Frau Foss an, dass Tüley die Sparte Webdesign ausgelassen habe. Sie möge doch bitte **alle** Fakten recherchieren.

Was jeder kennt und fürchtet, ist negative Kritik. Wir haben etwas falsch gemacht oder unvollständig erledigt und fühlen uns nicht gut. Dabei sind viele Meister darin, andere zu kritisieren. Trifft uns hingegen selbst Kritik, tun wir uns häufig damit schwer. Kritikfähigkeit lässt sich jedoch trainieren. Konstruktive und faire Kritik ist auch eine Chance, Fehler auszubessern und Verhaltensweisen zu ändern.

Beispiel Tüley stellt die zusätzlichen Informationen zusammen und legt sie Frau Foss auf den Schreibtisch. Kaum ist sie zurück an ihrem Platz, erhält sie den Anruf, dass sie ausgerechnet das neue Angebot der Vermarktung über die Sozialen Medien „schon wieder" vergessen habe. Tüley ärgert sich und verteidigt sich mit dem Satz: „Das wusste ich nicht."

Häufig wissen wir nicht, was besser gewesen wäre. Scheinbar haben wir versagt und deshalb jetzt ein schlechtes Gefühl. Hören wir dann verletzende Sätze, nehmen wir eine Verteidigungshaltung ein: „Ich war's nicht, mir wurde das nicht gesagt." Dies wiederum wird als Ausweichen gehört – und das erbost den Kritiker.

Beispiel Frau Foss hat nun die Rede geschrieben und legt sie Herrn Bastian vor. Kurz darauf ruft er sie in sein Büro und schimpft los: „Hier fehlt alles Wichtige: die Entstehungsgeschichte des Unternehmens, unsere Tradition und alles, was unseren Erfolg ausmacht!"

Das mag Frau Foss nicht auf sich sitzen lassen; sie gibt ihren Frust kurz darauf an Tüley weiter und beschimpft sie als „unfähig". Tüley rennt aus dem Zimmer und läuft schnurstracks zu Florian Hamm, um sich auszusprechen und trösten zu lassen. Florian hört sich Tüleys Geschichte an und versucht erst einmal, sie zu beruhigen. „Bleib cool und überleg einfach noch mal: Wenn du nur machst, was du für richtig hältst, kannst du nicht erwarten, dass der andere zufrieden ist. Dazu musst du schon mal fragen, was der wirklich braucht oder haben will."
Tüley ist verdutzt, muss aber unter Tränen schon wieder lachen: „Krass! Dass ich da nicht selbst draufgekommen bin!"

2.6.1 Feedback und Kritik

Als **Feedback**[1] bezeichnet man in der Kommunikation eine konstruktive Rückmeldung sowie Anregungen, wie etwas zu verbessern ist. Es unterliegt den festen Regeln: Sachlichkeit, Fairness, Aufrichtigkeit, Klarheit. Ein **Feedback** ist also die bessere Alternative zur Kritik.

1 Feedback
→ FK 1, LF 1, Kap.4.6.2
→ Webcode 4519152_ Methodentrainer, C Arbeiten in Gruppen

Wenn **Kritik** aus dem Ruder läuft, ist sie pauschalisierend (Nie/Immer machst Du ...). Das wirkt destruktiv und es besteht Gefahr, dass der Kritisierte sich persönlich angegriffen fühlt und unangemessen reagiert. Von nun an liegt sein Blick starr auf dem Fehler statt auf Alternativen und Lösungen. Das ständige Bemühen, Fehler zu vermeiden, beeinträchtigt sogar die Arbeitsleistung.

Wenn Sie in der Kritik stehen, hilft Ihnen folgende Vorgehensweise:

- Hören Sie zu, statt den anderen zu unterbrechen.
- Stimmen Sie zu, falls Ihr Gegenüber Recht hat.
- Bitten Sie den Kritisierenden, seine Kritik zu begründen.
- Sind Sie im Unrecht: Geben Sie es zu und entschuldigen Sie sich.
- Falls Sie die Kritik unangebracht oder unfair finden, sagen Sie ruhig: „Da bin ich anderer Meinung."
- Bitten Sie um Bedenkzeit, statt spontan zu reagieren.

2.6.2 Selbstkritik

Selbstkritik ist die objektive Reflexion des eigenen Verhaltens im beruflichen Alltag. Diese Fähigkeit ist eine Voraussetzung für Teamfähigkeit.[1] Aufrichtigkeit sich selbst gegenüber setzt voraus, dass man sich selbst akzeptiert und ein positives Selbstwertgefühl besitzt.

1 Teamarbeit
→ FK1, LF 2, Kap. 4.4

Im Beispiel macht *Florian* das einzig Richtige: Er reagiert auf der Sachebene, die nur ein Außenstehender so erkennen kann. Gleichzeitig zeigt er im konstruktiven Feedback, wie *Tüley* beim nächsten Mal reagieren könnte. *Tüley* kann sich entspannen und mit ihm zusammen überlegen, wie sie anders hätte handeln können.

Merke! Selbstkritik ist die Reflexion des eigenen Verhaltens unter Wahrnehmung der objektiven Umstände und Sachverhalte.

Lag der Fehler tatsächlich bei *Tüley*? Nein! Auch wenn es so scheint, weil sie ja nicht nachgefragt hat: Sie kann nicht wissen, was von ihr erwartet wird, wenn es ihr nicht genau und vollständig gesagt wird. Vielleicht ist *Frau Foss* darin geübt, Vorträge vorzubereiten, die alles Wesentliche enthalten – das kann sie bei *Tüley* aber nicht voraussetzen. Sie hat es versäumt, *Tüley* alle gewünschten Themen der Rede zu nennen. Außerdem hat sie *Tüleys* Arbeit gelesen und diese dann an *Herrn Bastian* gegeben. Vielleicht wusste *Frau Foss* selbst nicht, was *Herr Bastian* sich vorstellte – dann lag der Fehler beim Chef.

Alles klar?

1 Benennen Sie die Ebenen, auf denen die Kommunikation im Beispiel: „Rede im Rotary Club“[2] stattfindet.
2 Begründen Sie, warum das Eisbergmodell einen gelungenen Kommunikationsverlauf unterstützen kann.
3 „Man kann nicht nicht kommunizieren.“ Erklären Sie dies Axiom von Paul Watzlawick.
4 Setzen Sie das „Zwei-Ebenen-Modell“ von Watzlawick in Beziehung zum erweiterten „Vier-Ohren-Modell“ von von Thun. Erklären Sie, warum es für den Berufsalltag sinnvoll ist, die Ebenen des 4-Seiten-Modells zu berücksichtigen.
5 *Tüley* musste eine Abteilungsleitersitzung verschieben, an der auch der Systemadministrator *Herr Müller* teilnimmt. Deshalb kann *Herr Müller* erst nachmittags statt vormittags der Sachbearbeiterin im Rechnungswesen, *Frau Wagner*, beim neuen Buchführungsmodell helfen. *Frau Wagner* trifft *Tüley* auf dem Flur: „Hättest du keinen anderen Termin für die Abteilungsleitersitzung finden können?“ *Tüley* reagiert nur mit einem „Nö“.
   - Beschreiben Sie jeweils die vier Ebenen einer Nachricht in *Frau Wagners* Äußerung und *Tüleys* Reaktion.
   - Formulieren Sie einen konstruktiveren Dialog zu dieser Situation.
6 Nennen Sie geeignete Argumentationstechniken in den Gesprächssituationen (B) Bedarfsermitttlung, (P) Preisverhandlung, (A) Auftragsentscheidung.
7 Geben Sie mit eigenen Worten wieder, was Schulz von Thun als Grundsatz der Einfachheit beschreibt. Inwiefern hilft dieser Grundsatz bei einem Kundengespräch, dem Gesprächsziel näher zu kommen?
8 Arbeiten Sie den Unterschied zwischen Kritik und Feedback heraus. Schildern Sie das mit einem Beispiel.
9 Erklären Sie die Bedeutung der Fähigkeit zur Selbstkritik in der Teamarbeit.

2 Beispiel
→ LF 7 Kap. 2.6

3 Beratungsgespräche

Eine große Bedeutung in Ihrem Berufsalltag haben Gespräche: mit Kunden, Mandanten, Auftraggebern, Lieferanten und ebenso mit Kollegen und Vorgesetzten.

Im Geschäftsleben hat sich über die Jahrhunderte eine regelrechte Gesprächskultur entwickelt – mit besonderen Regeln und Umgangsformen in der verbalen und nonverbalen Kommunikation. So gibt es unter Kaufleuten besondere Grundsätze, die bis ins Mittelalter oder sogar in die Antike zurückgehen, wie den Handschlag zur Bestätigung eines Vertragsabschlusses.

Im folgenden Kapitel liegt der Schwerpunkt auf Informations- und Beratungsgesprächen. Sie sind typisch für den Berufsalltag und gehen häufig einem Vertragsabschluss voraus.

3.1 Beratungsgespräch in Abgrenzung zum Informationsgespräch

In einem **Informationsgespräch** werden Informationen zwischen mindestens zwei Partnern erfragt, weitergegeben und ausgetauscht. Zu unterscheiden sind:

- **Erklärung:** Der **wissende** Gesprächspartner gibt seine Kenntnisse an den oder die **wissbegierigen** Gesprächspartner weiter. Das Ziel ist eine Wissenssteigerung durch die Annäherung der jeweiligen Kenntnisstände. Diese Gesprächsform findet man z. B. im Schulunterricht oder in Seminaren.
- **Interview:** Der **wissbegierige** Gesprächspartner stellt gezielte Fragen. Er möchte im direkten Gespräch und oft zu einem konkreten Thema Wissen oder auch Einstellungen/Meinungen des Befragten **(Wissenden)** erlangen. Diese Gesprächsform findet im Berufsleben häufig in Bewerbungsgesprächen statt.

Für die erfolgreiche Kommunikation, also für das Erreichen des Gesprächsziels, ist es notwendig, sich auf das Anliegen des Gesprächspartners einzustellen. Bei Informationsgesprächen – ob telefonisch oder im direkten Kontakt – überwiegt die **verbale** Kommunikation. Sie wird unterstützt durch die **nonverbale** Kommunikation.[1]

1 Nonverbale Kommunikation
→ FK 1, LF 2, Kap. 4.4

Ein **Beratungsgespräch** ist gekennzeichnet durch den wechselnden **Rollentausch** zwischen den Gesprächspartnern. Der Ratsuchende tritt zunächst als **Sender** auf, indem er seine Wünsche äußert, der Beratende ist zu Beginn des Gesprächs der **Empfänger**. Im Verlauf tritt der Beratende dann als Sender auf – er gibt Informationen an den Ratsuchenden weiter, der nun zum Empfänger wird. Der Übergang zum Informationsgespräch ist fließend.

Beratungsgespräche können auch Verhandlungscharakter annehmen. Beide Gesprächspartner mit unterschiedlichen Standpunkten bearbeiten ein Problem mit dem Ziel, es gemeinsam zu lösen. Bei gutem Verlauf nähern sich die Standpunkte immer weiter an, bis schließlich eine zufriedenstellende Lösung gefunden ist. Zwischen Geschäftspartnern (z. B. Kunden, Lieferanten) ist dies eine häufige Gesprächsform, z. B. als Verkaufsgespräch und Vertragsgespräch.

3.2 Gesprächsvorbereitung

LS 87 Beratungsgespräche vorbereiten, führen und nachbereiten

Informations- und Beratungsgespräche lassen sich gut vorbereiten. Zum einen finden sie selten überraschend statt. Zum anderen werden im Arbeitsalltag häufig die gleichen oder ähnliche Fragen gestellt und Wünsche geäußert. Aus diesem Grund gibt es inzwischen in vielen Unternehmen einen **Gesprächsleitfaden**.

3.2.1 Orientierung am Gesprächsleitfaden

Vielleicht haben Sie schon einmal einen solchen Leitfaden gesehen und gelesen. Sie werden feststellen, dass Sie mit wenigen Grundfragen praktisch jedes Informations- und Beratungsgespräch gezielt planen können. Diese Grundfragen lauten:

- Welches Ergebnis möchte ich erreichen?
- Wer nimmt an dem Gespräch teil?
- Welcher Zeitrahmen ist vorgesehen?
- Welche Sachinformationen benötige ich vorab?
- Welche Argumente kann ich einsetzen, um mein Ziel zu erreichen?

Wenn Sie Ihren Gesprächspartner noch nicht kennen, können Sie mit den Antworten auf diese Fragen eine sichere Basis für die künftige Zusammenarbeit schaffen.

Wenn Sie Ihren Gesprächspartner schon länger kennen, können Sie die folgenden Fragen bereits beantworten oder Erkundigungen dazu einholen:

- Was weiß ich bereits von diesem Gesprächspartner?
- Wie sind frühere Gespräche mit ihm verlaufen?
- Welche Bedeutung hat dieser Gesprächspartner für unser Unternehmen?

Die Beantwortung dieser Fragen kann zur Vorbereitung von Gesprächen nützlich für Sie und Ihr Unternehmen sein.

Beispiel Frau Welkenbach aus der Abteilung Kundenbetreuung bei der BE Partners KG erzählt ihrer Kollegin, Frau Fuchs, vom Gespräch mit Herrn Schulz. Dieser ist ein guter Kunde, aber auch ein gefürchteter Verhandlungspartner. Er hat die Eigenart, nie einen genannten Preis zu akzeptieren, sondern er behauptet, er könne keinesfalls mehr als 70 % zahlen. Sein ständiger Spruch dazu ist: „Bei euren Preisen kann ich ja gleich meinen Laden dichtmachen, wenn mich nicht vorher schon der Herzkasper dahinrafft."

Manche Kollegen fühlen sich so sehr von ihm unter Druck gesetzt, dass sie kaum Gegenargumente finden und sehr schnell Zugeständnisse machen. Herr Schulz lächelt dabei die ganze Zeit und lehnt sich mit verschränkten Armen zurück.

Frau Welkenbach weiß, dass sie im Kundengespräch mit *Herrn Schulz* wachsam sein muss und keinesfalls vorschnell reagieren darf. Deshalb „warnt" sie ihre Kollegin.

Beispiel Nun hat Frau Fuchs mit Herrn Schulz Kontakt. Herrn Schulz' Auftritt ist, wie erwartet. Frau Fuchs spiegelt ihm sein Verhalten, indem sie ihn freundlich anlächelt und sich ebenfalls mit verschränkten Armen zurücklehnt. Damit signalisiert sie Souveränität und bleibt ihm dennoch zugewandt. Sie durchkreuzt auf diese Weise die Taktik ihres Gesprächspartners, ohne ihn infrage zu stellen oder in ein schlechtes Licht zu rücken.

3.2.2 Bedingungen für gelungene Gespräche

Zum erfolgreichen Verlauf von Informations- und Beratungsgesprächen tragen auch die Rahmenbedingungen bei. Hier können Sie selbst aktiv dazu beisteuern, dass Sie und Ihre Gesprächspartner sich rundum wohlfühlen.

So bereiten Sie ein erfolgreiches Gespräch vor:

- **Terminplanung:** Vereinbaren Sie nur dann einen Termin, wenn Sie sicher sein können, dass Sie nicht gestört werden. Vermeiden Sie typische Randzeiten, z. B. Montagvormittag oder Freitagnachmittag, oder generell Zeiten, in denen Unruhe herrscht. Auch die Mittagszeit ist ungünstig, es sei denn, Sie entscheiden sich, mit Ihrem Gesprächspartner essen zu gehen – so wie es international üblich ist.

- **Termindauer:** Planen Sie ausreichend Zeit für Ihr Gespräch ein. Für wichtige Gespräche sollten Sie mindestens eine Stunde einplanen. Es macht einen schlechten Eindruck, wenn der nächste Gesprächspartner warten muss, während Sie noch im vorhergehenden Gespräch sind.
- **Gesprächsatmosphäre:** Als Gastgeber ist es Ihre Aufgabe, für die entsprechende Raumplanung[1] zu sorgen. Dazu gehört ein störungsfreier, heller, gut belüfteter Konferenzraum mit zur Tageszeit passenden Getränken, kleinen Snacks oder Keksen und Obst; ebenso ein Internetzugang für die Gäste. Stühle oder Sessel sollten nicht gegenüber, sondern im stumpfen Winkel zueinander platziert werden. Achten Sie darauf, dass niemand von der Sonne geblendet wird. Auch Lichtreflexe oder Straßenlärm können störend wirken. Überlegen Sie stets: Was gehört dazu, damit Sie sich selbst wohlfühlen.
- **Gesprächsverlauf:** Erfassen Sie zunächst den Ist-Zustand. Formulieren Sie die Wünsche und Ziele der Gesprächsteilnehmer und erarbeiten gemeinsam Lösungen.
- **Medien und Unterlagen bereitstellen:** Nehmen Sie sich die Zeit, alles rechtzeitig aufzubauen und hinzulegen, was Sie später benötigen. Machen Sie Ihr Notebook betriebsbereit und schalten Sie es ein. Legen Sie alle Unterlagen zurecht, am besten in der Reihenfolge, wie Sie sie später verwenden wollen.

Während eines Beratungsgesprächs kann es durchaus zu **Kommunikationsstörungen** kommen, wenn

- die Beteiligten unterschiedliche Ansichten haben und sich nicht einigen können,
- das Gespräch ständig durch äußere Einflüsse oder Personen gestört wird,
- der Beratende dem Kunden nicht aktiv zuhört,[2]
- der Beratende Wörter verwendet, die der Ratsuchende nicht versteht.

Verwenden Sie daher gezielt **Gesprächsförderer**.[3]

Merke! Der Erfolg Ihres Beratungsgesprächs hängt wesentlich von Ihrer Fähigkeit ab, gut zuzuhören und Ihrem Gesprächspartner gegenüber Empathie[4] zu zeigen.

1 Raumplanung
→ FK 1, LF 2, Kap. 5.2.1

2 aktives Zuhören
→ LF 7, Kap. 2.2.3

3 Gesprächsförderer
→ LF 7, Kap. 2.5.3

4 Empathie
→ LF 7, Kap. 2.2.3

3.3 Durchführung – die Phasen in Informations- und Beratungsgesprächen

Beispiel Luzie Pipulke kommt atemlos zum Vorstellungsgespräch als zukünftige Kundenbetreuerin. Herr Schurns und Frau Epstein erwarten sie bereits. Als Tüley ihr die Tür öffnet, ruft Luzie: „Die verdammte U-Bahn!“ Tüley lässt sie verdutzt eintreten und weiß nicht, wie sie reagieren soll.

3.3.1 Begrüßung

Für den Verlauf eines erfolgreichen Gesprächs spielt die Begrüßung eine wichtige Rolle. Schauen Sie Ihrem Gesprächspartner leicht lächelnd in die Augen. Das schafft Vertrauen. Sprechen Sie ihn freundlich und mit kräftiger Stimme beim Namen an. Finden Sie einen Eröffnungssatz, mit dem Sie sich wohlfühlen, zum Beispiel: „Ich freue mich, Sie endlich persönlich kennenzulernen.“ Einen solchen Eröffnungssatz nennt man auch **„Eisbrecher“**. Vermeiden Sie zum Gesprächsbeginn die Formulierung „Was kann ich für Sie tun?“

3.3.2 Bedarfsermittlung

Wenn der Gesprächspartner seine Wünsche nicht äußert, ist es Ihre Aufgabe, diese zu ermitteln. Dafür können Sie den Ist-Zustand erfassen, also die Situation, aus der sich der Informations- und Beratungsbedarf ergeben hat. Manche Gesprächspartner sind es nicht gewöhnt, konkrete Ziele zu formulieren. Dann hilft es Ihnen, wenn Sie das Leistungsangebot Ihres Unternehmens beschreiben können.

Zur **direkten** Bedarfsermittlung stellen Sie gezielte Fragen, damit Ihr Partner sich möglichst konkret zu seinen Vorstellungen und Zielen äußert. Zu Beginn des Gesprächs verwenden Sie am besten **offene Fragen** und **Informationsfragen**. Diese animieren zu ausführlichen Antworten und tragen zur Klärung von Wünschen bei. Erst wenn Sie sicher sind, dass Sie den Informations- und Beratungsbedarf Ihres Gesprächspartners kennen, können Sie auch geschlossene Fragen stellen, z. B. als **Alternativfragen**.[1]

Bei der **indirekten Bedarfsermittlung** kennen Sie bereits vor dem Gespräch Wünsche Ihres Gesprächspartners. Im persönlichen Gespräch können Sie ihm gleich ein Leistungsangebot vorstellen und arbeiten dann mit dem Ausschlussverfahren, um seine tatsächlichen Wünsche zu ermitteln.

Neben der richtigen Fragetechnik können solche Gespräche mit Unterstützung passender Argumentationsmethoden[2] zum Erfolg führen.

3.3.3 Verkaufsargumentation

Sobald Sie sicher sind, was Ihr Geschäftspartner will, entwickeln Sie Vorschläge aus dem Leistungsspektrum Ihres Unternehmens. Im Idealfall finden Sie gemeinsam Lösungsansätze. **Alternativfragen** und **Kontrollfragen** dienen dazu, Ihre Vorschläge konkreter zu formulieren, sodass Ihrem Gesprächspartner Entscheidungen leichter fallen. Die Vorstellung Ihrer Vorschläge sollte immer im **Dialog**[3] erfolgen. Beziehen Sie Ihren Gesprächspartner ein, lassen Sie ihn ausreden. Nehmen Sie **Einwände** und Relativierungen ernst, lassen Sie sich Zeit zum Nachdenken und reagieren Sie dann überlegt darauf. Für den Umgang mit Einwänden nutzen Sie die geeigneten **Argumentationsmethoden**,[4] um zu dem gewünschten Verkaufserfolg zu kommen.

1 Fragetechniken
→ LF 7, Kap. 2.3

2 Argumentationsmethoden in der Bedarfsermittlung
→ LF 7, Kap. 2.4

3 **Dialog:** (altgr.) dialogos; das Gespräch, meist zwischen zwei Personen, die abwechselnd reden.
Monolog: Es redet nur eine Person.

4 Argumentationsmethoden bei Einwänden
→ LF 7, Kap. 2.4

In dieser Gesprächsphase ist die Versuchung groß, **Killerphrasen**[5] zu verwenden.

5 Killerphrasen
→ LF 7, Kap. 5.3.6

Beispiel Herr Peters von der Fly Bike Werke GmbH ruft kurz vor Feierabend bei Frau Welkenbach an. Sie ist gerade in die Pause gegangen und Jens Wagner nimmt das Telefongespräch an.

Innerhalb von zwei Tagen braucht Herr Peters 5 000 Prospekte für die Fahrradmesse in Düsseldorf.

Jens Wagner ist perplex: „Zwei Tage? Das geht nicht, das klappt nicht mehr. Da wird nix draus." Frau Welkenbach kommt zurück, als Jens Wagner versucht, Herrn Peters zu beruhigen. Sie übernimmt das Gespräch mit ihrem Stammkunden ...

Vermeiden Sie Killerphrasen wie „Sie müssen ..." oder „Das klappt gar nicht". Widerstehen Sie mutig der Versuchung! Finden Sie positive Formulierungen wie „Das finde ich gut", anstelle von „Ich habe nichts dagegen".

3.3.4 Preisnennung

Zum Verkaufsgespräch gehört auch, den Geschäftspartner von einem angemessenen Preis zu überzeugen. Damit er die Kosten-Nutzen-Relation erkennt, können Sie die passenden Argumentationstechniken[1] anwenden.

1 Argumentationsmethoden im Überblick
→ LF 7, Kap. 2.2.5

Beispiel **Verzögerungsmethode**
Kunde: „Was kosten diese Thermobecher?"
Berater: „Diese Thermobecher aus Metall und Edelstahl sind spülmaschinenfest bedruckt und damit besonders haltbar und kosten mit 5,90 € pro Stück nur wenig mehr als die einfacheren Modelle."

Sandwichmethode
Kunde: „Was kosten diese Thermobecher?"
Berater: „Es handelt sich um Thermobecher aus Metall und Edelstahl. Sie kosten 5,90 € pro Stück. Der hochwertige Logoaufdruck ist spülmaschinenfest bedruckt; der Becher sieht auch nach mehrjährigem Gebrauch wie neu aus."

Vergleichsmethode
Kunde: „Was kosten diese Thermobecher?"
Berater: „Diese Thermobecher aus Metall und Edelstahl sind sehr viel länger haltbar als die einfacheren Modelle aus Kunststoff. Dadurch haben Ihre Kunden lange Freude an ihrem Becher und sehen immer wieder das Logo Ihres Unternehmens. Ihr Logo wird so zum Symbol für langlebige Qualität."

Am Ende dieser Gesprächsphase sollte für beide Beteiligten ein Erfolgserlebnis stehen, denn Ihr Partner hat die gewünschten Informationen erhalten bzw. wurde er nach seinen Wünschen beraten. Nun können Sie das Ergebnis kurz mündlich zusammenfassen und ggf. schriftlich festhalten.

3.3.5 Verabschiedung

Bevor Ihr Gesprächspartner sich verabschiedet, sollten Sie sichergehen, dass Sie beide hinsichtlich des Gesprächsausgangs und des Erfolgs Ihrer Beratung dieselbe Meinung vertreten. Dafür können Sie **Kontrollfragen**[1] stellen.

1 Kontrollfragen
→ LF 7, Kap. 2.3

Lassen Sie sich ein Feedback[1] geben und beachten Sie selbst dabei die Feedback-Regeln[2].

Sprechen Sie natürlich, situations- sowie personenbezogen. Achten Sie auf Ihre Worte und finden Sie ein angenehmes Gesprächstempo: nicht zu schnell und nicht zu langsam. Auch für die Verabschiedung können Sie sich einen Satz überlegen, der gut zu Ihnen passt und möglichst wenig Standardformulierungen und Floskeln enthält, wie „Wenn Sie Fragen haben, melden Sie sich einfach bei mir." Auswendig gelernte Sätze (z. B. für Produktbeschreibungen) wirken aufgesetzt und gekünstelt.

Die vorgenannte Gesprächsstruktur und die Regeln gelten auch – in entsprechend abgewandelter Form – für andere Informations- und Beratungsgespräche, z. B. Verhandlungen über Verträge. Mit der Zeit werden Sie eigene Strategien und Inhalte entwickeln, die auf Ihr Unternehmen abgestimmt sind.

1 Feedback
→ LF 7, Kap. 2.6.1

2 Feedback-Regeln
→ FK 1, LF 1, Kap. 4.6.2

Gut zu wissen! Haben Sie Geduld mit sich! Für eine erfolgreiche Gesprächsführung braucht man viel Übung. Je mehr Sie mit anderen im beruflichen Umfeld sprechen, desto schneller werden Sie an Sicherheit gewinnen. Es ist normal, dass man am Anfang etwas schüchtern ist oder zwischendurch den Faden verliert. Und es macht nichts, wenn man sich zwischendurch mal verspricht oder verhaspelt. Bleiben Sie natürlich, behalten Sie die Ruhe, reagieren Sie gelassen und vielleicht sogar mit einem kleinen Lächeln auf Ihre eigenen Fehler. Auch in der Gesprächsführung gilt: Übung macht den Meister!

3.4 Kriterien zur Auswertung von Gesprächssituationen

Damit Sie schneller mehr Sicherheit gewinnen, können Sie sich einen Kriterienkatalog zur Auswertung von Gesprächssituationen erstellen. In manchen Unternehmen sind solche Kriterienkataloge bereits vorhanden bzw. Bestandteil eines **Gesprächsleitfadens**.

Beispiel Ayshe Arslan nimmt telefonisch die Reklamation eines sehr aufgeregten Stammkunden entgegen. „Wo bleiben denn unsere Aufkleber und die Postkarten?", ruft er ins Telefon. „Die sollten doch schon letzten Freitag ankommen! Wir brauchen das alles nächste Woche auf der Messe!"

Mit viel Geduld gelingt es Ayshe, den Kunden so weit zu beruhigen, dass sie den Auftrag überprüfen kann. Dabei erfährt sie, dass die Lieferung fertig verpackt im Auslieferungslager steht. Aufgrund der Erkrankung mehrerer Mitarbeiter ist der Versand noch nicht erfolgt. Ayshe spricht kurz mit dem Kunden und bittet ihn um etwas Geduld zur Klärung der Sachverhalte.

Dann ruft sie die Versandabteilung an und bespricht die mögliche Lösung mit einem Mitarbeiter. Dem Kunden kann sie nun sagen: „Ihre Lieferung geht in diesem Moment per Kurierdienst raus und wird heute noch bei Ihnen eintreffen."

Danach ist Ayshe ganz schön geschafft, aber auch froh darüber, dass sie das Problem lösen konnte. Zur Beruhigung schnappt sie sich ihren Kriterienkatalog, den sie selbst erstellt hat, und wertet das vorangegangene Gespräch aus.

Kriterienkatalog zur Selbstbeurteilung von Gesprächssituationen

	Was trifft zu?	telefonisch			persönlich
Gesprächsart	Informationsgespräch				
	Beratungsgespräch				
	Verkaufsgespräch				
	Reklamations-/Beschwerdegespräch				
	Konfliktgespräch				
	Verhandlung				
	Bewerbungsgespräch				
	Mein Verhalten	**ja**	**nein**	**Punkte (max. 10)**	**Bemerkungen**
verbale Kommunikation	Habe ich ruhig und langsam gesprochen?				
	Habe ich gezielte Fragen gestellt?				
	Habe ich die Probleme meines Gesprächspartners erkannt?				
	Habe ich positive Formulierungen gewählt?				
	Habe ich auf die Stimmung und das Verhalten meines Gesprächspartners reagiert?				
	Habe ich mich angemessen und freundlich verabschiedet?				
nonverbale Kommunikation	Habe ich Auftreten, Gestik und Mimik des Gesprächspartners beachtet?				
	Habe ich Augenkontakt gehalten?				
	Habe ich Körpersprache bewusst eingesetzt?				
aktives Zuhören	Habe ich den Gesprächspartner ausreden lassen?				
	Habe ich eine gute Atmosphäre geschaffen?				
	Habe ich paraphrasiert und verbalisiert?				
	Habe ich unser Gespräch vor Störungen abgeschirmt?				
Interkulturelle Besonderheiten	Habe ich Besonderheiten erkannt?				
	Bin ich bewusst darauf eingegangen?				
effiziente Gesprächsführung	Habe ich mein Gesprächsziel erreicht?				
	Habe ich den geplanten Zeitrahmen eingehalten?				
	Hatte ich die richtigen Hilfsmittel, Unterlagen und Medien zur Hand?				
	Konnte ich über die notwendigen Sachinformationen verfügen?				
	Muss ich ein Protokoll schreiben?				
Kontrolle/ Bewertung	Wie zufrieden bin ich mit meinem Ergebnis?	sehr zufrieden		geht so	muss ich noch üben
	Wie zufrieden bin ich mit meinem Gesprächsverhalten?	sehr zufrieden		geht so	muss ich noch üben

Diese Tabelle soll für Sie lediglich als Grundlage zur Entwicklung Ihres eigenen Kriterienkataloges dienen. Je nach Art, Umfang und Inhalt von Gesprächen können weitere Kriterien hinzukommen.

Für *Ayshe* bedeutet dieser Katalog, dass sie sich die Zeit nimmt, um nach einem Gespräch darüber nachzudenken, wie es verlaufen ist. Dabei hat sie schnell gemerkt, dass sie möglichst umgehend nach dem Gesprächsende die Eintragungen vornehmen muss. Die Erinnerung schwindet schnell, und zwar umso schneller, je mehr Gespräche sie führt.

Der Katalog soll ein Gesprächsprotokoll weder ersetzen noch ergänzen – *Ayshes* Kriterienkatalog ist nur für sie selbst. Bei der Auswertung erfährt sie viel über ihr eigenes Gesprächsverhalten. Sie lernt sich selbst besser kennen und sie lernt, ihr Verhalten zu reflektieren. Das kann künftige Gespräche positiv beeinflussen.

Alles klar?

1 Unterscheiden Sie das Informations- und das Beratungsgespräch. Finden Sie jeweils zwei Kennzeichen.

2 Finden Sie Gesprächsförderer, die zur Verwendung in Beratungsgesprächen geeignet sind.

3 Der erste Eindruck entscheidet über eine vertrauensvolle Beziehung zwischen den Gesprächspartnern. Erstellen Sie eine Checkliste, worauf Sie in der Phase der Gesprächseröffnung achten sollten.

4 Beschreiben Sie eine Situation, in der es zu einer Kommunikationsstörung kommt. Worin könnten die Ursachen dafür liegen?

5 Erstellen Sie einen Gesprächsleitfaden für ein typisches Kundengespräch in Ihrem Ausbildungsbetrieb. Finden Sie mindestens fünf Gliederungspunkte dafür.

6 Arbeiten Sie heraus, woran ein gelungenes Gespräch zu erkennen ist.

7 Benennen Sie die Schritte, die in der Gesprächsvorbereitung berücksichtigt werden sollen.

8 Erinnern Sie sich an die Bewerberin *Luzie Pipulke*[1]:
Diskutieren Sie, wie *Tüley* auf *Luzies* Äußerung besser hätte reagieren können.

9 Erläutern Sie, wie sich Bewerber bei einer Begrüßung angemessen verhalten.

10 Verfassen Sie positive Formulierungen, die *Frau Welkenbach* verwenden könnte, damit sich *Herrn Peters* berechtigte Verärgerung legt.[2]

11 Erstellen Sie einen eigenen Kriterienkatalog für Ihre Selbstbeurteilung in Gesprächssituationen.

1 Beispiel
→ LF 7, Kap. 3.3

2 Beispiel
→ LF 7, Kap. 3.3.3

4 Beschwerden und Reklamationen

Jedes Unternehmen kennt Reklamationen und Beschwerden, wenn ein Produkt, eine Dienstleistung oder auch interne Betriebsabläufe tatsächliche oder vermeintliche Mängel aufweisen. Das sind z. B. Abweichungen von Werbeaussagen, Falschlieferung, fehlerhafte Montageanleitungen oder unsachgemäße Montage, materialbedingte oder technische Defekte.

Zur Erinnerung:

- Eine **Beschwerde** ist die unzufriedene Reaktion eines Kunden und dient hauptsächlich dazu, Ärger loszuwerden. Sie ist meistens mit einer Erwartung an das Unternehmen oder den Verkäufer verbunden, beinhaltet aber keinen Rechtsanspruch gegenüber dem Unternehmen.
- Eine **Reklamation** ist die Anzeige eines tatsächlichen Mangels[1] und beinhaltet in der Regel einen konkreten Rechtsanspruch gegenüber dem Unternehmen.

1 Mangel, Rechte des Käufers
→ FK 1, LF 4, Kap. 7.1.4

Merke! Der Umgang mit Beschwerden und Reklamationen kann – unabhängig von ihrer Berechtigung – über Erfolg und Misserfolg eines Unternehmens entscheiden.

Die **berechtigte** Reklamation eines Produktes ist in der Regel aufgrund der gesetzlichen Regelungen unproblematisch. Wenn sich aber beispielsweise ein Kunde falsch beraten fühlt, muss er selbst den Fehler und die entstandenen Schäden nachweisen.

Gut zu wissen! Bei berechtigten Reklamationen empfiehlt es sich, möglichst kundenfreundlich zu reagieren und nicht auf Einhaltung der Vertragsbedingungen zu bestehen. Kommen Sie Kunden so weit wie möglich entgegen.

Bei **unberechtigten** Reklamationen ist das Unternehmen im Recht, wenn es sich weigert, eine fehlerfreie Ware zurückzunehmen oder eine mängelfrei erbrachte Dienstleistung nachzubessern. Geht es auf den Kundenwunsch ein, ist das freiwillige **Kulanz**. Dabei bleibt es dem Unternehmen überlassen, welches Angebot es dem Kunden unterbreitet.

Gut zu wissen! Wenn Sie kulant reagieren, machen Sie dies dem Kunden bitte deutlich. Vermeiden Sie den Eindruck, dass Ihr Entgegenkommen selbstverständlich ist.

Verträge[2] – schriftlich oder mündlich – sind grundsätzlich einzuhalten. Es besteht kein Rechtsanspruch auf Umtausch einer mängelfrei gelieferten Ware oder auf Rückgabe gegen Erstattung des Kaufpreises bzw. auf Rücktritt vom Vertrag ohne wichtige Gründe.

2 Verträge
→ FK 1, LF 4, Kap. 5.3

Merke! Ein generelles Recht auf ein Entgegenkommen des Unternehmens gibt es nicht. Viele zeigen sich allerdings kulant und gehen nachträglich auf Kundenwünsche ein.

4.1 Kundenzufriedenheit und Reklamation

Reklamationen oder Beschwerden bedeuten in der Regel, dass der Kunde von der erbrachten Leistung enttäuscht ist. Professionelles **Beschwerdemanagement** bietet Unternehmen die Chance, aus enttäuschten Kunden wieder zufriedene zu machen.

Lösungsangebote der Unternehmen wie Nachbesserung, Umtausch oder Rückerstattung des Kaufbetrags stellen die Kunden meist zufrieden. Viel öfter entsteht Unzufriedenheit bei der Bearbeitung, d. h. bei der **Kommunikation zwischen Kunden und Personal**.

Beispiel Frau Bernle hat für Rolf Bastians Geburtstagsfeier bei einem Catering-Service ein Büfett bestellt. Nach zwei Stunden sind sämtliche Speisen verzehrt. Lediglich ein paar Blättchen Salat schwimmen in einem Rest von Dressing.
Tüley und Florian haben nichts mehr abbekommen, weil sie an diesem Tag Berufsschule hatten. Sie sind nicht nur hungrig, sondern auch enttäuscht. Deshalb sprechen sie Frau Bernle an. Sie wollen wissen, ob sie beim Catering-Service Ansprüche geltend machen können. Vielleicht wurde zu wenig geliefert?
Frau Bernle ist selbst etwas enttäuscht und verspricht, in der Bestellung nachzusehen. Um die beiden zu trösten, holt sie aus dem Chef-Kühlschrank ihre „Not-Ration".

Nicht jeder enttäuschte Kunde beschwert sich. Im schlimmsten Fall zieht er schweigend die Konsequenzen und ist für das Unternehmen als Kunde verloren. Untersuchungen zeigen: Bis zu 12 Personen bekommen von unzufriedenen Kunden ihre Verärgerung mitgeteilt, nicht aber das Unternehmen selbst. Der negative Effekt dieser Mundpropaganda ist enorm.

Das folgende Schaubild[1] veranschaulicht mögliche Kundenreaktionen:

1 Quelle: komma-net.de (Verlag für die Deutsche Wirtschaft, AG, Bonn)

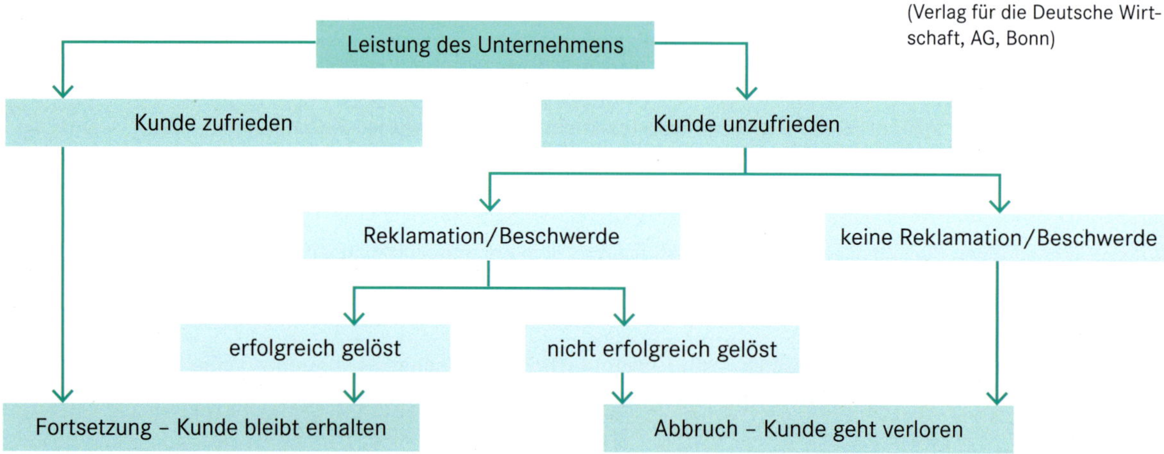

4.2 Schritte kundengerechter Reklamationsbearbeitung

→ LS 88 Reklamationsgespräche führen

Eine großzügige Reklamationsbearbeitung ist ein bewährtes Mittel, Kunden an das Unternehmen zu binden, kann aber hohe Kosten verursachen. Langfristig profitiert ein Unternehmen von kulantem[2] Verhalten, sollten die Reklamationen gleichzeitig ein internes **Fehlermanagement** auslösen.

2 Kulanz
→ FK 21, LF 4, Kap. 7.1.6

Gut zu wissen! Konkrete Beschwerden oder Reklamationen sind fast immer Anzeichen für interne Fehlerquellen. Aber auch wenn diese sich als unbegründet herausstellen, sollten Sie die Angelegenheit aus Sicht des Kunden betrachten.

Beispiel Herr Peters von der Fly Bike Werke GmbH ruft bei Frau Epstein an und reklamiert den Flyer aus der neuen Werbekampagne. Auf der zweiten Seite wurden noch die alten Fotos eingefügt, obwohl die aktuellen Bilder bereits zur Verfügung standen.

Schritt 1	Schritt 2	Schritt 3	Schritt 4
Akzeptieren Sie die Reklamation.	Klären Sie den Sachverhalt.	Machen Sie Lösungsvorschläge.	Erledigen Sie alles sofort.

Schritt 1: Akzeptieren Sie die Reklamation

Jeder Kunde will mit seiner Reklamation ernst genommen werden. Er fühlt sich im Recht. Manchmal erwartet er, dass er um sein Recht kämpfen muss, und trägt deshalb sein Anliegen emotional und unsachlich vor. Er braucht aber nur eine unkomplizierte, schnelle Lösung – und gern auch eine Entschuldigung.

Gut zu wissen! Sie werden es nicht schaffen, jeden klagenden Kunden in Ihr Boot zu holen! Auch wenn es in der Sache vielleicht keine Einigung gibt: Der Ton macht die Musik. Begegnen Sie Ihrem Kunden auf der zwischenmenschlichen Ebene neutral und freundlich.

Versetzen Sie sich in die Lage des Kunden. Signalisieren Sie, dass Sie seinen Ärger verstehen und sein Anliegen ernst nehmen und nichts kleinreden. Machen Sie deutlich, dass es auch in Ihrem Interesse liegt, gemeinsam mit ihm eine zufriedenstellende Lösung zu finden.

Merke! Verständnis erzeugt Empathie und Mitgefühl.

Kümmern Sie sich zuerst um die Person und dann um das Problem. Für eine ruhige und sachliche Verhandlung lassen Sie den Kunden unbedingt aussprechen. Mit der **Technik des aktiven Zuhörens**[1] erfassen Sie den objektiven Sachverhalt und zugleich seine subjektive Gefühlswelt. Fühlt sich der Kunde respektiert, dämpft das seine Kampfstimmung. Denn das Gehirn kann immer nur eins: Wut **oder** Sachlichkeit.

1 aktives Zuhören
→ LF 7, Kap. 2.2.3

Schritt 2: Klären Sie den Sachverhalt

Beispiel Herr Peters klingt sehr verärgert. Frau Epstein reagiert mit den Worten: „Oh, das tut mir leid. So etwas sollte nicht passieren. Haben Sie den Korrekturabzug vor sich liegen?“ Sie erfährt, dass Herr Peters einen Korrekturabzug erhalten hat, und reagiert spontan: „Vielen Dank! Wie gut, dass Sie den Fehler gleich entdeckt haben. Ist sonst alles in Ordnung?“

Bitten Sie den Kunden, sein Problem detailliert zu beschreiben, ohne dass Sie bewerten. **Fragetechniken**[2] sind ein gutes Mittel, sich einen Überblick über die Fakten zu verschaffen. Hinzu kommen schriftliche Aufzeichnungen mit den Daten über das Produkt oder die Dienstleistung, die Auftrags- oder Rechnungsnummer, das Vertragsdatum usw. Protokollieren Sie die beanstandeten Mängel. So hat der Kunde die Sicherheit, dass sein Anliegen seriös bearbeitet wird.

2 Fragetechniken
→ LF 7, Kap. 2.3

Schritt 3: Machen Sie Lösungsvorschläge

Beispiel Herr Peters ist ansonsten mit dem Muster zufrieden und hat keine weiteren Fehler gefunden. Frau Epstein: „Dann korrigieren wir das Layout und schicken Ihnen die aktualisierte Version zu. Ich kümmere mich sofort darum und rufe Sie zurück. Selbstverständlich halten wir den vereinbarten Lieferungstermin ein und entschuldigen uns für diese Störung."

Bei berechtigter Beschwerde bitten Sie den Kunden um **Entschuldigung** für seine Unannehmlichkeiten. Erklären Sie ihm sein Wahlrecht[1] zwischen Nachbesserung, Ersatzlieferung oder Minderung.

1 Wahlrecht
→ FK 1, LF 4, Kap. 7.1.4

Berücksichtigen Sie wirtschaftliche Gesichtspunkte in Ihren Überlegungen. Beachten Sie mehr als nur die reine Kostenseite, aber halten Sie unrentable Varianten zurück. Sie spielen nur dann eine Rolle, wenn sonst gar keine Einigung möglich ist.

Bedenken Sie, wie teuer es Sie zu stehen kommt, einen Kunden wegen Verärgerung zu verlieren. Gerade bei Stammkunden ist ein größeres Entgegenkommen sinnvoll.

Schritt 4: Erledigen Sie alles sofort

Beispiel Frau Epstein ruft bei Frau Herrmann an und bittet um sofortige Überprüfung und Änderung der Korrekturvorlage. Sie vereinbart auch, bis wann die korrigierte Version bei Herrn Peters vorliegt. Anschließend ruft sie Herrn Peters an und teilt ihm mit, dass ihm innerhalb von drei Tagen die neue Druckvorlage zugestellt wird.

Wichtig ist, dass am Ende eine Lösung steht, die den Kunden zufriedenstellt und ihm das Gefühl gibt, fair behandelt zu werden. Falls Sie das Problem nicht sofort klären können, sichern Sie eine schnelle Lösung zu. Nennen Sie verbindliche Termine. Bei Verzögerungen informieren Sie regelmäßig über den Stand der Dinge.

Merke! Kunden empfinden es positiv, wenn am Gesprächsende nachgefragt wird, ob sie mit der Bearbeitung ihres Anliegens und den Ergebnissen zufrieden sind.

4.3 Richtlinien für Beschwerde- und Reklamationsgespräche

Akzeptieren Sie, dass Kunden oft frustriert oder verärgert sind, wenn sie eine Ware oder Dienstleistung reklamieren müssen. Hier einige Tipps und Regeln, um eine angespannte Situation zu deeskalieren und ins Positive zu wenden:[2]

2 angelehnt an: Jochen Peter Elsesser; www.das-beschwerdemanagement.de

- Sprechen Sie den Kunden mit seinem Namen an. So fühlt er sich buchstäblich angesprochen.
- Schlagen Sie dem Kunden per E-Mail einen Gesprächstermin vor, entweder am Telefon oder persönlich.
- Bei einem Telefonat sorgen Sie dafür, dass Sie ungestört bleiben.
- Im persönlichen Kundengespräch („face-to-face") sorgen Sie für eine freundliche Atmosphäre. Eine angenehme Umgebung, Getränke und Snacks heben die Stimmung und stärken die Konzentration.
- Sprechen Sie mit Ihrem Kunden auf Augenhöhe. Vermeiden Sie Belehrungen.

- Positive Formulierungen verstärken die Akzeptanz, Verneinungen begünstigen Abwehrhaltungen.
- Akzeptieren Sie die Sichtweise Ihres Kunden, auch wenn Sie Zweifel haben. Sobald Sie seine Glaubwürdigkeit infrage stellen, droht eine Eskalation.
- Versprechen Sie nur, was Sie auch einhalten können. Hohle Versprechungen verärgern und zerstören das Vertrauen in Unternehmen und Mitarbeiter.
- Lassen Sie wütende Kunden möglichst ausreden, Abwiegeln steigert nur die Frustration.
- Bitten Sie den Kunden, sich auf die sachlichen Aspekte zu beschränken, wenn er sich nicht beruhigen will. Sie müssen sich nicht alles gefallen lassen!
- Im Konfliktfall schieben Sie auf keinen Fall die Schuld auf Kollegen und Lieferanten. Das erweckt nur den Eindruck, dass Sie sich aus der Verantwortung stehlen wollen.
- Ziehen Sie einen Zeugen hinzu, wenn ein Kunde sich im Ton vergreift oder partout jeden Kompromiss verweigert.[1]
- Absolute Loyalität zum eigenen Unternehmen ist Gebot!

1 Falls Sie bei einem Telefonat einen Zeugen hinzuziehen, weisen Sie den Gesprächspartner unbedingt darauf hin.

Merke! Das Gespräch hat das Ziel, dass der Kunde dem Unternehmen erhalten bleibt und gleichermaßen die Interessen des Unternehmens gewahrt bleiben.

4.4 Beschwerdemanagement

Reklamationen und Beschwerden sind mehr als nur ein zufälliges Tagesereignis. Sie sollten im Unternehmen auch zur Aufdeckung interner Fehlerquellen und deren Ausmerzung genutzt werden. Dazu ist es hilfreich, den gesamten Ablauf und die Auswirkungen der beschriebenen Mängel schriftlich festzuhalten und Strukturen zu entwickeln, die eine Lösung der Probleme ermöglichen.

4.4.1 Dokumentation und Auswertung von Beschwerden

Ein wesentlicher Bestandteil des Beschwerdemanagements sind **Beschwerdelisten**. Die Mitarbeiter erfassen alle Beanstandungen, ein Leitfaden gibt den Ablauf vor. In diesem ist auch festgelegt, zu welchen Entscheidungen Mitarbeiter im Rahmen einer Reklamation befugt sind.

Falls es in Ihrem Unternehmen kein Formular dafür gibt, notieren Sie sich selbst z. B. folgende Daten:

- Datum und Uhrzeit des Gesprächs
- Gesprächspartner (evtl. Zeugen)
- Verhandlungs- oder Beschwerdegrund
- Lösungen und Vereinbarungen

Nach den Vorgaben Ihres Unternehmens informieren Sie dann beteiligte Abteilungen schriftlich über den jeweiligen Handlungsbedarf.

4.4.2 Qualitätsmanagement

Eine **statistische Erfassung** von Reklamationen zeigt und systematisiert Schwachstellen im Unternehmen. Sie ist eine Grundlage für das **interne Qualitätsmanagement** und umfasst folgende Daten:

- Zeitraum (z. B. ein Quartal)
- Art und Häufigkeit der Reklamationen
- Welche Artikel sind betroffen?
- Wie viele Reklamationen wurden zufriedenstellend gelöst?
- Welche Angebote wurden unterbreitet?
- Welche Zugeständnisse wurden gemacht?

4.4.3 Interaktive Software für Reklamations- und Beschwerdemanagement

Eine professionelle Software zur **automatisierten Bearbeitung und Analyse von Reklamationen** ist in vielen Unternehmen Standard. Die Reklamationen sind über einen Katalog strukturiert zu erfassen, Wiederholungsreklamationen werden schon bei der Eingabe interaktiv angezeigt. Daten zu Kunden, Lieferanten oder Produkten können aus anderen Systemen importiert werden, Abweichungen mit einem Foto dokumentiert und direkt an die Reklamation angehängt werden.

Alles klar?

1 Überlegen Sie, welche Dienstleistungen bei der *BE Partners KG* von Kunden reklamiert werden könnten, und erarbeiten Sie Lösungsvorschläge.

2 Beschreiben Sie die Bedeutung einer Kundenreklamation für ein Unternehmen.

3 Beschreiben Sie anhand von zwei Beispielen Ihre Reaktion, wenn eine Reklamation Ihrer Meinung nach unberechtigt ist.

4 Nennen Sie die Wahlmöglichkeiten der Kunden bei einer berechtigten Reklamation.

5 Beschreiben Sie zu beiden Situationen ein Beispiel, in dem Sie kulante Lösungen anbieten können.

6 Stellen Sie mögliche Reaktionen eines wütenden Kunden dar, wenn Sie versuchen, ihn zu beruhigen.

7 Erläutern Sie Unterschiede zwischen enttäuschten, zufriedenen und überzeugten Kunden.

8 Nennen Sie Bestandteile einer Aktennotiz über eine Beschwerde.

9 Bei der Abwicklung von Reklamationen finden sich Mitarbeiter oft im Konflikt zwischen einer kundenfreundlichen Regelung und den wirtschaftlichen Interessen ihres Unternehmens. Beschreiben Sie anhand von zwei Beispielen diesen Zielkonflikt.

10 Analysieren Sie das Geschehen um die Flyer-Fotos[1] zwischen *Herrn Peters* und *Frau Epstein*. Handelt es sich hier um eine Reklamation, um eine Beschwerde oder um eine übliche Situation im Rahmen eines Auftrags?

11 Bereiten Sie ein Rollenspiel zur Reklamation einer Ware vor. Legen Sie hierzu die Rollen fest, stellen Sie Requisiten zusammen und spielen Sie das Gespräch Ihrer Klasse vor. Wechseln Sie anschließend die Rollen.

1 Beispiel
→ LF 7, Kap. 4.2.1

5 Konfliktlösung im Arbeitsumfeld

5.1 Konflikte als Risiko und Chance

LS 89 Konflikte vermeiden und bestehende Konflikte in Gesprächen lösen

Beispiel Die Auszubildende Tüley Öztürk nimmt den Anruf einer Kundin entgegen, die sich lautstark über eine falsche Lieferung beschwert. Statt der bestellten Thermobecher hat sie einfache Kaffeebecher erhalten.

Durch Nachfragen und mithilfe einer Computerrecherche stellt Tüley fest, wer den Vorgang bearbeitet hat: Die betreffende Kollegin, Frau Fuchs, ist derzeit in Urlaub. Bei der Überprüfung des Auftrags stellt Tüley fest, dass Frau Fuchs tatsächlich einen Fehler gemacht hat - sie hat die falsche Artikelnummer eingetragen.

Tüley bittet die Kundin um Entschuldigung und um etwas Geduld und sagt eine umgehende Korrektur und Neulieferung zu. Danach macht sie sich sofort an die Arbeit, um den Fehler auszubügeln, für den sie nicht verantwortlich ist. Dabei merkt sie, dass sie richtig wütend ist. Sie denkt: „Immer muss ich als Auszubildende die Drecksarbeit machen!“ Immerhin hat es Tüley geschafft, die wütende Kundin zu besänftigen und eine gute Lösung zu finden. Trotzdem nimmt sie sich vor: „Wenn Frau Fuchs zurückkommt - na, dann muss ich das unbedingt ansprechen!“

Zwischenmenschliche Probleme gehören zum Leben – beruflich und privat. Neben viel Aufregung und Ärger gibt es aber auch positive Seiten: Die Arbeit an der Bewältigung von Problemen fördert die Kommunikation, steigert die Aufmerksamkeit für Schwierigkeiten und kann die Standpunkte der Beteiligten klären. Manchmal ergibt sich sogar (privat wie beruflich) aus der gemeinsamen Bewältigung einer Konfliktsituation eine neue und bessere Beziehungsbasis.

Wenn Konflikte nicht ausgetragen und gelöst werden, sondern vor sich hin schwelen, können die Beteiligten eine verschärfte Rivalität entwickeln, die in extremen Fällen sogar in Aggressivität oder Gewaltausbrüche umschlagen kann.

Immer wenn Menschen aufeinandertreffen, können auch Konflikte entstehen; doch nicht jede Auseinandersetzung wird zu einem Konflikt. Sobald es widersprüchliche Interessen gibt, sind bereits Voraussetzungen gegeben, aus denen sich ein Konflikt entwickeln kann.

Dabei sehen die Konfliktpartner ihre eigene Haltung meist als „richtig“, die Position der anderen Seite wird als „falsch“ bewertet. So werden die Konfliktparteien zu **Gegnern** – und es entstehen Feindbilder.

Konflikte können die soziale Ordnung im Unternehmen nachhaltig stören, sofern sie unterdrückt, verdrängt oder unnachgiebig ausgetragen werden. Darunter leidet sowohl die Arbeit als auch die innerbetriebliche Kommunikation. In der Konsequenz sind es die Menschen selbst, die für diese Situation verantwortlich sind. Es ist absolut unrealistisch zu glauben, dass ein Leben ohne Konflikte möglich ist. Das Ziel im Konfliktmanagement ist daher immer, sie gewaltfrei und in einer für alle Beteiligten akzeptablen Form zu lösen.

Merke! Zu einem Konflikt gehören mindestens zwei sich widersprechende Ausgangspositionen oder Ziele.

5.2 Konfliktanalyse

5.2.1 Konfliktarten

Es gibt unterschiedliche Formen von Konflikten:[1]

1 Quelle: Jutta Kreyenberg: Wirkungsvolles Konfliktmanagement, Cornelsen Verlag

Konfliktart	Beschreibung	Beispiel
Rollen- und Beziehungskonflikte	... entstehen aus der Summe von Erwartungen, die wir an andere stellen. Die Rolle als Mann oder Frau, als Freund oder Lebenspartner, als Auszubildender oder als Führungskraft, als Kunde oder Verhandlungspartner – sie alle werden von uns teils ausgesprochen, teils unausgesprochen definiert.	Vor allem Beziehungskonflikte entstehen häufig aus der Frustration, dass andere das eigene Denken und Fühlen zu ignorieren scheinen.
Ziel- und Bewertungskonflikte	... können entstehen, wenn unterschiedliche Ziele aufeinanderprallen oder die Ziele zwar identisch, die bevorzugten Wege aber unterschiedlich sind. Ursache kann sein, dass die Gesprächspartner über verschiedene Informationen verfügen und/oder diese unterschiedlich bewerten.	In der Diskussion um Mindestlöhne hört man oft mehr Meinungen als sachlich-fundierte Betrachtungen. Ziele und Bewertungen von Politikern, Arbeitgebern, Gewerkschaften und Arbeitnehmern gehen hier weit auseinander.
Verteilungskonflikte	Dabei geht es um Eigentum, Macht und finanzielle oder technische Ressourcen. Kampf und Streit bis hin zu Kriegen haben ihre Wurzel in Verteilungskonflikten.	Wir kennen das schon aus Elternhaus oder Kindergarten: Es wird erbittert gestritten, wer ein bestimmtes Spielzeug benutzen oder mehr Nachtisch haben darf.
Kulturelle und interkulturelle Konflikte	... entstehen, wenn die aus dem eigenen Familien- oder Kulturkreis erlernten „richtigen" Verhaltensweisen von Außenstehenden nicht verstanden oder sogar als respektlos und kränkend empfunden werden.	Sich bei Tisch die Nase zu schnäuzen und das benutzte Taschentuch einzustecken, finden Chinesen eklig. Wir hingegen ekeln uns vor ihrer Sitte, mit Schmatzen, Rülpsen und Spucken zu zeigen, wie gut das Essen schmeckt.

5.2.2 Konfliktursachen

Im Zusammenhang mit Kommunikationsanalysen haben Sie das Eisbergmodell[2] kennen gelernt. Es lässt sich ebenfalls auf Konflikte anwenden. Denn auch bei Konflikten ist nur ein kleiner Teil sichtbar: die Sachebene. Der wesentlich größere Teil ist verborgen und liegt unter der Oberfläche. Hier verstecken sich die einzelnen Aspekte der Beziehungsebene. Darüber werden sowohl unbewusste als auch bewusste Bedürfnisse, Gefühle, Werte und Erfahrungen transportiert, die unausgesprochen bleiben und dadurch die Kommunikation auf der Sachebene beeinflussen. Dieser untere, unsichtbare Teil bestimmt aber maßgeblich den Verlauf eines Konfliktes.

2 Eisbergmodell
→ LF 7, Kap. 2.2.1

Merke! Störungen auf der Beziehungsebene wirken sich auf die Sachebene aus. Je stärker ein Konflikt eskaliert, desto mehr gewinnt in der Regel die Beziehungsebene an Gewicht.

5.2.3 Gesprächsverhalten als Ursache für Konflikte

Jeder kennt sie: Eigenarten in der Kommunikation, die einem auf die Nerven gehen. Der eine redet zu viel, der andere zu wenig. Ein Dritter weiß immer alles besser, und manche regen sich beim Reden so richtig auf oder werden sogar aggressiv. Respektloses Unterbrechen, Nicht-ausreden-Lassen und Killerphrasen[1]: „Das haben wir noch nie/schon immer so gemacht“ verärgern den Gesprächspartner und verhindern eine offene und konstruktive Kommunikation.

1 Killerphrasen
→ LF 7, Kap. 5.3.6

Kommunikationstyp	Beschreibung	Tipps für die Reaktion
Der Vielredner	... schildert alles weitschweifig. Irgendwann erlahmt Ihre Aufmerksamkeit und gerade dann kommt ein wichtiger Schlüsselsatz ...	Man kann dieses Spiel durchkreuzen, indem man in kurzen Abständen das Gesagte zusammenfasst und um etwas Geduld für die Niederschrift bittet.
Der Schweiger	... ist das angenehmere Gegenteil. Allerdings weiß man nie genau, ob er wirklich zuhört oder innerlich abwesend ist.	Geschlossene Fragen kommen ihm entgegen, ebenso Alternativfragen, die präzise Antworten erfordern.
Der Besserwisser	... braucht Bewunderung.	Wenn man ihm die Bewunderung gönnt und mit der Plus-Minus-Methode argumentiert, ist er ein konstruktiver Gesprächspartner mit nützlichem Wissen.
Der Respektlos-Aggressive	... ist die größte Herausforderung.	Er kann ausgehebelt werden, wenn man einen anderen Kollegen ins Gespräch holt und als Spezialisten ins Spiel bringt.

5.3 Anzeichen für Konflikte

Mit den Symptomen für Konflikte ist es so ähnlich wie mit den Symptomen für eine Grippe: Je schneller man sie erkennt, desto schneller kann man dagegen vorgehen und desto eher ist die Krankheit überstanden.

Die Anzeichen für die Entwicklung eines Konflikts werden auf verschiedenen Ebenen deutlich. Manche sind mehr oder weniger offen sichtbar, manche latent (unsichtbar, nicht fassbar). So kann man sie oft erst im Nachhinein als **Konfliktsymptome** bewerten. Dabei lassen sich bestimmte **Konfliktebenen** erkennen:

5.3.1 Konfliktebene verbal – nonverbal

Viele Menschen glauben, dass nur verbale Anzeichen wie offener Widerspruch oder Beschimpfungen Kennzeichen eines Konflikts sind. Doch oft sind es kleine Gesten: ein Schweigen, ein Blick, die einen Konflikt deutlich machen.

„Der Ton macht die Musik.“ Und tatsächlich: Durch den Tonfall, mit Gesten, Mimik und Körpersprache drückt man oft mehr aus als mit dem gesprochenen Wort. Aber Vorsicht mit Interpretationen! Mimik und Gesten haben viel mit persönlichen Gewohnheiten zu tun und unterscheiden sich häufig von Land zu Land. Ein Kopfnicken bedeutet nicht überall Zustimmung. Auch im Berufsalltag mit Kollegen kann es passieren, dass ein spontanes Lächeln falsch verstanden wird. „Lacht der jetzt über mich?“, fragt sich die Kollegin vielleicht, und schon ist der Boden für einen Konflikt bereitet.

Merke! Auf der nonverbalen Ebene liegen manchmal mehr Ausdruck und mehr Konfliktpotenzial als in den Worten, die man ausspricht.

5.3.2 Konfliktebene offen (sichtbar) – verdeckt (nicht sichtbar)

Oft ist ein Konflikt verdeckt, er bahnt sich durch eine gewisse Unruhe oder Unzufriedenheit an. Man hat das Gefühl: „Da stimmt was nicht". Jemand übergeht Sie beim Meeting und spricht Sie nicht beim Mittagessen an, obwohl Sie nebeneinandersitzen.

Dabei ist häufig schwer zu erkennen, ob es sich tatsächlich um einen Konflikt handelt oder vielleicht um seltsame Zufälle, die überinterpretiert werden. Offener Widerstand ist einfacher zu erkennen, z. B. wenn jemand seine Meinung sagt. Manche sind sogar stolz darauf, dass sie so ehrlich sind. Andere sprechen selbst das Vorhandensein eines Konflikts an.

5.3.3 Konfliktebene aktiv – passiv

Viele Menschen verhalten sich in einer Konfliktsituation lieber **passiv**. Sie sind **konfliktscheu**, schweigen oder beschwichtigen. Wenn sich die Konflikte verschärfen, ziehen sie sich komplett zurück und können sogar krank werden. Einige Mitarbeiter wehren sich aus Angst vor Konflikten sogar dagegen, Probleme offen anzusprechen.

Aktive Anzeichen für einen Konflikt sind z. B. ein Streik, ein offener Streit, ein Angriff oder ein persönlicher Vorwurf.

5.3.4 Konfliktebene bewusst – unbewusst

Ist beiden Parteien bewusst, dass es einen Konflikt gibt? Oder treiben die Parteien vielleicht, ohne es zu wissen, einen Konflikt immer weiter?

Das Bewusstsein für Konflikte und die Klärung der Frage, ob er auf Tatsachen oder auf Einbildung beruht, entwickelt sich durch Erfahrung. Wer im Leben oft Veränderungsprozesse mitgemacht hat, wer selbst in einer Partnerschaft lebt oder Kinder hat oder wer bereits viele Jahre im Beruf tätig ist, der weiß: Konflikte sind unvermeidbar. Aber es macht einen großen Unterschied, ob ein Konflikt bewusst herbeigeführt wird, z. B. durch eine Provokation, oder unbewusst durch eine unbedachte Handlung oder Äußerung entstanden ist. „Das hab ich gar nicht so gemeint!", lautet der Hilferuf von Menschen, die sich missverstanden fühlen. Wenn ein solcher Hilferuf nicht erfolgt, verschärft sich der Konflikt, ohne dass die Beteiligten dafür verantwortlich sind.

Gut zu wissen! Ob Sie einen Konflikt bewusst wahrnehmen, hängt davon ab, ob Sie indirekte, nonverbale oder passive Signale erkennen und für sich selbst richtig interpretieren. Sensible Menschen neigen beispielsweise dazu, sich überkritisch zu beobachten. Sie neigen dazu, auch belanglose Aktionen ihres Gegenübers als Reaktionen auf ihr eigenes vermeintliches Fehlverhalten zu bewerten.

Die Übergänge zwischen kleinen Unstimmigkeiten und Konflikten sind immer fließend. Was von manchen als Signal für einen Konflikt verstanden wird, ist für andere ein ganz normaler Bestandteil der Kommunikation. Daher sollten Sie zunächst den Kontext[1] betrachten, bevor Sie eine Situation als Konflikt deuten.

1 **Kontext:** (lat.) contextus: Zusammenhang

5.3.5 Übersicht über die gängigsten Konfliktsymptome

Mit der folgenden Tabelle können Sie sich anbahnende Konflikte[1] analysieren oder im Nachhinein die Entstehung eines Konflikts verstehen.

[1] Es gibt eine weitere Konfliktebene, die allerdings für die Analyse von Konfliktsymptomen eine untergeordnete Rolle spielt.

Konfliktsymptome		
verbal	verbaler Angriff	ablenken
	– andere Meinung äußern – offen kämpfen – Kritik, Beleidigungen, Beschimpfungen, Vorwürfe – Killerphrasen[2] – „Herunterputzen" einer Person – streiten – (genereller) Widerspruch – „Ich will aber" – Gegenargumentation – Differenzen lautstark aufbauschen	– Sarkasmus, Ironie, Galgenhumor – vom Thema ablenken – Zeitdruck vorschieben – „man" und „wir" (statt Stellung zu beziehen) – subtile Anspielungen – leugnen, bagatellisieren – „ja, aber ..." (defensiv) – genereller Zuspruch – blödeln, ins Lächerliche ziehen – „verpfeifen" und denunzieren – distanzierte Höflichkeit
nonverbal	Aufregung, Unruhe	Rückzug, Lustlosigkeit
	– demonstrativ ignorieren, nicht beachten – Beziehungsabbruch – Ausschluss von Personen – abschätzige, abwertende Gestik und Mimik – abweisende Haltung – Drohgebärden, tätlicher Angriff – Inkongruenz im Verhalten oder zwischen Reden und Tun – immer das Gegenteil tun – Gewalt oder Sabotage – starres Festhalten an Gewohnheiten und Standpunkten – Streik – Überstunden/Aktionismus	– Unwohlsein – Humorlosigkeit – Schweigen, Desinteresse – sturer Formalismus – keine Verbesserungsvorschläge – zu spät kommen – nur noch schriftliche Kommunikation – überformale Regelungen – (innere) Kündigung – hohe Fehlzeiten, Krankheit – hohe Reklamationsquoten – vorweggenommener Gehorsam – Depression, Niedergeschlagenheit
	offen (sichtbar) und aktiv	**verdeckt (unsichtbar) und passiv**

5.3.6 Killerphrasen als Symptom und Ursache von Konflikten

Beispiel Svenja Tobler und Bernhard Finke aus der Druckerei sprechen schon seit Tagen nicht miteinander. Beim Gespräch über einen Auftrag waren sie unterschiedlicher Meinung. Svenja wollte eine bestimmte Schriftart in ein Dokument einbinden, und Bernhard meinte dazu nur: „Das klappt nicht, und das kann gar nicht klappen. Wenn du ein bisschen mehr Ahnung von Technik hättest, wüsstest du das." Seitdem ist Svenja eingeschnappt.

Mit einer einzigen Aussage den Gesprächspartner zum Gegner machen: Das gibt es, und meistens ist eine Killerphrase dafür verantwortlich, also verbreitete Aussagen, oft floskelhaft, die dem Adressaten sagen, dass ein weiteres Gespräch unerwünscht und sinnlos ist.

Kleine Auswahl typischer Killerphrasen

- Das geht nicht.
- Sie haben keine Ahnung.
- Das haben wir schon immer so gemacht.
- Das haben wir noch nie so gemacht.
- Das ist zu teuer.
- Alles graue Theorie – in der Praxis sieht das ganz anders aus.
- Haben Sie keine anderen Sorgen?
- Das besprechen wir ein andermal.
- Da kann man nichts machen, das ist nun mal so.

Merke! Bei Killerphrasen handelt es sich um einen Symptomkomplex, der sich tendenziell auf der verbalen, verdeckten, aktiven und unbewussten Ebene abspielt.

Killerphrasen sind oft nicht nur Konfliktsymptom, sondern auch Auslöser und Verstärker von Konflikten. Sie blockieren kreatives Denken und wirken demotivierend, da sie als Angriff oder Herabsetzung empfunden werden. Häufig geäußert, beeinflussen sie das Betriebsklima negativ und hemmen die offene Lösung von Konflikten.

Besonders wenn Führungskräfte Killerphrasen verwenden, wirkt sich das schnell negativ aus. Betroffene Mitarbeiter ziehen sich zurück, äußern weder Ideen noch Kritik. Aus einem unterschwelligen Konflikt, der im Verborgenen schmort, entwickeln sich bald noch mehr Konflikte, bis hin zur „Inneren Kündigung", was oft mit einer verminderten Arbeitsleistung einhergeht. Die Motivation der Mitarbeiter geht bald gegen Null, Krankschreibungen mehren sich, und diese Symptome breiten sich immer weiter im Betrieb aus. Aufgrund dieser verheerenden Wirkung sollten Killerphrasen ebenso wie andere abwertende Bemerkungen prinzipiell vermieden werden.

5.4 Konflikteskalation

Was wird aus einem Konflikt, wenn er nicht angesprochen wird? – Er kann eskalieren.

Beispiel Svenja vermeidet seit Tagen den Kontakt mit Bernhard. Sie sucht stattdessen die Nähe ihrer Freundin Sabine Meyer aus der Werbeagentur. Über Sabine spricht sich der Vorfall im gesamten Agenturbereich herum. Bernhard wundert sich, dass ihn manche Kollegen merkwürdig ansehen, wenn er in die Kantine kommt. Er versucht herauszubekommen, was der Grund für das Verhalten der sonst so netten Kollegen sein könnte. Den Vorfall mit Svenja hat er längst vergessen. Doch auf diese Weise wird eine Mobbing-Spirale in Gang gesetzt. Auch hierbei handelt es sich um eine Eskalation, die damit enden kann, dass Bernhard die Situation nicht mehr aushält, sich krankmeldet und vielleicht sogar kündigt.

Und wie geht es mit dem Konflikt, den *Tüley* mit *Frau Fuchs* hat, weiter?

Beispiel Frau Fuchs kommt fröhlich und gut erholt aus dem Urlaub zurück. Tüley beobachtet das mit Missfallen. Sie erinnert sich an die Falschbestellung und will Frau Fuchs bei passender Gelegenheit darauf ansprechen. Jetzt geht sie erst einmal auf Distanz und setzt sich in der Mittagspause an einen anderen Tisch. Später kommt Frau Fuchs bei der Arbeit am Computer ein kleiner Fluch über die Lippen, worauf Tüley – viel lauter als nötig – sagt: „Geht's vielleicht ein bisschen leiser? Andere Leute wollen hier arbeiten!"

Aus einer Situation, die *Tüley* sogar positiv für sich lösen konnte, entwickeln sich Aggressionen, die sich nun zu entladen beginnen. So wird aus einer Mücke ein Elefant. Hätte *Tüley* gleich die Gelegenheit gesucht, sich mit *Frau Fuchs* auszusprechen, wäre das nicht passiert.

Merke! Durch die Eskalation von Konflikten können Entwicklungen in Gang gesetzt werden, die nur noch schwer zu kontrollieren sind. Das vergiftete Klima am Arbeitsplatz schädigt nicht nur die Nerven der Mitarbeiter, sondern schadet auch dem Betrieb.

Welche Möglichkeiten gibt es also, um Konflikte im Betrieb beizulegen oder, noch besser, sie gar nicht erst entstehen zu lassen?

5.5 Strategien zur Konfliktvermeidung und -bewältigung

5.5.1 Konfliktlösung nach dem Harvard-Konzept

Merke! Nicht der Mensch ist das Problem – das Problem ist das Problem

Die besten Ergebnisse bei Verhandlungen erzielt man durch eine sachbezogene Auseinandersetzung mit dem Thema. Diese Methode, die sich für Konfliktlösungen sowie für alle anderen Verhandlungen eignet, wird im **Harvard-Konzept**[1] beschrieben.

Dabei wird eine friedliche und konstruktive Einigung angestrebt, die über persönlichen Befindlichkeiten steht und für beide Seiten einen Gewinn darstellt, also eine **Win-win-Situation.**[2] Neben der sachlichen Übereinkunft geht es auch darum, dass die Verhandlungspartner ihre persönliche Beziehung erhalten bzw. verbessern.

Voraussetzungen für die Konfliktlösung nach dem Harvard-Konzept:

- Die Beteiligten sind an einer Veränderung der Situation interessiert.
- Die Gespräche verlaufen sachlich, fair und mit dem notwendigen Respekt für die persönlichen und kulturellen Wertesysteme.
- Lösungen werden von den Konfliktparteien gemeinsam entwickelt, also nicht von außen vorgegeben (z. B. von der Geschäftsführung).
- Die Konfliktparteien sind bereit, ihre Positionen zugunsten anderer (übergeordneter) Interessen aufzugeben.
- Eine Lösung, die alle Interessen berücksichtigt, wird auch von allen getragen.
- Das Ergebnis baut auf objektiven Entscheidungsprinzipien auf.

In komplizierten, langwierigen Konflikten ist es sinnvoll, zur Lösung eine neutrale Person moderieren zu lassen, die auch den Transfer in den Arbeitsalltag begleitet.

1 **Harvard-Konzept:** Dies wurde entwickelt um 1980 von den Professoren Fisher und Ury an der Harvard-Universität. Quelle: Roger Fisher, William Ury, Bruce Patton und Ulrich Egger: Das Harvard-Konzept: Der Klassiker der Verhandlungstechnik, Frankfurt am Main 2013 (verifizieren! Neuauflage?)

2 to win (engl.): gewinnen

5.5.2 Gewaltfreie Kommunikation

Die Frage, warum sich manche Menschen gewalttätig verhalten und andere sogar in schwierigsten Situationen frei von Aggressionen bleiben, beschäftigt Psychologen weltweit. Der US-amerikanische Psychologe Marshall B. Rosenberg begründete dazu die Lehre der **gewaltfreien Kommunikation** (GFK). Danach gehört gehört es zur menschlichen Natur, sich dafür einzusetzen, dass es einem selbst und anderen gut geht. Ziel der GFK ist es, dass Menschen sich auf diese Fähigkeit besinnen und ihr Einfühlungsvermögen wiederentdecken.[3]

Marshall B. Rosenberg (1934–2015)

3 Quelle: M. B. Rosenberg, Gewaltfreie Kommunikation, Paderborn 2007

Rosenberg unterscheidet vier Stufen der gewaltfreien Kommunikation:

1. **Beobachtungen und Bewertungen trennen:** Zuschreibungen und Werturteile führen meist nicht dazu, dass wir das erhalten, was wir brauchen, sondern sie entwickeln sich zu selbst erfüllenden Prophezeiungen.[1] Die Kunst besteht darin, ein Verhalten möglichst wertneutral, konkret und klar zu beschreiben.
2. **Gefühle ausdrücken:** Wenn wir über unsere Gefühle sprechen, ist es wichtig, sie nicht auf die Handlungen eines anderen zurückzuführen. Die Handlungen anderer Menschen können immer nur ein Auslöser für unsere Gefühle sein; die Ursache der Gefühle sind unsere Bedürfnisse. Wir fühlen etwas, weil wir etwas brauchen, nicht, weil der andere etwas tut oder unterlässt.
3. **Bedürfnisse nennen:** Die eigentliche Verbindung zum anderen wird hergestellt, indem wir darüber sprechen, was wir wirklich brauchen, denn menschliche Bedürfnisse ähneln sich überall auf der Welt und sind daher für andere nachvollziehbar. Vorwürfe und Urteile werden so zu ungeschickten Bedürfnisäußerungen.
4. **Bitten äußern:** Wenn wir uns etwas von einer anderen Person wünschen, sollten wir zwei Fragen im Auge behalten:
   „Was wünschen wir uns von der anderen Person?“ Die Bitte muss konkret, positiv und handlungsorientiert sein.
   „Aus welchem Grund sollte uns die andere Person diese Bitte erfüllen?“

1 **sich selbst erfüllende Prophezeiung**
(engl.) self fulfilling prophecy: Es tritt genau das ein, was vorhergesagt bzw. befürchtet wurde.

5.5.3 Humor

Ein menschlicher Mechanismus für die Verarbeitung unangenehmer Situationen ist der Humor. In Konfliktsituationen hat der Humor verschiedene nützliche Funktionen:

- Humor sorgt für Abstand und Entlastung, denn wer über sich und sein Schicksal lachen kann, leidet weniger.
- Humor bewirkt eine Stärkung der Abwehr – auch körperlich.
- Humor hilft dabei, Kontakt herzustellen, denn Lachen verbindet!
- Humor bringt uns dazu, die Perspektive zu wechseln. So lernen wir etwas über uns und andere.

Doch bei Menschen in Konfliktsituationen liegen die Nerven oft blank. Der Einsatz von Humor zur Konfliktlösung erfordert viel Fingerspitzengefühl, Behutsamkeit und Sensibilität für die Situation.

Für humorvolle Interventionen sollte man daher folgende Grundregeln beachten:

- Lachen Sie niemals über andere, sondern mit ihnen.
- Nehmen Sie sich nicht so ernst – lachen Sie mal über sich selbst.
- Verzichten Sie auf abwertende Witze.
- Bedenken Sie, dass jede Person eine andere Art von Humor hat.

5.5.4 Wie ist Ihre eigene emotionale Reaktionstendenz?

Zur Vorbereitung schwieriger Gespräche (z. B. mit einem bekannt aufbrausenden Kunden) sollten Sie Ihre eigene emotionale Reaktionstendenz kennen. Sie sollten also wissen, wie Sie sich in bestimmten Situationen verhalten. Dies kann Ihnen helfen, situationsgerecht zu reagieren. Langfristig können Sie damit, sofern Sie das wünschen und für nötig halten, Ihr Verhalten sogar ändern.

Beispiel Tüley ist „dünnhäutig". Sie fühlt sich schnell persönlich angegriffen und wird dann laut. Seitdem sie das weiß, zählt sie stumm erstmal in aller Ruhe bis zehn, bevor sie auf eine Kritik oder einen Einwand antwortet. Florian hingegen hat ein „dickes Fell" und lässt sich nicht so schnell aus der Ruhe bringen.

5.5.5 Szenarien für Konfliktlösungen in Gesprächen

Tüley bügelte den Fehler ihrer Kollegin aus, über den sie sich immer noch ärgert, und *Svenja* ist wütend über *Bernhards* Bemerkung.

Ganz klar: Hier liegt das Problem in der mangelhaften Kommunikation zwischen den Beteiligten. Statt eine Klärung zu suchen, wird der Konflikt weitergetragen. Man spricht nicht **mit**einander, sondern **über**einander.

Für die Konfliktlösung gibt es mehrere Methoden und Möglichkeiten:

1 Mobbing
→ FK 1, LF 2, Kap. 2.2.6

2 **Mediator:** unbeteiligter Dritter, der als Vermittler in Konflikten zwischen den Parteien tätig wird

	Szenario	Lösung
1	Tüley fasst sich ein Herz und spricht Frau Fuchs in einer ruhigen Minute direkt an. Frau Fuchs hört aufmerksam zu, bittet um Entschuldigung für ihren Fehler und bedankt sich bei Tüley, dass sie so schnell eine Lösung für die Kundin gefunden hat.	Der Sachverhalt ist geklärt und die Beziehungsebene bereinigt. Die Kommunikation funktioniert wieder und damit auch die Zusammenarbeit – vielleicht sogar besser als vorher. Der Konflikt ist gelöst. Dieser Lösungsansatz erfordert Mut, ist aber oft erfolgreich, wenn a) die Ursache für den Konflikt bekannt ist und b) nicht allzu viel Zeit seitdem vergangen ist.
2	Tüley spricht mit ihrer Ausbilderin und legt ihre eigene Sichtweise des Geschehens dar. Die Ausbilderin bittet Frau Fuchs zu sich und spricht mit ihr über die Angelegenheit. Schließlich sitzen alle drei zusammen: Tüley und Frau Fuchs sprechen sich aus, die Ausbilderin fungiert als Moderatorin.	Auch jetzt wird zunächst der Sachverhalt geklärt und zwar in Einzelgesprächen mit der Ausbilderin. Das trägt zur Beruhigung der Beteiligten und damit zur Deeskalation bei. Im Abschlussgespräch stehen die Konfliktpartner im Vordergrund. Die Moderatorin greift so wenig wie möglich ein. Hier ist weniger Mut erforderlich. Dieser Ansatz kann ebenfalls erfolgreich sein. Als Moderatoren eignen sich nicht nur Ausbilder, sondern z. B. Mitglieder des Betriebsrats, möglicherweise auch Vorgesetzte.
3	Bernhard weiß immer noch nicht, warum Svenja und ihre Kolleginnen sich so abweisend verhalten. Das Problem lässt ihn nicht mehr los. Er kann seit Wochen nicht mehr richtig schlafen und muss sich häufig krankmelden. Am liebsten würde er kündigen. Schließlich wendet sich Bernhard auf Rat seines Arztes an die Geschäftsleitung. Er sieht sich als Mobbingopfer.[1] Die Geschäftsleitung verpflichtet einen Mediator,[2] mit dem sich Bernhard mehrmals trifft. Schließlich wird auch Svenja dazugebeten. Unter Anleitung des Mediators gelingt es nach sechs Wochen, den Konflikt beizulegen. Mittlerweile sind Svenja und Bernhard die besten Kollegen.	Wenn ein Konflikt so weit fortgeschritten ist, gibt es keine einfache Lösung mehr. Zur Problemlösung könnte eine Mediation beitragen. Allerdings setzt dies voraus, dass mindestens eine der beteiligten Parteien aktiv Rat und Hilfe sucht und bei Vorgesetzten bzw. bei der Geschäftsleitung Gehör findet. In einigen Unternehmen gibt es bereits Mitarbeiter, die eine Mediationsausbildung absolviert haben. Der Mediationsprozess kann Wochen und Monate dauern. Und es kann passieren, dass eine Konfliktlösung nicht möglich ist. Aber Optimismus ist angesagt!

5.5.6 Streitkultur

Was sehen Sie in der nebenstehenden Abbildung? Zwei Gesichter oder einen Gegenstand? – Je nach Sichtweise ist die Aufmerksamkeit einmal auf die Sache (Lampe, Vase) oder auf die Personen gerichtet.

So ist es auch in einem Konflikt: Jede Veränderung der Perspektive ergibt ein neues Bild und kann zum Ansatz für neue, kreative, oft unerwartete Lösungen werden. Auseinandersetzungen gehören zum Menschen, sie gehören zu uns und zu unseren Beziehungen mit anderen. Manchmal sind sie sogar „das Salz in der Suppe". Sie machen das Leben spannungsreicher, aber auch interessanter. Wenn Auseinandersetzungen konstruktiv und lösungsorientiert offen ausgetragen werden, spricht man von einer **Streitkultur**. Erforderlich dafür ist eine hohe Bereitschaft zum Kompromiss und Einigkeit darüber, wie man miteinander im Konfliktfall umgeht.

Wenn ein Konflikt eskaliert, ist es wichtig, zeitnah einzugreifen und zunächst die Sachebene zu klären. Dann geht es darum, Gemeinsamkeiten und Gegensätze zu formulieren. Je eher die Beteiligten eine gemeinsame Basis finden, desto effektiver und nachhaltiger wirkt die Konfliktlösung.

Merke! Fehler passieren. Im professionellen Umgang mit ihnen steckt die Chance zur Veränderung: Konstruktive Auseinandersetzungen setzen positive Energie frei. Davon profitieren alle!

Alles klar?

1 Beschreiben Sie, wie ein Konflikt entsteht. Finden Sie drei Beispiele aus Ihrem Alltag.

2 Was kann passieren, wenn Konflikte nicht sofort bereinigt werden? Finden Sie eine ähnliche Situation wie im Beispiel von *Tüley* und *Frau Fuchs*; beschreiben Sie die Entwicklung aus Sicht der beiden Beteiligten.

3 Unterscheiden Sie Konfliktarten und ordnen Sie diese zu:
a) der Beziehungsebene
b) der Sachebene

4 Welche Konfliktart schafft am ehesten ausweglose Situationen? Nennen Sie ein Beispiel und begründen Sie.

5 Nennen Sie je zwei Beispiele für Ziel- und Bewertungskonflikte, die zwischen Ihnen und Ihren Geschäftspartnern entstehen können.

6 Benennen Sie drei Killerphrasen aus Ihrem Umfeld.

7 Aus welchen Situationen könnte sich Mobbing entwickeln? Nennen Sie zwei Beispiele und finden Sie jeweils einen praktischen Lösungsvorschlag.

8 Beschreiben Sie das Prinzip der Konfliktbewältigung anhand des Harvard-Konzepts.

9 Nennen Sie die vier Stufen der gewaltfreien Kommunikation.

10 Mit welchen Mitteln lässt sich ein optimales Ergebnis im Konfliktmanagement anstreben? Entwickeln Sie daraus Ideen für Ihr eigenes Verhalten im Konfliktfall.

6 Useful office vocabulary

LS 90 Dealing with complaints

Warm-up – types of conversation

Match the types of communication to the respective pictures and translate them into German: expert consultation, conference, consultation, cross-cultural communication, video conference, sales talk.

sales talk	Verkaufsgespräch
consultation	Beratungsgespräch
expert consultation	Fachgespräch
customer service department	Abteilung für Kundenbetreuung
to be responsible for sth.	für etwas verantwortlich sein
to advise sb.	jemanden beraten
to deal with sth.	mit etwas umgehen
complaint	Beschwerde
country code	Ländervorwahl
United Kingdom (UK)	Großbritannien
delay	die Verspätung
apology	Entschuldigung
to apologize for sth.	sich für etwas entschuldigen
on behalf of	im Namen von
condition	der Zustand
to dispatch	versenden
(to be) damaged	beschädigt (sein)
in transit	auf dem Versandweg

to fix a problem / to resolve a problem	ein Problem lösen
politeness	Höflichkeit
appropriate	passend
(to be) polite	höflich (sein)
straightforward	direkt
necessary	notwendig
to bring sth. to our attention	uns auf etwas aufmerksam machen
to take care of a matter	sich um etwas kümmern
satisfied / dissatisfied	zufrieden/unzufrieden
feedback	Rückmeldung
unfortunately	leider, unglücklicherweise
to compensate for sth.	für etwas entschädigen
inconvenience	Unannehmlichkeit
inconvenient	unangenehm, mit Unannehmlichkeiten verbunden
sympathetic	mitfühlend
to owe an apology	eine Entschuldigung schulden
to promise sth.	etwas versprechen
at our expense	auf unsere Kosten
to investigate a matter	eine Angelegenheit untersuchen
to fulfil one's expectations	die Erwartungen von jemandem erfüllen
to be to one's satisfaction	jemanden zufriedenstellen
to regret sth.	etwas bedauern
regret	das Bedauern
replacement	der Ersatz
shipping agency	der Paketzustelldienst
discount on the billed amount	Nachlass auf den Rechnungsbetrag
(to be) incomplete	unvollständig (sein)
to grant a discount	einen Rabatt gewähren
(to be) suitable	passend (sein)
immediately	sofort
in time	rechtzeitig
to claim compensation	Schadensersatz verlangen
within 24h / within 24 hours	innerhalb von 24 Stunden
apparently	anscheinend
to point out sth.	etwas hervorheben

Phrases for talking to customers

Hello, how can I help you? Are you looking for anything in particular?	Guten Tag, wie kann ich Ihnen helfen? Suchen Sie nach etwas Bestimmtem?
How would you like to use this product?	Wie soll das Produkt verwendet werden?
May I point out that this tote bag is made of organic cotton. It can be washed without losing its print.	Darf ich darauf aufmerksam machen, dass diese Einkaufstasche aus Biobaumwolle hergestellt wurde. Sie kann gewaschen werden, ohne dass der Aufdruck verblasst.
You are right, there are cheaper products; however our product is of much better quality and will last a lot longer.	Sie haben Recht, es gibt günstigere Angebote, jedoch ist unser Produkt qualitativ hochwertiger und langlebiger.
Please note that it is possible to use our products as promotional gift with your logo printed on it. May I show you an example?	Unser Produkt kann auch als Werbegeschenk mit Ihrem aufgedruckten Logo verwendet werden. Darf ich Ihnen ein Beispiel zeigen?
May I call you concerning our special offers? What time would be convenient?	Darf ich Sie bezüglich unserer besonderen Angebote anrufen? Wann würde es Ihnen passen?

Phrases for dealing with complaints

Apologizing

We are very sorry to hear that the goods arrived broken.	Es tut uns sehr leid, dass die Ware nicht in gutem Zustand ankam.
We apologize for the fact that the goods arrived late / damaged / for the poor service.	Wir entschuldigen uns dafür, dass die Waren zu spät/ beschädigt ankamen/für die schlechte Betreuung.
We regret the inconvenience caused by this delay in delivery.	Wir bedauern die Unannehmlichkeiten, die Ihnen durch die Lieferverzögerungen entstanden sind.
I'm afraid we owe you an apology.	Ich fürchte, wir schulden Ihnen eine Entschuldigung.
I'm truly sorry we didn't meet your expectations.	Es tut mir sehr leid, dass wir Ihre Erwartungen nicht erfüllt haben.

Explaining the problem

Could you please give us your order number and tell us about the problem?	Könnten Sie uns bitte Ihre Bestellnummer geben und uns von dem Problem berichten?
Thank you for bringing the problem to our attention.	Danke, dass Sie uns auf dieses Problem aufmerksam gemacht haben.
We will investigate the matter and settle it to your satisfaction.	Wir werden die Angelegenheit untersuchen und zu Ihrer Zufriedenheit erledigen.
We are sorry to say that there was a problem with our computer system.	Es tut uns leid, Ihnen mitteilen zu müssen, dass es ein Problem mit unserem Computersystem gab.
Unfortunately, the person responsible for the dispatch of the order was ill and didn't make a note of this in his to-do list.	Unglücklicherweise war die Person, die für den Versand zuständig war, krank und hatte keinen Vermerk zu diesem Auftrag in ihrer To-do-Liste.

I'm afraid we didn't receive your email.	Ich fürchte, wir haben Ihre E-Mail nicht erhalten.
The goods were damaged / lost in transit.	Die Waren sind auf dem Transport beschädigt/verloren gegangen.
We are sorry to say that there must have been a mix-up in our sales department.	Leider müssen wir Sie darüber informieren, dass es eine Verwechslung in der Verkaufsabteilung gab.

Suggesting solutions

We promise to send replacements for the damaged goods.	Wir versprechen Ihnen, Ersatz für die beschädigte Ware zu senden.
We can offer you either a 5 % discount on the purchased goods or you can return the damaged goods and we will send you replacements.	Wir können Ihnen entweder 5 % Nachlass gewähren. Oder Sie senden die beschädigte Ware zurück und wir senden Ihnen Ersatz.
We are willing to offer a 10 % discount on the billed amount if you keep the goods.	Wir sind bereit, Ihnen 10 % Nachlass auf den Rechnungsbetrag zu gewähren, wenn Sie die Ware behalten.
If you have no use for the products anymore, you can return them at our expense.	Falls Sie für die Produkte keine Verwendung mehr haben, können Sie sie auf unsere Kosten zurücksenden.
The missing goods will be dispatched tomorrow and you will receive them on Friday.	Die fehlenden Waren werden morgen versendet und erreichen Sie am Freitag.
We will make sure that the goods will be packed suitably.	Wir werden sicherstellen, dass die Waren angemessen verpackt werden.
The invoice will be corrected immediately.	Die Rechnung wird umgehend korrigiert.
We hope this solution / this proposal will be to your satisfaction.	Wir hoffen, dass diese Lösung/dieser Vorschlag Ihre Zustimmung finden wird.
We are willing to compensate you for the inconvenience which we have caused.	Wir sind bereit, Sie für die entstandenen Unannehmlichkeiten zu entschädigen.

Rejecting a claim

After examining the case carefully we must say the order was carried out in accordance with the contract.	Nachdem wir den Fall eingehend untersucht haben, müssen wir Ihnen mitteilen, dass die Bestellung vertragsgemäß ausgeführt wurde.
Even though we are not responsible for the delay, we are willing to grant a 5 % discount on your next order.	Obwohl wir nicht für die Verspätung verantwortlich sind, sind wir bereit, Ihnen auf Ihre nächste Bestellung 5 % Nachlass zu gewähren.

Complimentary close

We trust that the matter has been settled now to your satisfaction and you will continue to do business with us in the future.	Wir vertrauen darauf, dass die Angelegenheit zu Ihrer Zufriedenheit gelöst wurde und wir auch in Zukunft Geschäfte miteinander machen werden.
We assure you that we will take all steps in our power that this problem will not occur again in the future.	Wir versichern Ihnen, dass wir alles in unserer Macht Stehende tun werden, um sicherzustellen, dass dieses Problem in Zukunft nicht mehr auftreten wird.

Lernfeld 8
Personalwirtschaftliche Aufgaben wahrnehmen

1 Ziele und Aufgaben der Personalwirtschaft
2 Analyse des derzeitigen Personalbestands
3 Planung des zukünftigen Personalbedarfs
4 Personalbeschaffung und -auswahl
5 Einstellung von Personal und Abschluss von Arbeitsverträgen
6 Personaleinführung, -betreuung und -verwaltung
7 Lohn- und Gehaltsabrechnung
8 Personalförderung und Mitarbeitermotivation
9 Personalbeurteilung
10 Beendigung von Arbeitsverhältnissen
11 Useful office vocabulary

1 Ziele und Aufgaben der Personalwirtschaft[1]

→ **LS 91** Ziele und Aufgaben der Personalwirtschaft erkennen

Beispiel Für die Auszubildende Natalie Fiedler beginnt heute ihr Ausbildungsabschnitt in der Abteilung Allgemeine Verwaltung der BE Partners KG. Der Abteilungsleiter Herr Seydlitz fragt sie in einem einführenden Gespräch, welche Aufgaben einer Personalabteilung sie schon kennt.

Welche typischen Aufgaben des Personalwesens fallen Ihnen ein?

1 **Personalwirtschaft** (auch **Personalwesen** oder **Personalmanagement**) ist der Teil der Betriebswirtschaft, der sich mit den Mitarbeitern eines Unternehmens beschäftigt.

Qualifizierte und motivierte Mitarbeiter sind ein entscheidender Faktor für die **Konkurrenzfähigkeit** eines Unternehmens.[2] Sie tragen erheblich zu seinem Erfolg bei. Andererseits werden gerade die Personalkosten in vielen Unternehmen heute mehr denn je als einer der großen **Kostenfaktoren** gesehen. Diese beiden Aspekte verdeutlichen die große Bedeutung der Mitarbeiter, sodass sich in vielen Unternehmen eigene Personalabteilungen mit ihren Belangen beschäftigen.

2 Unternehmensziele
→ FK 1, LF 1, Kap. 3.1

1.1 Ziele der Personalwirtschaft

Wirtschaftliche Ziele

Die erfolgreiche Arbeit einer Personalabteilung hat sehr viel Einfluss auf die Verwirklichung der wirtschaftlichen (ökonomischen) Ziele eines Unternehmens. Durch die Versorgung des Unternehmens mit leistungsfähigen und leistungsbereiten Mitarbeitern in ausreichender Anzahl und durch deren zielgerichteten Einsatz werden wirtschaftliche Ziele gefördert, z. B.

- Wettbewerbsfähigkeit,
- hohe Arbeitsproduktivität[3] und -qualität,
- Sicherung und Ausbau von Marktanteilen,
- Umsatzmaximierung und
- Kostenminimierung.

3 **Arbeitsproduktivität:** Verhältnis zwischen Produktionsergebnis und Arbeitseinsatz

Beispiel Herr Seydlitz ermittelt für die BE Partners KG zum Ende des Geschäftsjahres den Personalbedarf für das kommende Geschäftsjahr. Er möchte damit unter anderem vermeiden, dass im gesamten Unternehmen oder in einzelnen Abteilungen zu viele Mitarbeiter eingesetzt sind, die unnötige Personalkosten verursachen würden.

Soziale Ziele

Ein Unternehmen ist nicht nur ein wirtschaftliches, sondern auch ein soziales Gebilde. Neben dem Betriebsrat[4] ist vor allem die Personalabteilung eines Unternehmens in besonderem Maße für die sozialen Belange der Mitarbeiter zuständig.

4 Betriebsrat
→ FK 1, LF 1, Kap. 1.6

Neben den ökonomischen Zielen haben somit die sozialen Unternehmensziele für die Personalabteilung einen besonderen Stellenwert, z. B.

- Sicherung von Arbeitsplätzen,
- Gesundheit der Mitarbeiter,
- Identifikation der Mitarbeiter mit dem Unternehmen,
- Förderung der persönlichen Entwicklung der Arbeitnehmer,
- hohe Mitarbeiterzufriedenheit und positives Betriebsklima.

Beispiel Die BE Partners KG veranstaltet jedes Jahr ein Sommerfest für die Mitarbeiter. Laura Deneke hat hierfür gerade die Schülerband „Groove United" organisiert, da die Mitarbeiter in diesem Jahr erstmalig mit Live-Musik überrascht werden sollen.

Maßnahmen zur Verwirklichung sozialer Ziele können die Erreichung der wirtschaftlichen Ziele häufig unterstützen. Diese **Zielharmonie** ist vor allem dadurch begründet, dass gute und soziale Arbeitsbedingungen einen immer stärkeren Einfluss auf die Zufriedenheit und die Motivation von Arbeitnehmern haben. Diese wiederum verbessern ihre Arbeitsleistung.

Beispiel In der BE Partners KG hat man erkannt, dass ergonomische Büromöbel sowohl die Motivation der Mitarbeiter fördern als auch positive Auswirkungen auf deren Gesundheit haben und damit die Fehlzeiten reduzieren. Investitionen in die Büroausstattung zahlen sich somit auch langfristig wirtschaftlich für das Unternehmen aus.

1.2 Aufgaben der Personalwirtschaft

Bei den Aufgaben des Personalwesens handelt es sich nicht um **Kernprozesse** (z. B. Entwicklung einer Marketingkampagne für einen Kunden), sondern um **Unterstützungsprozesse** (z. B. Auswahl eines kreativen und teamfähigen Mitarbeiters im Bewerbungsverfahren).[1] Trotzdem wird der wirtschaftliche Erfolg von Unternehmen auch durch Entscheidungen in den Personalabteilungen mit verantwortet, denn es sind Menschen (das Personal), die die Kernprozesse durchführen.

1 Geschäftsprozesse
→ FK 1, LF 1, Kap. 3.3.1

Für das Personalwesen ergeben sich unter anderem die folgenden konkreten **Aufgabenbereiche:**

- **Personalbestandsanalyse**[2]

2 Personalbestandsanalyse
→ LF 8, Kap. 2

Beispiel Bei einer Analyse der Fähigkeiten der Mitarbeiter der BE Partners KG stellt Franz Seydlitz fest, dass nur Kemal Aydin gute Kenntnisse in Webdesign hat.

- **Personalbedarfsplanung**[3]

3 Personalbedarfsplanung
→ LF 8, Kap. 3

Beispiel Leider übergibt ausgerechnet Kemal Aydin einige Tage später Herrn Seydlitz, dem Leiter der Allgemeinen Verwaltung, seine Kündigung. Herr Seydlitz berücksichtigt diesen Personalabgang in seiner Personalbedarfsplanung und vermerkt, dass dringender Bedarf an einem Mitarbeiter mit Kenntnissen in Webdesign besteht.

- **Personalbeschaffung und -auswahl**[4]

4 Personalbeschaffung und -auswahl
→ LF 8, Kap. 4

Beispiel Die Personalsachbearbeiterin Laura Deneke entwirft für die zu besetzende Stelle eines Mediengestalters eine Stellenanzeige und veröffentlicht diese in einer Job-Börse im Internet. Die anschließend eingehenden Bewerbungsunterlagen werden analysiert, um einige Kandidaten zu Vorstellungsgesprächen einzuladen.

- **Personaleinstellung**[5]

5 Personaleinstellung
→ LF 8, Kap. 5

Beispiel Nach der Auswahl einer geeigneten Bewerberin klärt Herr Seydlitz wichtige Inhalte des Arbeitsvertrages und formuliert diesen anschließend.

- **Personaleinführung, -betreuung und -verwaltung**[1]

Beispiel Für die neu eingestellte Mitarbeiterin Sonja Mai legt Laura Deneke eine Personalakte an und stellt ihr schon einmal die Abteilungsleiterin und die Mitarbeiter vor.

1 Personaleinführung, -betreuung und -verwaltung
→ LF 8, Kap. 6

- **Personalentlohnung (Lohn- und Gehaltsabrechnung)**[2]

Beispiel Frau Deneke gibt die Lohnsteuerklasse, die Konfession und den Kinderfreibetrag von Sonja Mai in die EDV ein und erstellt die erste Gehaltsabrechnung für sie.

2 Lohn- und Gehaltsabrechnung
→ LF 8, Kap. 7

- **Personalförderung und -motivation**[3]

Beispiel Susanne Herrmann, die Vorgesetzte von Sonja Mai, besucht gemeinsam mit ihr die dmexco, eine Messe der Online-Werbeindustrie in Köln, um sich dort über die neuesten Trends der Branche zu informieren.

3 Personalförderung und Mitarbeitermotivation
→ LF 8, Kap. 8

- **Personalbeurteilung**[4]

Beispiel Nach einigen Jahren in der BE Partners KG informiert Sonja Mai ihre Vorgesetzte darüber, dass sie zum Ende des Jahres kündigen möchte, da ihr eine Stelle bei einem großen Online-Auktionshaus in Berlin angeboten wurde. Susanne Herrmann formuliert ein Arbeitszeugnis für Sonja Mai und bespricht es mit ihr.

4 Personalbeurteilung
→ LF 8, Kap. 9

- **Personalfreisetzung (Beendigung von Arbeitsverhältnissen)**[5]

Beispiel Fristgerecht gibt Sonja Mai ihre Kündigung bei Franz Seydlitz ab. Er bestätigt ihr den Empfang der Kündigung auf einer Kopie und übergibt ihr das Arbeitszeugnis.

5 Beendigung von Arbeitsverhältnissen
→ LF 8, Kap. 10

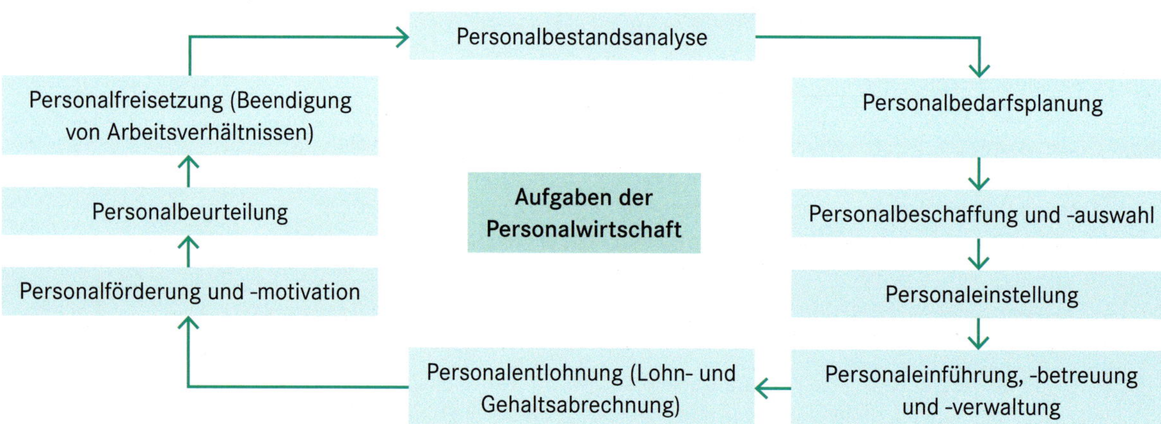

Alles klar?

1 Erläutern Sie anhand von Beispielen, dass die Verwirklichung sozialer Ziele (langfristig) auch die wirtschaftlichen Ziele des Unternehmens unterstützen kann.

2 Finden Sie für jeden Aufgabenbereich des Personalwesens ein weiteres Beispiel aus Ihrem Ausbildungsbetrieb.

2 Analyse des derzeitigen Personalbestands

LS 92 Den derzeitigen Personalbestand analysieren

Beispiel Als Abteilungsleiter Allgemeine Verwaltung gehört es zu den regelmäßigen Aufgaben von Herrn Seydlitz, den Personalbestand der BE Partners KG zu analysieren und gegebenenfalls personalwirtschaftliche Entscheidungen zu treffen. Bei der heutigen Personalbestandsanalyse hat er beispielsweise festgestellt, dass die BE Partners KG über relativ wenige Mitarbeiter mit Kompetenzen im Bereich Social Media Marketing verfügt. Er befürchtet, dass die Werbeagentur dadurch zukünftig Wettbewerbsnachteile haben könnte, und merkt diesen Aspekt für zukünftige Maßnahmen der Personalbeschaffung oder Personalentwicklung vor.

Unternehmen sollten immer bestrebt sein, einen optimalen Personalbestand für die bestmögliche Erfüllung der Unternehmensaufgaben zu haben. Um dieses Ziel verfolgen zu können, muss der aktuelle Personalbestand regelmäßig analysiert werden. **Diese Personalbestandsanalyse beinhaltet zwei Aspekte:**

1. **quantitativer Aspekt**[1]**:** Es sollte im Unternehmen bzw. in jeder Abteilung immer genau die Anzahl an Mitarbeitern vorhanden sein, die für den mengenmäßigen Arbeitsanfall erforderlich ist. Während zu wenige Mitarbeiter zu Engpässen, Verzögerungen und Unzufriedenheit durch Stress führen würden, wären zu viele Mitarbeiter aus Kostensicht unwirtschaftlich.
2. **qualitativer Aspekt**[2]**:** Die vorhandenen Mitarbeiter sollten möglichst genau über die Qualifikationen und Fähigkeiten verfügen, die für die Erfüllung ihrer Aufgaben erforderlich sind. Sie sollten weder unter- noch überqualifiziert für ihr Aufgabengebiet sein.

Die Personalbestandsanalyse[3] hat also die Aufgabe, den aktuellen Personalbestand hinsichtlich der beiden genannten Aspekte detailliert zu untersuchen. Mithilfe von Unterlagen wie der Personaldatei oder Personalstatistiken wird der gegenwärtige Personalbestand in quantitativer und qualitativer Hinsicht ermittelt.

1 **quantitativ:** die Menge betreffend

2 **qualitativ:** die Qualität betreffend

3 Die **Personalbestandsanalyse** bildet die Grundlage für die anschließende **Personalbedarfsplanung** (→ LF 8, Kap. 3), bei der dann der zukünftig erforderliche Personalbedarf mit dem aktuellen Personalbestand abgeglichen wird. Die Personalbedarfsplanung ist dann wiederum die Grundlage für Maßnahmen der **Personalbeschaffung, -förderung und -freisetzung** (→ LF 8, Kap. 4, 8 und 10).

2.1 Kriterien der Personalbestandsanalyse

Je nach betrieblichem Erfordernis oder jeweiligem Interesse kann der Personalbestand eines Unternehmens anhand verschiedener Merkmale analysiert werden.

quantitative Kriterien	qualitative Kriterien
– Anzahl der Mitarbeiter (pro Abteilung) – Altersstruktur der Mitarbeiter – Anzahl der Auszubildenden – Anzahl der befristet und unbefristet beschäftigten Mitarbeiter – Anzahl der Vollzeit- und Teilzeitbeschäftigten – Anzahl der männlichen und weiblichen Beschäftigten	– Schulabschluss – Berufserfahrung (welche?) – Auslandserfahrungen – Qualifikationen (Sprachkenntnisse, PC-Kenntnisse usw.) – absolvierte Fort- und Weiterbildungen – Dauer der Betriebszugehörigkeit

2.2 Einflussfaktoren auf den Personalbedarf

Verschiedene Faktoren beeinflussen den (zukünftigen) Personalbedarf eines Unternehmens:

Innerbetriebliche Faktoren

1. Leistungs- bzw. Absatzprogramm: Die Art der (zukünftig) zu erbringenden Leistungen bestimmt maßgeblich den Personalbedarf.

Beispiel Die zunehmenden Aufträge im Bereich des Social Media Marketings erfordern mehr Mitarbeiter mit Qualifikationen in diesem Bereich.

2. Absatz- bzw. Umsatzentwicklung: Steigende Umsätze erhöhen den Personalbedarf, während sinkende Absatzzahlen den Personalbedarf reduzieren.

Beispiel In der BE Partners KG sind seit einiger Zeit die Umsätze der Sparte Druckerei rückläufig, während sich die Auftragslage der Sparte Werbeagentur verbessert. Demzufolge sinkt der Personalbedarf in der Druckerei, während er in der Werbeagentur steigt.

3. Organisationsstruktur: Grundlegende Veränderungen an der Aufbauorganisation[1] führen dazu, dass Stellen oder ganze Abteilungen neu entstehen oder wegfallen.

1 Aufbauorganisation
→ FK 1, LF 1, Kap. 3.3.2

Beispiel Herr Bastian, der Geschäftsführer der BE Partners KG, überlegt, die Sparte Druckerei vollständig zu schließen. Diese Maßnahme würde den Personalbedarf in diesem Unternehmensbereich natürlich auf „Null" reduzieren.

4. Altersstruktur: Viele Unternehmen streben eine ausgeglichene Altersstruktur zwischen „Jung" und „Alt" an. Wichtig ist insbesondere auch, auf anstehende Verrentungen von Mitarbeitern frühzeitig zu reagieren.

Beispiel Herr Seydlitz hat festgestellt, dass in der Allgemeinen Verwaltung in den nächsten vier Jahren zwei Mitarbeiter in Rente gehen werden. Er schlägt daher vor, im nächsten Jahr zwei Auszubildende zu Kaufleuten für Büromanagement einzustellen.

Außerbetriebliche Faktoren

Neben den innerbetrieblichen Faktoren wird der zukünftige quantitative und qualitative Personalbedarf auch von Faktoren außerhalb des Unternehmens beeinflusst. Im Wesentlichen handelt es sich hierbei um **gesamtwirtschaftliche Entwicklungen**.

1. Konjunkturelle Entwicklung: Unternehmen sollten die derzeitige und die prognostizierte zukünftige konjunkturelle Lage bei der Bestimmung des zukünftigen Personalbedarfs berücksichtigen.

Beispiel Herr Seydlitz hat recherchiert, dass die Konjunkturprognosen in Deutschland für das nächste Jahr sehr positiv sind. Dies bestärkt ihn in seiner Absicht, einen weiteren Mitarbeiter in der Sparte Werbeagentur einzustellen.

2. Strukturelle Entwicklung: Neben der Entwicklung der gesamtwirtschaftlichen Lage müssen auch besondere Entwicklungen in der jeweiligen Branche, in der ein Unternehmen tätig ist, berücksichtigt werden. Häufig handelt es sich um **technologische Entwicklungen**, die vor allem den qualitativen Personalbedarf beeinflussen.

Beispiel Den Strukturwandel in der Druckbranche vom analogen Druck zum digitalen Druck hatte die BE Partners KG bereits frühzeitig erkannt. Deswegen wurde rechtzeitig darauf geachtet, dass die Mitarbeiter der Druckerei die Anforderungen des Digitaldrucks erfüllen.

3. Außenwirtschaftliche Entwicklung: Exportierende Unternehmen müssen auch Veränderungen des Exports und die Entwicklungen auf ihren Absatzmärkten beobachten. Die Erschließung neuer Absatzmärkte im Ausland verändert vor allem den qualitativen Personalbedarf hinsichtlich der Sprachkenntnisse.

Beispiel Die Bromberger Druckmaschinen GmbH beliefert nicht nur die BE Partners KG, sondern auch viele Unternehmen der Druckbranche in China. Wenn dort eine Rezession eintreten würde, hätte dies auch starke Auswirkungen auf die Auftragslage und den quantitativen Personalbedarf der Bromberger Druckmaschinen GmbH. Andererseits gewinnt seit einigen Jahren der osteuropäische Absatzmarkt für das Unternehmen zunehmend an Bedeutung. Dies erfordert aber zunehmend Mitarbeiter mit Kenntnissen in osteuropäischen Sprachen.

4. Demografische Entwicklung[1]: In Deutschland ist der **demografische Wandel** seit mehreren Jahrzehnten vor allem dadurch gekennzeichnet, dass die Sterberate höher ist als die Geburtenrate. Deswegen **sinkt die Bevölkerungszahl**. Durch die steigende Lebenserwartung und gleichzeitig niedrige Geburtenrate **steigt der Anteil älterer Menschen** gegenüber dem Anteil jüngerer. Die deutsche Bevölkerung wird älter.

1 **Demografie** befasst sich mit der Entwicklung von Bevölkerungen und deren Strukturen. Insbesondere werden Veränderungen der Zusammensetzung der Bevölkerung analysiert. Typische Merkmale sind dabei die Altersstruktur, die Geschlechterverteilung oder Anteile verschiedener Nationalitäten.

Mit dem demografischen Wandel verändert sich auch die **Altersstruktur der Arbeitnehmer in Deutschland**. Der Anteil an jüngeren Arbeitnehmern geht auf dem Arbeitsmarkt zurück, der Anteil von älteren Arbeitskräften nimmt zu – auch beeinflusst durch die Erhöhung der Renteneintrittsgrenze auf 67 Jahre. Die demografische Entwicklung stellt die Unternehmen vor enorme Herausforderungen in der Personalarbeit. Einerseits wird es immer schwieriger werden, junge Nachwuchskräfte auf dem Ausbildungs- bzw. Arbeitsmarkt zu bekommen. Andererseits muss dem ansteigenden Altersdurchschnitt der Belegschaft Rechnung getragen werden.

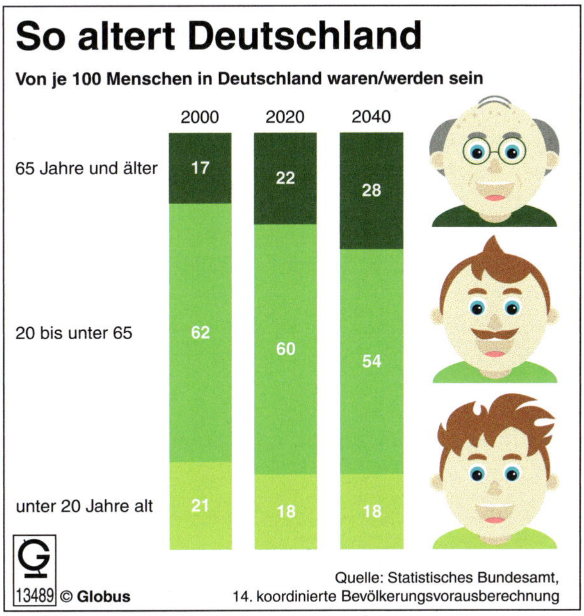

Dies geschieht beispielsweise durch:

- stärkere **Förderung der Gesundheit** durch ergonomische Arbeitsplätze, Gesundheitstrainings, altersgerechte Arbeitsorganisation und Arbeitszeiten,
- am Alter ausgerichtete **Qualifizierungsmaßnahmen**, um die künftige Arbeitsfähigkeit der älter werdenden Belegschaft zu erhalten („lebenslanges Lernen"),
- **Nutzung des Erfahrungswissens** Älterer in altersgemischten Teams, um das Zusammengehörigkeitsgefühl und die gegenseitige Wertschätzung zwischen allen Altersgruppen zu stärken.

Beispiel Die BE Partners KG hat schon vor einigen Jahren ihre Aktivitäten zur Rekrutierung von Auszubildenden und jungen Mitarbeitern stark ausgeweitet. Herr Seydlitz überlegt nun, zukünftig auch durch eine Präsenz des Unternehmens bei Facebook diese auf dem Arbeitsmarkt stark umworbene Zielgruppe anzusprechen. Außerdem möchte er ein spezielles Fortbildungskonzept für die Mitarbeiter über 50 Jahre erstellen, um die zukünftige Arbeitsfähigkeit dieser Mitarbeiter zu sichern.

5. Rechtliche Rahmenbedingungen: Auch Änderungen im Arbeitsrecht (z. B. Arbeitszeitgesetz, Bundesurlaubsgesetz, Tarifverträge[1], Erhöhung des Renteneintrittsalters) können Einfluss auf den Personalbedarf haben.

1 Tarifvertrag
→ FK 1, LF 1, Kap. 1.7

Beispiel Die BE Partners KG ist Mitglied im Arbeitgeberverband Druck und Medien Nordrhein-Westfalen e. V. Zu Beginn des Jahres 20XX wurde im Tarifvertrag der Druckindustrie die wöchentliche Regelarbeitszeit von 38 auf 40 Stunden angehoben. Da nun jeder Mitarbeiter der BE Partners KG wöchentlich zwei Stunden mehr arbeitet, sinkt der quantitative Personalbedarf des Unternehmens.

Gesellschaftliche Verantwortung

Die Personalbestandsanalyse dient nicht nur wirtschaftlichen Zielen wie der Stärkung der Wettbewerbsfähigkeit. Unternehmen tragen als Teil der Gesellschaft auch eine soziale Verantwortung. Deswegen sollte eine Analyse des Personalbestands auch erfolgen, um dieser Verantwortung gerecht zu werden.

1. Sicherung von Arbeitsplätzen: Beispielsweise könnte eine Personalbestandsanalyse aufdecken, dass die Fähigkeiten und Qualifikationen einiger Mitarbeiter nicht mehr dem Anforderungsprofil ihrer Stellen entsprechen. Um die Arbeitsfähigkeit dieser Mitarbeiter zu verbessern und damit auch ihre Arbeitsplätze zu sichern, sollten z. B. passgenaue Fortbildungen organisiert werden.

Beispiel Swenja Tobler hat nur sehr geringe Kenntnisse in der Software Adobe® InDesign®. Herr Seydlitz sucht deswegen gerade nach einer passenden Fortbildung.

2. Integration behinderter Menschen (zur Unterstützung der Inklusion):

Merke! **Inklusion** bedeutet allgemein, dass alle Menschen in die Gesellschaft eingebunden werden, unabhängig von ihren Fähigkeiten, Einstellungen oder Einschränkungen, wie beispielsweise körperlichen und geistigen Behinderungen.

Alle Menschen haben ein **Recht auf Arbeit**. Dieses im Artikel 23 der Allgemeinen Erklärung der Menschenrechte von den Vereinten Nationen (UN) bereits 1948 verankerte Grundrecht wurde im Jahr 2008 für Menschen mit Behinderung noch einmal bekräftigt[1]:

1 Zum einen besteht für Unternehmen eine grundsätzliche gesellschaftliche Verantwortung, auch behinderte Menschen in das Arbeitsleben zu integrieren. Zum anderen hat der deutsche Gesetzgeber Unternehmen mit mindestens 20 Arbeitsplätzen hierzu auch im § 154 Sozialgesetzbuch IX verpflichtet.
→ LF 8, Kap. 6.5

UN-Behindertenrechtskonvention – Artikel 27: Arbeit und Beschäftigung

(1) Die Vertragsstaaten anerkennen das gleiche Recht von Menschen mit Behinderungen auf Arbeit; dies beinhaltet das Recht auf die Möglichkeit, den Lebensunterhalt durch Arbeit zu verdienen, die in einem offenen, integrativen und für Menschen mit Behinderungen zugänglichen Arbeitsmarkt und Arbeitsumfeld frei gewählt oder angenommen wird. Die Vertragsstaaten sichern und fördern die Verwirklichung des Rechts auf Arbeit [...], um unter anderem

a) Diskriminierung aufgrund von Behinderung in allen Angelegenheiten im Zusammenhang mit einer Beschäftigung gleich welcher Art, einschließlich der Auswahl-, Einstellungs- und Beschäftigungsbedingungen, der Weiterbeschäftigung, des beruflichen Aufstiegs sowie sicherer und gesunder Arbeitsbedingungen, zu verbieten; [...]

Unternehmen sollten ihre gesellschaftliche Verantwortung bezüglich der Inklusion wahrnehmen und insbesondere behinderte Menschen in gleichem Maße wie Nichtbehinderte bei der Personalplanung, -beschaffung, -auswahl und -förderung berücksichtigen.

3. Integration von Arbeitnehmern mit Migrationshintergrund[2]: Ein weiterer Aspekt des demografischen Wandels ist die steigende Zahl an Zuwanderern in Deutschland. Auch diesen Trend müssen Unternehmen bei der Personalarbeit berücksichtigen. Zum einen sollten sie ihrer gesellschaftlichen Verantwortung bezüglich der Inklusion auch dadurch gerecht werden, dass sie Arbeitnehmern mit Migrationshintergrund die gleichen Chancen auf dem Arbeitsmarkt geben und ihnen somit die Integration in das gesellschaftliche Leben ermöglichen. Zum anderen werden zugewanderte Arbeitnehmer vor dem Hintergrund des Bevölkerungsrückgangs für die Unternehmen auch immer wichtiger, um den Arbeitskräftebedarf überhaupt decken zu können.

2 **Migrationshintergrund:** „Eine Person hat dann einen Migrationshintergrund, wenn sie selbst oder mindestens ein Elternteil nicht mit deutscher Staatsangehörigkeit geboren ist."

Quelle: Bundesamt für Migration und Flüchtlinge (Glossar)

Alles klar?

1 Begründen Sie, warum Unternehmen ihren Personalbestand analysieren sollten. Gehen Sie auch auf quantitative und qualitative Kriterien ein.

2 Erläutern Sie anhand der innerbetrieblichen und außerbetrieblichen Faktoren, wodurch der zukünftige Personalbedarf von Unternehmen beeinflusst wird.

3 Beschreiben Sie anhand von drei Beispielen, mit welchen Personalmaßnahmen ein Unternehmen seiner gesellschaftlichen Verantwortung gerecht werden kann.

3 Planung des zukünftigen Personalbedarfs

LS 93 Den zukünftigen Personalbedarf planen

Beispiel Aufgrund steigender Auftragszahlen kommt es in der BE Partners KG in letzter Zeit häufiger zu Personalanforderungen durch die Abteilungsleiter. Herr Seydlitz diskutiert dieses Thema mit Herrn Bastian. Dieser warnt jedoch davor, vorschnell neue Mitarbeiter zu beschaffen. Er bittet Herrn Seydlitz, einen aktuellen Personalbedarfsplan aufzustellen und dabei alle Einflussgrößen zu beachten.

Welche Gründe führen zu Veränderungen des Personalbedarfs?

Aufgabe der Personalbedarfsplanung ist es, für die Zukunft zu **prognostizieren**[1],

- wie viele Mitarbeiter im Unternehmen benötigt werden,
- welche Qualifikationen die einzelnen Mitarbeiter haben sollten,
- wann und wie lange die Mitarbeiter benötigt werden und
- an welchem Arbeitsplatz sie im Unternehmen eingesetzt werden.

1 **Prognose:** Vorhersage einer zukünftigen Entwicklung unter Berücksichtigung der gegenwärtigen Situation

Aspekte der Personalbedarfsplanung

quantitativ	qualitativ	zeitlich	räumlich
Wie viele Mitarbeiter werden benötigt?	Welche Anforderungen sollen die Mitarbeiter erfüllen?	Wann und wie lange werden die Mitarbeiter benötigt?	Wo im Unternehmen werden die Mitarbeiter benötigt?
↓ Personalbedarfsrechnung	↓ Anforderungsprofil / Stellenbeschreibung		

3.1 Quantitative Personalbedarfsplanung

Ausgangspunkt der quantitativen Personalbedarfsplanung ist der derzeitige Personalbestand **(Ist-Personalbestand)**. Dieser kann sich durch mehr oder weniger planbare Ereignisse (Einflussgrößen) verändern:

Merke! Gründe für Personalabgänge und -zugänge:

- Eintritt in Mutterschutz und Elternzeit bzw. Rückkehr
- langfristige Krankheit bzw. Rückkehr
- Ablauf eines befristeten Arbeitsverhältnisses
- Erreichen des Rentenalters
- Kündigung (durch Arbeitgeber oder Arbeitnehmer)
- Tod des Arbeitnehmers

Zudem muss im Rahmen der Personalbedarfsplanung die Frage geklärt werden, ob der zukünftig benötigte Personalbestand **(Soll-Personalbestand)** vom aktuellen Ist-Personalbestand abweicht.

Zur Klärung dieser Frage müssen bestimmte Aspekte prognostiziert werden, die teilweise schwer abzuschätzen sind, z. B.:

- Wie entwickelt sich der Umsatz bzw. die Auftragslage unter Berücksichtigung saisonaler und konjunktureller Entwicklungen?
- Sind **Rationalisierungsmaßnahmen**[1] in bestimmten Bereichen geplant?
- Sind Veränderungen gesetzlicher oder tarifvertraglicher Rahmenbedingungen wie z. B. der Regelarbeitszeit oder des Urlaubsanspruchs zu erwarten?

1 **Rationalisierung:**
- Optimieren von Betriebsabläufen
- oftmals das Ersetzen menschlicher Arbeitskraft durch Maschinen

Kennzahlenmethode[2]

Eine Möglichkeit zur Bestimmung des **Soll-Personalbestands** ist die Kennzahlenmethode. Berechnungsgrundlage bildet hierbei eine unternehmenstypische Kennzahl (z. B. Umsatz). Vereinfachend wird eine direkte Beziehung zwischen der Entwicklung der Kennzahl und dem Personalbedarf unterstellt.

2 Mit der **Kennzahlenmethode** wird der zukünftige **„Soll-Personalbestand"** ermittelt.

Beispiel Die BE Partners KG prognostiziert für das nächste Geschäftsjahr eine Umsatzsteigerung von 20 % in der Sparte Druckerei und geht von einer direkten Wirkung der Umsatzsteigerung auf den Personalbedarf aus. Ausgehend vom aktuellen Personalbestand (fünf Mitarbeiter) ergibt sich eine Steigerung um 20 % auf einen Soll-Personalbestand von rechnerisch sechs Mitarbeitern.

Stellenplanmethode[3]

Mit der Stellenplanmethode wird zunächst der **voraussichtliche Personalbestand** ermittelt, der sich unter Berücksichtigung der bekannten (planbaren) Personalveränderungen ergeben würde. Durch einen Vergleich dieses „voraussichtlichen Personalbestands" mit dem gewünschten „Soll-Personalbestand" ergibt sich der Personalbedarf. Die Berechnung des quantitativen Personalbedarfs erfolgt folgendermaßen:

3 Mit der **Stellenplanmethode** wird zunächst der **„voraussichtliche Personalbestand"** ermittelt.

  aktueller Ist-Personalbestand
− voraussichtliche Personalabgänge
+ voraussichtliche Personalzugänge
= voraussichtlicher Personalbestand (Zwischensumme)

± erforderlicher Personalbedarf oder -abbau

= Soll-Personalbestand

Beispiel Frau Kolder weiß, dass der Mitarbeiter Jörg Möller in zwei Monaten aus der Elternzeit zurückkehren wird und zunächst in Teilzeit (50 %) arbeiten möchte. Seit einigen Tagen liegt ihr auch eine Kündigung der Vollzeitkraft Hans Scherrer vor. Zudem steht fest, dass die Auszubildende Natalie Fiedler nach Beendigung ihrer Ausbildung in zwei Monaten in der Druckerei mit einer vollen Stelle übernommen wird. Mithilfe der Stellenplanmethode ermittelt Frau Kolder unter Berücksichtigung des Ergebnisses der Kennzahlenmethode den Personalbedarf:

aktueller Ist-Personalbestand	5
– voraussichtliche Personalabgänge	1
+ voraussichtliche Personalzugänge	1,5
= voraussichtlicher Personalbestand	5,5
+ erforderlicher Personalbedarf	**0,5**
= Soll-Personalbestand	6

Der sich durch die Personalbedarfsrechnung ergebende Personalbedarf (bei **Personalunterdeckung**) oder erforderliche Personalabbau (bei **Personalüberdeckung**) kann verschiedene Ursachen haben. Entsprechend dieser Gründe werden verschiedene Arten des Personalbedarfs unterschieden.

Arten des Personalbedarfs

- **Ersatzbedarf** entsteht, wenn endgültig (z. B. Eintritt in das Rentenalter) oder übergangsweise (z. B. Eintritt in Elternzeit) **Stellen frei werden** und Mitarbeiter ersetzt werden müssen.
- **Neubedarf** (Erweiterungsbedarf) ergibt sich durch die Entstehung **neuer Stellen** (z. B. wegen Erhöhung der Betriebskapazität, tarifvertraglicher Arbeitszeitverkürzungen oder Eröffnung neuer Betriebsstätten).
- **Zusatzbedarf** entsteht, wenn für einen kurzen Zeitraum (z. B. saisonal bedingt) zusätzliche Mitarbeiter beschafft werden müssen.
- **Minderbedarf** (Personalabbau) entsteht, **wenn Personal freigestellt** werden muss (z. B. Schließung von Betriebsteilen, Outsourcing[1], Rationalisierungen).

Das Ergebnis der Personalbedarfsplanung ist die Grundlage für sehr wichtige Entscheidungen. Es muss festgelegt werden, wie auf die Personalunter- oder -überdeckung reagiert werden soll.

1 **Outsourcing** (engl.): Auslagerung eines Aufgabengebiets bzw. einer Abteilung an ein externes Unternehmen

Mögliche Reaktionen auf eine Personal*unter*deckung[2]:

- Einstellung neuer Mitarbeiter (befristet oder unbefristet)
- Umwandlung befristeter in unbefristete Arbeitsverträge
- Beschäftigung von Leiharbeitnehmern (Personalleasing)
- Überstunden (Mehrarbeit)
- Verschiebung von Urlaub oder Urlaubssperren
- Rationalisierung bzw. Erhöhung der Produktivität
- Aufstockung von Teilzeitverträgen

Mögliche Reaktionen auf eine Personal*über*deckung[3]:

- Entlassungen (Kündigungen oder Aufhebungsverträge)
- Nicht-Verlängerung von befristeten Arbeitsverträgen
- Beendigung von Personalleasing-Verträgen
- Versetzungen innerhalb des Unternehmens oder in andere Filialen
- Abbau von Überstunden oder Resturlaub
- Kurzarbeit
- Umwandlung von Vollzeit- in Teilzeitverträge
- Vorruhestandsregelungen

2 Personalbeschaffung
→ LF 8, Kap. 4

3 Beendigung von Arbeitsverhältnissen
→ LF 8, Kap. 10

3.2 Qualitative Personalbedarfsplanung

Bei der Personalbedarfsplanung beschränkt man sich nicht darauf, den Personalbedarf bzw. -abbau als absolute Zahl zu ermitteln. Vielmehr berücksichtigt die qualitative Personalbedarfsplanung, dass mit jeder Stelle bestimmte Anforderungen verbunden sind. Im Fall einer Personalunterdeckung muss also auch festgelegt werden, welche Qualifikationen der zu beschaffende Mitarbeiter erfüllen muss. Es kann sich beim Personalbedarf um Stellen mit einfachen ausführenden Arbeiten handeln oder um leitende, planende und organisierende Tätigkeiten einer Führungskraft. Entsprechend unterschiedlich sind die Anforderungen der unterschiedlichen Stellen.

Beispielsweise lassen sich nach der Vorbildung der Arbeitnehmer vier **Anforderungsniveaus der Arbeit** unterscheiden, die jedoch zunächst nur eine grobe Abstufung darstellen:

- **ungelernte Arbeit:** Arbeiten, die weder eine Berufsausbildung noch ein Anlernen erfordern
- **angelernte Arbeit:** Arbeiten, für die zwar keine Berufsausbildung, aber eine Anlernphase erforderlich ist
- **gelernte Arbeit:** Arbeiten, die eine Berufsausbildung erfordern
- **hochqualifizierte Arbeit:** Arbeiten, die ein abgeschlossenes Studium, einen Meisterbrief, Weiterbildungen oder lange Berufserfahrung erfordern

Anforderungsprofil

Ein wichtiges Hilfsmittel im Rahmen der qualitativen Personalbedarfsplanung sind Anforderungsprofile, mit denen die **für eine bestimmte betriebliche Aufgabe oder eine Stelle benötigten Qualifikationen festgelegt** werden. Diese können sich dabei auf verschiedene Aspekte wie Fachkenntnisse, soziale Kompetenzen, körperliche Merkmale oder geistige Fähigkeiten beziehen.

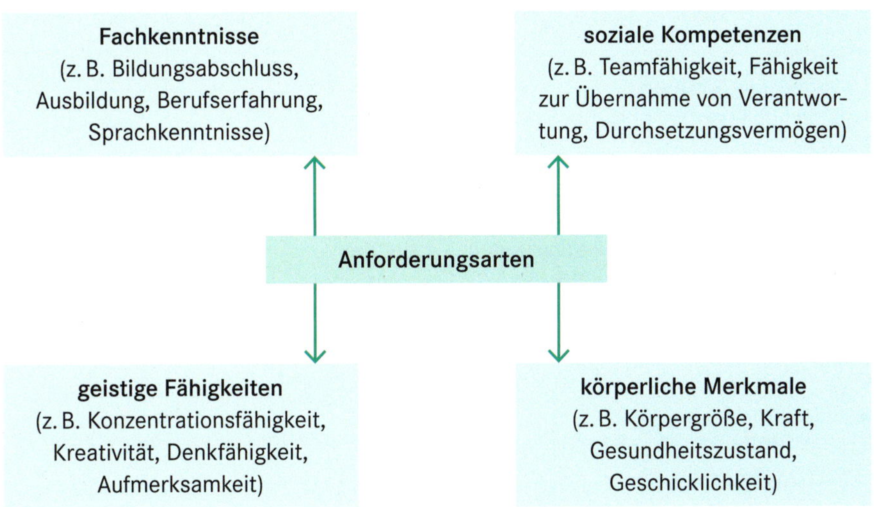

Stellenbeschreibung

Das Anforderungsprofil einer Stelle ist ein wichtiger Bestandteil einer Stellenbeschreibung. In Stellenbeschreibungen werden neben den Anforderungen, die ein Stelleninhaber erfüllen sollte, noch weitere wichtige **Informationen zu einer Stelle** zusammengefasst, z. B.:

- Stellenbezeichnung und Name des derzeitigen Stelleninhabers
- hierarchisch über- bzw. untergeordnete Stellen
- Vertretungsregelungen (Wen vertritt der Stelleninhaber und von wem wird er vertreten?)
- Aufgaben und Tätigkeiten des Stelleninhabers
- Befugnisse (Vollmachten) des Stelleninhabers
- Anforderungen (Kenntnisse und Fähigkeiten) an den Stelleninhaber

Für die qualitative Personalbedarfsplanung sind vor allem die **Anforderungen an den Stelleninhaber** von Bedeutung.

Stellenbeschreibung[1] **BE Partners KG**

1. **Stellenbezeichnung:** Sachbearbeiter(in) Druckvorstufe
2. **Abteilung:** Druckerei
3. **Stelleninhaber:** Swenja Tobler

4. **Vorgesetzter:** Leiter(in) der Sparte Druckerei
5. **Weisungsberechtigt gegenüber:** -
6. **Vertritt:** Drucker(in) (Offset)
7. **Wird vertreten von:** Drucker(in) (Offset)

8. Hauptaufgabe und Stellenziel:

Durchführung aller erforderlichen Maßnahmen im Rahmen der Druckvorbereitung und Erstellung fertiger Druckformen für den Offset- und Digitaldruck

9. Einzelaufgaben:

- Scanarbeiten, Bildbearbeitung und Datenaufbereitung
- Auffinden von Datenfehlern sowie Korrekturen
- Zusammenführen von Texten, Bildern und Grafiken
- Layouterstellung
- Plattenbelichtung (Offset-Druck)
- Erstellen druckbarer pdf-Dateien (Digital-Druck)
- Ansprechpartner für Kunden bei technischen Fragen

10. Verantwortung und Befugnisse:

Der Stelleninhaber ist dafür verantwortlich, den Druckern (Offset und Digital) Druckvorlagen in der erforderlichen Qualität zur Verfügung zu stellen. Über die Verwendbarkeit der vom Kunden zugelieferten Texte, Bilder und Grafiken entscheidet er und regelt diesbezügliche Probleme mit den Kunden eigenständig.

11. Anforderungen:

- Ausbildung als Mediengestalter(in)
- Kenntnisse in Adobe® Acrobat®, Photoshop® und InDesign®
- Erfahrung in der Kundenkommunikation
- Organisationsfähigkeit
- Problemanalyse- und -lösungsfähigkeit

1 Eine Stellenbeschreibung wird möglichst **personenneutral** formuliert. Außer beim Stelleninhaber wird auf die Nennung von Mitarbeiternamen verzichtet, damit der Überarbeitungsbedarf möglichst gering ist.

Vorteil von Stellenbeschreibungen für die Personalabteilung:

- Hilfsmittel bei der qualitativen Personalbedarfsplanung sowie der Formulierung von Stellenanzeigen und Stellenausschreibungen[2]

Vorteile von Stellenbeschreibungen für den Stelleninhaber:

- leichte Orientierung für neue Mitarbeiter
- Erwartungen an den Mitarbeiter werden transparent
- Absicherung bei Unsicherheiten bezüglich Kompetenzen oder Aufgaben
- Absicherung bei Unsicherheiten bezüglich Weisungsbeziehungen

Vorteile von Stellenbeschreibungen für Vorgesetzte:

- Arbeitsleistung kann überwacht und beurteilt werden
- Grundlage für die Eingruppierung bzw. Bezahlung des Mitarbeiters

2 Auch wenn die Erstellung und regelmäßige Überprüfung bzw. Aktualisierung von Stellenbeschreibungen im Betrieb Arbeitsaufwand verursachen, so sind sie für unterschiedliche Personen in verschiedenen Situationen doch sehr hilfreich.

3.3 Personalbedarfsplanung als Stellenplan

Erst die Verzahnung der Personalbedarfsrechnung (quantitativer Aspekt) mit den Stellenbeschreibungen (qualitativer Aspekt) ergibt ein sinnvolles Ergebnis der Personalbedarfsplanung. Dieses Ergebnis wird häufig in einem **Stellenplan** dargestellt, der den Personalbedarf quantitativ und (ansatzweise) qualitativ erfasst.

Stellenplan „Sparte Druckerei"[1] BE Partners KG					
Stellenart	**Ist-Bestand**	**Zu-/Abgänge**	**Zwischensumme**	**Soll-Bestand**	**Personalbedarf**
Abteilungsleiter/-in	1	0	1	1	–
kaufm. Angestellte	2	+1	3	2,4	−0,6
gewerbl. Mitarbeiter	3	−0,5	2,5	3,6	+1,1

1 Fortsetzung des Beispiels von S. 267. Entsprechend wurde bei der Ermittlung der Soll-Bestände wieder eine Umsatzsteigerung von 20 % unterstellt.

Erkenntnisse aus dem Stellenplan

Beispiel Durch die geplante Übernahme der Auszubildenden Natalie Fiedler ergibt sich bei den kaufmännischen Angestellten eine Überdeckung von 0,6 Stellen.
Durch die Kündigung von Hans Scherrer und die Rückkehr aus der Elternzeit von Jörg Möller mit einer halben Stelle ergibt sich bei den gewerblichen Mitarbeitern eine Unterdeckung von 1,1 Stellen.

Die Personalbedarfsplanung sollte rechtzeitig erfolgen und regelmäßig **aktualisiert** werden. Zu berücksichtigen sind dabei Aspekte wie der Zeitbedarf für alle weiteren Arbeitsschritte bis zum Arbeitsbeginn eines neuen Mitarbeiters bzw. Kündigungsfristen bei ausscheidenden Mitarbeitern.

In Unternehmen mit **Betriebsrat** ist dieser bei allen Maßnahmen der Personalplanung rechtzeitig zu **informieren.**[2] Zudem muss ihm die Möglichkeit gegeben werden, selbst Vorschläge bezüglich der Personalplanung zu unterbreiten, da er ein **Beratungsrecht** hat.

2 Informations- und Beratungsrecht des Betriebsrats, § 92 BetrVG

Alles klar?

1 Unterscheiden Sie quantitative und qualitative Personalbedarfsplanung.

2 Erläutern Sie anhand konkreter Beispiele, wodurch in einem Unternehmen Neubedarf, Ersatzbedarf, Zusatzbedarf und Minderbedarf entsteht.

3 Begründen Sie, warum es für Unternehmen wichtig ist, ihren Personalbedarf langfristig und regelmäßig zu planen?

4 Nehmen Sie Stellung zu folgender Aussage: „Die Personalbedarfsplanung ist niemals zu 100 % zuverlässig."

5 Erläutern Sie den Zusammenhang zwischen der Kennzahlenmethode und der Stellenplanmethode.

6 Erläutern Sie die Bedeutung von Anforderungsprofilen und Stellenbeschreibungen im Rahmen der Personalbedarfsplanung.

4 Personalbeschaffung und -auswahl

Beispiel Franz Seydlitz klagt darüber, dass in der BE Partners KG in den letzten Jahren häufig Mitarbeiter beschafft wurden, die sich im Nachhinein als ungeeignet für die Aufgaben der jeweiligen Stellen herausgestellt haben. Er überlegt, wie solche Fehlbesetzungen zukünftig vermieden werden können.

Aufgabe der Personalbeschaffung und -auswahl ist es, eine freie Stelle im Unternehmen mit jener Person zu besetzen, die am besten für die Stelle geeignet ist. Durch verschiedene Maßnahmen wird dabei versucht, Fehlbesetzungen zu vermeiden, da diese mit hohen **Fehlbesetzungskosten** verbunden sind, die z. B. entstehen durch

- mangelnde Arbeitsleistung,
- erforderliche Qualifizierungsmaßnahmen,
- Neubesetzung der Stelle.

Deswegen muss das **Anforderungsprofil der Stelle** mit dem **Fähigkeitsprofil der Person** verglichen werden. Zur Ermittlung des Anforderungsprofils einer Stelle ist die **Stellenbeschreibung** ein wichtiges Instrument.[1] Sie dient im Rahmen der Personalbeschaffung als Hilfsmittel, z. B. bei der Formulierung von **Stellenausschreibungen**. Die verschiedenen Instrumente der Personalauswahl (z. B. Analyse der Bewerbungsunterlagen und Vorstellungsgespräch) sind andererseits die Hilfsmittel zur Ermittlung des Fähigkeitsprofils der Person.

1 Anforderungsprofil und Stellenbeschreibung → LF 8, Kap. 3.2

4.1 Personalbeschaffung

LS 94 Personal beschaffen – Stellenanzeigen formulieren

LS 95 Advertising a job

Beispiel Aufgrund der Erkenntnisse aus der Personalbedarfsplanung soll in der BE Partners KG zum folgenden Geschäftsjahr ein neuer Mitarbeiter für die Druckerei beschafft werden.

Welche Möglichkeiten hat die BE Partners KG, um den neuen Mitarbeiter zu beschaffen?

Zur Deckung eines im Rahmen der Personalbedarfsplanung ermittelten Personalbedarfs gibt es grundsätzlich zwei Möglichkeiten:

- Bei der **unternehmensinternen Personalbeschaffung** wird der Personalbedarf durch Mitarbeiter gedeckt, die bereits im Unternehmen tätig sind.
- Alternativ kommt die **unternehmensexterne Personalbeschaffung** in Betracht, bei der der Personalbedarf durch neue Mitarbeiter von außerhalb des Unternehmens gedeckt wird.

4.1.1 Interne Personalbeschaffung

Um frei werdende Stellen im Unternehmen mit **eigenen Mitarbeitern** zu besetzen, werden oft innerbetriebliche Stellenausschreibungen verwendet. Eine zweite Möglichkeit besteht darin, Mitarbeiter zu versetzen, nachdem man sie direkt auf ihr Interesse an der freien Stelle angesprochen hat.

Innerbetriebliche Stellenausschreibung

Frei werdende Stellen werden innerhalb des Betriebes ausgeschrieben. Diese Bekanntmachung **für alle Mitarbeiter** kann beispielsweise durch einen Aushang am **Schwarzen Brett**, eine Information in der **Betriebszeitung**, eine **Hausmitteilung**, eine **Rundmail** oder eine Ausschreibung im **Intranet** erfolgen.

BE Partners KG

Innerbetriebliche Stellenausschreibung

1. *für die Position:* **Junior-Kontakter (m/w/d)**[1]
2. *in der Abteilung:* **Kundenbetreuung**
3. *zum:* **01.08.20XX**
4. Als Junior-Kontakterin/Kontakter sind Sie das Bindeglied zwischen der BE Partners KG und ihren Kunden. Sie organisieren und moderieren die Projektabsprachen zwischen unseren Kunden und der Abteilung Kreation. Hierbei konkretisieren und koordinieren Sie die Realisierung der Kundenwünsche und deren Umsetzung mit der Kreativabteilung. Neben der Kundenbetreuung und der Akquisition von Neukunden sind Sie für die Einhaltung von Projektterminen und Budgets verantwortlich.
5. Wir erwarten eine erfolgreich abgeschlossene kaufmännische Ausbildung. Grundlegende fachliche Marketingkenntnisse sind ebenfalls erforderlich.
6. Zudem erfordert die Position von der Bewerberin/dem Bewerber Organisationstalent, Selbstbewusstsein, ein gutes Einfühlungsvermögen, Zuverlässigkeit, Kommunikationsfähigkeit und eine hohe Einsatzbereitschaft.
7. Die Vergütung erfolgt nach Gehaltsgruppe W4.
8. Richten Sie Ihre aussagekräftige Bewerbung bitte bis zum 15.05.20XX an die Abteilung Allgemeine Verwaltung z. Hd. Herrn Seydlitz.

Bastian	*Voigt*	*Seydlitz*
Geschäftsleitung	Betriebsratsvorsitzende	Personalleitung

Inhalte einer innerbetrieblichen Stellenausschreibung:

1. Stellenbezeichnung

1 Die Abkürzung (m/w/d) steht für (männlich/weiblich/divers). Dadurch wird in einer Stellenausschreibung kein potenzieller Bewerber diskriminiert und die Vorgaben des Allgemeinen Gleichbehandlungsgesetzes (→ vgl. LF 8, Kap. 4.3) werden erfüllt. „Divers" repräsentiert ein drittes Geschlecht. Damit werden auch intersexuelle Menschen gleichberechtigt angesprochen. Intersexuelle Menschen stehen zwischen den Geschlechtern männlich und weiblich („inter" bedeutet „zwischen").

2. Abteilung
3. Einstellungstermin
4. Aufgaben
5. fachliche Eigenschaften
6. persönliche Eigenschaften
7. tarifliche Eingruppierung
8. Bewerbungsfrist

Der **Betriebsrat** kann verlangen, dass eine frei werdende Stelle **zunächst innerhalb des Betriebes ausgeschrieben** wird.[2] Der Arbeitgeber kann jedoch gleichzeitig versuchen, durch externe Personalbeschaffung einen neuen Mitarbeiter zu finden. Bei gleicher Qualifikation muss aber der eigene Mitarbeiter einem externen Bewerber vorgezogen werden.

2 Mitbestimmungsrecht des Betriebsrats bei der Art der Personalbeschaffung, § 93 BetrVG

Versetzung von Mitarbeitern nach direkter Ansprache

Im Rahmen einer langfristig angelegten Personalplanung kommt es häufig zu der Situation (z. B. bei Renteneintritt eines Abteilungsleiters), dass **bestimmten Mitarbeitern** die Möglichkeit zum beruflichen Aufstieg („Beförderung") gegeben werden soll. Die rechtzeitige direkte Ansprache ausgewählter Mitarbeiter ist in solchen Situationen oft das einfachste und wirkungsvollste Instrument der innerbetrieblichen Personalbeschaffung.

Beispiel Oliver Hansen, Leiter der Abteilung Einkauf/Produktion Medien in der BE Partners KG, hat vor wenigen Tagen seine Kündigung zum Ende des Jahres in der Personalabteilung abgegeben. Nun erkundigt sich Herr Seydlitz in einem Mitarbeitergespräch bei Anna Foss nach ihrem Interesse an der frei werdenden Stelle. Er hält sie aufgrund ihrer Berufserfahrung sowie der hervorragenden internen Beurteilungen und Weiterbildungen für geeignet.

Weitere typische **Anlässe für Versetzungen** sind beispielsweise:

- betriebliche Veränderung (z. B. Erweiterung um eine neue Abteilung),
- gesundheitliche Probleme eines Mitarbeiters (z. B. Versetzung vom Lager in die Verwaltung aufgrund von Rückenproblemen),
- Rücksichtnahme auf familiäre Veränderungen des Mitarbeiters (z. B. Versetzung eines Vaters vom Außen- in den Innendienst),
- Übernahme eines Auszubildenden oder
- Rückkehr aus der Elternzeit.

Absehbare Versetzungen sollten möglichst frühzeitig durch gezielte **Fort- und Weiterbildungsmaßnahmen** unterstützt werden.[1] Dadurch können die Mitarbeiter auf die Aufgaben und Anforderungen ihrer zukünftigen Stelle rechtzeitig vorbereitet werden.

1 Personalförderung
→ LF 8, Kap. 8

Interne Personalbeschaffung	
Vorteile	**Nachteile**
- Fähigkeiten des Mitarbeiters sind dem Unternehmen bekannt - geringere Gefahr von Fehlbesetzungen - geringere Beschaffungs- und Auswahlkosten - Mitarbeiter kennt das Unternehmen - kürzere Einarbeitungszeit und geringere Einarbeitungskosten - höhere Motivation durch Aufstiegschancen für Mitarbeiter - fördert die Mitarbeiterbindung - schnellere Stellenbesetzungen	- geringere Auswahlmöglichkeit wegen des kleinen Bewerberkreises - keine neuen Ideen durch neue Mitarbeiter („Betriebsblindheit") - quantitativer Personalbedarf bleibt bestehen, da an anderer Stelle im Unternehmen eine Lücke entsteht - Rivalität zwischen den Mitarbeitern - negative Auswirkungen auf die Motivation durch Enttäuschung und Neid bei nicht berücksichtigten Mitarbeitern - Gefahr eines schlechten Betriebsklimas bei Beförderungen, die von den Mitarbeitern als ungerecht empfunden werden - höhere Fort- und Weiterbildungskosten

4.1.2 Externe Personalbeschaffung

Als zweite grundsätzliche Möglichkeit zur Besetzung freier Stellen kommt die außerbetriebliche (externe) Personalbeschaffung infrage. Dabei werden **neue Mitarbeiter** für das Unternehmen gesucht. Bei dieser Personalbeschaffung vom allgemeinen Arbeitsmarkt steht dem Unternehmen ein sehr breites Spektrum an Möglichkeiten zur Verfügung, die teilweise auch parallel eingesetzt werden. Hierzu gehören beispielsweise:

- Stellenanzeigen in Printmedien (Zeitungen und Zeitschriften),
- Stellenanzeigen auf der eigenen Homepage,
- Agentur für Arbeit,
- private Arbeitsvermittlung und Headhunting,
- Internet-Stellenbörsen,
- Personalleasing (Zeitarbeit),
- Aushänge in Schaufenstern oder auf Schautafeln,
- College Recruiting[1] und
- Bewerberdatenbanken.

1 **College Recruiting** (engl.): Rekrutierung an (Hoch-)Schulen

Stellenanzeigen in Printmedien

Trotz der hohen Kosten für die Erstellung und Veröffentlichung ist die Stellenanzeige in einer Zeitung oder Zeitschrift nach wie vor eine häufig genutzte Form der externen Personalbeschaffung. Dies liegt unter anderem daran, dass mit einer Stellenanzeige in einem Printmedium ein **sehr großer Interessentenkreis** angesprochen werden kann.

In Abhängigkeit von der zu besetzenden Stelle (z. B. Abteilungsleiter, kaufmännischer Sachbearbeiter, Aushilfskraft im Lager, EDV-Spezialist) sind die **Größe** der Anzeige, die **inhaltliche Gestaltung** und das **Medium** zu wählen, in dem die Anzeige veröffentlicht wird.

Als **Printmedien** für Stellenanzeigen stehen grundsätzlich folgende Möglichkeiten zur Auswahl:

- **regionale Zeitungen**

Beispiel Die BE Partners KG in Bonn sucht einen kaufmännischen Sachbearbeiter im Bonner Stadt-Anzeiger.

- **überregionale Zeitungen**

Beispiel Ein großer deutscher Handelskonzern sucht einen Abteilungsleiter in der Süddeutschen Zeitung.

- **Fachzeitschriften**

Beispiel Ein Krankenhaus in Erfurt sucht einen Chefarzt im Deutschen Ärzteblatt.

Bei der **Erstellung der Stellenanzeige** muss darauf geachtet werden, dass sie einerseits durch Gestaltung (Layout) und Inhalt die Aufmerksamkeit möglicher Bewerber und deren Interesse weckt.[1] Andererseits sollten die Aufgaben und geforderten Qualifikationen deutlich werden, damit nicht zu viele Bewerbungen ungeeigneter Bewerber eingehen. Diese würden unnötige Personalauswahlkosten verursachen.

1 AIDA-Formel
→ LF 5, Kap. 5.4.1

Typische Bestandteile einer Stellenanzeige sind:

1. Name und evtl. kurze Vorstellung des Unternehmens
2. evtl. Einstellungstermin
3. Stellenbezeichnung
4. Aufgaben/Tätigkeiten
5. evtl. Bewerbungsfrist
6. Ansprechpartner und Kontaktdaten
7. Leistungen des Unternehmens, z. B. Gehalt und Sozialleistungen
8. persönliche und fachliche Anforderungen an den Bewerber

(1) BE Partners KG

Kreativer Kopf gesucht!

Wir sind eine expandierende mittelständische Werbeagentur, die sich auf die Betreuung von Handelsunternehmen spezialisiert hat.

(2) Für den Ausbau unserer Kreativ-Abteilung suchen wir zum 1. Mai 20XX einen

(3) **Mediengestalter Digital und Print (m/w/d).**

(4) Wenn Sie gerne selbstständig arbeiten, kreativ sind sowie über ausgeprägte Kenntnisse in der einschlägigen Software verfügen und gerne in einem Team Marketingkonzepte für unsere Kunden erarbeiten möchten, dann erwarten wir Ihre aussagefähige

(5) Bewerbung (gerne auch per E-Mail) bis zum 31.03.20XX:

(6) Werbeagentur BE Partners KG
Schlesienstraße 490 – 492
53119 Bonn
Internet: www.bepartners.de

Ansprechpartner:
Herr Franz Seydlitz
Tel.: 0228 1236-30
E-Mail: seydlitz@bepartners.de

(7) **Wir bieten:**
- selbstständige Tätigkeit
- vielseitiges, interessantes und erweiterbares Aufgabengebiet
- Mitarbeit in einem leistungsstarken, wachstumsorientierten Unternehmen
- leistungsgerechte Bezahlung
- flexible Arbeitszeiten

(8) **Wir erwarten:**
- Kreativität, ausgeprägtes Gefühl für Layout
- fit am Mac
- sehr gute Kenntnisse in Adobe InDesign und Photoshop
- erfolgreiche Ausbildung in einem Marketing-Beruf
- Flexibilität bezüglich der Arbeitszeit

Zusätzlich zur gedruckten Ausgabe bieten viele Zeitungen und Fachzeitschriften häufig auch die Möglichkeit, eine Stellenanzeige in der Online-Ausgabe der Zeitung/Zeitschrift zu veröffentlichen.

Stellenanzeigen auf der eigenen Homepage[2]

Im Vergleich zur Nutzung von Zeitungen oder Zeitschriften ist die Veröffentlichung einer Stellenanzeige auf der eigenen Homepage des Unternehmens eine **wesentlich kostengünstigere Möglichkeit** der externen Personalbeschaffung. Ein Nachteil dieser Art der Personalbeschaffung ist jedoch, dass der Streukreis in der Regel wesentlich kleiner ist.

Bezüglich der Bestandteile und optischen Gestaltung einer Stellenanzeige für das Internet gelten im Wesentlichen die gleichen Anforderungen wie bei einer Stellenanzeige für ein Printmedium.

2 Alle Maßnahmen zur Unterstützung der Personalbeschaffung durch den Einsatz elektronischer Medien (z. B. Internet) werden als **E-Recruiting** bezeichnet.

Recruiting (engl.): Anwerbung, Personalbeschaffung

Agentur für Arbeit

Zum einen bietet die Agentur für Arbeit den klassischen **Arbeitgeber-Stellen-Service** an: Das suchende Unternehmen gibt ein Stellenangebot bei der Agentur für Arbeit ab. Daraufhin ermitteln deren Fachkräfte aus dem Kreis der Arbeitsuchenden geeignete Bewerber, die sie an das Unternehmen vermitteln.

Zum anderen gewinnt die **Jobbörse der Agentur für Arbeit**[1] zunehmend an Bedeutung, da zur Suche nach Mitarbeitern immer stärker die Möglichkeiten des Internets genutzt werden. In diese **Internet-Stellenbörse** können Arbeitgeber selbstständig ihr Stellenprofil einstellen. Sie melden ihren konkreten Personalbedarf online mit einem Stellenmeldeformular an und die Stelle kann weltweit von Arbeitsuchenden abgerufen werden.

1 www.jobboerse.arbeitsagentur.de

Umgekehrt können auch Arbeitsuchende ihr Bewerberprofil einstellen. Arbeitgeber können dann anhand der vorhandenen Bewerberprofile nach potenziellen Kandidaten für freie Stellen suchen.

Beide Möglichkeiten der Agentur für Arbeit (Arbeitgeber-Stellen-Service und Online-Stellenbörse) stellen ebenfalls relativ kostengünstige Instrumente der Personalbeschaffung dar.

Private Arbeitsvermittlung und Headhunting

Neben der Agentur für Arbeit bieten in Deutschland inzwischen auch zahlreiche private Unternehmen (Personalvermittler) verschiedene Dienstleistungen im Bereich der Personalbeschaffung an. Sie sind darauf spezialisiert, passend qualifiziertes Personal gegen **Bezahlung** an Arbeitgeber zu vermitteln.

Bei Stellen des mittleren und höheren Managements betätigen sich Personalvermittler (bzw. -berater) häufig auch als Headhunter[2]. Sie werben wechselwillige Mitarbeiter ab, um sie gegen **Provision** an ihren Auftraggeber zu vermitteln.

2 **Headhunter** (engl.): Kopfjäger (wörtlich)

Internet-Stellenbörsen

Zudem betreiben inzwischen viele private Unternehmen **Jobbörsen im Internet.**[1] Ähnlich wie in der Online-Stellenbörse der Agentur für Arbeit können auch hier Arbeitsuchende nach freien Stellen oder Arbeitgeber nach passenden Kandidaten für freie Stellen suchen.

1 Beispiele für Jobbörsen im Internet:
www.xing.com
www.jobs.de
www.monster.de
www.stepstone.de

Personalleasing (Zeitarbeit)

Beispiel Da Swenja Tobler wegen einer schweren Knieverletzung für ca. drei Monate ausfällt, deckt die BE Partners KG den kurzfristig entstandenen und vorübergehenden Personalbedarf in der Druckerei mit einem Leiharbeitnehmer.

Vor allem bei **zeitlich befristetem Personalbedarf** bietet sich die Inanspruchnahme von Zeitarbeitsunternehmen an. Diese stellen dem Unternehmen für einen begrenzten Zeitraum Personal gegen Entgelt zur Verfügung. Das Unternehmen mit Personalbedarf muss den Leiharbeitnehmer nicht einstellen. Dieser hat einen Arbeitsvertrag mit dem Zeitarbeitsunternehmen.

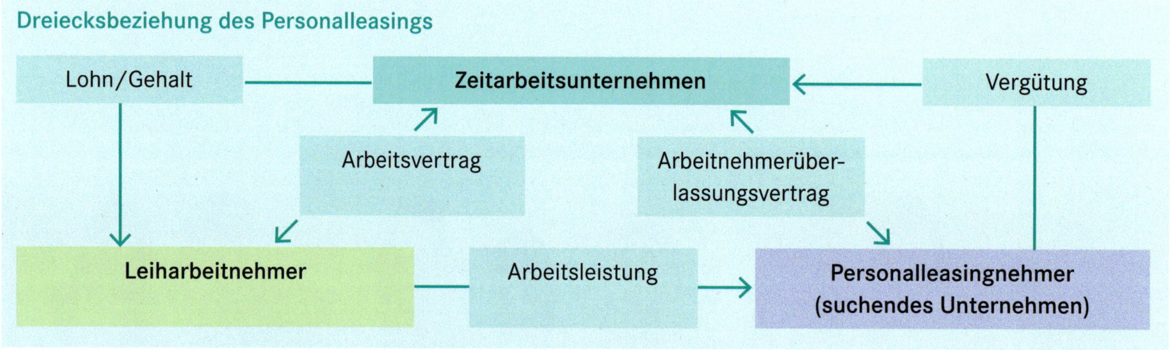

Daraus ergeben sich für das suchende Unternehmen (Personalleasingnehmer) folgende **Vorteile**:

- schnelle Deckung des Personalbedarfs (im Vergleich zu anderen Formen der externen Personalbeschaffung)
- keine Kosten für Stellenanzeigen o. Ä. und Personalauswahl
- flexible Form der Personalbeschaffung insbesondere bei Nachfragespitzen, da kein Arbeitsvertrag gekündigt werden muss
- kaum Personalverwaltungskosten, da das Zeitarbeitsunternehmen für die Verwaltung des Arbeitnehmers und alle im Rahmen der Gehaltsabrechnung[2] anfallenden Arbeiten zuständig ist
- keine Entgeltfortzahlung im Krankheitsfall bzw. Anspruch auf Ersatz für die ausfallende Arbeitskraft

2 Gehaltsabrechnung → LF 8, Kap. 7

Aushänge in Schaufenstern oder auf Schautafeln

Für manche Unternehmen besteht eine weitere **kostengünstige Möglichkeit** darin, durch Bekanntmachungen in Schaufenstern oder auf Schautafeln auf dem Betriebsgelände („Wir stellen ein ...") externe Bewerber anzusprechen. Interessierte Personen können so bereits einen ersten Eindruck von ihrem möglichen neuen Arbeitgeber gewinnen.

College Recruiting

Durch Informationsveranstaltungen und Aushänge in Bildungseinrichtungen (z. B. Berufskollegs, Universitäten) können Unternehmen Schüler und Auszubildende bzw. Studenten ansprechen, um sie als Bewerber zu gewinnen.

Bewerberdatenbanken

Gute Bewerbungen, die im Rahmen von Stellenbesetzungen nicht berücksichtigt werden konnten, sowie Initiativbewerbungen[1] werden im Unternehmen in Datenbanken archiviert. Bei zukünftigem Personalbedarf kann das Unternehmen auf sie zurückgreifen.

1 Die **Initiativbewerbung** ist eine spontane Bewerbung ohne vorheriges Stellenangebot oder Aufforderung durch das Unternehmen.

Externe Personalbeschaffung	
Vorteile	**Nachteile**
- gute Auswahlmöglichkeit wegen des großen Bewerberkreises - neue Ideen, Anregungen und Impulse für das Unternehmen („frischer Wind") - quantitativer Personalbedarf wird gedeckt - evtl. leichtere Anerkennung externer Bewerber in Führungspositionen - geringere Fort- und Weiterbildungskosten, da „passende" Mitarbeiter beschafft werden können	- Mitarbeiter sind dem Unternehmen nicht bekannt - höheres Risiko von Fehlbesetzungen - höhere Kosten der Personalbeschaffung (z. B. Stellenanzeige) und Personalauswahl (z. B. Vorstellungsgespräche) - längere Einarbeitungszeit der neuen Mitarbeiter und höhere Einarbeitungskosten - Demotivation interner qualifizierter Mitarbeiter, wenn Führungspositionen regelmäßig extern besetzt werden - Mitarbeiter können Personalentscheidungen nicht nachvollziehen (intransparente Personalpolitik) - hoher Zeitaufwand bis zur Stellenbesetzung

Alles klar?

1 Nennen Sie das Ziel, das mit der Personalbeschaffung und -auswahl verfolgt wird.

2 Unterscheiden Sie interne und externe Personalbeschaffung und geben Sie jeweils möglichst viele konkrete Möglichkeiten an.

3 Wägen Sie die Vorteile von externer und interner Personalbeschaffung gegeneinander ab und begründen Sie anhand von jeweils einem Beispiel, wann welche Art der Personalbeschaffung sinnvoll ist.

4 Erläutern Sie die Bedeutung der Stellenbeschreibung im Rahmen der Personalbeschaffung.

5 Erläutern Sie die Funktionsweise des Personalleasings.

6 In der BE Partners KG soll die Stelle des Sachbearbeiters Rechnungswesen neu besetzt werden.

a) Schlagen Sie drei sinnvolle Möglichkeiten der Personalbeschaffung vor.
b) Wählen Sie aus Ihren drei Vorschlägen den kostengünstigsten aus. Begründen Sie Ihre Auswahl.

4.2 Personalauswahl

LS 96 Die Personalauswahl organisieren und durchführen

Beispiel Die BE Partners KG möchte zum 1. August 20XX auch eine neue Sachbearbeiterin im Personalwesen einstellen. Auf eine Anzeige im Internetauftritt der BE Partners KG sind 40 Bewerbungen eingegangen. Wie kann die BE Partners KG kostengünstig den besten Bewerber auswählen?

Ziel der Personalauswahl ist es, aus allen Bewerbern um eine Stelle jenen zu ermitteln, der für die Stelle am besten geeignet ist. Hierfür stehen verschiedene **Auswahlinstrumente** (Analyse der Bewerbungsunterlagen, Eignungstest, Vorstellungsgespräch usw.) zur Verfügung. Gerade bei großen Bewerberzahlen muss dabei beachtet werden, dass der Zeitaufwand und damit die **Kosten der Personalauswahl** nicht unverhältnismäßig hoch werden.

Ein **Personalauswahlverfahren** könnte beispielsweise die in der folgenden Abbildung dargestellten Instrumente beinhalten:

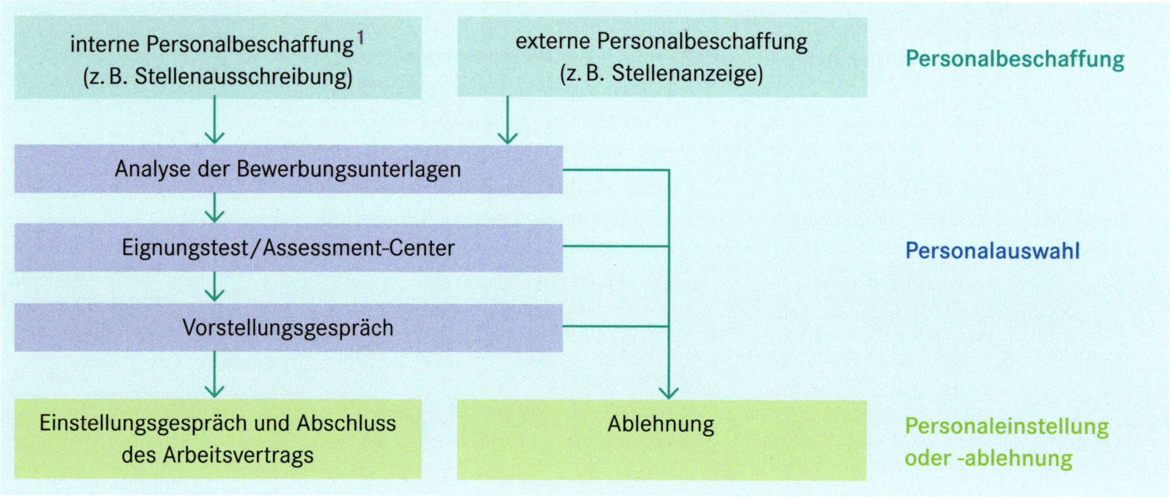

1 Gerade bei interner Personalbeschaffung wird das Personalauswahlverfahren häufig in einer stark vereinfachten Form durchgeführt, da die sich bewerbenden Mitarbeiter mit ihren Stärken und Schwächen ja bereits bekannt sind.

4.2.1. Analyse der Bewerbungsunterlagen

Eine vollständige schriftliche Bewerbung beinhaltet im Allgemeinen folgende **Bewerbungsunterlagen**[2]:

- Bewerbungsanschreiben
- Lebenslauf
- Bewerbungsfoto
- Zeugniskopien (z. B. Ausbildungs-, Arbeits- und Schulzeugnisse)
- evtl. Nachweise über besuchte Fortbildungen bzw. Schulungen
- evtl. Praktikumsbescheinigungen bzw. -zeugnisse
- evtl. Deckblatt
- evtl. „Dritte Seite“ bzw. Kompetenzprofil

Nach Eingang der Bewerbungen wird eine erste **Vorauswahl** anhand der Bewerbungsunterlagen vorgenommen. Kriterien für eine erste grobe Beurteilung sind:

- **Vollständigkeit** der Unterlagen
- **Form und Gestaltung** der Bewerbungsmappe bzw. der einzelnen Unterlagen

2 Heutzutage sind viele **verschiedene Arten von Bewerbungen** möglich (z. B. vollständige schriftliche Bewerbung, Kurzbewerbung, E-Mail-Bewerbung, Online-Bewerbung). Entsprechend wichtig ist es deswegen, in Stellenanzeigen deutlich zu machen, welche Art von Bewerbung und welche Unterlagen in welcher Form (schriftlich oder digital) gewünscht sind.

Eine **genauere Beurteilung** des Bewerbers erfolgt anschließend anhand der **Inhalte** der einzelnen Bewerbungsunterlagen.

Bewerbungsanschreiben

Neben der **richtigen Rechtschreibung** und einer **ansprechenden Form** des Bewerbungsschreibens wird natürlich der **Inhalt** analysiert. Es sollte **individuell** geschrieben sein und erkennen lassen, dass der Bewerber sich gezielt auf die Stelle bewirbt. Zudem sollte er begründen, warum er für die Stelle geeignet ist.

(1) **Valentina Neudorf**
Wiebehowe 54
51427 Bergisch Gladbach
Telefon: 02202 7793838
E-Mail: valentinaneudorf@bgn.de

(2) Werbeagentur BE Partners KG
Herrn Franz Seydlitz
Schlesienstraße 490–492
53119 Bonn

(3) Bergisch Gladbach, 10. Mai 20XX

(4) **Bewerbung als Sachbearbeiterin im Personalwesen**

(5) Sehr geehrter Herr Seydlitz,

(6) mit großem Interesse habe ich die Stellenanzeige für eine Personalsachbearbeiterin auf Ihrer Homepage gelesen. Sehr gerne würde ich die beschriebenen Aufgaben im Bereich der Personalverwaltung und Gehaltsabrechnung übernehmen und Ihre Mitarbeiter zuverlässig betreuen. Da der Umgang mit Menschen eine meiner Stärken ist und mir viel Freude bereitet, reizt mich eine Aufgabe im Personalmanagement besonders.

(7) Zurzeit bin ich als Sachbearbeiterin in der Personalabteilung bei der Berger & Klein Büromöbel GmbH in Köln tätig. Selbstständig bearbeite ich dort alle Aufgaben der Personalverwaltung und -abrechnung. Zudem trage ich die Verantwortung für eine zuverlässige und effiziente Personalbedarfs- und -einsatzplanung. Ich befinde mich zurzeit in ungekündigter Stellung, könnte Ihnen aber zum gewünschten Einstellungstermin am 1. Oktober zur Verfügung stehen.

(8) Um mich weiterzubilden, habe ich bereits im August letzten Jahres ein Abendstudium zur „Staatlich Geprüften Betriebswirtin – Schwerpunkt Personalwesen“ am Ludwig-Erhard-Berufskolleg in Köln begonnen.

(9) Gerne vervollständige ich Ihre ersten Eindrücke aus meinen Bewerbungsunterlagen in einem persönlichen Gespräch.

(10) Mit freundlichen Grüßen

(11) *Valentina Neudorf*

(12) Anlagen

Inhalte des Bewerbungsschreibens:

1. Name, Anschrift und Kontaktdaten des Bewerbers
2. Name und Anschrift des Unternehmens (möglichst mit Ansprechpartner)
3. Ort und Datum
4. Betreffzeile
5. Anrede (möglichst persönlich)
6. Grund der Bewerbung und Bezugnahme auf die Stellenanzeige
7. Hinweis auf derzeitige Beschäftigung und frühesten Einstellungstermin
8. besondere Kenntnisse und Fähigkeiten, die den Bewerber für die Stelle qualifizieren
9. Bekundung des Interesses an einem Vorstellungsgespräch
10. Grußformel
11. Unterschrift
12. Hinweis auf Anlagen

Bei vielen Stellen im kaufmännischen Bereich sollte das Anschreiben zudem den Vorgaben der **DIN 5008** genügen.[1] Bei Bewerbungen per Briefpost ist zudem die Verwendung von **hochwertigem Papier** mit einer Stärke von mindestens 80 g/m² sinnvoll, um die Wichtigkeit der Bewerbung hervorzuheben.

1 Regeln in der Textverarbeitung (DIN 5008)
→ Webcode 4519152_
IT_Trainer, IV Word, Kap. 4

Lebenslauf

Bei der Analyse des Lebenslaufs wird darauf geachtet, dass er möglichst **lückenlos** Auskunft über die **persönliche und berufliche Entwicklung** des Bewerbers gibt. Insbesondere der berufliche Werdegang und die weiteren Qualifikationen geben häufig Aufschluss über die fachliche Eignung des Bewerbers. Um die Informationen im Lebenslauf schnell erfassen zu können, wird standardmäßig ein **tabellarischer Lebenslauf**, der fehlerfrei mit einer Textverarbeitungssoftware geschrieben ist, erwartet.

Valentina Neudorf

Lebenslauf

1	**Persönliche Daten**	
	Name	Valentina Neudorf
	Adresse	Wiebehowe 54 51427 Bergisch Gladbach
	Telefon	02202 7793838
	E-Mail	valentinaneudorf@bgn.de
	Geburtsdatum	3. Dezember 1986
	Geburtsort	Alma-Ata (Kasachstan)
	Familienstand	ledig
2	**Schulbildung**	
	1993–1997	Astrid-Lindgren-Grundschule, Wuppertal
	1997–2003	Goethe-Realschule, Wuppertal Abschluss: Fachoberschulreife mit Q-Vermerk
3	**Berufsbildung**	
	08/2003–06/2006	Ausbildung zur Bürokauffrau, Bergisches Papierkontor GmbH, Wuppertal (IHK-Abschlussprüfung: 2,0)
4	**Berufstätigkeit**	
	06/2006–12/2006	kaufmännische Angestellte in der Marketingabteilung, Bergisches Papierkontor GmbH, Wuppertal
	seit 01/2007	kaufmännische Angestellte in der Personalabteilung, Berger & Klein Büromöbel GmbH, Köln; seit 3 Jahren bin ich verantwortlich für Personalverwaltung, -abrechnung und -planung
5	**EDV**	MS-Office-Paket (sehr gute Anwenderkenntnisse) SAP ERP (sehr gute Anwenderkenntnisse)
5	**Fremdsprachen**	Englisch (sehr gut mündlich und schriftlich) Russisch (Grundkenntnisse mündlich)
6	Bergisch Gladbach, 10. Mai 20XX	
7	*Valentina Neudorf*	

Inhalte des Lebenslaufs:

1 **Persönliche Angaben**
- Vor- und Nachname
- Anschrift
- evtl. Telefon und E-Mail
- Geburtsdatum und -ort
- Familienstand
- Kinder (inkl. Alter)

2 **Schulbildung**
- Schulform, Name, Ort
- Abschlüsse (evtl. mit Abschlussnoten)

3 **Berufsbildung**
- Art der Ausbildung
- Ausbildungsbetrieb, Ort
- evtl. Abschlussnote

4 **Berufspraxis**
- Stellenbezeichnungen bzw. Positionen
- Unternehmen, Ort
- Aufgabenbereiche

5 **Besondere Kenntnisse**
- z. B. EDV
- z. B. Fremdsprachen

6 **Ort und Datum**

7 **Unterschrift**

Bewerbungsfoto

Das Bewerbungsfoto vermittelt einen ersten **äußeren Eindruck** des Bewerbers. Es sollte aktuell und etwas größer sein als ein Passfoto aus dem Automaten. Wie mit allen Bewerbungsunterlagen, sollten sich Bewerber auch mit dem Bewerbungsfoto Mühe geben, um die Wichtigkeit der Bewerbung zu unterstreichen.

Deswegen wird in den Bewerbungsunterlagen normalerweise ein **professionelles Bild vom Fotografen** erwartet. In Abhängigkeit von der zu besetzenden Stelle können auch besondere Bewerbungsfotos (schwarz-weiß, quadratisches Format, digital eingefügtes Bild usw.) sinnvoll sein, um das Interesse der Personalverantwortlichen zu wecken.

Beispiel Zum Thema Bewerbungsfotos erklärt Herr Seydlitz der Auszubildenden Natalie Fiedler, dass er je nach zu besetzender Stelle unterschiedliche Fotos erwartet. Beispielsweise wurde für Ausbildungsplätze inzwischen auf Online-Bewerbungen umgestellt. Hier erwartet Herr Seydlitz, dass die Bewerber ansprechende digitale Bilder in den Lebenslauf einfügen. Bei Stellen im Bereich des Grafik-Designs wiederum sollte ein Bewerber ein kreatives Deckblatt inklusive interessantem Foto gestalten. Für Stellen in der Allgemeinen Verwaltung bevorzugt er nach wie vor das klassische Bewerbungsfoto vom Fotografen.

Im Normalfall wird das Bewerbungsfoto in der rechten oberen Ecke des Lebenslaufs oder auf dem Deckblatt der Bewerbungsunterlagen eingefügt.[1]

1 **Bewerbungsfoto und AGG:** Bewerbungsfotos könnten beispielsweise Rückschlüsse auf die ethnische Herkunft oder eine Behinderung des Bewerbers zulassen. Deswegen dürfen Unternehmen seit Inkrafttreten des **Allgemeinen Gleichbehandlungsgesetzes** (→ vgl. LF 8, Kap. 4.3) in Stellenanzeigen nicht mehr ausdrücklich Bewerbungsfotos verlangen. Diese Situation führt dazu, dass einige Bewerber unsicher sind, ob sie ihrer Bewerbung ein Foto beifügen sollen.

Personaler wollen sich ein Bild machen

Inzwischen wissen Unternehmen, dass sie dem Gleichbehandlungsgebot genügen, wenn sie in Stellenanzeigen nicht ausdrücklich ein Foto verlangen. Die Aufforderung, „übliche, aussagekräftige Unterlagen“ zu schicken, bedeutet im Klartext: Wir wollen auch ein Gesicht sehen!

„Trotz AGG gehört heute immer noch ein ansprechendes Foto zu einer gelungenen kompletten Bewerbung“, sagt Michaela Gawel, Bewerbungsberaterin aus Sankt Augustin bei Bonn. Jürgen Hesse, Gründer des Büros für Berufsstrategie Hesse/Schrader, ist derselben Meinung. „Es ist im deutschsprachigen Raum kulturell noch nicht verankert, kein Foto beizulegen“, beobachtet er. „Wir raten nach wie vor, ein Bewerbungsfoto mitzuschicken.“

Zwar stellen die Arbeitsgerichte fest, dass die Zahl der Klagen steigt, in denen sich abgewiesene Kandidaten auf das AGG beziehen. Doch bislang ist eine diskriminierende Wirkung des Fotos nicht aktenkundig. In den meisten Verfahren geht es um Formulierungen in Stellenanzeigen.

Das Bewerbungsfoto dürfte in Deutschland noch einige Zeit Standard bleiben – als zusätzliche Information für den Personaler, der sich ja „im wahrsten Sinne des Wortes ein Bild von einem Bewerber machen“ müsse, wie Berater Hesse findet. „Es geht dabei nicht um einen Schönheitswettbewerb“, sagt er, „sondern um etwas viel Wichtigeres: Sympathie“.

Quelle: Auszug aus dem Artikel „Bewerbungsfotos: Bitte recht seriös!“ von Christoph Stehr in Spiegel Online; http://www.spiegel.de/unispiegel/jobundberuf/0,1518,621812,00.html

Zeugniskopien

Einen hohen Stellenwert bei der Personalauswahl haben Zeugnisse. **Schulzeugnisse** und das **Zeugnis der Abschlussprüfung der Berufsausbildung** liefern vorrangig Informationen über die **theoretischen Kenntnisse** des Bewerbers. Erwartet werden in der Regel Kopien des letzten Zeugnisses und von Zeugnissen, mit denen Abschlüsse erworben wurden.[2]

2 Mit zunehmendem Alter eines Bewerbers verlieren ältere Zeugnisse (v. a. Schulzeugnisse) an Aussagekraft. Dementsprechend muss der Bewerber situationsabhängig entscheiden, welche Zeugnisse er seiner Bewerbung beifügt.

Eine oftmals noch größere Bedeutung haben die **Arbeitszeugnisse**[1] der bisherigen Arbeitgeber bzw. das **Ausbildungszeugnis** des Ausbildungsbetriebs. Sie liefern Informationen über die **bisherigen beruflichen Tätigkeiten** und Aufgabenbereiche. Wenn es sich um qualifizierte Arbeitszeugnisse handelt, geben sie zudem Auskunft über die **fachliche und persönliche Eignung** des Bewerbers.

1 Arbeitszeugnisse
→ LF 8, Kap. 9.2

Bewerberfragebogen

Unter Umständen werden Bewerber im Rahmen des Auswahlverfahrens gebeten, einen Bewerberfragebogen auszufüllen. Er liefert dem Unternehmen wichtige persönliche und berufliche Informationen über den Bewerber. Durch den **standardisierten Fragebogen** wird sichergestellt, dass alle Bewerber Auskünfte zu den gleichen Punkten geben. Somit kann das Unternehmen die Informationen **schnell auswerten** und die Bewerber **objektiver**[2] miteinander vergleichen.

2 **Objektivität:** strenge Sachlichkeit, Vorurteilslosigkeit

Subjektivität: Gegenteil von Objektivität, persönliche Auffassung, Einseitigkeit

Die Fragen sollten sich dabei auf Aspekte beschränken, die relevante Informationen über die Eignung für die zu besetzende Stelle liefern. **Arbeitsrechtlich unzulässige Themen** sind unbedingt zu vermeiden, wie z. B. Fragen zu

- persönlicher Lebensplanung, Kinderwünschen, Schwangerschaften,
- Partei- oder Gewerkschaftszugehörigkeiten sowie
- Behinderungen.[3]

3 Nach § 94 BetrVG bedürfen Bewerberfragebögen vor dem Einsatz der Zustimmung des Betriebsrates.

Der Bewerberfragebogen kann zusätzlich zu den üblichen Bewerbungsunterlagen eingesetzt werden. Neuerdings wird er jedoch – vor allem bei einfachen Stellen – immer häufiger anstelle der klassischen Bewerbung verwendet. Gerade bei **Online-Bewerbungen** wird zur **Minimierung der Personalauswahlkosten** oft als erster Schritt das Ausfüllen des Bewerberfragebogens erbeten. Nach Auswertung der Bögen werden nur ausgewählte Bewerber um die üblichen Unterlagen gebeten oder direkt zum Einstellungstest oder Vorstellungsgespräch eingeladen.

4.2.2 Einstellungstests und Assessment-Center

Einstellungstests liefern den Unternehmen Informationen darüber, ob ein Bewerber die für eine Stelle notwendigen Anforderungen erfüllt. Eine besondere Art des Einstellungstests ist das Assessment-Center. Hierbei werden mehrere Bewerber (manchmal über mehrere Tage) vor Aufgaben gestellt und im Umgang mit diesen bewertet. Im Gegensatz zu herkömmlichen Einstellungstests arbeiten die Bewerber im Assessment-Center häufig in Gruppen gemeinsam an einem Problem bzw. an einer Aufgabenstellung.

Einstellungstests

Insbesondere bei großen Bewerberzahlen (z. B. bei Ausbildungsplätzen) werden häufig jene Bewerber, die nach der Auswertung der Bewerbungsunterlagen in der engeren Auswahl sind, zu einem Einstellungstest eingeladen. Je nach zu besetzender Stelle können solche Tests unterschiedliche Schwerpunkte haben. Vorteilhaft für das Unternehmen ist, dass die einzelnen Ergebnisse (Punktzahlen) **schnell und objektiv miteinander verglichen** werden können. Nachteilig ist jedoch, dass Einstellungstests oft lediglich **theoretisches Wissen und Können** überprüfen. Über die Eignung der Bewerber für typische berufliche Aufgaben und Tätigkeiten geben sie meist nur sehr begrenzt Auskunft.

Beispiel

Auszug aus dem Einstellungstest der BE Partners KG für Ausbildungsplätze

❶ **Aufgabe 3:**
Welches historische Ereignis fand am 9. November 1989 statt?
a) Beginn der Montagsdemonstrationen in der DDR
b) Begrüßungsgeld wird erstmalig ausgezahlt
c) Fall der Berliner Mauer
d) Rücktritt Erich Honeckers

❷ **Aufgabe 12:**
Ergänzen Sie die fehlende Zahl logisch.

9	3	2
15	7	4
21		6

❸ **Aufgabe 24:**
Finden Sie für die folgenden Wörter einen anderen Ausdruck mit gleicher Bedeutung, der jeweils aus genau sechs Buchstaben besteht.

Beispiel: Belastung = Stress
a) Ausfuhr = ______
b) Begabung = ______
c) Dichtung = ______

❹ **Aufgabe 31:**
Wie viele der folgenden Zahlen sind entweder <2 oder >7?
3 2 6 9 0 2 4 5 5 6 1 8 9 2 0 4 6 8 2 1 4
8 9 3 0 4 5 8 1 2 3 2 8 9 5 0 3 8 5 8 2 4

Lösung: A.3: c; A.12:11; A.24: a) Export, b) Talent, c) Poesie; A.31: 18

Arten von Einstellungstests

❶ **Wissenstests** können sich auf Allgemeinwissen oder stellenspezifisches Wissen beziehen.

❷❸ **Intelligenztests** untersuchen Fähigkeiten wie Ideenreichtum, Gedächtnisleistung, Logik, rechnerisches und sprachliches Denkvermögen oder Kombinationsfähigkeit.

❹ **Leistungstests** beziehen sich auf Eigenschaften wie Konzentration, Ausdauer, Aufmerksamkeit und Belastbarkeit. Sie erfolgen in der Regel unter Zeitdruck.

Bei der Besetzung von Führungspositionen nutzen gerade große Unternehmen häufig auch **Persönlichkeitstests** zur Personalauswahl.

Beispiel Als Herr Schurns sich vor drei Jahren in der BE Partners KG um die Position des Leiters der Kundenbetreuung bewarb, musste er im Rahmen des Auswahlverfahrens unter anderem folgende Frage beantworten:

❺ **Wenn ich mir etwas vorgenommen habe, dann ...**
a) lasse ich mir so viel Zeit wie nötig, damit das Ergebnis besonders gut wird.
b) lasse ich den Plan fallen, sobald es die ersten Probleme gibt.
c) ziehe ich den Plan konsequent durch.

❺ **Persönlichkeitstests** sollen Persönlichkeitseigenschaften wie Einstellungen, Charakter, soziales Verhalten oder Verantwortungsbewusstsein erfassen.

Assessment-Center[1]

Ein großer Nachteil der herkömmlichen Einstellungstests wird häufig darin gesehen, dass die geprüften **theoretischen Fähigkeiten und Kenntnisse** der Bewerber zu wenig Aussagekraft für die tatsächliche Eignung in der **beruflichen Praxis** haben. Aus diesem Grund werden immer häufiger Assessment-Center (AC) zur Bewerberauswahl durchgeführt. Bei diesem Personalauswahlinstrument werden häufig **mehrere Bewerber gemeinsam** vor Aufgaben und Probleme gestellt, die meistens der zukünftigen beruflichen Praxis entsprechen.

1 **to assess** (engl.): beurteilen

Je nach zu besetzender Stelle werden in einem ein- oder mehrtägigen Assessment-Center in der Regel mehrere Übungen miteinander kombiniert.

Ablauf des ACs zur Besetzung der Stelle „Abteilungsleiter Kundenbetreuung"

	Ort: BE Partners KG	Datum: 6. Juni 20XX	Teilnehmer: 4 Bewerber
1	09:00–10:00 Uhr	Einzelvorstellung (10 Min. pro Bewerber): „Stellen Sie sich vor und nennen Sie wichtige Stationen Ihres Lebens."	
2	10:00–11:00 Uhr	Fallstudie (50 Minuten Erarbeitung und 10 Minuten Präsentation in der Gruppe): „Sie sind Chefs der BE Partners KG und wollen den Marktanteil im Geschäftsfeld „Webdesign" vergrößern. Entwickeln Sie eine Strategie und präsentieren Sie diese."	
3	11:00–12:00 Uhr	PC-Fragebögen inkl. Persönlichkeitstest (einzeln)	
	12:00–13:00 Uhr	Pause	
4	13:00–13:30 Uhr	Gruppendiskussion „Pro und Kontra der Werbung" (Rollenzuweisung: 2 Bewerber pro und 2 Bewerber kontra)	
5	13:30–14:00 Uhr	Rollenspiel (einzeln mit einer Testperson, die den Mitarbeiter spielt): „Führen Sie ein Gespräch mit einem Mitarbeiter, der häufig unpünktlich zur Arbeit kommt."	
6	14:00–14:30 Uhr	Postkorbübung (einzeln): „Sie sind Abteilungsleiter der Kundenbetreuung und finden folgendes E-Mail-Postfach vor. Entscheiden Sie, wann und von wem die einzelnen E-Mails bearbeitet werden sollen."	
7	14:30–16:00 Uhr	Interviews	
	anschließend	Bekanntgabe der Ergebnisse und Feedback	

Übungen im AC und typische Beurteilungskriterien:

1 Vorstellung
- mündl. Ausdrucksfähigkeit
- Selbstbewusstsein
- Auftreten

2 Fallstudie/Präsentation
- Teamfähigkeit
- Kreativität
- Belastbarkeit

3 Fragebögen
- Wissen
- Intelligenz
- Persönlichkeit

4 Gruppendiskussion und
5 Rollenspiel
- Argumentationsfähigkeit
- Überzeugungskraft
- Führungsverhalten

6 Postkorbübung
- Organisationsfähigkeit
- Delegationsfähigkeit

7 Interviews,
Vorstellungsgespräche
→ LF 8, Kap. 4.2.3

Vorteile von Assessment-Centern gegenüber herkömmlichen Einstellungstests:

- Bewerber werden in unterschiedlichen Situationen beobachtet.
- Bewerber werden über einen längeren Zeitraum beobachtet.
- Durch die Beobachtung in Gruppen können „soft skills"[1] (Teamfähigkeit, Konfliktfähigkeit, Überzeugungskraft usw.) beurteilt werden.

Nachteile von Assessment-Centern gegenüber herkömmlichen Einstellungstests:[2]

- höherer Arbeitsaufwand für Vorbereitung, Durchführung und Auswertung verursacht höhere Personalauswahlkosten
- zusätzliche Raumkosten
- Bewirtungskosten
- evtl. Übernachtungskosten bei mehrtägiger Durchführung
- Objektivität ist schwerer zu gewährleisten

1 **Soft Skills** (engl.): weiche Fähigkeiten (wörtlich); der Begriff bezeichnet vor allem Sozial- und Führungskompetenzen

2 Bei externer Durchführung eines Assessment-Centers entfallen die genannten Kosten zwar größtenteils, dafür muss aber das durchführende Beratungsunternehmen bezahlt werden.

4.2.3 Vorstellungsgespräch

Vorstellungsgespräche erfolgen nach Einstellungstests, im Rahmen von Assessment-Centern oder direkt nach der Analyse der Bewerbungsunterlagen.

Sie können vom Personalchef und/oder vom jeweiligen Abteilungsleiter mit einem oder mehreren Bewerbern durchgeführt werden und dienen der Informationsgewinnung für beide Seiten.

Vorstellungsgespräche dienen der Informationsgewinnung	
für das Unternehmen über	**für den Bewerber über**
- persönliche Eigenschaften des Bewerbers wie Kontaktfähigkeit, Selbstbewusstsein, mündliche Ausdrucksfähigkeit - äußere Eigenschaften wie Aussehen, Benehmen, Körpersprache, Kleidung - Eignung des Bewerbers	- Arbeitsbedingungen und -umfeld - Stellenanforderungen - Leistungen des Unternehmens (Höhe der Vergütung, Sozialleistungen) - Leistungsprogramm (Produkte, Dienstleistungen) des Unternehmens - Organisation des Unternehmens

Ein Vorstellungsgespräch muss vonseiten des Unternehmens **gut vorbereitet** werden. Es ist anhand der Bewerbungsunterlagen festzulegen, welche besonderen Aspekte angesprochen werden sollen. Beispielsweise kann der Bewerber nach Lücken im Lebenslauf befragt werden oder nach seinen Gründen für einen Wechsel der Branche. Um eine möglichst **objektive Auswertung** von Vorstellungsgesprächen zu gewährleisten, sollte ein **weiterer Mitarbeiter** des Unternehmens (z. B. der zukünftige Vorgesetzte oder ein Betriebsratsmitglied) beteiligt sein. Zur besseren Vergleichbarkeit von Bewerbern dient auch die Verwendung eines einheitlichen **Leitfadens** (Fragenkatalog) für alle Gespräche.

möglicher **Leitfaden für Vorstellungsgespräche**

Das Vorstellungsgespräch

Typischer Ablauf eines strukturierten Interviews

Quelle: BBIB, BA — imu 112 0707

Wie im Bewerberfragebogen[1] sind auch im Vorstellungsgespräch nur Fragen zulässig, die relevante Informationen über die Eignung eines Bewerbers für die zu besetzende Stelle liefern. Bei **arbeitsrechtlich unzulässigen Fragen** (z. B. Schwangerschaft, Heiratspläne, Betriebsratstätigkeit, Gewerkschaftszugehörigkeit) hat der Bewerber das **„Recht zur Lüge“**. Durch unwahrheitsgemäße Auskünfte zu diesen Fragen dürfen dem Bewerber keine Nachteile entstehen. Insbesondere berechtigen sie später nicht zur Kündigung. Bei zulässigen Fragen unterliegt der Bewerber der **Wahrheitspflicht.**

1 Bewerberfragebogen → LF 8, Kap. 4.2.1

4.3 Rechtliche Rahmenbedingungen der Personalbeschaffung und -auswahl

Bei vielen Personalentscheidungen müssen rechtliche Rahmenbedingungen beachtet werden. Insbesondere betrifft dies Entscheidungen bei der Personalbeschaffung und -auswahl. Zu beachten sind hierbei vor allem das im Jahr 2006 in Kraft getretene Allgemeine Gleichbehandlungsgesetz (AGG)[1] und das Betriebsverfassungsgesetz (BetrVG) von 1952.

1 umgangssprachlich auch: **Antidiskriminierungsgesetz**

Das Allgemeine Gleichbehandlungsgesetz (AGG)

Das Allgemeine Gleichbehandlungsgesetz verfolgt das Ziel, Benachteiligungen von Mitarbeitern und Bewerbern zu verhindern und zu beseitigen, die entstehen aufgrund von:

- Rasse,
- ethnischer Herkunft,
- Geschlecht,
- Religion,
- Alter,
- Behinderungen oder
- sexueller Identität.

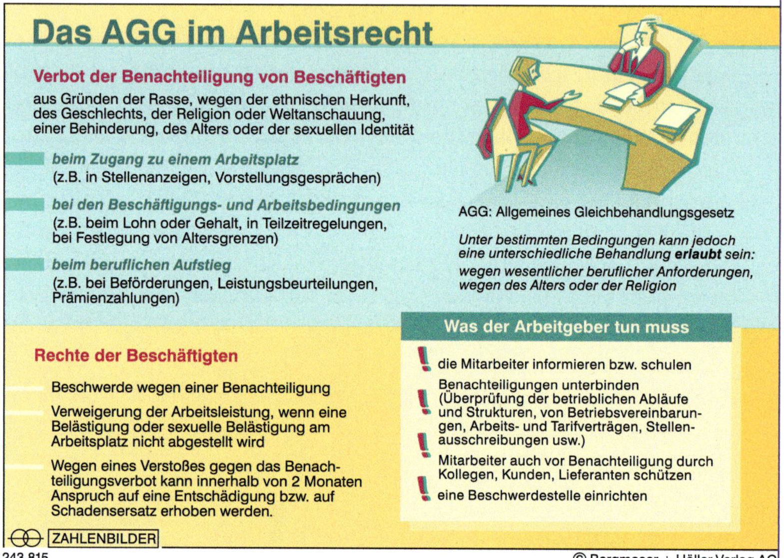

© Bergmoser + Höller Verlag AG

Im Rahmen aller Personalentscheidungen müssen Unternehmen sicherstellen, dass **keine Diskriminierung** bezüglich eines der genannten Punkte entsteht.[2] Sie müssen das AGG bei Stellenausschreibungen, Auswahlverfahren, Einstellungsentscheidungen, der Formulierung von Absagen, der Erstellung von Arbeitsverträgen und Entscheidungen über Kündigungen beachten.

Die durch das Gesetz geschützten Personen erhalten Rechtsansprüche gegen Arbeitgeber, wenn diese ihnen gegenüber gegen die gesetzlichen Diskriminierungsverbote verstoßen.

2 Sachlich begründete Ausnahmen sind jedoch zulässig. So ist es nachvollziehbar, dass ein Fotomodell für Damenbekleidung nur weiblich sein kann. Oder wenn beispielsweise ein katholischer Kindergarten eine Erzieherin/einen Erzieher sucht, darf von den Bewerbern verlangt werden, dass sie der katholischen Konfession angehören.

Beispielhafte Auswirkungen des AGG auf die Personalbeschaffung und -auswahl sind:

- **Stellenausschreibungen** müssen geschlechtsneutral (m/w/d) und altersneutral formuliert werden.
- Der **Prozess der Personalauswahl** muss genau dokumentiert werden (z. B. Protokolle der Vorstellungsgespräche).
- In sämtlichem **Schriftverkehr** (z. B. Einladung zum Vorstellungsgespräch, Absage) muss darauf geachtet werden, dass kein Bewerber aufgrund eines Diskriminierungstatbestandes benachteiligt wird.

Beispiel Das Landesarbeitsgericht Hamm hat ein Frachtflugunternehmen zu Schadensersatz in Höhe von 6.450,00 € verurteilt. Das Unternehmen hatte eine Stelle als „Flugkapitän" ausgeschrieben und die Bewerbung einer weiblichen Bewerberin nicht berücksichtigt (Urteil des Landesarbeitsgerichts Hamm, Az. 9 Sa 2045/07).

Rechte des Betriebsrats gemäß Betriebsverfassungsgesetz (BetrVG)

Im Betriebsverfassungsgesetz werden dem Betriebsrat gerade im Bereich der Personalbeschaffung und -auswahl wichtige Rechte eingeräumt.

1. Mitbestimmungsrecht bei der Art der Personalbeschaffung[1]

Der Betriebsrat kann verlangen, dass eine frei werdende Stelle **zunächst innerhalb des Betriebes ausgeschrieben** wird. Der Arbeitgeber kann jedoch gleichzeitig versuchen, durch externe Personalbeschaffung einen neuen Mitarbeiter zu finden. Bei gleicher Qualifikation muss aber der eigene Mitarbeiter einem externen Bewerber vorgezogen werden.

2. Zustimmungsrecht bei Auswahlrichtlinien[2]

Legt der Arbeitgeber **Auswahlrichtlinien** für die Personalauswahl fest, bedürfen diese immer der **Zustimmung des Betriebsrats.** Auswahlrichtlinien sind Grundsätze, die zu berücksichtigen sind, wenn bei beabsichtigten personellen Einzelmaßnahmen (Einstellung und Versetzung), für die mehrere Bewerber oder Arbeitnehmer infrage kommen, eine Entscheidung getroffen werden soll.

1 Ausschreibung von Arbeitsplätzen, § 93 BetrVG

2 Auswahlrichtlinien (bei Einstellungen, Versetzungen und Kündigungen), § 95 BetrVG

Beispiel Betriebsvereinbarung über „Auswahlrichtlinien" in der BE Partners KG

BE Partners KG

Betriebsvereinbarung
Auswahlrichtlinien für die Auswahl bei Einstellungen

Zwischen der BE Partners KG und dem Betriebsrat der BE Partners KG werden für die Auswahl bei Einstellungen folgende Richtlinien vereinbart:

1. Bewerbern des eigenen Betriebs ist bei sonst gleichen Voraussetzungen der Vorzug zu gewähren.
2. Bei der Besetzung von Arbeitsplätzen, die für Behinderte geeignet sind, hat dieser Personenkreis Vorrang vor nicht behinderten Bewerbern.
3. Für die Beurteilung von Bewerbern dürfen nur Tatsachen herangezogen werden, die aus den folgenden Unterlagen zu entnehmen sind:
   - Angaben aus der Stellenbeschreibung
   - Bewerbungsanschreiben und Lebenslauf
   - Schulzeugnisse, Ausbildungszeugnisse und Arbeitszeugnisse
   - Bescheinigungen über Kurse und Lehrgänge
   - Mitschriften aus Vorstellungsgesprächen
   - Personalakten inklusive der betrieblichen Beurteilungen
4. Zur Feststellung der Eignung der Bewerber kann zusätzlich ein mit dem Betriebsrat abgesprochener Eignungstest vorgenommen werden.
5. Bei der Beurteilung von Bewerbern sind fachliche und persönliche Kriterien angemessen abzuwägen.
6. Dem Betriebsrat sind mit dem Einstellungsvorschlag alle Unterlagen, auch die der abgelehnten Bewerber, vorzulegen.

Diese Betriebsvereinbarung tritt am 1. Januar 20X2 in Kraft.

Bastian — Geschäftsleitung

Voigt — Betriebsratsvorsitzende

Bonn, 23.10.20X1

3. Zustimmungsrecht bei Personalfragebögen[1] (= Bewerberfragebögen)

Vor dem Einsatz eines Bewerberfragebogens im Rahmen der Personalauswahl muss der Betriebsrat der **Nutzung zustimmen.**

1 Personalfragebogen, § 94 BetrVG

4. Informations- und Zustimmungsrecht bei Einstellungen oder Versetzungen[2]

In Betrieben mit mehr als 20 Arbeitnehmern kann ein neuer Arbeitsvertrag erst abgeschlossen werden, wenn der **Betriebsrat** über die geplante Einstellung (oder Versetzung) **informiert** wurde und **zugestimmt** hat. In diesem Zusammenhang sind ihm auch die Bewerbungsunterlagen des zukünftigen Mitarbeiters vorzulegen. In kleineren Betrieben (bis max. 20 Arbeitnehmer) hat ein eventuell vorhandener Betriebsrat diese Rechte nicht.

2 personelle Einzelmaßnahmen, § 99 BetrVG

Alles klar?

1 Nennen Sie die üblichen Bewerbungsunterlagen und erläutern Sie jeweils, welche Bedeutung sie für die Personalauswahl haben.

2 Nennen Sie Gründe, die ein Unternehmen dazu veranlassen könnten, von Bewerbern zunächst online einen Bewerberfragebogen ausfüllen zu lassen, anstatt die herkömmlichen Bewerbungsunterlagen anzufordern.

3 Wägen Sie die Vorteile von herkömmlichen Einstellungstests und Assessment-Center gegeneinander ab.

4 Begründen Sie, warum Vorstellungsgespräche sowohl für den Arbeitgeber als auch für den Bewerber einen Nutzen haben.

5 Erläutern Sie, wie bei Vorstellungsgesprächen ein objektiver Vergleich der Bewerber erreicht werden kann.

6 Formulieren Sie für drei Phasen eines Vorstellungsgesprächs (vgl. Schaubild auf Seite 287) jeweils eine konkrete Frage an den Bewerber.

7 In der BE Partners KG liegen nach einer Stellenanzeige im Bonner Stadt-Anzeiger 18 Bewerbungen für die Stelle des Sachbearbeiters Rechnungswesen vor. Welche Instrumente der Personalauswahl schlagen Sie vor? Begründen Sie Ihre Wahl.

8 Erläutern Sie die Auswirkungen des Allgemeinen Gleichbehandlungsgesetzes (AGG) auf die Personalbeschaffung und -auswahl.

9 Nennen Sie die Rechte des Betriebsrats im Rahmen der Personalbeschaffung und -auswahl.

5 Einstellung von Personal und Abschluss von Arbeitsverträgen

LS 97 Personal einstellen und Arbeitsverträge schließen

Beispiel Für die neu zu besetzende Stelle einer weiteren Sachbearbeiterin im Personalwesen in der BE Partners KG ist nach Auswertung der Vorstellungsgespräche die Wahl auf Valentina Neudorf gefallen. Die Auszubildende Natalie Fiedler wird beauftragt, die notwendigen Formalitäten im Rahmen der Neueinstellung zu erledigen.

Welche Aufgaben kommen nun auf sie zu?

Nach Abschluss des Auswahlverfahrens müssen häufig noch einige Punkte mit dem neuen Mitarbeiter besprochen werden, damit in der Personalabteilung der **Arbeitsvertrag** erstellt werden kann. Beim Arbeitsvertrag handelt es sich um einen **Dienstvertrag**, der wie jeder Vertrag[1] durch **zwei übereinstimmende Willenserklärungen** zustande kommt. Bei der Erstellung von Arbeitsverträgen müssen einige rechtliche Aspekte berücksichtigt werden.

1 Verträge → FK 1, LF 4, Kap. 5.3

5.1 Rechtliche Rahmenbedingungen des Arbeitsvertrags

Formvorschrift für Arbeitsverträge

Gesetzlich ist der Arbeitsvertrag zwar **an keine Form gebunden**[2], in der betrieblichen Praxis ist es jedoch üblich, Arbeitsverträge schriftlich abzuschließen, damit

- der Arbeitnehmer wichtige Vertragsinhalte (z. B. seinen Urlaubsanspruch) jederzeit nachsehen kann,
- der Arbeitgeber wichtige Vertragsinhalte (z. B. für die Gehaltsabrechnung) jederzeit nachsehen kann und
- Arbeitgeber oder Arbeitnehmer in Zweifelsfällen ein Beweismittel haben.

2 Eine Ausnahme bezüglich der Formvorschrift gilt für befristete Arbeitsverträge (→ LF 8, Kap. 5.2). Befristungen müssen immer schriftlich vereinbart werden.

Zudem schreiben in vielen Branchen **Tarifverträge** die **Schriftform für Arbeitsverträge** vor.

Rangprinzip und Günstigkeitsprinzip

Grundsätzlich besteht für den Abschluss von Arbeitsverträgen **Vertragsfreiheit**, d. h., die Inhalte können von den beiden Vertragspartnern frei ausgehandelt werden. Gerade beim Arbeitsvertrag wird die **inhaltliche Gestaltungsfreiheit** jedoch zum Schutz des Arbeitnehmers stark **eingeschränkt durch**:

- **Gesetze und Verordnungen** (werden vom Bund oder den Ländern erlassen und gelten **für alle Betriebe**),
- **Tarifverträge** (werden zwischen Gewerkschaften und Arbeitgeberverbänden vereinbart und geben Mindestvereinbarungen **für einzelne Branchen** vor),
- **Betriebsvereinbarungen** (werden zwischen dem Betriebsrat und dem Arbeitgeber abgeschlossen und gelten **für alle Mitarbeiter eines Betriebs**).

Im Arbeitsvertragsrecht gilt zunächst das Rangprinzip, welches von einer Hierarchie der rechtlichen Grundlagen ausgeht. Dabei gilt die folgende Reihenfolge:

Gesetze und Verordnungen des Arbeitsrechts
(z. B. Bundesurlaubsgesetz, Entgeltfortzahlungsgesetz, Jugendarbeitsschutzgesetz, Arbeitszeitgesetz, Kündigungsschutzgesetz, Arbeitsstättenverordnung)

Tarifverträge
(werden zwischen Gewerkschaften und Arbeitgeberverbänden **für einzelne Branchen** geschlossen)

Betriebsvereinbarungen
(werden zwischen Arbeitgeber und Betriebsrat **für einen Betrieb** geschlossen)

Arbeitsverträge
(werden zwischen **einzelnem Arbeitnehmer** und Arbeitgeber geschlossen)

Das **Rangprinzip** besagt, dass ranghöhere Vorschriften den rangniedrigeren Vorschriften grundsätzlich vorgehen.

Beispiel Im **Entgeltfortzahlungsgesetz** (EntgFG) sind für Arbeitnehmer sechs Wochen Entgeltfortzahlung im Krankheitsfall festgeschrieben. Im **Arbeitsvertrag** von Hans Scherrer sind jedoch nur vier Wochen vereinbart. Nach dem Rangprinzip geht die gesetzliche Vereinbarung vor. Ihm stehen also sechs Wochen Entgeltfortzahlung zu.

Gleichzeitig gilt aber auch das **Günstigkeitsprinzip**. Wenn eine rangniedrigere Regelung für den Arbeitnehmer günstiger ist, dann geht diese Regelung ausnahmsweise der ranghöheren vor.

Beispiel Gemäß **Entgeltfortzahlungsgesetz** (EntgFG) stehen jedem Arbeitnehmer in Deutschland sechs Wochen Entgeltfortzahlung im Krankheitsfall zu. Im **Arbeitsvertrag** mit Valentina Neudorf werden zehn Wochen Gehaltsfortzahlung vereinbart. Diese Vereinbarung ist gültig, weil sie die Arbeitnehmerin besserstellt. Auch eine **Betriebsvereinbarung,** in der jedem Arbeitnehmer der BE Partners KG zehn Wochen Gehaltsfortzahlung zugesichert werden, wäre gültig. In keinem Arbeitsvertrag der BE Partners KG dürften diese zehn Wochen dann unterschritten werden.

Die Inhalte von Arbeitsgesetzen bzw. -verordnungen, Tarifverträgen und Betriebsvereinbarungen stellen also **Mindestanforderungen** dar, von denen im Arbeitsvertrag grundsätzlich nur zum Vorteil des Arbeitnehmers abgewichen werden darf. Regelungen, die den Arbeitnehmer schlechter stellen, als in einer der Vorgaben geregelt, sind nichtig.

5.1.1 Gesetzliche Regelungen

Nachweisgesetz (NachwG)[1] – Mindestinhalte des Arbeitsvertrags

Auch wenn der Gesetzgeber in Deutschland die Schriftform für den Arbeitsvertrag nicht vorschreibt, so werden Arbeitgeber durch das Nachweisgesetz zumindest verpflichtet, dem Arbeitnehmer eine **schriftliche Zusammenfassung der wichtigsten Inhalte des Arbeitsvertrags** auszuhändigen. Bei mündlichen Arbeitsverträgen muss dies spätestens einen Monat nach Arbeitsbeginn erfolgen. Für den Regelfall schriftlicher Arbeitsverträge stellen die Inhalte des § 2 Nachweisgesetz gewissermaßen die **Mindestinhalte des Arbeitsvertrags** dar.

1 Gesetz über den Nachweis der für ein Arbeitsverhältnis geltenden wesentlichen Bedingungen

§ 2 Nachweisgesetz: Nachweispflicht

(1) Der Arbeitgeber hat **spätestens einen Monat nach dem vereinbarten Beginn des Arbeitsverhältnisses** die wesentlichen Vertragsbedingungen schriftlich niederzulegen, die Niederschrift zu unterzeichnen und dem Arbeitnehmer auszuhändigen. In die Niederschrift sind mindestens aufzunehmen:

1. der **Name und die Anschrift** der Vertragsparteien,
2. der Zeitpunkt des **Beginns des Arbeitsverhältnisses,**
3. bei befristeten Arbeitsverhältnissen: die vorhersehbare **Dauer des Arbeitsverhältnisses,**
4. der **Arbeitsort** oder, falls der Arbeitnehmer nicht nur an einem bestimmten Arbeitsort tätig sein soll, ein Hinweis darauf, dass der Arbeitnehmer an verschiedenen Orten beschäftigt werden kann,
5. eine kurze Charakterisierung oder **Beschreibung der** vom Arbeitnehmer zu leistenden **Tätigkeit,**
6. die **Zusammensetzung und die Höhe des Arbeitsentgelts** einschließlich der Zuschläge, Zulagen, Prämien und Sonderzahlungen sowie anderer Bestandteile des Arbeitsentgelts und deren Fälligkeit,
7. die vereinbarte **Arbeitszeit,**
8. die Dauer des **jährlichen Erholungsurlaubs,**
9. die **Fristen für die Kündigung** des Arbeitsverhältnisses,
10. ein in allgemeiner Form gehaltener **Hinweis auf die Tarifverträge, Betriebs- oder Dienstvereinbarungen,** die auf das Arbeitsverhältnis anzuwenden sind.

BGB und HGB – Pflichten von Arbeitgebern und Arbeitnehmern

Der Arbeitsvertrag ist die **Rechtsgrundlage für das Arbeitsverhältnis.** Durch den Abschluss übernehmen Arbeitgeber und Arbeitnehmer bestimmte Pflichten, die sich insbesondere aus den §§ 611 ff. BGB und für kaufmännische Angestellte zusätzlich aus den §§ 59 ff. HGB ergeben.

Merke! Der **Arbeitsvertrag** ist eine spezielle Form des Dienstvertrags. Durch den Arbeitsvertrag übernehmen der Arbeitgeber und der Arbeitnehmer bestimmte Pflichten.

Gesetzliche Pflichten des Arbeitgebers	
Vergütungspflicht	Die Hauptpflicht des Arbeitgebers besteht in der Vergütung der Arbeitsleistung des Arbeitnehmers. Die Höhe der Vergütung ergibt sich i. d. R. aus dem Arbeitsvertrag. Als spätester Zeitpunkt der Vergütung gilt beim Gehalt grundsätzlich der letzte Tag des Monats.
Entgeltfortzahlungspflicht	Bei krankheitsbedingter Arbeitsunfähigkeit des Arbeitnehmers muss der Arbeitgeber dessen Gehalt bis zu sechs Wochen weiterzahlen.
Beschäftigungspflicht	Der Arbeitgeber muss den Arbeitnehmer beschäftigen, und zwar gemäß des im Arbeitsvertrag vereinbarten Aufgaben- bzw. Tätigkeitsbereichs.
Urlaubsgewährungspflicht	Dem Arbeitnehmer muss der vertraglich vereinbarte bezahlte Erholungsurlaub gewährt werden.
Fürsorge- und Schutzpflicht	Der Arbeitgeber muss Arbeitsschutzvorschriften beachten und die Arbeitsplätze so gestalten, dass der Arbeitnehmer vor (Berufs-)Krankheiten und Arbeitsunfällen bestmöglich geschützt wird.
Zeugnispflicht	Der Arbeitgeber muss dem Arbeitnehmer bei dessen Ausscheiden aus dem Betrieb ein Arbeitszeugnis ausstellen.[1] Auf Verlangen des Arbeitnehmers muss das Zeugnis eine Beurteilung des Arbeits- und Sozialverhaltens beinhalten.

Gesetzliche Pflichten des Arbeitnehmers	
Arbeitspflicht / Dienstleistungspflicht	Die Hauptpflicht des Arbeitnehmers besteht darin, die vereinbarte Arbeitsleistung am vereinbarten Ort zur vereinbarten Zeit gemäß Arbeitsvertrag zu erbringen.
Gehorsamspflicht	Der Arbeitgeber hat gegenüber dem Arbeitnehmer ein Weisungsrecht. Dies bedeutet nicht, dass der Arbeitgeber beliebige Weisungen erteilen kann. Er darf nur anweisen, was dem Arbeitnehmer unter Berücksichtigung des Arbeitsvertrags zumutbar ist.
Verschwiegenheitspflicht	Der Arbeitnehmer darf Außenstehenden keine Betriebsgeheimnisse verraten.
Bestechlichkeitsverbot	Ein Arbeitnehmer darf keine „Schmiergelder“ für ein Entgegenkommen gegenüber Außenstehenden (z. B. Lieferanten) annehmen.
Handelsverbot	Der Arbeitnehmer darf ohne Einwilligung des Arbeitgebers kein Handelsgewerbe betreiben.
Wettbewerbsverbot	Der Arbeitnehmer darf ohne Einwilligung des Arbeitgebers in dessen Branche keine Geschäfte auf eigene oder fremde Rechnung machen.

§ 60 HGB: Handels- und Wettbewerbsverbot

Der Handlungsgehilfe[2] darf ohne Einwilligung des Prinzipals[3] weder ein Handelsgewerbe betreiben noch in dem Handelszweig des Prinzipals für eigene oder fremde Rechnung Geschäfte machen.

Beispiel Sabine Meyer möchte sich neben ihrer Tätigkeit als Grafik-Designerin in der BE Partners KG als Webdesignerin selbstständig machen. Sie weiß, dass sie sowohl gegen das **Handelsverbot (eigenes Handelsgewerbe)** als auch gegen das **Wettbewerbsverbot (Konkurrenz in der Branche des Arbeitgebers)** verstoßen würde. Deswegen bittet sie den Geschäftsführer Rolf Bastian um Genehmigung.

1 Arbeitszeugnis
→ LF 8, Kap. 9.2

2 **Handlungsgehilfe:** Arbeitnehmer

3 **Prinzipal:** Arbeitgeber

Zwischen Arbeitgeber und Arbeitnehmer kann zusätzlich ein **nachvertragliches Wettbewerbsverbot** vereinbart werden.[1] Mit einer entsprechenden schriftlichen Vereinbarung – z. B. auch als Formulierung im Arbeitsvertrag – würde das Wettbewerbsverbot auch **für die Zeit nach der Beendigung des Arbeitsvertrags** weiter bestehen. Dies ist aber maximal für die Dauer von zwei Jahren nach Ausscheiden des Mitarbeiters möglich.

1 Das nachvertragliche Wettbewerbsverbot wird im § 110 Gewerbeordnung (GewO) geregelt.

5.1.2 Tarifvertragliche Regelungen[2]

Neben den Gesetzen und Verordnungen des Arbeitsrechts bilden die zwischen den Gewerkschaften und Arbeitgeberverbänden ausgehandelten Tarifverträge eine weitere wichtige Grundlage für die Gestaltung von Arbeitsverträgen. Zu beachten ist dabei, dass die für eine bestimmte Branche ausgehandelten Tarifverträge nur für die Arbeitsverhältnisse der Mitglieder der Tarifvertragspartner verpflichtend sind (Tarifbindung).

Tarifbindung

Die **Tarifbindung** ist Voraussetzung dafür, dass ein Arbeitgeber die Regelungen eines Tarifvertrags beachten muss bzw. ein Arbeitnehmer diese für sich beanspruchen kann. Sind **beide** Arbeitsvertragspartner tarifgebunden, so führt dies zur unmittelbaren Anwendbarkeit des Tarifvertrags auf das Arbeitsverhältnis.

Merke! In Deutschland sind nach **§ 3 Tarifvertragsgesetz (TVG)** die Mitglieder der Tarifvertragsparteien **tarifgebunden**.

2 Tarifverträge
→ FK 1, LF 1, Kap. 1.7

Die Tarifvertragspartei auf der Seite der Arbeitgeber ist ein Arbeitgeberverband. Voraussetzung für die Tarifbindung des Arbeitgebers ist also, dass er Mitglied des tarifvertragschließenden Arbeitgeberverbands ist. Alternativ kann der Arbeitgeber auch selbst mit einer Gewerkschaft einen sogenannten **Haus- oder Unternehmenstarifvertrag** abschließen, an den er dann natürlich gebunden ist. Voraussetzung für die Tarifbindung der Arbeitnehmer ist deren Mitgliedschaft in der tarifvertragschließenden Gewerkschaft.

Irrtum: Arbeitgeber müssen mindestens den Tariflohn zahlen

Dies trifft nicht zu. Besteht für eine Branche ein Tarifvertrag, so bedeutet dies nicht automatisch, dass der Arbeitgeber an die tariflichen Vorgaben gebunden ist. Die Pflicht, die tariflich vereinbarten Löhne zu zahlen und die entsprechenden Arbeitszeiten einzuhalten, besteht für das Unternehmen nur dann, wenn beide Vertragsparteien – also der Arbeitgeber und der Arbeitnehmer – tarifgebunden sind.

Vorteile von Tarifverträgen

Besonders günstig ist es, wenn sich die Tarifbindung automatisch ergibt. Dies ist der Fall, wenn der Arbeitnehmer Mitglied jener Gewerkschaft ist, die den Tarifvertrag mit dem Arbeitgeberverband geschlossen hat, zu dem der Arbeitgeber gehört. Regelungen, die vom Tarifvertrag abweichen und nachteilig für den Arbeitnehmer sind, sind nicht zulässig. Dies gilt auch dann, wenn der Arbeitnehmer oder der Arbeitgeber sich nachträglich von der jeweiligen Interessenvertretung gelöst hat. Erst wenn der Tarifvertrag ausläuft, der zum Zeitpunkt des Austritts galt, endet auch die Tarifbindung.[3]

3 Fortsetzung folgt auf der nächsten Seite.

Maßgeblich ist der Arbeitsvertrag

Löhne unterhalb des Branchendurchschnitts kann der Arbeitgeber dann vereinbaren, wenn eine der Vertragsparteien nicht tarifgebunden ist, allerdings stellt die Sittenwidrigkeit hier eine untere Grenze dar.

Wenn keine Tarifbindung vorliegt, können Arbeitgeber mit ihren Arbeitnehmern im jeweiligen Arbeitsvertrag trotzdem vereinbaren, dass der Tarifvertrag oder bestimmte Regelungen daraus gelten. In diesem Fall wird im Arbeitsvertrag explizit darauf Bezug genommen. Eine weitere Ausnahme besteht dann, wenn der Bundesarbeitsminister einen bestimmten Tarifvertrag für allgemeinverbindlich erklärt. In diesem Fall unterstehen die Vertragsparteien ausnahmsweise den tariflichen Regelungen. Das Bundesministerium für Arbeit und Soziales veröffentlicht eine Übersicht über die allgemeinverbindlichen Tarifverträge auf seiner Website und aktualisiert sie ständig.

(https://www.bmas.de/DE/Themen/Arbeitsrecht/Tarifvertraege/tarifvertraege.html)

Beispiel Die BE Partners KG ist Mitglied im Verband Druck und Medien Nordrhein-Westfalen e. V. Obwohl nicht alle Arbeitnehmer der BE Partners KG Mitglieder einer Gewerkschaft sind, orientiert sich das Unternehmen bei der Gestaltung aller Arbeitsverträge am Tarifvertrag der Druckindustrie. Die entsprechenden Vereinbarungen bezüglich Löhnen, Gehältern, wöchentlicher Arbeitszeit und Urlaubsanspruch werden in die Arbeitsverträge übernommen.

5.1.3 Betriebsvereinbarungen[1]

Neben Gesetzen und Tarifverträgen bilden Betriebsvereinbarungen die dritte Ebene der rechtlichen Rahmenbedingungen eines Arbeitsvertrags. Sie geben Unternehmen mit Betriebsrat somit eine weitere Möglichkeit, Mindestbedingungen, die für alle Arbeitsverhältnisse des Betriebs gelten sollen, zu vereinbaren.

1 Betriebsvereinbarung
→ FK 1, LF 1, Kap. 1.6

Die rechtliche Grundlage für Betriebsvereinbarungen ist das **Betriebsverfassungsgesetz (BetrVG)**.

Merke! Eine **Betriebsvereinbarung** ist ein Vertrag zwischen Arbeitgeber und Betriebsrat, der verbindliche Normen für alle Arbeitnehmer eines Betriebes formuliert.

Für Betriebsvereinbarungen ist die Schriftform vorgeschrieben und sie muss sowohl die Unterschrift des Arbeitgebers als auch die des Betriebsrats beinhalten. Zudem muss der Arbeitgeber Betriebsvereinbarungen durch einen Aushang an einer geeigneten Stelle im Unternehmen bekannt machen.

BE Partners KG

Betriebsvereinbarung
Zusätzliche Sonderzahlung zu Weihnachten

Zwischen der BE Partners KG und dem Betriebsrat der BE Partners KG wird gemäß § 87 (1) Nr. 10 BetrVG vereinbart:

1. Über die tarifvertragliche Weihnachtsgratifikation hinaus zahlt die BE Partners KG ein zusätzliches freiwilliges Weihnachtsgeld.
2. Das freiwillige Weihnachtsgeld beträgt 500,00 €. Für jedes vollendete Kalenderjahr der Betriebszugehörigkeit erhöht sich die Leistung um 100,00 €.

5.2 Arten von Arbeitsverträgen

Es gibt verschiedene Arten von Arbeitsverträgen (unbefristeter Arbeitsvertrag, befristeter Arbeitsvertrag, Teilzeitarbeitsvertrag), die wiederum verschiedenen Anforderungen unterliegen und unterschiedliche Aspekte enthalten müssen. Welche Art des Arbeitsvertrags der Arbeitgeber mit dem Arbeitnehmer abschließt, hängt ganz davon ab, welche Form des Arbeitsverhältnisses eingegangen werden soll.

Unbefristete Arbeitsverträge

Der klassische Arbeitsvertrag ist der über ein unbefristetes Arbeitsverhältnis. Er ist dadurch erkennbar, dass **kein Ende des Arbeitsverhältnisses vereinbart** wurde. Vor allem Berufsanfänger haben es allerdings heutzutage schwer, an eine unbefristete Stelle heranzukommen. Ein Hauptgrund dafür ist, dass Arbeitnehmer in einem unbefristeten Arbeitsverhältnis nach einer eventuellen Probezeit durch den Kündigungsschutz abgesichert sind. Für Arbeitgeber ist es dann relativ schwer, einem eventuell wenig geeigneten Mitarbeiter zu kündigen.[1]

1 Kündigungsschutz und Kündigungsschutzgesetz
→ LF 8, Kap. 10.2

Befristete Arbeitsverträge

Merke! Ein Arbeitsverhältnis kann **kalendermäßig** befristet werden (z. B. „bis zum 31.12.20XX“) oder es kann eine **Zweckbefristung** vereinbart werden („bis zur Markteinführung des Produkts XY“).

Ein befristetes Arbeitsverhältnis bietet Arbeitgebern bei der Personalplanung mehr Flexibilität, da ein automatisch auslaufender Arbeitsvertrag nicht gekündigt werden muss. Arbeitnehmer hingegen können über ein befristetes Arbeitsverhältnis ein unbefristetes Folge-Arbeitsverhältnis erlangen, wenn sie sich bewährt haben.

Beim Abschluss befristeter Arbeitsverträge müssen jedoch rechtliche Besonderheiten beachtet werden, die im **Teilzeit- und Befristungsgesetz (TzBfG)**[2] geregelt sind. In jedem Fall müssen **befristete Arbeitsverträge (im Gegensatz zu unbefristeten Verträgen) die Schriftform erfüllen**, um wirksam zu sein. Eine nur mündlich vereinbarte Befristung wäre nichtig und das Arbeitsverhältnis damit in Wirklichkeit unbefristet.

2 Gesetz über Teilzeitarbeit und befristete Arbeitsverträge

Zudem sind Befristungen von Arbeitsverträgen nur unter bestimmten Voraussetzungen möglich. Unterschieden wird dabei zwischen **Befristung ohne sachlichen Grund („sachgrundlose Befristung“) und mit sachlichem Grund („Sachgrundbefristung“).**

§ 14 Teilzeit- und Befristungsgesetz: Zulässigkeit der Befristung

(1) Die Befristung eines Arbeitsvertrages ist zulässig, wenn sie durch einen sachlichen Grund gerechtfertigt ist. Ein sachlicher Grund liegt insbesondere vor, wenn

1. der betriebliche Bedarf an der Arbeitsleistung nur vorübergehend besteht,
2. die Befristung im Anschluss an eine Ausbildung oder ein Studium erfolgt, um den Übergang des Arbeitnehmers in eine Anschlussbeschäftigung zu erleichtern,
3. der Arbeitnehmer zur Vertretung eines anderen Arbeitnehmers beschäftigt wird,
4. die Eigenart der Arbeitsleistung die Befristung rechtfertigt, [...].[3]

3 Fortsetzung folgt auf der nächsten Seite.

(2) Die kalendermäßige Befristung eines Arbeitsvertrages ohne Vorliegen eines sachlichen Grundes ist bis zur Dauer von zwei Jahren zulässig; bis zu dieser Gesamtdauer von zwei Jahren ist auch die höchstens dreimalige Verlängerung eines kalendermäßig befristeten Arbeitsvertrages zulässig.

Ohne Vorliegen eines sachlichen Grundes gemäß Absatz (1) kann ein Arbeitsvertrag demnach **maximal bis zu einer Gesamtdauer von zwei Jahren** befristet werden.

Beispiel Die Kontakt-Assistentin Ulrike Fuchs hat vor zwei Wochen ihre Tochter Friederike zur Welt gebracht. Noch während der Mutterschutzfrist beantragt sie drei Jahre Elternzeit. Nachdem Herr Seydlitz von dem Antrag Kenntnis nimmt, vereinbart er mit Herrn Bastian, dass die Stelle für die drei Jahre mit einem befristeten Arbeitsverhältnis besetzt werden soll. Dies ist möglich, da ein sachlicher Grund gemäß § 14 (1) Nr. 3 TzBfG vorliegt.

Teilzeitarbeitsverträge

Merke! Arbeitnehmer sind **teilzeitbeschäftigt**, wenn ihre regelmäßige Wochenarbeitszeit kürzer ist als die vergleichbarer vollzeitbeschäftigter Arbeitnehmer.

Grundsätzlich gelten für teilzeitbeschäftigte Arbeitnehmer die gleichen Regeln wie für andere Arbeitskräfte. Besondere gesetzliche Regelungen enthält auch hier das TzBfG. Es hat zum Ziel, die **Teilzeitbeschäftigung zu fördern** und die Diskriminierung teilzeitbeschäftigter Arbeitnehmer(innen) zu verhindern.

Das TzBfG sichert Arbeitnehmern einen **grundsätzlichen Anspruch auf Teilzeitbeschäftigung**[1] zu, wenn die folgenden **Bedingungen** erfüllt sind:

- mindestens sechsmonatiges Bestehen des Arbeitsverhältnisses,
- mehr als 15 Beschäftigte im Unternehmen,
- Ankündigung der beabsichtigten Teilzeitbeschäftigung drei Monate vor dem beabsichtigten Beginn.

Wenn diese Bedingungen erfüllt sind, kann der Anspruch des Arbeitnehmers auf Teilzeit vom Arbeitgeber im Einzelfall nur abgelehnt werden, wenn er betriebliche Gründe belegen kann. Hierzu gehören beispielsweise

- eine erhebliche Beeinträchtigung der Organisation und des Arbeitsablaufes, insbesondere dann, wenn eine Ersatz- oder „Zweitkraft" fehlt,
- unverhältnismäßig hohe Kosten oder
- die Beeinträchtigung der Sicherheit im Betrieb.

Arbeitgeber sollten aber auch hier ihrer gesellschaftlichen Verantwortung gerecht werden und Teilzeitwünsche ihrer Mitarbeiter nach Möglichkeit erfüllen. Dies gilt insbesondere, da Teilzeitarbeit gerne von jungen Eltern – insbesondere Müttern – genutzt wird. Arbeitnehmer und Arbeitgeber sollten hier gemeinsam nach einer Lösung suchen, die beiden Vertragspartnern gerecht wird.

Eine Teilzeitbeschäftigung kann in bestimmten Fällen auch aus Sicht des Betriebes sinnvoll und gewünscht sein. Bei einem Auftragsrückgang könnte beispielsweise der Wunsch entstehen, Stellen zu reduzieren, um Personalkosten zu sparen.[2]

1 Seit 2019 sichert die sogenannte **„Brückenteilzeit"** vielen Arbeitnehmern auch das Recht zu, nach der Teilzeit wieder auf eine Vollzeitstelle zurückzukehren.

2 Sehr vorteilhaft ist es dann, wenn das Unternehmen in der Vergangenheit entsprechende Wünsche der Arbeitnehmer nach Teilzeitbeschäftigung gesammelt hat, z. B. in einem Personalinformationssystem (PIS). Diese Mitarbeiter könnten in einer solchen Situation gezielt angesprochen werden.

5.3 Einstellungsunterlagen und -daten

Im Rahmen einer Neueinstellung müssen neben der Erstellung des Arbeitsvertrags einige Formalitäten erledigt werden. Beispielsweise müssen vom neuen Mitarbeiter bestimmte **Unterlagen bzw. Daten** angefordert werden. Diese sind vor allem für die Personalverwaltung, die Lohn- und Gehaltsabrechnung sowie für bestimmte **Meldungen** erforderlich.

1. **Steuer-Identifikationsnummer (Steuer-ID) und Geburtsdatum:** Auf Grundlage dieser Daten bekommt der Arbeitgeber vom Bundeszentralamt für Steuern die elektronischen Lohnsteuerabzugsmerkmale des Arbeitnehmers übermittelt.[1] Diese Informationen (Lohnsteuerklasse, Kinderfreibeträge, Konfession, Lohnsteuerfreibeträge) werden für die **Lohn- und Gehaltsabrechnung** benötigt.

2. **Mitgliedsbescheinigung der Krankenkasse:** Sie dient als Nachweis der Mitgliedschaft des neuen Mitarbeiters in einer Krankenkasse.[2] Der Name und die Anschrift der Krankenkasse des Arbeitnehmers werden benötigt, um den Arbeitnehmer unter Angabe seiner Rentenversicherungsnummer (siehe Punkt 3) bei der Krankenkasse **innerhalb von sechs Wochen zur Sozialversicherung[3] anzumelden**. Die Krankenkasse leitet dann die Anmeldung an die weiteren Träger der Sozialversicherung (Renten-, Arbeitslosen- und Pflegeversicherung) weiter.

3. **Sozialversicherungsausweis** (i. d. R. Kopie): Dem Sozialversicherungsausweis können die **Rentenversicherungsnummer** sowie der Name und Geburtsname des Arbeitnehmers für die Meldung an die Krankenkasse (siehe Punkt 2) entnommen werden.[3]

4. **Urlaubsbescheinigung:** Sie dient der **Ermittlung des Resturlaubs** des neuen Mitarbeiters für das laufende Kalenderjahr, falls ein Mitarbeiter nicht zum 1. Januar eingestellt wird.

Beispiel Zum 1. Oktober wurde Valentina Neudorf in der BE Partners KG eingestellt. Herr Seydlitz entnimmt der Urlaubsbescheinigung, dass sie bei ihrem alten Arbeitgeber bereits bis zum 31. September ihren gesamten vertraglich vereinbarten Urlaub von 28 Tagen genommen hatte. Für das laufende Kalenderjahr steht ihr in der BE Partners KG deswegen kein Urlaub mehr zu.

5. **Personalfragebogen:** Meist wird der zukünftige Mitarbeiter schon vor seinem ersten Arbeitstag gebeten, einen Personalfragebogen auszufüllen. Mit diesem Formular werden möglichst lückenlos **alle erforderlichen Daten des neuen Mitarbeiters** gesammelt. Beispielsweise wird seine Bankverbindung für die zukünftige Überweisung der Vergütung benötigt.[4]

6. **Ggf. Arbeitserlaubnis:** Von **Nicht-EU-Staatsangehörigen** muss i. d. R. eine Aufenthaltsgenehmigung angefordert werden, in die eine Arbeitserlaubnis eingetragen ist.

7. **Ggf. Geburtsurkunde eines Kindes:** Arbeitnehmern mit mindestens einem Kind wird im Rahmen der Lohn- und Gehaltsabrechnung der **Zusatzbeitrag zur Pflegeversicherung** nicht abgezogen.[5]

8. **Ggf. ärztliches Zeugnis:** Dieses muss von **jugendlichen Arbeitnehmern bzw. jugendlichen Auszubildenden** grundsätzlich angefordert werden.[6] Zudem ist es bei bestimmten Tätigkeiten erforderlich (z. B. Mitarbeiter, die mit offenen Lebensmitteln in Berührung kommen, oder medizinisches Personal).

1 Elektronische Lohnsteuerabzugsmerkmale (**ELStAM**)
→ LF 8, Kap. 7.2.3

2 Die Meldung neuer Mitarbeiter zur Sozialversicherung an deren Krankenkassen erfolgt grundsätzlich **auf elektronischem Wege**.

3 Arbeitnehmer bestimmter Branchen (z. B. Baugewerbe) sind verpflichtet, den Sozialversicherungsausweis mit Foto während der Arbeitszeit immer mit sich zu führen (**Mitführungspflicht**).

4 Dieser **Personalfragebogen** ist nicht mit dem **Bewerberfragebogen** im Rahmen der Personalauswahl zu verwechseln, mit dem vor allem die Qualifikationen von **Bewerbern** erhoben werden.

5 Lohn- und Gehaltsabrechnung
→ LF 8, Kap. 7

6 Jugendarbeitsschutzgesetz
→ FK 1, LF 1, Kap. 1.3

Um zukünftig schnell auf wichtige Mitarbeiterdaten zugreifen zu können, werden die gesammelten Informationen in die **Personaldatei** eingegeben.

Zudem wird für den neuen Mitarbeiter eine **Personalakte** mit den oben genannten Schriftstücken, seinen Bewerbungsunterlagen und einer Ausfertigung des Arbeitsvertrags angelegt.[1]

1 Personalverwaltung
→ LF 8, Kap. 6.2

Alles klar?

1 Nennen Sie die Formvorschrift, die für Arbeitsverträge gilt.

2 Begründen Sie, warum Arbeitsverträge normalerweise schriftlich abgeschlossen werden.

3 Erläutern Sie das Rang- und das Günstigkeitsprinzip des Arbeitsrechts.

4 Nennen Sie acht Sachverhalte, die in einem Arbeitsvertrag mindestens geregelt werden sollten.

5 Erläutern Sie je drei Pflichten aus dem Arbeitsverhältnis für Arbeitgeber und Arbeitnehmer.

6 Die BE Partners KG ist Mitglied im Verband Druck und Medien Nordrhein-Westfalen e. V. Der Arbeitgeberverband hat gerade mit der Gewerkschaft ver.di einen neuen Lohn- und Gehaltstarifvertrag abgeschlossen.

a) Nennen Sie typische Inhalte eines Lohn- und Gehaltstarifvertrags.
b) Begründen Sie, ob sich die BE Partners KG bei der Erstellung des Arbeitsvertrags für einen neuen Drucker, der nicht Mitglied bei ver.di ist, an den Tarifvertrag halten **muss**.
c) Eine andere neu einzustellende Druckerin ist Mitglied bei ver.di. Begründen Sie, ob sich die BE Partners KG bei der Erstellung dieses Arbeitsvertrags an den Tarifvertrag halten **muss**.
d) Begründen Sie, ob es sinnvoll ist, die beiden neu einzustellenden Arbeitnehmer bez. der Berücksichtigung des Tarifvertrags unterschiedlich zu behandeln.

7 Erläutern Sie die rechtlichen Besonderheiten von befristeten Arbeitsverträgen und Teilzeitarbeitsverträgen.

8 Nennen Sie fünf Einstellungsunterlagen und erläutern Sie jeweils, wofür diese benötigt werden.

6 Personaleinführung, -betreuung und -verwaltung

LS 98 Personal einführen, betreuen und verwalten

Neue Mitarbeiter haben in den ersten Tagen viele Aufgaben und Probleme in einer für sie fremden Umgebung zu bewältigen. Sie müssen das Unternehmen, den Arbeitsplatz, ihr Aufgabengebiet und die Vorgesetzten und Kollegen kennen lernen. Erschwerend kommt häufig hinzu, dass Organisationsstrukturen, Arbeitsabläufe und -methoden sowie verwendete Software neu für sie sind. Entsprechend wichtig sind gut vorbereitete Maßnahmen zur **Personaleinführung**.

Auch nach einer erfolgreichen Einarbeitungsphase können während der gesamten Beschäftigungsdauer immer wieder Situationen eintreten, in denen Mitarbeiter sich an die Personalabteilung wenden. Typische Angelegenheiten sind beispielsweise die Abgabe einer Arbeitsunfähigkeitsbescheinigung oder Fragen zur Personalakte, zur Arbeitszeit, zur Probezeit und zum Mutterschutz bzw. zur Elternzeit. Im Rahmen der **Personalbetreuung** gehört es zu den Aufgaben der Personalabteilung, die Mitarbeiter in diesen Angelegenheiten kompetent zu unterstützen.

Die Aufgaben der **Personalverwaltung** sind vor allem die Erfassung, Bearbeitung, Aufbewahrung und Auswertung aller für die betrieblichen Abläufe bedeutsamen Unterlagen und Informationen über Mitarbeiter. Hierzu gehören insbesondere:

- Erfassung und Aufbewahrung von Personaldaten in einer Personalakte
- Zeiterfassung (z. B. Arbeitszeit, Urlaub, Freizeitausgleich, Krankheitstage)
- Erstellung von Personalstatistiken (z. B. Fehlzeitenstatistik, Urlaubsdatei) und Personalcontrolling
- Überwachung des sozialen Arbeitsschutzes (z. B. Mutterschutz)
- Überwachung von Terminen und Fristen (z. B. Gehaltszahlung, Probezeiten)

6.1 Maßnahmen der Personaleinführung

Beispiel Valentina Neudorf wird nächste Woche ihren ersten Arbeitstag in der BE Partners KG haben. Herr Seydlitz bittet die Auszubildende Natalie Fiedler, für die ersten Tage einen Plan zur Einführung der neuen Mitarbeiterin zu erstellen. Welche Maßnahmen könnten die Einführung der neuen Mitarbeiterin erleichtern?

Ziel der Personaleinführung ist es, neue Mitarbeiter in der Einarbeitungsphase mit gezielten Maßnahmen zu unterstützen. Sie sollen sich einerseits **möglichst schnell in ihrer Arbeitsumgebung wohlfühlen.** Neben dieser Arbeitszufriedenheit geht es andererseits aus ökonomischer Sicht des Unternehmens auch darum, dass der Mitarbeiter **seine Aufgaben möglichst früh motiviert und aktiv selbstständig erfüllen** kann.

Um eine reibungslose Einarbeitungsphase zu gewährleisten, bieten sich **Checklisten** für die beteiligten Mitarbeiter (z. B. den direkten Vorgesetzten) an. In ihnen wird festgelegt, welche Aufgaben von wem zu welcher Zeit erledigt werden sollen.

Ein breites Spektrum an **Maßnahmen zur Personaleinführung** bietet sich an:

- **Information der zukünftigen Kollegen** über den neuen Mitarbeiter
- **Einrichten des Arbeitsplatzes** mit allen Arbeitsmitteln und Unterlagen sowie Anbringen von Namensschildern
- Erstellen eines fachlichen **Einarbeitungsplans**

Maßnahmen vor Arbeitsbeginn

- **Begrüßung** durch den Vorgesetzten und ggf. die Geschäftsführung
- Übergabe eines **Begrüßungspräsents**
- **Einführungsgespräch**
- **Vorstellung** bei den unmittelbaren Kollegen durch den Vorgesetzten
- Vorstellung bei weiteren Mitarbeitern des Unternehmens
- **Betriebsbesichtigung**
- **Einweisung** in den neuen Arbeitsplatz

Maßnahmen bei Arbeitsbeginn

- Aushändigung aller erforderlichen **Unterlagen und Arbeitsmittel**
- Betreuung durch einen erfahrenen Kollegen (**„Paten“**), der in den ersten Tagen als Ansprechpartner für alle Fragen zur Seite steht
- **Mitarbeitergespräch** mit dem Vorgesetzten nach der Einarbeitungsphase

Maßnahmen nach Arbeitsbeginn

Beispiel Im Rahmen der Einführungsmaßnahmen für die neue Mitarbeiterin Valentina Neudorf wird Laura Deneke ihr in den ersten Wochen als „Patin“ zur Seite stehen. Sie hat bereits einen fachlichen Einarbeitungsplan für die erste Arbeitswoche erstellt.

Einarbeitungsplan für Valentina Neudorf – Sachbearbeiterin Personal

Datum	Uhrzeit	Aufgabenbereich	verantwortlich
01.10.	09:00–11:00 11:30–13:00 13:30–18:00	Vorstellung und Begrüßung Betriebsrundgang und Vorstellung Arbeitsplatz und Abteilung kennen lernen	Herr Bastian, Herr Seydlitz Herr Seydlitz Frau Deneke
02.10.	09:00–13:00 14:00–18:00	EDV, speziell Personalinformationssystem Personalverwaltung und -akten	Frau Deneke Frau Deneke
03.10.		Feiertag	
04.10.	09:00–18:00	Lohn- und Gehaltsabrechnung (mit Pause)	Frau Deneke
05.10.	09:00–13:00 13:30–15:00	Personalstatistik erstes Feedback-Gespräch	Frau Deneke Herr Seydlitz

Spätestens am ersten Arbeitstag sind **dem neuen Mitarbeiter** zudem einige Unterlagen und Arbeitsmittel **auszuhändigen**, z. B.:

- Arbeitsvertrag
- Organigramm[1]
- Stellenbeschreibung
- Betriebsordnung
- Telefonliste
- Mitarbeiterausweis
- Schlüssel
- Notebook
- Informationsmaterial über das Unternehmen (z. B. Unternehmensleitbild, Führungsgrundsätze, Unternehmensgeschichte)

1 Organigramm
→ FK 1, LF 1, Kap. 3.3.2

6.2 Personaldaten und Personalakten

Beispiel Die BE Partners KG zahlt an ihre Mitarbeiter jeweils im März eine Anwesenheitsprämie für das vergangene Kalenderjahr aus. Die Höhe dieser Prämie ist für jeden Mitarbeiter von der Anzahl seiner Krankheitstage abhängig. In diesem Jahr beauftragt Frau Deneke die Auszubildende Natalie Fiedler mit der Erstellung einer Statistik, aus der die krankheitsbedingten Fehltage aller Mitarbeiter hervorgehen. Natalie überlegt, wie sie diese Informationen bekommen kann.

Die im Rahmen der Einstellung eines Mitarbeiters erhobenen Daten aus dem Personalfragebogen werden mittels EDV in der **Personaldatei** erfasst. Für die zukünftige Arbeit in der Personalabteilung sind somit die **Stammdaten**[1] der Mitarbeiter per EDV schnell verfügbar.[2]

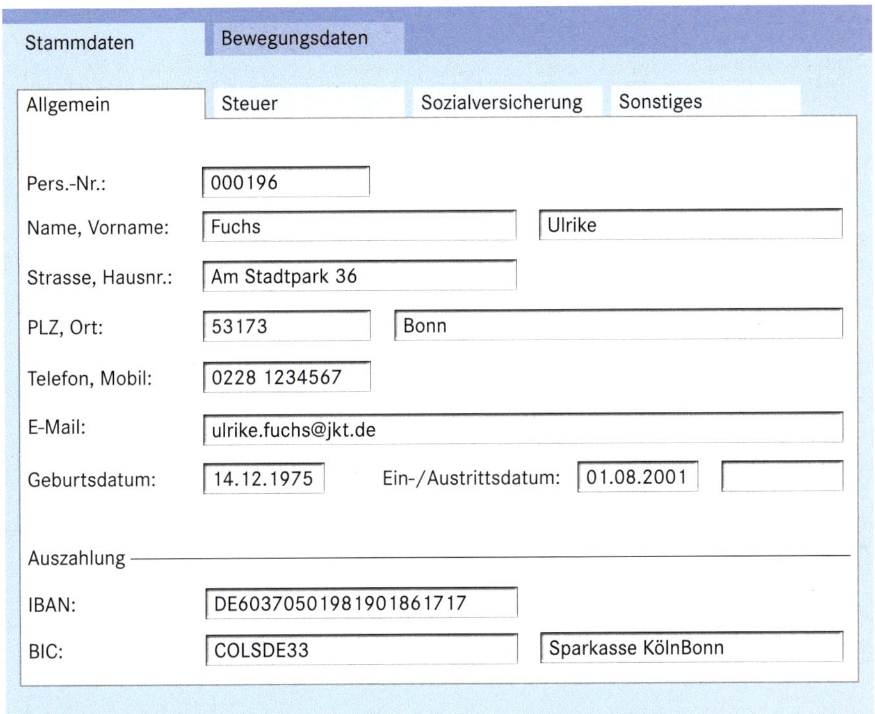

Personalakte – Gründe, Arten, Inhalte und mögliche Ablagestruktur

Neben der Speicherung[3] der Personaldaten in einer Personaldatei werden wichtige Schriftstücke und Informationen über einen Mitarbeiter zusätzlich in seiner **Personalakte** aufbewahrt. Sie soll insbesondere Auskunft über das Arbeitsverhältnis, die Qualifikationen des Mitarbeiters und seine Entwicklung liefern. Da es keine gesetzliche Verpflichtung gibt, kann jeder Arbeitgeber selbst entscheiden, ob er Personalakten führt bzw. welche Dokumente er in ihnen sammelt. Immer häufiger werden sogenannte **digitale Personalakten** geführt, in denen die entsprechenden Dokumente in elektronischer Form archiviert werden. Diese platzsparende Variante ermöglicht zudem einen schnellen Zugriff auf die Dokumente am PC. Allerdings müssen einige Schriftstücke hierfür zuvor gescannt werden.

1 **Stammdaten:** Daten, die sich nie oder nur sehr selten verändern

2 **Beispiele für Personalstammdaten:**
- Personalnummer
- Name und Anschrift
- Telefon und E-Mail
- Geburtsdatum und -ort
- Ein- und ggf. Austrittsdatum
- Bankverbindung
- Lohnsteuerklasse
- Konfession
- Familienstand
- Kinder/Kinderfreibeträge
- Rentenversicherungsnummer
- Tarifgruppe

3 Betriebliche Informationsverarbeitung am Beispiel eines ERP-Systems
→ Webcode 4519152_IT_Trainer, I Grundlagen, Kap. 5.2

In der Regel ist es sinnvoll, die folgenden Dokumente in einer Personalakte aufzubewahren.

Inhalte und Ablagestruktur der Personalakten[1]

BE Partners KG

1. Vertragsunterlagen
- Arbeitsvertrag bzw. Ausbildungsvertrag
- Verschwiegenheitserklärung
- Änderungen/Ergänzungen zum Arbeitsvertrag
- Stellenbeschreibung

2. Bewerbungsunterlagen
- Anschreiben
- Lebenslauf und Lichtbild
- Schulzeugnisse
- Ausbildungs- und Arbeitszeugnisse

3. Unterlagen für die Gehaltsabrechnung
- Nachweis (Vertrag) über vermögenswirksame Leistungen
- Geburtsurkunden der Kinder
- Unterlagen zur Lohnsteuer

4. Amtliche Dokumente (in Kopie)
- Sozialversicherungsausweis
- ggf. amtliches Führungszeugnis
- ggf. Schwerbehindertenausweis
- ggf. Arbeitserlaubnis
- ggf. Gehaltspfändungsbeschlüsse

5. Sonstige Unterlagen
- Personalfragebogen
- Anmeldung zur Krankenkasse
- Beurteilungen
- Bescheinigungen von Fort- und Weiterbildungen
- Arbeitsunfähigkeitsbescheinigungen
- Urlaubsanträge und Fehlzeitenübersicht
- Abmahnungen

1 Eine häufige Ablagestruktur ist auch die Unterteilung in **Haupt- und Nebenakte.** Letztere beinhaltet dann beispielsweise Dokumente, die für die betrieblichen Abläufe nur sehr kurzfristig von Bedeutung sind, beispielsweise Arbeitsunfähigkeitsbescheinigungen und Urlaubsanträge.

Berücksichtigung des Datenschutzes bei Personaldaten

Das **Bundesdatenschutzgesetz (BDSG)**[2] erlaubt Unternehmen die Speicherung und Aufbewahrung personenbezogener Daten von Mitarbeitern, wenn es betrieblich erforderlich ist. Um die Anforderungen des Gesetzes zu erfüllen, muss gerade in der Personalabteilung dem **Datenschutz**[3] besondere Aufmerksamkeit geschenkt werden.

2 Das **Bundesdatenschutzgesetz** fordert „Maßnahmen zum Schutz vor dem Missbrauch personenbezogener Daten".

3 **Datenschutz:** Schutz personenbezogener Daten vor der Einsichtnahme durch Unbefugte und vor der missbräuchlichen Nutzung oder Weitergabe der Daten

Merke! Regeln zur Beachtung des Datenschutzes bei der Personalverwaltung:

1. Es dürfen nur Daten der Mitarbeiter gespeichert bzw. abgelegt werden, die betrieblich erforderlich sind.
2. Der Zugriff auf personenbezogene Daten der Mitarbeiter darf nur berechtigten Personen möglich sein. Die Daten müssen zur Verhinderung unberechtigter Einsichtnahme durch Dritte mit geeigneten Maßnahmen (Passwortschutz der Personaldatei, abschließbarer Aktenschrank) geschützt werden.

Beispiel In der BE Partners KG haben nur Franz Seydlitz und Laura Deneke einen Schlüssel für den Schrank mit den Personalakten. Heute hat Laura Deneke die Personalakten von zwei Mitarbeitern entnommen. In die Akte von Jacques Schneider heftet sie eine Arbeitsunfähigkeitsbescheinigung ein, nachdem sie seine Krankheitstage in die Fehlzeitendatei eingegeben hat. Außerdem hat Franz Seydlitz die Personalakte von Sabine Meyer angefordert. Sie hatte in einem Mitarbeitergespräch Interesse an der frei werdenden Stelle der Leiterin Kreation bekundet. Herr Seydlitz möchte sich nun mithilfe ihrer Personalakte Informationen über ihre Qualifikationen, Weiterbildungen und Beurteilungen verschaffen.

Rechte des Arbeitnehmers bezüglich seiner Personalakte

Die wichtigste rechtliche Grundlage bezüglich der Personalakte liefert das Betriebsverfassungsgesetz.

§ 83 Betriebsverfassungsgesetz: Einsicht in die Personalakten

(1) Der Arbeitnehmer hat das Recht, in die über ihn geführten Personalakten Einsicht zu nehmen. Er kann hierzu ein Mitglied des Betriebsrats hinzuziehen. [...]

(2) Erklärungen des Arbeitnehmers zum Inhalt der Personalakte sind dieser auf sein Verlangen beizufügen.

Dieses grundsätzliche Recht auf **Einsichtnahme** in die eigene Personalakte ist besonders wichtig, damit der Arbeitnehmer gegebenenfalls die weiteren Rechte in Anspruch nehmen kann.[1]

Ist der Arbeitnehmer beispielsweise der Meinung, dass seine Personalakte falsche Tatsachen beinhaltet, dann hat er das Recht, der Akte eine **Gegendarstellung** beizufügen und in ihr die Dinge so zu beschreiben, wie er sie sieht. Das kann z. B. der Fall sein, wenn in einer Abmahnung ein Vorwurf enthalten ist, mit dem der Arbeitnehmer nicht einverstanden ist.

Enthält die Personalakte Dinge, die in einer Personalakte nichts zu suchen haben, wie z. B. Unterlagen, die das Privatleben des Arbeitnehmers betreffen, dann kann der Arbeitnehmer sein Recht auf **Löschung** wahrnehmen und verlangen, dass diese Inhalte entfernt werden.[2] Ist beispielsweise eine Abmahnung zu Unrecht erklärt worden oder nach vielen Jahren noch immer in der Personalakte, dann hat der Arbeitnehmer einen Anspruch auf Entfernung dieser Abmahnung.

Zudem hat jeder Mitarbeiter das Recht auf **Berichtigung** falscher Inhalte. Das kann z. B. der Fall sein, wenn Unterlagen bzw. Informationen aus Versehen falsch aufgenommen oder eingeordnet wurden.

Beispiel Irene Schmitt hat bei der Einsicht in ihre Personalakte festgestellt, dass in der Fehlzeitenübersicht des letzten Kalenderjahres fünf Fehltage mit dem Vermerk „keine AU abgegeben“ versehen sind. Sie weist darauf hin, dass sie für die entsprechenden Tage eine Arbeitsunfähigkeitsbescheinigung abgegeben hat. Als Laura Deneke den „gelben Schein“ in einer anderen Personalakte findet, berichtigt sie den Eintrag in der Personalakte von Irene Schmitt.

1 Neben dem Arbeitnehmer dürfen in dessen Personalakte Einsicht nehmen:
- der Unternehmensinhaber und der Geschäftsführer
- der direkte Vorgesetzte
- alle mit der Personalverwaltung betrauten Mitarbeiter

2 Die Löschung falscher Inhalte ist im **§ 35 BDSG** geregelt.

6.3 Personaleinsatz

Bei der konkreten Planung des Personaleinsatzes sind neben den betrieblichen Erfordernissen auch die Bedürfnisse der Mitarbeiter und verschiedene rechtliche Vorgaben des Arbeitsschutzes zu beachten.

6.3.1 Arbeitszeitmodelle

Das traditionelle Arbeitszeitmodell ist die **feste Arbeitszeit**[1], bei der die Mitarbeiter an jedem Arbeitstag einen zeitlich festen Arbeitsbeginn und ein ebenso festes Arbeitsende haben. Häufig sind in diesem Arbeitszeitmodell auch die Pausenzeiten festgelegt und für alle Mitarbeiter einheitlich.

1 auch: starre Arbeitszeit

Beispiel Die Mitarbeiter in der Sparte Druckerei der BE Partners KG arbeiten bisher mit einer festen Arbeitszeit. Arbeitsbeginn ist für alle um 8:00 Uhr und Arbeitsende um 16:45 Uhr. Die Frühstückspause ist von 10:30 Uhr bis 10:45 Uhr und die Mittagspause von 13:00 Uhr bis 13:30 Uhr. Bei einer 5-Tage-Woche ergibt sich somit die wöchentliche Regelarbeitszeit von 40 Stunden.

Heutzutage wenden immer mehr Unternehmen dort, wo es möglich ist, **flexible Arbeitszeitmodelle** an. Aus Sicht der Unternehmen helfen solche Modelle eher dabei, Personal und Maschinen effizient zu nutzen und Aufträge termingerecht zu erfüllen. Zudem stellen viele der flexiblen Arbeitszeitmodelle ein Entgegenkommen an die Mitarbeiter dar und man erhofft sich, dass diese sich mit hohem Arbeitseinsatz revanchieren.

Gründe für eine Flexibilisierung der Arbeitszeit

Vorteile für Arbeitnehmer, z. B.	Vorteile für Arbeitgeber, z. B.	Vorteile für die Wirtschaft, z. B.
- Vereinbarkeit von Familie und Beruf - individuell planbare Tagesabläufe - Reaktionen auf unvorhergesehene Ereignisse möglich - höhere Zeitsouveränität	- Ausdehnung der Arbeits- und Anwesenheitszeiten - besserer Kundenservice - effizientere und flexiblere Produktion - Leistungssteigerung durch zufriedene und motivierte Mitarbeiter	- höhere internationale Wettbewerbsfähigkeit der Unternehmen - weniger Zeitverluste der Menschen durch Staus aufgrund besserer zeitlicher Verteilung des Berufsverkehrs

Flexible Arbeitszeitmodelle

Je nach angewendetem Modell bringen die flexiblen Arbeitszeitmodelle entweder dem Unternehmen oder dem Mitarbeiter mehr Flexibilität – im Idealfall beiden.

1. Schichtarbeit

Gerade in größeren Industriebetrieben wird häufig in Wechselschichten gearbeitet. Dabei wechseln die Arbeitnehmer beispielsweise alle zwei Tage zwischen der Frühschicht (z. B. 6:00 Uhr bis 14:00 Uhr), der Spätschicht (z. B. 14:00 Uhr bis 22:00 Uhr) und der Nachtschicht (22:00 Uhr bis 6:00 Uhr). Schichtarbeit **gibt vor allem dem Unternehmen Flexibilität**, da rund um die Uhr produziert werden kann.

Dadurch werden die Produktionskapazitäten erweitert und Stückkosten gesenkt. Die Mitarbeiter haben in der Regel einen fest vorgegebenen Schichtplan. Allerdings können sie z. B. Arztbesuche oder Behördengänge teilweise auch vormittags erledigen. Vor allem die Nachtarbeit wird aber aus gesundheitlicher Sicht zunehmend sehr kritisch gesehen, da der Mensch entgegen seinem natürlichen Biorhythmus arbeitet.

2. Gleitzeit

Bei der gleitenden Arbeitszeit erhalten **vor allem die Arbeitnehmer Flexibilität**, da sie ihren Arbeitsbeginn und ihr Arbeitsende weitgehend frei gestalten können. Unterschieden wird dabei zwischen

- einer **Gleitzeit mit Kernzeit**, bei der Arbeitnehmer innerhalb bestimmter Zeitfenster anwesend sein müssen, und
- einer **Gleitzeit ohne Kernzeit (freie Arbeitszeit)**, bei der es keine Kernzeiten gibt.

Das Modell der gleitenden Arbeitszeit kann mit oder ohne Zeitausgleich angewendet werden. **Ohne Zeitausgleich** endet der Arbeitstag nach einer immer gleichen festen Anzahl an Arbeitsstunden. Mitarbeiter, die später angefangen haben, müssen zwingend auch länger arbeiten. **Mit Zeitausgleich** ist es den Mitarbeitern erlaubt, auch weniger oder mehr als die erforderliche Tagesarbeitszeit zu arbeiten. Unternehmen müssen ihren Arbeitnehmern bei diesem Arbeitszeitmodell mitteilen, wie die Bedingungen bezüglich der Plus- oder Minusstunden sind. Manche gewähren eine bestimmte Spanne (z. B. maximal 50 Plus- oder Minusstunden), innerhalb derer sich der Mitarbeiter immer befinden muss. Andere verlangen, dass die vereinbarte **Wochenarbeitszeit** (z. B. 40 Stunden) immer erreicht wird. Oder sie setzen für das gesamte Kalenderjahr eine **Jahresarbeitszeit** fest, die nach Belieben abgearbeitet werden kann. Damit Unternehmen und Arbeitnehmer hierbei den Überblick behalten, müssen **Arbeitszeitkonten** eingerichtet werden.

Beispiel In der Sparte Werbeagentur der BE Partners KG wird ein Gleitzeitmodell mit Zeitausgleich angewendet. Für die meisten Mitarbeiter gilt eine Kernzeit zwischen 10:00 Uhr und 14:00 Uhr. Alle Mitarbeiter können frühestens um 7:30 Uhr und müssen spätestens um 10:00 Uhr anfangen. Das Arbeitsende können sie zwischen 14:00 Uhr und 18:00 Uhr frei wählen. Die geleisteten Arbeitsstunden werden auf einem Arbeitszeitkonto erfasst und mit dem Jahresstundensoll abgeglichen.

3. Teilzeit[1]

Vielen Arbeitnehmern bieten Teilzeitmodelle eine wichtige Möglichkeit der Flexibilisierung, um wesentliche Lebensaufgaben wie die Kindererziehung oder andere persönliche Verpflichtungen oder Interessen durch eine Reduzierung der Regelarbeitszeit erfüllen bzw. wahrnehmen zu können.

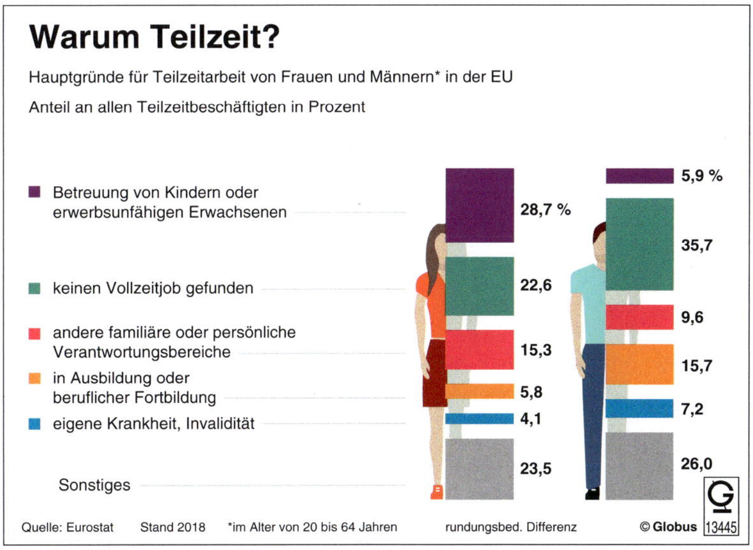

1 Teilzeitarbeitsverträge
→ LF 8, Kap. 5.2

4. Vertrauensarbeitszeit

Bei diesem Arbeitszeitmodell steckt der Arbeitgeber sehr viel Vertrauen in seine Mitarbeiter. Maßgeblich ist, dass die Mitarbeiter ihre Arbeit erledigen und ihre Aufgaben erfüllen. Die hierfür erforderliche Anwesenheitszeit im Unternehmen spielt keine Rolle und wird auch nicht gemessen. Ein solches Modell lässt Mitarbeiter sehr eigenverantwortlich handeln und setzt ein hohes Maß an Ehrlichkeit der Arbeitnehmer voraus.

5. Home-Office (Heimarbeit)

Beim Home-Office handelt es sich um eine spezielle Variante der Vertrauensarbeitszeit. Der Arbeitsplatz wird dabei (zum Teil) in die private Umgebung des Mitarbeiters verlagert. Es wird von zu Hause aus gearbeitet und die Kommunikation mit dem Unternehmen oder Kunden findet z. B. über Telefon, E-Mail oder Intranet statt. Eine Kontrolle der Arbeitszeit erfolgt in der Regel nicht.

6. Flexible Lebensarbeitszeit (Altersteilzeit und Sabbatical)

Die Grundidee der flexiblen Lebensarbeitszeit ist es, dass sich Arbeitnehmer durch Mehrarbeit in einer bestimmten Lebensphase gewissermaßen einen Arbeitszeitpuffer anlegen, den sie in einer anderen Lebensphase nutzen, um weniger zu arbeiten.

Die häufigste Verwendung findet dieses Arbeitszeitmodell im Rahmen der **Altersteilzeit.** Über einen langen Zeitraum werden Überstunden angespart, die in der Zeit unmittelbar vor dem Ruhestand genutzt werden, um die Arbeitszeit (stückweise) zu reduzieren. So wird ein „gleitender" Übergang in den Ruhestand ermöglicht.

Eine seltener angebotene Variante der flexiblen Lebensarbeitszeit ist das **Sabbatical.** Hierfür leistet der Arbeitnehmer ebenfalls über einen längeren Zeitraum Mehrarbeit, die ihm anschließend eine Art bezahlten Langzeiturlaub ermöglicht. Da häufig ein ganzes freies Jahr „erarbeitet" und dann frei genommen wird, spricht man auch vom Sabbatjahr. Im Gegensatz zur Altersteilzeit kann das Sabbatical prinzipiell in jeder Phase des Arbeitslebens genutzt werden, z. B. um längere Reisen durchzuführen, Kinder zu betreuen oder Angehörige zu pflegen.

6.3.2 Personaleinsatzplanung und Berücksichtigung rechtlicher Regeln

Unter Berücksichtigung des gewählten Arbeitszeitmodells und rechtlicher Rahmenbedingungen muss für die Mitarbeiter der konkrete Personaleinsatz geplant und organisiert werden. Dies ist insbesondere bei Schichtarbeit der Fall.

Merke! Die **Personaleinsatzplanung** beschäftigt sich mit der Frage, wann welcher Mitarbeiter an seinem Arbeitsplatz ist.

Die Personaleinsatzplanung beinhaltet im Wesentlichen die Erstellung von **Dienst- oder Schichtplänen** und **Urlaubsplänen.**

Beispiel Das Goldregen Einkaufszentrum hat an sechs Tagen in der Woche von 7:00 Uhr bis 22:00 Uhr geöffnet. Die wöchentliche Arbeitszeit des Verkaufspersonals beträgt laut Tarifvertrag 38 Stunden. Die Filialleiterin, Frau Pieper, erstellt für jeden Kalendermonat für jeden Mitarbeiter einen Personaleinsatzplan. Dabei muss sie die Vorgaben des Arbeitszeitgesetzes, Urlaubsregelungen, Teilzeitverträge und unterschiedliche Kundenfrequenzen berücksichtigen.

Ziel der Personaleinsatzplanung ist es, das vorhandene Personal so einzuplanen, dass einerseits **jederzeit genügend Personal** vorhanden ist, andererseits aber **keine unnötigen Personalkosten** durch Überbesetzungen entstehen.

Beispiel Bei der Moritz Klar Holzhandlung und Baumärkte GmbH & Co KG, einem weiteren Kunden der BE Partners KG, wird der Personaleinsatzplanung seit einiger Zeit größere Aufmerksamkeit geschenkt. Es wurde erkannt, dass am Vormittag oft zu viel Verkaufspersonal vorhanden ist, während Kunden sich am Nachmittag häufig über fehlende Beratung aufgrund fehlenden Personals beschwert haben.

Bei der Erstellung von Dienst- bzw. Schichtplänen oder Urlaubsplänen müssen verschiedene rechtliche Schutzvorschriften beachtet werden, die insbesondere dem Arbeitszeitgesetz und dem Bundesurlaubsgesetz zu entnehmen sind. Für jugendliche Arbeitnehmer ist zudem das Jugendarbeitsschutzgesetz[1] und für schwangere Arbeitnehmerinnen und junge Mütter das Mutterschutzgesetz zu beachten.

1 Jugendarbeitsschutzgesetz (JArbSchG)
→ FK 1, LF 1, Kap. 1.3

Regelungen zur Arbeitszeit gemäß Arbeitszeitgesetz (ArbZG)

§ 1 Arbeitszeitgesetz: Zweck des Gesetzes

Zweck des Gesetzes ist es,
1. die Sicherheit und den Gesundheitsschutz der Arbeitnehmer in der Bundesrepublik Deutschland [...] bei der Arbeitszeitgestaltung zu gewährleisten und die Rahmenbedingungen für flexible Arbeitszeiten zu verbessern sowie
2. den Sonntag und die staatlich anerkannten Feiertage als Tage der Arbeitsruhe und der seelischen Erhebung der Arbeitnehmer zu schützen.

Das Arbeitszeitgesetz enthält wichtige Schutzbestimmungen zur Regelung der Arbeitszeit volljähriger Arbeitnehmer. Im Wesentlichen begrenzt es die tägliche Arbeitszeit, schreibt Mindestpausen vor und schützt vor Arbeit an Sonn- und Feiertagen. Die wichtigsten Inhalte sind:

- Die **tägliche Arbeitszeit** ist die Zeit vom Beginn bis zum Ende der Beschäftigung abzüglich der Ruhepausen.
- Grundsätzlich darf die **werktägliche Arbeitszeit höchstens 8 Stunden** betragen. Das ergibt eine maximale Wochenarbeitszeit von $6 \cdot 8 = 48$ Stunden. **Ausnahme** von der 8-Stunden-Regel: Die werktägliche Arbeitszeit darf bis zu 10 Stunden betragen, wenn innerhalb von 6 Kalendermonaten ein Durchschnitt von 8 Stunden nicht überschritten wird.
- Bei einer Arbeitszeit zwischen 6 und 9 Stunden müssen **mindestens 30 Minuten Ruhepause(n)** gemacht werden. Bei einer Arbeitszeit von mehr als 9 Stunden müssen 45 Minuten Ruhepause(n) gemacht werden. Eine Ruhepause muss dabei mindestens 15 Minuten lang sein.
- Arbeit an **Sonn- und Feiertagen** ist grundsätzlich verboten. In vielen Arbeitsbereichen gelten jedoch Ausnahmen durch das Arbeitszeitgesetz.
- Die **Ruhezeit** zwischen zwei Arbeitstagen muss mindestens **11 Stunden** betragen.

In verschiedenen Branchen (z. B. Krankenhäuser, Pflegeeinrichtungen, Landwirtschaft, Hotels, Restaurants, Transportunternehmen) gelten teilweise abweichende Regelungen, z. B. darf die Ruhezeit unter bestimmten Bedingungen auf 10 Stunden reduziert werden.

Regelungen zum Urlaub gemäß Bundesurlaubsgesetz (BUrlG)

§ 3 Bundesurlaubsgesetz: Dauer des Urlaubs

(1) Der Urlaub beträgt jährlich mindestens 24 Werktage.
(2) Als Werktage gelten alle Kalendertage, die nicht Sonn- oder gesetzliche Feiertage sind.

Der gesetzlich festgeschriebene Mindesturlaub von 24 **Werktagen** bezieht sich auf eine Sechs-Tage-Woche (Montag bis Samstag). In Arbeitsverträgen wird der Urlaubsanspruch in der Regel in **Arbeitstagen** angegeben. Diese Angabe bezieht sich dann auf eine **Fünf-Tage-Woche** (Montag bis Freitag) und darf einen **Mindesturlaubsanspruch von 20 Arbeitstagen** ($24 : 6 \cdot 5 = 20$) nicht unterschreiten.

Wird man während des Urlaubs krank, so zählen die durch eine ärztliche Bescheinigung belegten Tage nicht als Urlaub.

§ 9 Bundesurlaubsgesetz: Erkrankung während des Urlaubs

Erkrankt ein Arbeitnehmer während des Urlaubs, so werden die durch ärztliches Zeugnis nachgewiesenen Tage der Arbeitsunfähigkeit auf den Jahresurlaub nicht angerechnet.

Regelungen für (werdende) Mütter gemäß Mutterschutzgesetz (MuSchG)

Schwangere Mitarbeiterinnen und stillende Mütter genießen einen besonderen Arbeitsschutz, der im Mutterschutzgesetz verankert ist. Während der Schwangerschaft und der Stillzeit sollen berufstätige Frauen grundsätzlich keinerlei Belastungen ausgesetzt sein, die für die Mitarbeiterin oder das Kind schädlich sein könnten. Zudem sollen Schwangere und Mütter keine Einkommensverluste hinnehmen müssen. Der Arbeitgeber muss deshalb besondere Vorkehrungen zum Schutz von Schwangeren am Arbeitsplatz treffen.

Laut Mutterschutzgesetz **„soll"** eine Mitarbeiterin den Arbeitgeber informieren, sobald ihr die Schwangerschaft bekannt ist. Das Gesetz schreibt also grundsätzlich **keine Meldepflicht** oder gar -frist vor. Im eigenen Interesse sollte eine Mitarbeiterin dies aber möglichst früh tun, da sie erst ab dem Zeitpunkt der Kenntnisnahme durch den Arbeitgeber die Regelungen des Mutterschutzgesetzes beanspruchen kann.

Insbesondere muss sie ihn über den voraussichtlichen Entbindungstermin informieren, damit er – bzw. die Personalabteilung – die Mutterschutzfrist ermitteln kann.

Merke! Mutterschutzfrist: Sechs Wochen vor und acht Wochen nach der Entbindung dürfen Schwangere nicht beschäftigt werden.[1]

In dieser Zeit zahlt die Krankenversicherung **Mutterschaftsgeld**. Die Differenz zwischen dem Mutterschaftsgeld und dem letzten Nettoarbeitsentgelt trägt der Arbeitgeber.

Schwangeren dürfen **keine schweren körperlichen Arbeiten** zugemutet werden. Gleiches gilt für gefährliche Arbeiten, Akkord- und Fließbandarbeit sowie für Arbeiten, bei denen sie schädlichen Einwirkungen (z. B. Staub, Dämpfen oder Gasen, Hitze, Kälte oder Nässe) ausgesetzt sind.

1 Auf einen Teil der Mutterschutzfrist **vor der Geburt** kann die Mitarbeiterin **freiwillig verzichten,** wenn sie sich gesundheitlich in der Lage fühlt zu arbeiten. Die acht Wochen Mutterschutz **nach der Geburt** stellen jedoch ein definitives **Arbeitsverbot** dar. Der Arbeitgeber darf die Mutter in dieser Zeit nicht beschäftigen, auch nicht, wenn sie es wünscht.

Das Tragen oder Heben schwerer Lasten (regelmäßig über 5 kg oder gelegentlich mehr als 10 kg) ist verboten. Nach dem fünften Monat ist langes Stehen (mehr als 4 Stunden) nicht mehr zulässig. Werdende und stillende Mütter dürfen keine Überstunden, Nachtarbeit (zwischen 20:00 Uhr und 6:00 Uhr) oder Sonntagsarbeit leisten. Zudem genießen Schwangere und junge Mütter einen besonderen Kündigungsschutz. Während der Schwangerschaft und bis vier Monate nach der Entbindung darf der Arbeitgeber **keine ordentliche Kündigung** aussprechen.[1]

[1] besonderer Kündigungsschutz
→ LF 8, Kap. 10.2.2

Weitere Einflussgrößen auf die Personaleinsatzplanung

Gemäß dem Günstigkeitsprinzip müssen Unternehmen neben den gesetzlichen Rahmenbedingungen ggf. auch **Vorgaben aus Tarifverträgen, Betriebsvereinbarungen oder dem Arbeitsvertrag** berücksichtigen. Um beispielsweise einen Mitarbeiter genau für seine Regelarbeitszeit einplanen zu können, muss diese aus den genannten Rechtsquellen rechtssicher ermittelt werden (z. B. 40 Stunden pro Woche). Insbesondere gilt es hier, Mitarbeiter mit Teilzeitverträgen zu berücksichtigen.

Häufig müssen auch **betriebliche Erfordernisse** beachtet werden. In bestimmten Unternehmen bzw. in bestimmten Abteilungen kann die Arbeitsmenge während eines Tages, innerhalb einer Woche oder im Verlauf des Jahres sehr unterschiedlich sein (z. B. saisonale Schwankungen durch das Weihnachtsgeschäft in Handelsunternehmen, Monats- und Jahresabschlussarbeiten im Rechnungswesen, unterschiedliche Kundenfrequenzen in einer Versicherungsagentur im Tagesverlauf). Ebenso erfordern manche Betriebe die permanente Anwesenheit von Personal. Deswegen muss bspw. in Krankenhäusern eine Personaleinsatzplanung im Rahmen von Schichtarbeit erfolgen.

Nach Möglichkeit sollten bei der Personaleinsatzplanung auch die individuellen **Wünsche der Mitarbeiter** berücksichtigt werden.

6.3.3 Arbeits- und Abwesenheitszeiten

Moderne Datenverarbeitungssysteme bieten den Mitarbeitern der Personalverwaltung neben dem reinen Zugriff auf Personalstammdaten noch viele weitere Anwendungsmöglichkeiten. Mit einem sogenannten **Personalinformationssystem (PIS)** können u. a. verschiedene Bewegungsdaten der Mitarbeiter erfasst, überwacht und ausgewertet werden. Von besonderer Bedeutung ist hierbei die **Erfassung verschiedener Anwesenheits- bzw. Abwesenheitszeiten.**

Erfassung der Arbeitszeit

Nahezu jedes Unternehmen benötigt ein gut funktionierendes **Arbeitszeiterfassungssystem.** Neben der Arbeitszeit der einzelnen Mitarbeiter bilden je nach Unternehmen weitere Daten (z. B. Überstunden, Wochenendarbeit, Nachtarbeit, Schichtzeiten) die **Grundlage für die Lohn- und Gehaltsabrechnungen.**[2]

[2] Lohn- und Gehaltsabrechnung
→ LF 8, Kap. 7

Während in früheren Tagen mit einer Stech- bzw. Stempeluhr (Bild rechts) die Arbeitszeit erfasst wurde, werden heutzutage EDV-Systeme (Bild links) verwendet.

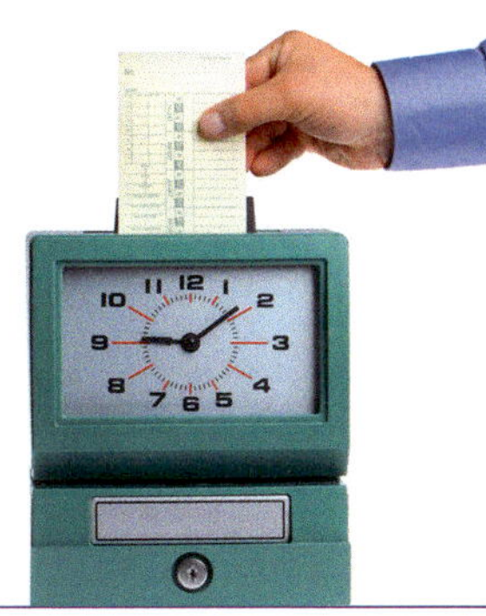

An elektronischen Erfassungsgeräten „stempelt“ sich der Mitarbeiter mithilfe seines Mitarbeiterausweises bzw. seiner Chipkarte bei Arbeitsbeginn ein. Die Daten stehen der Personalverwaltung sofort zur Verfügung.

Neben der Bedeutung für die Lohn- und Gehaltsabrechnungen gibt es weitere **Gründe für eine Überwachung der Arbeitszeiten** der Mitarbeiter:

- In Modellen mit **fester Arbeitszeit** können jene Mitarbeiter ermittelt werden, die häufiger zu spät zur Arbeit erscheinen. Auf Grundlage der Daten aus dem PIS kann ein Mitarbeitergespräch geführt bzw. eine Abmahnung oder Kündigung formuliert werden.[1]
- In Modellen mit **gleitender Arbeitszeit** kann überwacht werden, ob die Mitarbeiter betriebliche und gesetzliche Vorgaben (Kernzeiten, Pausenzeiten, maximale Plus-Stunden, maximale Tagesarbeitszeiten usw.) einhalten.

1 Abmahnung und Kündigung
→ LF 8, Kap. 10

Beispiel In der BE Partners KG gilt für die meisten Mitarbeiter der Sparte Werbeagentur ein Gleitzeitmodell mit einer Kernzeit von 10:00 Uhr bis 14:00 Uhr. An einem zentralen Terminal erfassen die Mitarbeiter ihre Anwesenheits- und Pausenzeiten mit ihrem Mitarbeiterausweis, der mit einem Magnetstreifen versehen ist. Laura Deneke überwacht diese Daten regelmäßig. Das Personalinformationssystem informiert sie automatisch, wenn ein Mitarbeiter gegen betriebliche oder gesetzliche Vorgaben (z. B. ArbZG, JArbSchG) verstößt. Heute hat sie beispielsweise Uwe Dittmer um baldigen Abbau seiner Überstunden gebeten, da sein Arbeitszeitkonto mehr als die in der Betriebsvereinbarung beschlossenen maximalen 50 Plus-Stunden aufweist.

Erfassung der Abwesenheitszeit

Für Abwesenheitszeiten von Mitarbeitern gibt es verschiedene Gründe. Häufig ist es sinnvoll, diese detailliert zu erfassen, da sie Einfluss auf die Frage haben, ob der Mitarbeiter für die Abwesenheitszeit Entgelt bekommt oder nicht. Die wichtigsten Abwesenheitsgründe sind:

Formulare
→ Webcode 4519152_IT_Trainer, IV Word, Kap. 7

- Urlaub
- Krankheiten, Unfälle, erforderliche Arztbesuche
- Fortbildungen, Schulungen

1. Urlaub

Für die Beantragung von Urlaub stehen in jedem Unternehmen i. d. R. **standardisierte Formulare** zur Verfügung.

Der Mitarbeiter trägt seinen Urlaubswunsch ein und gibt den Antrag bei seinem Vorgesetzten ab. Dieser überprüft den Wunsch des Mitarbeiters anhand der abteilungsinternen Urlaubsplanung. Falls er den Urlaub genehmigt, unterschreibt er das Formular und leitet es an die Personalabteilung weiter. Hier wird geprüft, ob noch genügend Urlaubsanspruch vorhanden ist, bevor die beantragten Urlaubstage im PIS erfasst werden.

BE Partners KG

Urlaubsantrag

Name: ____________ Personal-Nr.: ________

Abteilung: ____________

Hiermit beantrage ich:

☐ Erholungsurlaub ☐ Freizeitausgleich

☐ Sonderurlaub wegen ____________

vom/am ________ bis einschließlich ________

Urlaubsdauer: ______ Arbeitstage

Datum: ________ Unterschrift: ____________

Genehmigung des Abteilungsleiters:

☐ Antrag genehmigt

☐ Antrag abgelehnt, Grund: ____________

Datum: ________ Unterschrift: ____________

Erfassung im Personalinformationssystem:

☐ Antrag erfasst

☐ Antrag abgelehnt, Grund: ____________

Datum: ________ Unterschrift: ____________

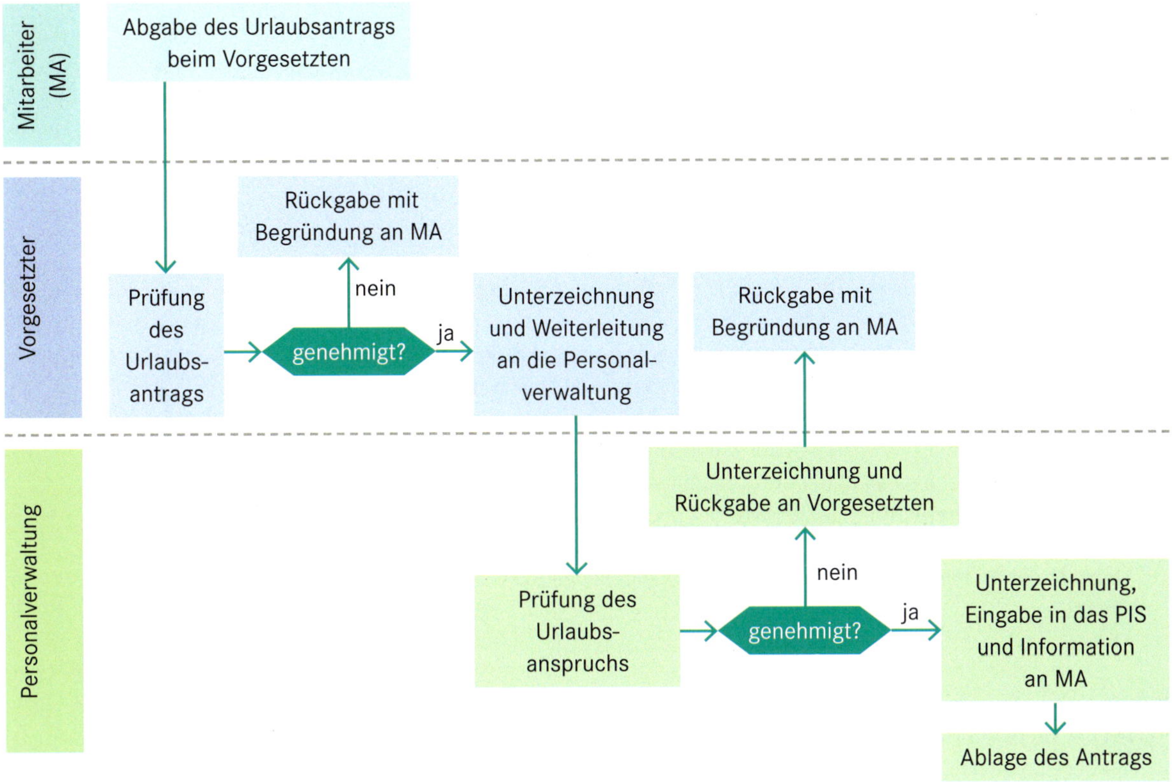

Bei der Erfassung von Urlaubsanträgen in der Personalverwaltung muss unterschieden werden zwischen:

- 1. „normalem" **Erholungsurlaub:** Diese Tage werden dem Mitarbeiter von seinem jährlichen Urlaubsanspruch[1] abgezogen.
- 2. **Freizeitausgleich:** Dies bedeutet, dass der Mitarbeiter Überstunden „abfeiert". Entsprechend muss hierbei das Arbeitszeitkonto reduziert werden.
- 3. **Sonderurlaub:** Dieser wird nicht vom normalen Urlaubsanspruch abgezogen, sondern zusätzlich gewährt. Die Vergütung wird i. d. R. wie beim normalen Erholungsurlaub weitergezahlt.

1 Bundesurlaubsgesetz
→ LF 8, Kap. 6.3.2

Der **§ 616 BGB** verpflichtet Arbeitgeber grundsätzlich, einem Arbeitnehmer unter Fortzahlung der Bezüge **Sonderurlaub** zu gewähren, wenn er
- für eine „verhältnismäßig" nicht erhebliche Zeit,
- durch einen in seiner Person liegenden Grund und
- ohne sein Verschulden
- an der Arbeitsleistung gehindert wird.

Die Frage, in welchen konkreten Fällen der Arbeitgeber Sonderurlaub gewähren muss, wird oft durch **Tarifverträge und Betriebsvereinbarungen** geregelt. Manchmal ist es auch eine Frage der Kulanz des Arbeitgebers, ob er einem Arbeitnehmer in einer bestimmten Situation Sonderurlaub gewährt.

Typische **Anlässe für die Genehmigung von Sonderurlaub** sind:

- eine schwere Erkrankung eines nahen Angehörigen
- Tod eines nahen Angehörigen
- Betreuung eines erkrankten Kindes
- eigene Eheschließung oder die eines Kindes
- Geburt eines Kindes (Sonderurlaub für den Vater)
- Anordnung des Erscheinens vor Gericht (z. B. als Zeuge)
- Umzug

2. Krankheiten, Unfälle, erforderliche Arztbesuche

Arbeitnehmer haben gemäß § 3 Entgeltfortzahlungsgesetz (EntgFG) **im Krankheitsfall einen Anspruch auf die Fortzahlung des vollen Entgelts** (Lohn, Gehalt, Ausbildungsvergütung) **durch den Arbeitgeber** für die Dauer von **bis zu sechs Wochen**. Um dieses Recht zu wahren, müssen sie im Krankheitsfall jedoch bestimmte Pflichten gegenüber ihrem Arbeitgeber erfüllen. Insbesondere gehört hierzu die in § 5 EntgFG geregelte **Anzeige- und Nachweispflicht**:

§ 5 EntgFG Anzeige- und Nachweispflichten

(1) Der Arbeitnehmer ist verpflichtet, dem Arbeitgeber die Arbeitsunfähigkeit und deren voraussichtliche Dauer **unverzüglich mitzuteilen. Dauert die Arbeitsunfähigkeit länger als drei Kalendertage,** hat der Arbeitnehmer eine ärztliche Bescheinigung über das Bestehen der Arbeitsunfähigkeit sowie deren voraussichtliche Dauer spätestens **an dem darauf folgenden Arbeitstag vorzulegen.** Der **Arbeitgeber ist berechtigt, die Vorlage der ärztlichen Bescheinigung früher zu verlangen.** Dauert die Arbeitsunfähigkeit länger als in der Bescheinigung angegeben, ist der Arbeitnehmer verpflichtet, eine neue ärztliche Bescheinigung vorzulegen.

Beispiel Anna Foss hat am Sonntag Fieber bekommen. Am Montag ruft sie um 8:00 Uhr in der BE Partners KG an und informiert ihren Abteilungsleiter und Laura Deneke in der Personalabteilung über ihre Arbeitsunfähigkeit. Laura Deneke weist sie darauf hin, dass sie bei längerer Krankheit gemäß § 5 EntgFG spätestens am Donnerstag eine Arbeitsunfähigkeitsbescheinigung im Unternehmen vorzulegen hat.

Der Arbeitgeber ist berechtigt, die Nachweisfrist des § 5 EntgFG zu verkürzen, und kann bereits ab dem ersten Tag der Arbeitsunfähigkeit ein ärztliches Attest verlangen.

In der betrieblichen Praxis ist es sinnvoll, alle Krankheitstage (auch Arztbesuche) der Mitarbeiter zu erfassen. Hierfür gibt es verschiedene **Gründe**:

- Bei einer Erkrankung von mehr als drei Tagen muss ein **Mitarbeiter auf seine Nachweispflicht hingewiesen** und um Abgabe einer ärztlichen Bescheinigung gebeten werden. In einer Betriebsvereinbarung oder einem Arbeitsvertrag kann sogar ein früherer Zeitpunkt vereinbart worden sein.
- Bei einer Erkrankung von mehr als sechs Wochen **endet die Entgeltfortzahlung** durch den Arbeitgeber, sofern nichts anderes vereinbart wurde. Dieser muss die **zuständige Krankenkasse rechtzeitig informieren**, da diese im Anschluss an die Entgeltfortzahlung **Krankengeld**[1] an den Mitarbeiter zahlen muss.
- Falls ein Mitarbeiter **in seinem Erholungsurlaub erkrankt**, sind ihm die durch ärztliche Bescheinigung belegten Krankheitstage als Urlaub zurückzuerstatten.
- Bei häufigen kurzen Erkrankungen kann die Krankheitsstatistik des Mitarbeiters als **Grundlage für ein Mitarbeitergespräch** verwendet werden.

3. Fortbildungen, Schulungen

Auch während der Abwesenheit eines Mitarbeiters aufgrund einer betrieblich veranlassten Fort- bzw. Weiterbildungsmaßnahme muss ihm sein Entgelt weitergezahlt werden, wenn er in der Fortbildungszeit normalerweise gearbeitet hätte. Deswegen sind auch solche Zeiten zu erfassen.

1 **Krankengeld:** Bei andauernder Krankheit erhalten Arbeitnehmer nach Ablauf der sechswöchigen Entgeltfortzahlung durch den Arbeitgeber im direkten Anschluss Krankengeld von ihrer Krankenversicherung. Während in der Zeit der Entgeltfortzahlung 100 % des vorherigen Gehalts bzw. Lohns gezahlt werden, beträgt nach § 47 SGB V das Krankengeld nur 70 % des regelmäßigen Arbeitseinkommens.

6.4 Arbeitsrechtliche Termine und Fristen

Eine wesentliche Aufgabe der Personalverwaltung ist die Überwachung wichtiger arbeitsrechtlicher Termine und Fristen, wie z. B.:

- rechtzeitiger Hinweis an die Mitarbeiter, bis zu einem bestimmten Termin den „**Resturlaub**" aus dem abgelaufenen Jahr zu beantragen
- Überwachung des Ablaufs der **Probezeit** eines neuen Mitarbeiters, um rechtzeitig eine Entscheidung bezüglich einer möglichen Kündigung treffen zu können
- Einhaltung der **Kündigungsfrist**, falls ein Mitarbeiter entlassen werden soll[1]
- Überwachung des **Ablaufs von befristeten Arbeitsverträgen,** um rechtzeitig eine Entscheidung über einen Anschlussvertrag treffen zu können
- Berücksichtigung der **Zustimmungs- bzw. Widerspruchsfristen des Betriebsrats** bei geplanten Einstellungen oder Kündigungen
- rechtzeitige Überweisung der Löhne und Gehälter an die Mitarbeiter
- Ermittlung und Überwachung von **Mutterschutzfristen und Elternzeiten**, um diese bei der Personalplanung zu berücksichtigen
- Überwachung der **Entgeltfortzahlungen,** um rechtzeitig die zuständige Krankenkasse zu informieren und die Entgeltfortzahlung nach sechs Wochen einzustellen

Insbesondere gegenüber den Krankenkassen der Arbeitnehmer hat ein Unternehmen die Pflicht zur Weitergabe von Informationen innerhalb bestimmter **Meldefristen.**[2]

Merke! Informationsweitergabe an die Krankenkassen der Arbeitnehmer:

- **Anmeldung** eines neuen Mitarbeiters spätestens nach sechs Wochen
- **Abmeldung** eines ausgeschiedenen Mitarbeiters spätestens nach sechs Wochen
- Meldung des **Ablaufs der Entgeltfortzahlung,** da die Krankenkasse im Anschluss die Zahlung des Krankengelds übernimmt
- Meldung der **Unterbrechung einer Beschäftigung** wegen Mutterschaft oder Elternzeit

6.5 Rechte eines schwerbehinderten Mitarbeiters

Die besonderen Schutzrechte von schwerbehinderten Mitarbeitern regelt das Sozialgesetzbuch IX (SGB IX). Als Schwerbehinderte gelten demnach Personen mit einem Grad der Behinderung von mindestens 50 %. Um diesem Personenkreis im Sinne der **Inklusion**[3] eine Teilhabe am Arbeitsleben zu ermöglichen, hat der Gesetzgeber eine **Beschäftigungspflicht** festgeschrieben.

Merke! Jeder Betrieb mit **mindestens 20 Arbeitsplätzen** muss auf **5 %** seiner Arbeitsplätze **Schwerbehinderte** beschäftigen oder eine Ausgleichsabgabe **für jeden unbesetzten Pflichtplatz bezahlen.**

Eine weitere Schutzmaßnahme für Schwerbehinderte ist ihr besonderer Kündigungsschutz. Das Arbeitsverhältnis eines Schwerbehinderten kann **nur nach vorheriger Zustimmung des Integrationsamtes gekündigt** werden.[4]

Schwerbehinderte haben außerdem einen Anspruch auf **zusätzlichen bezahlten Urlaub von fünf Arbeitstagen** im Jahr.

1 Kündigungsfristen
→ LF 8, Kap. 10.1

2 Die **Meldungen an die Krankenkassen** erfolgen **online** über das Internet. Dazu eignen sich zugelassene Personalverwaltungsprogramme. Die gesetzlichen Krankenkassen bieten die kostenlose Ausfüllhilfe **sv.net** an.

3 **Inklusion:**
Alle Menschen sollen die Möglichkeit haben, sich vollständig und gleichberechtigt an allen gesellschaftlichen Prozessen zu beteiligen.

4 besonderer Kündigungsschutz
→ LF 8, Kap. 10.2.2

6.6 Personalstatistiken

Beispiel Rolf Bastian hat von Laura Deneke eine Statistik zur Entwicklung der Fehlzeiten in den einzelnen Abteilungen angefordert. Sie lässt daraufhin vom Personalinformationssystem eine Grafik erstellen, ergänzt sie um weitere Informationen und leitet sie an Rolf Bastian weiter. Der bereitet sich gerade auf eine Sitzung mit allen Abteilungsleitern zum Thema „Analyse der Personalsituation“ vor. Er überlegt, welche weiteren Personalstatistiken ihm dabei helfen können.

$$\text{Fehlzeitenquote (in \%)} = \frac{\text{Fehlzeiten in der Abteilung} \cdot 100\ \%}{\text{Sollarbeitszeit in der Abteilung}}$$

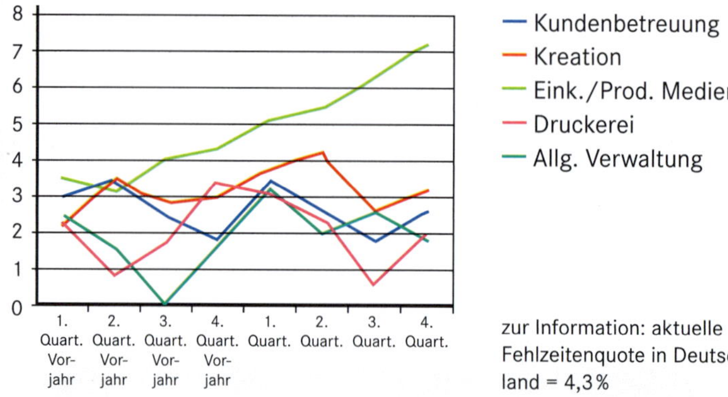

zur Information: aktuelle Fehlzeitenquote in Deutschland = 4,3 %

Für verschiedene betriebliche Situationen bieten Personalinformationssysteme auch die Möglichkeit, Kennzahlen und Statistiken zu erstellen[1], wie z. B.:

- Personalbestand[2] (z. B. nach Abteilungen)
- Altersstruktur der Belegschaft
- Lohn- und Gehaltsstatistik (z. B. nach Abteilungen)
- Stellenbesetzungsübersicht
- Fluktuationsstatistik[3] (Zu- und Abgänge)
- Übersicht der Teilzeitbeschäftigten (z. B. nach Abteilungen)
- Fehlzeitenquote bzw. -statistik
- Unfallquote (z. B. nach Produktionsbereichen oder Schichten)
- Überstundenübersichten
- Urlaubsübersichten

1 Zahlen in Diagrammen darstellen
→ Webcode 4519152_IT_Trainer, V Excel, Kap. 4

2 Personalbestandsanalyse
→ LF 8, Kap. 2

3 **Fluktuation:** Austauschrate des Personals

Einige dieser Kennzahlen und Statistiken dienen der Überwachung bzw. Kontrolle betrieblicher Entwicklungen im Personalbereich. Entsprechend wurde für diesen Aufgabenbereich der Personalverwaltung in den letzten Jahrzehnten der Begriff **„Personalcontrolling“**[4] geprägt. Zu den Aufgaben des Personalcontrollings gehören:

- Überwachung der Entwicklung des Personalbestands[5] (Altersstruktur, Fluktuation)
- regelmäßige Aktualisierung der Personalbedarfsplanung[6]
- Überwachung, Kontrolle und Steuerung der Personalkosten

4 **Controlling** (engl. „to control“): kontrollieren, überwachen, steuern

5 Personalbestandsanalyse
→ LF 8, Kap. 2

6 Personalbedarfsplanung
→ LF 8, Kap. 3

Beispiel Franz Seydlitz ermittelt für die BE Partners KG für das abgelaufene Geschäftsjahr die Personalkosten je Arbeitsstunde:

$$\textbf{Personalkosten je Stunde} = \frac{\text{Löhne/Gehälter + Personalnebenkosten}}{\text{Arbeitsstunden}}$$

$$= \frac{926.480{,}00\ € + 594.750{,}00\ €}{54\,420\ \text{Std.}} = \mathbf{27{,}95\ €/Std.}$$

In einem Gespräch diskutiert er das Ergebnis mit Rolf Bastian. Beide kommen zu dem Ergebnis, dass dieser Wert in Anbetracht des aktuellen **Branchendurchschnitts von 29,42 €/Std.** dem Unternehmen etwas Spielraum für anstehende Gehaltserhöhungen bietet.

Viele der Daten des Personalcontrollings sind erst dann aussagekräftig, wenn **Vergleichszahlen** vorliegen. Zu diesem Zweck werden entweder **eigene Werte aus der Vergangenheit** oder **Daten der Wettbewerber bzw. der Branche** herangezogen. Bei ungünstigen Werten oder negativen Entwicklungen müssen die Ursachen ermittelt und ggf. Verbesserungsmaßnahmen getroffen werden.

Alles klar?

1 Erläutern Sie, was unter Personaleinführung verstanden wird, und begründen Sie, warum dieser Aufgabenbereich des Personalwesens wichtig ist. Gehen Sie dabei auch auf fünf verschiedene Maßnahmen ein.

2 Begründen Sie den Einsatz von Checklisten bei der Personaleinführung.

3 Erläutern Sie den Unterschied zwischen Personalstamm- und -bewegungsdaten. Nennen Sie jeweils fünf Beispiele.

4 Begründen Sie, warum persönliche Daten der Mitarbeiter in Personaldateien erfasst werden sollten.

5 Nennen Sie acht Unterlagen, die in einer Personalakte aufbewahrt werden.

6 Erläutern Sie zwei Maßnahmen, die in der Personalabteilung getroffen werden sollten, um dem Datenschutz gerecht zu werden.

7 Erläutern Sie die Rechte des Arbeitnehmers in Bezug auf seine Personalakte.

8 Nennen Sie die verschiedenen Modelle zur Regelung der Arbeitszeit und erläutern Sie zwei davon.

9 Begründen Sie, warum Arbeitszeit in Deutschland zunehmend flexibilisiert wird.

10 Herr Seydlitz möchte, dass die Abteilungsleiter der BE Partners KG zukünftig mehr Rechtssicherheit bei der Erstellung von Personaleinsatzplänen für ihre Abteilungen haben. Beschreiben Sie zu diesem Zweck die wichtigsten Inhalte

a) des Arbeitszeitgesetzes,
b) des Bundesurlaubsgesetzes,
c) des Mutterschutzgesetzes und
d) des Sozialgesetzbuchs IX.

11 Nennen Sie weitere rechtliche Rahmenbedingungen, die Herr Seydlitz (vgl. Aufgabe 10) zudem beachten müsste.

12 Beschreiben Sie, für welche Zeiten Arbeitnehmer Entgelt bezahlt bekommen, obwohl sie nicht arbeiten.

13 Unterscheiden Sie Entgeltfortzahlung und Krankengeld. Geben Sie auch jeweils die Stelle/Institution an, die die Zahlungen übernimmt.

14 Nennen Sie zwei Pflichten eines erkrankten Arbeitnehmers gegenüber seinem Arbeitgeber.

15 Begründen Sie, warum viele Unternehmen die Krankheitstage ihrer Mitarbeiter exakt erfassen.

16 Nennen Sie drei Situationen, in denen die Personalverwaltung eine Meldung an die Krankenkasse eines Arbeitnehmers vornehmen muss.

17 Erläutern Sie die wichtigsten Schutzrechte schwerbehinderter Arbeitnehmer gemäß Sozialgesetzbuch IX.

7 Lohn- und Gehaltsabrechnung

7.1 Formen des betrieblichen Entgelts[1]

LS 99 Formen des betrieblichen Entgelts unterscheiden

1 Der Begriff „**Entgelt**" ist der formal korrekte Überbegriff für alle Formen der Vergütung von Mitarbeitern, insbesondere für den **Lohn** von Arbeitern und das **Gehalt** von Angestellten.

Prämien spornen Mitarbeiter an

Jeder vierte deutsche Arbeitnehmer erhält zusätzlich zum Festgehalt Prämien. Für die Mehrheit sind sie eine Motivation, im Beruf mehr zu leisten.

Das ist das Ergebnis einer aktuellen Studie des Marktforschungsinstituts IFAK unter 2 000 Erwerbstätigen. Demnach kommen insbesondere Führungskräfte in den Genuss von Prämien. Nur 22 Prozent der Angestellten ohne Personalverantwortung erhalten leistungsbezogene Komponenten.

Für zwei Drittel der Arbeitnehmer mit variablen Gehaltsanteilen stellen diese der Umfrage zufolge einen besonderen Anreiz zu mehr Engagement dar. Die zu erreichenden Ziele müssten jedoch klar und umsetzungsorientiert formuliert sein.

Quelle: http://www.focus.de/karriere/berufsleben/gehalt/gehalt_aid_228420.html

Beispiel Herr Bastian ist im Internet auf den oben abgebildeten Artikel gestoßen. Er überlegt, welche „leistungsbezogenen Komponenten" in der BE Partners KG geeignet sein könnten, um die Mitarbeiter zu mehr Engagement zu motivieren.

Eine der wichtigsten Pflichten des Arbeitgebers gegenüber den Arbeitnehmern ist die **Vergütungspflicht**. Die Mitarbeiter stellen dem Unternehmen ihre Arbeitskraft zur Verfügung und erwarten als Gegenleistung eine **gerechte Vergütung**. Da das Entgelt für die Arbeitnehmer ihr Einkommen, für den Arbeitgeber jedoch (Personal-)Kosten darstellt, sind die Ansichten über eine „gerechte" Vergütung oft unterschiedlich.[2] Im Rahmen verschiedener Entgeltformen wird versucht, folgende **Kriterien einer gerechten Vergütung** zu berücksichtigen:

2 „Jedem das Seine geben: Das wäre die Gerechtigkeit wollen und das Chaos erreichen."

Friedrich Wilhelm Nietzsche, deutscher Philosoph und Dichter (1844 – 1900)

- **Anforderungsgerechtigkeit:** Das Anforderungsniveau der Tätigkeit bzw. die Qualifikation des Mitarbeiters sollen berücksichtigt werden.
- **Leistungsgerechtigkeit:** Die tatsächliche (qualitative oder quantitative) Leistung des Mitarbeiters soll berücksichtigt werden.
- **Sozialgerechtigkeit:** Soziale Aspekte wie ein für Frauen und Männer gleicher Lohn sollen berücksichtigt werden.

Als **Grundformen des Entgelts** werden Zeitlohn, Akkordlohn und Prämienlohn unterschieden. Während beim **Zeitlohn** ausschließlich die Anwesenheitszeit bezahlt wird, erfolgt mit dem **Akkordlohn** eine direkte Entlohnung nach der Leistung (= **Leistungslohn**) des Mitarbeiters. Der **Prämienlohn** ist eine Mischform, da zusätzlich zum Zeitlohn leistungsabhängige Prämien gezahlt werden.

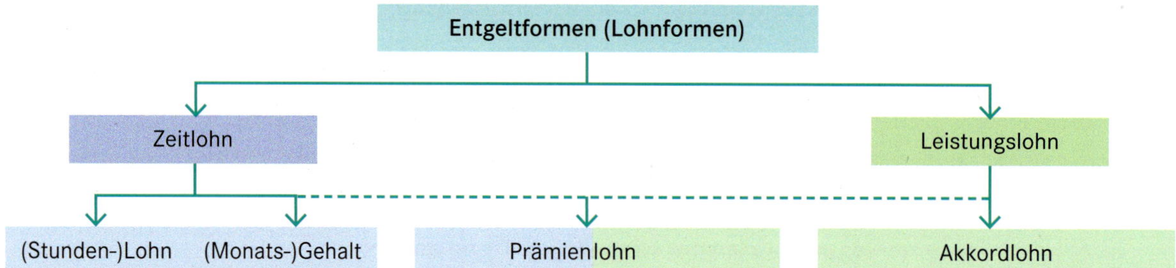

7.1.1 Zeitlohn (Lohn und Gehalt)

Beim Zeitlohn erfolgt die **Vergütung nach der Anwesenheitszeit** des Mitarbeiters. So erhalten gewerbliche Arbeitnehmer[1] häufig einen **Stundenlohn**. Am Monatsende werden ihre tatsächlich geleisteten Stunden mit dem Stundenlohn multipliziert. Kaufmännische Arbeitnehmer[2] hingegen erhalten normalerweise ein gleich bleibendes **Monatsgehalt**. In beiden Fällen erfolgt die **Bezahlung unabhängig von der tatsächlichen Leistung** des Mitarbeiters.

1 = Arbeiter

2 = Angestellte

Beispiel Bernhard Finke erhält in der BE Partners KG einen Stundenlohn von 14,80 €. Zum Ende des Monats Mai werden mithilfe der Arbeitszeiterfassung 175,5 Anwesenheitsstunden ermittelt und sein Gesamtverdienst wird folgendermaßen berechnet:

Stundenlohn	·	Anzahl Stunden	=	Gesamtverdienst
14,80 €	·	175,5 Stunden	=	2.597,40 €

Um dem Ziel einer „gerechten Entlohnung" zu entsprechen, werden die Empfänger von Zeitlöhnen häufig in unterschiedliche **Tarif- bzw. Lohngruppen** eingeordnet. Hierbei werden das Anforderungsniveau der jeweiligen Stelle und die Qualifikation des Mitarbeiters berücksichtigt. Innerhalb der einzelnen Lohngruppen erfolgt oft noch eine Erhöhung des Lohns mit den Berufsjahren.

Die Tarifparteien[3] orientieren sich häufig an diesem **Lohngruppenverfahren** und regeln in Rahmentarifverträgen die Eingruppierung der Arbeitnehmer in Lohn- bzw. Gehaltsgruppen gemäß bestimmter Tätigkeitsmerkmale.

3 Tarifparteien, Tarifverträge, Tarifbindung
→ FK 1, LF 1, Kap. 1.7

Beispiel Da die BE Partners KG an keinen Tarifvertrag gebunden ist, haben Arbeitgeber und Betriebsrat in einer Betriebsvereinbarung[4] folgende Gehaltsgruppen vereinbart:

Gruppe	Qualifikations- und Tätigkeitsmerkmale	Beispiele
G1	Angestellte ohne Berufsausbildung, die ausschließlich einfache Tätigkeiten verrichten	Bürohilfskraft für Registratur
G2	Angestellte mit einfachen Tätigkeiten, die eine zweijährige Ausbildung oder praktische Erfahrung bzw. umfangreiche Einarbeitung erfordern	Sachbearbeiter für Post und Büromaterial
G3	Angestellte, die Tätigkeiten verrichten, für die eine einschlägige dreijährige Ausbildung erforderlich ist	Sachbearbeiter Allg. Verwaltung
G4	Angestellte wie in G3, die auf Anweisung anspruchsvolle Tätigkeiten ausüben, die zusätzlich entsprechende Berufserfahrung und Fachkenntnisse erfordern	Sachbearbeiter Personalverwaltung
G5	Angestellte mit qualifizierten Tätigkeiten und geringer Personalverantwortung, die nur allgemeine Anweisungen erhalten und weitgehend anspruchsvolle Aufgaben selbstständig und verantwortlich ausüben	Art Director
G6	Angestellte mit größtenteils planenden, leitenden und organisierenden Aufgaben und mit umfangreicher Personalverantwortung	Abteilungsleiter

In jeder Gehaltsgruppe kann in Abhängigkeit von Berufsjahren und Betriebszugehörigkeit eine Einteilung in die Untergruppen A, B, C und D erfolgen.

4 Betriebsvereinbarung
→ FK 1, LF 1, Kap. 1.6

In Betrieben mit mehr als 20 wahlberechtigten Arbeitnehmern hat der **Betriebsrat** bei Ein- oder Umgruppierungen von Mitarbeitern ein **Informations- und Zustimmungsrecht** (§ 99 BetrVG).

Die **Anwendung eines Zeitlohns** ist angebracht bei

- **anspruchsvollen Arbeiten,** die Gewissenhaftigkeit und Sorgfalt erfordern, weil es vor allem auf die Qualität ankommt,
- **gefährlichen Arbeiten,** da Leistungsdruck die Sicherheit gefährden könnte, und
- Arbeiten, deren (mengenmäßiges) **Ergebnis nicht** oder nur mit viel Aufwand **messbar** ist (z. B. Bürotätigkeiten).

Zeitlohn	
Vorteile	**Nachteile**
- einfache und schnelle Berechnung - qualitativ bessere Arbeit, weniger Fehler und weniger Ausschuss[1] - geringerer Leistungsdruck ist gesünder für den Mitarbeiter - geringere Unfallgefahren - weniger Personalausfall - sinkende Lohnstückkosten, wenn ein Mitarbeiter mehr als Normalleistung erbringt	- geringerer Leistungsanreiz, da der Arbeitnehmer durch seine Leistung die Höhe seiner Entlohnung nicht beeinflussen kann - Arbeitskontrollen sind erforderlich, um zu prüfen, ob der Mitarbeiter eine bestimmte Leistungserwartung erfüllt - steigende Lohnstückkosten, wenn ein Mitarbeiter weniger als Normalleistung erbringt

1 **Ausschuss:** Fehlproduktion

Beispiel Florian Hamm absolviert gerade einen überbetrieblichen Ausbildungsabschnitt bei der Werbeartikel Schnürer GmbH, einem Lieferanten der BE Partners KG für edle Holzkugelschreiber. Die Mitarbeiter in der Produktion erhalten dort einen Stundenlohn von 15,00 €. Der Produktionsleiter, Herr Mortier, erläutert Florian anhand einer Tabelle, wie sich die Lohnstückkosten eines Kugelschreibers verändern, wenn ein Mitarbeiter in der Produktion bei der Fertigung der Kugelschreiber eine Mehr- oder Minderleistung erbringt. Die Normalleistung pro Stunde beträgt 30 Stück.

Leistung pro Stunde	Lohnkosten pro Stück
10 Stück	1,50 €
20 Stück	0,75 €
30 Stück	0,50 €
40 Stück	0,38 €
50 Stück	0,30 €

7.1.2 Akkordlohn

Beim Akkordlohn erfolgt die **Vergütung nach der mengenmäßigen Leistung** des Mitarbeiters.[2] **Voraussetzungen für den Akkordlohn** sind, dass

- sich eine gleichartige einfache Arbeit ständig wiederholt,
- der Zeitbedarf und das Arbeitsergebnis messbar sind (St., kg, m usw.) und
- der Arbeiter sein Arbeitstempo beeinflussen kann.

2 Da als Arbeitsergebnis häufig die produzierte Stückzahl zugrunde liegt, wird der Akkordlohn auch als **Stücklohn** bezeichnet.

Aufgrund dieser Voraussetzungen wird der Akkordlohn vorrangig bei bestimmten körperlichen Tätigkeiten in Industrie- oder Handwerksbetrieben angewandt.

Ausgangspunkt für die Berechnung eines Akkordlohns ist in der Regel ein tariflicher oder betrieblicher **Mindestlohn**. Dieser steht dem Akkordarbeiter mindestens zu, auch wenn er eine Minderleistung erbringt. Da Akkordarbeit für den Arbeitnehmer eine höhere physische und psychische Belastung bedeutet, wird zum Mindestlohn ein **Akkordzuschlag** hinzugerechnet. Auch dieser wird häufig in Tarifverträgen oder Betriebsvereinbarungen festgelegt. Beides zusammen ergibt den **Akkordrichtsatz.**[3] Dies ist der Stundenverdienst eines Akkordarbeiters bei Normalleistung.

3 Der Akkordrichtsatz wird auch als **Grundlohn** bezeichnet.

Beispiel Früher wurden bei der Werbeartikel Schnürer GmbH die Holzkugelschreiber im Akkord gefertigt. Da das Unternehmen tarifgebunden ist, wurden der Mindestlohn für die entsprechende Tätigkeit in Höhe von 12,00 € und der Akkordzuschlag von 15 % dem geltenden Tarifvertrag entnommen. Der Akkordrichtsatz ergab sich somit folgendermaßen:

	Mindestlohn	12,00 €
+	**Akkordzuschlag** (15 %)	1,80 €
=	**Akkordrichtsatz**	13,80 €

Durch statistische Auswertungen von Arbeitsbeobachtungen in der Vergangenheit wurde ermittelt, dass die **Normalleistung** pro Stunde 30 Stück beträgt.

Ausgehend vom Akkordrichtsatz und der Normalleistung kann der Akkordlohn eines Mitarbeiters ermittelt werden. Die Grundidee ist, dass jeder Akkordarbeiter einen festen Geldbetrag je Stück bekommt. Dieser **Stückakkordsatz**[1] wird zur Berechnung des Gesamtlohns mit der gefertigten Stückzahl multipliziert.

1 Der Stückakkordsatz wird auch als **Stücklohnsatz** oder **Stückgeld** bezeichnet.

Beispiel In der Werbeartikel Schnürer GmbH wurde zunächst der Stückakkordsatz für die Kugelschreiberfertigung errechnet:

$$\text{Stückakkordsatz} = \frac{\text{Akkordrichtsatz}}{\text{Normalleistung je Stunde}} = \frac{13{,}80\ €}{30\ \text{Stück}} = 0{,}46\ €$$

Anschließend wurde für zwei Akkordmitarbeiter der Gesamtlohn für eine Arbeitswoche (38 Stunden) berechnet.

	Menge	·	**Stückakkordsatz**	=	**Gesamtlohn**
Stephan Korte:	1 360	·	0,46 €	=	625,60 €
Dirk Dammeyer:	930	·	0,46 €	=	427,80 €

Da der tarifliche Mindestlohn (38 · 12,00 €) mit 456,00 € höher als der Akkordlohn von Dirk Dammeyer ist, bekommt er den Mindestlohn von 456,00 € gezahlt.

Akkordlohn	
Vorteile	**Nachteile**
- Leistungsanreiz für den Mitarbeiter durch die Möglichkeit des Mehrverdienstes - Leistungsgerechtigkeit - fixe Lohnstückkosten ermöglichen eine zuverlässigere Kalkulation und Kostenrechnung - hoher Nutzungsgrad der Betriebsmittel	- gesundheitliche Beeinträchtigungen durch Leistungsdruck und Eile - stärkere Abnutzung der Betriebsmittel - Gefahr der Qualitätsminderung und höherer Fehlproduktion durch oberflächliches Arbeiten - zeitlicher Aufwand für die Ermittlung der Normalleistung und der tatsächlichen Stückzahlen

Eine Weiterentwicklung des klassischen (Einzel-)Akkordlohns ist der **Gruppenakkord**. Er bietet sich an, wenn mehrere Akkordarbeiter in Teamarbeit gemeinsam ein messbares Arbeitsergebnis erzielen. Der für die Gruppe zu errechnende Gesamtlohn wird dann i. d. R. zu gleichen Teilen auf die einzelnen Gruppenmitglieder verteilt.

Angestrebt werden mit dieser Lohnform die **Vorteile der Teamarbeit** wie

- verbesserte Arbeitsergebnisse durch Nutzung unterschiedlicher Stärken,
- Motivation durch Förderung der Gruppenzugehörigkeit und
- weniger Fehler und höhere Leistung durch gegenseitige Kontrolle.

Andererseits liegen die Gefahren bzw. Nachteile des Gruppenakkords in

- Konflikten innerhalb der Gruppe bei unterschiedlichen Leistungen und
- einer Überforderung der schwächeren Gruppenmitglieder durch noch höheren Leistungsdruck.

7.1.3 Prämienlohn

Neben einem **Grundlohn** (in der Regel ein Zeitlohn) zahlen viele Arbeitgeber **Prämien für besondere Leistungen** der Arbeitnehmer. In solchen Fällen handelt es sich um einen **Prämienlohn**, eine Kombination aus Zeit- und Leistungslohn.

Prämienlohn = Grundlohn (Zeitlohn) + Prämie (Leistungslohn)

Beispiel In der Abteilung Kreation der BE Partners KG werden Kundenaufträge in der Regel in Teams aus Grafik-Designer, Mediengestalter und Texter bearbeitet, die von der Kreativdirektorin koordiniert werden. Da diese Projekte häufig unter Termindruck realisiert werden müssen, erhalten die Mitarbeiter bei Einhaltung der Termine eine Gruppenprämie. Diese wird in der Regel zu gleichen Teilen unter den beteiligten Mitarbeitern aufgeteilt und ihnen zusätzlich zum Monatsgehalt gezahlt.

Ähnlich wie der Akkordlohn sind Prämien eine **Form der leistungsabhängigen Vergütung**. Sie können jedoch vielseitiger eingesetzt werden und wesentlich mehr Aspekte der Leistung erfassen als die reine Arbeitsmenge. Entsprechend vielfältig sind die Gründe für die Zahlung von Prämien.

Typische **Prämienarten** sind:

- **Quantitätsprämie** (Mengenprämie) für eine hohe Produktionsmenge
- **Qualitätsprämie** für qualitativ gute Arbeitsergebnisse bzw. wenig Ausschussproduktion
- **Prämie für Verbesserungsvorschläge**, z. B. zur effizienteren Gestaltung von Arbeitsabläufen[1]
- **Terminprämie** für die Einhaltung von (Kunden-)Terminen
- **Ersparnisprämie** für sparsamen Umgang mit Material oder Werkstoffen[2]
- **Unfallverhütungsprämien** für einen Rückgang der Arbeitsunfälle

Obwohl der Leistungsanreiz des Prämienlohns geringer als beim Akkordlohn ist, da dem Mitarbeiter nicht der volle Ertrag seiner Mehrleistung zugute kommt, hat die Bedeutung des Prämienlohns in Deutschland stark zugenommen. Das liegt zum einen daran, dass sich immer weniger Arbeiten für die Zahlung von Akkordlöhnen eignen. Beispielsweise führen Automatisierungsprozesse dazu, dass Arbeiter die Produktionsmengen nicht mehr beeinflussen können. Zum anderen nehmen Qualitätsarbeiten, die hohe Sorgfalt erfordern, immer mehr zu.

1 Ablauforganisation
→ FK 1, LF 1, Kap. 3.3.2

2 Neben der Kostenreduzierung werden mit Ersparnisprämien auch ökologische Ziele wie die Abfallvermeidung angestrebt.

7.1.4 Besondere Formen des Entgelts

Provisionen

Eine Provision ist ebenfalls ein leistungsabhängiges Entgelt mit dem Ziel, bestimmte Mitarbeiter zu motivieren. Sie wird in der Regel Verkäufern oder Außendienstmitarbeitern zusätzlich zu ihrem Grundlohn (= Fixum) als **prozentuale Beteiligung am** von ihnen bewirkten **Umsatz** gezahlt.

Beispiel In der BE Partners KG sind die Kontakter für die Kundenbetreuung zuständig. Sie vermitteln zwischen den Kunden des Unternehmens und den Mitarbeitern der Abteilung Kreation. Im Arbeitsvertrag von Tina Welkenbach wurde beispielsweise vereinbart, dass sie zusätzlich zu ihrem monatlichen Fixum von 1.700,00 € eine Provision von 1 % des Auftragswertes der von ihr bewirkten Kundenaufträge erhält.

Erfolgsbeteiligungen (Beteiligungslohn)

Die Beteiligung der Arbeitnehmer am Erfolg des Unternehmens ist eine moderne Möglichkeit, dem Ziel der Lohngerechtigkeit zu entsprechen.[1]

Merke! Grundprinzip der Erfolgsbeteiligung: „Je höher der Erfolg des Unternehmens ist, desto höher ist die Vergütung der Mitarbeiter."

Immer mehr Unternehmen nutzen eine der folgenden Formen der Erfolgsbeteiligung[2] für ihre Belegschaft.

Erfolgsbeteiligungen

- **Gewinnbeteiligung**
  Vom Unternehmensgewinn erhält jeder Mitarbeiter einen prozentualen Anteil direkt ausgezahlt („Barauszahlung"). Je nach Stellung des Mitarbeiters kann dieser Anteil unterschiedlich hoch sein.
- **Kapitalbeteiligung**[3]
  Der Gewinnanteil der Mitarbeiter verbleibt im Unternehmen.
  - **Beteiligung am Eigenkapital**
    z. B. werden Belegschaftsaktien ausgegeben (deswegen besonders verbreitet bei Aktiengesellschaften)
  - **Beteiligung am Fremdkapital**
    z. B. werden die Gewinnanteile in ein Darlehen der Mitarbeiter an das Unternehmen umgewandelt

Neben den Vorzügen für die Arbeitnehmer, die besonders in einem gerechteren und höheren Einkommen liegen, bieten Erfolgsbeteiligungen vor allem den Unternehmen zahlreiche Vorteile.

1 Ähnlich wie Prämien werden Erfolgsbeteiligungen zusätzlich zu einer Grundvergütung gezahlt. Da sie aber nicht an der individuellen Leistung eines einzelnen Mitarbeiters bemessen werden, sind sie keine Leistungslöhne im eigentlichen Sinne.

2 Im Gegensatz zu anderen Lohnformen stellen Erfolgsbeteiligungen für das Unternehmen **keine Aufwendungen** dar. Sie sind erfolgsneutral.

3 Informationen zu Finanzierungsarten finden Sie in FK 3, LF 9.

Positive Auswirkungen von Erfolgsbeteiligungen für das Unternehmen:

- höheres Engagement der Mitarbeiter durch den Leistungsanreiz (Motivation)
- stärkere Identifikation der Mitarbeiter mit dem Unternehmen und dadurch Verringerung der Fluktuation (Mitarbeiterbindung)
- Stärkung des persönlichen Kostenbewusstseins der Mitarbeiter und höhere Motivation zu Einsparungen
- höhere Bereitschaft zur Mehrarbeit
- Stärkung des Empfindens, am eigenen Arbeitserfolg „gerecht" beteiligt zu sein
- Rückgang von Fehlzeiten
- zusätzliche Finanzierungsmöglichkeiten (bei der Kapitalbeteiligung)

Zuschläge und Zulagen

Zusätzlich zu ihrem Grundlohn können Arbeitnehmer aus verschiedenen Gründen Zuschläge oder Zulagen erhalten. Sie werden beispielsweise aufgrund ungünstiger Arbeitszeiten bzw. Arbeitsbedingungen oder aus sozialen Gründen gewährt.[1] **Typische Zuschläge und Zulagen** sind:

- Zuschläge für Nachtarbeit
- Überstundenzuschläge
- Sonn- und Feiertagszuschläge
- Zulagen für Schichtarbeit
- Erschwerniszulagen (z. B. wegen Schmutz, Hitze, Kälte, Gefahren, Lärm)
- Arbeitgeberzuschuss zu vermögenswirksamen Leistungen
- Zulagen zur betrieblichen Altersvorsorge („Betriebsrente")

1 Außer den Zuschlägen für Nachtarbeit (§ 6 ArbZG) besteht **kein gesetzlicher Anspruch auf Zuschläge und Zulagen**. Tarifgebundene Unternehmen müssen jedoch entsprechende **Tarifverträge** beachten. Ansonsten handelt es sich um freiwillige Zahlungen des Arbeitgebers, die in **Betriebsvereinbarungen** oder **Arbeitsverträgen** geregelt werden.

Alles klar?

1 Erläutern Sie, welche Rechtsquellen Unternehmen für die Ermittlung des Stundenlohns eines Mitarbeiters berücksichtigen müssen.

2 Erläutern Sie das Lohngruppenverfahren.

3 Nennen Sie drei Möglichkeiten der leistungsabhängigen Vergütung.

4 Erläutern Sie den Unterschied zwischen Zeit- und Leistungslohn.

5 Wägen Sie die Vorteile des Zeit- und Akkordlohns gegeneinander ab.

6 Grenzen Sie Akkordlohn und Prämienlohn gegeneinander ab.

7 Nennen Sie fünf Prämienarten.

8 Begründen Sie, warum Mitarbeiter immer häufiger in den Genuss von Erfolgsbeteiligungen kommen.

9 Beurteilen Sie die unterschiedlichen Formen der Erfolgsbeteiligung hinsichtlich ihrer Auswirkungen auf

a) die Liquidität des Unternehmens und
b) die Möglichkeit der Mitarbeiterbindung.

7.2 Durchführung der Lohn- und Gehaltsabrechnung

LS 100 Lohn- und Gehaltsabrechnungen durchführen

Beispiel Florian Hamm soll im Anschluss an seine Ausbildung im Personalwesen der BE Partners KG übernommen werden. Da viele Mitarbeiter immer wieder Fragen zu ihren Lohn- und Gehaltsabrechnungen haben, erklärt ihm Laura Deneke heute die einzelnen Bestandteile. Als Beispiele hat sie mithilfe des Personalinformationssystems, das die Abrechnungen automatisch erstellt, die Lohn- und Gehaltsabrechnungen des Monats April von Michael Meier und Heike Kolder ausgedruckt.[1]

1 Die einzelnen Werte dieser beiden Beispiele werden in den folgenden Unterkapiteln nach und nach erarbeitet.

Hinweis: Grundlage für die Ermittlung der Sozialversicherungsbeiträge ist der **Rechtsstand 2020.**

Lernvideo
Eine Gehaltsabrechnung lesen

Lohn- und Gehaltsabrechnungen	Michael Meier	Heike Kolder	
Lohnsteuerklasse	I	III	
Kinderfreibeträge	0,5	1	
Konfession	rk	–	
Grundlohn/-gehalt	1.604,00	4.907,00	Ermittlung des sozialversicherungspflichtigen Bruttoentgelts → LF 8, Kap. 7.2.1
+ Zulagen	200,00	13,00	
= SV-Brutto	1.804,00	4.920,00	
– Lohnsteuerfreibetrag	0,00	150,00	Ermittlung des steuerpflichtigen Bruttoentgelts → LF 8, Kap. 7.2.2
= Steuer-Brutto	1.804,00	4.770,00	
SV-Brutto	1.804,00	4.920,00	
– Lohnsteuer	132,58	543,83	Ermittlung der steuerlichen Abzüge → LF 8, Kap. 7.2.3
– Solidaritätszuschlag	0,00	20,37	
– Kirchensteuer	4,94	0,00	
– Krankenversicherung	147,93	367,97	Ermittlung der Sozialversicherungsbeiträge → LF 8, Kap. 7.2.4
– Pflegeversicherung	27,51	71,48	
– Rentenversicherung	167,77	457,56	
– Arbeitslosenversicherung	21,65	59,04	
= Nettolohn/-gehalt	1.301,62	3.397,75	Ermittlung des Nettoentgelts und des Auszahlungsbetrags → LF 8, Kap. 7.2.5
– weitere Abzüge	-100,00	-40,00	
= Auszahlungsbetrag	1.201,62	3.357,75	

Die Lohn- und Gehaltsabrechnung ist eine wichtige Aufgabe des Personalwesens. Einerseits wird mit ihr für jeden Mitarbeiter – ausgehend von seinem Bruttoverdienst – der **Auszahlungsbetrag** und damit sein Einkommen ermittelt. Andererseits werden im Rahmen der Lohn- und Gehaltsabrechnung viele weitere Beträge ermittelt, die das Unternehmen beispielsweise an das **Finanzamt** und an die **Krankenkassen** der Arbeitnehmer melden und überweisen muss.

Zudem liefern die Entgeltabrechnungen wichtige Informationen über die Personalkosten des Unternehmens. Diese haben für Kalkulationen und in der Kostenrechnung[2] eine große Bedeutung.

2 Informationen zur Kostenrechnung finden Sie in FK 3, LF 10.

7.2.1 Ermittlung des sozialversicherungspflichtigen Bruttoentgelts

Unter dem sozialversicherungspflichtigen Bruttolohn bzw. -gehalt („SV-Brutto")[1] werden **alle Zahlungen und sonstigen Sachleistungen** verstanden, die dem Arbeitnehmer im Rahmen seines Arbeitsverhältnisses vom Arbeitgeber zukommen. In der Regel setzt er sich aus dem Grundlohn/-gehalt und allen Zulagen und Zuschlägen zusammen, die ein Arbeitnehmer in einem Monat bekommt.

1 Das sozialversicherungspflichtige Bruttoentgelt wird umgangssprachlich häufig als **„das Bruttoentgelt"** bezeichnet. Wichtig ist aber, es vom steuerpflichtigen Bruttoentgelt (→ LF 8, Kap. 7.2.2) zu unterscheiden.

Beispiel **Michael Meier** bekommt im April zusätzlich zum **Grundgehalt** von **1.604,00 €** eine **Terminprämie** von **200,00 €**. Sein **SV-Brutto** beträgt also **1.804,00 €**.

Heike Kolder (Grundgehalt 4.907,00 €) hat einen Bausparvertrag mit vermögenswirksamen Leistungen abgeschlossen. Auf Grundlage einer Betriebsvereinbarung gibt die BE Partners KG jedem Mitarbeiter, der diese Form der Vermögensbildung betreibt, einen **Zuschuss** von **13,00 €**. Ihr **SV-Brutto** beträgt demnach **4.920,00 €**.

Merke! Das **sozialversicherungspflichtige** Bruttogehalt ist die Bemessungsgrundlage für die Ermittlung der **Sozialversicherungsbeiträge** eines Arbeitnehmers.

Für Gehaltsempfänger und Auszubildende ist die Ermittlung des SV-Brutto in der Regel recht einfach. Ihre monatlich gleich bleibenden Grundbezüge sind im Personalinformationssystem gespeichert. Lediglich die im aktuellen Monat anfallenden Zusatzvergütungen müssen hinzugerechnet werden.

Aufwendiger ist die Ermittlung bei Lohnempfängern und Akkordarbeitern, da hier zunächst der Grundlohn anhand von Anwesenheitsdaten bzw. Stückzahlen berechnet werden muss. Bei Verkäufern oder Reisenden müssen häufig zunächst die Umsätze und auf deren Grundlage die Provisionen ausgerechnet werden.

7.2.2 Ermittlung des steuerpflichtigen Bruttoentgelts

In der Regel stimmt das steuerpflichtige Bruttoentgelt eines Mitarbeiters mit dem sozialversicherungspflichtigen Bruttoentgelt überein. Wenn der Arbeitnehmer sich jedoch vom Finanzamt einen **Lohnsteuerfreibetrag** hat eintragen lassen, muss das steuerpflichtige Bruttoentgelt um diesen Freibetrag gemindert werden. **Die Bemessungsgrundlage für die Ermittlung der steuerlichen Abzüge („Steuer-Brutto") ist dann um den Freibetrag niedriger.** Das bewirkt, dass dem Arbeitnehmer weniger Lohnsteuer, Kirchensteuer und Solidaritätszuschlag abgezogen werden als ohne Freibetrag.

Merke! Das **steuerpflichtige** Bruttogehalt ist die Bemessungsgrundlage für die Ermittlung der **steuerlichen Abzüge** eines Arbeitnehmers.

Lohnsteuerfreibeträge können vom Arbeitnehmer beantragt werden für:

- **Werbungskosten:** Aufwendungen zur Erlangung oder Erhaltung des Arbeitslohnes (z. B. Entfernungspauschale zwischen Wohnung und Arbeitsstätte)
- **Sonderausgaben:** Vorsorgeaufwendungen (z. B. Beiträge zur Sozialversicherung) und übrige Sonderausgaben (z. B. Unterhaltsleistungen)
- **außergewöhnliche Belastungen:** vergleichsweise hohe finanzielle Belastungen (z. B. außergewöhnliche Krankheits- oder Pflegekosten)

Wenn einem Arbeitnehmer Werbungskosten, Sonderausgaben oder außergewöhnliche Belastungen entstehen, hat er grundsätzlich **zwei Möglichkeiten, diese Aufwendungen steuermindernd geltend zu machen:**

1. Die Aufwendungen werden bei der Einkommensteuererklärung am Jahresende angegeben und mindern dadurch das Steuer-Brutto des gesamten Jahres. Da die Lohnsteuer eine Jahressteuer[1] ist, bildet dieser Betrag die eigentliche Bemessungsgrundlage zur Ermittlung der steuerlichen Abzüge für das gesamte Jahr. Wenn der Mitarbeiter im Laufe des Jahres zu viel Steuern vorausgezahlt hat, bekommt er die Differenz am Jahresende zurückerstattet.
2. Wenn Aufwendungen **vorhersehbar** sind, **kann** der Arbeitnehmer auch beim Finanzamt einen **Lohnsteuerfreibetrag** beantragen. Dieser **mindert bereits jeden Monat die steuerlichen Abzüge**. Bei der Einkommensteuererklärung können diese Aufwendungen natürlich nicht noch einmal geltend gemacht werden, sodass eine eventuelle Rückerstattung entsprechend geringer ausfällt.

1 Die monatlichen Steuerabzüge des Arbeitnehmers sind eine Vorauszahlung an das Finanzamt und werden mit der am Jahresende zu ermittelnden Jahressteuer verrechnet.

Beispiel **Heike Kolder** fährt jeden Tag 43 km zur Arbeit. Sie hat sich entschieden, schon monatlich ihre Steuerlast zu senken, und beim Finanzamt einen Lohnsteuerfreibetrag beantragt. Das Finanzamt hat einen Jahresfreibetrag von 1.800,00 € genehmigt. Der entsprechende **monatliche Freibetrag** von **150,00 €** wird jeden Monat vom SV-Brutto abgezogen, sodass sich ein **Steuer-Brutto** von **4.770,00 €** ergibt.

Michael Meier erwartet keine besonderen Werbungskosten, Sonderausgaben oder außergewöhnlichen Belastungen. Da er **keinen Freibetrag** beantragt hat, ist sein **SV-Brutto identisch mit seinem Steuer-Brutto.**

7.2.3 Ermittlung der steuerlichen Abzüge

Dem Arbeitnehmer werden im Rahmen der Entgeltabrechnung **drei steuerliche Abgaben abgezogen**, die vom Arbeitgeber einbehalten und **an das Finanzamt** abgeführt werden. Es handelt sich um

- die Lohnsteuer,
- die Kirchensteuer und
- den Solidaritätszuschlag.

Lohnsteuer (LSt)

Eine wichtige Einnahmequelle des Staates ist die **Einkommensteuer**. Gemäß § 1 Einkommensteuergesetz (EStG) sind alle natürlichen Personen unbeschränkt einkommensteuerpflichtig. In § 2 EStG werden die **sieben Einkunftsarten** aufgeführt, auf die Einkommensteuer erhoben wird.

§ 2 Einkommensteuergesetz: Umfang der Besteuerung

(1) Der Einkommensteuer unterliegen
1. Einkünfte aus Land- und Forstwirtschaft,
2. Einkünfte aus Gewerbebetrieb,
3. Einkünfte aus selbstständiger Arbeit,
4. Einkünfte aus nicht selbstständiger Arbeit[2],
5. Einkünfte aus Kapitalvermögen,
6. Einkünfte aus Vermietung und Verpachtung,
7. sonstige Einkünfte.

2 Die Einkünfte „aus nicht selbstständiger Arbeit“ sind die Entgelte eines Arbeitnehmers aus seinem Arbeitsverhältnis.

Die **Lohnsteuer** bezeichnet den **Teil der Einkommensteuer**, der auf die Einkünfte aus nicht selbstständiger Arbeit erhoben wird. Sie wird im Abzugsverfahren erhoben, d. h. jeden Monat vom steuerpflichtigen Bruttoentgelt des Arbeitnehmers ermittelt, vom Arbeitgeber einbehalten und an das Finanzamt abgeführt.

Solidaritätszuschlag (SolZ)

Im Jahr 1991 wurde in Deutschland der Solidaritätszuschlag als zusätzliche steuerliche Abgabe der Arbeitnehmer eingeführt. Seinerzeit wurde die Einführung mit den hohen Kosten der Deutschen Einheit begründet. Der Bundestag hat im Jahr 2019 die weitgehende Abschaffung des Solidaritätszuschlags beschlossen. Geplant ist (Stand Mai 2020), dass er ab 2021 nur noch für Spitzenverdiener anfällt. Rund 90 Prozent der Arbeitnehmer soll somit ab 2021 kein Solidaritätszuschlag mehr abgezogen werden.

Grundsätzlich beträgt der Solidaritätszuschlag **5,5 % der Lohnsteuer**. Kinderfreibeträge und eine Freibetragsregelung für geringe Einkommen können aber dazu führen, dass er niedriger ist. Wie die Lohnsteuer wird der Solidaritätszuschlag vom Arbeitgeber einbehalten und an das Finanzamt abgeführt.

Kirchensteuer (KiSt)

Die Kirchensteuer wird **von bestimmten Religionsgemeinschaften** von ihren Mitgliedern zur Finanzierung der kirchlichen Aufgaben erhoben. Wenn ein Arbeitnehmer Mitglied einer steuererhebenden Religionsgemeinschaft[1] ist, wird ihm die Kirchensteuer im Rahmen der Entgeltabrechnung abgezogen, vom Arbeitgeber einbehalten und mit der Lohnsteuer und dem Solidaritätszuschlag an das Finanzamt abgeführt.

Grundsätzlich beträgt die Kirchensteuer **9 %** (bzw. **8 %**, wenn der Arbeitgeber seine Betriebsstätte in Bayern oder Baden-Württemberg hat) **der Lohnsteuer**. Durch Kinderfreibeträge kann – wie beim Solidaritätszuschlag – auch die Kirchensteuer gemindert werden.

Lohnsteuerabzugsmerkmale und ELStAM-Verfahren[2]

Die Höhe der drei steuerlichen Abzüge (LSt, SolZ, KiSt) hängt neben dem Bruttoentgelt von folgenden **Lohnsteuerabzugsmerkmalen des Arbeitnehmers** ab:

- **Lohnsteuerfreibeträge** (zur Ermittlung des steuerpflichtigen Bruttoentgelts)
- **Religionszugehörigkeit** (zur Bestimmung, ob Kirchensteuer abgezogen wird)
- **Lohnsteuerklasse**
- **Zahl der Kinderfreibeträge**

Diese für die Entgeltabrechnung erforderlichen Informationen erhält der Arbeitgeber im Rahmen des **ELStAM-Verfahrens**. Der Arbeitnehmer muss dem Arbeitgeber zu Beginn des Arbeitsverhältnisses seine **Steuer-Identifikationsnummer (Steuer-ID)** und sein **Geburtsdatum** mitteilen. Auf Grundlage dieser Daten bekommt der Arbeitgeber vom Bundeszentralamt für Steuern die Lohnsteuerabzugsmerkmale des Arbeitnehmers „elektronisch“ übermittelt.

Änderungen der Daten (z. B. bei Geburt eines Kindes) werden dem Arbeitgeber am Anfang jedes Monats elektronisch zum Abruf bereitgestellt.

1 Steuererhebende Religionsgemeinschaften sind evangelische, katholische und jüdische Kirchen.

2 ELStAM = **E**lektronische **L**ohn**St**euer**A**bzugs**M**erkmale

Lohnsteuerklassen und Kinderfreibeträge

Durch ein System verschiedener **Lohnsteuerklassen** sowie die Möglichkeit, durch **Kinderfreibeträge** den Solidaritätszuschlag und die Kirchensteuer zu mindern, verfolgt der Staat das Ziel, soziale Aspekte (Familienstand, Anzahl der Kinder) bei der Besteuerung zu berücksichtigen. Beispielsweise hat ein allein verdienender Familienvater (Steuerklasse III) bei gleichem Bruttoentgelt einen geringeren Steuerabzug als ein Single ohne Kinder (Steuerklasse I).

Steuerklasse	Personenkreis
I	**alleinstehende** Personen (ledig, geschieden, verwitwet, dauernd getrennt lebend)
II	**alleinerziehende** Personen (die in Steuerklasse I aufgeführten Personen, wenn in ihrem Haushalt mindestens ein Kind lebt)
III	**verheiratete** Personen, wenn der Ehepartner nicht berufstätig ist oder die Steuerklasse V gewählt hat
IV	**verheiratete** Personen, wenn beide Ehepartner berufstätig sind
V	**verheiratete** Personen, wenn beide Ehepartner berufstätig sind und der Partner die Steuerklasse III gewählt hat
VI	Personen, die von mehreren Arbeitgebern Entgelt beziehen, erhalten **für die zweite** (und evtl. weitere) **Beschäftigung**(en) die Steuerklasse VI. Zudem werden Arbeitnehmer (vorübergehend) nach Steuerklasse VI besteuert, wenn die elektronischen Lohnsteuerabzugsmerkmale (noch) nicht vorliegen.

Steuerklassenwahl bei Ehepaaren: Wenn beide Ehepartner Einkünfte beziehen, kann zwischen zwei Kombinationen gewählt werden. Normalerweise wird **beiden Ehepartnern die Steuerklasse IV** zugewiesen. Diese Kombination ist aber steuerlich nur sinnvoll, wenn beide annähernd gleich viel verdienen. Bezieht ein Ehepartner deutlich höhere Einkünfte, dann ist für ihn die **Steuerklasse III und für seinen Partner die Steuerklasse V** sinnvoll.

Für jedes Kind unter 18 Jahren steht den Eltern ein **Kinderfreibetrag** zu.[1] Je nach Familienstand und Steuerklassenkombination können sich beide Eltern den Kinderfreibetrag in die Lohnsteuerkarte eintragen lassen. Ebenso besteht die Möglichkeit, den **Kinderfreibetrag zu teilen**. Für beide Elternteile würde dann jeweils ein Kinderfreibetrag von 0,5 eingetragen.

Beispiel **Heike Kolder** hat mit ihrem Ehemann Michael ein 12 Jahre altes Kind. Da sie deutlich mehr verdient als ihr Mann, hat sie die **Steuerklasse III** gewählt. Aus diesem Grund hat sie auch **den vollen Kinderfreibetrag**. Ihr Mann hat mit Steuerklasse V keinen Kinderfreibetrag.

Michael Meier ist geschieden. Da das gemeinsame Kind aus der früheren Ehe bei seiner ehemaligen Partnerin lebt, ist Michael Meier in **Steuerklasse I**. Beide Eltern haben jeweils einen **Kinderfreibetrag von 0,5**.

Merke! **Kinderfreibeträge** mindern den Solidaritätszuschlag und die Kirchensteuer. Auf die Höhe der Lohnsteuer haben sie keinen Einfluss.

Eine wesentlich größere finanzielle Auswirkung als Kinderfreibeträge hat das **Kindergeld**.[2]

1 **Kinder über 18 Jahre** werden nur auf Antrag unter bestimmten Voraussetzungen durch das Finanzamt weiter für Kinderfreibeträge berücksichtigt.

2 Zurzeit (Stand 2020) erhalten Eltern:
- für die ersten beiden Kinder jeweils **204,00 €**
- für ein drittes Kind **210,00 €**
- für jedes weitere Kind **235,00 €**

Ermittlung von Lohnsteuer, Kirchensteuer und Solidaritätszuschlag

Im Rahmen der Entgeltabrechnung werden die Beträge der drei steuerlichen Abzüge mithilfe von **Lohnsteuertabellen** ermittelt. Auf Grundlage

- des steuerpflichtigen Bruttoentgelts,
- der Lohnsteuerklasse und
- der Anzahl der Kinderfreibeträge

werden die Lohnsteuer, der Solidaritätszuschlag und die Kirchensteuer in der Tabelle abgelesen.[1]

1 Im Rahmen der DV-gestützten Entgeltabrechnung werden diese Beträge automatisch ermittelt.

Die unterschiedlichen Steuerbelastungen in den einzelnen Steuerklassen entstehen durch Freibeträge, die in manchen Steuerklassen einen Teil des Lohns von der Lohnsteuer befreien.

MONAT bis 1.844,99 € **Allgemeine Tabelle**

Lohn/ Gehalt bis	Steuerklasse	Lohnsteuer	ohne Kinderfreibetrag			Anzahl Kinderfreibeträge (nur Steuerklassen I–IV) 0,5			1,0			1,5			2,0			2,5			3,0		
			SolZ 5,5%	Kirchensteuer 8%	9%	SolZ 5,5%	Kirchensteuer 8%	9%	SolZ 5,5%	Kirchensteuer 8%	9%	SolZ 5,5%	Kirchensteuer 8%	9%	SolZ 5,5%	Kirchensteuer 8%	9%	SolZ 5,5%	Kirchensteuer 8%	9%	SolZ 5,5%	Kirchensteuer 8%	9%
1.802,99	I	131,91	7,25	10,55	11,87	0,00	4,35	4,89	0,00	0,00	0,00	0,00	0,00	0,00	0,00	0,00	0,00	0,00	0,00	0,00	0,00	0,00	0,00
	II	92,75	2,35	7,42	8,34	0,00	1,89	2,12	0,00	0,00	0,00	0,00	0,00	0,00	0,00	0,00	0,00	0,00	0,00	0,00	0,00	0,00	0,00
	III	0,00	0,00	0,00	0,00	0,00	0,00	0,00	0,00	0,00	0,00	0,00	0,00	0,00	0,00	0,00	0,00	0,00	0,00	0,00	0,00	0,00	0,00
	IV	131,91	7,25	10,55	11,87	2,16	7,34	8,26	0,00	4,35	4,89	0,00	1,84	2,07	0,00	0,00	0,00	0,00	0,00	0,00	0,00	0,00	0,00
	V	341,50	18,78	27,32	30,73																		
	VI	377,75	20,77	30,22	33,99																		
1.805,99	I	132,58	7,29	10,60	11,93	0,00	4,39	4,94	0,00	0,00	0,00	0,00	0,00	0,00	0,00	0,00	0,00	0,00	0,00	0,00	0,00	0,00	0,00
	II	93,41	2,48	7,47	8,40	0,00	1,92	2,16	0,00	0,00	0,00	0,00	0,00	0,00	0,00	0,00	0,00	0,00	0,00	0,00	0,00	0,00	0,00
	III	0,00	0,00	0,00	0,00	0,00	0,00	0,00	0,00	0,00	0,00	0,00	0,00	0,00	0,00	0,00	0,00	0,00	0,00	0,00	0,00	0,00	0,00
	IV	132,58	7,29	10,60	11,93	2,30	7,40	8,32	0,00	4,39	4,94	0,00	1,87	2,10	0,00	0,00	0,00	0,00	0,00	0,00	0,00	0,00	0,00
	V	342,50	18,83	27,40	30,82																		
	VI	378,83	20,83	30,30	34,09																		
1.808,99	I	133,16	7,32	10,65	11,98	0,00	4,44	4,99	0,00	0,00	0,00	0,00	0,00	0,00	0,00	0,00	0,00	0,00	0,00	0,00	0,00	0,00	0,00
	II	94,00	2,60	7,52	8,46	0,00	1,96	2,20	0,00	0,00	0,00	0,00	0,00	0,00	0,00	0,00	0,00	0,00	0,00	0,00	0,00	0,00	0,00
	III	0,00	0,00	0,00	0,00	0,00	0,00	0,00	0,00	0,00	0,00	0,00	0,00	0,00	0,00	0,00	0,00	0,00	0,00	0,00	0,00	0,00	0,00
	IV	133,16	7,32	10,65	11,98	2,41	7,44	8,37	0,00	4,44	4,99	0,00	1,90	2,14	0,00	0,00	0,00	0,00	0,00	0,00	0,00	0,00	0,00
	V	343,58	18,89	27,48	30,92																		
	VI	379,83	20,89	30,38	34,18																		
1.811,99	I	133,83	7,36	10,70	12,04	0,00	4,48	5,04	0,00	0,00	0,00	0,00	0,00	0,00	0,00	0,00	0,00	0,00	0,00	0,00	0,00	0,00	0,00
	II	94,58	2,71	7,56	8,51	0,00	1,99	2,24	0,00	0,00	0,00	0,00	0,00	0,00	0,00	0,00	0,00	0,00	0,00	0,00	0,00	0,00	0,00
	III	0,00	0,00	0,00	0,00	0,00	0,00	0,00	0,00	0,00	0,00	0,00	0,00	0,00	0,00	0,00	0,00	0,00	0,00	0,00	0,00	0,00	0,00
	IV	133,83	7,36	10,70	12,04	2,53	7,49	8,42	0,00	4,48	5,04	0,00	1,94	2,18	0,00	0,00	0,00	0,00	0,00	0,00	0,00	0,00	0,00
	V	344,66	18,95	27,57	31,01																		
	VI	380,91	20,95	30,47	34,28																		
1.814,99	I	134,41	7,39	10,75	12,09	0,00	4,52	5,09	0,00	0,00	0,00	0,00	0,00	0,00	0,00	0,00	0,00	0,00	0,00	0,00	0,00	0,00	0,00
	II	95,25	2,85	7,62	8,57	0,00	2,03	2,28	0,00	0,00	0,00	0,00	0,00	0,00	0,00	0,00	0,00	0,00	0,00	0,00	0,00	0,00	0,00
	III	0,00	0,00	0,00	0,00	0,00	0,00	0,00	0,00	0,00	0,00	0,00	0,00	0,00	0,00	0,00	0,00	0,00	0,00	0,00	0,00	0,00	0,00
	IV	134,41	7,39	10,75	12,09	2,66	7,54	8,48	0,00	4,52	5,09	0,00	1,98	2,22	0,00	0,00	0,00	0,00	0,00	0,00	0,00	0,00	0,00
	V	345,75	19,01	27,66	31,11																		
	VI	382,00	21,01	30,56	34,38																		
1.817,99	I	135,08	7,42	10,80	12,15	0,00	4,56	5,13	0,00	0,00	0,00	0,00	0,00	0,00	0,00	0,00	0,00	0,00	0,00	0,00	0,00	0,00	0,00
	II	95,83	2,96	7,66	8,62	0,00	2,06	2,32	0,00	0,00	0,00	0,00	0,00	0,00	0,00	0,00	0,00	0,00	0,00	0,00	0,00	0,00	0,00
	III	0,00	0,00	0,00	0,00	0,00	0,00	0,00	0,00	0,00	0,00	0,00	0,00	0,00	0,00	0,00	0,00	0,00	0,00	0,00	0,00	0,00	0,00
	IV	135,08	7,42	10,80	12,15	2,78	7,59	8,54	0,00	4,56	5,13	0,00	2,01	2,26	0,00	0,00	0,00	0,00	0,00	0,00	0,00	0,00	0,00
	V	346,75	19,07	27,74	31,20																		
	VI	383,00	21,06	30,64	34,47																		
1.820,99	I	135,66	7,46	10,85	12,20	0,00	4,61	5,18	0,00	0,00	0,00	0,00	0,00	0,00	0,00	0,00	0,00	0,00	0,00	0,00	0,00	0,00	0,00
	II	96,41	3,08	7,71	8,67	0,00	2,10	2,36	0,00	0,00	0,00	0,00	0,00	0,00	0,00	0,00	0,00	0,00	0,00	0,00	0,00	0,00	0,00
	III	0,00	0,00	0,00	0,00	0,00	0,00	0,00	0,00	0,00	0,00	0,00	0,00	0,00	0,00	0,00	0,00	0,00	0,00	0,00	0,00	0,00	0,00
	IV	135,66	7,46	10,85	12,20	2,90	7,64	8,59	0,00	4,61	5,18	0,00	2,05	2,30	0,00	0,00	0,00	0,00	0,00	0,00	0,00	0,00	0,00
	V	347,83	19,13	27,82	31,30																		
	VI	384,08	21,12	30,72	34,56																		
1.823,99	I	136,33	7,49	10,90	12,26	0,00	4,65	5,23	0,00	0,01	0,01	0,00	0,00	0,00	0,00	0,00	0,00	0,00	0,00	0,00	0,00	0,00	0,00
	II	97,00	3,20	7,76	8,73	0,00	2,14	2,40	0,00	0,00	0,00	0,00	0,00	0,00	0,00	0,00	0,00	0,00	0,00	0,00	0,00	0,00	0,00
	III	0,00	0,00	0,00	0,00	0,00	0,00	0,00	0,00	0,00	0,00	0,00	0,00	0,00	0,00	0,00	0,00	0,00	0,00	0,00	0,00	0,00	0,00
	IV	136,33	7,49	10,90	12,26	3,03	7,69	8,65	0,00	4,65	5,23	0,00	2,08	2,34	0,00	0,01	0,01	0,00	0,00	0,00	0,00	0,00	0,00
	V	348,83	19,18	27,90	31,39																		
	VI	385,16	21,18	30,81	34,66																		
1.826,99	I	136,91	7,53	10,95	12,32	0,00	4,70	5,28	0,00	0,04	0,04	0,00	0,00	0,00	0,00	0,00	0,00	0,00	0,00	0,00	0,00	0,00	0,00
	II	97,66	3,33	7,81	8,78	0,00	2,17	2,44	0,00	0,00	0,00	0,00	0,00	0,00	0,00	0,00	0,00	0,00	0,00	0,00	0,00	0,00	0,00
	III	0,00	0,00	0,00	0,00	0,00	0,00	0,00	0,00	0,00	0,00	0,00	0,00	0,00	0,00	0,00	0,00	0,00	0,00	0,00	0,00	0,00	0,00
	IV	136,91	7,53	10,95	12,32	3,15	7,74	8,70	0,00	4,70	5,28	0,00	2,12	2,38	0,00	0,04	0,04	0,00	0,00	0,00	0,00	0,00	0,00
	V	349,91	19,24	27,99	31,49																		
	VI	386,16	21,23	30,89	34,75																		
1.829,99	I	137,58	7,56	11,00	12,38	0,00	4,74	5,33	0,00	0,06	0,07	0,00	0,00	0,00	0,00	0,00	0,00	0,00	0,00	0,00	0,00	0,00	0,00
	II	98,25	3,45	7,86	8,84	0,00	2,21	2,48	0,00	0,00	0,00	0,00	0,00	0,00	0,00	0,00	0,00	0,00	0,00	0,00	0,00	0,00	0,00
	III	0,00	0,00	0,00	0,00	0,00	0,00	0,00	0,00	0,00	0,00	0,00	0,00	0,00	0,00	0,00	0,00	0,00	0,00	0,00	0,00	0,00	0,00
	IV	137,58	7,56	11,00	12,38	3,26	7,78	8,75	0,00	4,74	5,33	0,00	2,16	2,43	0,00	0,06	0,07	0,00	0,00	0,00	0,00	0,00	0,00
	V	351,00	19,30	28,08	31,59																		
	VI	387,25	21,29	30,98	34,85																		
1.832,99	I	138,25	7,60	11,06	12,44	0,00	4,78	5,38	0,00	0,09	0,10	0,00	0,00	0,00	0,00	0,00	0,00	0,00	0,00	0,00	0,00	0,00	0,00
	II	98,83	3,56	7,90	8,89	0,00	2,24	2,52	0,00	0,00	0,00	0,00	0,00	0,00	0,00	0,00	0,00	0,00	0,00	0,00	0,00	0,00	0,00
	III	0,00	0,00	0,00	0,00	0,00	0,00	0,00	0,00	0,00	0,00	0,00	0,00	0,00	0,00	0,00	0,00	0,00	0,00	0,00	0,00	0,00	0,00
	IV	138,25	7,60	11,06	12,44	3,38	7,83	8,81	0,00	4,78	5,38	0,00	2,19	2,46	0,00	0,09	0,10	0,00	0,00	0,00	0,00	0,00	0,00
	V	352,00	19,36	28,16	31,68																		
	VI	388,25	21,35	31,06	34,94																		
1.835,99	I	138,83	7,63	11,10	12,49	0,00	4,82	5,42	0,00	0,12	0,14	0,00	0,00	0,00	0,00	0,00	0,00	0,00	0,00	0,00	0,00	0,00	0,00
	II	99,50	3,70	7,96	8,95	0,00	2,28	2,57	0,00	0,00	0,00	0,00	0,00	0,00	0,00	0,00	0,00	0,00	0,00	0,00	0,00	0,00	0,00
	III	0,00	0,00	0,00	0,00	0,00	0,00	0,00	0,00	0,00	0,00	0,00	0,00	0,00	0,00	0,00	0,00	0,00	0,00	0,00	0,00	0,00	0,00
	IV	138,83	7,63	11,10	12,49	3,51	7,88	8,87	0,00	4,82	5,42	0,00	2,22	2,50	0,00	0,12	0,14	0,00	0,00	0,00	0,00	0,00	0,00

Quelle: Monats-Lohnsteuertabelle 2020, Rehm, Verlagsgruppe Hüthig Jehle Rehm, Heidelberg (2020)

Beispiel **Michael Meier** hat ein **steuerpflichtiges Bruttoentgelt** von **1.804,00 €**. In der Lohnsteuertabelle gilt für ihn der Bereich „Lohn/Gehalt bis 1.805,99“. In der entsprechenden Zeile mit den Daten der **Steuerklasse I** findet man in der Spalte **„Lohnsteuer“** den Wert **132,58 €**. Um den **Solidaritätszuschlag** abzulesen, muss man den entsprechenden Wert in der gleichen Zeile im Bereich **„mit 0,5 Kinderfreibetrag“** suchen. Er beträgt **0,00 €**. Da Michael Meier einer steuererhebenden Religionsgemeinschaft angehört (rk = römisch-katholisch), muss noch die Kirchensteuer ermittelt werden. Direkt neben dem Solidaritätszuschlag findet man zwei Werte für die Kirchensteuer. Da die BE Partners KG ihren Sitz in Bonn (Nordrhein-Westfalen) hat, sind **9 % Kirchensteuer** abzuziehen. Für Michael Meier sind das **4,94 €**.

MONAT bis 4.814,99 € **Allgemeine Tabelle**

Lohn/Gehalt bis	Steuerklasse	Lohnsteuer	ohne Kinderfreibetrag			Anzahl Kinderfreibeträge (nur Steuerklassen I–IV): 0,5			1,0			1,5			2,0			2,5			3,0		
			SolZ 5,5%	Kirchensteuer 8%	Kirchensteuer 9%	SolZ 5,5%	Kirchensteuer 8%	Kirchensteuer 9%	SolZ 5,5%	Kirchensteuer 8%	Kirchensteuer 9%	SolZ 5,5%	Kirchensteuer 8%	Kirchensteuer 9%	SolZ 5,5%	Kirchensteuer 8%	Kirchensteuer 9%	SolZ 5,5%	Kirchensteuer 8%	Kirchensteuer 9%	SolZ 5,5%	Kirchensteuer 8%	Kirchensteuer 9%
4.772,99	I	911,83	50,15	72,94	82,06	43,55	63,34	71,26	37,24	54,18	60,95	31,24	45,44	51,12	25,53	37,14	41,78	20,12	29,27	32,93	15,01	21,83	24,56
	II	852,50	46,88	68,20	76,72	40,43	58,81	66,16	34,27	49,86	56,09	28,42	41,34	46,50	22,85	33,24	37,40	17,58	25,58	28,77	12,61	18,35	20,64
	III	545,83	30,02	43,66	49,12	25,12	36,54	41,11	20,37	29,64	33,34	15,78	22,96	25,83	8,83	16,49	18,55	0,00	10,30	11,59	0,00	5,00	5,62
	IV	911,83	50,15	72,94	82,06	46,81	68,09	76,60	43,55	63,34	71,26	40,36	58,71	66,05	37,24	54,18	60,95	34,21	49,76	55,98	31,24	45,44	51,12
	V	1.352,91	74,41	108,23	121,76																		
	VI	1.389,16	76,40	111,13	125,02																		
4.775,99	I	912,83	50,20	73,02	82,15	43,60	63,42	71,35	37,30	54,26	61,04	31,29	45,52	51,21	25,58	37,21	41,86	20,17	29,34	33,00	15,05	21,89	24,62
	II	853,58	46,94	68,28	76,82	40,48	58,89	66,25	34,33	49,94	56,18	28,46	41,40	46,58	22,90	33,31	37,47	17,63	25,64	28,85	12,65	18,41	20,71
	III	546,50	30,05	43,72	49,18	25,16	36,60	41,17	20,42	29,70	33,41	15,82	23,01	25,88	8,96	16,54	18,61	0,00	10,36	11,65	0,00	5,04	5,67
	IV	912,83	50,20	73,02	82,15	46,86	68,17	76,69	43,60	63,42	71,35	40,42	58,79	66,14	37,30	54,26	61,04	34,26	49,83	56,06	31,29	45,52	51,21
	V	1.354,08	74,47	108,32	121,86																		
	VI	1.390,33	76,46	111,22	125,12																		
4.778,99	I	913,91	50,26	73,11	82,25	43,66	63,50	71,44	37,35	54,33	61,12	31,34	45,59	51,29	25,63	37,28	41,94	20,21	29,40	33,07	15,09	21,95	24,69
	II	854,58	47,00	68,36	76,91	40,54	58,97	66,34	34,38	50,01	56,26	28,51	41,48	46,66	22,94	33,38	37,55	17,67	25,71	28,92	12,70	18,47	20,78
	III	547,33	30,10	43,78	49,25	25,20	36,66	41,24	20,46	29,76	33,48	15,85	23,06	25,94	9,10	16,60	18,67	0,00	10,40	11,70	0,00	5,08	5,71
	IV	913,91	50,26	73,11	82,25	46,92	68,25	76,78	43,66	63,50	71,44	40,47	58,86	66,22	37,35	54,33	61,12	34,31	49,91	56,15	31,34	45,59	51,29
	V	1.355,25	74,53	108,42	121,97																		
	VI	1.391,50	76,53	111,32	125,23																		
4.781,99	I	914,91	50,32	73,19	82,34	43,71	63,58	71,53	37,40	54,41	61,21	31,39	45,66	51,37	25,68	37,35	42,02	20,25	29,46	33,14	15,13	22,01	24,76
	II	855,58	47,05	68,44	77,00	40,59	59,05	66,43	34,43	50,08	56,34	28,56	41,54	46,73	22,99	33,44	37,62	17,71	25,77	28,99	12,74	18,53	20,84
	III	548,16	30,14	43,85	49,33	25,24	36,72	41,31	20,49	29,81	33,53	15,89	23,12	26,01	9,23	16,65	18,73	0,00	10,45	11,75	0,00	5,12	5,76
	IV	914,91	50,32	73,19	82,34	46,98	68,34	76,88	43,71	63,58	71,53	40,52	58,94	66,31	37,40	54,41	61,21	34,36	49,98	56,23	31,39	45,66	51,37
	V	1.356,41	74,60	108,51	122,07																		
	VI	1.392,66	[illegible]	111,41	125,33																		

Quelle: Monats-Lohnsteuertabelle 2020, Rehm, Verlagsgruppe Hüthig Jehle Rehm, Heidelberg (2020)

Für **Heike Kolder** (**steuerpflichtiges Bruttoentgelt = 4.770,00 €**) gilt der Bereich **„Lohn/Gehalt bis 4.772,99“**. Mit ihrer **Steuerklasse III** ergibt sich eine Lohnsteuer von **545,83 €** und unter Berücksichtigung des Kinderfreibetrags von 1,0 ein Solidaritätszuschlag von **20,37 €**. Da sie keiner Religionsgemeinschaft angehört, darf für sie **keine Kirchensteuer** abgezogen werden.

7.2.4 Ermittlung der Sozialversicherungsbeiträge

Neben den steuerlichen Abzügen werden dem Arbeitnehmer im Rahmen der Entgeltabrechnung auch vier **Beiträge zur Sozialversicherung** abgezogen. Es handelt sich dabei um seine Beiträge zur

- Krankenversicherung (KV),
- Pflegeversicherung (PV),
- Rentenversicherung (RV) und
- Arbeitslosenversicherung (ALV).

Während die steuerlichen Abzüge ausschließlich vom Arbeitnehmer getragen werden, **teilen sich Arbeitgeber und Arbeitnehmer die Beiträge zur Sozialversicherung**. Für den Arbeitgeber bedeutet dies, dass ihm zusätzlich zur Bruttovergütung des Arbeitnehmers noch weitere Aufwendungen (Lohnnebenkosten[1]) in Höhe seines Anteils an den Sozialversicherungsbeiträgen entstehen.

1 = Lohnzusatzkosten

Die Beiträge von Arbeitnehmer und Arbeitgeber werden prozentual **vom sozialversicherungspflichtigen Bruttoentgelt** des Mitarbeiters berechnet. Mit steigendem Einkommen steigen also auch die Beträge. Zur Begrenzung dieser Beträge werden jährlich die **Beitragsbemessungsgrenzen** festgelegt.

Ist das Bruttoentgelt eines Arbeitnehmers höher als eine Beitragsbemessungsgrenze, wird bei der Berechnung der Beiträge[1] die **Beitragsbemessungsgrenze** zugrunde gelegt. Das darüber liegende Entgelt ist beitragsfrei.

1 Die Beitragsbemessungsgrenze begrenzt sowohl die Arbeitnehmer- als auch die Arbeitgeberbeiträge.

Daten zur Sozialversicherung 2020					
Sozialversicherung	**Beitragssatz (gesamt)**	**Beitragssatz (Arbeitnehmer)**	**Beitragssatz (Arbeitgeber)**	**Beitragsbemessungsgrenzen**	
				West	**Ost**
KV: allg. Beitragssatz	14,6 % + individueller Zusatzbeitrag der Krankenkasse[2]	7,3 % + halber Zusatzbeitrag	7,3 % + halber Zusatzbeitrag	4.687,50 €	
PV: allgemeiner Beitragssatz	3,05 %	in allen Bundesländern außer Sachsen: 1,525 %	in allen Bundesländern außer Sachsen: 1,525 %	4.687,50 €	
		in Sachsen: 2,025 %	in Sachsen: 1,025 %		
PV: Zusatzbeitrag für Kinderlose, die das 23. Lebensjahr vollendet haben	0,25 %	0,25 %	–		
RV	18,6 %	9,3 %	9,3 %	6.900,00 €	6.450,00 €
ALV	2,4 %	1,2 %	1,2 %	6.900,00 €	6.450,00 €

Beispiel Da für die Entgeltabrechnung eines Mitarbeiters nur die Arbeitnehmerbeiträge (AN-Beiträge) erforderlich sind, rechnet Florian Hamm zunächst für **Michael Meier (SV-Brutto = 1.804,00 €)** die SV-Beiträge aus.

AN-Beitrag zur KV:	8,2 %[3]	von 1.804,00 €	=	147,93 €
AN-Beitrag zur PV:	1,525 %	von 1.804,00 €	=	27,51 €
AN-Beitrag zur RV:	9,3 %	von 1.804,00 €	=	167,77 €
AN-Beitrag zur ALV:	1,2 %	von 1.804,00 €	=	21,65 €
AN-Beitrag gesamt:				364,86 €

Bei der Berechnung für **Heike Kolder** muss Florian Hamm beachten, dass sie mit ihrem **SV-Brutto** von **4.920,00 €** die **Beitragsbemessungsgrenze der Kranken- und Pflegeversicherung (4.687,50 €) übersteigt.** Da für die Renten- und Arbeitslosenversicherung die Beitragsbemessungsgrenze von 6.900,00 € gilt (Geschäftssitz ist Bonn), berechnet sie diese Beiträge ganz normal vom SV-Brutto.

AN-Beitrag zur KV:	7,85 %[4]	von 4.687,50 €	=	367,97 €
AN-Beitrag zur PV:	1,525 %	von 4.687,50 €	=	71,48 €
AN-Beitrag zur RV:	9,3 %	von 4.920,00 €	=	457,56 €
AN-Beitrag zur ALV:	1,2 %	von 4.920,00 €	=	59,04 €
AN-Beitrag gesamt:				956,05 €

2 Jede Krankenkasse kann zur Deckung ihrer Kosten einen Zusatzbeitrag festlegen, der je zur Hälfte vom Arbeitnehmer und Arbeitgeber getragen wird.

3 7,3 % allgemeiner KV-Beitragssatz plus 0,9 % halber krankenkassenindividueller Zusatzbeitrag, da seine Krankenkasse insgesamt einen Zusatzbeitrag von 1,8 % erhebt.

4 7,3 % allgemeiner KV-Beitragssatz plus 0,55 % halber krankenkassenindividueller Zusatzbeitrag, da ihre Krankenkasse insgesamt einen Zusatzbeitrag von 1,1 % erhebt.

Die Beitragsbemessungsgrenze darf nicht mit der **Versicherungspflichtgrenze**[5] verwechselt werden. Letztgenannte regelt, ab welchem Jahreseinkommen ein Arbeitnehmer von der Versicherungspflicht in der gesetzlichen Kranken- und Pflegeversicherung befreit ist. Er muss sich dann entweder privat versichern oder kann freiwillig in der gesetzlichen Versicherung bleiben.

5 auch: Jahresarbeitsentgeltgrenze; im Jahr 2020 betrug sie 62.550,00 €.

7.2.5 Ermittlung des Nettoentgelts[1] und des Auszahlungsbetrags

Nachdem die steuerlichen Abzüge und die Arbeitnehmerbeiträge zur Sozialversicherung ermittelt wurden, werden die Beträge **vom sozialversicherungspflichtigen Bruttoentgelt abgezogen**. Das Ergebnis ist das **Nettoentgelt**.

In vielen Fällen stimmt das Nettoentgelt nicht mit dem **Auszahlungsbetrag**, der dem Arbeitnehmer auf sein Girokonto überwiesen wird, überein. Dies ist immer dann der Fall, wenn dem Arbeitnehmer noch weitere Beträge abgezogen werden.

Weitere Abzüge sind beispielsweise:
- die gesamte Sparrate der vermögenswirksamen Leistungen (vL)[2]
- Rückzahlung von Vorschüssen
- Begleichung von Mitarbeiterkäufen
- Begleichung des Kantinenessens
- Mieten für Geschäftswohnungen

Beispiel **Michael Meier** hat im November einen **Gehaltsvorschuss** über 800,00 € erhalten. Diesen **zahlt er seit Januar in monatlichen Raten zu 100,00 € zurück**, die ihm direkt vom Nettogehalt abgezogen und damit nicht ausbezahlt werden.

Heike Kolder hat einen Bausparvertrag mit **vermögenswirksamen Leistungen** abgeschlossen. Die monatliche Sparrate von **40,00 € wird von der BE Partners KG** vom Nettogehalt abgezogen, einbehalten und **direkt** per Überweisung **in den Bausparvertrag eingezahlt.**

Alles klar?

1 Beschreiben Sie, woraus sich das sozialversicherungspflichtige Bruttoentgelt eines Arbeitnehmers zusammensetzt.

2 Erläutern Sie den Unterschied zwischen dem sozialversicherungspflichtigen und dem steuerpflichtigen Bruttoentgelt.

3 Nennen Sie Gründe für die Gewährung von Lohnsteuerfreibeträgen.

4 Nennen Sie
   a) die drei steuerlichen Abzüge und
   b) die vier Sozialversicherungsbeiträge.

5 Begründen Sie, warum Arbeitnehmer mit gleichem Bruttoentgelt unterschiedliche Nettoentgelte erhalten können.

6 Erläutern Sie, welche Informationen die Personalabteilung benötigt, um die Gehaltsabrechnung eines Angestellten erstellen zu können, und woher sie diese Informationen bekommt.

7 Nennen Sie die Steuerklassen und beschreiben Sie kurz den zugehörigen Personenkreis.

8 Beschreiben Sie die Wahlmöglichkeit, die Ehepaare bezüglich der Steuerklassen haben.

9 Erläutern Sie den Begriff Beitragsbemessungsgrenze.

10 Erläutern Sie den Begriff Versicherungspflichtgrenze.

1 „vom Brutto zum Netto“

2 **Vermögenswirksame Leistungen** sind eine staatlich geförderte Sparform. Der Arbeitnehmer vereinbart in der Regel mit einem Kreditinstitut einen bestimmten vL-Vertrag (z. B. Bausparvertrag, Aktienfond) und legt diesen dem Arbeitgeber vor. Oftmals gewährt der Arbeitgeber einen Zuschuss (z.B. 15,00 €), der im Rahmen der Gehaltsabrechnung als Zulage erfasst wird und das sozialversicherungspflichtige Bruttoeinkommen erhöht. Die monatliche Sparrate (z. B. 40,00 €) zieht der Arbeitgeber im Rahmen der Gehaltsabrechnung als weiteren Abzug ab und überweist den Betrag direkt auf das Konto des vL-Vertrags des Arbeitnehmers.

Beim Abzug der vL-Sparrate vom Nettoentgelt ist es unerheblich, wie hoch vorher der Arbeitgeberzuschuss zu den vL war.

7.3 Aufgaben im Anschluss an die Lohn- und Gehaltsabrechnung

Überweisung der Auszahlungsbeträge

Nach der Erstellung aller Lohn- und Gehaltsabrechnungen ist eine der wichtigsten Aufgaben die **Auszahlung der Auszahlungsbeträge** an die Mitarbeiter. Dies geschieht in nahezu allen Fällen bargeldlos **per Überweisung auf die Girokonten der Mitarbeiter**.

Überweisung der Sozialversicherungsbeiträge und Beitragsnachweis

Die vom Arbeitnehmer einbehaltenen **Sozialversicherungsbeiträge** müssen zusammen mit den entsprechenden Arbeitgeberanteilen **bis zum drittletzten Bankarbeitstag**[1] **des laufenden Monats an die Krankenkasse des jeweiligen Arbeitnehmers** abgeführt werden. Die Krankenkasse behält die Beiträge zur Kranken- und Pflegeversicherung ein und leitet die Beiträge zur Renten- und Arbeitslosenversicherung an die jeweiligen Versicherungsträger (Deutsche Rentenversicherung und Bundesagentur für Arbeit) weiter.

Spätestens zwei Arbeitstage vor Fälligkeit der Gesamtsozialversicherungsbeiträge muss **für jeden Mitarbeiter ein Beitragsnachweis**[2] **an seine Krankenkasse übermittelt** werden. Dem Beitragsnachweis kann die Krankenkasse entnehmen, aus welchen einzelnen Beträgen sich der überwiesene Gesamtsozialversicherungsbeitrag zusammensetzt.

1 **Bankarbeitstage** sind alle Wochentage außer Samstagen, Sonntagen und Feiertagen.

2 Diese **Beitragsnachweise können nur online** aus systemgeprüften Entgeltabrechnungsprogrammen oder mittels genehmigter Ausfüllhilfen **an die Krankenkassen** übermittelt werden. Als kostenfreie und von den Krankenkassen zertifizierte Ausfüllhilfe steht beispielsweise das Programm **sv.net** zur Verfügung.

Beispiel Bevor Laura Deneke den Beitragsnachweis von Heike Kolder für den Monat April ausfüllen kann, muss sie zunächst noch die Arbeit**geber**beiträge zur Sozialversicherung ermitteln:

AG-Beitrag zur KV:	7,85 %	von 4.687,50 €	=	367,97 €
AG-Beitrag zur PV:	1,525 %	von 4.687,50 €	=	71,48 €
AG-Beitrag zur RV:	9,3 %	von 4.920,00 €	=	457,56 €
AG-Beitrag zur ALV:	1,2 %	von 4.920,00 €	=	59,04 €
AG-Anteil gesamt:				956,05 €

Anschließend erstellt sie mithilfe des Programms sv.net den **Beitragsnachweis für Heike Kolder** und übermittelt ihn online an die Datenstelle der BEK, in der Frau Kolder Mitglied ist.

Zudem addiert sie den Arbeitgeber- und Arbeitnehmeranteil (956,05 € + 956,05 € = 1.912,10 €) und **überweist diesen Gesamtsozialversicherungsbeitrag** ebenfalls an die BEK.

Überweisung der steuerlichen Abzüge und Lohnsteuer-Anmeldung

Die einbehaltenen **Lohnsteuern, Kirchensteuern und Solidaritätszuschläge** eines Monats muss der Arbeitgeber **spätestens bis zum 10. des Folgemonats an das für seinen Betrieb zuständige Finanzamt (Betriebsstättenfinanzamt)** überweisen. Im Gegensatz zu den Sozialversicherungsbeiträgen, die an die jeweiligen Krankenkassen der Arbeitnehmer überwiesen werden müssen, können somit alle steuerlichen Abzüge aller Mitarbeiter mit einer Überweisung abgeführt werden.

Eine Aufschlüsselung dieses Überweisungsbetrags in Lohnsteuer, Kirchensteuer und Solidaritätszuschlag muss der Arbeitgeber dem Betriebsstättenfinanzamt für jeden Monat in Form einer **Lohnsteuer-Anmeldung**[1] auf einem amtlichen Formular online zukommen lassen. Auch die Lohnsteuer-Anmeldung muss **bis zum 10. des Folgemonats** für den vorangegangenen Monat (= Lohnsteueranmeldungszeitraum) beim Finanzamt eingehen.

1 Die **Lohnsteuer-Anmeldung** muss grundsätzlich **auf elektronischem Weg an das Finanzamt** übermittelt werden. In der Regel bieten Entgeltabrechnungsprogramme über eine Schnittstelle diese Möglichkeit. Alternativ steht das am PC ausfüllbare Formular unter www.elster.de zur Verfügung.

- Bitte weiße Felder ausfüllen oder ☒ ankreuzen und Hinweise auf der Rückseite beachten -

Zeile

Fallart	Steuernummer	Unter-fallart
11		62

2020

30 Eingangsstempel oder -datum

Finanzamt

Arbeitgeber - Anschrift der Betriebsstätte - Telefonnummer - E-Mail

Lohnsteuer-Anmeldung 2020

Anmeldungszeitraum

bei **monatlicher** Abgabe bitte ankreuzen / bei **vierteljährlicher** Abgabe bitte ankreuzen

20 01	Jan.	20 07	Juli	20 41	I. Kalender-vierteljahr
20 02	Feb.	20 08	Aug.	20 42	II. Kalender-vierteljahr
20 03	März	20 09	Sept.	20 43	III. Kalender-vierteljahr
20 04	April	20 10	Okt.	20 44	IV. Kalender-vierteljahr
20 05	Mai	20 11	Nov.		
20 06	Juni	20 12	Dez.	20 19	Kalender-jahr

bei jährlicher Abgabe bitte ankreuzen

Berichtigte Anmeldung (falls ja, bitte eine „1" eintragen)	10	
Zahl der Arbeitnehmer (einschl. Aushilfs- und Teilzeitkräfte)	86	
zu Zeile 22: Zahl der Arbeitnehmer mit BAV-Förderbetrag	90	

		EUR	Ct
Summe der einzubehaltenden Lohnsteuer [1) 2)]	42		
Summe der pauschalen Lohnsteuer - ohne § 37b EStG - [1)]	41		
Summe der pauschalen Lohnsteuer nach § 37b EStG [1)]	44		
abzüglich Kürzungsbetrag für Besatzungsmitglieder von Handelsschiffen	33		
abzüglich Förderbetrag zur betrieblichen Altersversorgung nach § 100 EStG (BAV-Förderbetrag) [1)]	45		
Verbleiben [1)]	48		
Solidaritätszuschlag [1) 2)]	49		
pauschale Kirchensteuer im vereinfachten Verfahren	47		
Evangelische Kirchensteuer - ev [1) 2)]	61		
Römisch-Katholische Kirchensteuer - rk [1) 2)]	62		
Gesamtbetrag [1)]	83		

1) Negativen Beträgen ist ein **Minuszeichen** voranzustellen
2) Nach Abzug der im Lohnsteuer-Jahresausgleich erstatteten Beträge

Ein Erstattungsbetrag wird auf das dem Finanzamt benannte Konto überwiesen, soweit der Betrag nicht mit Steuerschulden verrechnet wird.

Verrechnung des Erstattungsbetrags erwünscht/Erstattungsbetrag ist abgetreten (falls ja, bitte eine „1" eintragen).. **29**
Geben Sie bitte die Verrechnungswünsche auf einem besonderen Blatt oder auf dem beim Finanzamt erhältlichen Vordruck „Verrechnungsantrag" an.

Das **SEPA-Lastschriftmandat** wird ausnahmsweise (z. B. wegen Verrechnungswünschen) für diesen Anmeldungszeitraum **widerrufen** (falls ja, bitte eine „1" eintragen) **26**
Ein ggf. verbleibender Restbetrag ist gesondert zu entrichten.

Über die Angaben in der Steueranmeldung hinaus sind weitere oder abweichende Angaben oder Sachverhalte zu berücksichtigen (falls ja, bitte eine „1" eintragen) **23**
Diese ergeben sich aus der beigefügten Anlage, welche mit der Überschrift „Ergänzende Angaben zur Steueranmeldung" gekennzeichnet ist.

Datum, Unterschrift

Datenschutzhinweis:
Die mit der Steueranmeldung angeforderten Daten werden auf Grund der §§ 149, 150 der Abgabenordnung und des § 41a des Einkommensteuergesetzes erhoben. Die Angabe der Telefonnummer und der E-Mail-Adresse ist freiwillig.
Informationen über die Verarbeitung personenbezogener Daten in der Steuerverwaltung und über Ihre Rechte nach der Datenschutz-Grundverordnung sowie über Ihre Ansprechpartner in Datenschutzfragen entnehmen Sie bitte dem allgemeinen Informationsschreiben der Finanzverwaltung. Dieses Informationsschreiben finden Sie unter www.finanzamt.de (unter der Rubrik „Datenschutz") oder erhalten Sie bei Ihrem Finanzamt.

3.19 - **LStA** - Lohnsteuer-Anmeldung 2020 -

Quelle: https://www.bundesfinanzministerium.de/Content/DE/Standardartikel/Themen/Steuern/Steuerarten/Lohnsteuer/BMF_Schreiben_Allgemeines/2019-07-24-muster-lohnsteuer-anmeldung-2020.html

Lohnsteuerbescheinigung und Lohnkonten

Am Jahresende muss der Arbeitgeber für jeden Arbeitnehmer eine **Lohnsteuerbescheinigung** für das abgelaufene Kalenderjahr erstellen.[1] Sie **gibt Auskunft über**

- die Beschäftigungsdauer,
- das steuerpflichtige Jahres-Bruttoentgelt,
- die einbehaltene Jahres-Lohnsteuer,
- die einbehaltene Jahres-Kirchensteuer und
- den einbehaltenen Jahres-Solidaritätszuschlag.

In diesem Zusammenhang besteht für den Arbeitgeber die Pflicht, für jeden Arbeitnehmer ein **Lohn- bzw. Gehaltskonto** mit den einzelnen Werten der Entgeltabrechnungen zu führen. Die Summe der Monatsbeträge ergibt am Jahresende die in die Lohnsteuerbescheinigung zu übernehmenden Werte.

1 Der Arbeitgeber muss für jeden Arbeitnehmer die **Lohnsteuerbescheinigung** für das Kalenderjahr spätestens bis zum 28. Februar des **Folgejahres elektronisch an das Finanzamt** übermitteln. Zusätzlich muss er dem Arbeitnehmer einen entsprechenden Ausdruck der elektronischen Lohnsteuerbescheinigung aushändigen.

Überweisung der vermögenswirksamen Leistungen

Für jene Mitarbeiter, die bei ihrem Arbeitgeber einen Vertrag über vermögenswirksame Leistungen vorgelegt haben, muss jeden Monat die monatliche Sparrate auf das entsprechende Konto überwiesen werden.

Beispiel **Heike Kolder** wurde von ihrem Nettogehalt die **vL-Sparrate von 40,00 €** abgezogen und einbehalten. Dieser Betrag wird nun vom Arbeitgeber direkt auf ihr Bausparkonto bei der LBS überwiesen.

Alles klar?

1 Erläutern Sie, was nach der Lohn- und Gehaltsabrechnung passiert mit

a) den einbehaltenen Sozialversicherungsbeiträgen der Arbeitnehmer.
b) der einbehaltenen Lohnsteuer, Kirchensteuer und dem Solidaritätszuschlag.
c) dem Auszahlungsbetrag.
d) der Sparrate zu vermögenswirksamen Leistungen.

2 Erläutern Sie die folgenden Begriffe:

a) Beitragsnachweis
b) Lohnsteuer-Anmeldung
c) Lohnsteuerbescheinigung
d) Lohnkonto

3 Nennen Sie die geltenden Fristen

a) für die Überweisung der Sozialversicherungsbeiträge.
b) für die Überweisung der steuerlichen Abzüge.

4 Begründen Sie, warum die Sozialversicherungsbeiträge für die Personalabteilung wesentlich mehr Arbeitsaufwand verursachen als die steuerlichen Abgaben.

8 Personalförderung und Mitarbeitermotivation

LS 101 Personal fördern und Mitarbeiter motivieren

Beispiel In der BE Partners KG ist zum 30. Juni des kommenden Jahres die Stelle des Abteilungsleiters „Einkauf/Produktion Medien“ neu zu besetzen, da Herr Hansen das Unternehmen verlässt. Hinsichtlich seiner Nachfolge hat er bereits mit Frau Foss gesprochen, die zurzeit in seiner Abteilung für den Einkauf Medien verantwortlich ist. Frau Foss äußerte jedoch Bedenken, ob sie den Aufgaben einer Abteilungsleiterin schon gewachsen sei. In einem Gespräch mit dem Personalleiter Herrn Seydlitz bittet Herr Hansen diesen, mögliche Personalförderungsmaßnahmen mit Frau Foss zu besprechen, da er weiterhin verstärkt auf interne Personalbeschaffung setzen möchte.

Welche Personalförderungsmaßnahmen könnten geeignet sein?

Unternehmen haben ein sehr großes Interesse daran, die Leistungsfähigkeit und -bereitschaft ihrer Mitarbeiter langfristig zu erhalten und im Idealfall sogar auszubauen. Sie müssen dabei beachten, dass sich das Arbeitsumfeld sowie die Arbeitsbedingungen ständig wandeln und sich auch die Ansprüche und Erwartungen der Mitarbeiter im Laufe ihres Berufslebens verändern. Diese Ausgangslage erfordert es, Maßnahmen zur Personalförderung und -motivation durchzuführen.

8.1 Maßnahmen der Personalförderung

„Lebenslanges Lernen“ ist in den letzten Jahren zu einem viel verwendeten Schlagwort geworden. Aus Sicht eines Arbeitnehmers ist damit die Bereitschaft und Motivation gemeint, sich im Laufe des Arbeitslebens ständig an die Entwicklungen und Neuerungen der Arbeitswelt anzupassen und sich weiterzuentwickeln.

Für Arbeitgeber bedeutet dies, durch zielgerichtete Personalförderungsmaßnahmen (Ausbildung, Fortbildung, Weiterbildung, Umschulung) den Mitarbeitern die Möglichkeit zur **Erhaltung und Förderung der Leistungsfähigkeit und Leistungsbereitschaft**[1] zu geben. Schließlich sind qualifizierte und motivierte Mitarbeiter ein wichtiger Baustein der Wettbewerbsfähigkeit. Im Idealfall kommt die Personalförderung sowohl dem Erfolg des Unternehmens als auch der persönlichen Entwicklung und Karriere des Mitarbeiters zugute.[2]

1 Leistungsfähigkeit und Leistungsbereitschaft → LF 8, Kap. 8.2

2 „Win-win-Situation“

Merke! Die **Personalförderung** hat die Aufgabe, die Fähigkeiten der Mitarbeiter so zu fördern, dass sie ihre gegenwärtigen und zukünftigen Aufgaben bewältigen können und ihre Qualifikationen ständig den Anforderungen der Stelle entsprechen.

Unter dem Begriff **„Personalförderung“** werden also alle Maßnahmen zur Verbesserung der Leistungsfähigkeit eines Mitarbeiters zusammengefasst. Da Personalförderung in der Regel dazu führt, dass Mitarbeiter sich weiterentwickeln, hat sich alternativ der Begriff **„Personalentwicklung“** verbreitet.

Gründe für die Personalförderung	
für das Unternehmen	**für den Mitarbeiter**
- qualifiziertere Mitarbeiter - motiviertere Mitarbeiter - Steigerung der Leistung/Produktivität - Förderung der internen Personalbeschaffung - Stärkung der Mitarbeiterbindung - Imagepflege (Personalmarketing[1])	- anspruchsvollere Tätigkeiten - weniger Arbeitsmonotonie - beruflicher Aufstieg (Karriere) - höheres Einkommen - persönliche Entwicklung - sicherer Arbeitsplatz - Selbstverwirklichung

1 **Personalmarketing:** Unter anderem durch eine qualifizierte Personalförderung wird ein Unternehmen für derzeitige Mitarbeiter und potenzielle Bewerber attraktiver und gewinnt an Ansehen. Somit schafft das Unternehmen eine Voraussetzung zur langfristigen Sicherung der Versorgung mit leistungsfähigen und motivierten Mitarbeitern.

Anlässe für Personalförderungsmaßnahmen

Leitenden Mitarbeitern kommt unter anderem die Aufgabe zu, permanent den Personalförderungsbedarf in ihrer Abteilung einzuschätzen. Sie müssen beurteilen können, ob zur Bewältigung der gegenwärtigen und zukünftigen Aufgaben bestimmte Mitarbeiter gefördert werden müssen. Folgende Anlässe sind typische **Auslöser für die Einleitung von Personalförderungsmaßnahmen**:

- Mitarbeiter sind mit der Bewältigung ihrer Aufgaben überfordert, beispielsweise aufgrund technischer Neuerungen (z. B. eine neue Software).
- Anforderungen an Stellen ändern sich, beispielsweise aufgrund organisatorischer Veränderungen (z. B. wird mehr Teamarbeit erwartet).
- Das Betriebsklima (in einer Abteilung) hat sich verschlechtert (z. B. erkennbar an höheren Fehlzeiten oder zunehmender Fluktuation).

Interne oder externe Durchführung

Bei der Planung von Personalentwicklungsmaßnahmen stehen Unternehmen häufig vor der Wahl der **internen Durchführung** – evtl. sogar durch eigenes Personal – oder der **externen Durchführung** (Fortbildungseinrichtungen, Hotels, überbetriebliche Ausbildungsstätten). Hierbei gilt es, Kostenvorteile der internen Durchführung gegen die Vorteile externer Schulungen abzuwägen.

Merke! Vorteile von betriebsexternen Schulungsmaßnahmen:

- bessere pädagogische Rahmenbedingungen (technische Ausstattung) sind vorhanden
- Qualität der Schulung ist höher (Moderation durch Experten)
- bessere Konzentration auf die Inhalte der Schulung ist möglich
- Kontakte zu Partnern außerhalb des Unternehmens werden gepflegt
- Teilnehmer sind motivierter, da Schulung eher als Belohnung empfunden wird
- betriebliche Abläufe werden nicht behindert (keine Raumbelegung)

Generell müssen als **Nachteil von Personalförderungsmaßnahmen** aber immer die hohen Kosten angeführt werden, die sich zusammensetzen aus:

- den **Kosten der Schulungsmaßnahme** (Schulungsgebühr, Honorar für Moderatoren, Raumkosten bei internen Schulungen, Materialkosten) und
- den **Personalausfallkosten**, da der Mitarbeiter während der Maßnahme nicht als Arbeitskraft zur Verfügung steht.

Formen der Personalförderung

Die Personalförderung wird grundsätzlich in vier Bereiche eingeteilt, die viele Arbeitnehmer während ihres Berufslebens chronologisch durchlaufen. Zu Beginn steht die **Ausbildung**. Wenn nach einer gewissen Zeit im Beruf Anpassungen an veränderte Anforderungen erforderlich werden, folgt die **Fortbildung**. Will der Arbeitnehmer mehr Verantwortung übernehmen und aufsteigen, wird **Weiterbildung** erforderlich. Falls ein Beruf nicht mehr ausgeübt werden kann, hilft eine **Umschulung** beim Erhalt der Arbeitsfähigkeit.

Formen der Personalförderung

Ausbildung	Fortbildung	Weiterbildung (Aufstiegsschulung)	Umschulung
Vermittlung von beruflichen Grundkenntnissen in Theorie und Praxis	Anpassung der Kenntnisse und Fähigkeiten an Veränderungen bei den bisherigen Tätigkeiten	Qualifizierung für anspruchsvollere Aufgaben (Beförderung)	Qualifizierung für einen anderen Beruf wegen einer Krankheit oder wegen mangelndem Bedarf im alten Beruf
Beispiel: Florian Hamm macht eine Ausbildung zum Kaufmann für Büromanagement.	**Beispiel:** Sabine Meyer macht einen VHS-Kurs „Adobe® InCopy®“, da das Design der Medien demnächst auf diese Software umgestellt wird.	**Beispiel:** Laura Deneke besucht die IHK-Weiterbildung „Konfliktmanagement“, da sie mittelfristig die Personalleitung übernehmen soll.	**Beispiel:** Kemal Aydin hat vor einem Jahr seine Umschulung zum Mediengestalter beendet, da er als gelernter Drucker keine Chancen auf dem Arbeitsmarkt hatte.

Moderne Maßnahmen der Personalförderung

Bei den Formen der Personalförderung handelt es sich um Überbegriffe. Das Spektrum der konkreten Maßnahmen der Aus-, Fort- und Weiterbildung ist sehr groß. Neben der klassischen dualen Ausbildung, Schulungen, Kursen oder Vorträgen haben sich in den letzten Jahren moderne Maßnahmen der Personalförderung etabliert.

1. Traineeprogramme: Neben der klassischen dualen Ausbildung für Schulabsolventen stellen Traineeprogramme eine ähnliche Ausbildungsvariante für Hochschul- und Fachhochschulabsolventen dar. Trainees durchlaufen spezielle Förderprogramme mit einer Laufzeit zwischen 12 und 24 Monaten. In dieser Ausbildungsphase sollen sie wichtige Unternehmensbereiche und Personen in einem beschleunigten Zeitrahmen kennen lernen und selbst bekannt gemacht werden. Häufig sind Trainees zukünftige Kandidaten für Führungspositionen oder künftige Spezialisten.

2. Coaching: Coaching[1] ist eine Personalförderungsmaßnahme, bei der ähnlich wie im Sport ein Trainer (Coach) durch individuelle Betreuung der Mitarbeiter auf ihr Leistungsverhalten einwirkt und einen Ausgleich zwischen Unternehmensanforderungen und Mitarbeiterbedürfnissen schafft. Der Coach kann beispielsweise der Vorgesetzte oder ein externer Spezialist sein. Die letztgenannte Variante wird häufig gewählt, um Führungskräfte zu coachen.

1 **to coach** (engl.): betreuen, trainieren

3. Mentoring: Eine spezielle Form des Coachings ist das Mentoring. Hierbei wird einem jungen bzw. neuen Mitarbeiter für eine gewisse Zeit oder eine bestimmte Aufgabe (z. B. ein erstes Projekt) ein älterer, erfahrener Mitarbeiter (Mentor) zur Seite gestellt. Ziel des Mentorings ist neben einer optimalen Aufgabenerledigung eine gute Integration des neuen Mitarbeiters in das Unternehmen.

8.2 Maßnahmen zur Motivation der Mitarbeiter

Beispiel In der BE Partners KG wurde im letzten Jahr ein „Kummerkasten" eingeführt. Mitarbeiter haben die Möglichkeit, anonym aufzuschreiben, was ihnen im Unternehmen nicht gefällt. Herr Bastian hat bei der Auswertung des „Kummerkastens" festgestellt, dass Mitarbeiter nicht immer voll motiviert zur Arbeit kommen und sich zusätzliche Anreize wünschen. Sie äußern auch, dass ihre Bereitschaft zur Mehrarbeit nachgelassen hat. Zudem finden einige Mitarbeiter, dass ihr Einsatz bei der termingerechten Realisierung von Projekten häufig nicht angemessen gewürdigt wird. In der Druckerei wird die oftmals eintönige Arbeit bemängelt. Herr Bastian überlegt, wie er die Motivation seiner Mitarbeiter steigern könnte.

Im Rahmen der Personalbeschaffung wird das Ziel verfolgt, für jede Stelle im Unternehmen den Mitarbeiter mit der optimalen **Leistungsfähigkeit** zu beschaffen.[1] Im täglichen Arbeitsprozess ist anschließend für den Unternehmenserfolg entscheidend, wie viel von dieser Leistungsfähigkeit die einzelnen Mitarbeiter auch tatsächlich abrufen. Dies hängt von ihrer **Leistungsbereitschaft (Motivation)** ab.[2]

1 Personalbeschaffung
→ LF 8, Kap. 4

2 **Motivation:**
Gesamtheit der Beweggründe, die das Handeln eines Menschen bestimmen.

„Motivation ist wie Waschen – deshalb empfehlen wir sie täglich."

Zig Ziglar (1926–2012), US-amerikanischer Autor und Motivationstrainer

Merke! Die Personalarbeit muss permanent das Ziel verfolgen, die **Leistungsbereitschaft (Motivation) der Mitarbeiter dauerhaft zu fördern** und aufrechtzuerhalten. Insbesondere müssen Motivationsdefizite bei Mitarbeitern erkannt, analysiert und behoben werden.

Die Motivation eines Mitarbeiters für die tägliche Arbeit hängt in starkem Maße von seiner Zufriedenheit ab. Diese wird unter anderem durch Faktoren beeinflusst, auf die das Unternehmen keinen oder kaum Einfluss hat, z. B.:

- aktuelle Stimmungslage durch private Einflüsse
- jahreszeitliche Einflüsse („Frühjahrsmüdigkeit")
- Wetter

Aus Sicht des Unternehmens sind eher jene **Bestimmungsgrößen der Motivation** interessant, die – vor allem im Rahmen des Personalwesens – beeinflussbar sind. Hierbei unterscheidet man die **materielle Motivation**, die in der Regel über finanzielle Anreize erfolgt, und die **immaterielle Motivation**, die dem Mitarbeiter eine Bedürfnisbefriedigung bietet, die in der Arbeit selbst liegt. Letztere betrifft in der Regel Mitarbeiterbedürfnisse wie einen sicheren Arbeitsplatz, ein angenehmes Betriebsklima, Anerkennung, Eigenverantwortung und Selbstverwirklichung im Beruf.

8.2.1 Materielle Mitarbeitermotivation

Neben einer Grundvergütung, die der Arbeitnehmer als gerecht empfindet (z. B. nach einer **Gehaltserhöhung**), existieren zahlreiche weitere Möglichkeiten, um Mitarbeiter durch finanzielle oder materielle Anreize zu motivieren.[1]

1 gerechte Vergütung
→ LF 8, Kap. 7.1

Erfolgsbeteiligungen

Verschiedene Maßnahmen belohnen den individuellen Erfolg bzw. die Leistung eines Mitarbeiters (z. B. eine **Prämie** für einen Verbesserungsvorschlag, die **Provision** eines Reisenden) oder beteiligen den Mitarbeiter am Erfolg des Unternehmens (z. B. eine **Gewinnbeteiligung**).[2]

2 Formen des Entgelts
→ LF 8, Kap. 7.1

Beispiel Tina Welkenbach, Sabine Meyer und Matthias Schneider haben im letzten Monat einen Projektauftrag zur großen Zufriedenheit des Kunden Beska GmbH erfolgreich abgeschlossen. Herr Bastian hat in Absprache mit Dörthe Epstein entschieden, dass die drei Mitarbeiter zur Belohnung von der BE Partners KG zu einem Wochenende auf der Fashion Week in Berlin eingeladen werden.

Betriebliche Sozialleistungen

Mit **betrieblichen Sozialleistungen** entspricht das Unternehmen dem Fürsorgegedanken gegenüber den Mitarbeitern, steigert deren Bindung an das Unternehmen und ihre Leistungsbereitschaft.

Auswahl aus dem breiten Spektrum möglicher betrieblicher Sozialleistungen

- Sonderzahlungen (z. B. Urlaubsgeld, Weihnachtsgeld)
- betriebliche Altersvorsorge („Betriebsrenten")
- Zuschuss zu vermögenswirksamen Leistungen
- Kapitalbeteiligungen (z. B. Belegschaftsaktien)
- vergünstigtes Essen in der Kantine
- Fahrtkostenzuschüsse
- Nutzung freier oder vergünstigter Parkplätze
- Personalrabatte
- zinsgünstige Arbeitgeberdarlehen
- Betriebskindergärten
- Dienstwagen, Handy oder Laptop

Beispiel Die BE Partners KG hat mit einem benachbarten Fitness-Studio einen Kooperationsvertrag geschlossen. Die Mitarbeiter können dort kostenlos trainieren. Als positiven Zusatzeffekt erhofft sich das Unternehmen durch diese Sozialleistung natürlich auch gesündere und damit produktivere Mitarbeiter.

Arbeitsumgebung

Da Menschen einen nicht unerheblichen Teil ihres Lebens am Arbeitsplatz verbringen, hat auch die Gestaltung einer möglichst **angenehmen Arbeitsumgebung** einen starken Einfluss auf ihre Leistungsbereitschaft.

Beispiel In der BE Partners KG hat man erkannt, dass durch eine ergonomische Arbeitsplatzgestaltung sowohl die Motivation als auch die Gesundheit der Mitarbeiter gefördert werden können. Besonderer Wert wird deswegen auf große und helle Büros für alle Mitarbeiter gelegt. Zudem sind die Büros mit modernen ergonomischen Büromöbeln aus hochwertigen Materialien ausgestattet.

8.2.2 Immaterielle Mitarbeitermotivation

Betriebsklima

Gute Arbeitsergebnisse können Mitarbeiter nur erzielen, wenn ihr Wunsch nach einer angenehmen Arbeitsatmosphäre und guten sozialen Beziehungen am Arbeitsplatz erfüllt wird. Sie erledigen dann ihre Arbeit mit Lust und Laune und kommen mit Freude zur Arbeit. Ein **gutes Betriebsklima** ist ein wesentlicher Bestandteil der Mitarbeitermotivation. Das Unternehmen muss hierfür die passenden Rahmenbedingungen schaffen, z. B. durch

- Förderung der eigenverantwortlichen Teamarbeit
- gemeinsame Aktivitäten (z. B. Betriebssport)
- Betriebsausflüge und Betriebsfeiern
- Beschwerdemanagement (z. B. ein „Kummerkasten")
- Maßnahmen zur frühzeitigen Erkennung von Mobbing[1]

1 **Mobbing** (engl. „to mob"): anpöbeln, angreifen, bedrängen – ständiges Schikanieren von Mitarbeitern, oft mit dem Ziel, sie von ihrem Arbeitsplatz zu vertreiben

Beispiel In der BE Partners KG wird regelmäßig eine anonyme Befragung der Mitarbeiter durchgeführt, in der deren Zufriedenheit mit dem Betriebsklima gemessen und ihnen die Möglichkeit zu Kritik und Verbesserungsvorschlägen gegeben wird.

Mitarbeitergespräche

Der persönliche Kontakt zu Mitarbeitern und Vorgesetzten gewinnt gerade vor dem Hintergrund einer zunehmenden Technisierung und Anonymisierung der Kommunikation für arbeitende Menschen zunehmend an Bedeutung. In **Mitarbeitergesprächen**, die Vorgesetzte regelmäßig mit Mitarbeitern führen sollten, können die sozialen Beziehungen gepflegt werden. Vorgesetzte können ihre Anerkennung und Wertschätzung gegenüber dem Mitarbeiter durch **Lob** zum Ausdruck bringen. Auch Maßnahmen zur **individuellen Personalentwicklung** und damit möglicherweise verbundene **Aufstiegschancen** im Unternehmen können erörtert werden.

Beispiel Alle Abteilungsleiter der BE Partners KG führen regelmäßig Mitarbeitergespräche. Sie motivieren ihre Mitarbeiter z. B. in Beurteilungsgesprächen mit Lob und Anerkennung. Zudem finden es die Mitarbeiter sehr gut, dass ihre Vorgesetzten echtes Interesse an ihren Ideen zeigen und immer ein offenes Ohr für sie haben.

Mitbestimmung und Eigenverantwortung

Gerade für qualifizierte Arbeitskräfte haben Aspekte wie die Möglichkeit zur **Mitbestimmung** durch Entscheidungsbefugnisse oder der Wunsch nach **Eigenverantwortung** entscheidenden Einfluss auf ihre Motivation. Solche Mitarbeitermotive, hinter denen oft der Wunsch nach Selbstverwirklichung durch die Arbeit steckt, werden heutzutage am ehesten mit einem kooperativen Führungsstil befriedigt.

Beispiel Susanne Herrmann hat in Absprache mit Rolf Bastian in ihrer Abteilung die Arbeitszeit vollständig flexibilisiert.[2] Sie vertraut auf die Selbstverantwortung ihrer Mitarbeiter und legt mit ihnen regelmäßig Ziele fest. In den jeweiligen Teams übernehmen Sabine Meyer und Kemal Aydin die Verantwortung für die zu realisierenden Projekte. Die Teams setzen sich im Rahmen der Projektplanung sogenannte „Meilensteine".[3] Für die zeitliche Einteilung und die Absprache der Arbeitsschritte sind die Mitarbeiter der Teams selbst verantwortlich.

2 Arbeitszeitmodelle
→ LF 8, Kap. 6.3.1

3 **Meilenstein:** wichtiges Teilergebnis in einem Projekt

Weitere Informationen finden Sie in FK 3, LF 13.

Hinter allen Maßnahmen zur **Mitarbeitermotivation** steckt nicht nur das Ziel, Arbeitnehmer täglich zu hohen Arbeitsleistungen zu bewegen. Darüber hinaus dienen sie auch der langfristigen **Mitarbeiterbindung** und sind im Rahmen des **Personalmarketings** wichtig, um ein Unternehmen für derzeitige Mitarbeiter und potenzielle Bewerber attraktiv zu machen.

Möglichkeiten der Mitarbeitermotivation

materielle Motivation	immaterielle Motivation
- Gehaltserhöhungen - Prämien und Provisionen - Gewinnbeteiligungen - betriebliche Sozialleistungen - angenehme Arbeitsumgebung	- gutes Betriebsklima - Mitarbeitergespräche - Lob - individuelle Personalentwicklung - Aufstiegschancen - Selbstverwirklichung - Mitbestimmung - Eigenverantwortung - flexible Arbeitszeitgestaltung

Beide Möglichkeiten der Mitarbeitermotivation sind häufig miteinander verzahnt. Beispielsweise sieht ein Mitarbeiter ein schönes Büro mit wertvollen Möbeln nicht nur als materiellen Anreiz. Vielmehr empfindet er dies auch als Wertschätzung bzw. Lob und Anerkennung für seine Leistungen.

8.2.3 Abwechslungsreiche und motivierende Arbeitsorganisation

Die Arbeitsorganisation beinhaltet die Gestaltung von Inhalten, Umfang und Bedingungen der Arbeit. In modernen Unternehmen haben sich insbesondere **vier neuere Formen der Arbeitsorganisation** durchgesetzt, die Arbeitsmotivation und -zufriedenheit fördern sollen. Ziel dieser Modelle ist die Erweiterung des individuellen Handlungsspielraums von Mitarbeitern.

Job Rotation[1]

Das Modell der Job Rotation (Arbeitsplatzwechsel) beinhaltet einen Wechsel strukturell gleichartiger Arbeitsplätze bis hin zu einem totalen Rundumwechsel nach vorgeschriebenen oder selbst gewählten Zeit- und Reihenfolgen.

Beispiel Ein Mitarbeiter der Fly Bike Werke GmbH, eines Kunden der BE Partners KG, ist im Warenausgangslager beschäftigt. Daneben ist er im Wechsel mit anderen Arbeitnehmern auch im Rohstofflager oder im Versand tätig.

Die wechselnde Übernahme von Aufgaben an verschiedenen Stellen soll vor allem Arbeitsmonotonie verhindern. Es ist darauf zu achten, dass alle Aufgaben auf gleicher hierarchischer Ebene angesiedelt sind. Dabei soll der Mitarbeiter neue Erfahrungen sammeln und eine Erweiterung seiner Qualifikation erfahren.

1 **to rotate** (engl.): abwechseln, rotieren

Job Enlargement[1]

Job Enlargement (Aufgabenerweiterung) bedeutet, dass das Aufgabenfeld eines Mitarbeiters um neue, strukturell ähnliche Aufgaben erweitert wird. Da das **Anforderungsniveau annähernd unverändert** bleibt, aber größer wird, setzt das Modell des Job Enlargements bei der Erweiterung des Tätigkeitsspielraums an.

1 **to enlarge** (engl.): ausdehnen, erweitern, vergrößern

Beispiel Die Fly Bike Werke GmbH setzt die Mitarbeiter des Eingangslagers künftig auch für Tätigkeiten im Ausgangslager ein.

Job Enrichment[2]

Gegenüber dem Job Enlargement kann das Modell des Job Enrichments (Aufgabenbereicherung) die Motivation zusätzlich erhöhen. Beim Job Enrichment werden einer Stelle **qualitativ höherwertige Aufgaben** hinzugefügt, wodurch eine Verschiebung auf ein höheres Anforderungsniveau stattfindet.

2 **to enrich** (engl.): anreichern, bereichern

Beispiel Die Mitarbeiter im Eingangslager der Fly Bike Werke GmbH verwalten nicht nur die ankommenden Rohstoffe. Sie können dem Einkauf auch Vorschläge für Bezugsquellen machen und erste Vorgespräche mit Lieferanten führen.

Gruppenarbeit (teilautonome Arbeitsgruppen)

Als **teilautonome Gruppen** werden Arbeitsgruppen bezeichnet, denen im Rahmen ihrer Aufgabenerfüllung Befugnisse für die Planung, Steuerung und Kontrolle von Arbeitsprozessen übertragen werden. Den motivierenden Effekt erhofft man sich bei diesem Modell durch das hohe Maß an Selbstständigkeit der Mitarbeiter.

Vorteile teilautonomer Gruppen sind:

- eine Verbesserung des Leistungsverhaltens der Mitarbeiter
- eine Vermittlung von Zusatzqualifikationen (im Sinne des Mentorings)
- die Möglichkeit der Entwicklung von Führungskräften aus eigener Reihe
- Förderung der Fach-, Sozial- und Methodenkompetenz

Alles klar?

1 Begründen Sie, warum Auszubildende zu Kaufleuten für Büromanagement sich auf „lebenslanges Lernen" einstellen sollten.

2 Erläutern Sie die Ziele der Personalförderung.

3 Unterscheiden Sie die vier Formen der Personalförderung allgemein und anhand von konkreten Beispielen.

4 Wägen Sie Vor- und Nachteile von betriebsinternen und -externen Schulungsmaßnahmen ab.

5 Erläutern Sie den Zusammenhang zwischen Mitarbeitermotivation und Fluktuation.

6 Sammeln Sie die konkreten Maßnahmen Ihres Ausbildungsbetriebs zur materiellen und immateriellen Mitarbeitermotivation in einer Tabelle.

7 Erläutern Sie die vier Modelle zur abwechslungsreicheren Arbeitsorganisation allgemein und anhand je eines eigenen Beispiels.

9 Personalbeurteilung

9.1 Innerbetriebliche Personalbeurteilung

LS 102 Arbeitszeugnisse erstellen und Personal beurteilen

Beispiel Tüley Öztürk hat gerade ihren sechsmonatigen Ausbildungsabschnitt in der Abteilung „Allgemeine Verwaltung“ der BE Partners KG absolviert. In einem Beurteilungsgespräch mit dem Abteilungsleiter Franz Seydlitz bekommt sie folgenden Beurteilungsbogen ausgehändigt. Tüley überlegt, wie die einzelnen Bewertungen wohl zustande gekommen sind.

BE Partners KG — Interner Beurteilungsbogen für Auszubildende

Auszubildende(r):	Tüley Öztürk	Personal-Nr.: 302
Abteilung:	Allgemeine Verwaltung	
Beurteilende(r):	Franz Seydlitz, Abteilungsleiter	
Beurteilungszeitraum:	01.02.20XX bis 31.07.20XX	

			Anforderungen werden …					
Beurteilungsbereiche und -kriterien		**Beispiele für Entwicklungspotenziale, wenn Anforderungen kaum erfüllt werden**	kaum erfüllt	im Wesentlichen erfüllt	voll erfüllt	übertroffen	deutlich übertroffen	**Beispiele für ein deutliches Übertreffen der Anforderungen**
			1	2	3	4	5	
Leistungsbeurteilung (Fachkompetenz)	Auffassungsgabe	lernt langsam, muss häufig einfache Dinge nachfragen, zeigt wenig Verständnis				X		versteht schnell schwierige Zusammenhänge, erfasst sofort das Wesentliche
	Lernbereitschaft und Engagement	zeigt wenig Interesse, fragt nie nach, fehlender Ehrgeiz, ist bei Erklärungen abwesend					X	ist sehr interessiert und wissbegierig, stellt sinnvolle Fragen, eignet sich Wissen selber an
	Sorgfalt und Zuverlässigkeit	arbeitet sehr schlampig, kommt häufig zu spät, hält sich nicht an Anweisungen				X		arbeitet stets sehr gewissenhaft, ist sehr genau, hält Absprachen und Termine immer ein
	Belastbarkeit und Selbstständigkeit	lässt sich leicht aus dem Konzept bringen, erkennt Aufgaben nicht		X				arbeitet auch bei anspruchsvollen Aufgaben sehr sicher und ruhig, erkennt Probleme selber und entwickelt selbst Lösungen
Persönlichkeitsbeurteilung (Sozialkompetenz)	Auftreten	ist unhöflich, kontaktscheu, ungepflegtes Erscheinungsbild					X	hat sehr gute Umgangsformen, ist sehr aufgeschlossen und höflich, sympathisches Auftreten
	Teamfähigkeit	ist wenig hilfsbereit, geht nicht auf andere zu, akzeptiert andere Meinungen nicht			X			zeigt stets Bereitschaft zur Zusammenarbeit, hört aktiv zu, ist sehr hilfsbereit
	Kommunikationsverhalten	redet sehr leise, hört oft nicht richtig zu, schwacher Ausdruck				X		kann sich sehr klar und deutlich artikulieren, wählt immer eine angemessene Ausdrucksweise
	Kritikfähigkeit	nimmt konstruktive Kritik oft nicht an				X		fordert Kritik und Verbesserungsvorschläge ein, nutzt Kritik, um an sich zu arbeiten

Gründe und Anlässe der Personalbeurteilung[1]

Eine **regelmäßige interne Beurteilung der Leistungen und des Verhaltens** der Mitarbeiter im Unternehmen sollte zu den Grundprinzipien der Personalführung gehören. Hierfür sprechen die **folgenden Argumente**:

- Die Personalbeurteilung ist Voraussetzung für einen optimalen Einsatz der Mitarbeiter im Rahmen der **Personaleinsatzplanung.**[2]
- Sie liefert Informationen bezüglich anstehender **Versetzungen oder Beförderungen** und unterstützt damit die Personalbedarfsplanung.[3]
- Sie ermöglicht durch den Einsatz von Prämien oder Umgruppierungen in höhere Lohngruppen die Verwirklichung einer **„gerechten Entlohnung“**.[4]
- Auf der Grundlage erkannter Schwächen bzw. Entwicklungspotenziale kann eine gezielte und effiziente **Personalförderung** initiiert werden.[5]
- Durch das Bewusstsein über die Beurteilungen wird die **Leistungsbereitschaft (Motivation) gesteigert**.
- Nur eine genaue Kenntnis des Mitarbeiters inklusive schriftlicher Unterlagen ermöglicht eine fehlerfreie Erstellung von aussagekräftigen **Arbeitszeugnissen.**[6]
- Durch Beurteilungsgespräche wird der **persönliche Kontakt** zwischen Vorgesetztem und Mitarbeiter gefördert.

Zusätzlich zu den regelmäßigen Personalbeurteilungen können Mitarbeiterbewertungen aufgrund **bestimmter Anlässe** erfolgen, z. B.

- vor **Ablauf der Probezeit**, um über eine mögliche Kündigung zu entscheiden,
- vor **Ablauf eines Zeitvertrags**, um über eine Verlängerung zu entscheiden,
- bei anstehenden **betriebsbedingten Kündigungen**, um die zu entlassenden Mitarbeiter auszuwählen.[7]

Kriterien der Personalbeurteilung

Die Auswahl der Beurteilungskriterien hängt von der Stellung des Mitarbeiters ab. Beispielsweise wird ein Auszubildender in der Regel nach anderen Kriterien (z. B. Interesse, Fleiß, Auffassungsgabe) beurteilt als eine Führungskraft mit Personalverantwortung (z. B. Führungsqualität, Motivationsfähigkeit, Delegationsfähigkeit).

Merke! Typische Beurteilungsbereiche und -kriterien:

1. **Leistungsbeurteilung:**
   z. B. Arbeitsqualität, Arbeitsmenge, Fachwissen, Auffassungsgabe, Selbstständigkeit, Kreativität, Sorgfalt, Belastbarkeit, Arbeitsorganisation
2. **Persönlichkeitsbeurteilung:**
   z. B. Teamfähigkeit, Auftreten, äußeres Erscheinungsbild, Kritikfähigkeit, Kommunikationsfähigkeit, Pünktlichkeit, Vertrauenswürdigkeit, Umgangsformen
3. **Führungsbeurteilung:**
   z. B. Führungsqualität, Motivationsfähigkeit, Delegationsfähigkeit, Durchsetzungsvermögen, Fähigkeit zur Mitarbeiterförderung, Objektivität

Zusätzlich zur Beurteilung der derzeitigen Leistung und der Entwicklung in der Vergangenheit werden zunehmend **Potenzialbeurteilungen** vorgenommen. Mit Prognosen über die Eignung für bestimmte zukünftige Aufgaben und mögliche berufliche Entwicklungen sollen vor allem zukünftige Führungskräfte ermittelt werden.[8]

1 Während Auszubildende oft nach Abschluss eines Ausbildungsabschnitts beurteilt werden, sollten andere Mitarbeiter ca. alle zwei Jahre beurteilt werden.

2 3 Personalplanung
→ LF 8, Kap. 3

4 Lohnformen
→ LF 8, Kap. 7.1

5 Personalförderung
→ LF 8, Kap. 8

6 Arbeitszeugnis
→ LF 8, Kap. 9.2

7 Allerdings muss bei betriebsbedingten Kündigungen eine „Sozialauswahl“ erfolgen. Dies kann dazu führen, dass man einen „schlechteren“ Mitarbeiter weiterbeschäftigen muss, weil er z. B. wesentlich älter und länger im Unternehmen ist als ein „besserer“ jüngerer Mitarbeiter.
→ LF 8, Kap. 10.2.1

8 Auch bei der Entscheidung bezüglich der Übernahme von Auszubildenden spielen **Entwicklungsbeurteilungen** häufig eine Rolle.

Verfahren der Personalbeurteilung

1. Freie Beurteilung: Bei diesem sehr zeitaufwendigen Verfahren verfasst der Beurteilende einen **freien Text** über den zu beurteilenden Mitarbeiter. Da freie Beurteilungen von Mitarbeitern schwer vergleichbar sind, wird dieses Verfahren selten angewendet.

2. Standardisierte Beurteilung: Die Verwendung von **standardisierten Beurteilungsbögen** hat sich in der betrieblichen Praxis zunehmend durchgesetzt.[1] Auf einem Vordruck, der neben den zu bewertenden Beurteilungskriterien auch die möglichen Beurteilungsstufen vorgibt (z. B. Schulnoten von 1 bis 6), muss der Beurteilende nur wenig ausfüllen, oft sogar nur ankreuzen.

1 Bei dem Eingangsbeispiel dieses Kapitels handelt es sich um einen standardisierten Beurteilungsbogen.

Die Vorteile dieses Verfahrens sind:

- eine **schnelle** und **einfache** Bearbeitung durch den Vorgesetzten
- dadurch **geringere Kosten** der Personalbeurteilung
- höhere **Objektivität** der Bewertung, da sich der Beurteilende an die Vorgaben des Beurteilungsbogens halten muss
- bessere **Vergleichbarkeit** der Mitarbeiter (z. B. bei Beförderungen)

Ein **Nachteil** dieser Beurteilungsform ist jedoch, dass spezielle individuelle Leistungen eines Mitarbeiters, die durch die vorgegebenen Kriterien nicht abgedeckt werden, nicht erfasst werden können.

3. Halbstandardisierte Beurteilung: Bei diesem Verfahren handelt es sich um eine **Kombination aus standardisierter und freier Beurteilung.** Ein standardisierter Beurteilungsbogen wird um einen Bereich für freie Beurteilungen ergänzt. So bleiben die Vorteile der standardisierten Beurteilung grundsätzlich erhalten und der Vorgesetzte bekommt zusätzlich die Möglichkeit, individuelle Aspekte zu ergänzen.[2]

2 Bei der Festlegung des Personalbeurteilungsverfahrens und bei der Gestaltung eines Beurteilungsbogens hat der **Betriebsrat nach** § 94 BetrVG ein **Zustimmungsrecht.**

Probleme und Fehlerquellen der Personalbeurteilung

Da zur Erstellung der Personalbeurteilung in der Regel noch die Vorbereitung, Durchführung und Nachbereitung eines Beurteilungsgesprächs mit dem Mitarbeiter gehören, bedeutet Personalbeurteilung eine **hohe Arbeitsbelastung** für Vorgesetzte. Aus dem Bestreben, diese Arbeitsbelastung zu verringern, ergeben sich folgende Gefahren der Personalbeurteilung:

- **Frühere Beurteilungen** werden unreflektiert übernommen.
- **Ungeprüfte Aussagen** anderer Mitarbeiter werden einbezogen.
- **Vorurteile, Freundschaften oder persönliche Sympathien/Antipathien** beeinflussen die Beurteilung.
- Aufgrund mangelnder Beurteilungsgrundlagen **beeinflusst die Beurteilung einiger weniger Merkmale die Beurteilung der anderen Merkmale.**
- Kürzer zurückliegende Beobachtungen fließen stärker in die Bewertung ein als ältere Ereignisse.

Aufgrund dieser potenziellen Fehlerquellen in Personalbeurteilungen hat der Gesetzgeber im Betriebsverfassungsgesetz jedem Arbeitnehmer das **Recht auf eine Erläuterung seiner Beurteilung** eingeräumt.

§ 82 BetrVG: Anhörungs- und Erörterungsrecht des Arbeitnehmers

(2) Der Arbeitnehmer kann verlangen, dass ihm [...] die Beurteilung seiner Leistungen sowie die Möglichkeiten seiner beruflichen Entwicklung im Betrieb erörtert werden. Er kann ein Mitglied des Betriebsrats hinzuziehen.

Zu diesem Zweck werden in der Regel **Beurteilungsgespräche** geführt. Sie bieten dem beurteilten Mitarbeiter die Möglichkeit, eigene Schwächen zu erkennen, sich unverständliche Beurteilungen erklären zu lassen und ggf. um Korrektur „falscher" Beurteilungen zu bitten. Vonseiten des Vorgesetzten müssen solche Beurteilungsgespräche gut vorbereitet sein. Negative Beurteilungen ohne motivierende Erläuterung und Begründung können Mitarbeiter stark demotivieren und Auslöser für Konflikte zwischen Vorgesetztem und Mitarbeiter sein.

9.2 Arbeitszeugnis[1]

1 Umgang mit einem Textverarbeitungsprogramm → Webcode 4519152_IT_Trainer, IV Word, Kap. 1–12

Beispiel In der BE Partners KG muss die Stelle des Leiters der Kundenbetreuung neu besetzt werden. Auf eine Stellenanzeige hat sich unter anderem Iris Renner beworben. Franz Seydlitz hat ihre Bewerbung nach kurzer Analyse recht schnell aussortiert. Florian Hamm wundert sich darüber, wie Herr Seydlitz so schnell zu einer Entscheidung kommen konnte. Daraufhin gibt ihm Herr Seydlitz die Bewerbungsmappe mit der Bemerkung: „Sehen Sie sich mal das letzte Arbeitszeugnis an. Dann dürfte Ihnen klar sein, warum Frau Renner für uns nicht infrage kommt."

❶ Boutique Lara – Fashion and Style

Bonn, 30. September 20XX

❷ **Arbeitszeugnis**

❸ Frau Iris Renner, geb. am 6. Dezember 1972 in Troisdorf, war vom 1. Oktober 20X1 bis zum 30. September 20X2 für ein Jahr als Verkäuferin bei uns tätig.

❹ Zu ihren Tätigkeiten gehörte das gesamte Aufgabenspektrum einer Verkäuferin (Kundenberatung, Kassieren, Warenpflege).

❺ Frau Renner zeigte stets großes Interesse an ihrer Arbeit und hat sich immer bemüht, ihre Aufgaben zu erfüllen. Auf Anweisung machte sie sich mit großem Eifer an die ihr übertragenen Aufgaben. Sie hat stets versucht, Kunden angemessen zu beraten. Ihre Kassenabrechnungen waren im Großen und Ganzen fehlerfrei.

❻ Ihre umfangreichen Interessen machten sie zu einer beliebten Gesprächspartnerin für die Kunden. Gegenüber Vorgesetzten wusste sie sich stets gut zu verkaufen und auch die anderen Mitarbeiter kamen gut mit ihr zurecht.

❼ Frau Renner scheidet am 30. September 20X2 aus unserem Unternehmen aus. Wir wünschen ihr alles Gute, insbesondere auch Erfolg.

❽ *Lara Trochowski*
Lara Trochowski, Geschäftsführerin

Beispiel für ein **qualifiziertes Arbeitszeugnis:**

❶ Firma, Ausstellungsort und -datum

❷ Überschrift „Arbeitszeugnis"

❸ persönliche Daten sowie Art und Dauer (Beginn und Ende) der Beschäftigung

❹ Aufgaben- und Verantwortungsbereiche

❺ Beurteilung der Arbeitsleistung

❻ Beurteilung des Verhaltens

❼ Schlusssatz, ggf. mit Angabe der Gründe für die Beendigung des Arbeitsverhältnisses

❽ Unterschrift und Stellenbezeichnung des Zeugnisausstellers

Einfaches oder qualifiziertes Arbeitszeugnis

Der Arbeitgeber ist auf Grundlage der Gewerbeordnung (GewO) verpflichtet, jedem ausscheidenden Arbeitnehmer ein Arbeitszeugnis auszuhändigen.[1] Dabei kann es sich um ein **einfaches Arbeitzeugnis** handeln oder – wenn der Arbeitnehmer dies ausdrücklich verlangt – um ein **qualifiziertes Arbeitszeugnis**.

1 **Zeugnispflicht**

2 Neben diesem „Endzeugnis" kann ein Arbeitnehmer bei Vorliegen eines triftigen Grundes auch ein **Zwischenzeugnis** verlangen. Triftige Gründe können sein:
- Der Arbeitgeber möchte dem Arbeitnehmer demnächst kündigen.
- Der Arbeitnehmer möchte demnächst kündigen.
- Eine Versetzung steht bevor.
- Eine längere Arbeitsunterbrechung steht bevor (z. B. wegen Elternzeit).
- Der Vorgesetzte wechselt.

§ 109 Gewerbeordnung: Zeugnis

(1) Der Arbeitnehmer hat bei Beendigung eines Arbeitsverhältnisses **Anspruch auf ein schriftliches Zeugnis**. Das Zeugnis muss **mindestens Angaben zu Art und Dauer der Tätigkeit (einfaches Zeugnis)** enthalten. Der Arbeitnehmer kann verlangen, dass sich die Angaben **darüber hinaus** auf **Leistung und Verhalten** im Arbeitsverhältnis **(qualifiziertes Zeugnis)** erstrecken.[2]

(2) Das Zeugnis muss klar und verständlich formuliert sein. Es darf keine Merkmale oder Formulierungen enthalten, die den Zweck haben, eine andere als aus der äußeren Form oder aus dem Wortlaut ersichtliche Aussage über den Arbeitnehmer zu treffen.

(3) Die Erteilung des Zeugnisses in elektronischer Form ist ausgeschlossen.

Beispiel Da viele Arbeitnehmer ihre Rechte bezüglich der Erteilung eines Arbeitszeugnisses nicht kennen, wird in der BE Partners KG grundsätzlich jeder ausscheidende Mitarbeiter gefragt, ob er ein einfaches oder qualifiziertes Arbeitszeugnis wünscht. Zum Ende des letzten Jahres ist der Mitarbeiter Ludwig Münkhoff ausgeschieden. Da er kein qualifiziertes Arbeitszeugnis wollte, wurde ihm ein einfaches Arbeitszeugnis mit folgendem Inhalt ausgehändigt:[3]

„Herr Ludwig Münkhoff, geboren am 5. August 1977 in Wuppertal, war vom 1. August 1999 bis zum 31. Dezember 20XX als Sachbearbeiter für den Medien-Einkauf in der Abteilung Einkauf/Produktion Medien beschäftigt.

Seine Aufgabe war im Wesentlichen die selbstständige Beschaffung der in unserer Werbeagentur benötigten Sachgüter (Büromaterial, Filmmaterial, Kleidung für Fotoshootings usw.). Zudem vertrat er den Abteilungsleiter bei Krankheit oder Urlaub. Wir wünschen Herrn Münkhoff für seine berufliche und private Zukunft alles Gute."

3 Beispiel für ein **einfaches Arbeitszeugnis**

Das **einfache Arbeitszeugnis** ist **wertfrei.** Es beinhaltet **nur:**	Das **qualifizierte Arbeitszeugnis** ist **wertend.** Es enthält **zusätzlich:**
- die persönlichen Daten des Mitarbeiters - die Art der Beschäftigung (Stellenbezeichnung, Abteilung) - die Dauer der Beschäftigung - die Aufgaben- und Verantwortungsbereiche - evtl. eine neutrale Schlussformulierung	- eine Beurteilung der Leistung - eine Beurteilung des Verhaltens gegenüber Kunden, Vorgesetzten und Mitarbeitern - Angaben zum Kündigungsgrund

Vom Arbeitszeugnis zu unterscheiden ist das **Ausbildungszeugnis**. Bei Beendigung der Berufsausbildung ist dies dem Auszubildenden vom Ausbildungsbetrieb auszuhändigen.

Gemäß § 16 **Berufsbildungsgesetz (BBiG)** muss ein Ausbildungszeugnis informieren über:

- Art, Dauer und Ziel der Ausbildung sowie
- die erworbenen beruflichen Fertigkeiten, Kenntnisse und Fähigkeiten.[1]

Verschlüsselungstechniken und „Geheimcodes“

Aufgrund maßgeblicher Rechtsprechungen des Bundesarbeitsgerichts und des Bundesgerichtshofs muss ein qualifiziertes **Arbeitszeugnis wohlwollend formuliert sein, damit dem Arbeitnehmer das berufliche Fortkommen nicht erschwert wird.** Gemäß ihrer Fürsorgepflicht sind Arbeitgeber somit verpflichtet, zum Schutz des Arbeitnehmers das Zeugnis nicht nur der Wahrheit entsprechend, sondern auch mit angemessenem Wohlwollen abzufassen.

Die „Verpflichtung zum Wohlwollen“ führt dazu, dass Arbeitgeber vor allem sehr negative Leistungen mit **Verschlüsselungstechniken**[2] umschreiben. Die wichtigste Technik ist dabei die Verwendung der folgenden **Positivskala** bei Zeugnisformulierungen, mit der in Arbeitszeugnissen standardmäßig die Schulnoten verschlüsselt werden.[3]

verschlüsselte Formulierung	tatsächliche Aussage	Note
... führte die Aufgaben **stets zur vollsten** Zufriedenheit aus.	Seine Aufgabenerfüllung war sehr gut.	1
... führte die Aufgaben **stets zur vollen** Zufriedenheit aus.	Seine Aufgabenerfüllung war gut.	2
... führte die Aufgaben **zur vollen** Zufriedenheit aus.	Seine Aufgabenerfüllung war befriedigend.	3
... führte die Aufgaben **zur Zufriedenheit** aus.	Seine Aufgabenerfüllung war ausreichend.	4
... hat die Aufgaben **im Allgemeinen zur Zufriedenheit** erledigt.	Seine Aufgabenerfüllung war mangelhaft.	5
... hat **sich bemüht,** die Aufgaben zur Zufriedenheit zu erledigen.	Seine Aufgabenerfüllung war ungenügend.	6

Natürlich könnten positive Beurteilungen auch mit den tatsächlichen Aussagen beschrieben werden. Aus Gründen der Einheitlichkeit haben sich jedoch auch hier die verschlüsselten Formulierungen etabliert.

Eine weitere Verschlüsselungstechnik ist die **Ausweich-Technik**. Durch Hervorheben einer Selbstverständlichkeit wird auf Schwächen in anderen Bereichen hingewiesen.

Beispiel Im qualifizierten Arbeitszeugnis eines ehemaligen Abteilungsleiters der BE Partners KG steht folgender Satz: „Herr Engelhardt zeichnete sich durch seine vorbildliche Pünktlichkeit aus.“

Im Gegensatz zu den Verschlüsselungstechniken sind Aussagen, „die den Zweck haben, eine andere als aus der äußeren Form oder aus dem Wortlaut ersichtliche Aussage über den Arbeitnehmer zu treffen“, verboten. Die folgende Tabelle gibt einige Beispiele für solche **Geheimcodes**, die gegen den **Grundsatz der Zeugnisklarheit** gemäß § 109 (2) GewO verstoßen.[4]

1 Auf Verlangen des Auszubildenden sind auch Angaben über Verhalten und Leistung aufzunehmen.

2 Verschlüsselungstechniken sind erlaubt!

3 Die hier beispielhaft für das Beurteilungskriterium „Aufgabenerfüllung“ angegebenen Formulierungen können auch in Verbindung mit nahezu jedem anderen Kriterium verwendet werden. Da sie sich als Standardformulierungen in Arbeitszeugnissen etabliert haben, sollte bei der Verfassung von Arbeitszeugnissen auf sie zurückgegriffen werden.

4 Geheimcodes sind verboten!

Geheimcode	(mögliche) tatsächliche Aussage
Sie engagierte sich für die Arbeitnehmerinteressen außerhalb des Unternehmens.	Sie hat an Streiks teilgenommen.
Er trug mit seiner geselligen Art zur Verbesserung des Betriebsklimas bei.	Er hat Alkoholprobleme.
Für die Belange der Belegschaft bewies er immer Einfühlungsvermögen.	Er suchte sexuelle Kontakte im Kollegenkreis.
Er hat die Aufgaben in seinem und im Unternehmensinteresse gelöst.	Er hat Eigentum des Unternehmens gestohlen.
Sie war sehr tüchtig und in der Lage, ihre eigene Meinung zu sagen.	Sie war eine aufsässige bzw. aufdringliche Mitarbeiterin.

Ob es sich um erlaubte Verschlüsselungstechniken oder verbotene Geheimcodes handelt, ist manchmal nur schwer zu unterscheiden. In Zweifelsfällen sollte der Arbeitnehmer zunächst den Arbeitgeber um eine eindeutige Formulierung oder Streichung bitten. Letztendlich bleibt ihm nur eine Klage beim Arbeitsgericht, das dann über mögliche Verstöße gegen den Grundsatz der Zeugnisklarheit entscheiden muss.

Verbotene Inhalte

Zu folgenden Themen dürfen in Arbeitszeugnissen keine Aussagen gemacht werden – weder verschlüsselt noch unverschlüsselt:

- Schwangerschaften, Mutterschutz, Elternzeit
- Betriebsratsmitgliedschaft
- Gewerkschaftszugehörigkeit
- Parteimitgliedschaft
- Vorkommnisse im Privatleben
- Gesundheitszustand, Behinderung
- Verdächtigungen jeglicher Art

Alles klar?

1 Begründen Sie, warum Mitarbeiter regelmäßig intern beurteilt werden sollten.

2 Nennen Sie zwei typische betriebliche Situationen, in denen Personalbeurteilungen erfolgen sollten.

3 Nennen Sie acht Kriterien für die Beurteilung eines Abteilungsleiters.

4 Erläutern Sie die Vorteile von halbstandardisierten Beurteilungen.

5 In der betrieblichen Praxis folgen viele Betriebe der Empfehlung einer regelmäßigen Personalbeurteilung nicht. Erläutern Sie Gründe für dieses Verhalten.

6 Erläutern Sie den Unterschied zwischen einem einfachen und einem qualifizierten Arbeitszeugnis.

7 Erläutern Sie den Grundsatz der Zeugnisklarheit.

8 Begründen Sie den Einsatz von Verschlüsselungstechniken in qualifizierten Arbeitszeugnissen.

9 Nennen Sie fünf verbotene Inhalte in Arbeitszeugnissen.

10 Beendigung von Arbeitsverhältnissen

LS 103 Arbeitsverhältnisse beenden

Beispiel Uwe Dittmer, Kontakter in der BE Partners KG, surft während der Arbeitszeit regelmäßig privat im Internet. Als Herr Bastian dies bemerkt, droht er ihm Konsequenzen an. Welche Maßnahme wird Herr Bastian ergreifen?

Bei **befristeten Arbeitsverhältnissen** wird der Zeitpunkt der Beendigung bereits im Arbeitsvertrag festgelegt. Sie enden daher automatisch mit **Vertragsablauf**, also ohne Kündigung. Ein **unbefristetes Arbeitsverhältnis** kann gelöst werden durch

- einen **Auflösungsvertrag** bzw. Aufhebungsvertrag, bei dem sich Arbeitgeber und Arbeitnehmer einig sind, das Arbeitsverhältnis zu beenden, oder
- **Kündigung** eines der Vertragspartner (Arbeitgeberkündigung oder Arbeitnehmerkündigung).

Zudem endet ein Arbeitsverhältnis automatisch mit dem Eintritt in den **Ruhestand** oder durch den **Tod** des Arbeitnehmers.

Bei der Kündigung handelt es sich um eine einseitige empfangsbedürftige Willenserklärung.[1] Sie wird somit erst dann rechtswirksam, wenn sie dem Vertragspartner zugeht.

1 Willenserklärungen → FK 1, LF 4, Kap. 5.2.1

Merke! Für Kündigungen ist die **Schriftform gesetzlich vorgeschrieben** (§ 623 BGB). Ein Missachten der Schriftform lässt die Kündigung unwirksam werden.

10.1 Arten von Kündigungen und Kündigungsfristen

10.1.1 Außerordentliche (fristlose) Kündigung

Durch eine außerordentliche Kündigung wird das Arbeitsverhältnis **ohne Einhaltung der Kündigungsfristen** beendet. Daher wird sie auch als fristlose Kündigung bezeichnet. Sie kann sowohl vom Arbeitgeber als auch vom Arbeitnehmer ausgesprochen werden, wenn ein wichtiger Grund gemäß § 626 BGB vorliegt.

§ 626 BGB: Fristlose Kündigung aus wichtigem Grund

(1) Das Dienstverhältnis kann von jedem Vertragsteil aus wichtigem Grund ohne Einhaltung einer Kündigungsfrist gekündigt werden, wenn Tatsachen vorliegen, aufgrund derer dem Kündigenden unter Berücksichtigung aller Umstände des Einzelfalles und unter Abwägung der Interessen beider Vertragsteile die Fortsetzung des Dienstverhältnisses bis zum Ablauf der Kündigungsfrist oder bis zu der vereinbarten Beendigung des Dienstverhältnisses nicht zugemutet werden kann.

(2) Die Kündigung kann nur innerhalb von zwei Wochen erfolgen. Die Frist beginnt mit dem Zeitpunkt, in dem der Kündigungsberechtigte von den für die Kündigung maßgebenden Tatsachen Kenntnis erlangt.

Wichtige Gründe für eine außerordentliche Kündigung sind z. B.:

für eine Arbeitgeberkündigung	für eine Arbeitnehmerkündigung
– Diebstahl – Betrug, Unterschlagung – Verstöße gegen die Verschwiegenheitspflicht – dauerhafte Arbeitsverweigerung – Ankündigung bzw. Androhung von Krankheit – Vortäuschen von Arbeitsunfähigkeit – grobe Tätlichkeiten gegenüber Mitarbeitern oder Kunden – geschäftsschädigendes Verhalten	– grobe Tätlichkeiten – grobe Beleidigungen – (sexuelle) Belästigungen am Arbeitsplatz – Verstoß gegen Arbeitsschutzregelungen – Nichtzahlen des Entgelts

10.1.2 Ordentliche (fristgerechte) Kündigung

Im Gegensatz zur außerordentlichen Kündigung spricht man von einer ordentlichen Kündigung, wenn ein Arbeitsverhältnis **unter Beachtung der Kündigungsfristen** gekündigt wird. Demzufolge wird sie auch als fristgerechte Kündigung bezeichnet. Die einzuhaltende Kündigungsfrist ergibt sich aus

- dem Arbeitsvertrag des betroffenen Mitarbeiters,
- einer Betriebsvereinbarung,
- einem Tarifvertrag oder
- dem Gesetz (§ 622 BGB).[1]

Wenn im konkreten Arbeitsvertrag des Mitarbeiters keine Kündigungsfristen vereinbart wurden, im Unternehmen keine entsprechende Betriebsvereinbarung existiert und der Arbeitgeber auch nicht an einen Tarifvertrag gebunden ist, gelten die gesetzlichen Kündigungsfristen. Bei der Ermittlung der **gesetzlichen Kündigungsfrist** im Rahmen einer Kündigung **durch den Arbeitgeber** muss dieser die Betriebszugehörigkeit des zu kündigenden Mitarbeiters gemäß § 622 BGB berücksichtigen.

1 Rang- und Günstigkeitsprinzip im Arbeitsrecht → LF 8, Kap. 5.1

§ 622 BGB: Kündigungsfristen bei Arbeitsverhältnissen

(1) Das Arbeitsverhältnis eines Arbeiters oder eines Angestellten (Arbeitnehmers) kann mit einer Frist von vier Wochen zum Fünfzehnten oder zum Ende eines Kalendermonats gekündigt werden.

(2) Für eine Kündigung durch den Arbeitgeber beträgt die Kündigungsfrist, wenn das Arbeitsverhältnis in dem Betrieb oder Unternehmen

1. zwei Jahre bestanden hat, einen Monat zum Ende eines Kalendermonats,
2. fünf Jahre bestanden hat, zwei Monate zum Ende eines Kalendermonats,
3. acht Jahre bestanden hat, drei Monate zum Ende eines Kalendermonats,
4. zehn Jahre bestanden hat, vier Monate zum Ende eines Kalendermonats,
5. zwölf Jahre bestanden hat, fünf Monate zum Ende eines Kalendermonats,
6. 15 Jahre bestanden hat, sechs Monate zum Ende eines Kalendermonats,
7. 20 Jahre bestanden hat, sieben Monate zum Ende eines Kalendermonats.

(3) Während einer vereinbarten Probezeit, längstens für die Dauer von sechs Monaten, kann das Arbeitsverhältnis mit einer Frist von zwei Wochen gekündigt werden.

(4) Von den Absätzen 1 bis 3 abweichende Regelungen können durch Tarifvertrag vereinbart werden [...].

(5) Einzelvertraglich kann eine kürzere als die in Absatz 1 genannte Kündigungsfrist nur vereinbart werden [...],

1. wenn ein Arbeitnehmer zur vorübergehenden Aushilfe eingestellt ist; dies gilt nicht, wenn das Arbeitsverhältnis über die Zeit von drei Monaten hinaus fortgesetzt wird;
2. wenn der Arbeitgeber in der Regel nicht mehr als 20 Arbeitnehmer ausschließlich der zu ihrer Berufsbildung Beschäftigten beschäftigt und die Kündigungsfrist vier Wochen nicht unterschreitet [...].

(6) Für die Kündigung des Arbeitsverhältnisses durch den Arbeitnehmer darf keine längere Frist vereinbart werden als für die Kündigung durch den Arbeitgeber.

Die in § 622 BGB festgelegten Kündigungsfristen sind Mindestvorschriften, von denen jedoch in Tarifverträgen und Einzelarbeitsverträgen abgewichen werden darf, sofern die Absätze (5) und (6) des § 622 BGB berücksichtigt werden. Zu beachten ist, dass die **verlängerten Fristen nur für Arbeitgeberkündigungen** gelten. Wenn im Arbeitsvertrag keine anderen Vereinbarungen getroffen wurden, gilt für eine **Kündigung durch den Arbeitnehmer immer** – unabhängig von der Dauer der Betriebszugehörigkeit – die **Grundkündigungsfrist von vier Wochen zum 15. oder zum Monatsende**.

Beispiel In der BE Partners KG werden im Zuge von Rationalisierungsmaßnahmen zwei Mitarbeitern am 10. März 20XX die Kündigungen übergeben.

- Bernhard Finke, 32 Jahre, seit 18 Monaten im Unternehmen
- Hans Scherrer, 28 Jahre, seit 6 Jahren im Betrieb

Wann haben die Mitarbeiter nach den gesetzlichen Bestimmungen ihren letzten Arbeitstag?

Da Bernhard Finke noch keine zwei Jahre im Unternehmen ist, gilt für ihn noch die Grundkündigungsfrist von vier Wochen zum 15. oder zum Monatsende. Die Kündigung kann frühestens zum 15. April ausgesprochen werden.

Für Hans Scherrer gilt aufgrund seiner sechsjährigen Betriebszugehörigkeit die verlängerte Kündigungsfrist von zwei Monaten zum Monatsende. Die Kündigung kann frühestens zum 31. Mai erfolgen.

10.2 Kündigungsschutz

10.2.1 Allgemeiner Kündigungsschutz

Durch das **Kündigungsschutzgesetz (KSchG)** genießen alle Arbeitnehmer mit mindestens sechs Monaten ununterbrochener Betriebszugehörigkeit in Betrieben mit in der Regel mehr als zehn Beschäftigten einen allgemeinen **Schutz vor sozial ungerechtfertigten Kündigungen.** In Betrieben mit fünf bis zehn Mitarbeitern gilt dieser Kündigungsschutz auch für jene Mitarbeiter, deren Arbeitsverhältnis vor dem 1. Januar 2004 bereits bestanden hat.[1] Eine ordentliche Kündigung durch den Arbeitgeber ist nach § 1 KSchG nur dann **sozial gerechtfertigt**, wenn einer der folgenden Kündigungsgründe vorliegt:

1 „Bestandsschutz“

1. Eine **personenbedingte Kündigung** kann ausgesprochen werden, wenn in der Person des Arbeitnehmers liegende Gründe vorliegen, ohne dass der Arbeitnehmer dafür verantwortlich gemacht zu werden braucht. Diese Voraussetzung ist dann gegeben, wenn der Arbeitnehmer aufgrund seiner individuellen Eigenschaften und Fähigkeiten seine Arbeitsleistung momentan und künftig nicht (mehr) erbringen kann.

Merke! Gründe für personenbedingte Kündigungen:

- dauerhafte und starke krankheitsbedingte Minderung der Leistungsfähigkeit
- Alkoholabhängigkeit (Vor der Kündigung muss der Arbeitgeber den Arbeitnehmer zu einer Entziehungskur auffordern und den Erfolg abwarten.)

Beispiel Ein Mitarbeiter im Lager der Fly Bike Werke GmbH leidet an einem dauerhaften Bandscheibenleiden ohne Aussicht auf Besserung.

2. Eine **verhaltensbedingte Kündigung** kann ausgesprochen werden, wenn im Verhalten des Arbeitnehmers liegende Gründe wie Verletzungen arbeitsvertraglicher Pflichten vorliegen, die eine Kündigung als angemessen erscheinen lassen.

Merke! Gründe für verhaltensbedingte Kündigungen:

- häufige Verspätungen
- unentschuldigtes Fehlen
- deutlich unzureichende Arbeitsleistung
- Tätlichkeiten
- Verstoß gegen Alkohol- oder Rauchverbot
- Beleidigung von Kunden

Wenn nicht durch das Verhalten des Arbeitnehmers das Vertrauen grob verletzt wird (z. B. Diebstahl), muss der verhaltensbedingten Kündigung immer eine **Abmahnung** vorausgehen.

In einer Abmahnung muss

- das Fehlverhalten – mit Zeit- und Ortsangabe – möglichst genau beschrieben werden,
- die Einstellung des Fehlverhaltens gefordert werden und
- eine Kündigung bei wiederholtem Fehlverhalten angedroht werden.

Zudem ist auch für die Abmahnung die Schriftform vorgeschrieben. Zu beachten ist auch, dass für die Abmahnung und die spätere Kündigung **gleichartige Gründe** vorliegen müssen.[1]

Beispiel Trotz bereits erteilter Abmahnung wegen privater Telefongespräche führt eine Mitarbeiterin regelmäßig Telefonate mit ihren Freundinnen während der Arbeitszeit.

3. Eine **betriebsbedingte Kündigung** kann ausgesprochen werden, wenn dringende betriebliche Erfordernisse vorliegen.

Merke! Gründe für betriebsbedingte Kündigungen:

- Stilllegung einzelner Abteilungen
- Rationalisierungsmaßnahmen
- erhebliche Auftragsrückgänge

Vor einer betriebsbedingten Kündigung muss der Arbeitgeber eine **Sozialauswahl** zwischen den infrage kommenden Mitarbeitern anhand der folgenden Kriterien durchführen:

- Dauer der Betriebszugehörigkeit
- Lebensalter
- Unterhaltspflichten
- Schwerbehinderung

Durch diese Vorschrift ist der Arbeitgeber dazu aufgefordert, bei betriebsbedingten Kündigungen aus mehreren infrage kommenden Arbeitnehmern denjenigen auszuwählen, den es unter sozialen Gesichtspunkten am wenigsten hart trifft. Jene Mitarbeiter, auf die der Betrieb aufgrund ihrer besonderen Qualifikationen nicht verzichten kann, müssen in die Sozialauswahl nicht einbezogen werden.

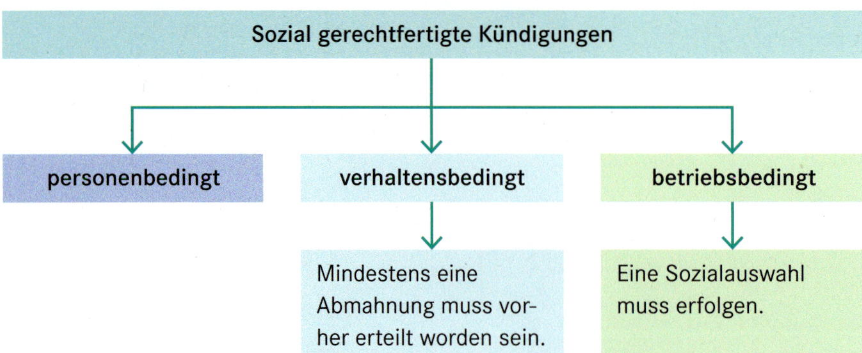

1 Nicht selten kommt es zum Streit über die Frage, ob und wann eine Abmahnung in einer Personalakte verjährt und entfernt werden müsse. Dazu gibt es leider **keine gesetzliche Regelung.** Jede Abmahnung muss hinsichtlich einer möglichen Verjährung individuell geprüft werden. Beispielsweise besteht ein Anspruch auf Entfernung einer Abmahnung aus der Personalakte, wenn diese in keiner Hinsicht mehr eine Rolle für das Arbeitsverhältnis spielt, also das Verhalten, das zur Abmahnung geführt hatte, keine weitere Bedeutung mehr hat.

Es gilt: Je gravierender die abgemahnte Fehlleistung ist, desto weniger besteht ein Anspruch auf Löschung aus der Personalakte.

10.2.2 Besonderer Kündigungsschutz

Über den allgemeinen Kündigungsschutz hinaus genießen bestimmte Arbeitnehmergruppen, die besonders schutzbedürftig sind, zusätzlich besonderen Kündigungsschutz. Gegenüber diesen Mitarbeitern ist eine Arbeitgeberkündigung nur unter erschwerten Bedingungen oder überhaupt nicht zulässig.

- **Auszubildende:** Nach Beendigung der Probezeit kann das Ausbildungsverhältnis durch den Ausbildungsbetrieb nur noch außerordentlich aus wichtigem Grund (z. B. Diebstahl) gekündigt werden.[1]
- **Schwangere und Mütter nach der Entbindung:** Arbeitnehmerinnen darf während der Schwangerschaft und bis zu vier Monate nach der Entbindung grundsätzlich nicht gekündigt werden. Zur Wahrung dieses Kündigungsschutzes muss die Arbeitnehmerin spätestens zwei Wochen nach Erhalt der Kündigung den Arbeitgeber über die Schwangerschaft informieren.[2]
- **Arbeitnehmer in Elternzeit:** Einem Arbeitnehmer darf ab dem Zeitpunkt der Beantragung (maximal acht Wochen vor Beginn der Elternzeit) und während seiner Elternzeit grundsätzlich nicht gekündigt werden.[3]
- **Mitglieder des Betriebsrats und der Jugend- und Auszubildendenvertretung:** Ihnen darf während der Amtszeit und innerhalb eines Jahres danach keine ordentliche Kündigung ausgesprochen werden. Eine außerordentliche Kündigung aus wichtigem Grund ist aber möglich.[4]
- **Schwerbehinderte:** Der Arbeitgeber benötigt für jede Kündigung des Arbeitsverhältnisses eines Schwerbehinderten, dessen Arbeitsverhältnis seit mindestens sechs Monaten besteht, die vorherige Zustimmung des Integrationsamtes.[5]

1 § 22 Berufsbildungsgesetz (BBiG)

2 § 17 Mutterschutzgesetz (MuSchG)

3 § 18 Gesetz zum Elterngeld und zur Elternzeit (BEEG)

4 § 15 Kündigungsschutzgesetz (KSchG)

5 § 168 Sozialgesetzbuch IX (SGB IX)

10.3 Kündigung eines Arbeitsverhältnisses in der Probezeit

Im Normalfall beinhalten Arbeitsverträge eine **Probezeit von bis zu sechs Monaten**. Während dieser Zeit gelten für eine Kündigung besondere Bedingungen. Zum einen können nach § 1 KSchG Arbeitnehmer in den ersten sechs Monaten des Arbeitsverhältnisses den allgemeinen Kündigungsschutz noch nicht für sich beanspruchen. Zum anderen regelt der § 622 (3) BGB, dass auch die Kündigungsfrist während der Probezeit deutlich kürzer ausfallen darf.

Merke! Für eine Kündigung während der Probezeit gilt:

- Sie kann jederzeit mit einer Kündigungsfrist von zwei Wochen ausgesprochen werden.
- Im Kündigungsschreiben müssen keine Gründe angegeben werden.
- Diese Regelungen gelten für Arbeitgeber- und für Arbeitnehmerkündigungen.

Beispiel Im letzten Jahr wurde zwischen der BE Partners KG und der Mitarbeiterin Annette Niesdroy am 1. Februar 20XX ein Arbeitsvertrag mit einer Probezeit von 6 Monaten abgeschlossen. Anfang April wurde Frau Niesdroy klar, dass ihr das Aufgabengebiet überhaupt nicht lag. Da sie kurzfristig in einem anderen Unternehmen ein Stellenangebot „zu sofort" bekam, gab sie am 9. April 20XX das nebenstehende Kündigungsschreiben bei Herrn Seydlitz ab.

Annette Niesdroy
Am Hofgarten 6
53121 Bonn

Bonn, den 9. April 20XX

Werbeagentur BE Partners KG
Schlesienstraße 490–492
53119 Bonn

Kündigung meines Arbeitsvertrages

Sehr geehrter Herr Seydlitz,

hiermit mache ich von meinem Kündigungsrecht Gebrauch und kündige den am 01.02.20XX geschlossenen Arbeitsvertrag noch während meiner vertraglich vereinbarten Probezeit fristgerecht zum 23.04.20XX.

Mit freundlichen Grüßen

Annette Niesdroy

10.4 Rechte des Betriebsrats bei Kündigungen

Besonders bei Kündigungen durch den Arbeitgeber entsteht häufig ein starker Interessenkonflikt, da der Entscheidung des Arbeitgebers in der Regel das starke Interesse des Arbeitnehmers an seinem Arbeitsplatz gegenübersteht. In dieser Situation kommt dem Betriebsrat, sofern er im Unternehmen existiert, eine besondere Bedeutung zu.

Merke! Bei Kündigungen hat der Betriebsrat **Anhörungs- und Widerspruchsrecht.**[1]

1 § 102 Betriebsverfassungsgesetz (BetrVG)

Anhörungsrecht: Vor jeder ordentlichen oder außerordentlichen Kündigung durch den Arbeitgeber muss dieser den Betriebsrat anhören. In diesem Zusammenhang muss der Arbeitgeber dem Betriebsrat die Kündigungsgründe darlegen. Eine Kündigung ohne vorherige Anhörung des Betriebsrats ist unwirksam.

Widerspruchsrecht: Nachdem er vom Arbeitgeber informiert wurde, kann der Betriebsrat einer beabsichtigten **ordentlichen Kündigung**[2] innerhalb einer Woche schriftlich widersprechen. Mit einem Widerspruch kann der Betriebsrat eine Kündigung zwar nicht verhindern, denn der Arbeitgeber kann dem Arbeitnehmer trotzdem kündigen. Der Arbeitgeber ist dann jedoch verpflichtet, dem Arbeitnehmer mit der Kündigung eine Abschrift der Stellungnahme des Betriebsrats auszuhändigen. Wenn der Arbeitnehmer nun gegen die Kündigung fristgerecht **Kündigungsschutzklage** beim Arbeitsgericht einreicht, so muss ihn der Arbeitgeber nach Ablauf der Kündigungsfrist bis zum Abschluss des Arbeitsgerichtsverfahrens zu unveränderten Bedingungen weiterbeschäftigen.

2 Bei einer **außerordentlichen Kündigung** kann der Betriebsrat dem Arbeitgeber lediglich seine Bedenken mitteilen, ein Widerspruchsrecht hat er nicht. Die Frist hierfür beträgt drei Tage.

Äußert sich der Betriebsrat innerhalb der Frist nicht, gilt dies als Zustimmung zur geplanten Kündigung.

10.5 Kündigungsschutzklage vor dem Arbeitsgericht

Wenn ein Arbeitnehmer seine Kündigung für ungerechtfertigt hält, kann er innerhalb von **drei Wochen** nach Erhalt der Kündigung eine Kündigungsschutzklage beim Arbeitsgericht erheben. Dies liegt insbesondere dann nahe, wenn ein Betriebsrat wie oben beschrieben der Kündigung widersprochen hat.

Wenn das Arbeitsgericht für den Arbeitnehmer urteilt, spricht es ihm häufig das Recht auf Weiterbeschäftigung zu. Da aufgrund des Rechtsstreits eine Fortsetzung des Arbeitsverhältnisses für beide Parteien oft nicht zumutbar ist, einigt man sich häufig auf einen Vergleich. Der Arbeitnehmer verzichtet auf die Weiterbeschäftigung und erhält zum Ausgleich eine vom Gericht festgelegte **Abfindung**.

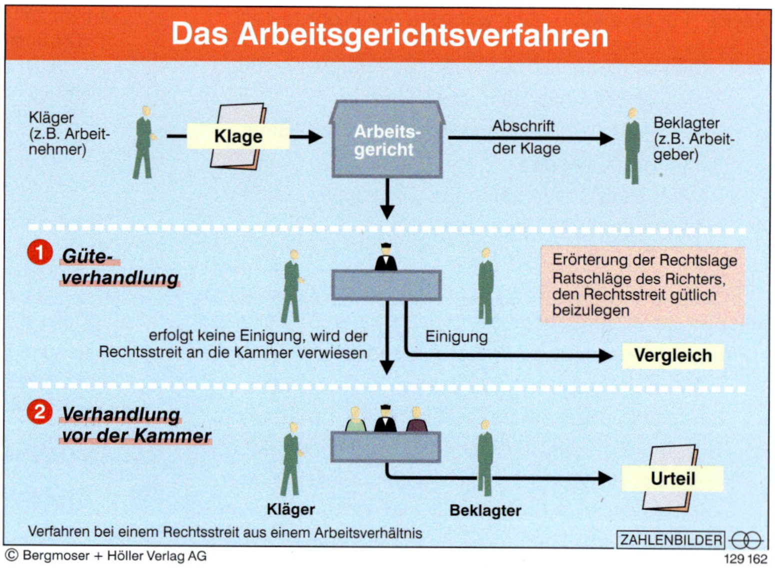

© Bergmoser + Höller Verlag AG

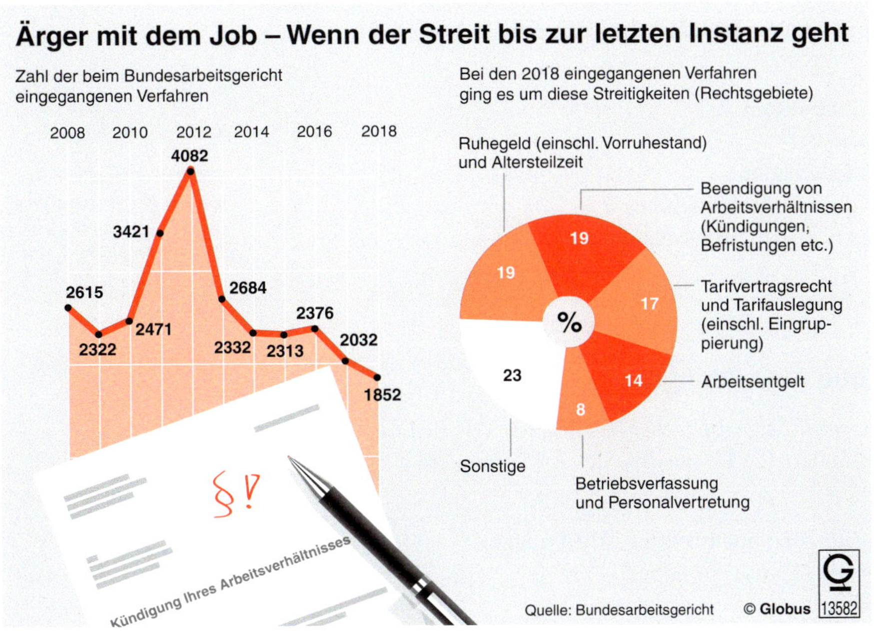

10.6 Regelungen eines Sozialplans

Manchmal kommt es in Unternehmen zu der Situation, dass ein größerer Teil der Mitarbeiter von einer sogenannten **Betriebsänderung** betroffen ist. Nach § 111 BetrVG liegt eine Betriebsänderung vor, wenn

- der ganze Betrieb oder wesentliche Betriebsteile stillgelegt werden,
- der ganze Betrieb oder wesentliche Betriebsteile verlegt werden,
- ein Zusammenschluss mit anderen Betrieben erfolgt,
- eine Spaltung des Betriebs erfolgt,
- sich die Betriebsorganisation oder der Betriebszweck grundlegend ändert oder
- grundlegend neue Arbeitsmethoden oder Fertigungsverfahren eingeführt werden.

Ist eine solche **Betriebsänderung** geplant, so besteht für Unternehmen mit **mehr als 20 Beschäftigten** die Pflicht zur Aufstellung eines Sozialplans, wenn ein **größerer Anteil von Arbeitnehmern nachteilig betroffen** ist und der **Betrieb wirtschaftlich zu Ausgleichsleistungen in der Lage** ist.

Merke! Ein **Sozialplan** ist eine Betriebsvereinbarung zwischen Arbeitgeber und Betriebsrat[1] über den Ausgleich oder die Milderung der wirtschaftlichen Nachteile, die den Arbeitnehmern infolge einer geplanten Betriebsänderung entstehen.

1 Voraussetzung für die Erstellung eines Sozialplans ist demnach auch die **Existenz eines Betriebsrats** im Unternehmen.

In der Regel geht es in einem Sozialplan darum, die Nachteile der von Massenentlassungen betroffenen Arbeitnehmer eines Betriebs abzumildern. In den meisten Fällen bedeutet dies vor allem, dass sich Arbeitgeber und Betriebsrat bezüglich der Höhe der **Abfindungen** einigen müssen.

Allerdings kann ein Sozialplan auch weitere Regelungen beinhalten, wie z. B:

- Vorruhestandsregelungen
- Versetzungen in andere Zweigstellen
- Übernahme von Umzugskosten
- Übernahme in Auffanggesellschaften[1]
- Umschulungs- bzw. Qualifizierungsmaßnahmen
- Unterstützungsmaßnahmen bei der Arbeitsplatzsuche
- Bewerbungstraining
- Übernahme von Bewerbungskosten

1 **Auffanggesellschaft:** speziell gegründete Gesellschaft zur Rettung eines zahlungsunfähigen Unternehmens

10.7 Arbeitspapiere und Abmeldungen

Endet ein Arbeitsverhältnis, muss der Arbeitgeber bestimmten Verpflichtungen nachkommen. Dazu zählt insbesondere die Herausgabe der Arbeitspapiere an den Mitarbeiter. Dazu gehören:

- einfaches oder (wenn angefordert) qualifiziertes Arbeitszeugnis
- Arbeitsbescheinigung für die Agentur für Arbeit
- Lohnsteuerbescheinigung
- Urlaubsbescheinigung
- ggf. Sozialversicherungsausweis
- ggf. Arbeitserlaubnis

Außerdem muss der Arbeitgeber zwei Abmeldungen vornehmen:

- Zum einen muss er den ausgeschiedenen Arbeitnehmer innerhalb von sechs Wochen nach dem Ausscheiden bei dessen Krankenkasse abmelden.
- Zum anderen ist bei Beendigung des Arbeitsverhältnisses die Abmeldung des Arbeitnehmers beim Bundeszentralamt für Steuern vorzunehmen.

Zudem ist die Lohnsteuerbescheinigung an das Finanzamt zu übermitteln.

Alles klar?

1 Erläutern Sie den Unterschied zwischen einer außerordentlichen und einer ordentlichen Kündigung.

2 Nennen Sie Gründe für eine außerordentliche Kündigung

a) durch den Arbeitnehmer.
b) durch den Arbeitgeber.

3 Erläutern Sie die Besonderheiten, die ein Arbeitgeber berücksichtigen muss, wenn er

a) eine betriebsbedingte Kündigung aussprechen möchte,
b) eine verhaltensbedingte Kündigung aussprechen möchte.

4 Begründen Sie unter Bezugnahme auf die Personengruppen, warum einige Arbeitnehmer einen besonderen Kündigungsschutz genießen. Gehen Sie auch auf die jeweilige Art des besonderen Kündigungsschutzes ein.

5 Erläutern Sie die Rechte des Betriebsrats im Rahmen einer Kündigung.

6 Christian Donkert (56 Jahre alt) ist seit 17 Jahren bei der Herbst GmbH beschäftigt. Er möchte zum 1. Januar eine neue Stelle antreten. An welchem Tag muss er nach der gesetzlichen Regelung spätestens seine Kündigung abgeben?

7 In der Frisch KG sollen aufgrund von Rationalisierungsmaßnahmen zum 31. Oktober betriebsbedingte Kündigungen ausgesprochen werden. Zu den infrage kommenden Mitarbeiterinnen gehört Svetlana Nowakowska (29 Jahre alt), die seit acht Jahren in dem betroffenen Unternehmensbereich tätig ist.

a) Wann muss ihr nach der gesetzlichen Regelung die Kündigung spätestens übergeben werden?
b) Frau Nowakowska erhält an dem von Ihnen ermittelten Termin ihre Kündigung ausgehändigt. Eine Woche danach teilt sie ihrem Arbeitgeber mit, dass sie im 4. Monat schwanger ist. Die Frisch KG möchte die Kündigung nicht zurücknehmen. Beurteilen Sie die Rechtslage. Was würden Sie Frau Nowakowska empfehlen?

8 Erläutern Sie in eigenen Worten die Regelungen bei einer Kündigung in der Probezeit.

9 Erläutern Sie in eigenen Worten, was eine Sozialauswahl ist.

10 Bei der Rheintaler Brunnen GmbH & Co KG soll die Mitarbeiterin Sina Lenz eine betriebsbedingte Kündigung erhalten. Der Betriebsrat widerspricht der geplanten Kündigung.

a) Beschreiben Sie, wie lange der Betriebsrat Zeit für seinen Widerspruch hatte.
b) Beschreiben Sie die Folge, wenn der Arbeitgeber trotz des Widerspruchs des Betriebsrats die Kündigung ausspricht.
c) Geben Sie an, wie lange ein Arbeitnehmer Zeit hat, um eine Kündigungsschutzklage zu erheben.

11 Erläutern Sie, was ein Sozialplan ist. Gehen Sie auch darauf ein, wann ein Sozialplan ausgehandelt wird und was er beinhaltet.

12 Nennen Sie die Arbeitspapiere, die ein Arbeitgeber einem ausscheidenden Arbeitnehmer aushändigen muss.

11 Useful office vocabulary

Warm-up – Job description

Below you can find a job description with headings for each section. Compare this job description with a German job description[1]

1 LF 8, Kap. 4.1.2: Kreativer Kopf gesucht! Mediengestalter Digital und Print

job title	Assistant to the Director for European affairs
reports to	Personal Assistant to the Director
main purpose of job	Provide full administrative and secretarial support at a senior level to the director to ensure the smooth management of her day-to-day affairs, and most effective use of her time. Handle sensitive and complex issues in a professional and objective manner. Take initiative as appropriate, especially in the director's absence.
key duties / responsibilities	Manage director's electronic diary, assessing priority of appointments and re-allocation as necessary. Manage the director's travel arrangements. Process the director's correspondence, ensuring that incoming correspondence is dealt with by the director/or on behalf of the director, or other staff as appropriate. Produce documents, briefing papers, reports and presentations for the director. Organize meetings and ensure that the director is well-prepared for those meetings, prepare agendas, pre-meeting briefings and minutes. Meet and greet visitors at all levels of seniority. Any other duties that may reasonably be required by the director.
essential experience	Training as a management assistant or equivalent. Experience of electronic diary management. Exceptional interpersonal and communication skills, to enable professional interaction with a wide range of contacts, both internal and external to the company. Ability to organize and plan own work. Ability to work on own initiative. Ability to deal with sensitive information with discretion and to maintain confidentiality. Excellent IT skills, including a working knowledge of presentation software packages, preferably Microsoft Office Word, Excel and PowerPoint.
workplace location	Based at our headquarter in Bonn, the job involves travels within Germany and Great Britain.

degree	(akademischer) Abschluss (eigentlich nur ein Uni-Abschluss)
to swap	(aus)tauschen
absence	Abwesenheit
to liaise	als Verbindungsperson fungieren
starting salary	Anfangsgehalt
appropriate	angemessen
employee	Angestellte/r
covering letter	Anschreiben

field of work	Arbeitsgebiet, - bereich
employment legislation	Arbeitsgesetz
job seeker	Arbeitssuchender
fixed-term contract	befristeter Arbeitsvertrag
disability	Behinderung
job title	Berufsbezeichnung
applicant	Bewerber/in
candidate	Bewerber/in
application	Bewerbung
equal opportunity policy	Gleichstellungspolitik
hire a replacement	einen Mitarbeiter ersetzen
attitude	Einstellung, Haltung
dismissal	Entlassung
experience	Erfahrung
to deal with someone/something	es mit jemandem/etwas zu tun haben
ability	Fähigkeit, Können
paperwork	Formalitäten, Unterlagen
issues	Fragen, Angelegenheiten
salary	Gehalt
sick leave	Genesungsurlaub, Zeit, in der jemand krankgeschrieben ist
business to business (B2B)	Geschäft unter Geschäftsleuten
smooth	glatt, reibungslos
flexitime	Gleitzeit
outstanding	hervorragend
seniority	höhere Position
career	Karriere, Laufbahn, Beruf
office management assistant	Kaufmann/-frau für Büromanagement
competent	kompetent, fähig
competency	Kompetenz, Fähigkeit
customer service	Kundenbetreuung
CV (curriculum vitae)	Lebenslauf
wage	Lohn, Gehalt
minimum wage	Mindestlohn
bullying	Mobbing

currently	momentan, zurzeit
reallocation	Neuvergabe
personnel	Personal
employee records	Personalakte
personnel assistant	Personalassistent/in
recruitment agency	Personalvermittlung
personal assistant	persönliche Assistentin, persönlicher Assistent
duty	Pflicht
position	Position, Stellung, (Arbeits-)Stelle
secretarial work	Sekretariatsarbeiten
ensure	sicherstellen
interpersonal skills	soziale Kompetenz
job advertisement	Stellenanzeige
job description	Stellenbeschreibung
collective agreement	Tarifvereinbarung, Manteltarif
permanent	unbefristet
responsibility	Verantwortung, Verpflichtung
confidentiality	Vertraulichkeit
administrative	Verwaltungs-
face-to-face	von Angesicht zu Angesicht
desirable skill	wünschenswerte Fähigkeit / Fertigkeit
temporary employment	Zeitarbeitsverhältnis
bonus	Zulage, Prämie, Bonus
fringe benefits	zusätzliche Sozialleistungen, Zusatzleistungen
approval	Zustimmung, Genehmigung

Useful verbs in the context of human resources

to agree	We agreed that she would start later but would initially work longer hours.	vereinbaren
to advertise	We should advertise the position in all the major newspapers.	ausschreiben
to appraise	It's important to appraise staff regularly, to give and receive feedback.	beurteilen
to assess	It can be difficult to assess the quality of a candidate just from his / her CV.	beurteilen, einschätzen
to clarify	Questions about the job can be clarified at the interview.	klären

to conduct (an interview)	My interview was conducted by the head of personnel.	führen
to consider	What would you consider to be your greatest strength?	betrachten
to consult	We should consult HR before we advertise for a new employee.	um Rat fragen
to dismiss	Dismissing people is never easy, but that's part of the job.	entlassen
to employ	Our company employs over 300 members of staff.	beschäftigen
to encourage	I encourage you to come and speak to us if you have any problems.	unterstützen
to fire	We had to fire her as she was not doing her job properly.	hinauswerfen, feuern
to hand in one's notice	He's threatening to hand in his notice if the situation doesn't improve.	kündigen
to implement	We have implemented a new training course; it's a great improvement on the old one.	einführen
to let go	The recent merger means that we will, unfortunately, have to let some people go.	gehen lassen
to maintain	HR can help maintain good relations between colleagues.	aufrechterhalten
to monitor	We monitor the progress of new employees very closely.	kontrollieren
to negotiate	Our HR department is good at negotiating salaries and working hours.	verhandeln
to notify	You will be notified in writing of any changes to your contract.	benachrichtigen
to persuade	I persuaded him to stay; I promised that we would find a solution to the communication problems.	überreden
to recruit	We like to recruit enthusiastic, creative people.	einstellen
to reject	Badly spelled and organized CVs are rejected immediately.	ablehnen
to require	This role requires a high level of accurancy.	erfordern
to resign	Three members of the team have resigned in the last year.	kündigen
to retain	A sign of a good HR policy is being able to retain staff.	halten
to review	The HR department is reviewing our equal opportunities policy, as it's out of date.	überprüfen
to screen	It's vital to screen potential employees before offering them a position.	überprüfen
to settle in	It always takes some time to settle in to a new job.	(sich) einarbeiten
to shortlist	We have shortlisted five candidates who we'll call back for a second interview.	in die engere Auswahl nehmen
to take on	They took me on because I had so much previous experi-ence.	einstellen

Stichwortverzeichnis

Bildquellenverzeichnis

Illustrationen
Joachim Gottwald (S. 76, 81, 218)

Abbildungen
U1: Shutterstock.com/fizkes | **U1:** Shutterstock.com/Antonio Guillem | **U4:** Shutterstock.com/fizkes | **U4:** Shutterstock.com/Antonio Guillem | **S. 13:** *(Frau)* Shutterstock.com/Antonio Guillem | **S. 13:** *(Umfrage)* stock.adobe.com/cirquedesprit | **S. 15:** *(Menschen)* Shutterstock.com/hobbit | **S. 15:** *(Lupe)* stock.adobe.com/Foto-Ruhrgebiet | S. 20: dpa Picture-Alliance/Globus/dpa-infografik GmbH | **S. 26:** Bergmoser+Höller Verlag AG, Aachen | **S. 29:** stock.adobe.com/viennapro | **S. 30:** Shutterstock.com/wavebreakmedia | **S. 31:** stock.adobe.com/cirquedesprit | **S. 32:** Shutterstock.com/Antonio Guillem | **S. 36:** stock.adobe.com | **S. 45:** akg-images | **S. 46:** stock.adobe.com/Nomad_Soul | **S. 50:** stock.adobe.com/industrieblick | **S. 53:** stock.adobe.com/Henry Schmitt | **S. 58:** SINUS-Institut | **S. 59:** Shutterstock.com/ESB Professional | **S. 66:** stock.adobe.com/autofocus67 | **S. 68:** Shutterstock.com/pikselstock | **S. 71:** Shutterstock.com/spiral media | **S. 74:** Shutterstock.com/NEGOVURA | **S. 78:** stock.adobe.com/Sea Wave | **S. 85:** Shutterstock.com/igorstevanovic | **S. 87:** Shutterstock.com/Erika Cross | **S. 88:** Shutterstock.com/Daniel Chetroni | **S. 89** *(Einzelwerbung):* zweiband; stock.adobe.com/Alexander Rochau/ARochau | **S. 89** *(Gemeinschaftswerbung):* zweiband; stock.adobe.com/Dewald Kirsten Photography/Dewald; stock.adobe.com/Alexander Rochau/ARochau | **S. 91** *(Anzeige):* zweiband; stock.adobe.com/Alexander Rochau/ARochau | **S. 91** *(Fachzeitschrift):* zweiband; (C) 1987-1996 Adobe Systems Incorporated All Rights Reserved/Maksym Drozd; Shutterstock.com/Vladyslav Starozhylov; stock.adobe.com/Alexander Rochau/ARochau | **S. 92:** dpa Picture-Alliance/HERBERT NEUBAUER/APA/picturedesk.com | **S. 95:** *(Bio-Siegel)* Europäische Kommission für Landwirtschaft und ländliche Entwicklung | **S. 95:** *(Briefkasten)* stock.adobe.com/Mark | **S. 96:** *(Grafik)* dpa Picture-Alliance/dpa-infografik GmbH | **S. 96:** *(Toiletten)* stock.adobe.com/Kaspars Grinvalds | **S. 97:** dpa Picture-Alliance/EPA | **S. 98:** Shutterstock.com/Kenishirotie | **S. 99:** Imago Stock & People GmbH/MiS | **S. 100:** *(Grafik)* dpa Picture-Alliance/dpa-infografik | **S. 100:** *(Kinder)* Shutterstock.com/spass | **S. 102:** dpa Picture-Alliance/dpa-infografik | **S. 105:** *(1)* Shutterstock.com/Rafal Olechowski | **S. 105:** *(2)* Shutterstock.com/Feng Yu | **S. 105:** *(3)* Shutterstock.com/iQoncept | **S. 105:** *(4)* Shutterstock.com/Artisticco | **S. 105** *(5):* zweiband; (C) 1987-1996 Adobe Systems Incorporated All Rights Reserved/Maksym Drozd; Shutterstock.com/Vladyslav Starozhylov; stock.adobe.com/Alexander Rochau/ARochau | **S. 105:** *(6)* Shutterstock.com/Nerthuz | **S. 105:** *(7)* Shutterstock.com/PureSolution | **S. 105:** *(8)* Shutterstock.com/Vladimir Badaev | **S. 105:** *(9)* Shutterstock.com/hvezdap4 | **S. 109:** *(Mann)* Shutterstock.com/fizkes | **S. 109:** *(Kartenlesegerät)* Shutterstock.com/Syda Productions | **S. 110:** Shutterstock.com/wavebreakmedia | **S. 111:** *(1)* Shutterstock.com/Andrey Burstein | **S. 111:** *(3)* Shutterstock.com/effe45 | **S. 112:** Shutterstock.com/Milos Vucicevic | **S. 113:** *(Geld & Kasse)* Shutterstock.com/Alexandr III | **S. 113:** *(Essen)* Shutterstock.com/bioraven | **S. 114:** *(Geld & Kasse)* Shutterstock.com/Alexandr III | **S. 114:** *(Essen)* Shutterstock.com/bioraven | **S. 116:** Shutterstock.com/wavebreakmedia | **S. 117:** *(1)* Shutterstock.com/Roman Sotola | **S. 117:** *(2)* stock.adobe.com/laschi adrian | **S. 117:** *(3)* Shutterstock.com/Dn Br | **S. 117:** *(4)* Shutterstock.com/Hein Nouwens | **S. 117:** *(5)* Shutterstock.com/Nadiinko | **S. 117:** *(6)* Shutterstock.com/phipatbig | **S. 117:** *(7)* Shutterstock.com/Darren Whittingham | **S. 118:** stock.adobe.com/phoderstock | **S. 119:** Shutterstock.com/Juta | **S. 120:** mauritius images/Jochen Tack | **S. 124:** *(1)* Shutterstock.com/alterfalter | **S. 124:** *(Eigentümer)* Shutterstock.com/linabob | **S. 124:** *(Kunden)* Shutterstock.com/Vojtech Beran | **S. 124:** *(Lieferanten)* Shutterstock.com/nilamsari | **S. 124:** *(Kredit-Institute)* Shutterstock.com/Jacky Co | **S. 124:** *(Mitarbeiter)* Shutterstock.com/Nevena Radonja | **S. 124:** *(Staat)* Shutterstock.com/Darq | **S. 128:** *(Eigentümer)* Shutterstock.com/linabob | **S. 128:** *(Kunden)* Shutterstock.com/Vojtech Beran | **S. 128:** *(Lieferanten)* Shutterstock.com/nilamsari | **S. 128:** *(Kredit-Institute)* Shutterstock.com/Jacky Co | **S. 128:** *(Mitarbeiter)* Shutterstock.com/Nevena Radonja | **S. 128:** *(Staat)* Shutterstock.com/Darq | **S. 133:** Shutterstock.com/stable | **S. 140:** Shutterstock.com/ikayaki | **S. 141:** Cornelsen/SAP | **S. 142:** dpa Picture-Alliance/dpa-infografik GmbH | **S. 155:** stock.adobe.com/lightwavemedia | **S. 158:** Shutterstock.com/Tartila | **S. 162:** Shutterstock.com/Franz Pfluegl | **S. 166:** *(Privateinlagen)* Shutterstock.com/linabob | **S. 166:** *(Kreditaufnahme)* Shutterstock.com/Jacky Co | **S. 166:** *(Münzen)* Shutterstock.com/lovelyday12 | **S. 167:** stock.adobe.com/Copyright © Yury Shchipakin | **S. 171:** Shutterstock.com/Robert Kneschke | **S. 177:** Shutterstock.com/Dusan Petkovic | **S. 179:** Shutterstock.com/bbernard | **S. 182:** Shutterstock.com/Bobby Scrivener | **S. 185** *(Auto):* Shutterstock.com/taoty | **S. 193:** mauritius images/dieKleinert | **S. 194:** Shutterstock.

com/sirtravelalot | **S. 195:** Shutterstock.com/sirtravelalot | **S. 196:** Shutterstock.com/Ruslan Kuzmenkov | **S. 205:** *(Frau)* Shutterstock.com/Monkey Business Images | **S. 205:** *(Telefon)* Shutterstock.com/Pressmaster | **S. 206:** *(Watzlawick)* Bridgeman Images/SZ Photo/Teutopress | **S. 206:** *(Reklame)* stock.adobe.com/tippapatt | **S. 207:** Shutterstock.com/Lisa-S | **S. 208:** stock.adobe.com/Erwin Wodicka/Gina Sanders | **S. 209:** Shutterstock.com/AVAVA | **S. 212:** stock.adobe.com/Yuyu | **S. 213:** Shutterstock.com/ASDF_MEDIA | **S. 216:** stock.adobe.com/Cool Graphics | **S. 220:** Shutterstock.com/Elnur | **S. 221:** Shutterstock.com/Alexander Volt | **S. 222:** stock.adobe.com/Westend61 | **S. 223:** Shutterstock.com/Pressmaster | **S. 227:** Shutterstock.com/ESB Professional | **S. 229:** stock.adobe.com/Westend61/Daniel Ingold | **S. 231:** stock.adobe.com/2mmedia | **S. 233:** Shutterstock.com/Design tech art | **S. 237:** Shutterstock.com/Phovoir | **S. 241:** *(1)* stock.adobe.com/Jean-Paul CHASSENET Photographe/JPC-PROD | **S. 241:** *(Tafel)* stock.adobe.com/Marco2811 | **S. 243:** Shutterstock.com/Phovoir | **S. 249:** Bridgeman Images/ Photo © Louis Monier | **S. 250:** Shutterstock.com/StockLite | **S. 252:** Shutterstock.com/astudio | **S. 253:** *(Apotheke)* Shutterstock.com/Minerva Studio | **S. 253:** *(Kleider)* Shutterstock.com/Dragon Images | **S. 253:** *(Meeting)* Shutterstock.com/Andrey_Popov | **S. 253:** *(Kundenbetreuer)* Shutterstock.com/NotarYES | **S. 253:** *(Versammlung)* Shutterstock.com/Maxim Blinkov | **S. 253:** *(Beratungsgespräch)* Shutterstock.com/zeljkodan | **S. 257:** *(Mann)* Shutterstock.com/LightField Studios | **S. 257:** *(Telefon)* Shutterstock.com/Pressmaster | **S. 258:** Shutterstock.com/ESB Basic | **S. 261:** Shutterstock.com/Griboedov | **S. 263:** dpa Picture-Alliance/dpa-infografik | **S. 265:** stock.adobe.com/© Robert Kneschke/Robert Kneschke | **S. 266:** stock.adobe.com/Coloures-Pic | **S. 272:** Shutterstock.com/Photographee.eu | **S. 275:** stock.adobe.com/SimpLine | **S. 277:** *(ob.)* stock.adobe.com/Marco2811| **S. 277:** *(li.)* stock.adobe.com/gzorgz | **S. 277:** *(mi.)* stock.adobe.com/WavebreakMediaMicro | **S. 277:** *(re.)* stock.adobe.com/yurolaitsalbert | **S. 282:** stock.adobe.com/Michaela Rofeld/Racle Fotodesign | **S. 279:** stock.adobe.com/Sonulkaster | **S. 284:** Shutterstock.com/Robert Kneschke | **S. 287:** Shutterstock.com/stockfour | **S. 288:** Bergmoser+Höller Verlag AG, Aachen | **S. 291:** stock.adobe.com/© Ralf Kleemann/eccolo | **S. 295:** stock.adobe.com/Erwin Wodicka/Gina Sanders | **S. 299:** stock.adobe.com/mik ivan | **S. 301:** Shutterstock.com/fizkes | **S. 306:** Shutterstock.com/Kotin | **S. 307:** dpa Picture-Alliance/dpa-infografik | **S. 310:** Shutterstock.com/Jack Frog | **S. 311:** *(Zeiterfassung)* stock.adobe.com/weerayut | **S. 311:** *(Uhr)* Shutterstock.com/Hurst Photo | **S. 322:** Shutterstock.com/ESB Professional | **S. 327:** Shutterstock.com/Mariia Korneeva | **S. 328:** Shutterstock.com/kurhan | **S. 330:** Verlagsgruppe Hüthig Jehle Rehm GmbH | **S. 331:** Verlagsgruppe Hüthig Jehle Rehm GmbH | **S. 334:** Panther Media GmbH/Harald Richter | **S. 337:** dpa Picture-Alliance/dpa-infografik GmbH | **S. 340:** Shutterstock.com/fizkes | **S. 342:** stock.adobe.com/Karin & Uwe Annas | **S. 343:** Shutterstock.com/wavebreakmedia | **S. 347:** stock.adobe.com/Studio Romantic | **S. 351:** stock.adobe.com/Stockfotos-MG | **S. 352:** stock.adobe.com/Jacob Lund | **S. 355:** stock.adobe.com/VRD | **S. 358:** Bergmoser+Höller Verlag AG, Aachen | **S. 359:** dpa Picture-Alliance/dpa-infografik GmbH |

Hinweise zum Webcode-Bereich

Im Webcode-Bereich, der zu der Fachkunde 1 „Be Partners – Büromanagement“ (ISBN 978-3-06-451915-2) gehört, finden Sie das folgende umfangreiche Zusatzmaterial:

Digitales Zusatzmaterial	Thema	Webcode
IT-Trainer (mit vielen anwendungsorientierten Übungsaufgaben)	I Grundlagen der Datenverarbeitung II Internet III Microsoft Windows® 10 IV Microsoft Office Word® (2020/365) V Microsoft Office Excel® (2020/365) VI Microsoft Office PowerPoint® (2020/365) VII Microsoft Office Outlook® (2020/365) VIII Datenbanken	4519152_ IT_Trainer
Methodentrainer (mit insgesamt 39 Methoden)	A Das Lernen lernen B Lern- und Arbeitstechniken C Arbeit in Gruppen D Entscheidungstechniken E Methoden zur Informationsbeschaffung	4519152_ Methodentrainer
Mathetrainer (mit Arbeitsblättern zu jedem Thema)	1 Die Grundrechenarten 2 Die Bruchrechnung 3 Gleichungen 4 Zuordnungen und Dreisatz 5 Die Prozentrechnung 6 Diagramme erstellen 7 Der Kettensatz 8 Währungsrechnen 9 Die Zinsrechnung	4519152_ Mathetrainer
10 Office-Tutorials zu Microsoft Office Word®	1 Programmeinstellungen 2 Symbolleisten anpassen 3 Aufzählungen und Nummerierungen 4 Seitenrand gestalten 5 Kopf- und Fußzeilen 6 Formate übertragen 7 Suchen und Ersetzen 8 Formen 9 Textbausteine 10 Rahmen und Schattierungen	4519152_ Tutorials_Word (Die Office-Tutorials können Sie auch mithilfe der App PagePlayer an Smartphone oder Tablet ansehen; siehe folgende Seite U3.)
12 Office-Tutorials zu Microsoft Office Excel®	1 Einführung 2 Eine kleine Tabelle anlegen 3 Eine Tabelle drucken 4 Einfache Berechnungen durchführen 5 Die Maus richtig verwenden 6 Formatierung 7 Funktionen, Teil 1 8 Funktionen, Teil 2 9 Funktionen, Teil 3 10 Funktionen, Teil 4 11 Diagramme 12 Textfelder	4519152_ Tutorials_Excel (Die Office-Tutorials können Sie auch mithilfe der App PagePlayer an Smartphone oder Tablet ansehen; siehe folgende Seite U3.)

Alle diese Dateien stellen wir Ihnen als Download zur Verfügung: Geben Sie in Ihrem Internetbrowser **www.cornelsen.de/codes** ein. Tragen Sie dann im Suchfeld einen der in der Tabelle angegebenen Codes ein.

Zu diesem Buch gibt es auch Video-Dateien:

- 12 Lernvideos zu wirtschaftlichen Themen
- 10 Video-Tutorials zu Microsoft® Word®
- 12 Video-Tutorials zu Microsoft® Excel®

Diese Videos können Sie zu Hause, unterwegs, in Betrieb und Schule mit dem Smartphone oder mit dem Tablet direkt aus dem Buch heraus öffnen.

Und so kommen Sie zu den Videos:

1. Scannen Sie den QR-Code und laden Sie die kostenlose App PagePlayer herunter. Wählen Sie dann – wie in der App beschrieben – Ihr Buch aus: „Be Partners - Büromanagement 1" (z. B. durch Scannen des Buch-Covers). Sie können nun die Inhalte auf Ihrem Smartphone oder Tablet speichern und jederzeit direkt aus dem Buch aufrufen.
2. Scannen Sie mit Ihrem Smartphone oder Tablet die ausgewählte Buchseite mit dem Icon.

Das Material wird angezeigt und Sie können es direkt starten.

Lernvideos zu wirtschaftlichen Themen

Seite	Thema	Seite	Thema
14	Marketingkonzept	142	Das System der Umsatzsteuer
42	Markt und Preis	172	Erfolgsbuchungen und Gewinnermittlung
84	Handelsvertreter vs. Reisender	182	Lineare Abschreibung
89	Werbeplan	193	Inventur, Inventar, Bilanz
93	Grenzen der Werbung	201	Jahresabschluss
136	Der Buchungssatz	325	Eine Gehaltsabrechnung lesen

Video-Tutorials Microsoft® Word®

Thema	Thema
1 Programmeinstellungen	6 Formate übertragen
2 Symbolleisten anpassen	7 Suchen und Ersetzen
3 Aufzählungen und Nummerierungen	8 Formen
4 Seitenrand gestalten	9 Textbausteine
5 Kopf- und Fußzeilen	10 Rahmen und Schattierungen

Video-Tutorials Microsoft® Excel®

Thema	Thema
1 Einführung	7 Funktionen, Teil 1
2 Eine kleine Tabelle anlegen	8 Funktionen, Teil 2
3 Eine Tabelle drucken	9 Funktionen, Teil 3
4 Einfache Berechnungen durchführen	10 Funktionen, Teil 4
5 Die Maus richtig verwenden	11 Diagramme
6 Formatierung	12 Textfelder